인디자인 CS6

스스로 마스터하는 트레이닝 북

인디자인 CS6

2014. 3. 10. 1판 1쇄 발행
2018. 3. 21. 1판 2쇄 발행

저자와의
협의하에
검인생략

지은이 | 박소영
펴낸이 | 이종춘
펴낸곳 | BM 주식회사 성안당
주소 | 04032 서울시 마포구 양화로 127 첨단빌딩 5층(출판기획 R&D 센터)
　　　 10881 경기도 파주시 문발로 112 출판문화정보산업단지(제작 및 물류)
전화 | 02) 3142-0036
　　　 031) 950-6300
팩스 | 031) 955-0510
등록 | 1973. 2. 1. 제406-2005-000046호
출판사 홈페이지 | www.cyber.co.kr
ISBN | 978-89-315-5287-4 (13000)
정가 | 25,000원

이 책을 만든 사람들

책임 | 최옥현
진행 | 조혜란
기획 · 진행 | 오렌지페이퍼
교정 | 오렌지페이퍼
본문 · 표지 디자인 | 디자인허브
홍보 | 박연주
국제부 | 이선민, 조혜란, 김해영
마케팅 | 구본철, 차정욱, 나진호, 이동후, 강호묵
제작 | 김유석

■ 도서 A/S 안내

성안당에서 발행하는 모든 도서는 저자와 출판사, 그리고 독자가 함께 만들어 나갑니다.
좋은 책을 펴내기 위해 많은 노력을 기울이고 있습니다. 혹시라도 내용상의 오류나 오탈자 등이
발견되면 **"좋은 책은 나라의 보배"**로서 우리 모두가 함께 만들어 간다는 마음으로 연락주시기
바랍니다. 수정 보완하여 더 나은 책이 되도록 최선을 다하겠습니다.
성안당은 늘 독자 여러분들의 소중한 의견을 기다리고 있습니다. 좋은 의견을 보내주시는 분께는
성안당 쇼핑몰의 포인트(3,000포인트)를 적립해 드립니다.

잘못 만들어진 책이나 부록 등이 파손된 경우에는 교환해 드립니다.

인디자인 CS6

박소영 지음

BM 성안당
www.cyber.co.kr

혼자서도 체계적으로 스마트하게

스로

각 프로그램의 최중요 기능을 우선 구성하여 **혼자서도 체계적으로** 공부할 수 있습니다. 또한 본문에 부가 요소를 강화하여 더욱 쉽게 이해할 수 있습니다.

가장 중요한 핵심 기능만 스마트하게

스터하는

이론, 실습, 문제에 이르기까지 **철저하게 배우고 복습**하는 단계로 구성되어 있어 한 번 배운 내용은 완벽하게 내 것으로 만들어 줍니다. 권말에는 실무 프로젝트를 별지로 구성하여 **현장 업무까지 완벽하게 대비**할 수 있도록 하였습니다.

한 번 배울 때 완벽하고 스마트하게

레이닝 북

확인실습 ⋯▶ 응용실습 ⋯▶ 프로젝트로 이어지는 **단계별 문제 확인 구성**으로 꼼꼼하게 연습할 수 있습니다. 또한 응용실습과 프로젝트는 해설 파일을 별도로 제공하여 더욱 완벽하게 마스터할 수 있도록 도와드리며, 프로젝트는 동영상 해설 파일(QR코드, 부록 CD)을 특별 제공합니다.

인디자인은 포토샵이나 일러스트레이터 등으로 유명한 어도비 사의 제품으로 전자 출판을 위한 편집 디자인 프로그램입니다. 매킨토시와 PC에서 호환해서 사용할 수 있으며, 다양한 편집 기능을 갖추고 있어 손쉽게 완성도 높은 문서를 디자인할 수 있습니다. 특히 포토샵이나 일러스트레이터 프로그램과의 손쉬운 연계로 이미지 사용과 편집이 자유롭습니다. 인디자인에서 작업한 문서는 PDF로 출력할 수 있어 인쇄하기 전 완성된 문서를 확인하기 쉬우며, 곧바로 PDF 문서 형태로 전송하거나 활용할 수도 있습니다.

인디자인이 첫 선을 보인 것은 2002년 즈음입니다. 하지만 이미 전자 출판 프로그램으로 자리잡고 있던 매킨토시의 쿼크익스프레스(QuarkXpress)의 뒤로 밀려 빛을 보지 못하고 있었습니다. CS 버전과 CS2 버전을 출시하면서 포토샵과 일러스트레이터와 묶여 판매되고, 그래픽 프로그램 간의 호환성과 다양한 기능이 추가되면서 수면 위로 떠오르게 되었습니다. 또한 쿼크익스프레스 4.0부터 강화된 정품 사용 제한으로 인해 사용자들이 부담을 느끼면서 PC에서 자유롭게 사용할 수 있는 인디자인의 매력에 빠져들게 됩니다. 이렇게 자연스럽게 인디자인으로 사용자들이 옮겨가고, 출력소나 인쇄소에서도 인디자인 문서의 출력 환경에 맞춰 변화하기 시작하였습니다. 이와 같이 모든 전자 출판의 환경이 바뀔 수 있을 만큼 인디자인의 매력은 점점 더 커지고 있습니다. 특히 CS6 버전에서는 완성한 문서를 유동적 레이아웃 기능을 통해 자유롭게 크기를 변경하여 출판이 가능해졌습니다. 이는 다양해진 전자 출판과 모바일 분야로 문서를 손쉽게 출력할 수 있는 큰 장점이라 할 수 있습니다.

최근 버전인 인디자인 CC는 월 단위 결제 시스템으로 프로그램을 사용할 수 있으며, 문서나 데이터, 프로그램 사용 환경 등을 어도비 크리에이티브 클라우드를 통해 동기화할 수 있습니다. 이처럼 갈수록 다양해지고, 편리해지는 인디자인의 매력에 함께 빠져보기 바랍니다.

이 책은 인디자인을 사용하여 멋진 문서를 디자인하기 위해 필요한 기본 기능부터 실무 예제까지 골고루 다루고 있습니다. 인디자인을 이용해 편집 디자이너를 꿈꾸는 초보 디자이너부터 인디자인으로 편집 툴을 변경하고픈 기존 쿼크익스프레스 사용자들이 기능과 활용법을 쉽게 익힐 수 있도록 구성하였습니다.

마지막으로 이 책이 출간되기까지 함께 고생해준 가족들과 출판 관계자 여러분에게 감사의 마음을 전합니다.

박소영

스마트 시리즈의 구성과 활용 방법을 소개합니다.

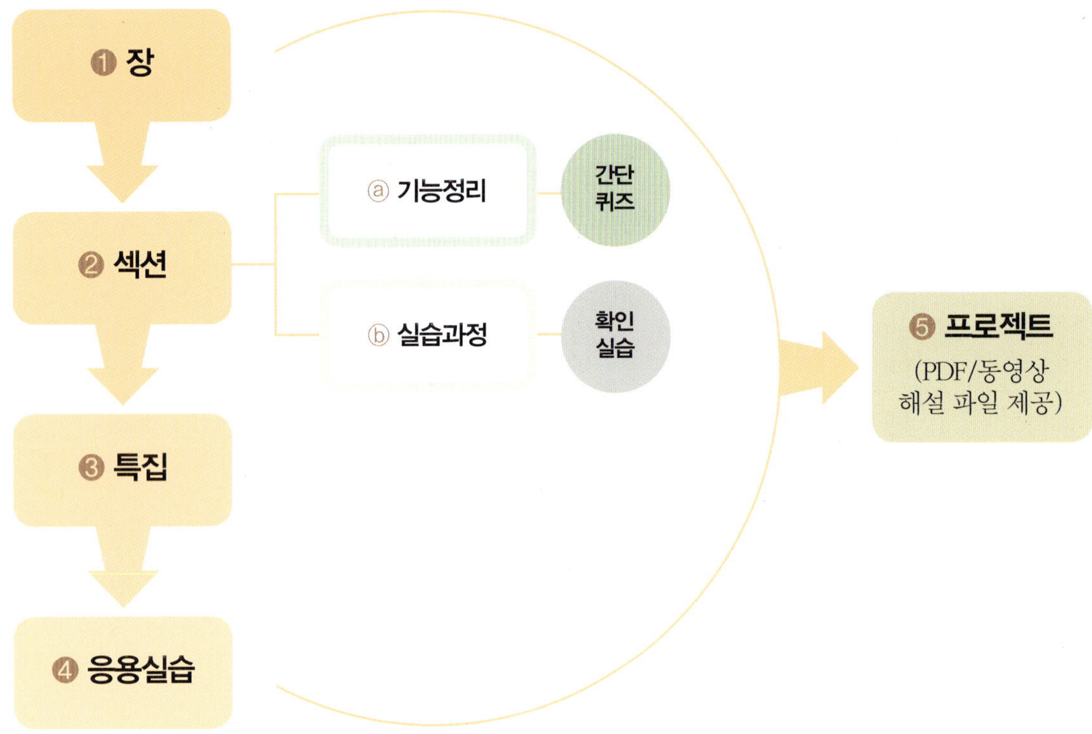

▲ 프로젝트에서 만드는 작업물의 완성 모습 미리 보기

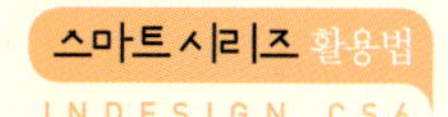

❶ 장 | 프로그램의 유사한 주제에 따른 기능들을 모아 '장'으로 구성하였습니다.

❷ 섹션 | 장의 하위 수준으로, 간단한 이론을 살펴보고 핵심 기능을 직접 따라해보며 내용을 익히는 과정입니다.

ⓐ 기능정리 : 본격적으로 본문을 실습하기 전에 핵심 개념을 간단하게 이론으로 살펴보는 단계입니다. 중요한 개념을 '간단퀴즈'로 다시 한 번 되짚어 봅니다.

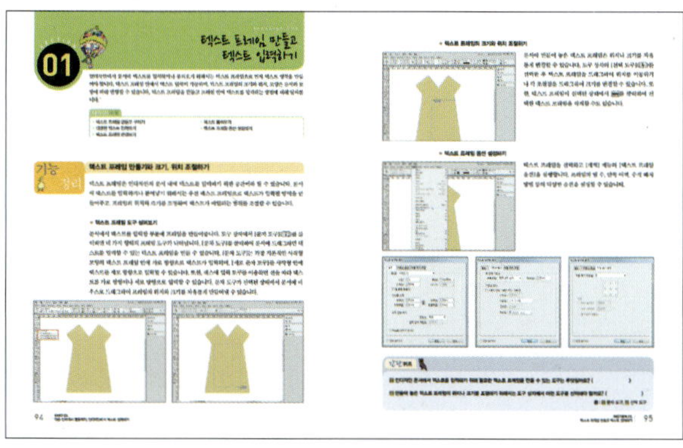

ⓑ 실습과정 : 핵심 기능을 익히는 메인 과정입니다. 다수의 실습과정이 나올 수 있으며, 마지막에는 '확인실습'으로 배운 내용을 체크합니다.

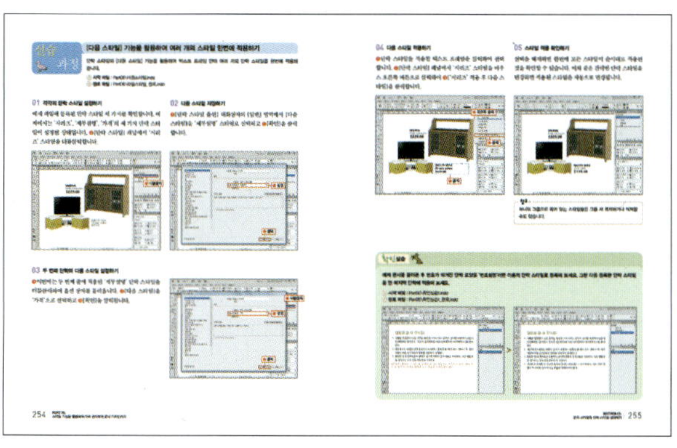

❸ 특집 | 본문에서 다루지 못한 중급 이상의 기능을 학습할 수 있는 구성입니다.

❹ 응용실습 | '장'의 학습을 종합적으로 테스트할 수 있는 문제입니다. 책의 지면에서는 간단한 힌트를 확인할 수 있고 해설 파일은 별도로 제공합니다.

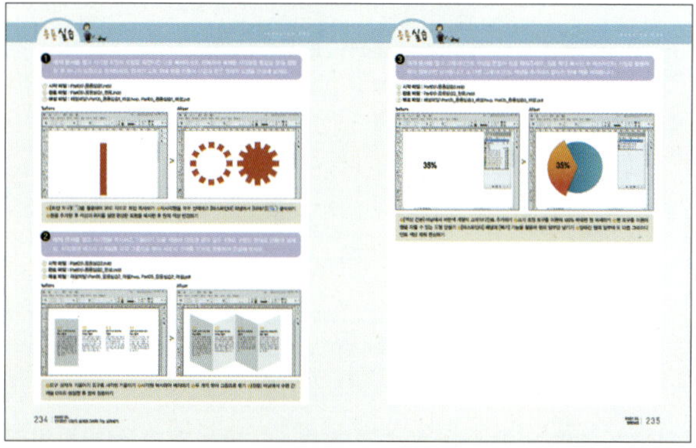

❺ 프로젝트 | 실전 능력 향상을 위해 특별 구성된 종합 문제입니다. 동영상 해설 파일이 제공됩니다.

PART 01 인디자인 CS6와의 설레는 첫 만남

인디자인은 텍스트와 이미지를 적절하게 배치하여 광고지나 책, 잡지 등을 편집할 때 사용하는 프로그램입니다. 프로그램을 사용하기 위해 기본적으로 도구 상자나 메뉴, 인터페이스를 익혀 두어야 합니다. PART 01에서는 인디자인 설치 방법부터 메뉴나 도구 상자 등의 사용법에 대해 살펴봅니다.

SECTION 01. 인디자인 CS6 시작하기

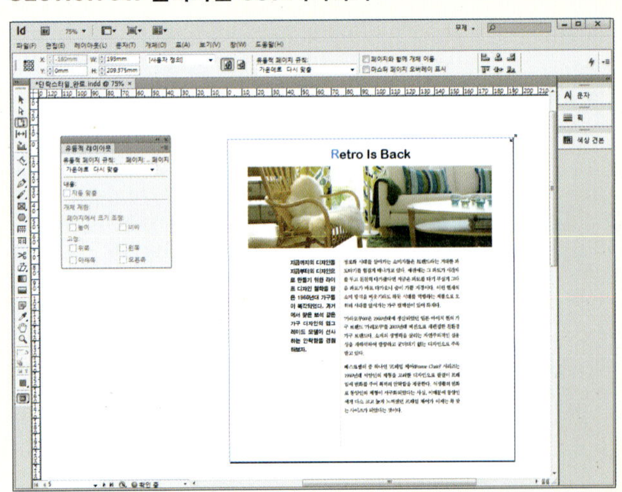

SECTION 02. 인디자인 CS6 화면 구성 살펴보기

SECTION 03. 인디자인 CS6의 도구와 패널, 작업 환경 설정하기

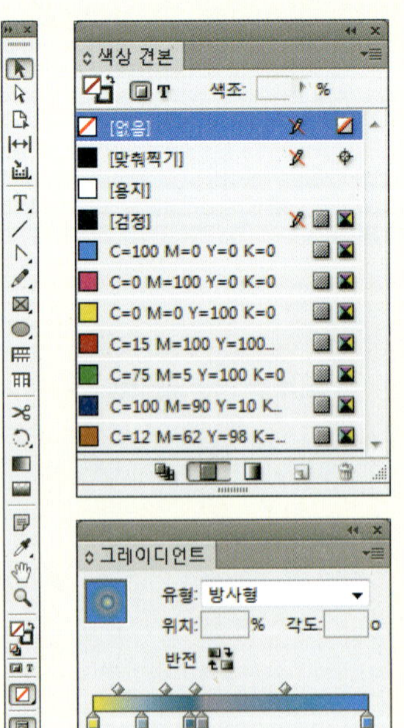

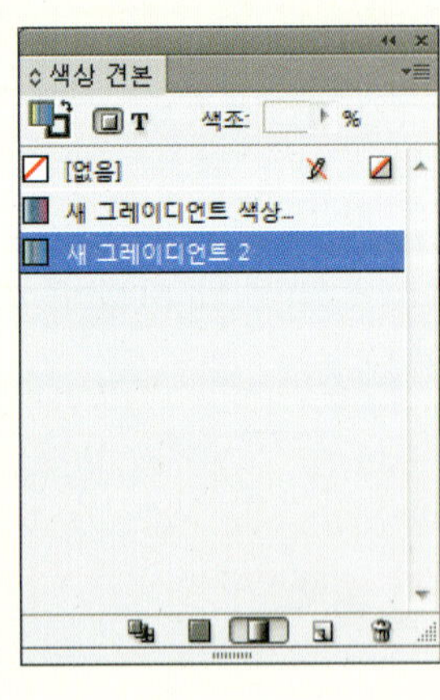

PART 02 편집 디자인을 위한 레이아웃 구성하기

PART 02에서는 인디자인에서 문서를 만들기 위한 기본적인 단계인 새로운 문서 만들기와 문서 저장하기, 레이아웃 구성하기 등에 대해 배워봅니다. 페이지의 크기와 수, 도련 및 슬러그 등에 대해 알아보고 설정한 옵션을 변경하는 방법에 대해 살펴봅니다.

SECTION 01. 인디자인 CS6에서 문서 만들기

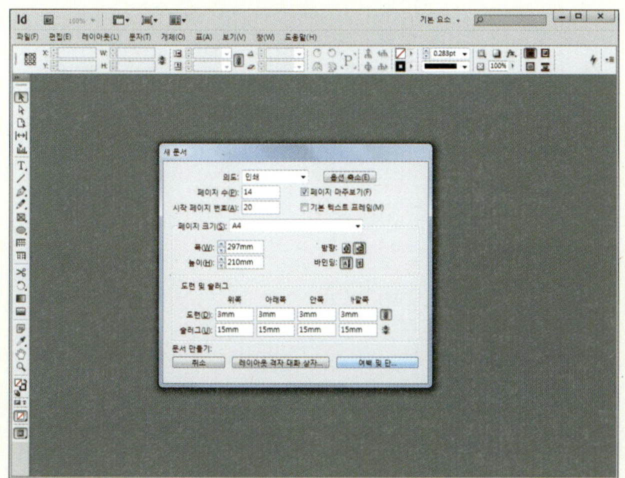

SECTION 02. 레이아웃 안내선 살펴보기

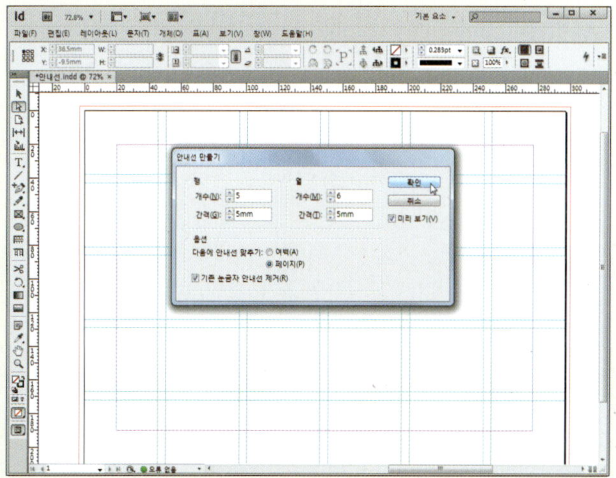

SECTION 03. 페이지를 다루기 위한 스프레드 이해 및 활용하기

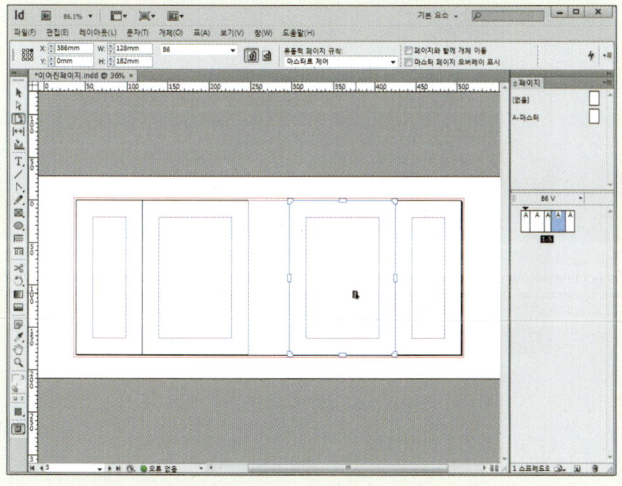

SECTION 04. 마스터 페이지를 만들어 반복 동작 없이 작업하기

단순 입력에서 활용까지, 인디자인에서 텍스트 정복하기

PART 03에서는 편집 디자인을 위해 기본적으로 알아두어야 할 텍스트 프레임과 텍스트 활용에 대해 배워봅니다. 텍스트를 입력하기 위해 텍스트 프레임을 만들고 텍스트 프레임 안에 텍스트를 입력하는 방법, 텍스트 프레임의 옵션을 설정하는 방법 등에 대해 살펴봅니다.

SECTION 01. 텍스트 프레임 만들고 텍스트 입력하기

SECTION 02. 텍스트 가져오기와 텍스트 프레임 서로 연결하기

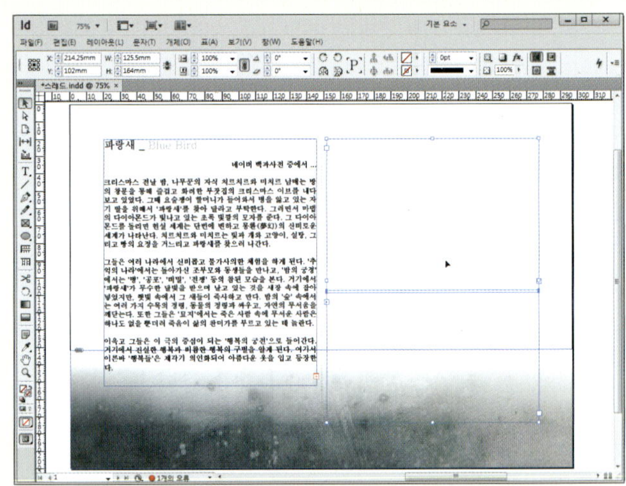

SECTION 03. 텍스트 프레임 모양과 여백 설정하기

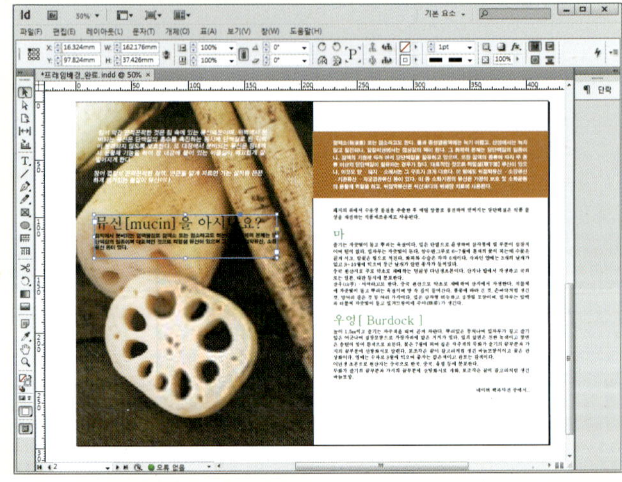

PART 04 느낌 있는 문서를 위한 이미지 활용하기

PART 04에서는 인디자인 문서에 이미지를 넣고 꾸미는 방법에 대해 배워봅니다. 문서에 그림을 넣기 위해서는 이미지를 넣을 수 있는 프레임을 먼저 만들어야 합니다. 프레임 안에서 자유롭게 그림 이미지를 넣어 문서를 꾸밀 수 있습니다. 다양한 모양의 프레임을 만들고 이미지를 넣는 방법 등에 대해 살펴봅니다.

SECTION 01. 새로운 이미지 프레임 만들고 이미지 불러오기

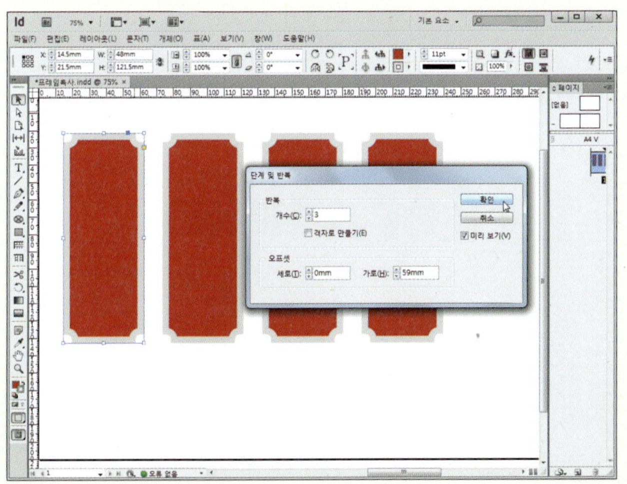

SECTION 02. 프레임 안의 이미지 편집하기

SECTION 03. 이미지에 다양한 효과 적용하기

인디자인 CS6의 컬러와 그래픽 기능 활용하기

인디자인에서 텍스트나 개체에 컬러를 적용하기 위해서는 필요한 컬러를 직접 등록하여 사용할 수 있습니다. 컬러는 원색과 별색 중에서 선택하여 만들 수 있으며, 문서에 등록해 놓은 컬러는 그 문서를 열면 항상 등록해 놓은 컬러를 사용할 수 있고 다른 문서의 컬러 목록을 가져와 사용할 수도 있습니다. 또한 등록해 놓은 컬러 목록은 색상을 수정하거나 삭제할 수 있습니다. 인디자인에서는 색상뿐만 아니라 직접 도구를 만들거나 레이어를 활용하는 등의 기본적인 그래픽 기능이 가능합니다. PART 05에서는 색상을 활용하는 방법과 인디자인의 그래픽 기능에 대해 살펴봅니다.

SECTION 01. 새로운 원색과 별색 만들기

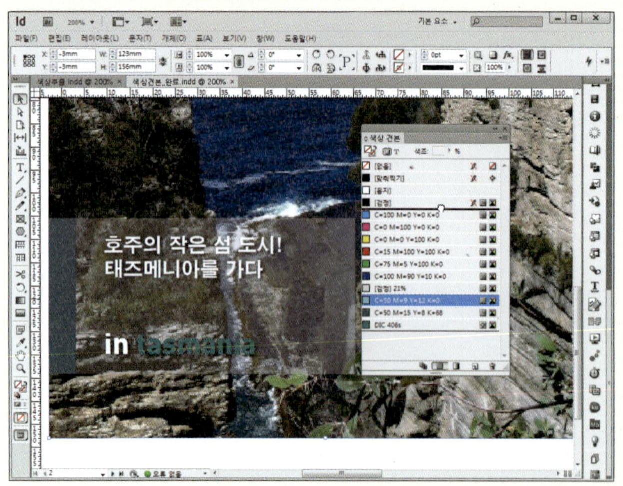

SECTION 02. 층층이 존재하는 레이어 기능 활용하기

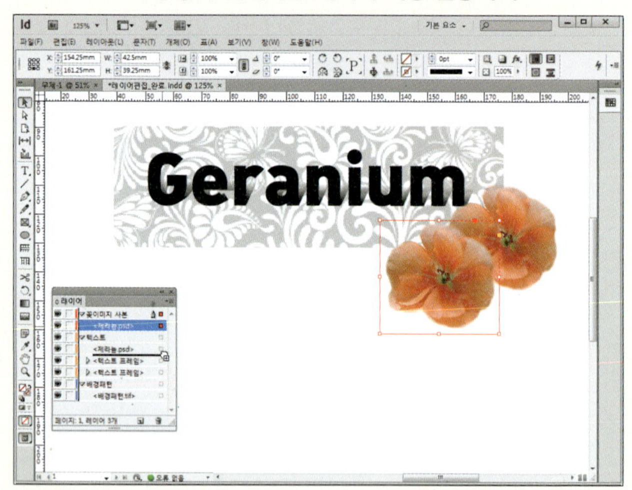

SECTION 03. 도형 만들기와 패스파인더 기능 활용하기

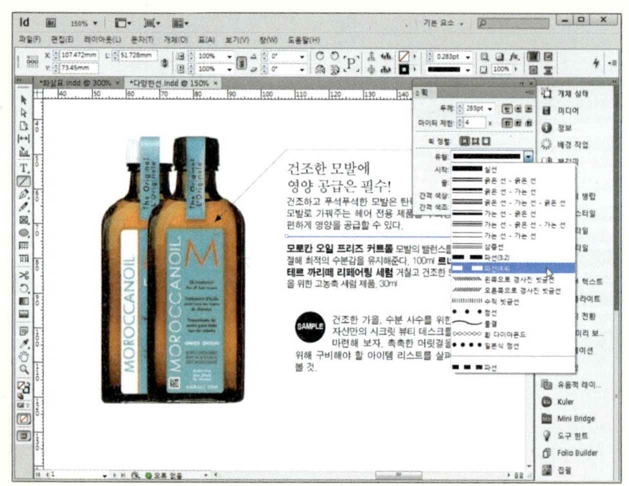

PART 06 · 스타일 기능을 활용하여 더욱 편리하게 문서 디자인하기

인디자인의 스타일 기능은 특정한 스타일을 등록해 놓고 여러 요소에 등록해 놓은 스타일을 적용할 수 있는 기능입니다. 스타일은 텍스트 서식이나 도형, 표 등에서 사용할 수 있으며, 등록해 놓은 스타일은 언제든 수정할 수 있습니다. 그러므로 많은 양으로 구성된 문서를 만들 때 스타일을 활용하면 통일감 있는 문서를 만들 수 있습니다. PART 06에서는 각종 스타일의 종류와 설정 방법, 활용 방법 등에 대해 살펴봅니다.

SECTION 01. 문자 스타일과 단락 스타일 설정하기

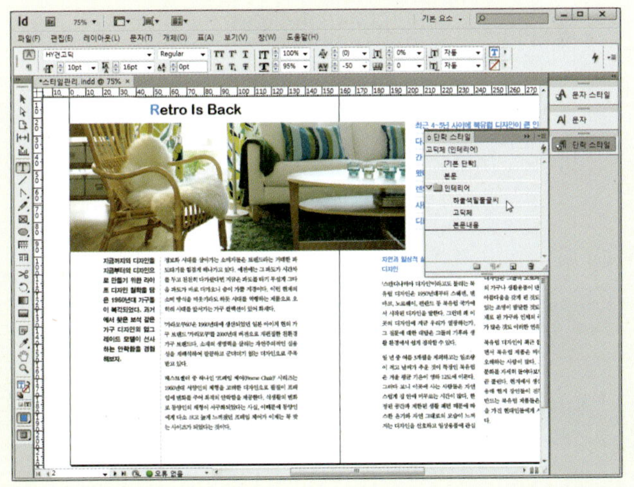

SECTION 02. 개체 스타일 만들고 활용하기

SECTION 03. 다단 문서 설정과 텍스트에 효과 적용하기

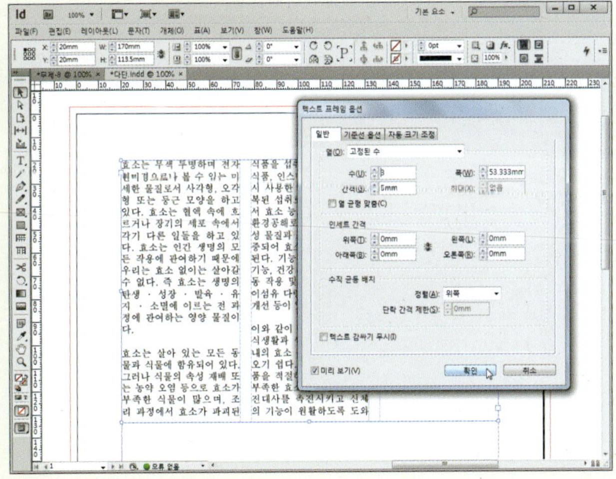

PART 07

문서를 정돈해주는 표 기능 활용하기

문서 편집에서 표는 텍스트로 정돈하고 표현할 수 없는 부분을 깔끔하게 완성할 수 있는 편리한 기능입니다. PART 07에서는 표를 만드는 기본적인 기능부터 다른 응용 프로그램의 표나 데이터를 가져와 완성하는 방법, 표를 보기 좋게 꾸며주는 방법 등에 대해 살펴봅니다.

SECTION 01. 새로운 표 만들고 편집하기

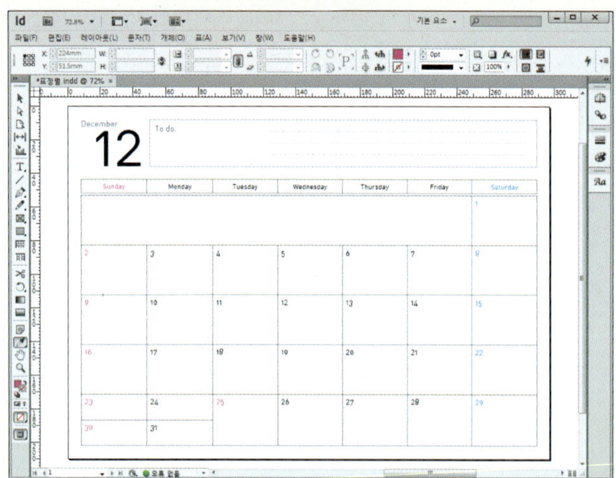

SECTION 02. 스타일을 활용한 표 모양 설정하기

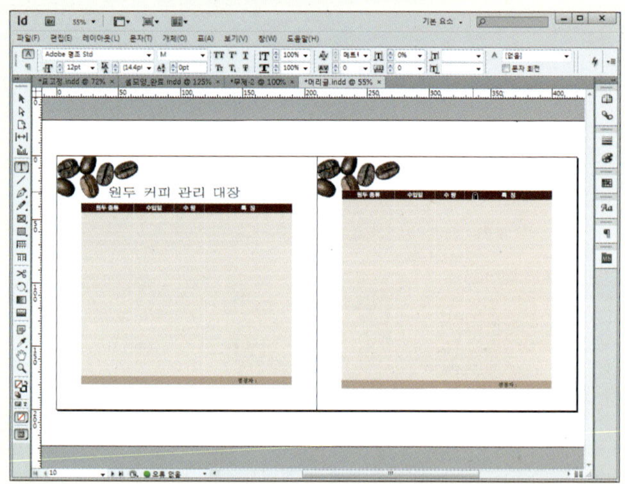

SECTION 03. 다른 응용 프로그램의 표 가져와 활용하기

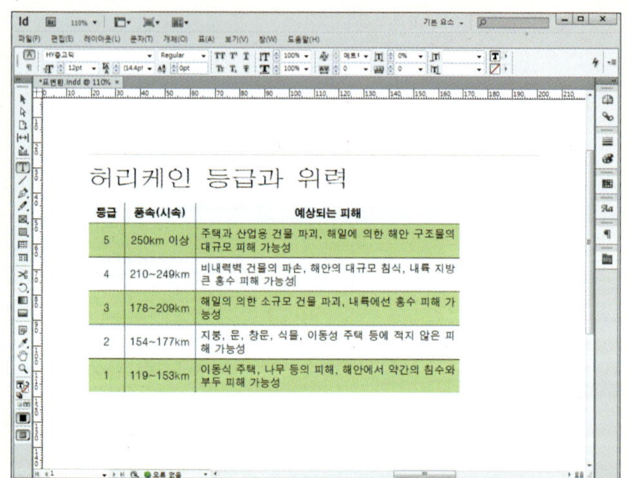

PART 08 인쇄 전 여러 가지 마무리 기능 살펴보기

PART 08에서는 완성 단계의 문서에 사용할 기능에 대해 살펴봅니다. 편집이 완성된 문서의 목차나 색인을 만들고, 내용 중 잘못 입력된 부분이 없는지 맞춤법 검사를 실행합니다. 모든 문서를 완성한 후에는 오류 확인과 인쇄 준비 파일을 모으는 등의 마무리 과정에 대해서도 알아봅니다.

SECTION 01. 책 파일 만들어 목차와 색인 만들기

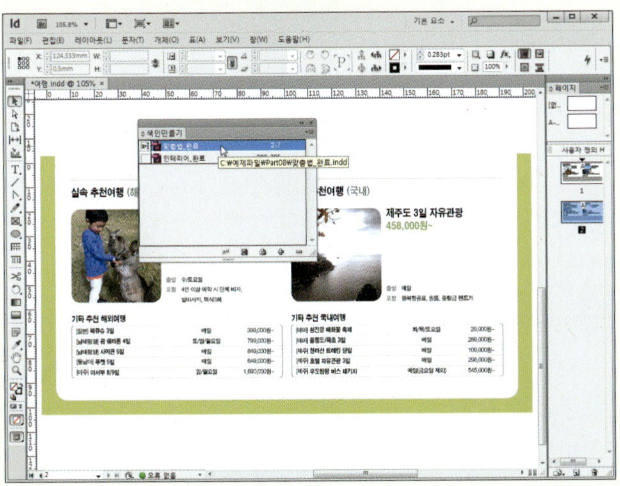

SECTION 02. 완성한 문서 내용 점검하기

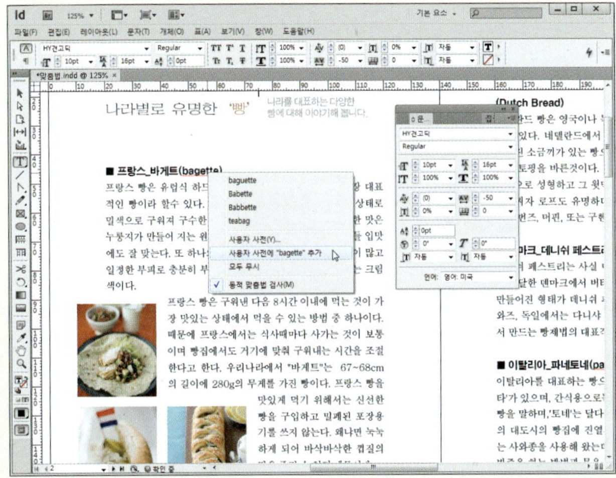

SECTION 03. 인쇄 넘기기 전 마지막 점검하기

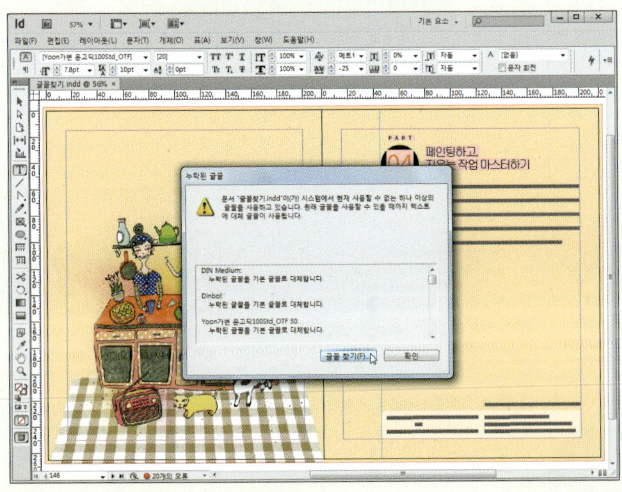

SECTION 04. 완성한 문서를 다양한 형식의 문서로 내보내기

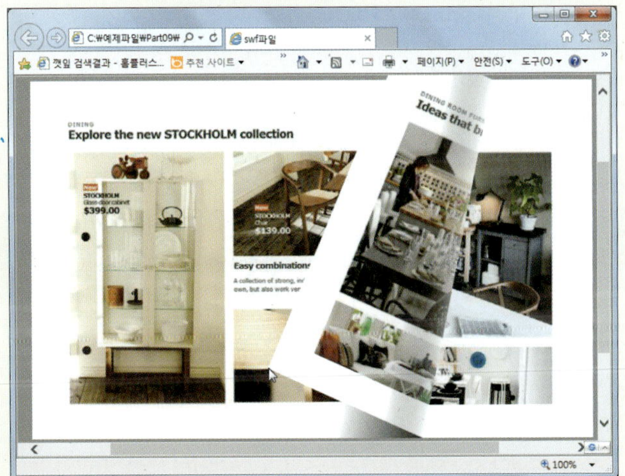

실무를 완벽하게 대비하는 종합 실습 문제

인디자인 CS6의 전반적인 기능을 활용하여 실전에 대비하는 종합 문제입니다.

프로젝트 1. 한글 공부를 위한 한글 단어 스티커 만들기

프로젝트 2. 단행본 표지 만들기

프로젝트 3. 표를 이용한 강의 시간표 만들기

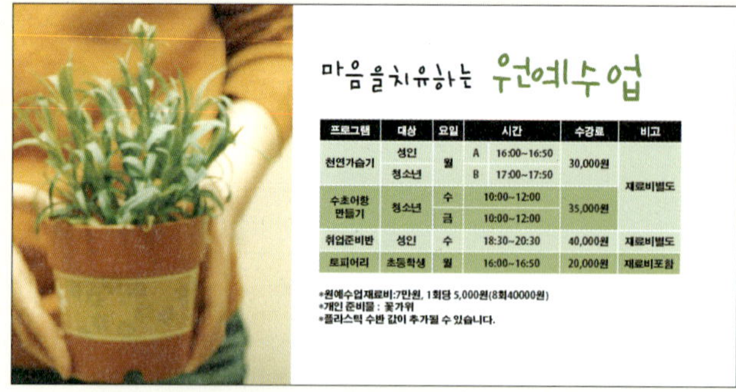

프로그램	대상	요일	시간		수강료	비고
천연가습기	성인	월	A	16:00~16:50	30,000원	
	청소년		B	17:00~17:50		재료비별도
수초어항 만들기	청소년	수		10:00~12:00	35,000원	
		금		10:00~12:00		
취업준비반	성인	수		18:30~20:30	40,000원	재료비별도
토피어리	초등학생	월		16:00~16:50	20,000원	재료비포함

*원예수업재료비:7만원, 1회당 5,000원(8회40000원)
*개인 준비물 : 꽃가위
*플라스틱 수반 값이 추가될 수 있습니다.

프로젝트 4. 네임카드 만들기

프로젝트 5. 제품 이미지만 반짝이도록 처리하는 후가공을 위한 필름판 만들기

스마트 시리즈의 효율적인 학습을 위해 예제/완료/해설 파일을 부록 CD로 제공합니다.

1 CD/DVD-ROM에 부록 CD를 삽입한 후, [폴더를 열어 파일 보기]를 클릭합니다.

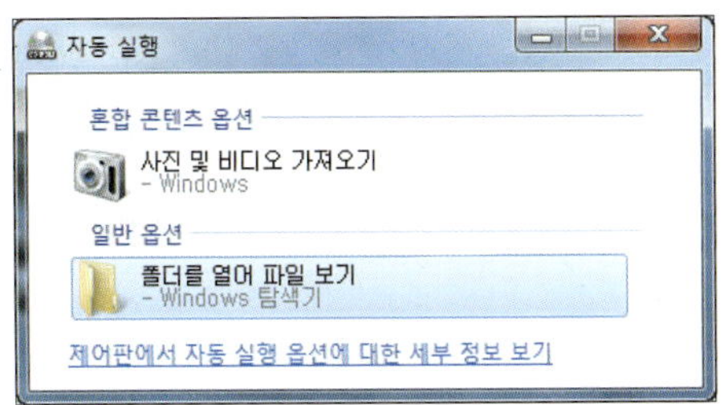

2 본문 학습에 도움이 되는 예제/완성/해설 파일이 챕터별로 분류된 것을 확인할 수 있습니다. 해설 파일은 하드디스크에 별도로 복사하여 사용하는 것이 편리합니다.

3 각 장의 폴더를 클릭하면 해당 장에서 사용하는 시작/완료 파일을 확인할 수 있습니다.

4 해설 파일 폴더를 클릭하면 〈응용 실습〉 해설 파일(HWP/PDF 파일)을 확인할 수 있습니다. 〈프로젝드〉 해실 파일(HWP/PDF/MP4 파일)은 프로젝트 폴더에서 확인할 수 있으며 동영상 파일은 음성 없이 제공됩니다.

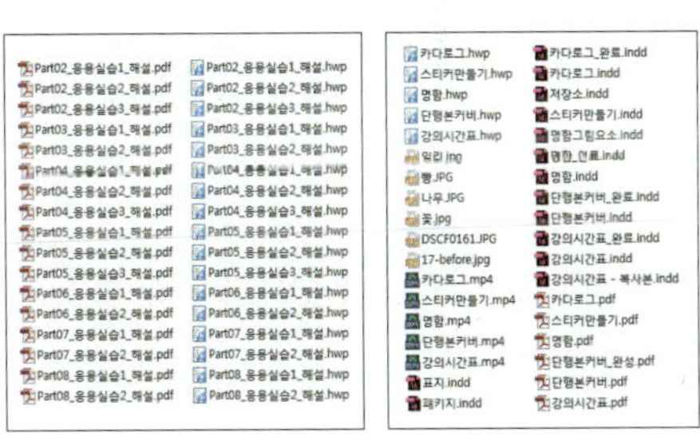

tip

PDF 파일은 네이버와 같은 포털 사이트에서 '어도비 리더(Adobe Reader)'라는 무료 프로그램을 다운로드 받아 설치한 후 볼 수 있습니다.

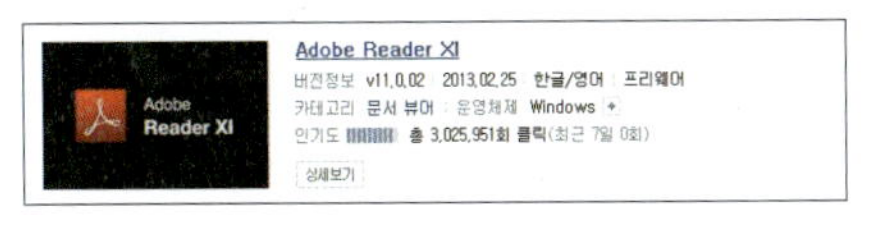

● 동영상 해설 파일을 보는 방법 1

〈프로젝트〉의 동영상 해설 파일을 더블클릭하면 각자의 PC에 설치된 동영상 플레이어에서 자동 실행됩니다.

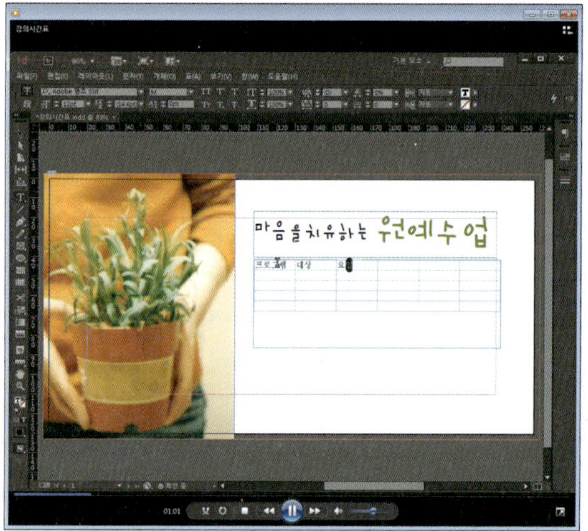
▲ Window Media Player에서 재생되는 모습

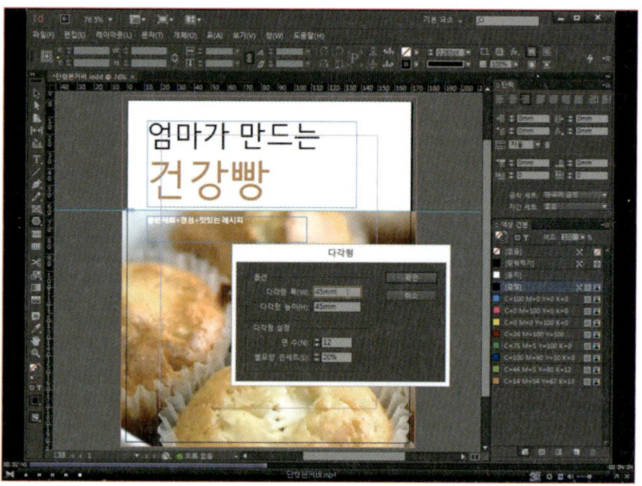
▲ KM Player에서 재생되는 모습

> **tip**
>
> 본 동영상 해설 파일은 MP4 파일로 제공되며, 대부분의 동영상 플레이어(Window Media Player, KM Player, GOM Player)에서 재생되는 기본 포맷입니다. 혹시 재생되지 않는 경우가 있다면 동영상 코덱을 다운로드 받아야 합니다.

● 동영상 해설 파일을 보는 방법 2

스마트폰을 소지한 사람은 프로젝트 본문에 있는 QR 코드를 코드 리더기 앱(예 QrooQroo, QR Droid 등)으로 촬영하여 동영상 해설 파일을 볼 수도 있습니다.

● 동영상 해설 파일을 보는 방법 3

또한 성안당 홈페이지(www.cyber.co.kr)의 [자료실]을 클릭한 후, [부록CD]를 클릭하여 이용할 수도 있습니다.

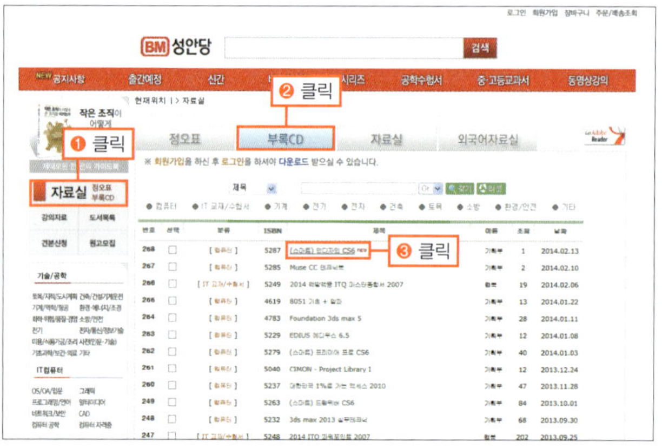

PART 03

단순 입력에서 활용까지, 인디자인에서 텍스트 정복하기   119

PART 05

인디자인 CS6의 컬러와 그래픽 기능 활용하기 215

스스로 **마스터**하는 **트레이닝북**
인디자인 CS6

PART 07

문서를 정돈해주는 표 기능 활용하기 — 313

실무를 완벽하게 대비하는 종합 실습 문제 **407**

01

인디자인 CS6와의
설레는 첫 만남

인디자인은 텍스트와 이미지를 적절하게 배치하여 광고지나 책, 잡지 등을 편집할 때 사용하는 프로그램입니다. 프로그램을 사용하기 위해 기본적으로 도구 상자나 메뉴, 인터페이스를 익혀 두어야 합니다. 여기서는 인디자인 설치 방법부터 메뉴나 도구 상자 등의 사용법에 대해 살펴봅니다.

INDESIGN CS6

SECTION 01

인디자인 CS6 시작하기

인디자인은 문서를 편집할 때 사용하는 프로그램입니다. 프로그램을 설치하기 위해 어떤 시스템이 갖춰져야 하는지, 프로그램은 어떻게 설치하는지, 설치한 프로그램을 실행하고 종료하는 방법 등에 대해 알아봅니다.

다루는 내용

- 인디자인 설치하기
- 인디자인 실행하기
- 인디자인 종료하기

기능 정리

인디자인과 편집 디자인 이해하기

인디자인은 이미지와 텍스트를 도구로 이용하여 책이나 잡지 등을 만들어낼 수 있는 편집 프로그램입니다. 인디자인 CS6에서는 종이로 인쇄하는 방식 외에도 PDF 문서나 웹 문서, SWF 문서도 완성할 수 있습니다. 또한 전자책(e-book)도 손쉽게 만들어낼 수 있습니다. 이처럼 인디자인은 편집한 문서를 다양한 형식으로 출판할 수 있는 유용한 프로그램입니다.

● 인디자인의 출판 방법

인디자인은 컴퓨터를 이용해 인쇄물을 편집하는 전자 출판 프로그램입니다. 최근 인디자인에서는 종이에 인쇄하는 출력물 외에도 전자책(e-book)이나 웹 문서, 플래시 파일, 스마트폰 등에서 활용할 수 있는 다양한 문서 제작도 가능해졌습니다. 다양한 형식의 출판이 가능한 만큼 인디자인의 활용도는 매우 높습니다. 특히 인디자인은 문서를 완성한 후 출력물의 종류와 크기를 손쉽게 변경하여 설정할 수 있으므로 같은 내용의 문서를 출판물, 전자책, 웹 문서, PDF, 플래시 파일 등으로 내보낼 수도 있습니다.

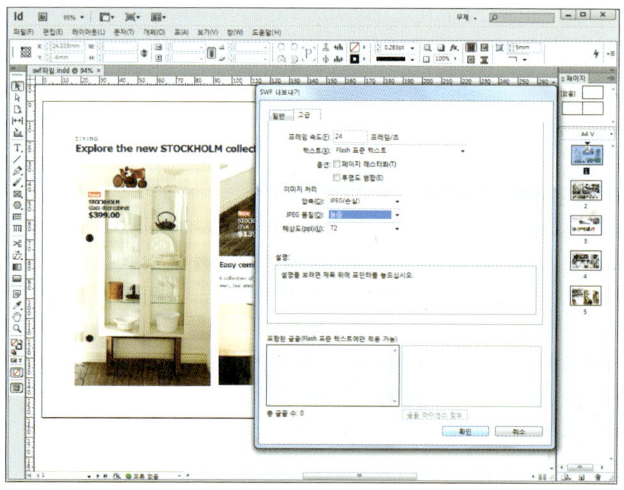

인디자인은 PC용과 매킨토시용이 구분되어 있으며, 사용자의 컴퓨터와 필요에 따라 적절하게 사용할 수 있습니다. 인디자인으로 작업한 문서는 매킨토시와 PC에서 호환되는 폰트를 사용한 경우 시스템과 무관하게 문서가 호환됩니다. 단, PC용 인디자인과 매킨토시용 인디자인은 구분되어 있어 별도로 구매하여야 사용할 수 있습니다.

● 인디자인과 그래픽 프로그램

인디자인 프로그램 내에서도 이미지에 효과를 적용하거나 투명도를 변경하는 등의 몇 가지 이미지 편집이 가능합니다. 하지만 이미지의 형식이나 편집은 이미지 전용 편집 프로그램을 사용하는 것이 효율적입니다. 편집할 때 주로 사용하는 이미지 편집 프로그램으로는 어도비 사의 포토샵과 일러스트레이터 등이 있습니다. 포토샵과 일러스트레이터의 경우 인디자인과 호환이 가능하여, 문서에 입력한 그림을 연결 프로그램에서 곧바로 수정하고 갱신할 수 있어 편리합니다.

● 인디자인 CS6 프로그램의 설치 환경 살펴보기

인디자인 CS6를 설치하기 위한 시스템 환경에 대해 살펴봅니다.

윈도우	매킨토시
• 인텔 펜티엄(Intel® Pentium®) 4 또는 AMD 애슬론(AMD Athlon®) 64 프로세서 • 마이크로소프트 윈도우(Microsoft® Windows) 7 서비스 팩 1, 윈도우 8 또는 윈도우 8.1 • 2GB RAM(8GB 권장) • 설치를 위한 2.6GB의 하드 디스크 여유 공간이나 설치 시 추가 여유 공간이 필요할 수 있습니다. 플래시 메모리 기반의 이동식 디스크에 설치할 수 없습니다. • 32비트 비디오 카드가 장착된 1024×768 디스플레이 (1280×800 권장) • SWF 파일을 내보내는 데 필요한 어도비 플래시 플레이어 (Adobe® Flash® Player) 10 소프트웨어	• 멀티코어 인텔(Intel) 프로세서 • 맥 OS(Mac OS) X v10.7, 10.8 또는 v10.9 • 2GB RAM(8GB 권장) • 설치를 위한 2.6GB의 하드 디스크 여유 공간이나 설치 시 추가 여유 공간이 필요할 수 있습니다. (대소문자를 구분하는 파일 시스템을 사용하는 볼륨 또는 플래시 메모리 기반의 이동식 디스크에 설치할 수 없습니다.) • 32비트 비디오 카드가 장착된 1024×768 디스플레이 (1280×800 권장) 레티나(Retina) 디스플레이 지원 • SWF 파일을 내보내는 데 필요한 어도비 플래시 플레이어 (Adobe Flash Player) 10 소프트웨어

단, 온라인 서비스를 이용하기 위한 멤버십을 확인하기 위해서는 인터넷 연결 및 등록이 필요합니다.

인디자인 CS6의 대표적인 신기능 살펴보기

인디자인은 새로운 버전이 출시될 때마다 편집에 유용한 기능이 추가됩니다. 인디자인 CS6에서 새롭게 추가된 대표 기능에 대해 살펴봅니다.

● 대체 레이아웃과 유동적 레이아웃

대체 레이아웃과 유동적 레이아웃을 활용하면 페이지의 크기와 요소를 여러 가지 페이지의 크기와 방향, 또는 종횡비에 맞춰 변경할 수 있습니다.

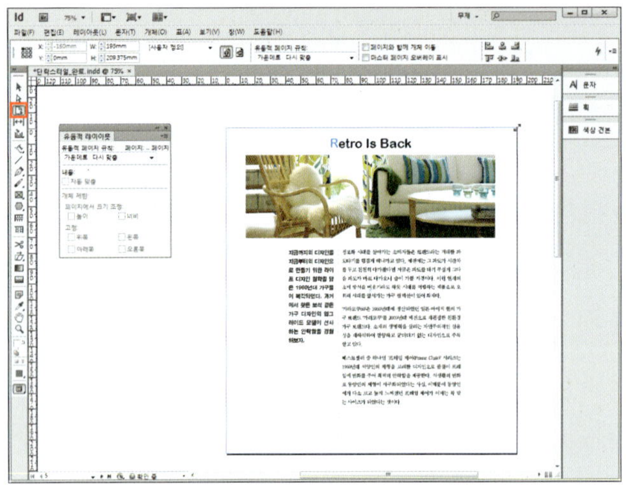

● 내용 수집/배치 도구

도구 상자에 추가된 새로운 기능으로 문서의 내용을 패널에 수집해 두었다가 다른 장소에 배치할 수 있는 기능입니다.

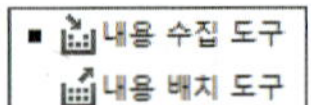

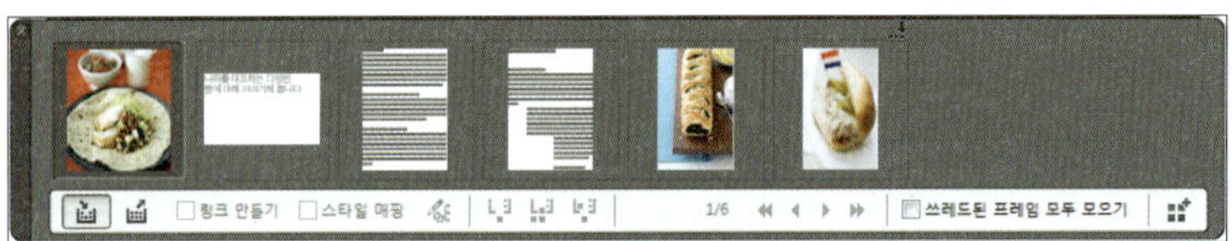

● **창 분할 옵션**

한 개의 문서를 두 개의 창으로 분할하여 살펴볼 수 있습니다. 두 개의 창에 표시되는 화면의 비율을 달리하여 문서의 모습을 확인할 수 있습니다.

● **프레젠테이션 보기**

완성된 문서를 프레젠테이션 문서로 활용할 수 있습니다. 도구 상자의 [프레젠테이션] 도구를 실행하여 바탕화면 전체에 문서가 표시되도록 설정할 수 있습니다. Esc 를 눌러 프레젠테이션을 취소하고 편집 화면으로 되돌릴 수 있습니다.

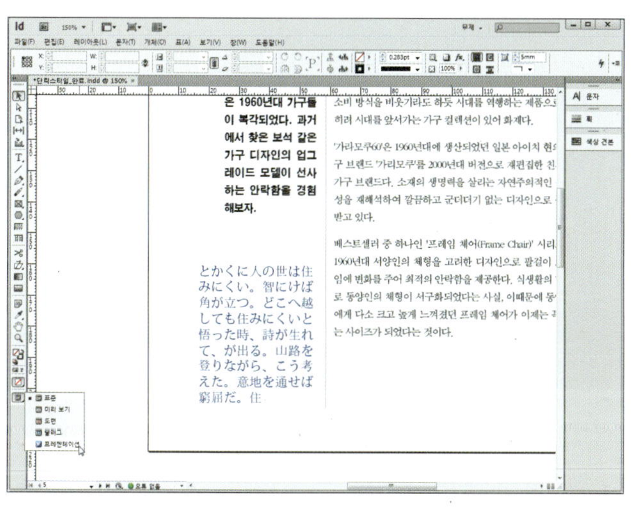

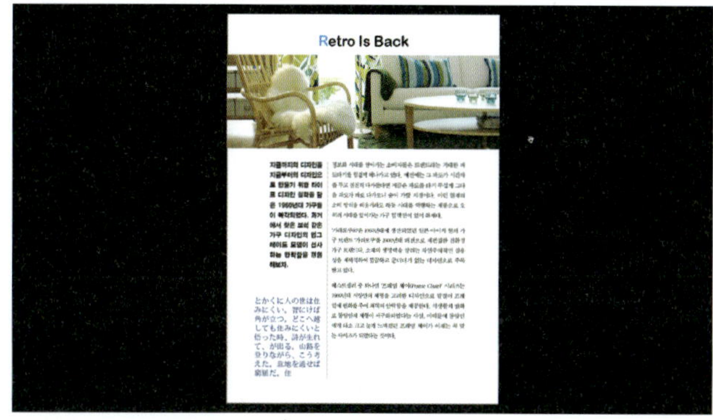

SECTION 02

인디자인 CS6의 화면 구성 살펴보기

인디자인을 실행하면 나타나는 화면의 구성 요소의 명칭과 기능에 대해 알아봅니다. 각 구성 요소의 배치 방법과 구성 변경 방법에 대해 살펴보고 화면을 확대하거나 축소하여 확인하는 방법에 대해 배워봅니다.

다루는 내용

- 인디자인의 화면 구성 살펴보기
- 사용자 편의대로 화면 배치하기

기능 정리

인디자인 CS6의 화면 구성 요소 살펴보기

인디자인 CS6를 실행했을 때 표시되는 화면의 배치 상태와 각 구성 요소에 대해 살펴봅니다.

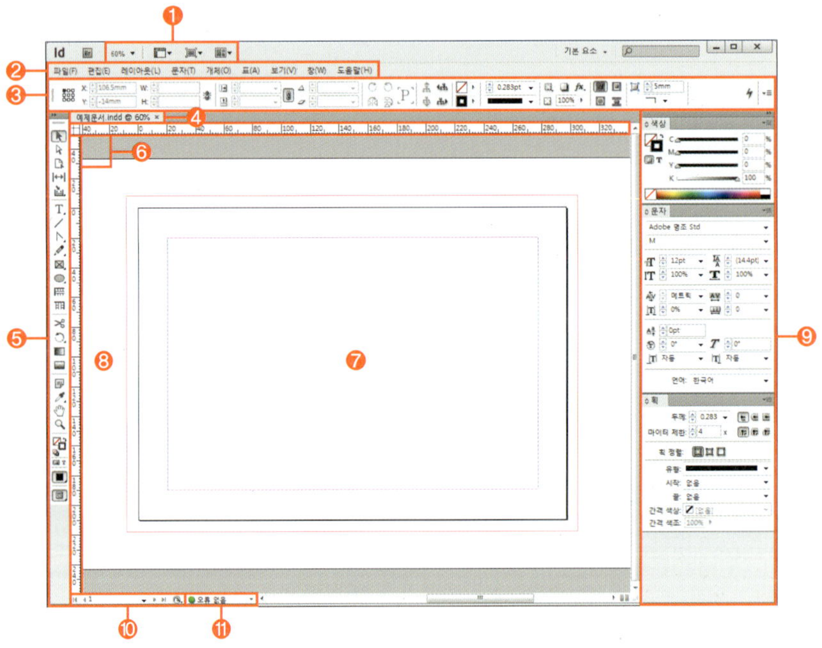

❶ **보기 관련 옵션** : 현재 작업 중인 문서 상태를 확대하여 살펴보거나 축소할 수 있습니다. 또한, 인쇄될 모습을 미리 확인할 수 있으며, 화면의 확대/축소 비율을 직접 설정할 수도 있습니다.

❷ **메뉴** : 문서를 작업할 때 사용할 다양한 메뉴가 등록되어 있습니다. 해당 메뉴 이름을 클릭하면 하위 메뉴가 펼쳐지며, 도큐먼트나 오브젝트에 해당 명령을 수행할 수 있습니다.

❸ **컨트롤 패널** : 작업 창의 상단 부분에 있으며, 현재 선택된 오브젝트의 종류에 따라 표시되는 패널 항목이 달라집니다. 각각의 패널 창을 열지 않아도 다양한 옵션을 컨트롤 패널에서 설정

할 수 있으며, 사용자가 직접 컨트롤 패널 항목을 편집할 수 있어 자주 사용하는 기능으로 구성할 수 있습니다.

❹ **문서 탭** : 현재 작업 중인 문서의 이름과 화면 확대 비율을 표시합니다. 여러 개의 문서가 열려 있는 상태라면 탭을 클릭했을 때 해당 문서를 펼쳐볼 수 있으며, 새로운 탭을 추가하거나 닫을 수 있습니다. 현재 문서 내용이 변경되었거나 저장하지 않은 경우 문서 이름 앞에 '*'가 표시됩니다.

❺ **도구 상자** : 명령을 실행할 수 있는 아이콘이 팔레트 형식으로 구성되어 있습니다. 마우스로 도구 아이콘을 클릭하여 하위 아이콘을 펼쳐볼 수 있으며, Alt 를 누른 채 도구를 클릭하면 숨겨진 하위 도구가 하나씩 번갈아가며 선택됩니다. 도구 상자의 아이콘을 클릭한 후 그리기나 변형 등의 명령을 곧바로 적용할 수 있습니다.

❻ **눈금자** : 문서의 가로와 세로 방향에 표시되며, 문서의 너비와 길이, 오브젝트의 위치와 크기를 손쉽게 파악할 수 있도록 도와줍니다. 또한, 눈금자에서 마우스로 드래그하여 작업 창으로 끌면 안내선을 손쉽게 만들 수 있습니다.

❼ **도큐먼트 창** : 오브젝트나 텍스트를 자유롭게 입력하여 문서를 만들 수 있는 작업 창입니다. 인쇄물에 표시될 영역이므로 인쇄할 내용과 이미지를 배치합니다.

❽ **대지** : 작업 창에서 도큐먼트를 벗어난 그 외의 영역을 대지라고 합니다. 도큐먼트의 내용이 벗어나 위치할 수는 있지만, 인쇄는 되지 않는 영역으로, 도큐먼트에서 임시로 자리를 이동하거나 보관할 때 대지 영역을 활용하면 편리합니다.

❾ **패널** : [창] 메뉴를 통해 다양한 패널을 열 수 있으며, 패널의 위치를 고정하거나 자유롭게 별도의 창으로 열 수도 있습니다. 오브젝트나 텍스트, 인쇄 등에 관련된 기능이 유사한 옵션끼리 묶여 있는 창의 형태입니다.

❿ **상태 표시줄** : 작업 창의 하단에 있으며, 현재 작업 중인 페이지를 표시하거나 오류 등을 확인하여 표시합니다. 또한, 마스터 페이지나 원하는 페이지로 손쉽게 이동할 수 있습니다.

⓫ **라이브 프리플라이트** : 현재 문서의 오류 상황을 실시간으로 확인하여 표시해 줍니다. 오류 내용을 더블클릭하거나 화살표를 눌러 프리플라이트 패널을 열 수 있습니다.

인디자인 CS6의 화면 구성 중 사용자가 편집 가능한 기능 살펴보기

인디자인 CS6을 실행하면 기본적으로 표시되는 화면 구성이 적용된 상태로 펼쳐집니다. 화면을 구성하는 요소의 위치는 사용자가 편의에 따라 편리한 위치로 이동하거나 고정해 사용할 수 있습니다. 화면을 구성하는 요소 중에서 사용자가 직접 크기 및 위치, 표시 메뉴를 설정할 수 있는 기능에 대해 살펴봅니다.

● 패널 크기 조절과 메뉴 구성 변경하기

별도의 창으로 패널이 존재할 때 패널의 크기를 마우스로 드래그하여 변경할 수 있습니다. 숨겨진 메뉴는 를 클릭하여 실행할 수 있습니다. [사용자 정의]를 실행하면 패널에 표시될 메뉴는 사용자가 직접 편집할 수 있습니다. 컨트롤 패널에 표시되지 않도록 할 메뉴의 체크 박스를 클릭하여 체크를 해제합니다. [확인]을 클릭하면 패널에 해당 메뉴가 표시되지 않습니다. 다시 한번 [사용자 정의]를 실행하여 체크 박스를 표시하면 언제든 다시 표시되도록 설정을 변경할 수 있습니다.

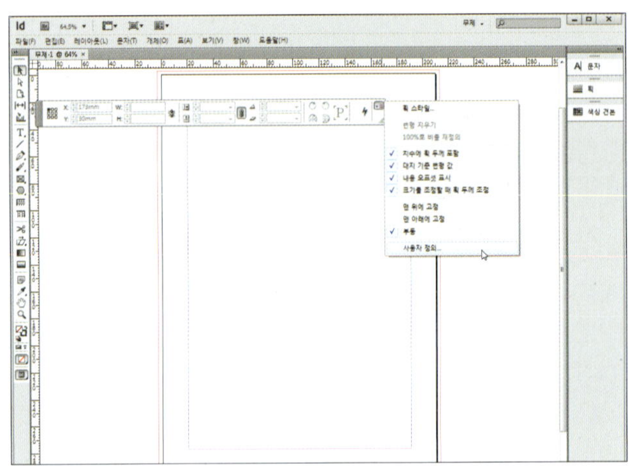
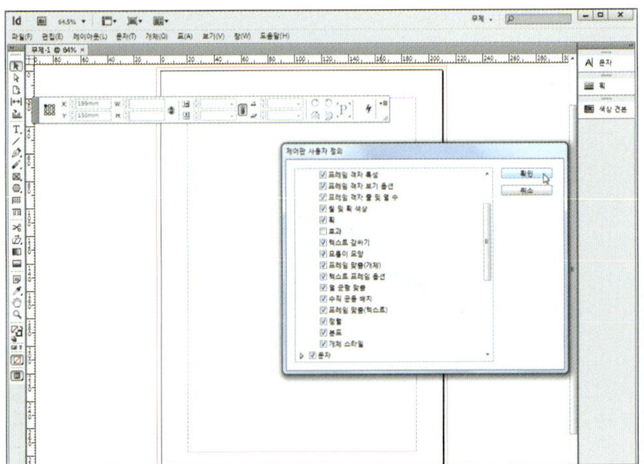

● 새 창 만들고 배치하기

기본적으로 문서를 열면 현재의 창에 새로운 탭이 추가되고 해당 문서가 표시됩니다. 이때 현재의 창에서 [문서 배치] 아이콘( )을 클릭하여 [새 창]을 실행하면 새로운 창으로 분할하여 작업할 수 있습니다.

● **사용자가 직접 메뉴 표시 설정하기**

메뉴를 클릭했을 때 펼쳐지는 세부 메뉴도 사용자가 표시하거나 숨길 수 있습니다. [편집] 메뉴의 [메뉴]를 실행한 후 해당 메뉴를 선택하고 숨기고자 하는 명령의 가시성 아이콘을 클릭하여 감춰줍니다. [확인]을 클릭하고 해당 메뉴를 펼쳐보면 숨겨놓은 메뉴가 표시되지 않는 것을 볼 수 있습니다. 이와 같은 방법으로 자주 사용하는 메뉴만 표시하고 사용 빈도가 낮은 메뉴는 숨길 수 있습니다.

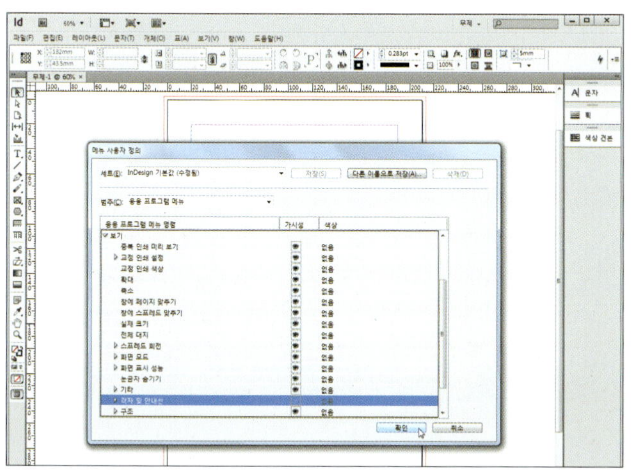
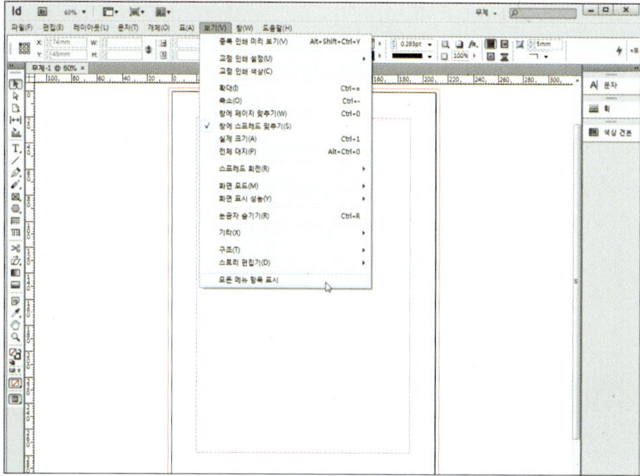

화면의 배치 방법 변경하기

화면의 배치를 사용자의 편의에 맞춰 변경하는 방법에 대해 알아봅니다.

01 컨트롤 패널 분리하기

❶ [창] 메뉴의 [컨트롤]을 실행하면 별도의 창으로 [컨트롤] 패널이 나타납니다. ❷ 창의 앞부분을 드래그하여 메뉴 아래와 제목 표시줄 사이로 드래그합니다.

02 컨트롤 패널 고정하기

컨트롤 패널이 삽입될 위치에 파란색으로 표시되고 컨트롤 패널이 메뉴의 아래쪽에 고정됩니다.

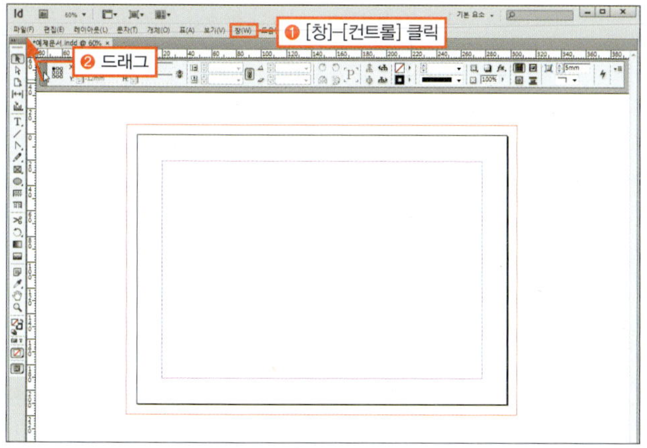

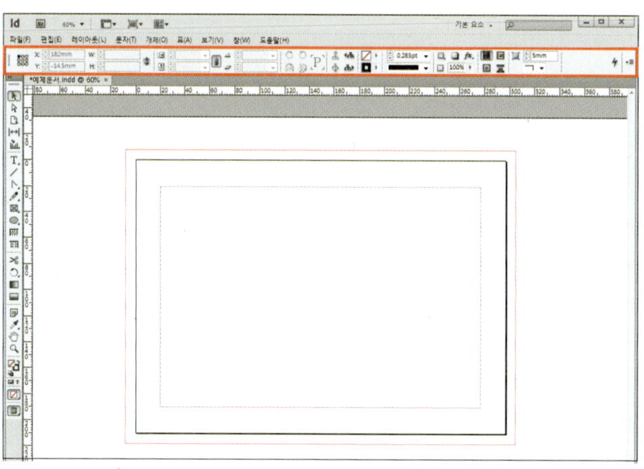

문서 작업 시 필요한 패널은 [창] 메뉴를 통해 불러옵니다.
❶[창] 메뉴를 클릭하여 ❷패널 이름을 클릭하면 ❸하위 패
널 목록이 표시됩니다. 필요한 패널 이름을 선택합니다.

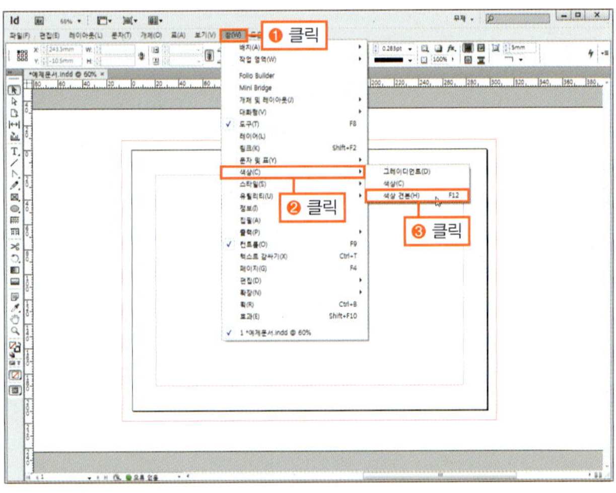

04 패널 표시 확인하기

선택한 패널이 별도의 창으로 나타납니다.

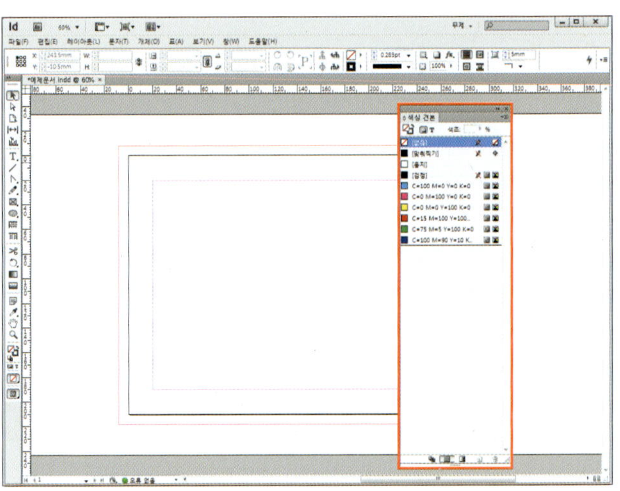

05 자주 사용하는 패널 오른쪽에 고정하기

패널이 별도의 창으로 설정되면 작업 창을 가려 방해가 될
수 있습니다. 이런 경우 오른쪽에 고정시켜 작업 창의 크기
가 변경되어도 자동으로 오른쪽에 위치하도록 고정시킬
수 있습니다. ❶패널 창의 제목 부분을 드래그하여 작업 창
의 오른쪽으로 이동합니다. 작업 창의 오른쪽 끝에 다음과
같이 패널 창으로 고정할 수 있습니다.

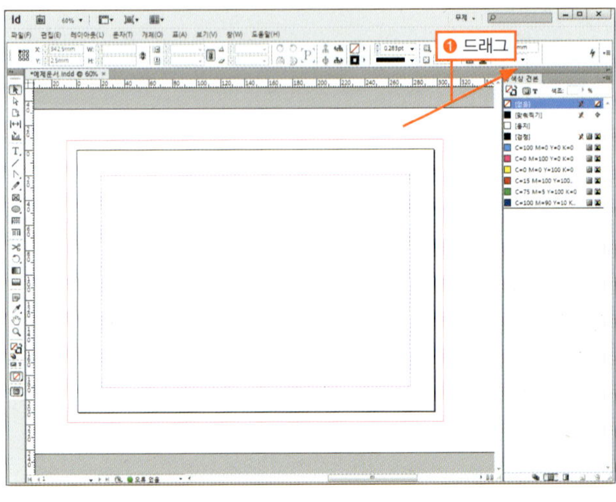

06 패널 창 추가하기

❶또 다른 패널을 추가한 후 패널 창의 위아래 위치에 원하
는 대로 끼워넣을 수 있습니다.

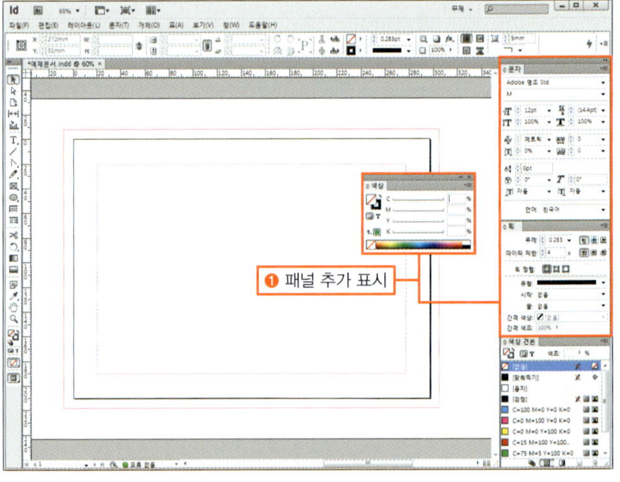

07 패널 창을 아이콘으로 표시하기

❶패널 창의 오른쪽 상단에 있는 [아이콘으로 축소] 아이콘(▸▸)을 클릭하면 왼쪽 그림과 같이 아이콘으로 변경됩니다.

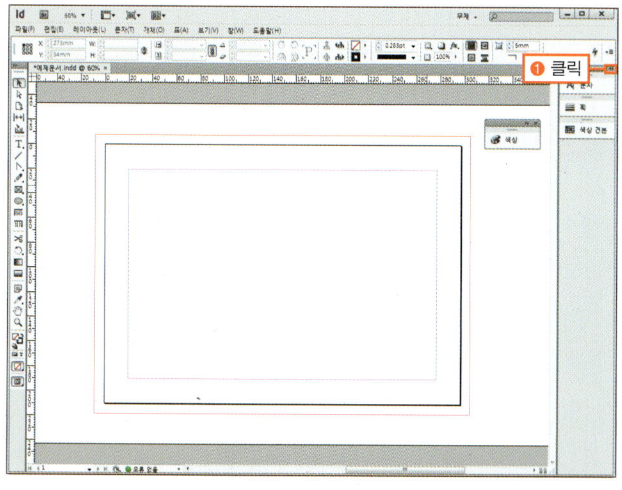

08 패널 펼치기

❶아이콘을 클릭하면 해당 패널이 펼쳐지고, 명령을 적용할 수 있습니다. 패널 창을 열고 작업할 때보다 작업 창의 공간을 확보할 수 있어 편리합니다.

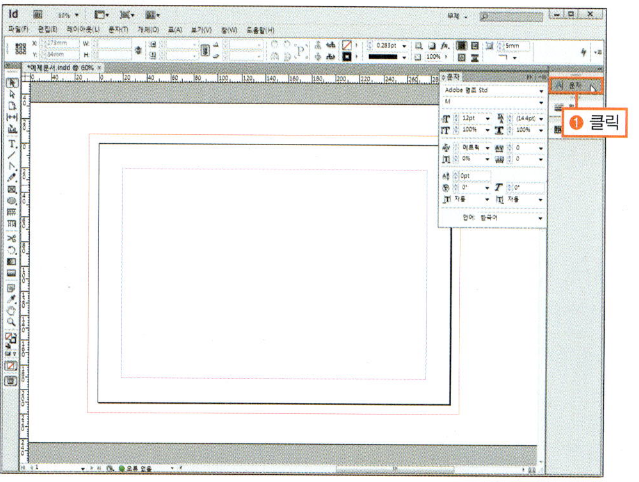

09 작업 영역으로 현재 패널 창 위치 저장하기

현재 작업 창에 열려 있는 패널의 종류와 위치 등을 작업 영역으로 등록해 놓으면 손쉽게 그 상태로 되돌릴 수 있습니다. 작업 영역을 완성하고 ❶[창] 메뉴의 ❷[작업 영역]-❸[새 작업 영역]을 실행합니다.

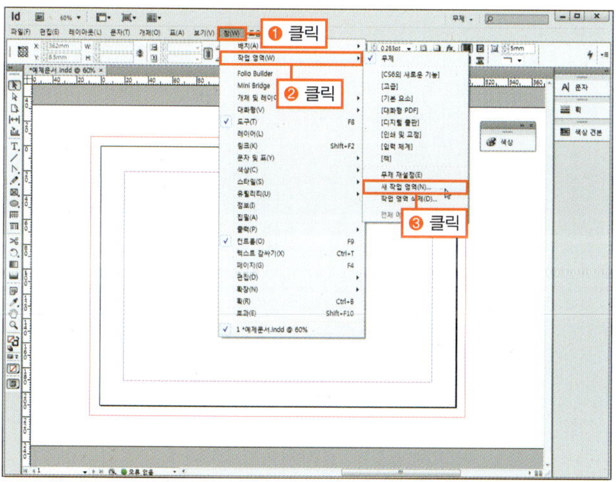

10 작업 영역 이름 지정하여 저장하기

❶[새 작업 영역] 대화상자에서 이름을 입력하고 ❷[확인]을 클릭합니다.

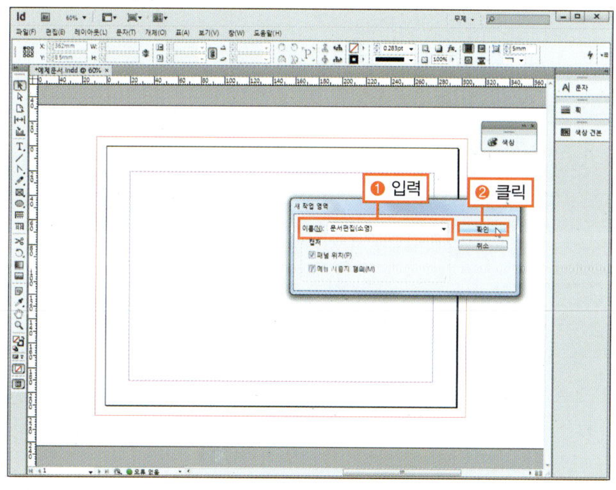

11 저장해 놓은 작업 영역 불러와 사용하기

다른 사용자에 의해 작업 영역의 모습이 변경되었을 때 저장해 놓은 작업 영역을 불러와 사용할 수 있습니다. [창] 메뉴의
[작업 영역]에서 저장해 놓은 작업 영역 이름을 선택하거나 ❶메뉴의 오른쪽 부분에서 ❷등록해 놓은 '문서편집(소영)'을
선택하여 작업 영역을 자동으로 변경할 수 있습니다. 여러 명의 작업자가 사용하는 컴퓨터의 경우나 문서의 종류에 따라
작업 영역을 등록해 놓으면 패널을 일일이 불러올 번거로움 없이 작업할 수 있습니다.

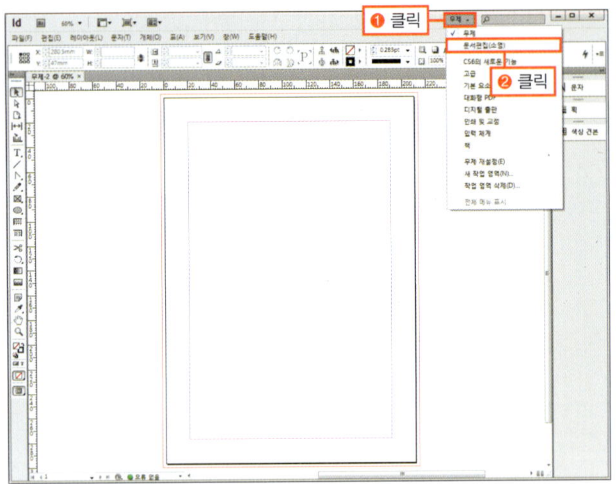
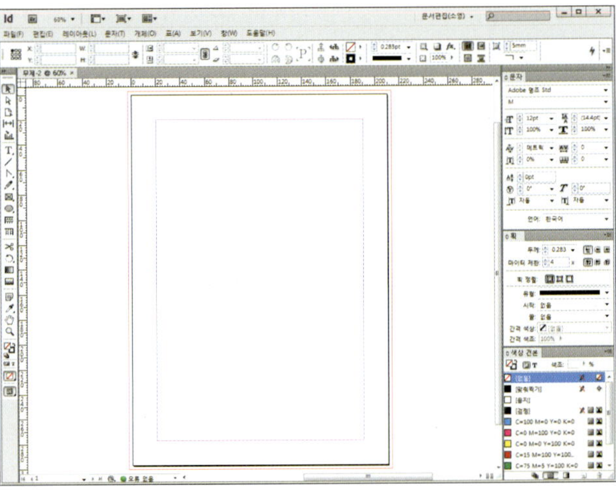

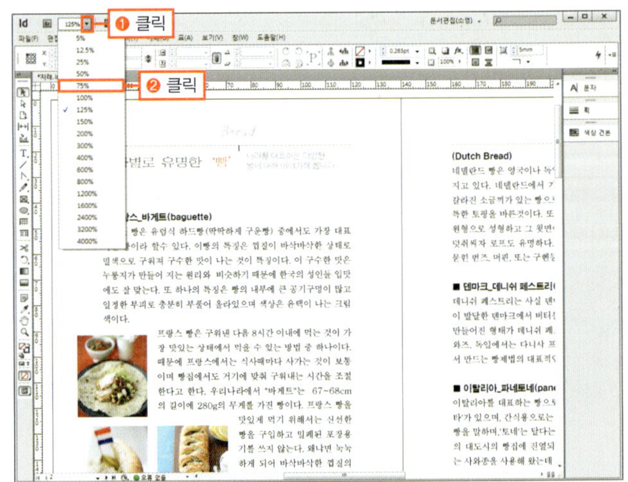

실습 과정

화면 확대/축소 방법 살펴보기

작업할 때 화면을 크게 보거나 축소하여 전체 페이지의 모습을 살펴보는 방법에 대해 알아봅니다.

01 보기 관련 옵션에서 화면 확대/축소 비율 정하기

❶작업 창의 상단에 있는 보기 관련 옵션에서 화면 확대/
축소 레벨을 클릭합니다. ❷목록에서 원하는 레벨을 선택
하여 손쉽게 화면의 크기를 확대하거나 축소할 수 있습니
다. 또는 직접 확대/축소 비율을 입력하여 화면의 확대/축
소 비율을 설정할 수도 있습니다.

02 키보드를 이용해 화면 확대하기

❶ Ctrl + Spacebar 를 누르면 마우스 포인터가 + 모양으로 표시됩니다. 클릭할 때마다 25%씩 증가하며 화면 비율이 확대됩니다.

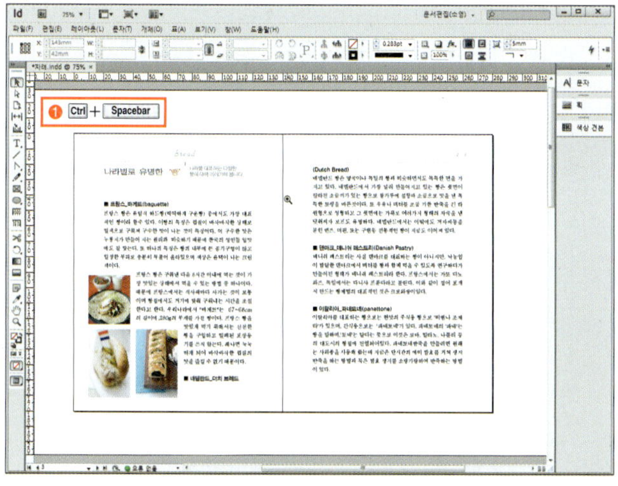

03 키보드를 이용해 화면 축소하기

❶ Ctrl + Spacebar + Alt 를 누르면 마우스 포인터가 – 모양으로 표시됩니다. 클릭할 때마다 25%씩 감소하며 화면 비율이 축소됩니다.

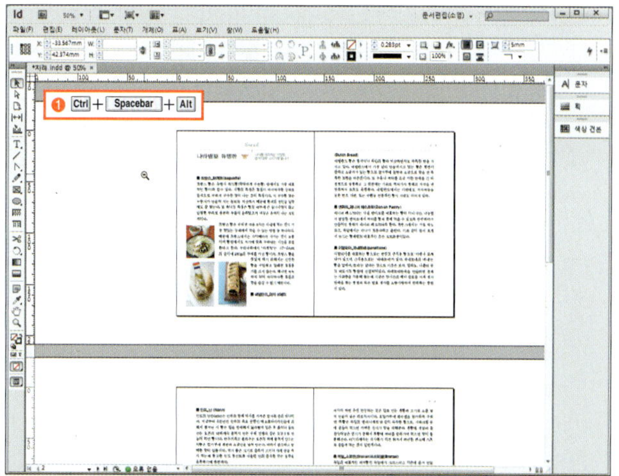

> **참고**
>
> 작업 중 Ctrl 을 누른 상태에서 + 를 누르면 화면을 확대할 수 있습니다. 반대로 Ctrl 을 누른 상태에서 – 를 누르면 화면이 축소됩니다.

04 원하는 영역만 부분 확대하기

작업 중 특정 부분을 확대하여 내용을 확인하고 싶을 때 ❶ Ctrl 을 누른 채 확대할 영역을 드래그합니다. 드래그한 영역이 작업 화면에 확대되어 나타납니다.

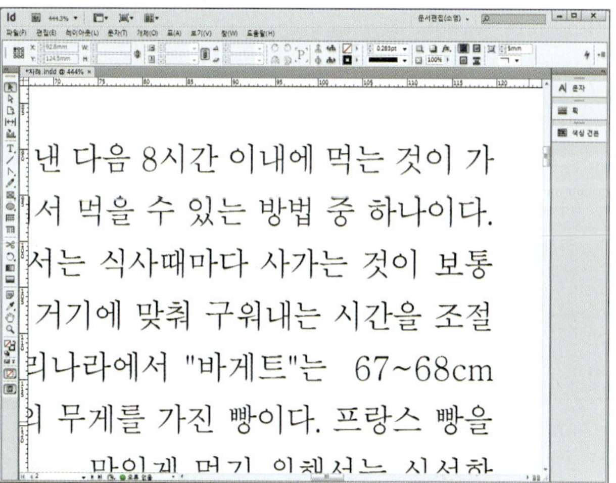

인디자인 CS6에서 새롭게 추가된 레이아웃 분할 보기

인디자인 CS6에서는 현재 작업하는 문서를 두 개의 창으로 분할하여 각각 화면 비율을 다르게 놓고 확인할 수 있는 레이아웃 분할 기능이 추가되었습니다. 레이아웃 분할 기능은 전체적인 페이지의 모습을 살펴보면서 문서 일부분을 수정하고 수정된 부분이 적용된 모습을 곧바로 확인할 수 있어 편리한 기능입니다.

1 레이아웃 분할 보기

❶문서를 작업하는 중에 하단의 상태 표시줄 오른쪽에 위치한 [클릭하여 레이아웃 분할 보기](■)를 클릭합니다.

2 화면 보기 비율 조절하기

현재 작업 창이 두 개로 분리됩니다. ❶오른쪽 창을 클릭하여 선택하고 ❷화면 보기 비율을 페이지 전체가 보이도록 조절합니다.

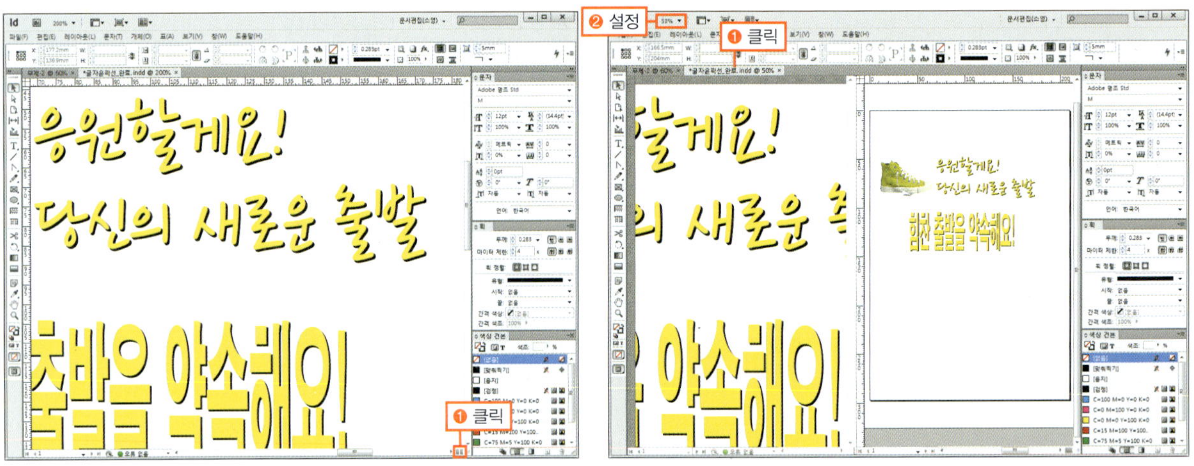

3 문서 편집하기

❶왼쪽 창을 클릭하여 ❷글자색을 ❸변경해 봅니다. 오른쪽 창에 보이는 페이지에도 곧바로 적용된 모습이 보이므로 문서의 전체 모습을 확인하면서 문서의 일부분을 수정할 수 있습니다.

4 레이아웃 분할 보기 닫기

❶하단에 위치한 [클릭하여 레이아웃 분할 보기 닫기](■)를 클릭하면 두 개의 창이 다시 하나로 변경되고, 문서가 하나의 창에만 표시됩니다.

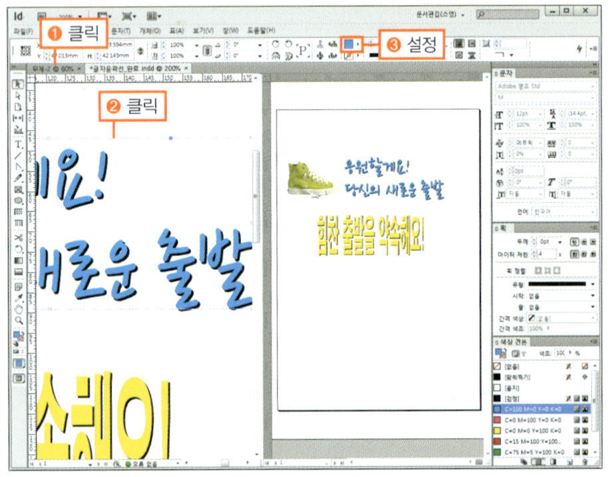
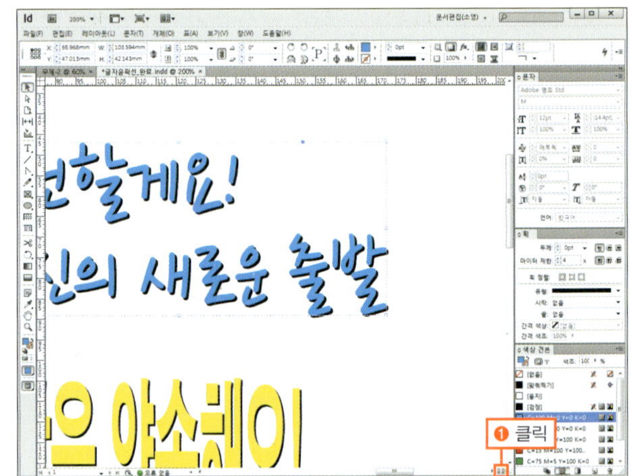

인디자인 CS6의 도구와 패널, 작업 환경 설정하기

인디자인에서 문서를 디자인하기 위해서는 도구 상자와 메뉴를 이용해야 하며, 해당 패널에서 세밀한 옵션을 설정해 주어야 합니다. 여기서는 인디자인 CS6를 올바르게 사용하기 위해 도구와 패널 종류에 대해 살펴봅니다. 또한, 사용자가 작업을 편하게 진행할 수 있도록 사용 습관에 맞춰 작업 환경을 설정하는 방법에 대해서도 알아봅니다.

다루는 내용

- 인디자인 도구 상자 살펴보기
- 패널 기능 살펴보기
- 작업 환경 설정하기
- 단축키 설정하기

기능 정리

인디자인 CS6의 도구와 패널 살펴보기

도구 상자는 문서 편집 작업 중에 주로 사용하는 기능을 아이콘으로 구성해 놓은 도구입니다. 도구 아이콘의 모양과 기능은 같은 어도비 사의 포토샵이나 일러스트레이터의 도구 상자와 비슷하고, 기본적으로 표시되는 도구 아이콘 외에 비슷한 기능을 가진 숨은 아이콘으로 구성되어 있습니다. 도구 아이콘에 커서를 가져가면 어떤 기능인지 간단하게 알림이 표시되고, 클릭하고 있으면 숨은 아이콘이 모두 표시됩니다. 또한, Alt를 누른 채 아이콘을 클릭하여 숨은 아이콘을 순서대로 자동 선택할 수 있습니다.

도구 상자는 기본적으로 길게 세로 방향의 한 줄로 나열되며, 사용자의 편의에 따라 가로 방향, 또는 두 줄로 구성할 수도 있습니다. 도구 상자의 ▶▶을 클릭하면 세로 한 줄에서 두 줄 구성으로 변경됩니다. 별도의 창으로 분리한 후 ▶▶를 클릭하면 가로 방향으로 도구 상자가 변경됩니다. 사용자의 편의에 따라 선택하여 사용할 수 있습니다.

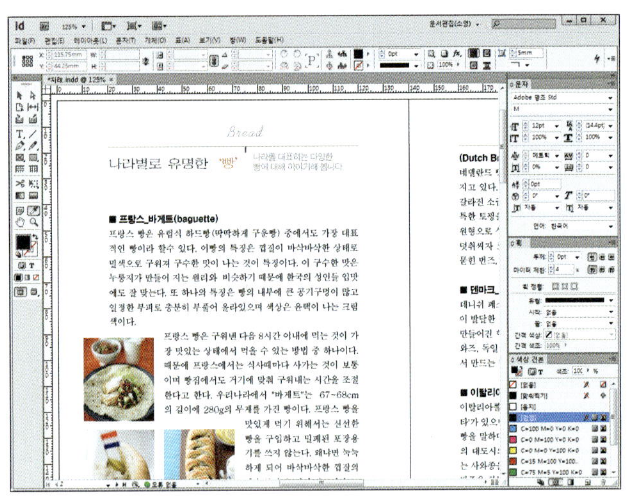
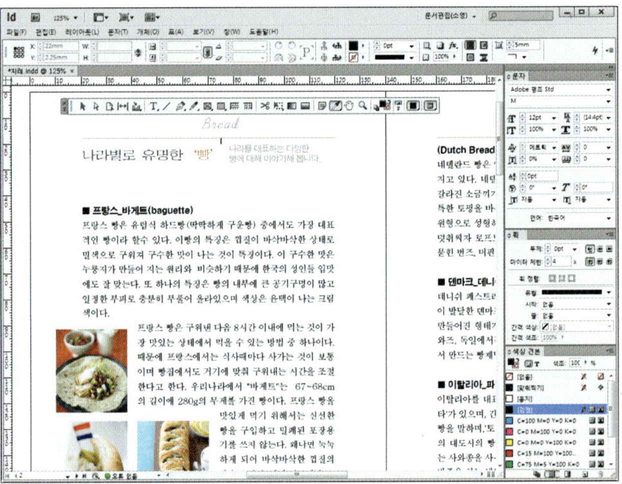

도구 상자는 별도의 창으로 사용하거나 작업 창의 왼쪽이나 오른쪽에 고정해 놓고 사용할 수 있습니다.

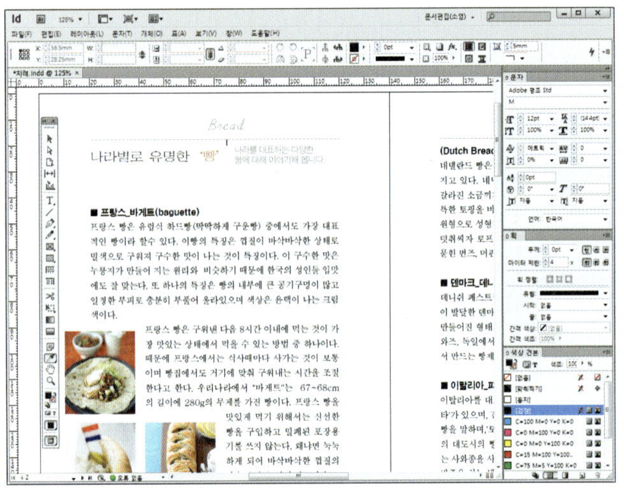
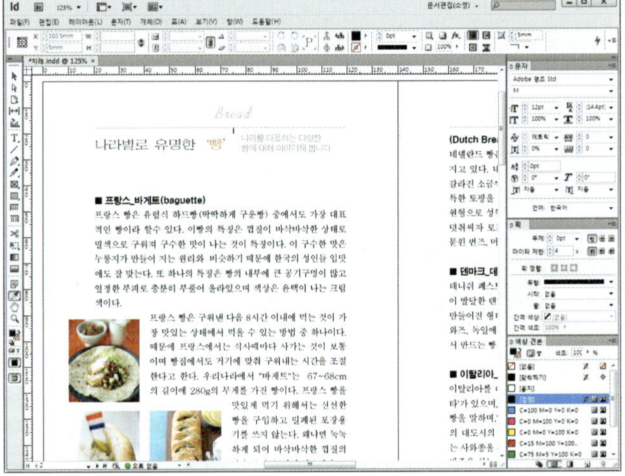

PART 01.
인디자인 CS6와의 설레는 첫 만남

인디자인 CS6 도구 상자 살펴보기

인디자인 CS6의 도구 상자 아이콘을 기능별로 분리하여 살펴봅니다.

❶ **선택 도구 모음** : 문서에 입력된 오브젝트나 프레임을 선택하거나 편집할 수 있는 기능을 가진 도구들로 구성되어 있습니다.

- **선택 도구(V, 텍스트 Esc)( )** : 개체 전체를 선택할 수 있습니다.
- **직접 선택 도구(A)( )** : 프레임 안의 특정 패스나 포인트만 선택할 수 있습니다.
- **페이지 도구(Shift+P)( )** : 한 문서 내에 다양한 크기의 페이지를 만들 수 있습니다.
- **간격 도구(U)( )** : 마우스로 드래그하여 개체 사이에 간격을 변경할 수 있습니다.
- **내용 수집 도구(B)( )** : 컨베이어에 내용을 수집하여 보관할 수 있습니다.
- **내용 배치 도구(B)( )** : 컨베이어에 수집된 내용을 페이지에 입력할 수 있습니다.

❷ **그리기 및 문자 도구 모음** : 텍스트를 입력하거나 오브젝트를 만들 수 있으며, 선택한 오브젝트의 모양 등을 변형할 수 있는 기능을 가진 도구들로 구성되어 있습니다.

- **문자 도구(T)( )** : 문자를 입력할 수 있는 텍스트 프레임을 만들 수 있습니다. 세부 메뉴를 이용해 패스를 따라 텍스트를 흐르도록 입력할 수도 있습니다.
- **선 도구(₩)( )** : 문서에 선을 만들어 넣을 수 있습니다.
- **펜 도구(P)( )** : 곡선 패스와 직선 패스를 만들어 임의의 오브젝트를 입력할 수 있습니다. 세부 메뉴를 이용해 기준점을 추가/삭제할 수 있으며, 방향점을 변환할 수 있습니다.
- **연필 도구(N)( )** : 마우스로 드래그하여 자유로운 오브젝트를 그릴 수 있습니다.
- **사각형 프레임(F)( )** : 사각형을 만들어 이미지를 넣거나 색을 채워 문서를 꾸밀 수 있습니다. 세부 메뉴를 이용해 타원과 다각형 프레임을 만들 수도 있습니다.
- **사각형(M)( )** : 직사각형이나 정사각형을 문서에 입력할 수 있습니다. 세부 메뉴를 통해 원이나 다각형을 만들 수 있습니다.
- **가로 격자 도구(Y)( )** : 가로 방향의 격자를 만들 수 있습니다.
- **세로 격자 도구(Q)( )** : 세로 방향의 격자를 만들 수 있습니다.

❸ **변형 도구 모음** : 선택한 오브젝트를 변형시키거나 그라디언트를 적용할 수 있습니다.

- **가위 도구(C)( )** : 선택한 오브젝트의 일부분을 잘라내기 할 수 있습니다.
- **자유 변형 도구(E)( )** : 선택한 오브젝트의 크기, 회전 방향, 기울이기를 조절할 수 있습니다.
- **그라디언트 색상 견본(G)( )** : 선택한 오브젝트에 그라디언트 색상 견본을 채워넣을 수 있습니다.

• **그라디언트 페더(Shift+G)( )** : 선택한 오브젝트에 그라디언트 페더 효과를 적용할 수 있습니다.

❹ **탐색 도구 모음** : 직접 입력과는 무관하지만, 문서 작업에 필요한 정보를 확인하고 활용할 수 있는 편리한 도구로 구성되어 있습니다.

• **메모 도구( )** : 메모 패널을 열어 메모 내용을 입력할 수 있습니다.
• **스포이드 도구(I)( )** : 특정 오브젝트나 텍스트의 색상 등의 정보를 추출할 수 있습니다.
• **손(H)( )** : 확대되어 보이지 않는 부분을 이동하면서 살펴볼 수 있습니다.
• **확대/축소(Z)( )** : 클릭하여 화면을 확대할 수 있습니다. Alt 를 누른 채 클릭하면 화면이 축소됩니다.

❺ **색상 지정 및 보기 선택 도구 모음** : 오브젝트나 텍스트에 색상을 설정하거나 보기 옵션을 설정할 수 있는 도구로 구성되어 있습니다.

• **칠/선 교대 표시 및 교체( )** : 선택한 오브젝트의 채우기 색상과 테두리 색상을 설정할 수 있습니다.
• **서식 적용 옵션( )** : 컨테이너 또는 텍스트에 서식을 적용할지를 선택할 수 있습니다.
• **적용 안 함( )** : 선택한 개체에 설정된 색상을 모두 제거할 수 있습니다. 숨어 있는 [색상 적용]과 [그레이디언트 적용]을 선택해 개체에 [색상 견본] 패널의 색상을 채우거나 그레이디언트를 채워넣을 수 있습니다.
• **표준 화면 비율 설정( )** : 화면의 보기 형식을 표준, 미리 보기, 도련, 슬러그, 프레젠테이션 형식으로 변경할 수 있습니다.

참고 ● 도구 상자의 숨은 아이콘 살펴보기

도구 상자의 도구 아이콘 속에 숨어 있는 각 세부 메뉴 도구에 대해 살펴봅니다. 도구 상자에서 숨어 있는 세부 메뉴를 선택해 놓은 후 프로그램을 재시동하면 최근에 선택되었던 도구 아이콘이 그대로 표시됩니다.

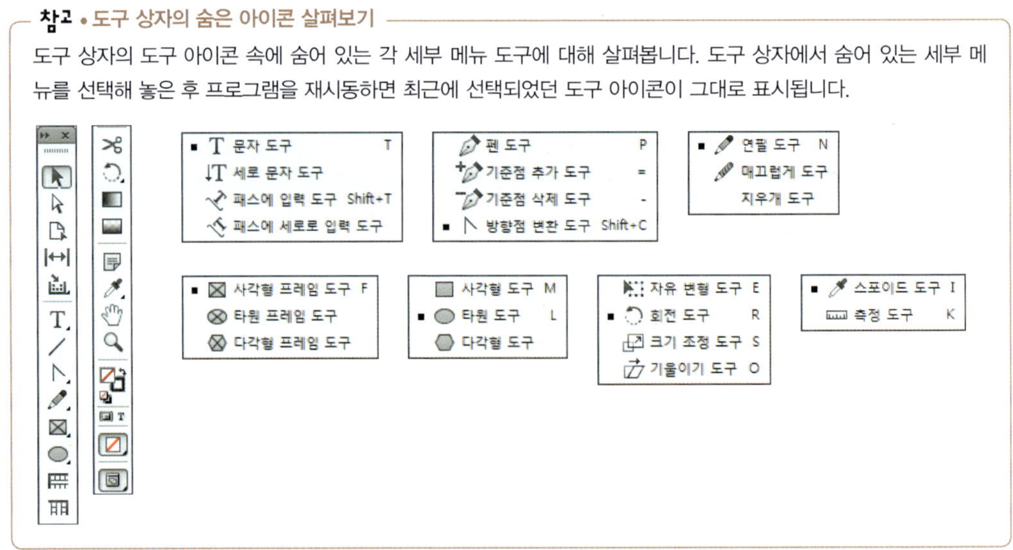

인디자인 CS6의 다양한 패널 파헤치기

자주 사용하는 패널을 중심으로 다양한 패널의 기능에 살펴봅니다.

① [Mini Bridge] 패널

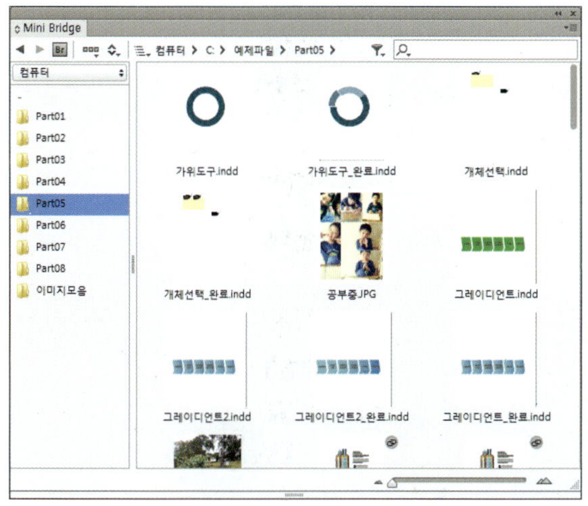

어도비 사에서 제공하는 프로그램으로 폴더를 선택하면 폴더 안의 이미지와 인디자인 문서를 썸네일 형식으로 확인할 수 있습니다. 더블클릭하여 파일을 열거나 드래그하여 이미지를 문서에 삽입할 수 있습니다.

② [라이브러리] 패널

반복하여 사용하는 오브젝트를 등록해 놓고 다른 위치에 자유롭게 꺼내어 입력할 수 있는 팔레트 형식입니다. 등록해 놓은 라이브러리는 이름을 등록하거나 목록에서 삭제할 수 있으며, 라이브러리를 별도의 파일로 저장해 놓으면 많은 분량의 문서를 작업할 때 공동 요소를 손쉽게 입력할 수 있어 편리합니다.

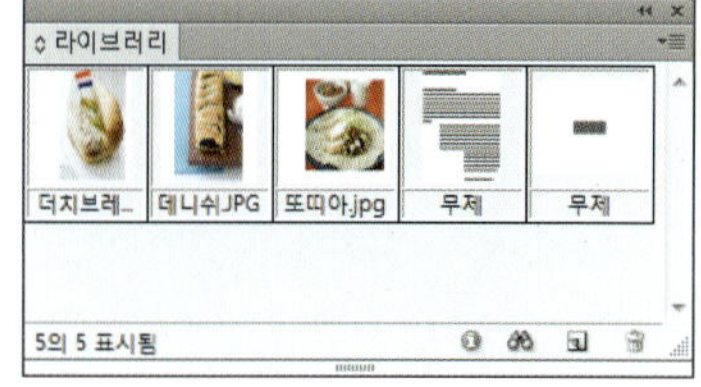

③ [페이지] 패널

현재 문서의 페이지와 마스터 페이지를 살펴볼 수 있으며, 페이지를 추가하거나 삭제, 이동할 수 있습니다. 페이지를 더블클릭하면 해당 페이지로 이동하여 편집할 수 있습니다.

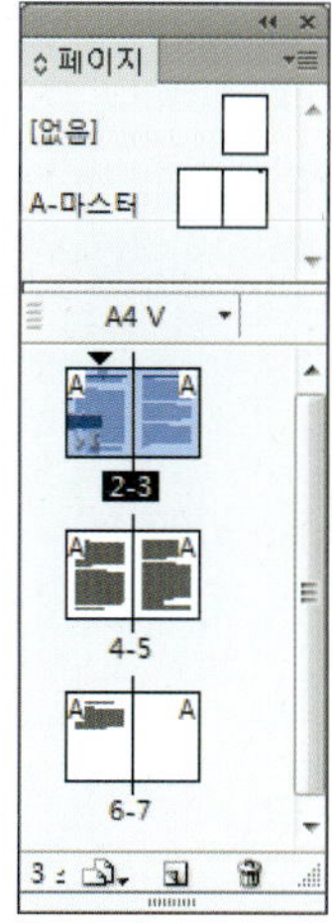

④ [레이어] 패널

문서의 레이어를 확인하고 레이어별 위치와 상태를 확인할 수 있습니다. 또한 필요에 따라 특정 레이어를 보이지 않도록 숨길 수도 있습니다.

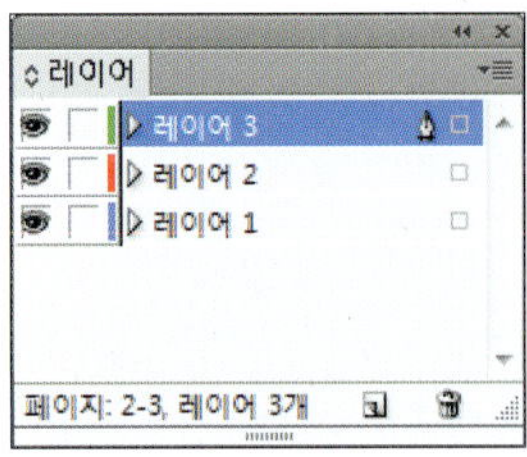

⑤ [색상 견본] 패널과 [그레이디언트] 패널

새로운 색상을 만들거나 등록된 색상을 편집할 수 있습니다. 또한, [그레이디언트] 패널을 통해 그레이디언트 색상을 설정할 수 있습니다.

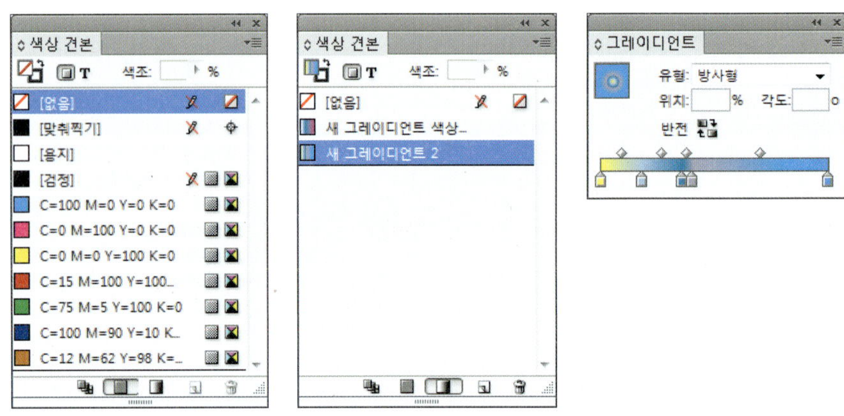

⑥ [글리프] 패널

문서에 특수 문자나 기호를 입력할 수 있습니다. 최근에 사용한 기호가 따로 등록되므로 자주 사용하는 특수 문자를 손쉽게 반복하여 사용할 수 있습니다.

⑦ [문자] 패널과 [단락] 패널

문서에 입력한 텍스트의 글자 모양이나 크기, 단락의 정렬 방식, 줄 간격 등을 설정할 수 있습니다.

 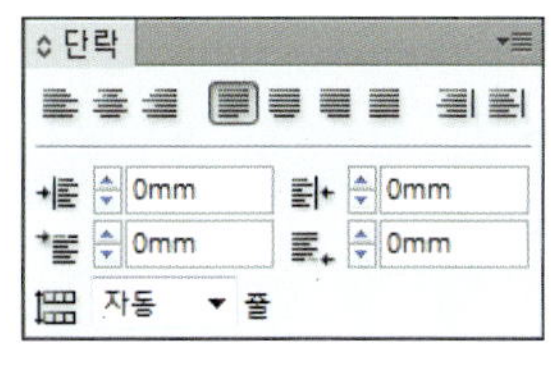

⑧ [문자 스타일] 패널과 [단락 스타일] 패널

문자와 단락에 설정된 옵션을 스타일로 등록해 놓으면 여러 위치에 동일한 모양의 스타일을 손쉽게 적용할 수 있습니다. 또한, [단락 스타일] 패널에서 스타일을 변경하면 적용된 부분의 모든 내용이 자동으로 변경됩니다.

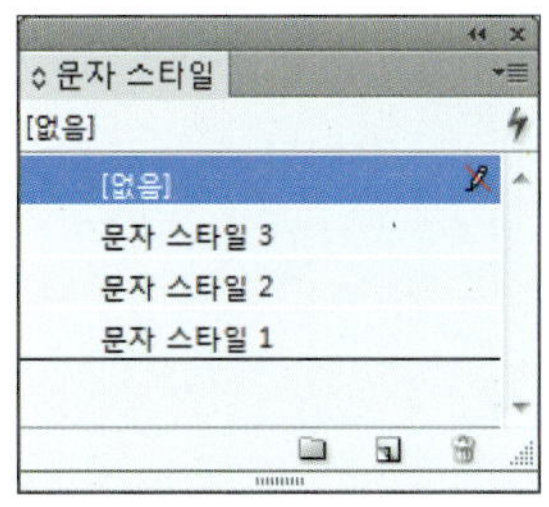 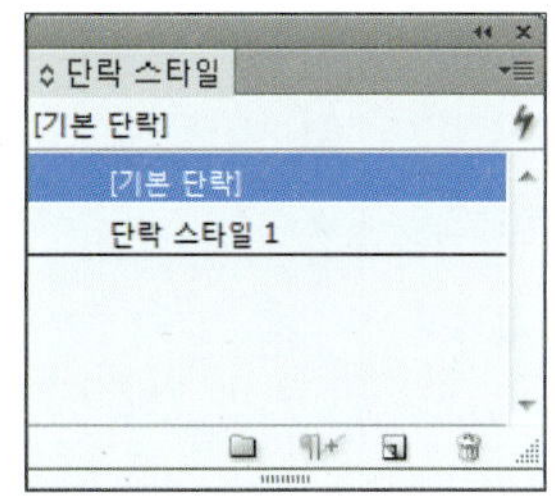

⑨ [표] 패널과 [표 스타일] 패널, [셀 스타일] 패널

문서에 표를 만들거나 표 모양을 꾸민 다음 표와 셀 모양을 여러 위치에 손쉽게 적용할 수 있습니다.

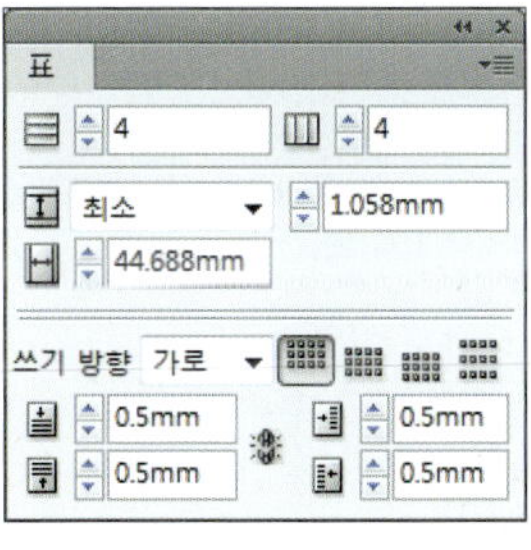 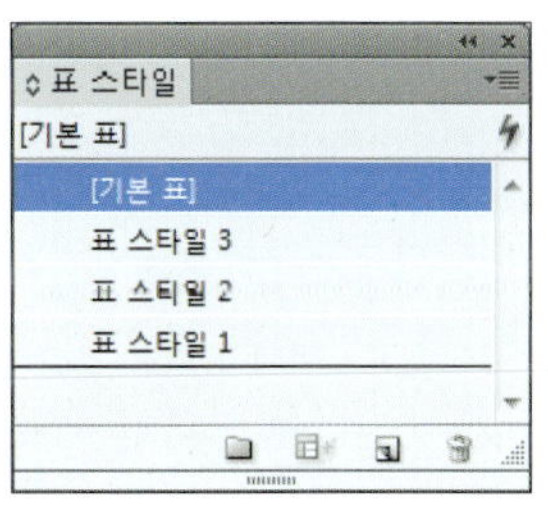 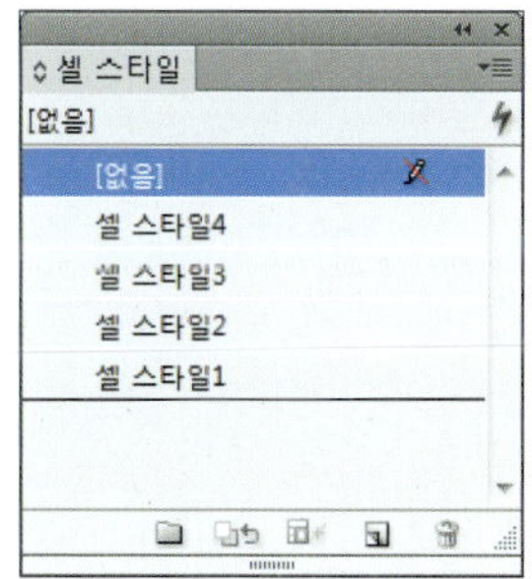

⑩ **[변형] 패널과 [정렬] 패널, [패스파인더] 패널**

[변형] 패널을 통해 개체의 크기와 위치를 확인하거나 크기와 기울이기 등을 변형할 수 있습니다. 또한, [정렬] 패널을 통해 선택한 여러 개의 오브젝트를 정렬하거나 일정한 간격으로 배치할 수 있습니다. [패스파인더] 패널에서는 서로 일부분이 겹쳐있는 개체에 패스파인더를 적용할 수 있습니다.

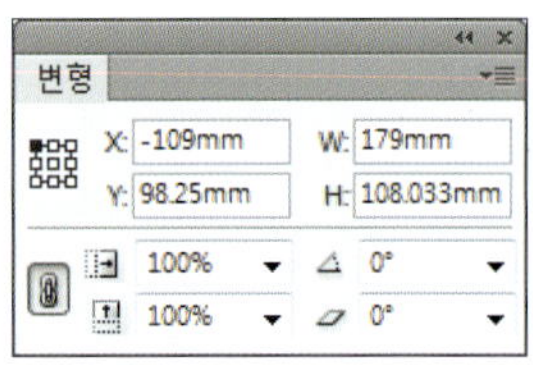
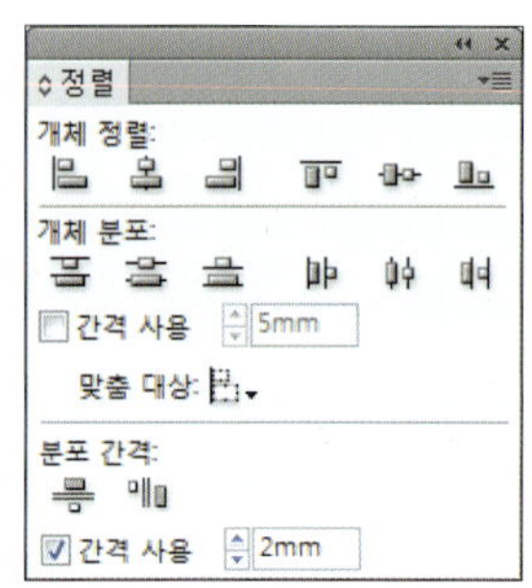

⑪ **[획] 패널과 [텍스트 감싸기] 패널**

[획] 패널에서는 선택한 오브젝트의 테두리 두께와 종류, 유형, 색상 등을 설정할 수 있으며, [텍스트 감싸기] 패널을 통해 오브젝트와 텍스트 간의 간격과 흐름을 설정할 수 있습니다.

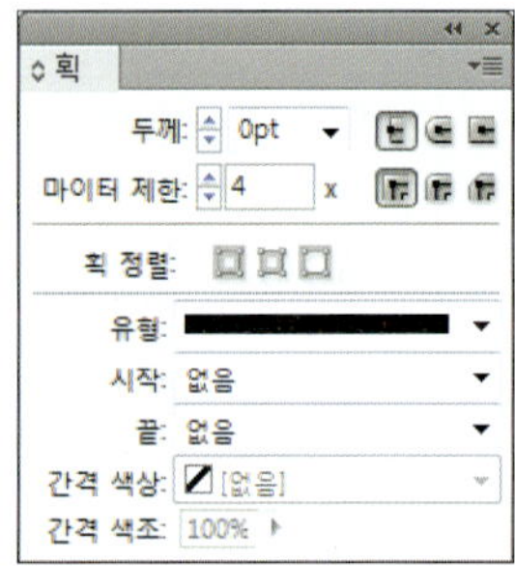

⑫ **[링크] 패널**

문서에 입력된 이미지의 사용 위치와 원본 저장 위치, 삭제 여부를 알려줍니다. 원본이 삭제되었거나 이동한 경우 손쉽게 확인할 수 있으며, 변경된 이미지나 경로로 갱신할 수 있습니다. 또한, 이미지 형식을 패널을 통해 확인할 수 있습니다.

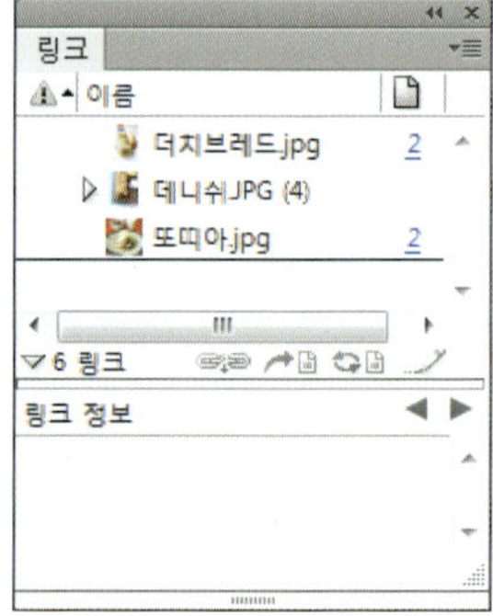

⑬ [분판 미리 보기] 패널과 [프리플라이트] 패널

[분판 미리 보기] 패널을 통해 컬러 문서의 분판 모습을 미리 확인할 수 있습니다. [프리플라이트] 패널에서는 문서를 인쇄하기 전 누락된 링크나 글꼴, 가려진 텍스트를 확인하고 수정할 수 있습니다. 오류 목록에서 페이지를 클릭하면 해당 페이지로 곧바로 이동할 수 있어 오류 내용을 빠르게 확인하고 바로 잡을 수 있습니다.

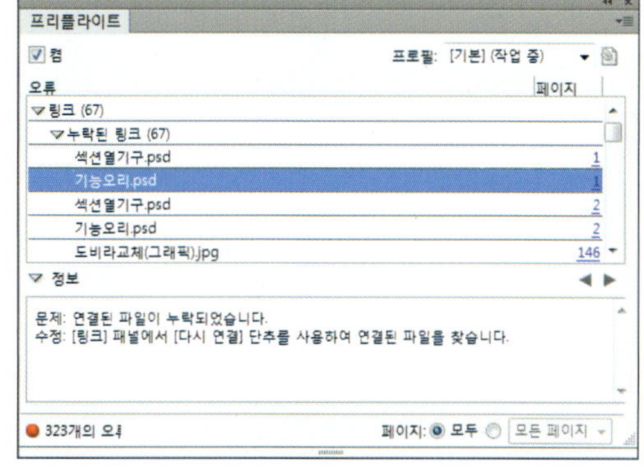

⑭ [SWF 미리 보기] 패널

SWF로 출판했을 때의 모습을 미리 확인할 수 있습니다.

> **참고**
>
> 각각의 패널은 메뉴 펼침 아이콘을 클릭하면 하위 메뉴가 펼쳐집니다. 패널에서 설정할 수 없는 옵션들이 목록으로 표시되므로 다양한 옵션을 사용자가 원하는 대로 적용할 수 있습니다.
>
> 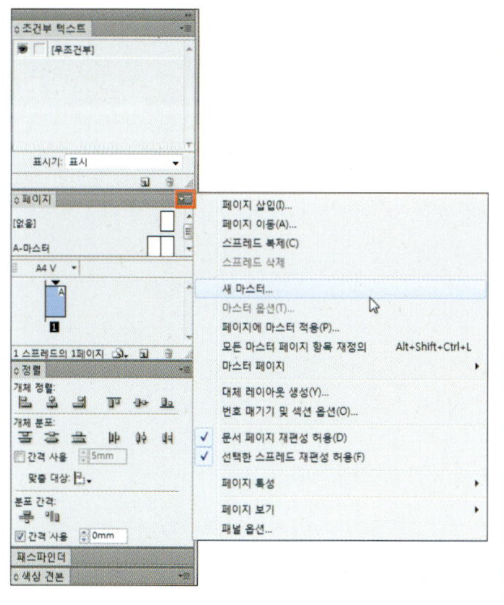

인디자인 CS6의 작업 환경 설정하기

인디자인을 이용하여 문서를 편집할 때에는 사용자마다 개인에게 편리한 환경을 설정하는 것이 작업 능률을 높일 수 있습니다. 다양한 환경 설정 방법에 대해 살펴봅니다. [편집] 메뉴의 [환경 설정]을 실행하면 20개 영역별로 환경을 설정할 수 있습니다.

① 일반 환경 설정

페이지 번호 매기기에 관련된 옵션과 글꼴 다운로드, 개체의 크기를 조절할 때 내용이나 비율에 조정할 것인지를 설정합니다.

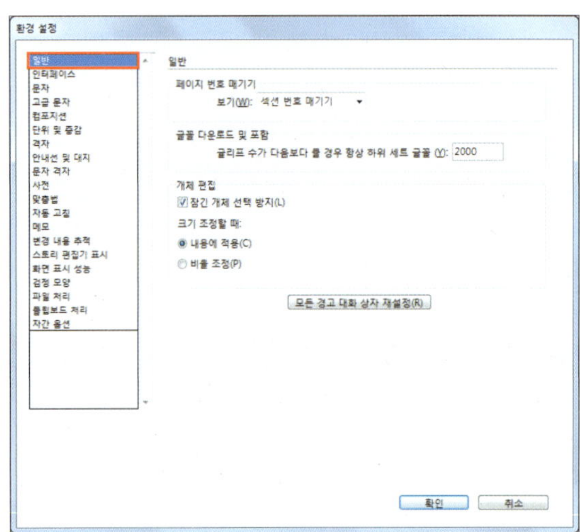

② 인터페이스 환경 설정

문서를 작업할 때 화면에 표시되는 커서나 패널 옵션 등의 형태를 설정할 수 있습니다.

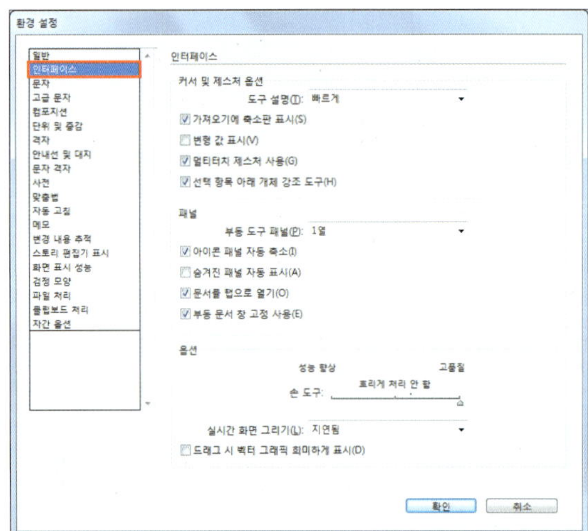

③ 문자 환경 설정

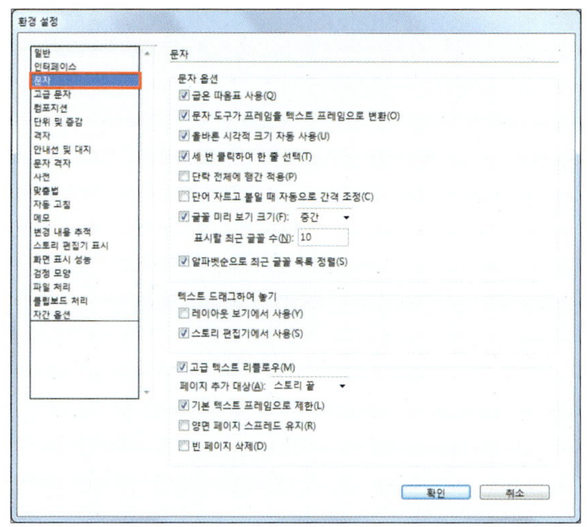

굵은 따옴표나 한 줄 선택 방법 등의 문자 옵션과 텍스트 드래그
하여 놓기 방식, 텍스트 프레임 안에 입력한 글자가 넘쳤을 때의
처리 방법 등을 설정합니다.

④ 고급 문자 환경 설정

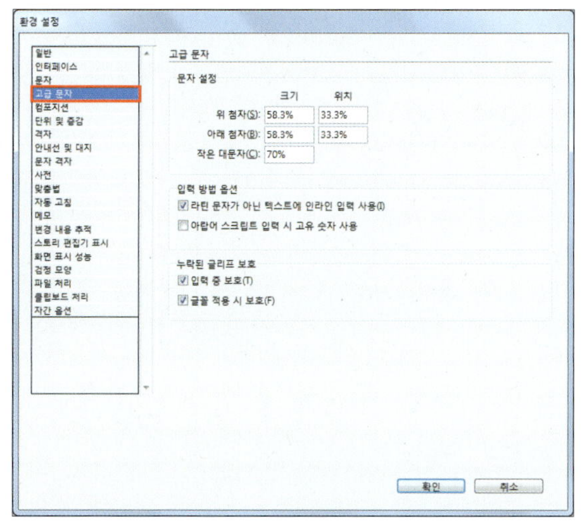

위 첨자와 아래 첨자의 크기와 위치, 입력 방식 옵션을 설정할 수
있으며, 누락된 글리프를 자동으로 기본 글꼴로 대체하도록 설정
합니다.

⑤ 컴포지션 환경 설정

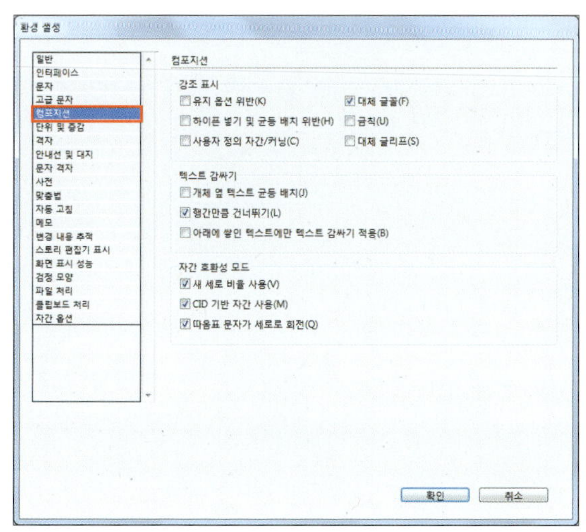

강조 표시를 설정할 옵션을 선택하거나 텍스트 감싸기를 설정할
수 있습니다.

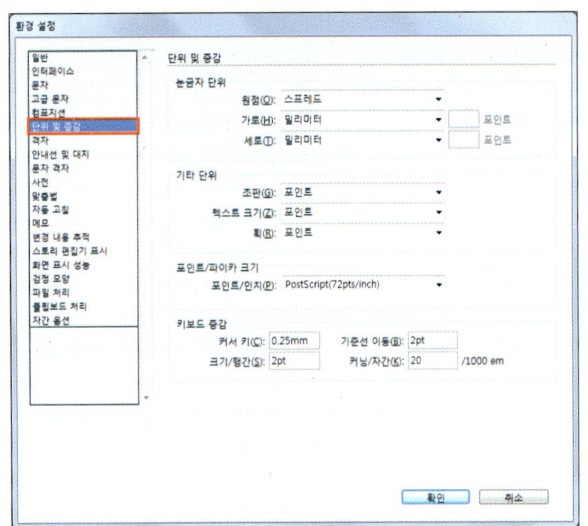

눈금자와 기타 단위를 설정할 수 있으며, 포인트/파이카 크기, 키보드 증감치를 직접 설정할 수 있습니다.

⑦ 격자 환경 설정

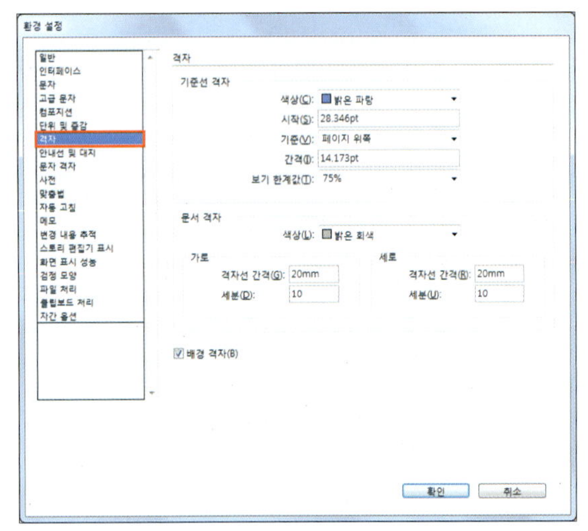

기준선 격자의 색상이나 시작 위치, 기준 등을 설정하고 문서 격자의 색상과 간격 등을 설정합니다.

⑧ 안내선 및 대지 환경 설정

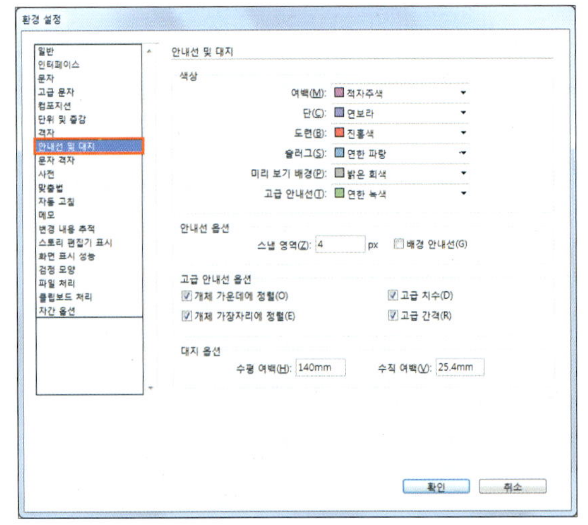

안내선과 대지, 여백, 단, 도련, 슬러그 등의 색상을 설정할 수 있으며, 안내선과 오브젝트의 스냅 영역을 설정할 수 있습니다. 또한, 고급 안내선의 옵션을 설정할 수 있습니다.

⑨ 문자 격자 환경 설정

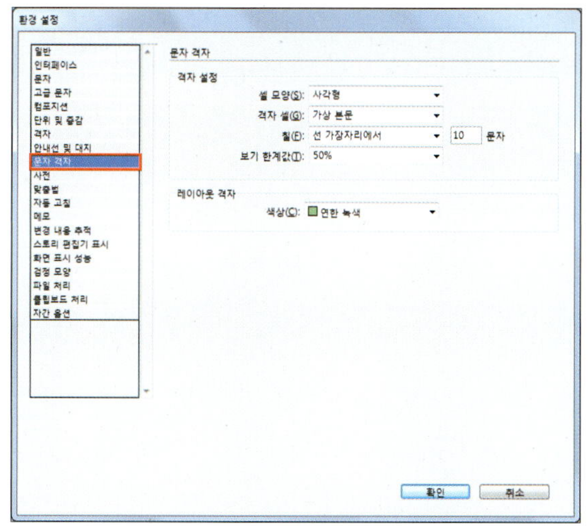

격자와 레이아웃 격자의 모양과 색상 등을 설정할 수 있습니다. 한글 버전에 추가된 기능입니다.

⑩ 사전 환경 설정

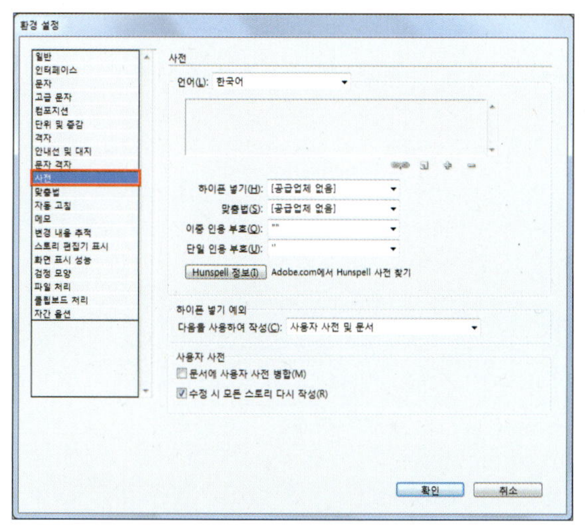

사전에 사용할 언어를 선택할 수 있으며, [Hunspell 정보]를 클릭하여 사전을 설치할 수 있습니다.

⑪ 맞춤법 환경 설정

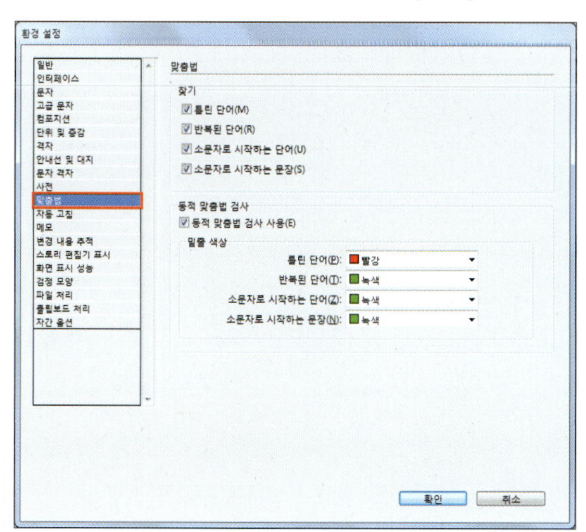

맞춤법에서 검사할 항목을 선택할 수 있으며, 동적 맞춤법 검사의 설정과 사용할 표시 색상을 설정할 수 있습니다.

⑫ 자동 고침 환경 설정

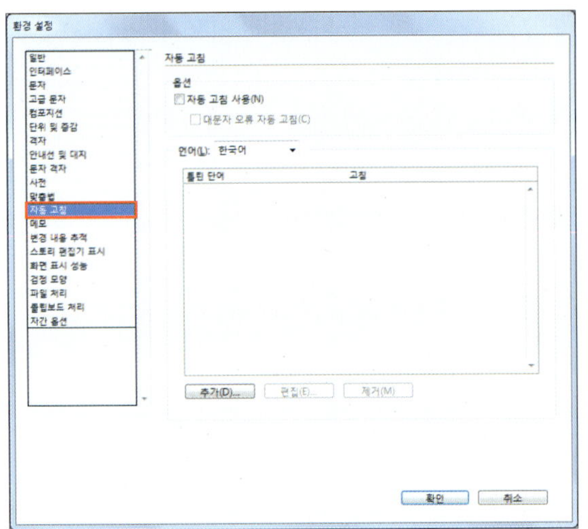

입력한 내용을 자동으로 고칠 수 있도록 설정합니다. 단, 한국어에서는 사용할 수 없습니다.

⑬ 메모 환경 설정

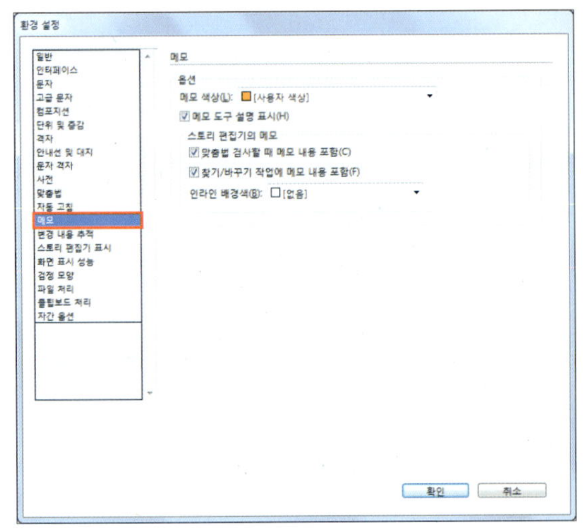

메모의 색상이나 도구 설명 표시 여부, 맞춤법 검사나 찾기/바꾸기 실행 시 메모 내용 포함 여부를 설정할 수 있습니다.

⑭ 변경 내용 추적 환경 설정

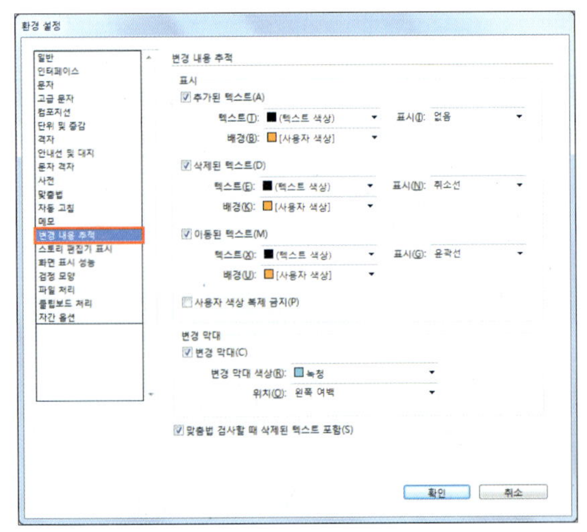

변경 내용으로 추적하여 표시할 내용을 설정할 수 있으며, 변경 막대의 색상이나 위치를 설정할 수 있습니다.

⑮ 스토리 편집기 환경 설정

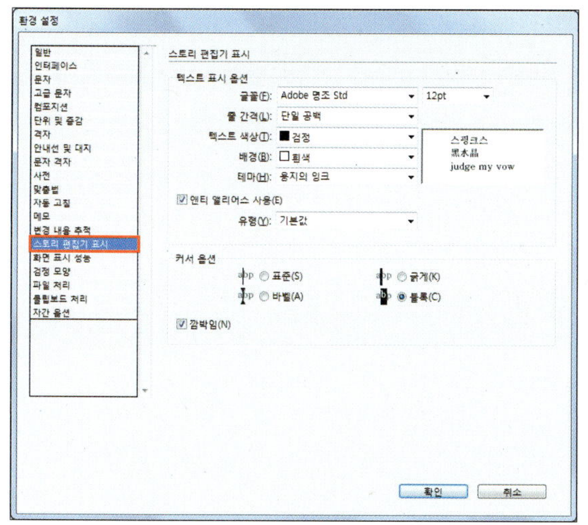

스토리 편집기에서 사용할 글꼴이나 크기, 줄 간격, 색상, 배경 등을 설정하거나 앤티 앨리어스 사용 여부를 설정합니다. 또한, 커서의 모양과 깜빡임 여부도 설정할 수 있습니다.

⑯ 화면 표시 환경 설정

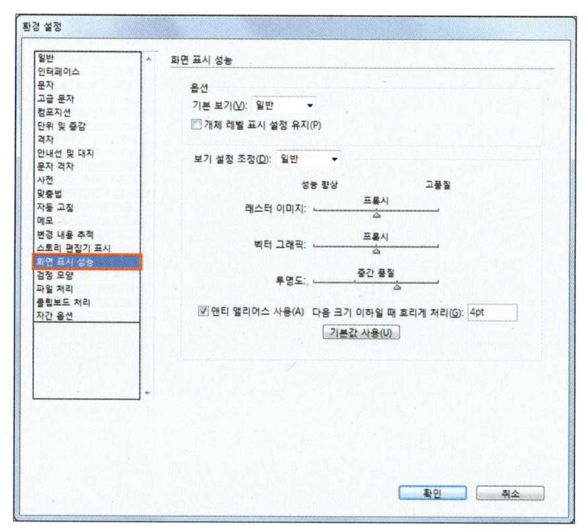

문서에 입력된 텍스트나 이미지의 표시 품질을 설정할 수 있습니다. [앤티 앨리어스 사용]에 특정 'pt'로 글자 크기를 설정하면 설정한 크기보다 작은 글자는 회색 음영으로 표시됩니다.

⑰ 검정 모양 환경 설정

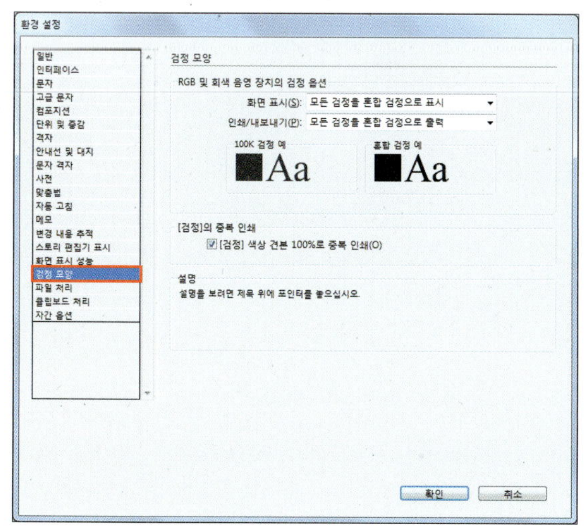

문서에 사용한 검은 색을 100K로 인쇄할지, 혼합 검정으로 표시할지 설정할 수 있습니다. 기본 설정 옵션으로 유지하는 것이 좋습니다.

<h3 align="center">⑱ 파일 처리 환경 설정</h3>

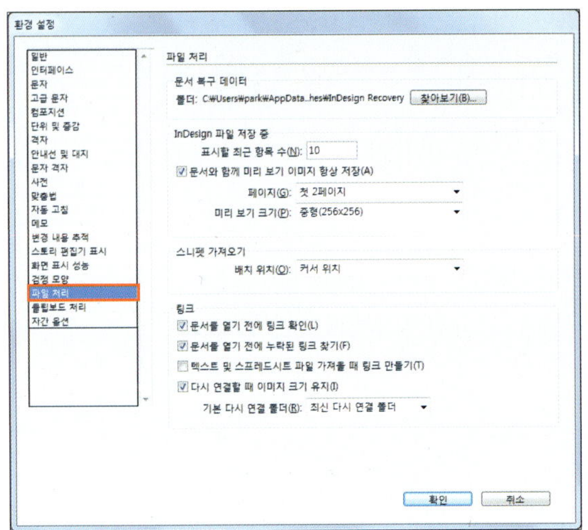

예상치 못한 프로그램 종료 시 미처 저장하지 못한 내용을 복구할 때 필요한 옵션입니다. 또한, 표시할 최근 항목 수를 설정할 수 있으며, 문서를 열 때 자동으로 확인할 링크 내용을 설정할 수 있습니다.

<h3 align="center">⑲ 클립보드 처리 환경 설정</h3>

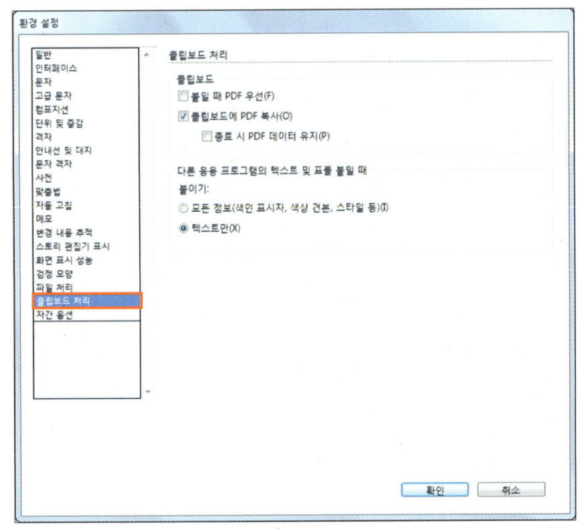

클립보드에 저장된 내용을 붙여 넣기 할 때 스타일이나 색상 등을 그대로 유지할지, 텍스트 내용만 붙여 넣을지를 설정합니다.

<h3 align="center">⑳ 자간 옵션 환경 설정</h3>

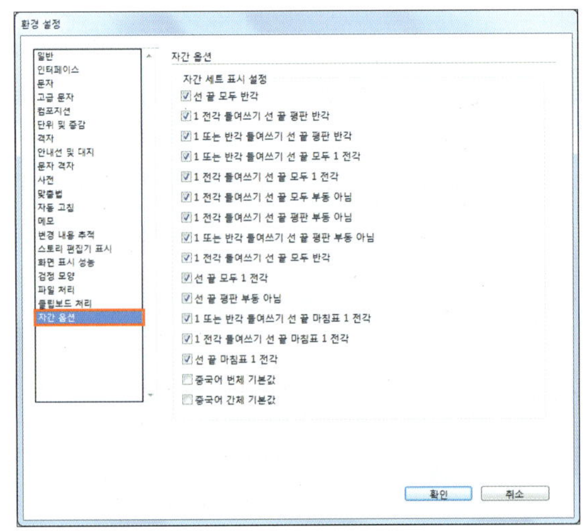

각 자간 세트의 표시 옵션을 설정할 수 있습니다.

쿼크익스프레스와 코렐드로우 사용자를 위한 단축키 설정하기

인디자인 CS6에서 사용할 단축키는 기본값, 페이지메이커(PageMaker) 7.0 단축키 또는 쿼크익스프레스
(QuarkXPress) 4.0 단축키 중에서 선택하여 사용할 수 있습니다. 단축키를 변경하는 방법과 사용자가 직접 단축키
를 등록할 수 있는 단축키 세트를 만드는 방법에 대해 알아봅니다.

1 쿼크익스프레스 4.0 단축키로 설정하기

❶[편집] 메뉴의 [단축키]를 실행합니다. [단축키] 대화상자에서
❷[세트] 종류를 ❸[QuarkXPress 4.0 단축키]로 선택합니다. ❹
[확인]을 클릭하면 쿼크익스프레스 4.0 단축키로 변경하여 사용
할 수 있습니다.

2 페이지메이커 7.0 단축키로 설정하기

❶[편집] 메뉴의 [단축키]를 실행합니다. [단축키] 대화상자에서
❷[세트] 종류를 [PageMaker 7.0 단축키]로 선택합니다. ❸[확
인]을 클릭하면 페이지메이커 7.0 단축키로 변경하여 사용할
수 있습니다.

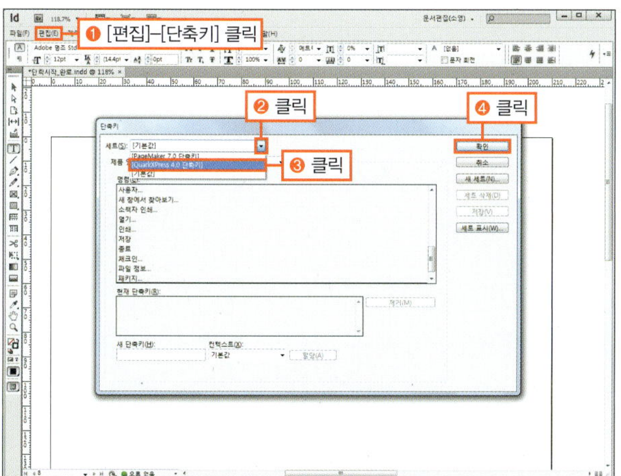

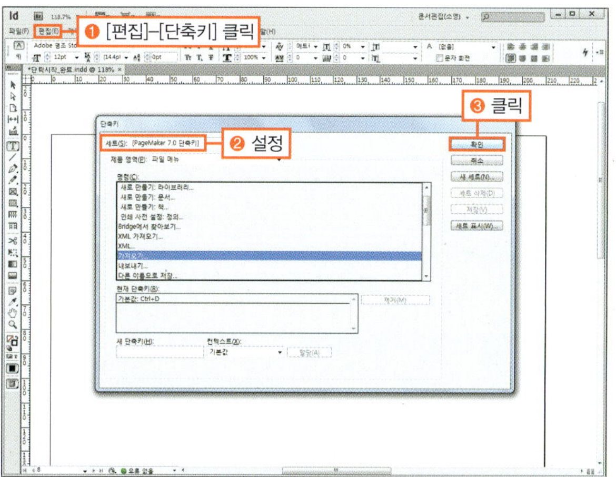

3 직접 새로운 단축키 새로운 세트 만들기

사용자가 직접 단축키를 등록하여 사용하기 위해서는 ❶[단축
키] 대화상자에서 ❷[새 세트]를 클릭합니다.

참고

기존의 단축키 세트를 변경하면 다른 사용자에게 불편을 끼칠
수 있습니다. 그러므로 본인이 직접 등록하여 단축키를 사용하
고자 할 때 별도의 세트로 만들어 사용하는 것이 좋습니다. 다
만, 사용자가 직접 단축키 세트를 만들 때 기본값이나 페이지메
이커 7.0 단축키, 쿼크익스프레스 4.0 단축키 중에서 선택하여
기본적인 값으로 사용할 수 있습니다.

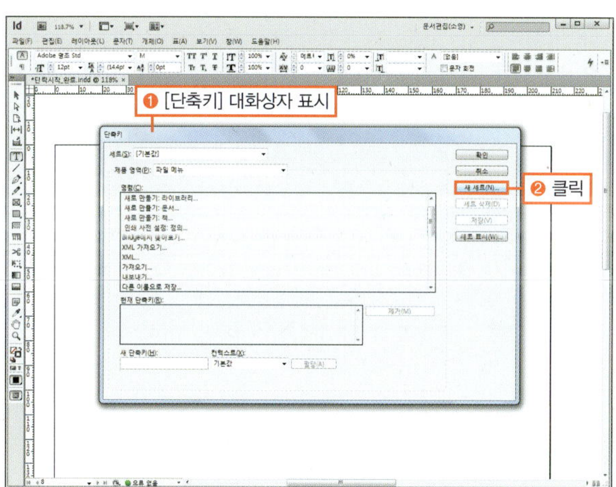

4 새 세트 이름 설정하기

❶[새 세트] 대화상자에서 사용할 단축키 세트의 이름을 입력합니다. 기준 세트에서는 자주 사용하는 단축키 종류를 선택하도록 합니다. 여기서는 쿼크익스프레스 4.0 단축키를 기준 세트로 설정하고 ❷[확인]을 클릭합니다.

5 새로운 단축키 등록하기

기준이 쿼크익스프레스 4.0 단축키로 설정되어 있으므로 명령을 선택하면 설정된 단축키가 현재 단축키 목록에 표시됩니다. ❶[새 단축키] 입력란에 커서를 클릭하고 키보드를 이용해 단축키를 입력합니다. 단축키가 올바르게 표시되면 ❷[할당]을 클릭합니다.

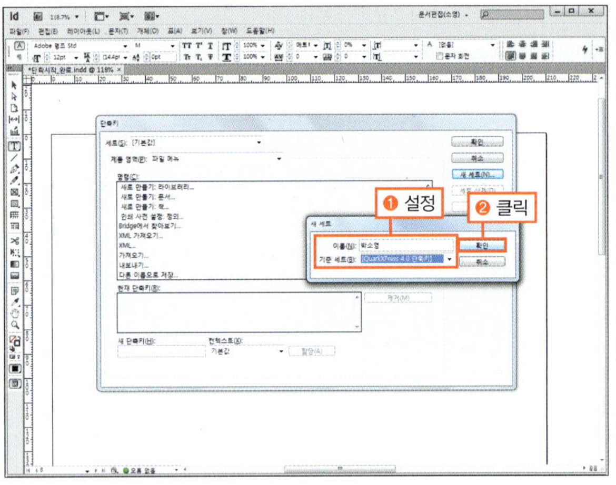

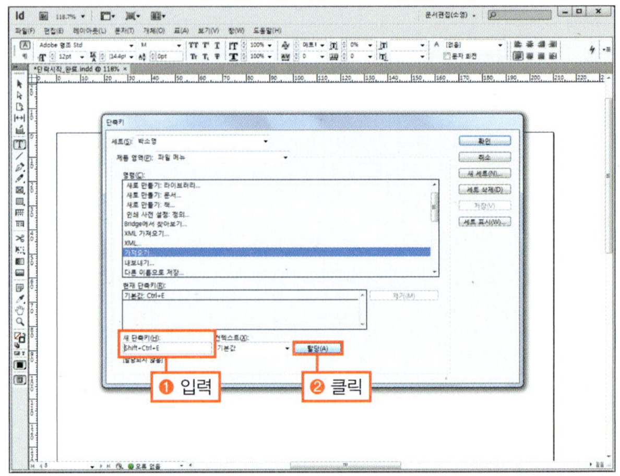

6 불필요한 단축키 제거하기

현재 단축키에 추가한 단축키가 목록에 등록됩니다. ❶현재 단축키에 등록된 단축키 목록에서 삭제할 단축키를 선택하고 ❷[제거]를 클릭합니다.

7 단축키 세트 저장하기

명령별로 단축키를 설정하였으면 ❶[저장]을 클릭하여 단축키 세트를 저장합니다.

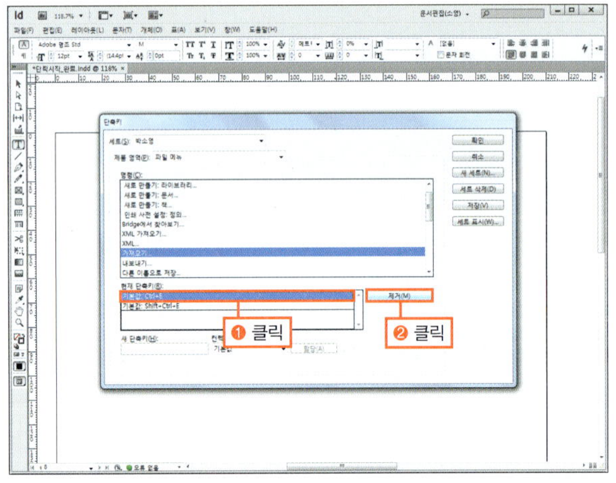

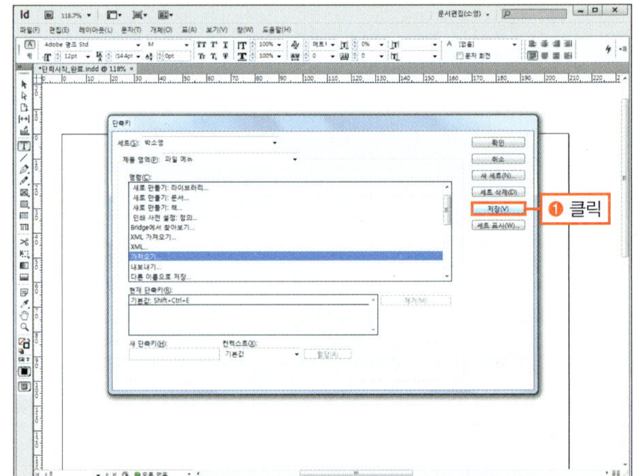

❶[확인]을 클릭하여 등록해 놓은 단축키 세트를 완성합니다.
등록해 놓은 단축키를 사용하려면 [단축키] 대화상자의 세트 종류에서 저장해 놓은 세트를 선택하고 [확인]을 클릭하여 사용할 수 있습니다.

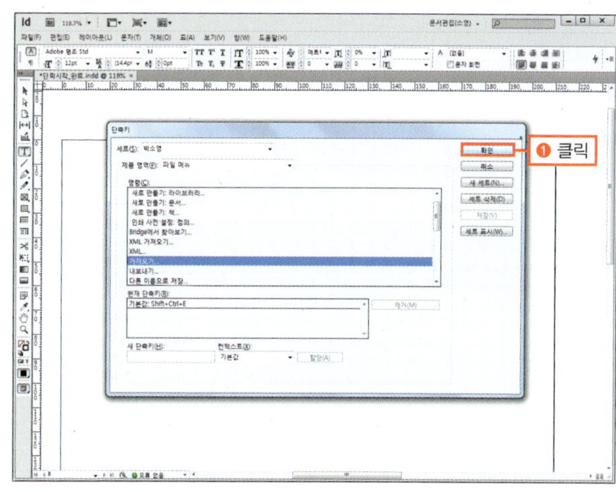

인디자인 CC 버전에 대해 살펴보기

인디자인 CC 버전은 기존의 CS 버전과 기능은 거의 비슷합니다. 다만 가장 큰 차이점은 CS(creative suit)는 소프트웨어를 구매하는 형식이지만 CC(creative cloud)는 소프트웨어를 대여하는 방식이라 할 수 있습니다. 높은 소프트웨어 가격이 부담스러웠던 사용자들에게 월정액제로 이용이 가능하기 때문에 보다 쉽게 정품을 사용할 수 있게 되었습니다. 또한 클라우드에 작업한 문서나 파일을 업로드하여 저장해 놓거나 다운로드 할 수 있어 여러 명이 작업하거나 여러 대의 PC에서 활용할 수 있어 편리합니다. 클라우드를 활용하면 플러그인이나 폰트 등을 여러 대의 컴퓨터에서 동기화하여 동일한 조건으로 사용할 수 있습니다. 무엇보다 인터넷만 연결되어 있으면 가입한 아이디로 언제든 프로그램을 사용할 수 있는 점이 가장 큰 장점입니다.

● 인디자인 CC 버전 사용 시작하기

어도비 사의 웹사이트에서 인디자인 CC를 설치하여 사용하는 방법에 대해 알아봅니다.

❶ 인디자인 CC 설치 시작하기

❶어도비 사의 웹사이트 (http://www.adobe.co.kr/)로 이동합니다. ❷상단 메뉴에서 [다운로드]를 클릭하고 ❸[Creative Cloud 멤버십(연간)]을 선택합니다.

❷ [무료 시험 사용] 선택하기

개인을 위한 플랜 항목이 표시됩니다. 원하는 플랜의 [가입]을 클릭하여 프로그램을 시작할 수 있습니다. ❶[무료 시험 사용]을 클릭하면 30일 동안 기능 제한 없이 프로그램을 맘껏 사용할 수 있습니다.

전체 프로그램이 아닌 단일 프로그램의 [가입]을 클릭하면 다음과 같이 특정 프로그램을 선택하여 다운로드할 수 있습니다. 인디자인을 클릭하고 월 사용 금액을 확인하고 [가입]을 클릭합니다. 이때 연간 확정 금액과 언제든 정지할 경우의 월정액 요금이 다르니 확인하고 가입하기 바랍니다.

③ 클라우드 서비스에 가입하기

인디자인 CC를 다운로드하기 위해서는 클라우드 서비스에 먼저 가입해야 합니다. ❶기존의 어도비 계정에 등록해 놓은 아이디와 비밀번호가 있는 경우 로그인하고, 없는 경우 [Adobe ID 생성] 메뉴를 통해 가입할 수 있습니다. 로그인한 다음 결제 정보를 입력하여 프로그램을 설치하고 사용할 수 있습니다.

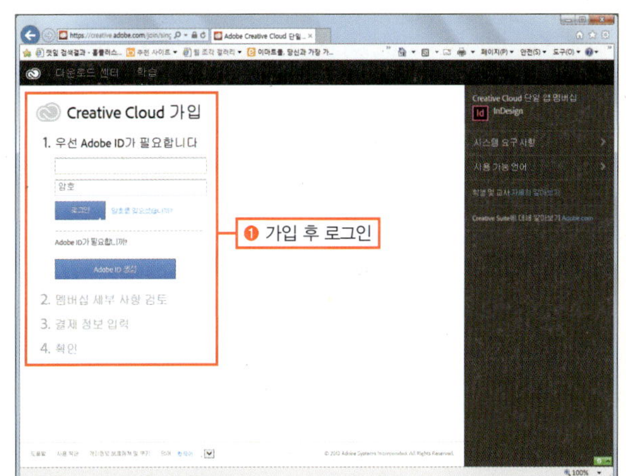

● 인디자인 CC의 새로운 기능 살펴보기

인디자인 CC 버전의 새로운 기능 중 편리해진 기능에 대해 살펴봅니다.

① 클라우드 서비스의 동기화 기능 활용

개별 사용자가 CC(creative cloud)에 자신의 설정을 등록해 놓으면 언제든 그 설정으로 동기화가 가능합니다. 사용 환경을 동기화하면 여러 대의 컴퓨터를 이용해 작업할 때 동기화를 통해 동일한 작업 환경을 손쉽게 마련할 수 있습니다. 또한 컴퓨터를 교체했을 때에도 동기화

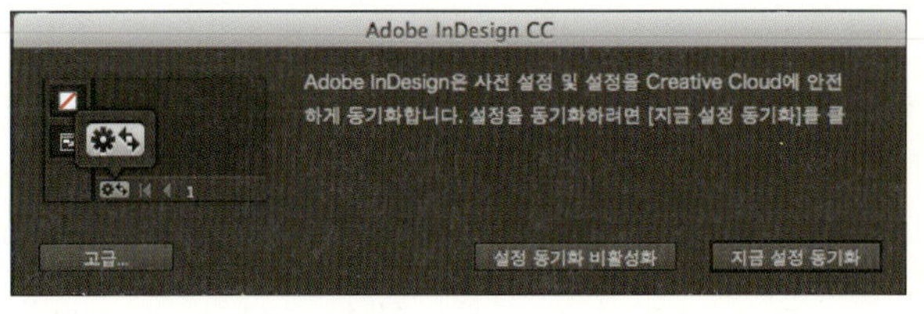

기능을 통해 프로그램의 모든 설정을 사용하던 환경 그대로 손쉽게 설정할 수 있습니다.

② 다양한 인터페이스 설정

[편집] 메뉴의 [환경 설정]을 실행한 후 [인터페이스]
영역으로 이동하면 색상 테마를 설정할 수 있습니다. 포
토샵과 일러스트레이터 등의 다른 응용 프로그램과 동
일한 색상의 인터페이스가 기본적으로 제공되며, 다른
색상 테마로 변경하여 작업할 수도 있습니다.

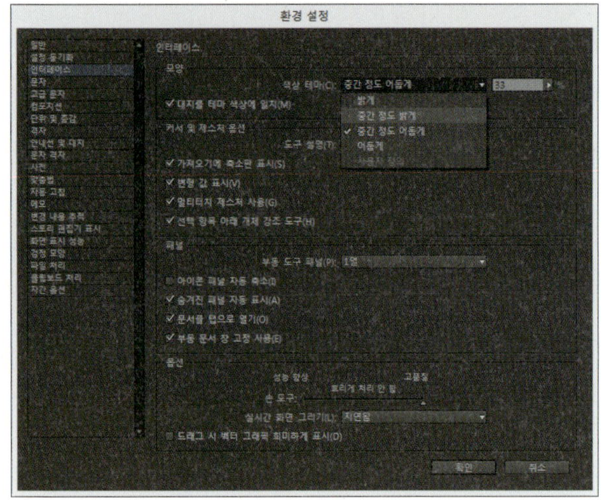

③ QR 코드 생성

[개체] 메뉴의 [QR 코드 생성] 명령을 실행하여 직업 QR 코드를 생성하고 문서에 입력할 수 있습니다. QR 코드의
유형, 웹 하이퍼링크, 일반 텍스트, 문자 메시지, 전자 우편, 명함 중에서 선택할 수 있으며, 코드의 크기와 위치는
편집이 가능합니다.

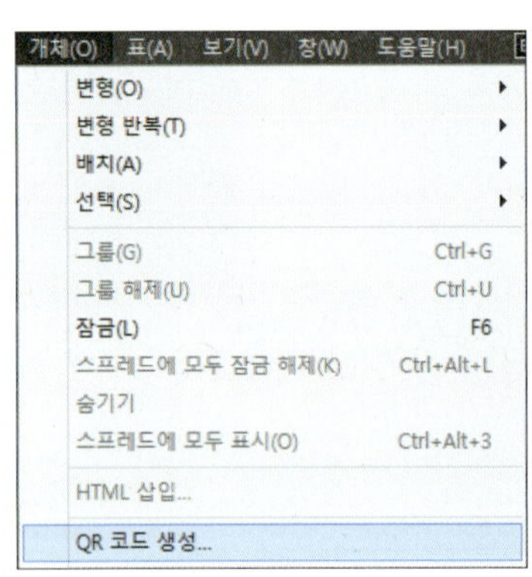

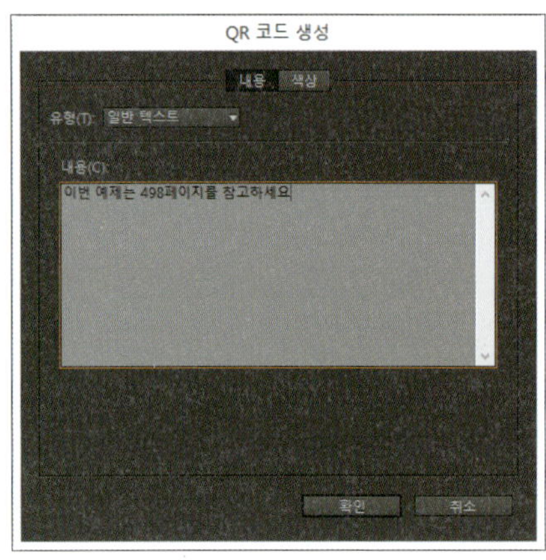

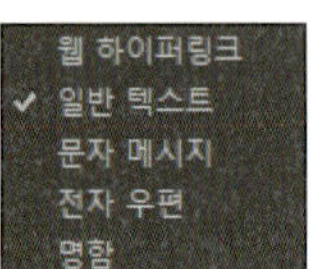

④ 편리해진 글꼴 관리

자주 사용하는 글꼴을 표시할 수 있으며, 자주 사용하는 글꼴만 표시하도록 하여 편리성을 높였습니다. 또한 글꼴 표시란에 검색어를 입력하면 해당 글꼴이 검색되어 원하는 글꼴을 손쉽게 찾고 사용할 수 있습니다.

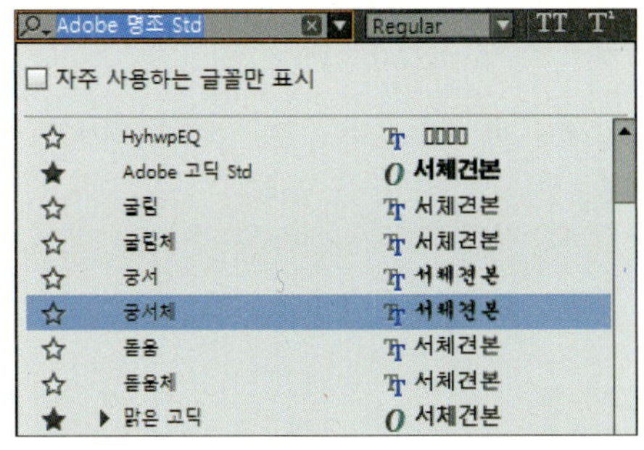
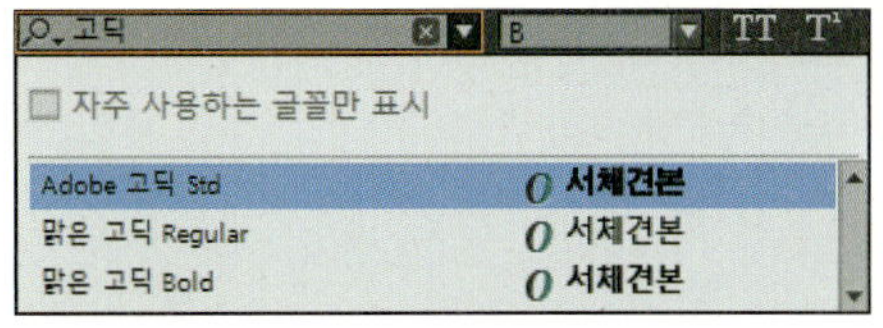

참고

한글 문서를 주로 편집하는 사용자의 경우 한국어 버전을 설치하는 것을 권장합니다. 영문판에는 한글의 세로쓰기와 루비, 권점 등의 한글에서 사용하는 세밀한 기능을 사용할 수 없습니다. 그러므로 한글을 주로 사용하는 사용자의 경우 한국어로 선택하여 설치하는 것이 좋습니다.

편집 디자인을 위한
레이아웃 구성하기

여기에서는 인디자인에서 문서를 만들기 위한 기본적인 단계인 새로운 문서 만들기와 문서 저장하기, 레이아웃 구성하기 등에 대해 배워봅니다. 페이지의 크기와 수, 도련 및 슬러그 등에 대해 알아보고 설정한 옵션을 변경하는 방법에 대해 살펴봅니다.

INDESIGN CS6

인디자인 CS6에서 문서 만들기

인디자인에서 문서를 디자인하기 위해서는 먼저 작업할 수 있는 문서를 만들어야 합니다. 문서를 만들 때에는 필요한 문서의 크기와 여백을 설정해야 하며, 문서를 저장하거나 관리하는 방법을 익혀두어야 합니다. 또한, 만들어 놓은 새 문서에 페이지를 추가하는 방법과 크기가 다른 페이지를 설정하는 방법, 설정된 용지 방향이나 여백을 변경하는 방법에 대해 알아두어야 합니다. 여기서는 인디자인 CS6에서 새로운 문서를 만들고 여백이나 용지 방향을 설정하는 방법에 대해 알아봅니다.

다루는 내용

- 새 문서 만들기
- 문서 저장하기
- 문서 불러오기

기능 정리

도큐먼트 설정 방법과 문서 저장 방법 살펴보기

인디자인에서 만들 문서를 도큐먼트라고 하며, 새로운 도큐먼트를 만든 다음 텍스트와 이미지 등을 이용하여 문서를 디자인합니다. 도큐먼트로 만든 문서는 인디자인 형식의 파일로 저장해 재편집이나 출력이 가능하도록 관리할 수 있습니다. 여기서는 새로운 도큐먼트를 만들고 여백 등을 설정하는 방법과 저장하고 불러오는 방법에 대해 살펴봅니다.

● 새로운 문서 만들기

인디자인에서 문서를 편집하기 위해서는 판형에 맞춰 새로운 문서를 설정해야 합니다. 새로운 문서를 설정할 때에는 만들 완성물의 판형이나 페이지 수, 여백, 다단 구성 등을 설정해야 합니다. 새로 문서를 만들 때 설정하는 모든 구성이나 옵션은 문서 작성 중에도 변경할 수 있습니다. 다만, 페이지의 크기를 작업 중에 변경하면 안에 입력한 내용의 위치와 간격 등이 변할 수 있으므로 페이지의 크기는 처음부터 정확한 수치로 설정하는 것이 좋습니다.

인디자인 프로그램을 설치하고 처음 실행하면 실행 창이 자동으로 표시됩니다. [새로 만들기] 영역에서 [문서]를 클릭하여 새로운 문서를 곧바로 만들 수 있으며, [파일] 메뉴의 [새로 만들기]-[문서]를 실행하여 문서를 새롭게 만들 수도 있습니다.

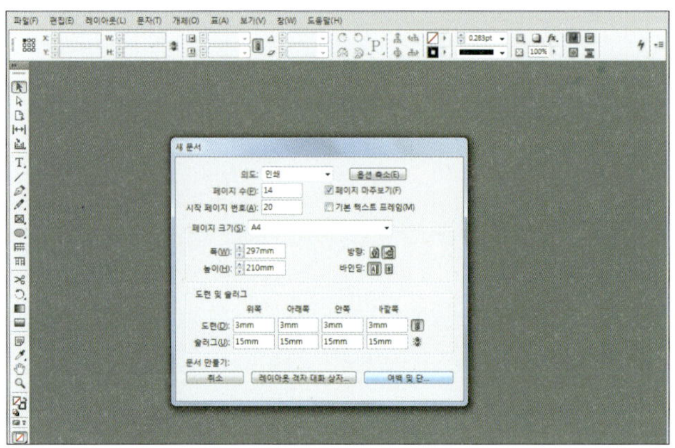

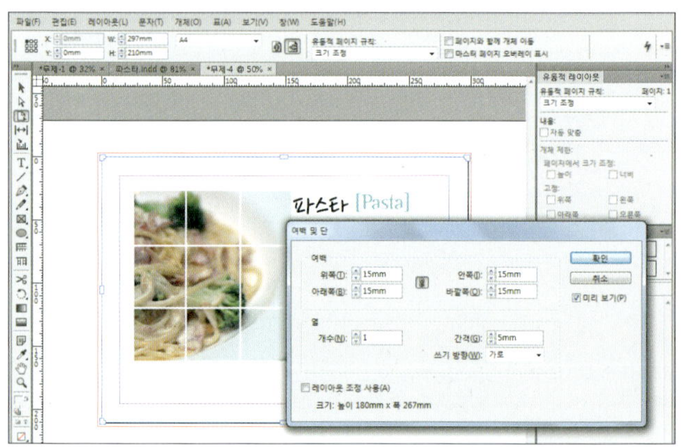

● 작업 완성한 문서 저장하기

인디자인에서 만들거나 수정한 문서는 저장해 두어야 나중에 다시 문서를 열 수 있습니다. [파일] 메뉴의 [저장]을 실행하여 현재 문서를 저장할 수 있으며, [다른 이름으로 저장]을 실행하여 현재 문서를 그대로 둔 채 별도의 문서로 저장할 수도 있습니다. 저장할 경로를 지정하고 파일 이름을 입력하여 문서를 저장합니다.

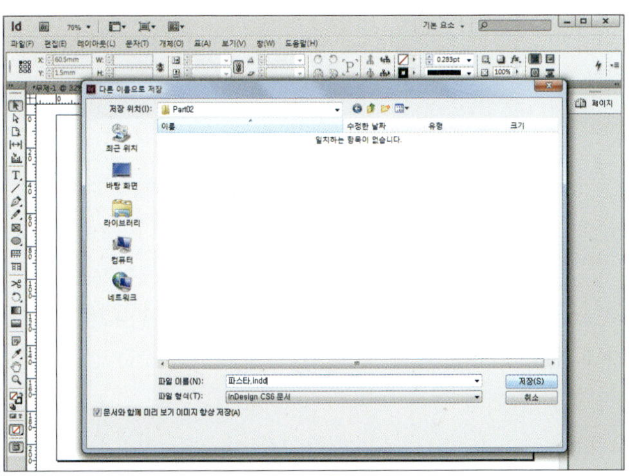

윈도우 탐색기를 이용해 저장해 놓은 문서를 확인하면 다음과 같이 'indd' 확장자로 문서가 저장된 것을 볼 수 있습니다. 문서가 현재 인디자인에서 작업 중이라면 'LOCK'이 붙은 파일이 같은 폴더 내에 표시되며, 문서를 닫거나 인디자인을 종료하면 이 파일은 사라지고 원본만 남게 됩니다.

● 최근 항목 열기 기능

인디자인에서 가장 최근에 작업한 파일들이 목록으로 표시되어 손쉽게 해당 문서를 열 수 있습니다. 인디자인 실행 창에서 최근 항목 열기를 통해 열거나 [파일] 메뉴의 [최근 파일 열기]에서 파일을 열 수 있습니다. 표시되는 최근 항목 수는 [편집] 메뉴의 [환경 설정]-[파일 처리]에서 설정할 수 있습니다.

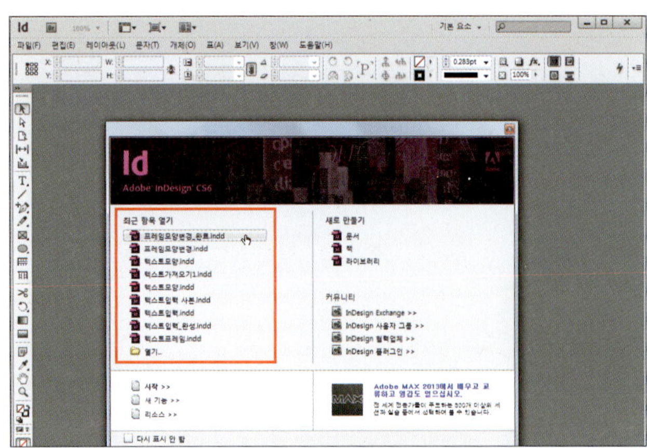
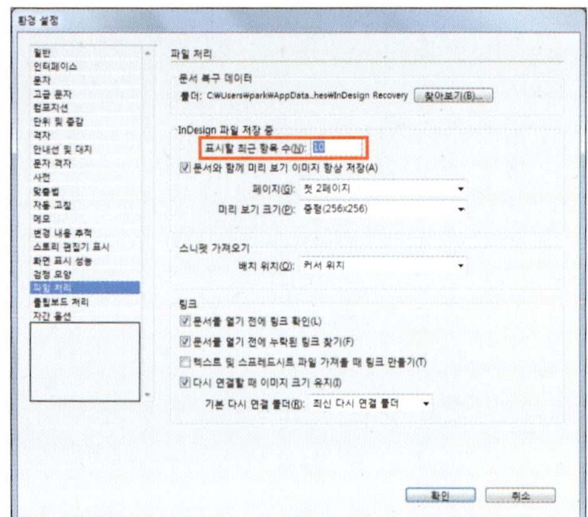

● 브리지(Bridge) 프로그램 활용하기

인디자인을 설치하면 어도비 사에서 제공하는 브리지 프로그램이 함께 설치됩니다. 브리지 프로그램을 실행하면 포토샵이나 일러스트레이터, 인디자인으로 만들어진 문서의 내용을 미리 확인할 수 있습니다. 그러므로 문서에 그림을 입력하거나 문서를 불러올 때 섬네일을 확인하여 빠르고 정확하게 해당 그림이나 문서를 열어 작업할 수 있습니다. [파일] 메뉴의 [Bridge에서 찾아보기]를 실행하거나 [창] 메뉴의 [Mini Bridge]를 실행하여 패널로 펼쳐두고 사용할 수도 있습니다. 또한, 브리지에서 선택한 그림을 인디자인 작업 창으로 드래그하면 곧바로 해당 이미지를 문서에 넣을 수 있어 활용도가 높습니다.

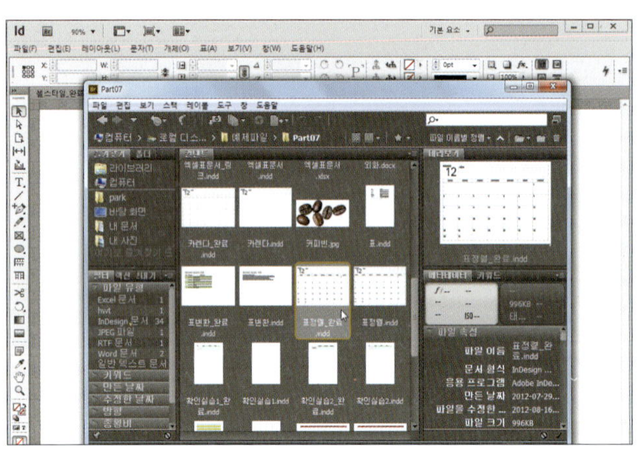

1 새로운 문서를 만들기 위해 실행해야 하는 메뉴와 단축키는 무엇일까요? (　　　　　　　　　　　)

2 어도비 사에서 제공하는 프로그램으로 인디자인을 작업할 때 이미지 파일이나 인디자인 문서의 내용을 미리 섬네일 방식으로 확인할 수 있는 프로그램은 무엇일까요? (　　　　　　　)

답 : **1** [파일] 메뉴의 [새로 만들기]–[문서]이며, 단축키는 Ctrl + N , **2** 브리지(Bridge)

작업의 시작을 위한 새 도큐먼트 만들기

새로운 도큐먼트 문서를 만드는 방법에 대해 알아봅니다.

01 새로운 문서 만들기

❶인디자인 CS6를 실행한 후 ❷[파일] 메뉴의 ❸[새로 만들기]-❹[문서]를 클릭합니다. 또는 단축키 Ctrl + N 을 누릅니다.

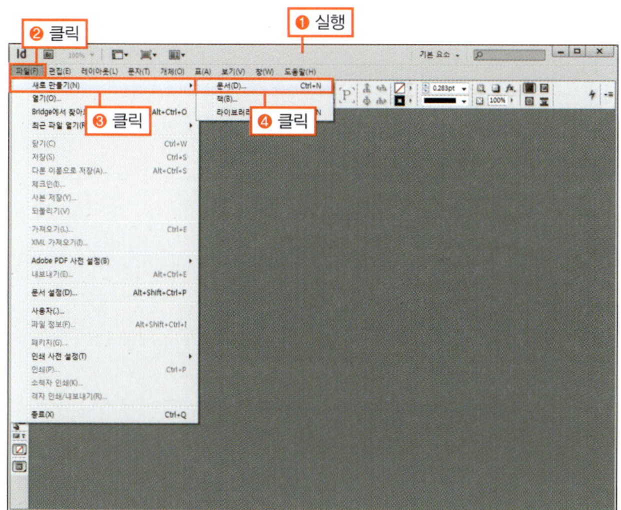

02 새 문서 옵션 설정하기

❶[새 문서] 대화상자가 나타나면 페이지 수와 시작 페이지 번호, 페이지 크기 등을 설정하고, ❷[옵션 확대]를 클릭합니다. 옵션이 확대되어 표시되면 ❸[도련] 및 [슬러그]를 설정하고 ❹[여백 및 단]을 클릭합니다.

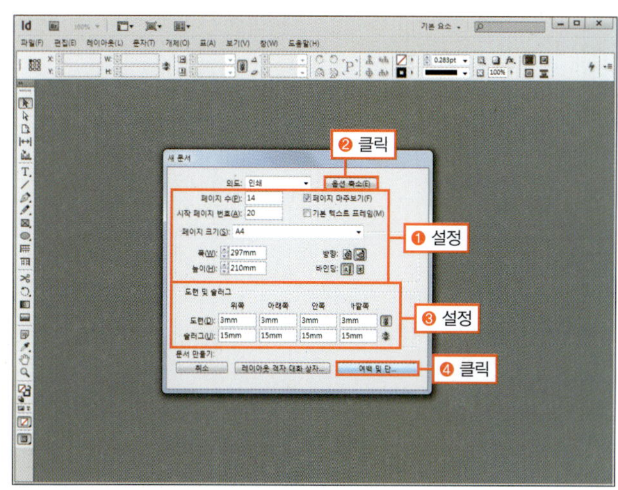

참고 ● 도련과 슬러그 이해하기

새로운 문서를 만들 때 설정할 수 있는 도련과 슬러그에 대해 살펴봅니다. 문서의 재단선을 기준으로 바깥 부분으로 확장되는 영역의 크기를 설정할 수 있으며, 도련이나 슬러그 부분에 입력된 내용은 최종적으로 인쇄물이 재단될 때 잘리게 됩니다. 인쇄되지 않는 영역이므로 프린터 정보나 문서에 관한 기타 정보를 입력할 수 있는 공간으로 활용할 수 있습니다.

❶ [새 여백 및 단] 대화상자에서 [여백]과 [열]의 개수를 설정하고 ❷ [확인]을 클릭합니다.

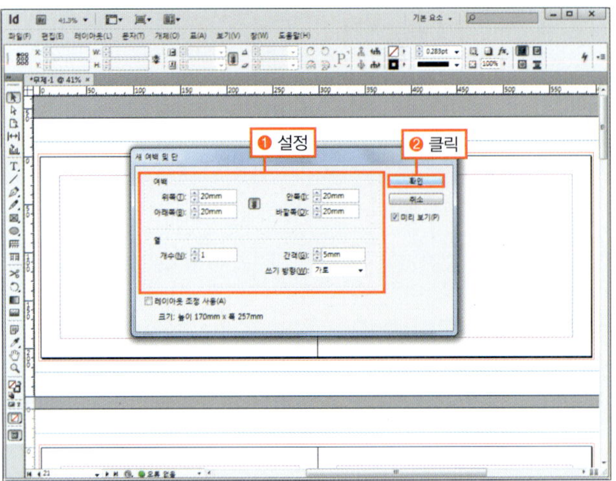

❶ [창] 메뉴의 [페이지]를 실행하여 [페이지] 패널을 불러 옵니다. 다음과 같이 20페이지로 시작한 전체 20쪽으로 구성된 문서가 만들어진 것을 확인할 수 있습니다.

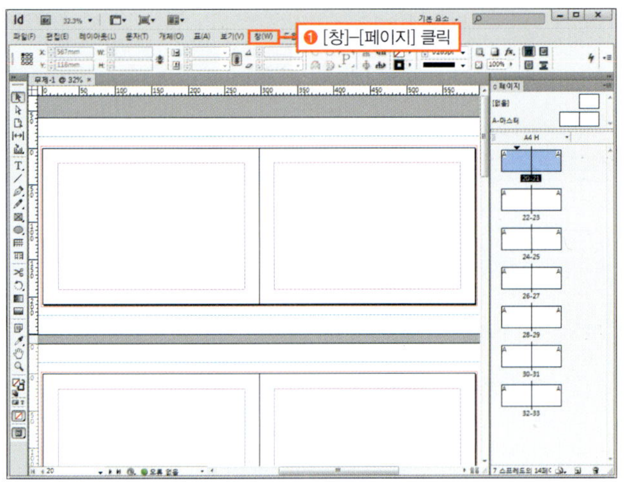

참고 .

새로운 문서를 만들 때 설정하는 모든 옵션 값은 문서를 만든 후에도 언제든지 변경할 수 있습니다.

참고 • 여백과 단 이해하기

문서를 만들 때 설정하는 여백과 단의 개념에 대해 알아봅니다.

- **여백 설정** : 인디자인에서 페이지의 여백은 인쇄물의 종류에 따라 다르게 설정합니다. 인쇄물이 낱장으로 구성된 포스터나 광고지 등이면 위쪽, 아래쪽, 왼쪽, 오른쪽 여백을 설정할 수 있으며, 책과 같이 펼쳐진 상태로 중앙 부분이 묶일 때에는 위쪽과 아래쪽, 안쪽과 바깥쪽 여백을 각각 설정할 수 있습니다. 여백은 문서의 종류나 디자이너의 느낌에 따라 자유롭게 설정할 수 있으며, 많은 분량의 두꺼운 책의 경우에는 안쪽 여백을 조금 더 여유 있게 설정해야 접힌 부분의 내용이 가려지는 일을 막을 수 있습니다.

- **단 설정** : 다단은 잡지나 신문 등에서 주로 사용하는 단락 형식으로 한 페이지의 너비를 두 개 이상의 단으로 나누어 내용을 정렬하는 방식입니다. 페이지의 폭에 맞춰 단의 개수와 간격을 설정할 수 있으며, 너무 폭이 좁은 단은 가독성이 떨어지므로 적당한 너비를 유지하는 것이 좋습니다.

레이아웃 조정 기능 활용하기

레이아웃 조정 기능을 이용하여 변경되는 여백에 맞춰 자동으로 오브젝트가 이동하도록 조정합니다.

◉ **시작 파일** : Part02\파스타.indd

01 레이아웃 조정 기능 설정하기

레이아웃 조정 기능은 새로운 문서를 만들 때 설정할 수 있으며, 이후에도 설정을 변경할 수 있습니다. 우선 새로운 문서를 만들 때 설정하는 방법에 대해 알아봅니다. ❶[새 여백 및 단] 대화상자에서 ❷[레이아웃 조정 사용]을 체크하고 ❸[확인]을 클릭합니다.

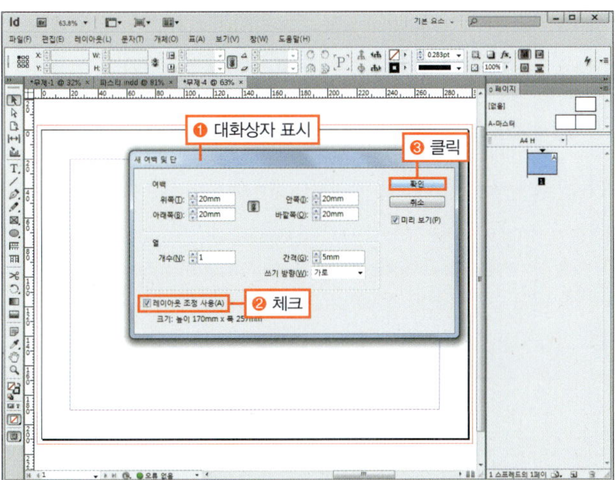

02 '레이아웃 조정 사용'의 비활성화 상태 확인하기

예제 문서를 불러온 후 ❶[레이아웃] 메뉴의 [여백 및 단]을 실행합니다. ❷[여백 및 단] 대화상자에서 [레이아웃 조정 사용]의 체크를 해제하고 ❸여백을 모두 '15mm'로 ❹ 변경합니다. 문서에 입력된 오브젝트에는 변화가 없이 여백 안내선만 변경됩니다.

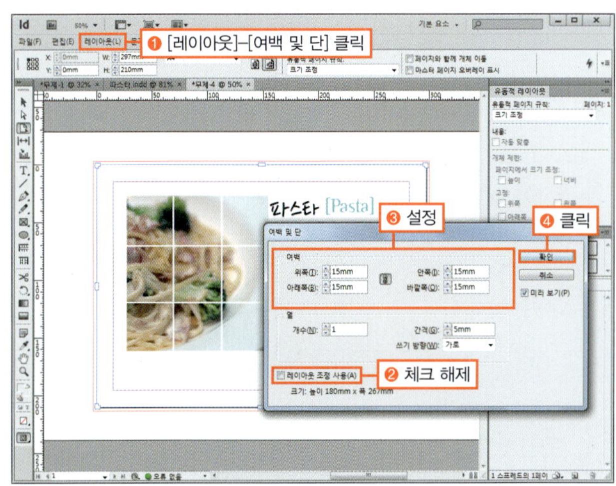

03 '레이아웃 조정 사용'의 활성화 상태 확인하기

이번에는 ❶[여백 및 단] 대화상자를 표시하고 ❷[레이아웃 조정 사용]에 체크한 후 ❸여백을 '9mm'로 ❹변경해 봅니다. 변경되는 여백 선에 맞춰 오브젝트가 자동으로 이동하는 것을 볼 수 있습니다. 이와 같이 페이지의 여백을 변경할 때 필요에 따라 '레이아웃 조정' 기능을 활용할 수 있습니다.

> **참고** ●
>
> '레이아웃 조정' 기능을 사용하여 페이지의 여백 등을 변경할 때 오브젝트의 위치가 자동으로 변경되어 편리합니다. 다만, 오브젝트가 낱개로 이동하게 되면 전체적인 문서의 모양이 흐트러질 수 있으므로 주의해야 합니다.

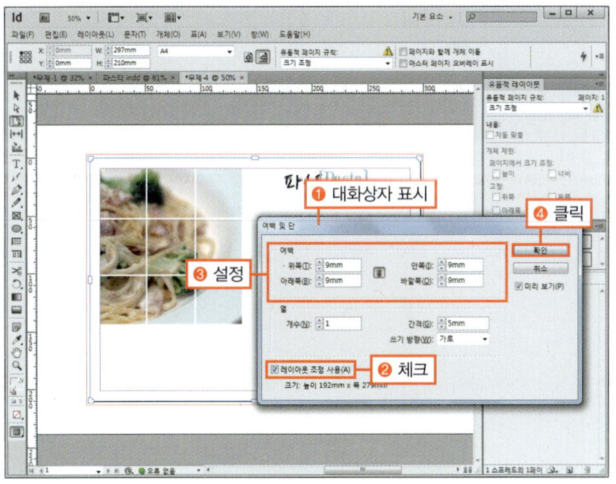

새로 만든 문서 저장하기

만들어 놓은 문서를 저장하는 방법에 대해 알아봅니다.

◎ **시작 파일** : Part02\무제-1.indd

01 저장하기

❶저장할 문서가 열려 있는 상태에서 ❷[파일] 메뉴의 ❸ [저장]을 실행하거나 단축키 Ctrl + S 를 누릅니다.

02 저장할 경로와 이름 설정하기

❶현재 문서를 저장할 경로로 이동하고 ❷[파일 이름]을 '파스타'로 입력합니다. ❸[파일 형식]을 'InDesign CS6 문 서'로 설정한 후 ❹[저장]을 클릭합니다.

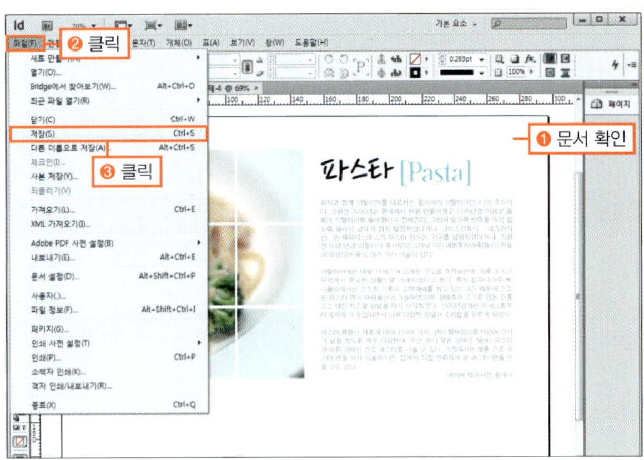

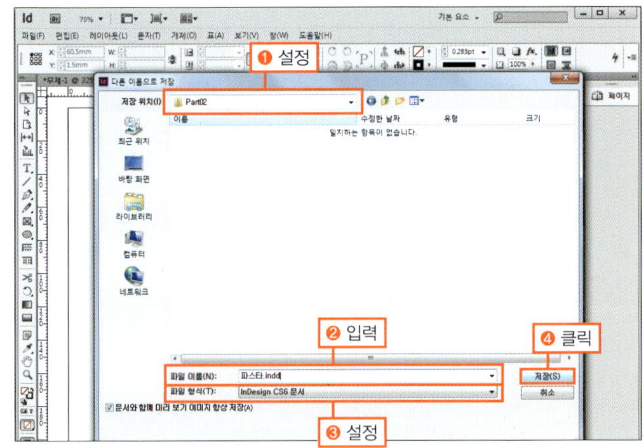

03 문서 닫기

문서가 저장되면 제목 표시줄에 입력한 파일 이름이 표시 됩니다. ❶[파일] 메뉴의 ❷[닫기]를 실행하거나 제목 표시 줄의 파일 이름 오른쪽의 '×' 모양을 클릭하면 현재 문서 를 닫을 수 있습니다.

04 윈도우 탐색기에서 확인하기

❶윈도우 탐색기를 실행하여 ❷문서를 저장해 놓은 폴더로 이동합니다. 다음과 같이 인디자인 문서가 저장된 것을 확 인할 수 있습니다. 윈도우 탐색기에서 해당 파일을 더블클 릭하면 문서를 열 수 있으며, 인디자인이 실행되어 있지 않 을 때 프로그램이 자동으로 실행됩니다.

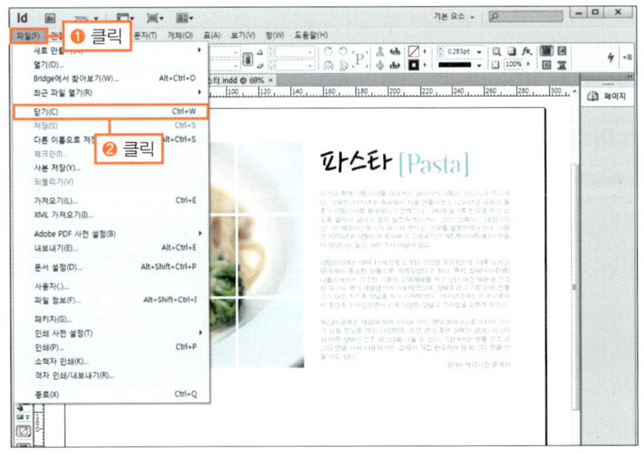

> **참고**
>
> 인디자인에서 만든 문서를 저장하면 파일의 확장자는 '.indd'로 저 장됩니다.

템플릿으로 저장하기

현재 작업 중인 문서를 템플릿으로 저장해 봅니다.

시작 파일 : Part02\커피머신.indd

01 템플릿으로 저장하기

문서를 완성하였으면 ❶[파일] 메뉴의 [다른 이름으로 저장]을 실행합니다. ❷문서를 저장할 경로로 이동한 후 ❸[파일 이름]을 입력하고, ❹[파일 형식]을 'InDesign CS6 템플릿'으로 설정하고 ❺[저장]을 클릭합니다.

02 제목 표시줄 확인하기

제목 표시줄에 파일 이름이 표시되며, 확장자는 '.indt'로 나타납니다.

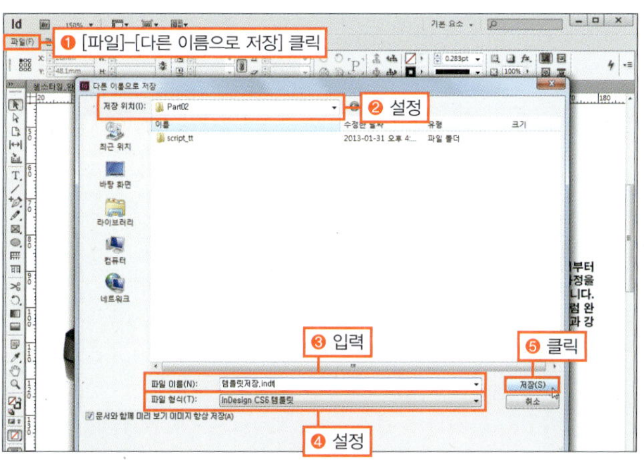

03 저장한 템플릿 문서 불러오기

❶[파일] 메뉴의 [열기]를 실행한 후 ❷템플릿 문서를 저장해 놓은 폴더로 이동합니다. ❸'템플릿저장.indt'를 선택하고 ❹[열기]를 클릭합니다.

04 템플릿 문서 확인하고 저장하기

템플릿으로 저장한 문서를 열면 다음과 같이 제목 표시줄에 '무제'로 표시됩니다. 템플릿 문서를 사용하고자 하면 [파일] 메뉴의 [저장]을 실행하여 문서를 별도로 저장한 후 사용하는 것이 좋습니다.

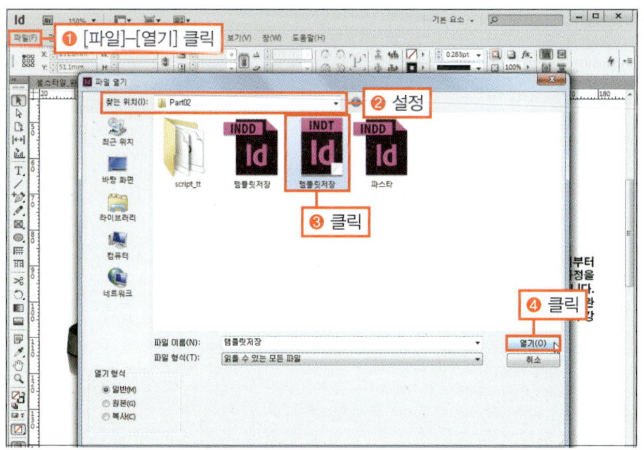

참고

레이아웃 시안을 완성한 후 템플릿으로 저장하면 여러 명이 나누어 작업할 때나 많은 분량의 문서를 분할하여 작업할 때 편리합니다.

저장해 놓은 문서 불러오기

작업 후 저장해 놓은 문서를 다시 불러오는 방법에 대해 알아봅니다.

01 [열기] 명령으로 파일 열기

❶[파일] 메뉴의 [열기]를 실행하거나 단축키 Ctrl+O를 누릅니다. ❷문서가 저장된 경로로 이동한 후 ❸문서 파일을 목록에서 선택합니다. ❹[열기]를 클릭하면 선택한 파일이 열립니다.

02 인디자인 실행 창으로 문서 열기

❶인디자인 프로그램을 처음 실행하면 다음과 같은 창이 표시됩니다. ❷최근에 작업한 문서 목록이 표시되고, 문서나 책, 라이브러리를 만들 수도 있습니다. 또는 최근 항목 아래에 있는 [열기]를 클릭하여 원하는 문서를 불러올 수 있습니다. 인디자인 실행 창은 [다시 표시 안 함]을 체크하면 인디자인을 실행했을 때 자동으로 표시되지 않습니다.

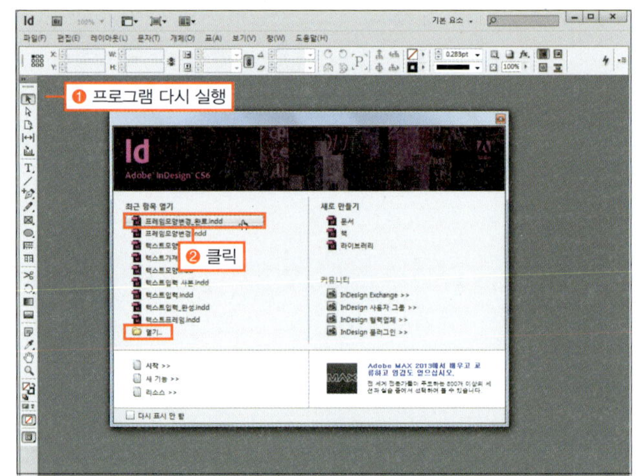

03 최근 작업한 문서 열기

❶[파일] 메뉴의 ❷[최근 파일 열기]를 클릭하면 최근에 작업한 문서가 순서대로 나열된 것을 볼 수 있습니다. ❸파일 이름을 클릭하면 해당 문서가 열립니다.

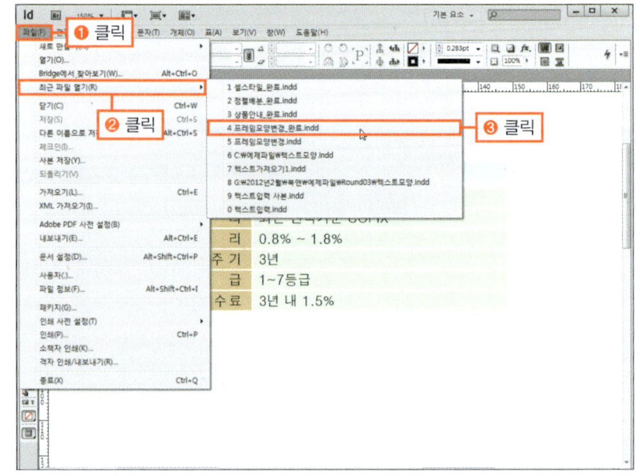

04 브리지(Bridge)를 이용해 문서 열기

❶ [파일] 메뉴의 [Bridge에서 찾아보기]를 실행합니다. ❷
설치된 브리지 프로그램이 실행되면 문서가 저장된 폴더
로 이동합니다. 탐색기에서는 아이콘으로 표시되던 인디
자인 문서를 브리지에서는 섬네일 형식으로 볼 수 있어 문
서의 내용을 손쉽게 확인할 수 있습니다. ❸ 원하는 문서를
더블클릭하면 선택한 문서를 곧바로 열 수 있습니다.

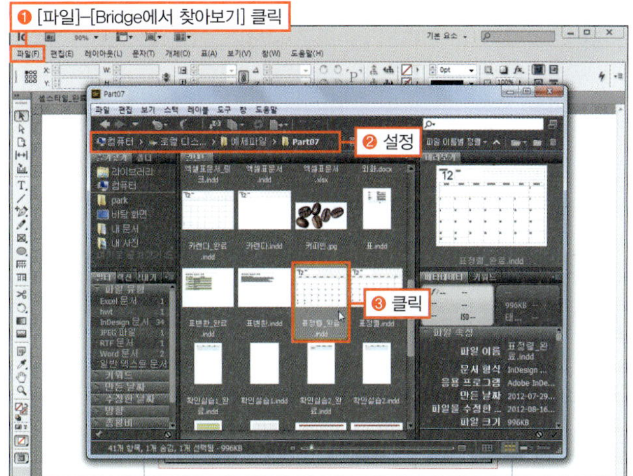

참고 • [Mini Bridge] 패널 활용하기

[창] 메뉴의 [Mini Bridge]를 실행하면 패널로 사용할 수 있습니다. 이미지와 인디자인
문서를 미리 확인할 수 있어 문서에 그림을 넣을 때 사용하면 편리합니다.

어도비에서 제공하는 템플릿 활용하기

어도비 웹사이트를 방문하면 여러 가지 다양한 템플릿을 다운로드할 수 있습니다. 다운로드할 수 있는 템플릿은 폰트, 이미지, 인디자인 문서 등으로 다양하며, 대부분 회원 가입 후 유료로 구매하여 사용할 수 있습니다.

1 도움말 열기

❶인디자인에서 [도움말] 메뉴의 [Indesign 도움말]을 실행하거나 단축키 F1 을 클릭하여 도움말을 실행합니다. ❷[검색] 란에 '템플릿'을 입력하고 ❸ Enter 를 누릅니다.

2 템플릿 확인하기

인디자인에서 사용할 수 있는 템플릿이 미리 보기 샘플과 함께 표시됩니다. 대부분 유료로 구매하여 사용할 수 있으며, ❶구매하고자 하는 템플릿의 'Buy'를 클릭합니다.

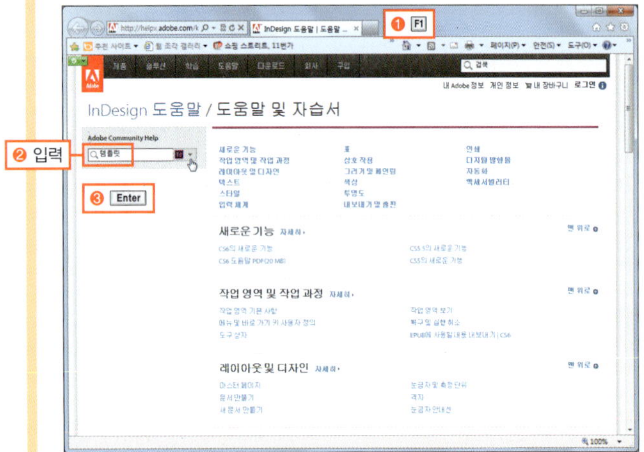

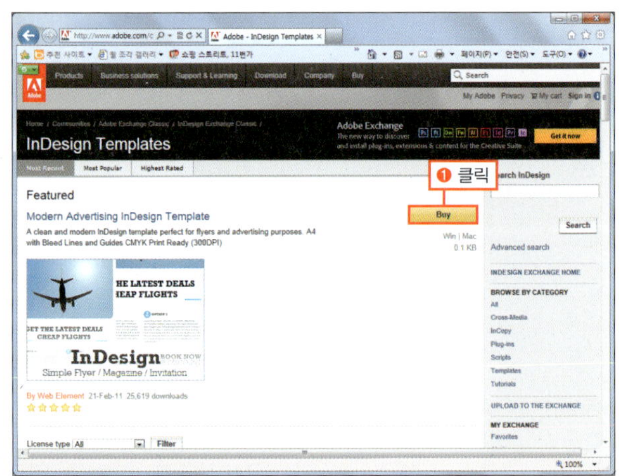

3 템플릿 구매하기

선택한 템플릿에 관한 자세한 정보를 확인할 수 있습니다. 구매를 원할 경우 회원 가입 과정과 결제 과정을 거쳐 다운로드를 할 수 있습니다.

4 구매할 수 있는 폰트 확인하기

인디자인 템플릿 외에도 폰트 등의 다양한 그래픽 요소들을 구매하여 활용할 수 있습니다.

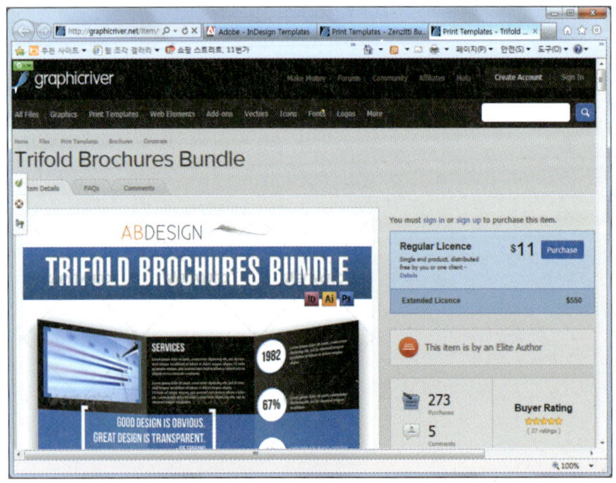

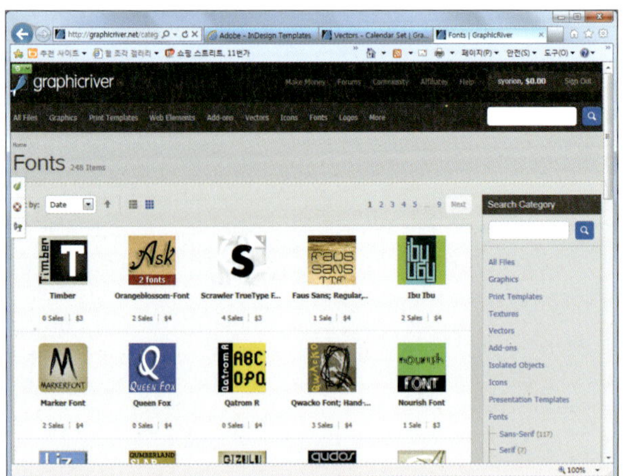

SECTION 02

레이아웃 안내선 살펴보기

인디자인에서는 사각형이나 원형, 다각형 모양의 틀을 만들고 그 안에 이미지나 텍스트를 입력할 수 있습니다. 내용을 입력할 프레임의 위치와 간격을 보기 좋게 조절해 주어야 문서의 완성도가 높아집니다. 여기서는 레이아웃을 배치하는 데 필요한 안내선과 기준선 등에 대해 살펴봅니다.

다루는 내용

- 레이아웃 안내선 만들기
- 기준선 변경하기
- 고급 안내선 이용하기

기능 정리

레이아웃 만들고 위치 조절하기

기본적으로 새로운 도큐먼트를 만들 때 여백과 슬러그 등의 가이드라인은 자동으로 표시됩니다. 여기서는 이 외에도 사용자가 편의에 따라 만들어 넣을 수 있는 안내선과 편집할 때 실시간으로 표시해주는 고급 안내선, 안내선의 기준점을 설정하는 방법에 대해 알아봅니다.

● 안내선

안내선은 가로와 세로 방향의 눈금자에서 드래그하여 원하는 위치에 표시할 수 있는 편리한 기능입니다. 만들어 놓은 안내선은 삭제하거나 다른 위치로 이동이 가능하며, 개체를 안내선에 맞춰 손쉽게 배치할 수 있습니다. 또한 안내선은 인쇄되지 않고 작업에만 활용할 수 있습니다. 마스터 페이지에 안내선을 만들어 놓으면 마스터 페이지를 적용할 때 자동으로 안내선까지 표시됩니다.

● 배경 안내선

안내선을 표시할 때 개체를 가리더라도 개체 앞쪽에 안내선을 표시할 것인지, 개체 뒤쪽으로 안내선을 표시할지를 사용자가 설정할 수 있습니다. [편집] 메뉴의 [환경설정]-[안내선 및 대지]를 실행하여 [배경 안내선]을 체크하면 개체 뒤로 안내선이 표시됩니다. 반면 [배경 안내선]의 체크를 해제하면 개체 앞쪽으로 안내선이 표시됩니다.

● 고급 안내선

고급 안내선은 인디자인 문서 내에서 개체를 이동하거나 새로 만들 때 또는 회전할 때 등의 상황에서 실시간으로 안내선을 표시해주고 스냅 위치를 알려주는 기능입니다. [환경 설정] 대화상자에서 고급 안내선의 색상과 옵션 등을 설정할 수 있습니다.

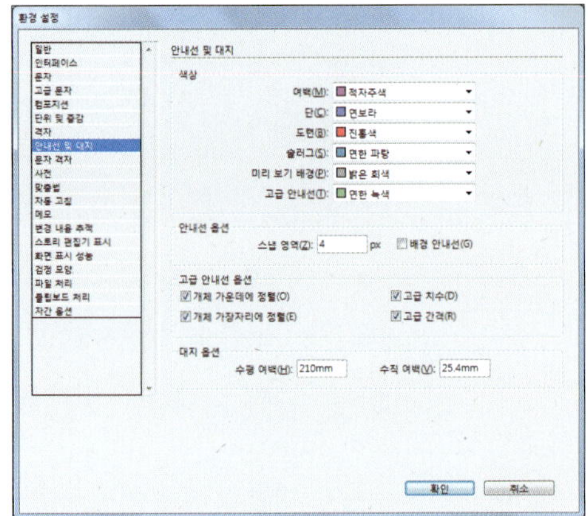

● 기준점 설정하기

도큐먼트가 인쇄되는 왼쪽 상단 모서리부터 '0'으로 가로/세로 기준점이 설정됩니다. 하지만 눈금자의 왼쪽 모서리에 위치한 기준점 변경 아이콘을 드래그하여 원하는 위치로 끌어오면 사용자가 특정 위치를 기준점으로 설정할 수 있습니다. 다음 그림의 경우 기준점을 이미지가 담긴 사각형 프레임의 모서리에 설정한 모습입니다. 눈금자의 '0' 위치와 컨트롤 패널에서의 개체 위치가 기준점에 따라 자동으로 변경되어 표시되는 것을 볼 수 있습니다.

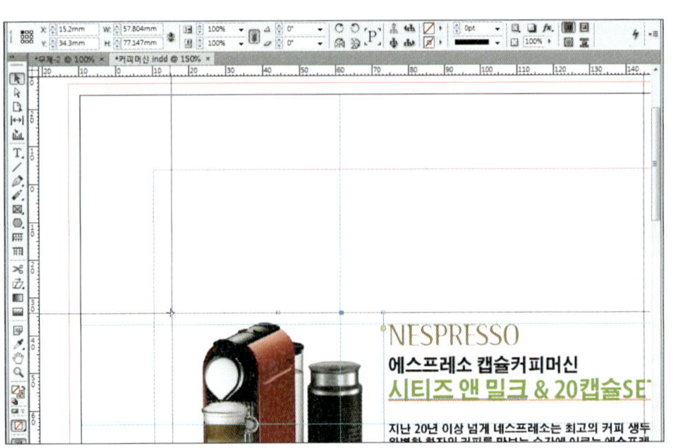

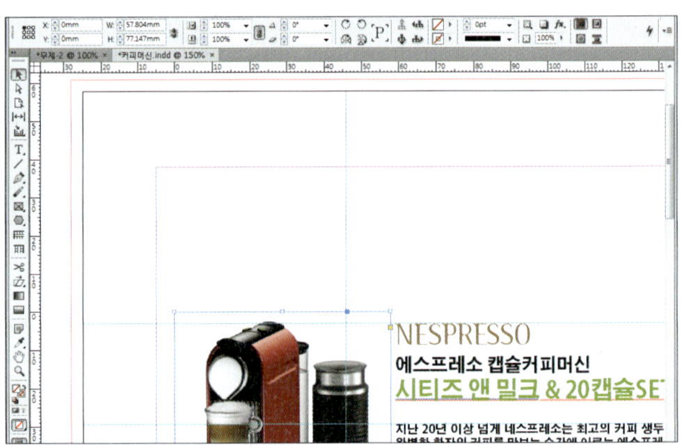

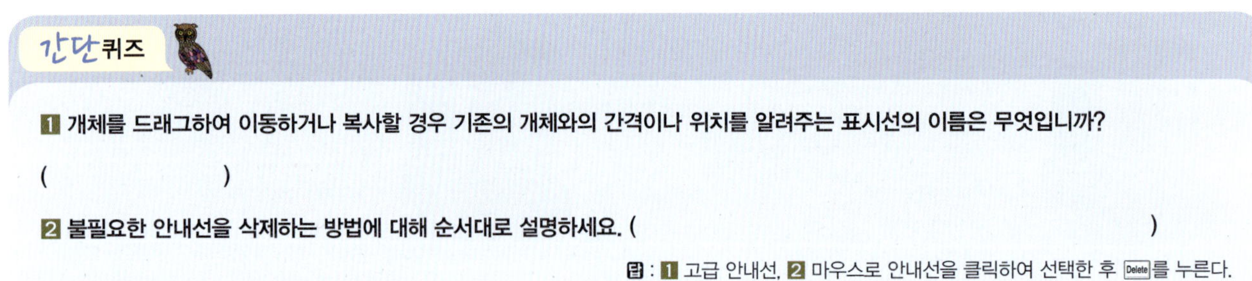

레이아웃 안내선 만들고 위치 변경하기

인디자인 문서에 레이아웃 안내선을 만들고 안내선의 위치를 조절하거나 삭제해 봅니다.

01 안내선 만들기

작업 화면의 눈금자에서 페이지로 드래그하면 원하는 방향에 안내선이 만들어집니다. ❶가로 눈금자에서 드래그하면 가로 안내선, ❷세로 눈금자에서 드래그하면 세로 눈금자가 만들어집니다. 눈금자의 위치는 컨트롤 패널에서 수치로 확인할 수 있습니다.

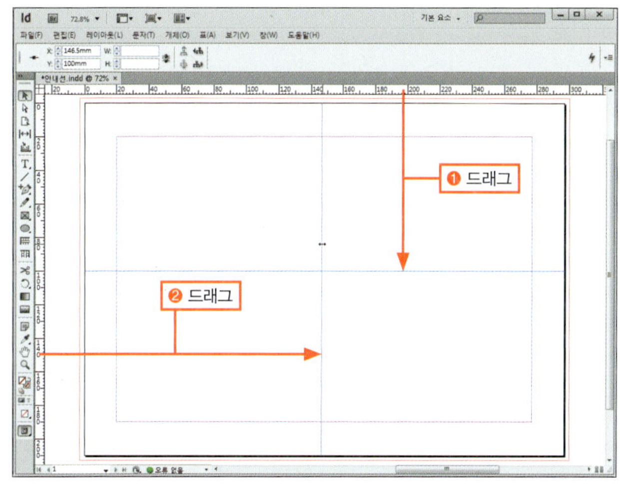

참고

눈금자가 표시되지 않을 경우 [보기] 메뉴의 [눈금자 표시]를 실행하여 눈금자를 표시할 수 있습니다.

02 안내선 선택하여 편집하기

❶마우스로 안내선을 클릭하면 안내선 색상이 파란색으로 표시되며 선택되었음을 알립니다. 마우스로 드래그하거나 방향키로 안내선의 위치를 조절할 수 있습니다.

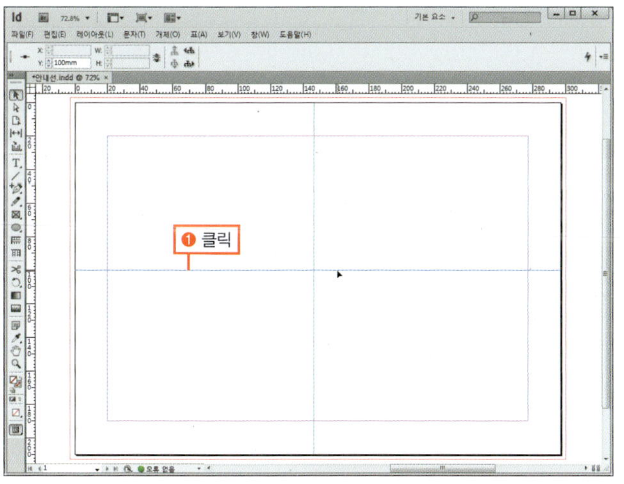

03 컨트롤 패널에서 안내선 위치 설정하기

❶안내선을 클릭하여 선택한 상태에서 컨트롤 패널을 살펴보면 다음과 같이 현재 안내선의 위치가 표시됩니다. ❷ 수치 입력란에 직접 위치를 입력하면 안내선이 원하는 위치로 이동합니다.

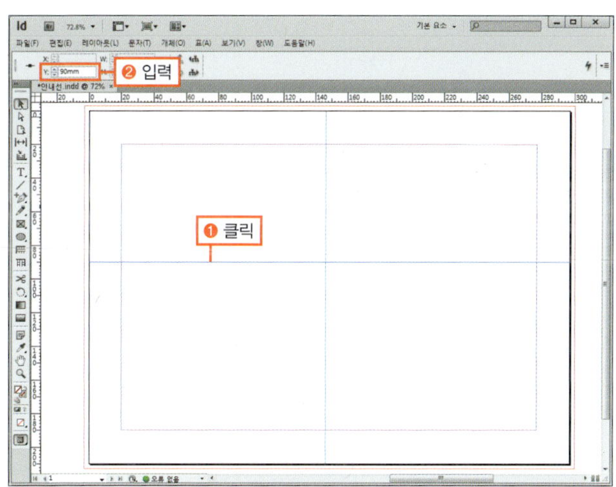

04 안내선 스냅 영역 설정하기

안내선은 문서에 오브젝트를 넣을 때 위치를 맞추기 쉽게 하는데 도움을 주는 기능입니다. 오브젝트가 안내선 위치에 손쉽게 배치되도록 설정하기 위해 안내선 스냅 영역을 지정해 봅니다. ❶[편집] 메뉴의 [환경 설정]을 실행하여 ❷[안내선 및 대지] 영역에서 [스냅 영역]을 '1px'로 설정합니다.

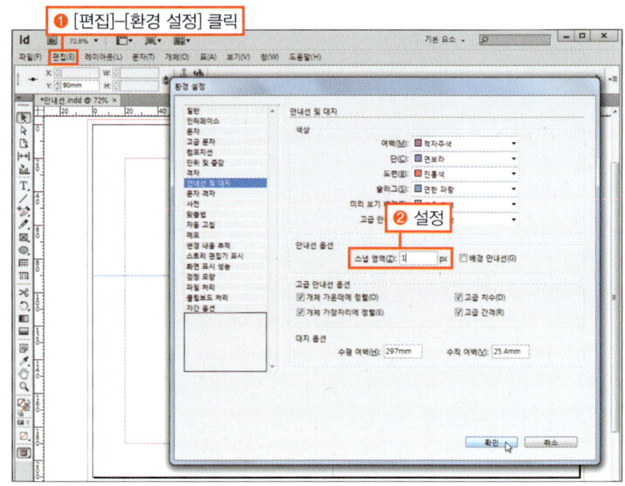

> **참고** •
> '스냅 영역'을 크게 설정하면 같은 안내선에 오브젝트를 스냅해도 서로 조금씩 위치가 다를 수 있습니다. 안내선에 여러 개의 오브젝트를 정렬했을 경우 컨트롤 패널이나 이미지를 확대하여 정확한 위치를 확인하는 것이 좋습니다.

05 여러 개의 안내선 선택하기

❶선택 도구를 이용해 ❷마우스로 드래그하면 드래그한 영역 안에 있는 안내선을 모두 선택할 수 있습니다. 여러 개의 안내선 간격을 유지하면서 다른 위치로 이동할 수 있습니다.

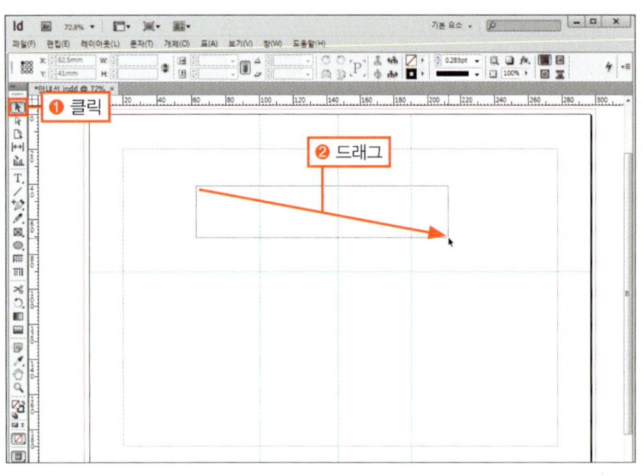

06 안내선 삭제하기

❶안내선이 선택된 상태에서 ❷Delete를 누르면 선택한 안내선을 삭제할 수 있습니다. 또는 안내선을 눈금자 쪽으로 드래그해도 해당 안내선이 삭제됩니다.

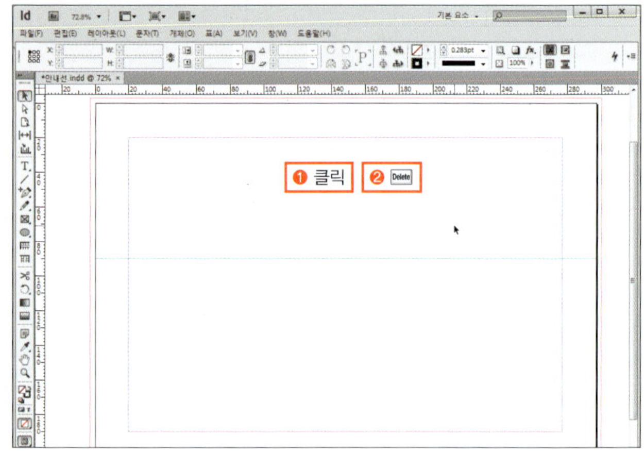

참고 • 가로 세로 안내선 한번에 만들기

눈금자의 왼쪽 위에 있는 대상 스프레드의 눈금자 교차점(⊞)을 Ctrl을 누른 상태에서 작업 화면으로 드래그하면 가로와 세로 안내선을 한 번에 만들 수 있습니다.

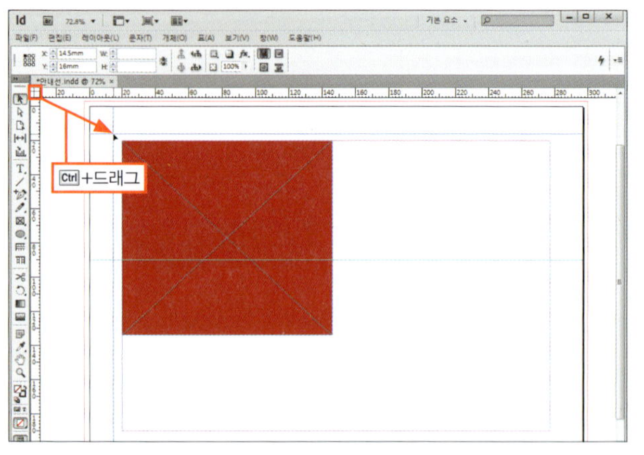

기준점 변경하기

안내선이나 오브젝트의 위치를 표시해주는 기준점을 사용자가 임의로 변경하는 방법에 대해 알아봅니다.

01 기준점 변경하기

대상 스프레드의 눈금자 교차점(⊞)을 드래그하여 원하는 위치로 이동합니다. 커서의 위치가 기준점 '0'으로 재설정 됩니다. 여기서는 여백 안내선에 기준점을 맞추도록 합니다. ❶컨트롤 패널에 X와 Y 수치가 모두 '20mm'로 표시되는 위치로 기준점을 드래그합니다.

02 컨트롤 패널에서 확인하기

여백 선에 맞춰진 오브젝트를 선택하면 컨트롤 패널에 X와 Y 위치가 모두 '0'으로 표시되는 것을 볼 수 있습니다.

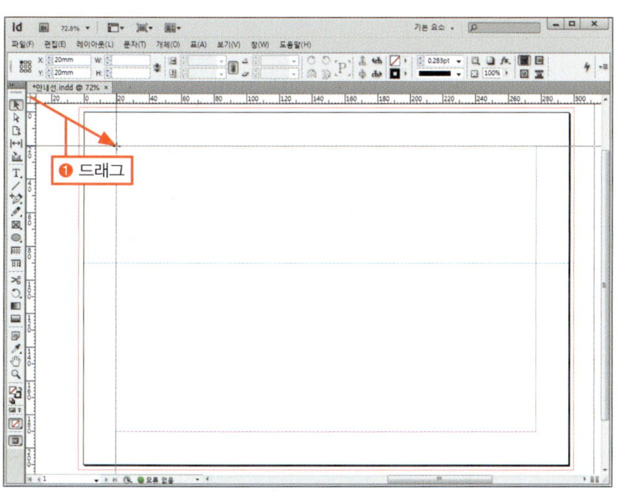

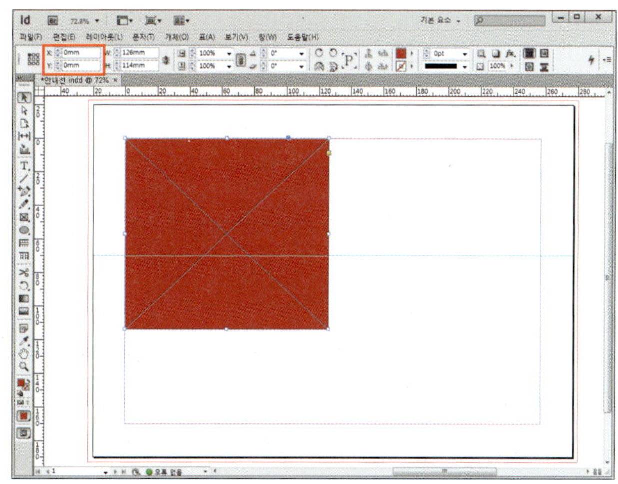

03 기준점 복구하기

❶대상 스프레드의 눈금자 교차점(⊞)을 더블클릭하면 사용자가 임의로 변경한 기준점이 다시 원래의 상태로 되돌아갑니다. 원래의 기준점 위치는 페이지의 왼쪽 위 끝 부분입니다. 컨트롤 패널에서 붉은색의 사각형 위치를 살펴보면 X와 Y 위치가 모두 '20mm'로 표시된 것을 볼 수 있습니다.

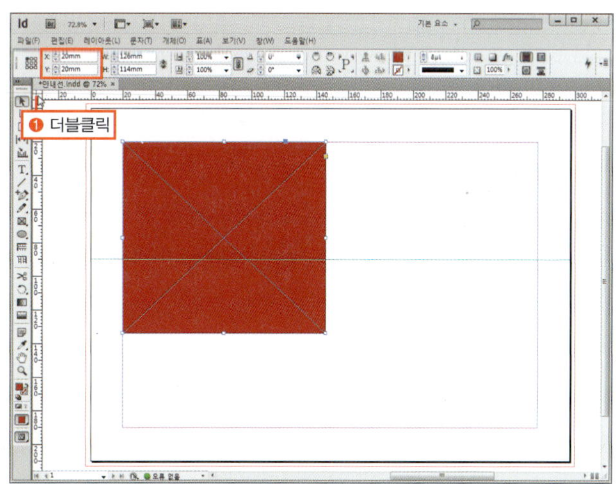

[레이아웃] 메뉴의 [안내선 만들기]를 실행합니다. 행과 열에 안내선 개수를 설정하고, 안내선 사이의 간격을 설정합니다. 이때 안내선을 여백이나 페이지에 맞춰 선택할 수 있으며, [미리 보기]를 체크하면 만들어질 안내선의 모습을 곧바로 확인할 수 있습니다. [기존 눈금자 안내선 제거]를 체크하고 [확인]을 클릭하면 이전에 만들어 놓은 안내선은 모두 사라집니다.

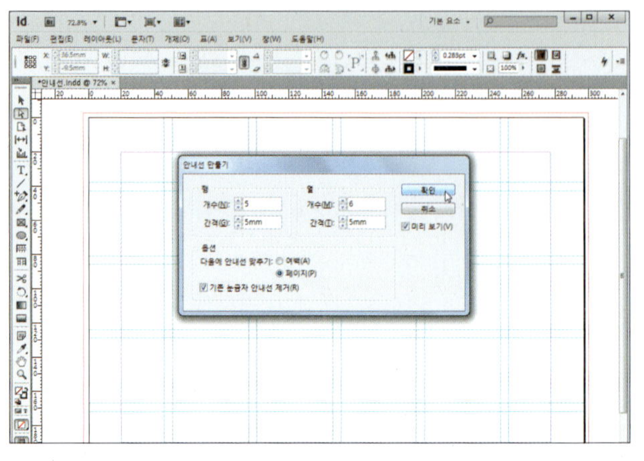

실습 과정

고급 안내선 활용하기

고급 안내선을 설정하고 활용하는 방법에 대해 알아봅니다.

◉ **시작 파일** : Part02\고급안내선.indd

01 고급 안내선 옵션 설정하기

❶[파일] 메뉴의 [환경 설정]-[안내선 및 대지]를 실행합니다. ❷[환경 설정] 대화상자에서 고급 안내선의 색상과 옵션을 ❸설정합니다.

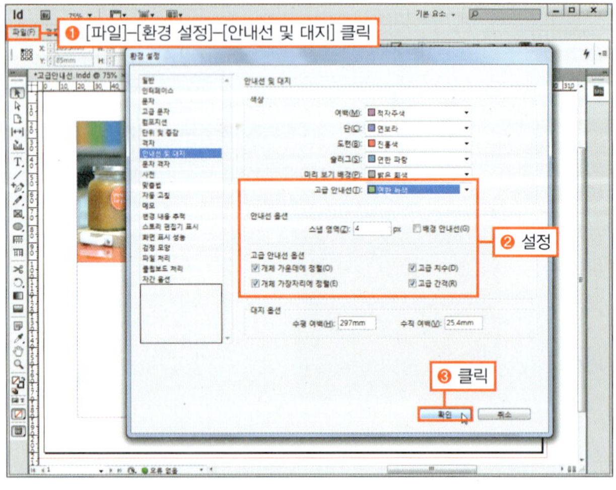

02 고급 안내선 표시하기

고급 안내선에 관한 옵션을 설정하였으면 ❶[보기] 메뉴의 ❷[격자 및 안내선]-❸[고급 안내선]을 실행하여 고급 안내선이 체크되도록 설정합니다.

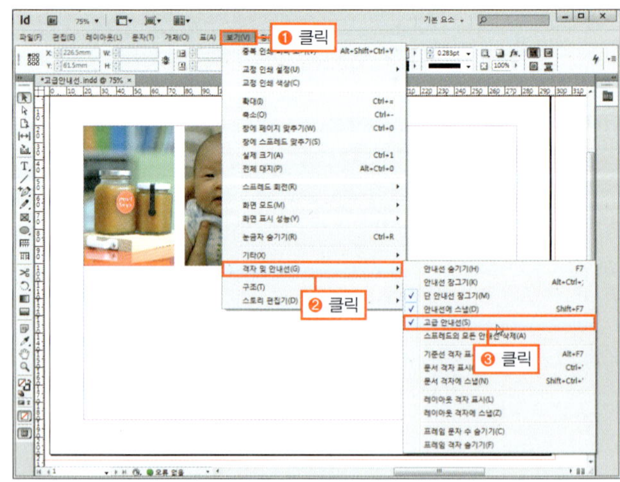

03 고급 안내선 표시 확인하기

❶ 나란히 위치한 그림의 오른쪽에 새로운 그림을 하나 추가해 봅니다. 마우스로 드래그하면 파란색으로 기존의 그림과 같은 크기와 간격을 안내해 줍니다.

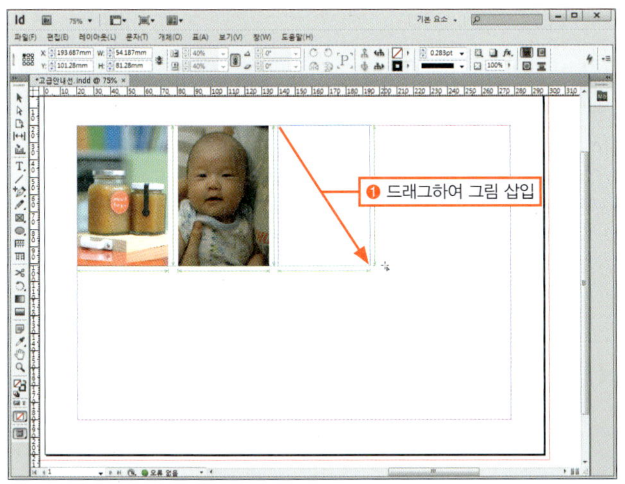

04 이미지 크기와 간격 확인하기

왼쪽에 위치한 이미지와 동일한 크기와 간격을 두고 이미지가 삽입됩니다. 이와 같이 고급 안내선을 활용하면 개체와의 간격이나 크기 등을 손쉽게 맞춰 문서를 디자인할 수 있습니다.

참고 • 측정 단위 변경하기

인디자인에서는 눈금자와 텍스트 등에 사용하는 단위를 사용자가 직접 변경하여 사용할 수 있습니다. [편집] 메뉴의 [환경 설정]−[단위 및 증감]을 실행하여 눈금자의 단위, 텍스트 크기 등의 기준 단위를 사용하기 편리한 것으로 설정할 수 있습니다.

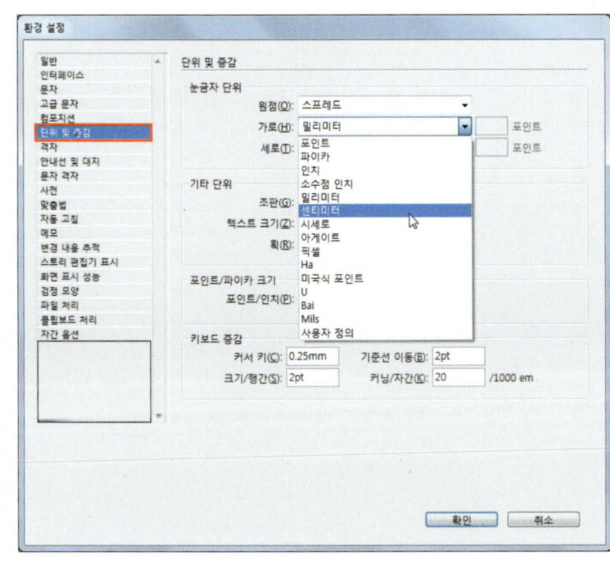

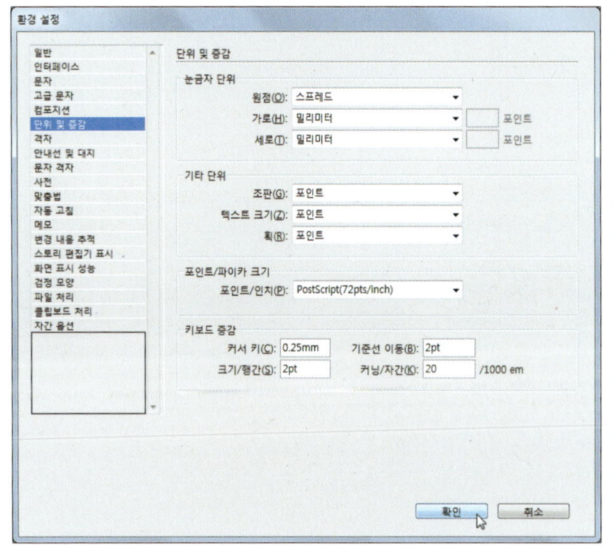

1 가로와 세로 위치에 정확하게 4cm 되는 곳에 가로/세로 안내선이 나타나도록 위치 4cm 위치에 정확하게 안내선을 표시해 보세요.

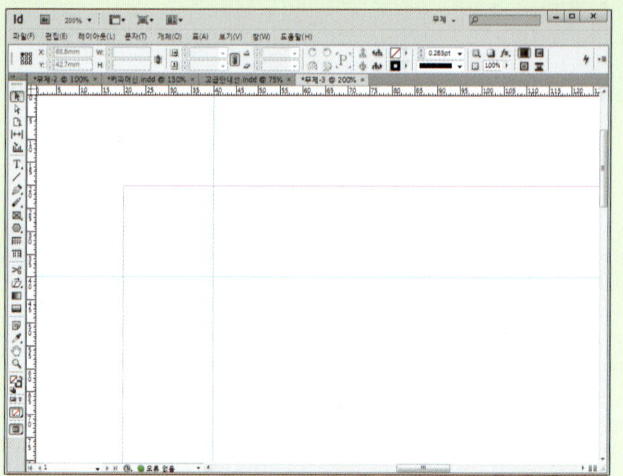

2 표시한 안내선 중에서 가로 방향의 안내선을 삭제해 보세요.

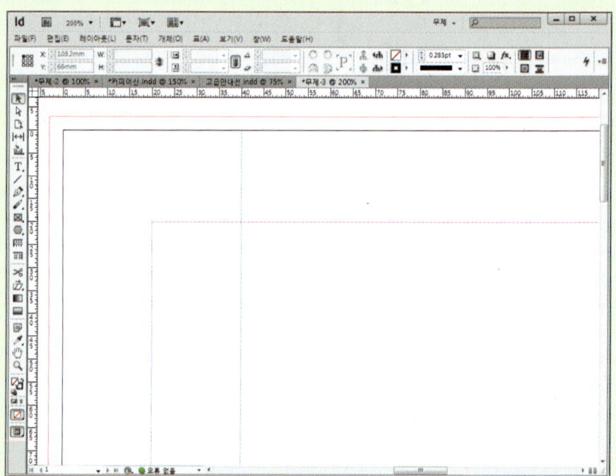

SECTION 03

페이지를 다루기 위한 스프레드 이해 및 활용하기

인디자인에서는 낱장으로 되어 있는 포스터나 광고 외에도 여러 페이지로 구성된 책의 편집도 가능합니다. 인디자인에서 스프레드는 책을 만들 때 사용되는 마주보고 있는 두 페이지를 의미합니다. 스프레드는 인디자인에서 새로운 문서를 만들 때 '페이지 마주보기'를 설정한 경우에 만들어지며, 펼쳐진 형태로 마주하고 있는 두 페이지를 합쳐 스프레드로 정의합니다. 여기서는 페이지와 스프레드의 의미를 이해하고 새로운 페이지와 페이지 크기를 설정하는 방법 등에 대해 알아봅니다.

다루는 내용

- 스프레드 재편성하기
- 페이지 추가하기
- 페이지 삭제하기
- 페이지 이동하기
- 라이브러리 활용하기

기능 정리

페이지와 스프레드 개념 익히기

인디자인에서 새로운 문서를 만들 때 '페이지 마주보기'를 설정하면 맨 앞 페이지만 오른쪽에 위치하고 이후에 만들어지는 페이지는 두 페이지씩 마주보게 위치합니다. 하나의 낱장을 페이지로, 마주보고 있는 펼쳐진 구조를 스프레드로 정의합니다.

● 인디자인의 문서 영역 살펴보기

인디자인에서 문서를 만들면 다음과 같은 화면이 표시됩니다.

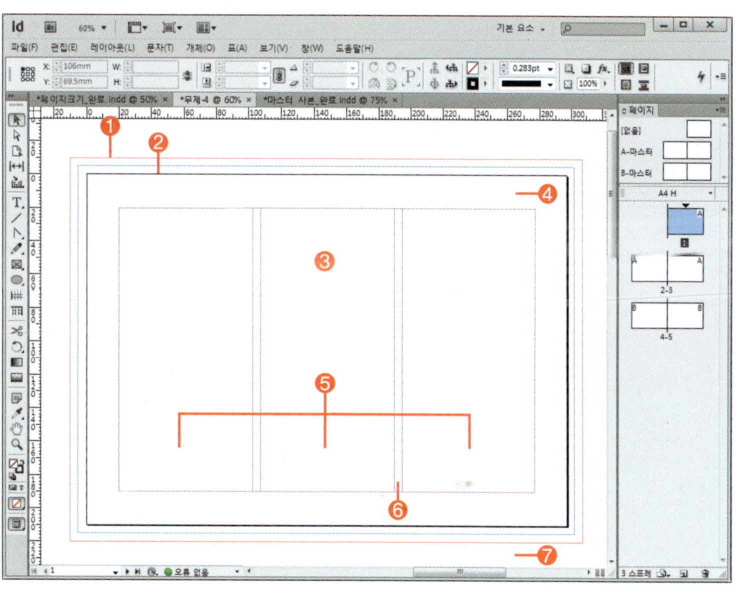

❶ **슬러그** : 인쇄 영역에는 포함되지만, 최종적으로 재단에서 잘려나가는 부분입니다.

❷ **도련** : 완성한 인쇄물을 재단할 때 생길 수 있는 오차를 막기 위한 부분으로, 재단선까지 연결된 그림 이미지를 넣을 때 문서 영역을 벗어나 도련까지 위치하도록 배치합니다.

❸ **문서** : 판형이라 일컫는 개념으로, 완성물의 크기를 말합니다. 인쇄할 내용을 문서 영역 안에 배치합니다.

❹ **여백** : 인쇄 영역에 포함되는 공간이지만 완성물의 가독성이나 디자인을 위해 비워두는 부분입니다.

❺ **단** : 문서 내에서 글을 넣을 수 있는 부분으로, 잡지나 신문처럼 두 개 이상의 다단 문서를 입력할 수 있습니다.

❻ **단 사이 간격** : 단과 단 사이의 간격입니다.

❼ **대지 영역** : 인쇄되지 않는 대지 밖의 영역으로, 메모나 요소들을 잠시 보관할 때 사용하면 편리합니다.

● [페이지] 패널 살펴보기

[페이지] 패널에서 팝업 메뉴 아이콘(▾≡)을 클릭하여 [패널 옵션]을 실행합니다. [페이지] 패널에 표시할 페이지의 크기와 마스터의 크기, 마스터와 페이지의 레이아웃 등을 설정할 수 있습니다.

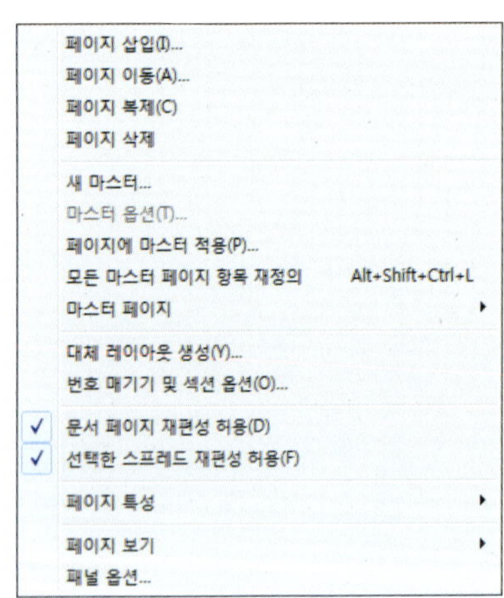
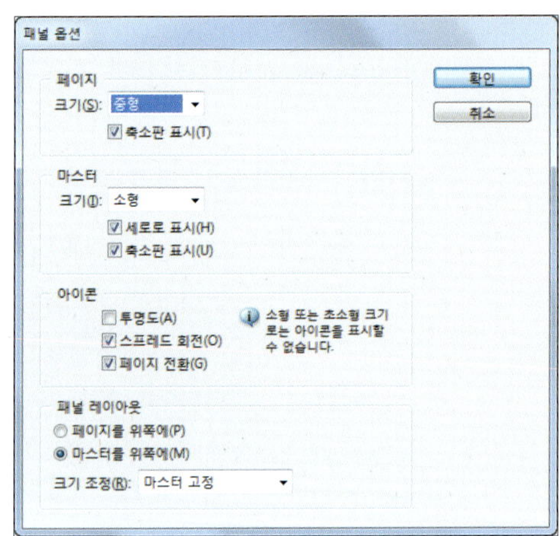

● 페이지 편집하기

인디자인에서 새로운 페이지를 추가하는 방법은 여러 가지가 있습니다. [페이지] 패널의 [새 페이지 만들기](▣)를 클릭하여 한 페이지씩 추가할 수도 있으며, [페이지 추가] 메뉴를 통해 여러 장의 페이지를 마스터를 적용한 상태로 추가할 수도 있습니다. 또한, 선택한 특정 페이지를 다른 문서나 현재 문서의 다른 위치로 이동할 수도 있습니다. 페이지를 변경하거나 삭제할 때에는 스프레드가 흐트러지지 않도록 주의해야 하며, 페이지의 왼쪽과 오른쪽 위치가 변경될 경우 페이지를 구성하는 개체들의 위치를 여백에 맞춰 조정해 주어야 합니다.

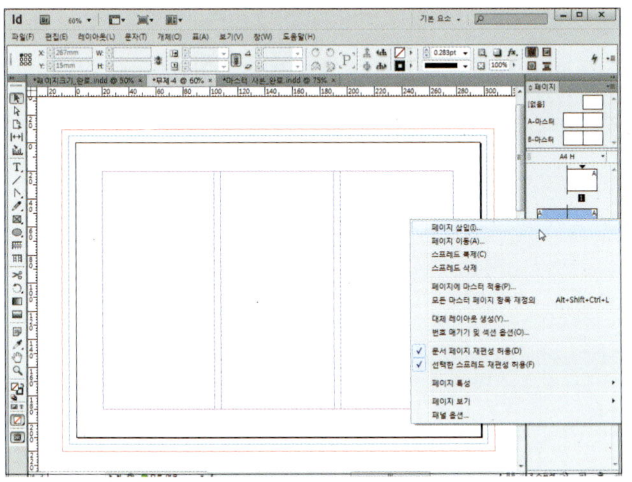

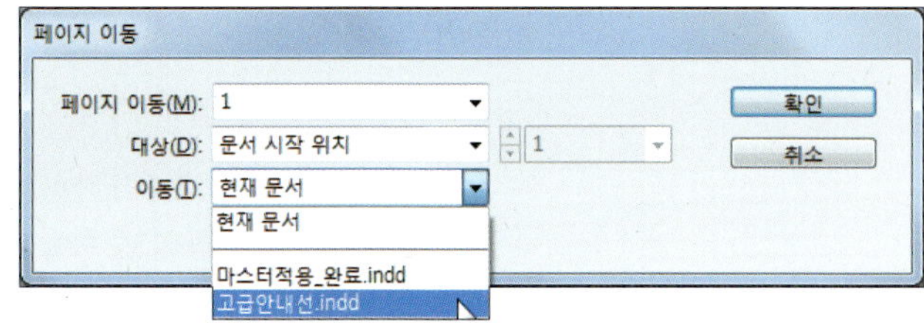

● 크기와 여백이 서로 다른 페이지 구성하기

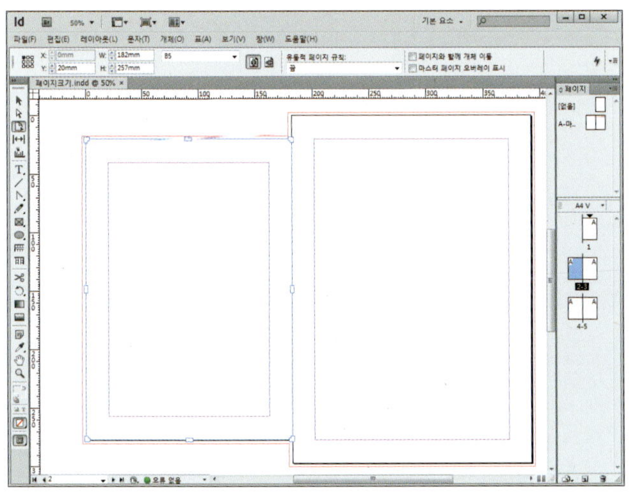

인디자인에서는 한 문서 내에서 각각의 페이지의 크기와 여백 등을 자유롭게 설정할 수 있습니다. 페이지를 선택하고 [페이지] 패널의 [페이지 크기 편집]( )을 클릭하여 해당 페이지의 크기를 변경할 수 있으며, [레이아웃] 메뉴의 [여백 및 단]을 실행하여 해당 페이지의 여백과 다단 설정을 변경할 수 있습니다.

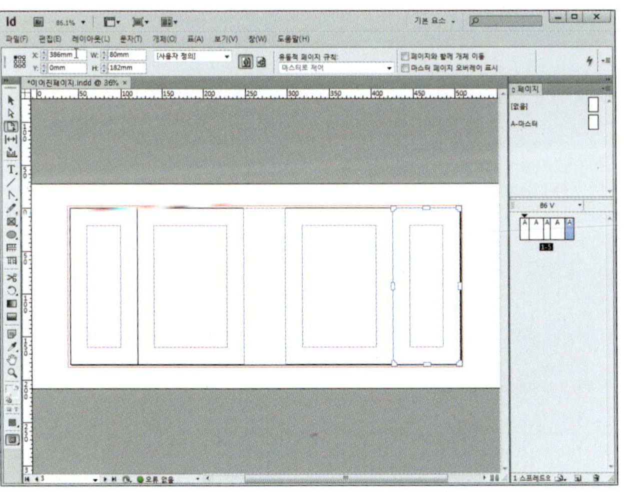

또한, [스프레드 재편성 허용]의 체크를 해제하면 두 페이지 이상을 나란히 붙여 문서를 디자인할 수 있습니다. 책 표지 등을 작업할 때 활용하면 편리합니다.

● 라이브러리 활용하기

인디자인에는 라이브러리 기능이 있어 문서 편집에 반복적으로 사용하는 요소를 저장해 놓고 사용할 수 있습니다. 라이브러리에 등록한 개체는 이름을 설정해 놓을 수 있으며, 삭제도 가능합니다. 책과 같이 많은 분량의 문서를 편집할 때, 반복적으로 등장하는 요소의 경우 라이브러리 패널을 활용하면 더욱 빠르고 편리하게 작업할 수 있습니다.

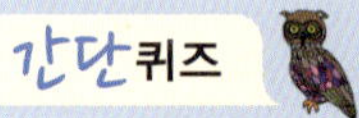
간단**퀴즈**

1 (   ) 기능을 이용하면 문서에 반복해서 넣어야 하는 개체를 팔레트 형식으로 보관해 두었다가 손쉽게 입력할 수 있습니다.

답 : **1** 라이브러리

실습 과정

스프레드 재편성을 활용한 책 표지 용지 설정하기

책 표지와 같이 여러 장의 페이지가 펼쳐진 상태로 스프레드를 배치하는 방법에 대해 알아봅니다.

시작 파일 : Part02\이어진페이지.indd

01 새로운 문서 만들기

❶[파일] 메뉴의 [새로 만들기]-[문서]를 실행하여 새로운 문서를 만듭니다. ❷[새 문서] 대화상자에서 [페이지 수]를 '5'로 입력하고 ❸[여백 및 단]을 클릭합니다.

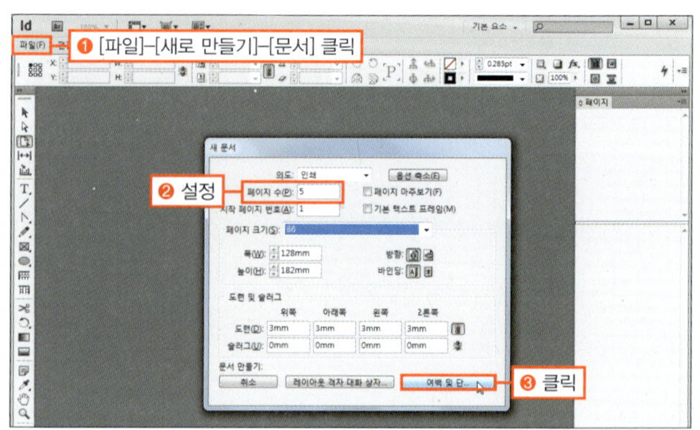

02 스프레드 재편성 허용 체크 해제하기

❶[새 여백 및 단] 대화상자에서 [확인]을 클릭하여 전체 5페이지로 구성된 문서를 만듭니다. ❷[페이지] 패널에서 1페이지를 클릭하여 선택하고 ❸ Shift 를 누른 채 5페이지를 클릭하여 5페이지 모두를 선택합니다. ❹마우스 오른쪽 버튼을 클릭하여 ❺[선택한 스프레드 재편성 허용]의 체크를 해제합니다.

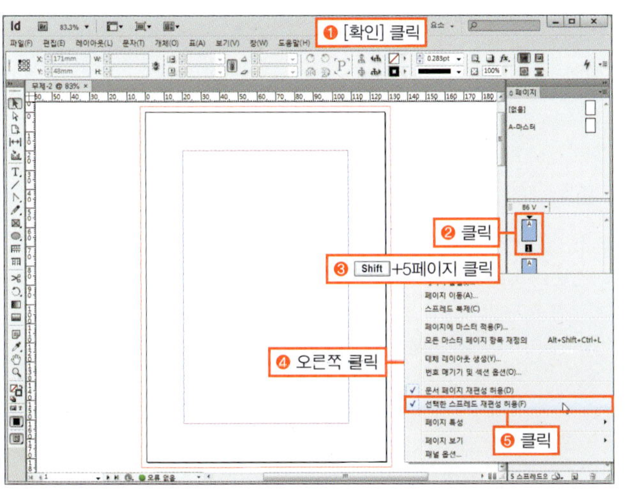

03 다섯 페이지를 나란히 배치하기

다섯 페이지가 모두 선택된 상태에서 ❶1페이지를 2페이지의 왼쪽으로 드래그하여 이동합니다. 또는 2~4페이지를 선택한 후 1페이지의 오른쪽으로 드래그합니다.

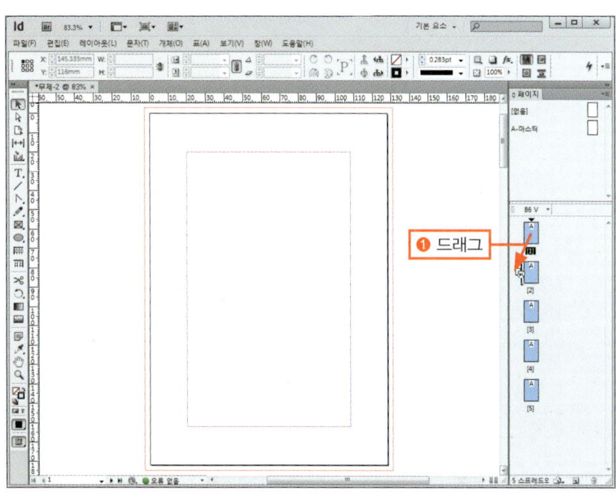

04 5페이지 크기 변경하기

다섯 페이지가 일렬로 나란히 배치된 것을 볼 수 있습니다. ❶오른쪽 끝에 있는 5페이지를 선택하고 ❷도구 상자에서 [페이지 도구](▣)를 선택합니다. ❸[컨트롤] 패널에서 선택한 페이지의 너비를 '80mm'로 변경합니다. 이때 컨트롤 패널의 참조점은 왼쪽이 선택된 상태이어야 4페이지와의 간격이 벌어지지 않습니다.

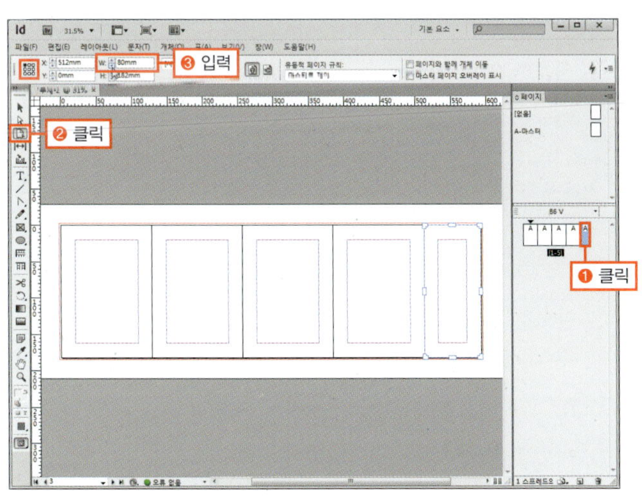

05 책등 너비 설정하기

왼쪽 첫 페이지의 너비도 오른쪽 5페이지와 동일한 너비로 조절합니다. ❶가운데 위치한 페이지를 선택하고 ❷페이지의 너비를 '50'으로 변경합니다. 세 번째 페이지가 선택된 상태에서 ❸[레이아웃] 메뉴의 [여백 및 단 설정]을 실행하여 ❹모든 여백을 '0'으로 ❺설정합니다.

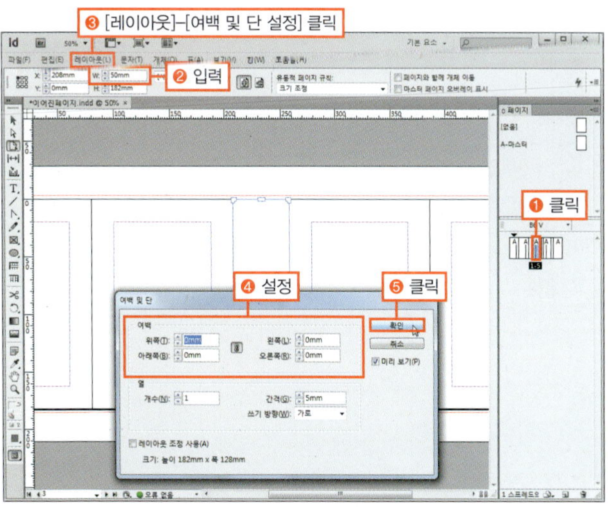

06 책 표지 스프레드 완성하기

❶ [컨트롤] 패널의 참조점과 X 위치를 활용하여 다음과 같이 책의 표지를 작업할 스프레드를 완성합니다.

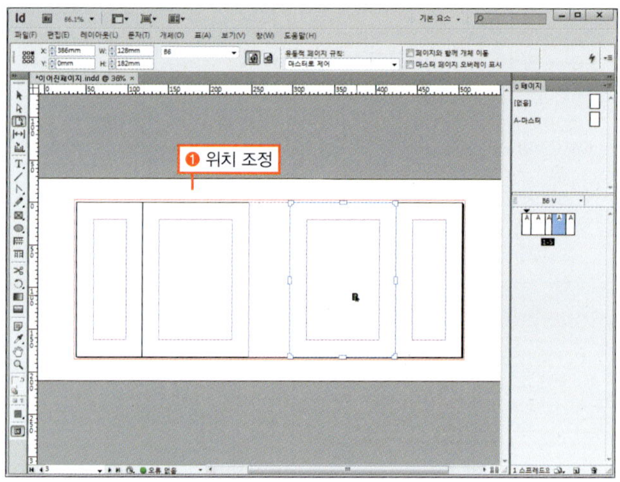

참고 ● 책 표지의 구성 살펴보기

- **앞날개** : 책 표지의 날개 부분은 책의 표지가 말리는 현상을 막기 위해서 주로 넣으며, 앞날개의 안쪽에는 저자 이력 등을 표시합니다.
- **앞표지** : 책의 얼굴에 해당하는 부분으로 책의 제목, 저자, 홍보글, 출판사명 등을 표시합니다.
- **책등** : 종이의 종류와 분량에 따라 달라지는 책의 두께에 맞춰 제작하며, 책의 제목이나 저자 이름 등의 정보를 표시합니다.
- **뒷표지** : 책의 뒷표지로 가격이나 책 내용에 관한 요약 등을 표시합니다.
- **뒷날개** : 앞날개와 같은 기능을 하며, 관련 도서의 광고 등으로 활용합니다.

참고 ● 책등 만들기

책등은 제본된 책의 두께에 따라 달라지는 부분으로, 책꽂이에 끼웠을 때 보이는 부분입니다. 책등에는 제목이나 저자 이름과 출판사 로고 등을 넣으며, 여백이 설정된 경우 페이지의 크기를 조절하는데 제한이 있으므로 여백을 '0'으로 설정합니다. 여백을 '0'으로 변경하고 페이지의 너비를 조절한 후에는 컨트롤 패널의 참조점과 X 위치를 이용하여 4페이지와 5페이지의 간격을 없애도록 합니다. 예를 들어 3페이지의 크기를 변경한 후 참조점을 오른쪽으로 선택하여 X 위치를 확인합니다. 4페이지를 선택하고 참조점을 왼쪽으로 선택한 후 X 위치를 3페이지의 오른쪽 X 위치와 같은 값을 입력합니다. 이런 방법을 이용하여 3페이지와 4페이지 사이에 간격 없이 연결되도록 설정한 후 작업합니다.

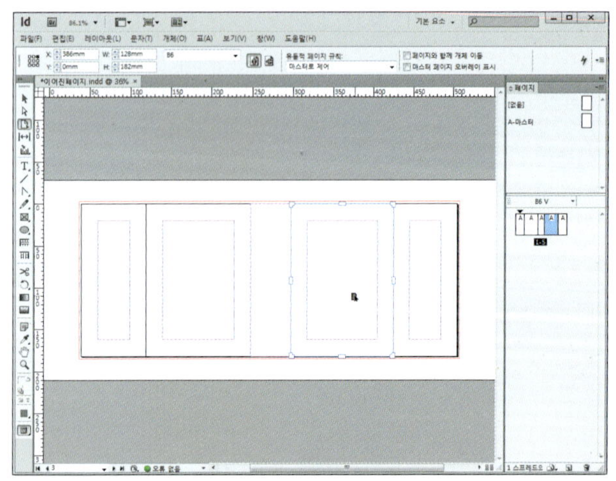

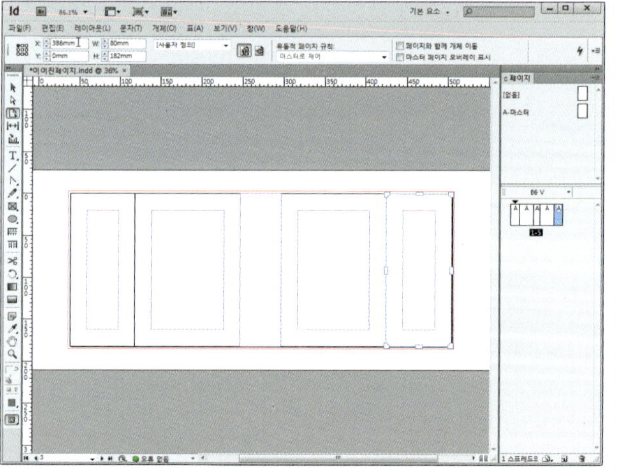

실습 과정

페이지 추가 및 삭제, 이동 등 다양한 설정하기

페이지를 추가하거나 삭제하는 방법 등에 대해 알아봅니다.

● **시작 파일** : Part02\페이지.indd
● **완료 파일** : Part02\페이지_완료.indd

01 [페이지] 패널에서 페이지 추가하기

[페이지] 패널을 살펴보면 페이지 목록 아래쪽에 [새 페이지 만들기]( )가 위치합니다. ❶[새 페이지 만들기]( )를 클릭하면 한 페이지씩 새로운 페이지를 추가할 수 있습니다. 이때 만들어지는 새 페이지의 위치는 현재 선택된 페이지 이후에 추가되며, 소량의 페이지를 추가할 때 사용하면 편리한 방법입니다.

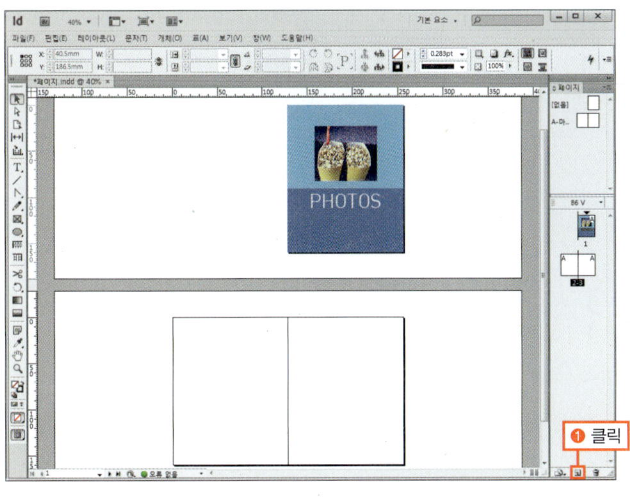

02 팝업 메뉴를 이용해 페이지 추가하기

❶[페이지] 패널의 팝업 메뉴 아이콘( )을 클릭하여 [페이지 삽입]을 실행합니다. ❷[페이지 삽입] 대화상자에서 추가할 페이지 수와 위치, 적용할 마스터를 선택한 후 ❸[확인]을 클릭합니다. 많은 양의 페이지를 추가할 때 사용하면 편리합니다.

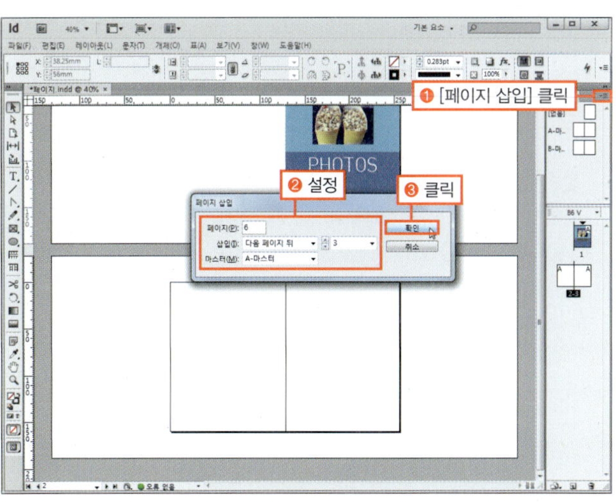

03 레이아웃 메뉴를 이용해 페이지 추가하기

❶[레이아웃] 메뉴의 ❷[페이지]를 클릭한 후 [페이지 추가]를 클릭하면 현재 선택한 페이지 이후에 한 페이지씩 추가됩니다. ❸[페이지 삽입]을 실행하면 추가할 페이지 수와 위치, 적용할 마스터를 설정한 후 페이지를 추가할 수 있습니다.

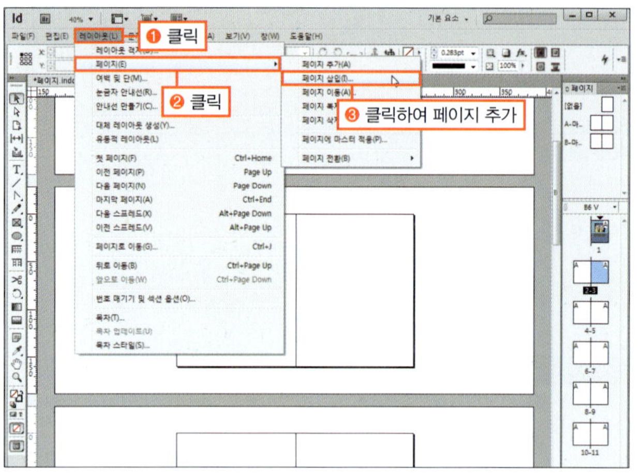

04 특정 페이지 복사하기

❶첫 번째 페이지를 선택한 상태에서 ❷[페이지] 패널의 팝업 메뉴에서 ❸[스프레드 복제]를 실행하거나 [레이아웃] 메뉴의 [페이지]-[스프레드 복제]를 실행합니다. 선택한 스프레드와 동일한 페이지가 문서의 맨 끝 위치에 복제되어 추가됩니다.

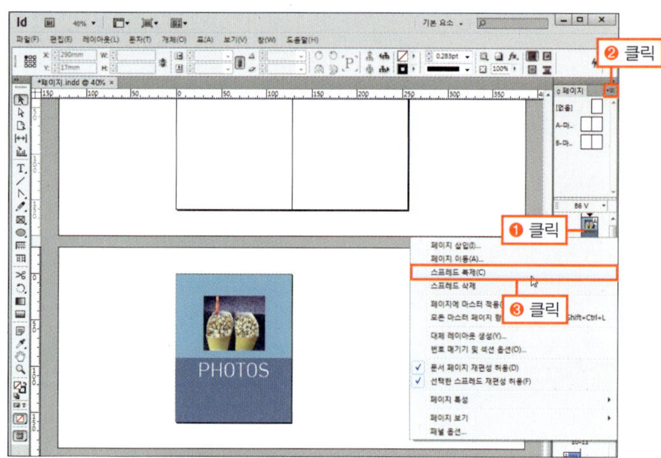

05 페이지 삭제하기

❶삭제할 페이지를 선택하고 ❷[레이아웃] 메뉴의 ❸[페이지]-❹[페이지 삭제]를 실행합니다. 삭제할 페이지를 확인하고 [확인]을 클릭하면 선택한 페이지를 삭제할 수 있습니다. 또는 [페이지] 패널에서 [선택한 페이지 삭제](　🗑　)를 클릭하여 삭제할 수 있습니다.

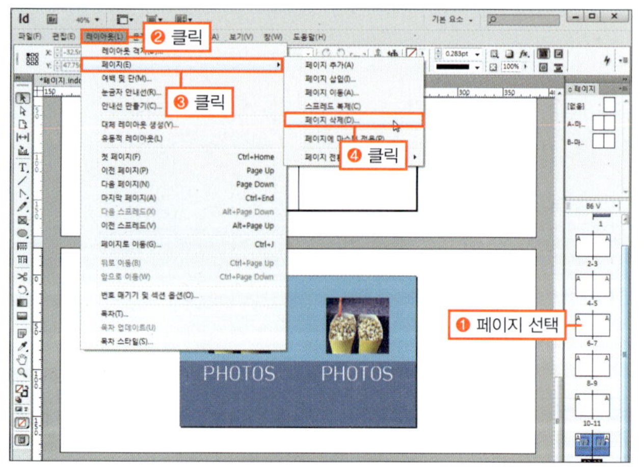

참고 ● 여러 페이지 한번에 삭제하기

[페이지 삭제] 대화상자에서 삭제할 페이지를 입력하고 [확인]을 클릭합니다. 연결된 페이지를 삭제할 때에는 '－'로 삭제할 영역을 설정하고 콤마(,)로 페이지를 적으면 연결되지 않은 페이지도 한 번에 삭제할 수 있습니다.

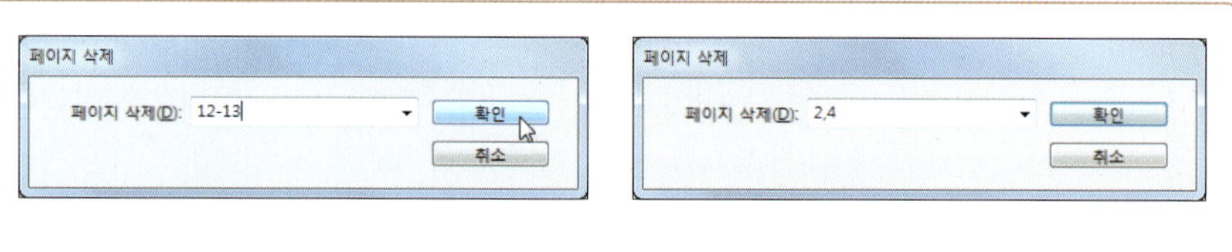

06 페이지 이동하기

❶이동할 페이지를 Shift 를 누른 채 클릭하여 모두 선택합니다. ❷[레이아웃] 메뉴의 [페이지]-[페이지 이동]을 실행하거나 [페이지] 패널의 팝업 메뉴에서 [페이지 이동]을 실행합니다. ❸이동할 페이지와 이동할 위치를 설정한 후 ❹[확인]을 클릭합니다.

07 이동한 페이지 확인하기

현재 문서의 맨 앞으로 선택한 페이지가 이동한 것을 확인할 수 있습니다. 이와 같이 필요에 따라 일부 페이지를 원하는 위치로 이동할 수 있습니다.

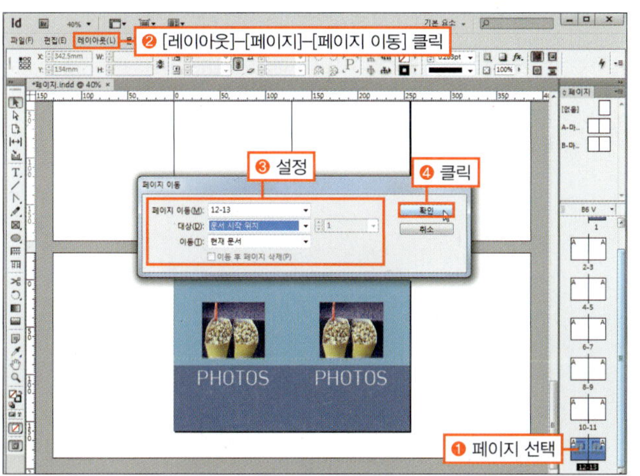

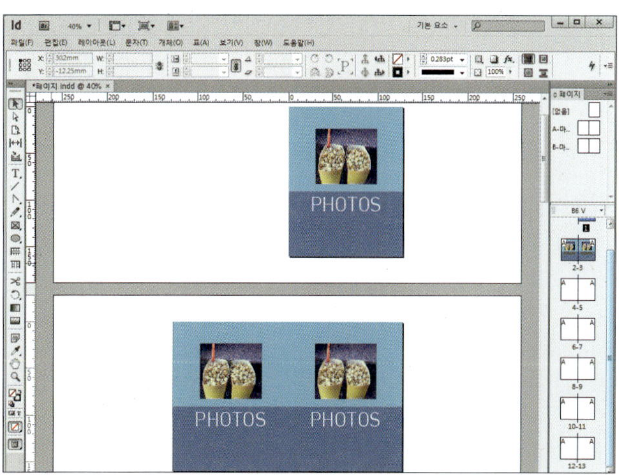

참고 ● 다른 문서로 페이지 이동하기

[페이지 이동] 대화상자에서 선택한 페이지를 다른 문서로 이동할 수 있습니다. 이동하기 위해서는 이동할 문서가 열려 있는 상태이어야 하며, [이동] 목록에서 해당 문서를 선택한 후 [확인]을 클릭하면 문서의 일부 페이지를 다른 문서로 이동할 수 있습니다.

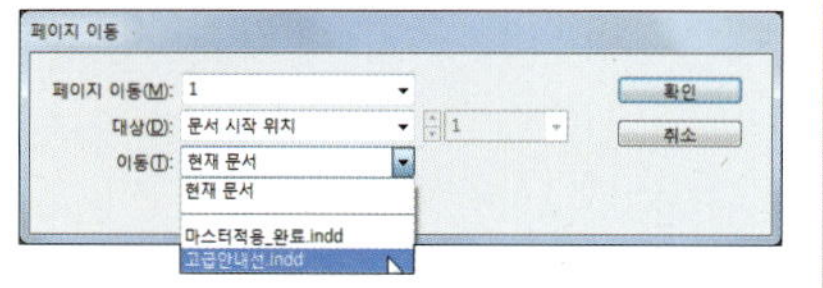

실습 과정

크기가 서로 다른 페이지 한 문서 내에 만들기

한 문서 내에서 서로 크기가 다른 페이지를 만드는 방법에 대해 알아봅니다.

◎ **시작 파일** : Part02\페이지크기.indd
◎ **완료 파일** : Part02\페이지크기_완료.indd

01 선택한 페이지 크기 변경하기

예제 문서에서 ❶도구 상자의 [페이지 도구]를 클릭하여 선택합니다. ❷[페이지] 패널에서 2페이지를 선택하고 ❸ [페이지 크기 편집]( )을 클릭하여 ❹페이지 크기를 'B5'로 변경합니다.

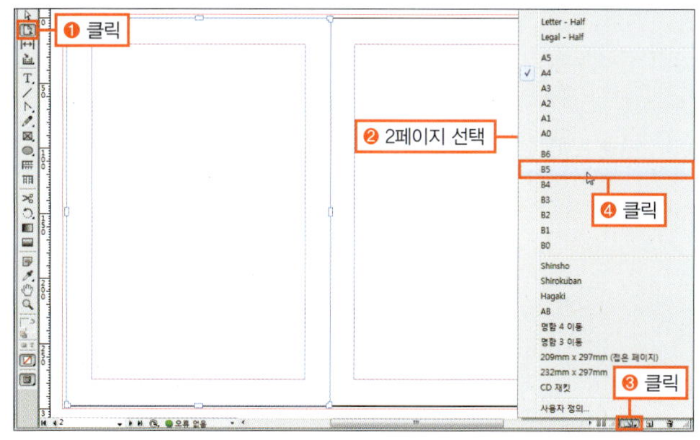

2페이지의 크기만 변경된 것을 확인할 수 있습니다. 이와 같이 한 문서 내에서 서로 다른 크기의 페이지를 활용하여 문서를 디자인할 수 있습니다.

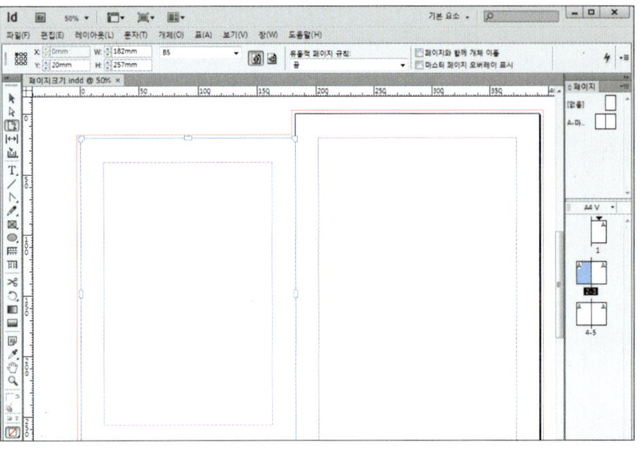

이번에는 선택한 페이지의 여백을 변경하기 위해 ❶3페이지를 선택한 후 ❷[레이아웃] 메뉴의 [여백 및 단]을 실행합니다. ❸[여백 및 단] 대화상자에서 모든 여백을 '10mm'로 변경한 후 ❹[확인]을 클릭합니다.

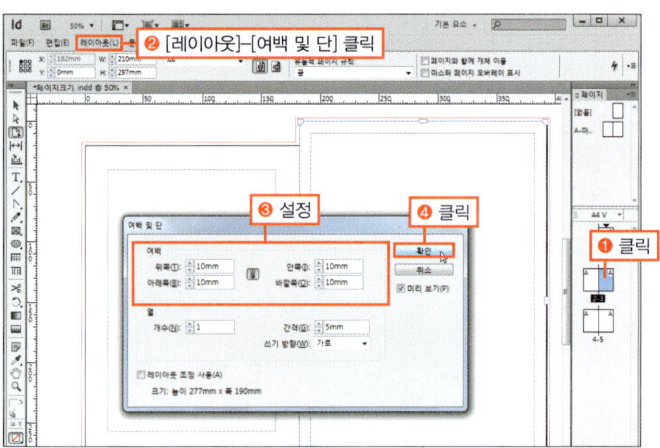

라이브러리를 활용한 오브젝트 반복 사용하기

실습 과정

라이브러리를 이용하여 오브젝트를 편리하게 반복적으로 사용하는 방법에 대해 알아봅니다.

- **시작 파일** : Part02\라이브러리.indd
- **완료 파일** : Part02\라이브러리_완료.indd

01 새로운 라이브러리 만들기

❶[파일] 메뉴의 [새로 만들기]-[라이브러리]를 실행합니다. ❷[새 라이브러리] 대화상자에서 저장할 경로를 설정한 후 ❸[파일 이름]을 '편집요소'로 입력합니다. ❹[저장]을 클릭하면 라이브러리 창이 나타납니다.

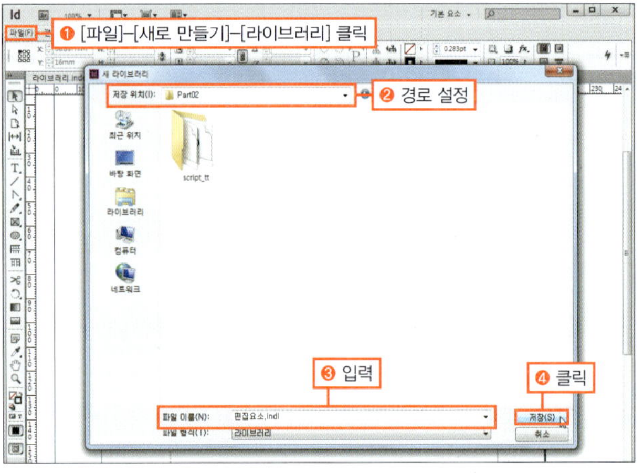

02 라이브러리 요소 만들기

라이브러리로 등록할 요소를 만들기 위해 ❶완성된 개체를 하나 더 복사합니다.

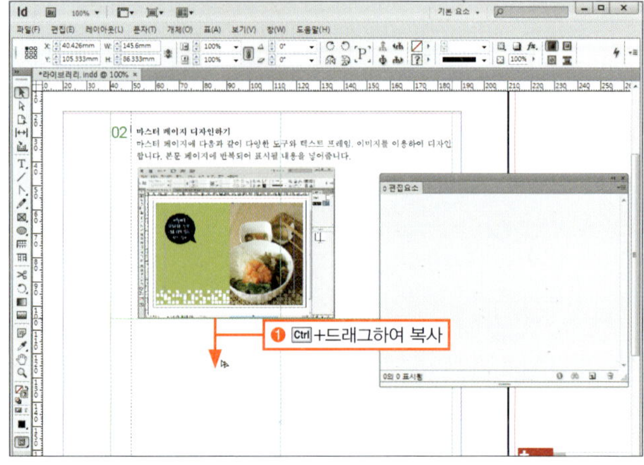

라이브러리로 등록할 요소에 투명하게 처리된 도형을 이용하여 앞 개체와의 간격을 표시해 두면 문서 작업 시 좀 더 편리하고 빠르게 개체를 동일한 간격으로 배치할 수 있습니다.

03 라이브러리에 등록하기

❶복사한 개체의 텍스트 내용이나 그림 등의 내용을 삭제합니다. 이때 텍스트 모양과 그래픽 프레임의 맞춤 옵션은 그대로 유지한 채 비워둔 다음 모든 개체를 선택하여 그룹을 만듭니다. ❷완성한 개체를 라이브러리 창으로 드래그하여 등록합니다.

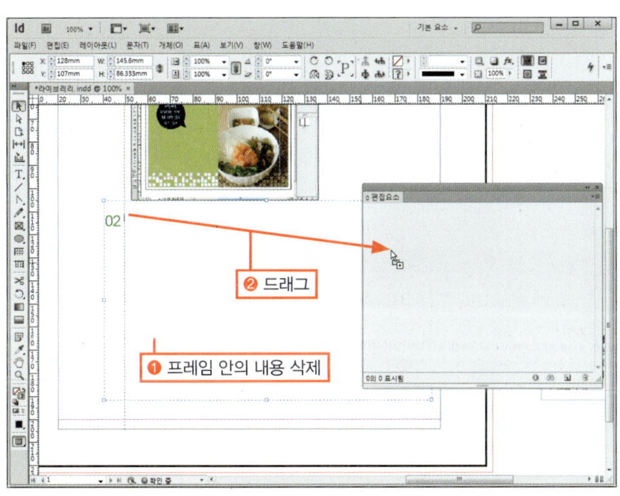

두 개 이상의 개체를 선택한 상태에서 [개체] 메뉴의 [그룹]을 실행하여 하나로 묶을 수 있습니다.

04 라이브러리 항목 이름 설정하기

❶라이브러리에 등록된 개체를 더블클릭하면 항목의 이름과 설명을 덧붙일 수 있습니다. 여기서는 ❷[항목 이름]을 '따라하기'로 입력하고 ❸[확인]을 클릭합니다.

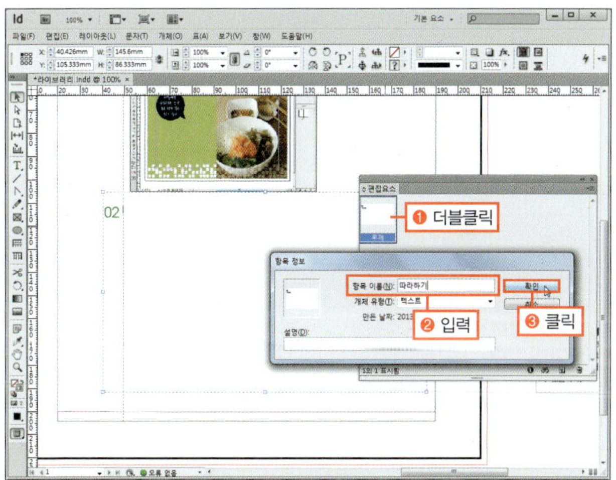

05 라이브러리 활용하기

라이브러리 창에서 등록해 놓은 ❶'따라하기' 항목을 본문으로 드래그합니다. 이때 항목의 위치를 앞의 항목과 나란히 배치하도록 합니다.

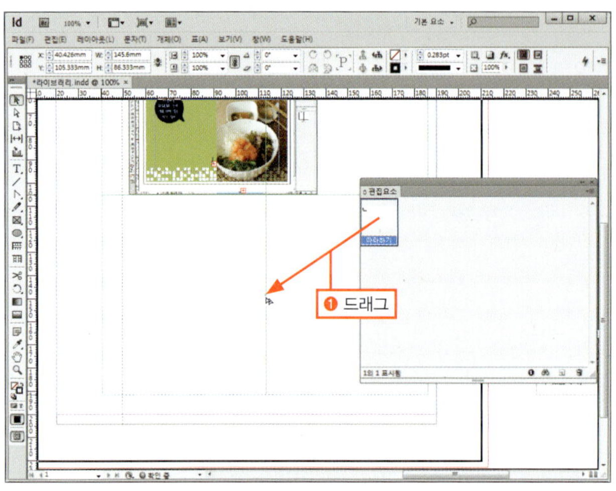

06 내용 채우기

새롭게 추가한 항목 안에 해당하는 ❶각각의 내용과 이미지를 삽입합니다. 이때 앞서 텍스트 모양과 그래픽 프레임의 맞춤 옵션을 설정해 두었으므로 텍스트를 붙여 넣는 경우 텍스트 모양은 그대로 유지됩니다. ❷라이브러리 창에 추가할 항목을 드래그하여 목록에 추가할 수 있습니다.

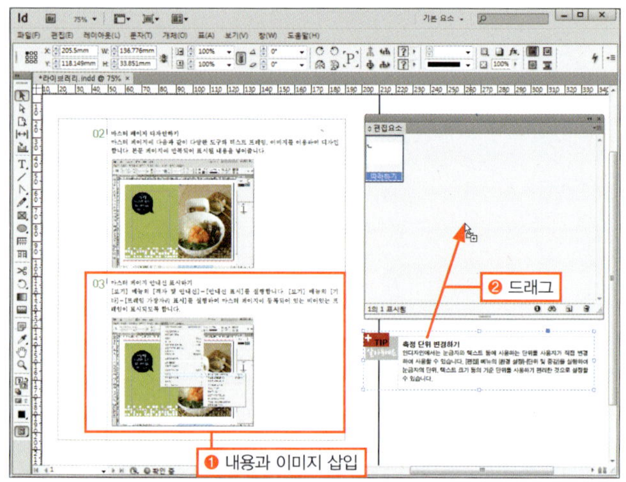

07 라이브러리 항목 삭제하기

추가한 라이브러리 항목이 목록에 등록됩니다. ❶라이브러리 목록에서 삭제할 항목을 선택하고 ❷[라이브러리 항목 삭제]( )를 클릭하면 선택한 항목을 삭제할 수 있습니다.

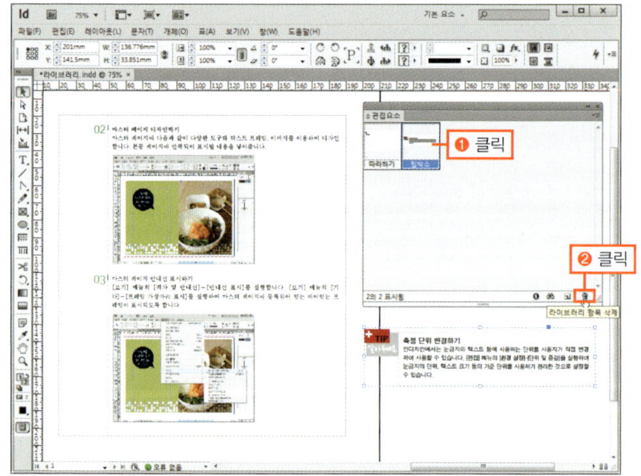

SECTION 04

마스터 페이지를 만들어 반복 동작 없이 작업하기

마스터 페이지를 활용하면 문서에 반복적으로 표시되는 내용을 손쉽게 여러 페이지에 적용할 수 있습니다. 마스터 페이지는 문서에 여러 개를 만들 수 있으며, 마스터 이름을 설정하여 작업에 편리하게 적용할 수 있습니다. 또한, 마스터 페이지에서 내용을 변경하면 마스터 페이지를 적용한 본문 페이지의 내용도 자동으로 변경되어 잡지나 단행본 등의 머리말이나 꼬리말 등으로 활용하면 편리합니다.

다루는 내용

- 마스터 페이지 만들기
- 마스터 옵션 설정, 마스터 복제, 마스터 적용 방법 익히기
- 페이지 번호 넣기

기능 정리

마스터 페이지 개념과 활용법 익히기

마스터 페이지는 본문의 여러 페이지에 동일한 모양을 적용할 수 있는 기능으로 본문 페이지에 반복되는 제목이나 페이지 번호, 이미지 등을 고정된 자리에 배치하는 데 편리하게 활용할 수 있습니다. 마스터 페이지에는 이미지나 텍스트 프레임, 도형 등 모든 개체 요소를 입력할 수 있으며, 마스터 페이지에 이름을 등록하여 문서 내에서 여러 개의 마스터 페이지를 관리하고 활용할 수 있습니다. 마스터 페이지에 수정된 내용은 적용된 본문 페이지에서 자동으로 수정됩니다.

● [페이지] 패널의 마스터 페이지 살펴보기

[창] 메뉴의 [페이지]를 실행하여 [페이지] 패널을 불러옵니다. [페이지] 패널의 상단 부분에는 마스터 페이지 영역이 표시되고, 아랫부분에는 본문 페이지가 표시됩니다. 패널의 크기와 상하 구분선은 마우스로 드래그하여 사용자가 임의로 변경할 수 있습니다. [페이지] 패널의 팝업 메뉴 아이콘(▼☰)을 클릭하면 페이지를 삽입하거나 이동할 수 있으며, 마스터 페이지의 옵션을 설정할 수 있습니다.

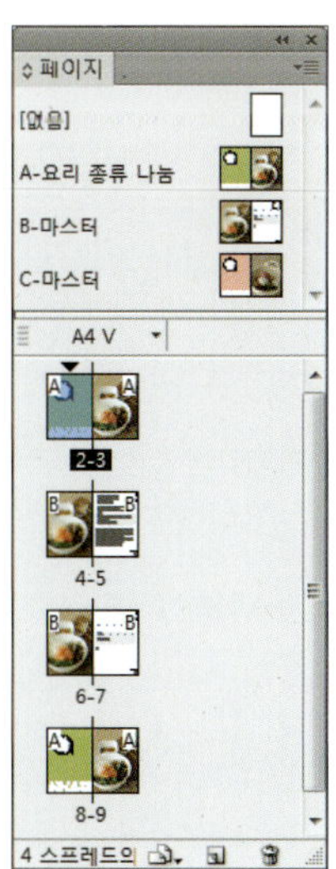
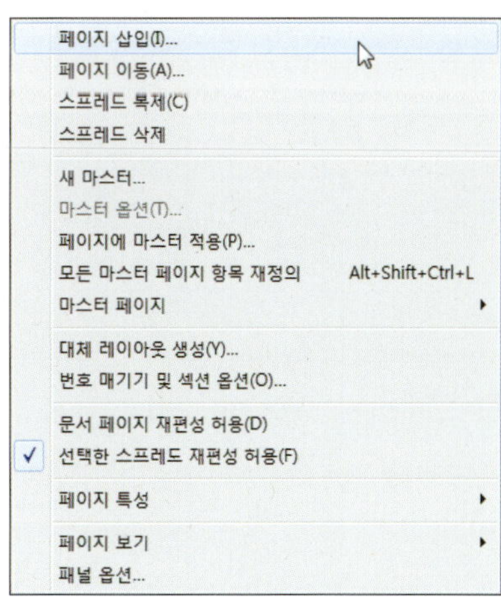

마스터 페이지를 마우스 오른쪽 버튼으로 클릭하면 선택한 마스터를 삭제하거나 새로운 마스터를 만들 수 있습니다. 이 외에도 선택한 마스터에 대한 옵션을 설정하거나 특정 페이지에 마스터를 손쉽게 적용할 수 있습니다. [마스터 옵션]을 실행하면 해당 마스터의 이름과 접두어, 적용 페이지 수를 확인할 수 있습니다.

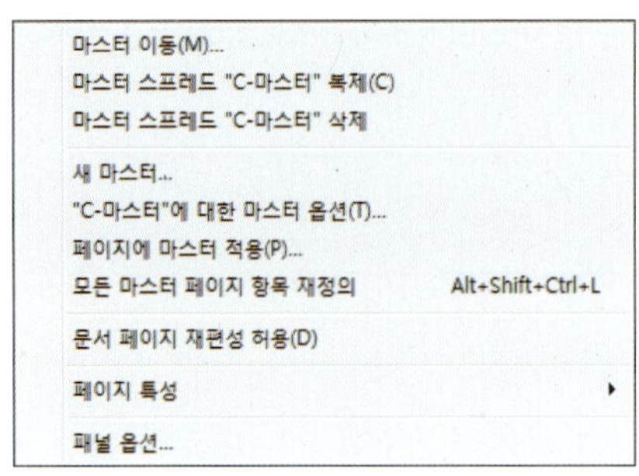

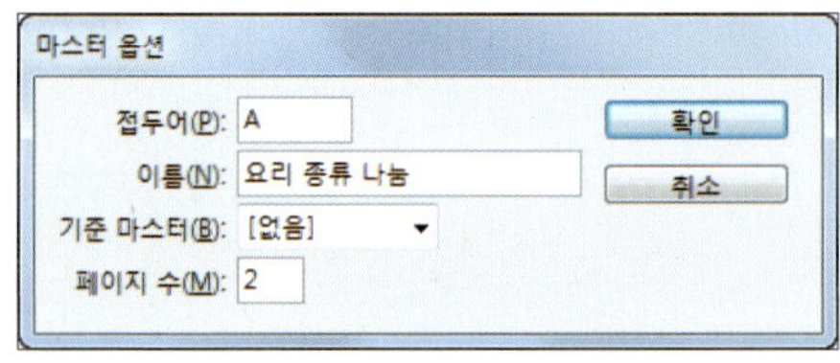

본문 페이지 영역에서 페이지를 클릭하여 선택하고 마우스 오른쪽 버튼을 클릭하면 다음과 같은 팝업 메뉴가 펼쳐집니다. 페이지를 삽입하거나 선택한 페이지를 이동, 복제, 삭제할 수 있으며, 새로운 마스터 페이지를 적용할 수 있습니다.

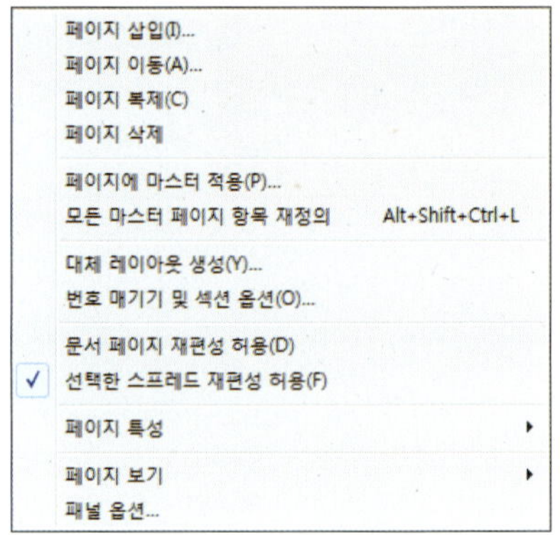

● 번호 매기기 및 섹션 옵션 활용하기

페이지에 번호를 자동으로 매기거나 새로운 섹션을 구분할 때 사용할 수 있는 기능입니다. 본문 페이지를 선택하고 [레이아웃] 메뉴의 [번호 매기기 및 섹션 옵션]을 실행하거나 [페이지] 패널에서 마우스 오른쪽 버튼을 클릭하여 [번호 매기기 및 섹션 옵션]을 실행합니다. 페이지에 표시할 페이지 번호를 입력할 수 있으며, 새로운 섹션을 시작하면 현재 페이지를 새로운 페이지의 시작점으로 설정할 수 있습니다.

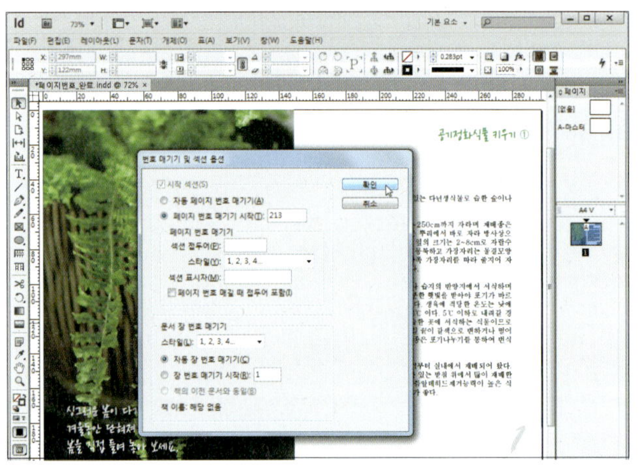

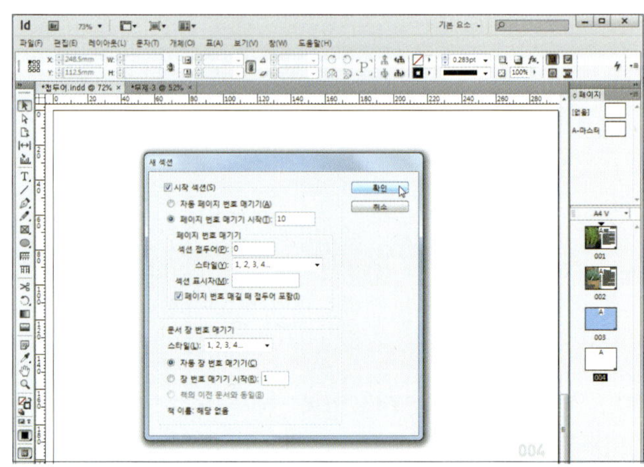

또한, 섹션의 페이지 번호 앞에 임의의 접두어를 자동으로 표시할 수 있습니다. [새 섹션] 대화상자에서 [섹션 접두어]를 입력하고 [페이지 번호 매길 때 접두어 포함]을 체크하면 페이지 번호 앞에 접두어를 자동으로 표시할 수 있습니다. 접두어의 텍스트 모양은 페이지 번호 모양과 동일하게 적용됩니다.

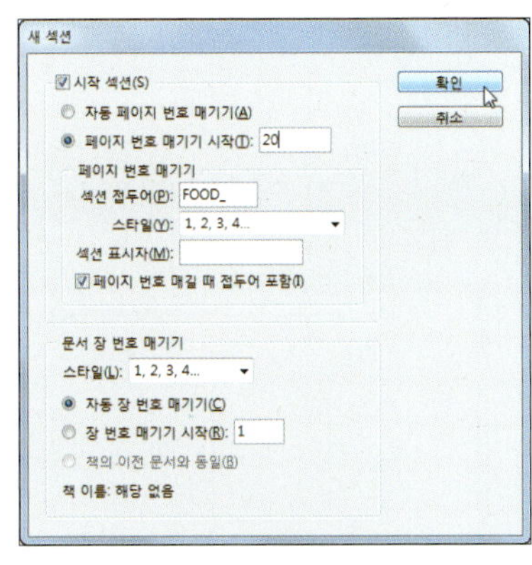

● 마스터 페이지 적용하기

문서에 만들어 놓은 마스터 페이지를 본문에 적용하는 방법에는 여러 가지 방법이 있습니다. 새롭게 페이지를 추가할 때 적용할 마스터 페이지를 설정할 수 있으며, [페이지] 패널에서 해당 페이지로 드래그하여 마스터를 적용할 수도 있습니다. 또는 [페이지에 마스터 적용] 명령을 통해 여러 페이지에 하나의 마스터 페이지를 한 번에 적용할 수도 있습니다.

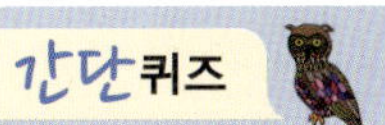

1 (　　　　　) 페이지 기능을 활용하면 반복 사용되는 이미지나 페이지 등을 여러 페이지에 자동으로 적용할 수 있어 편리합니다.

답 : **1** 마스터

마스터 페이지 만들고 적용하기

마스터 페이지를 만들고 본문 페이지에 적용하는 방법에 대해 알아봅니다.

- **시작 파일** : Part02\마스터.indd
- **완료 파일** : Part02\마스터_완료.indd

01 마스터 페이지 편집 상태로 전환하기

예제 문서를 불러온 후 ❶[창] 메뉴의 [페이지]를 실행하여 [페이지] 패널을 불러옵니다. [페이지] 패널의 상단에 있는 마스터 영역에서 ❷'A-마스터'를 더블클릭합니다. 화면에 'A-마스터' 페이지가 펼친 면으로 표시됩니다.

참고

이때 문서 설정이 [페이지 마주보기]로 설정되어 있어야 펼친 면으로 두 페이지가 표시됩니다.

02 마스터 페이지 디자인하기

❶마스터 페이지에 다음과 같이 다양한 도구와 텍스트 프레임, 이미지를 이용하여 디자인합니다. 본문 페이지에 반복되어 표시될 내용을 삽입합니다.

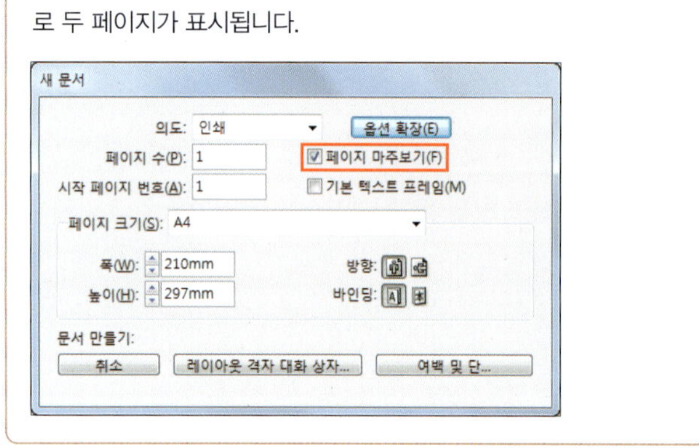

03 마스터 페이지 안내선 표시하기

❶[보기] 메뉴의 [격자 및 안내선]-[안내선 표시]를 실행합니다. ❷[보기] 메뉴의 ❸[기타]-❹[프레임 가장자리 표시]를 실행하여 마스터 페이지에 등록된 빈 프레임이 표시되도록 합니다.

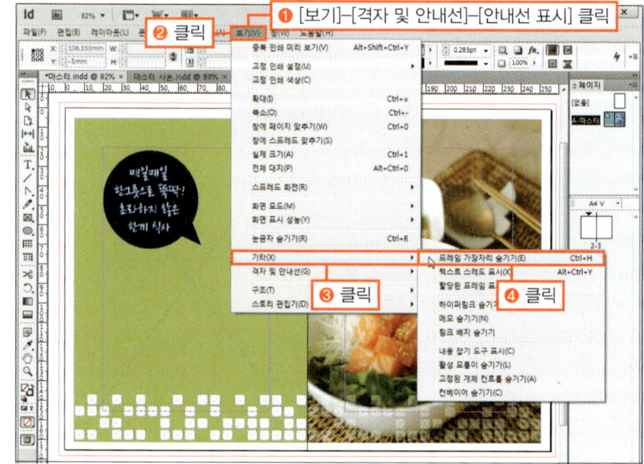

마스터 페이지를 추가하기 위해 ❶마스터 페이지 영역을 마우스 오른쪽 버튼으로 클릭하여 ❷[새 마스터]를 실행합니다. 또는 [페이지] 패널의 팝업 메뉴 아이콘(▤)을 클릭하여 팝업 메뉴에서 [새 마스터]를 실행합니다. ❸[새 마스터] 대화상자에서 [확인]을 클릭합니다.

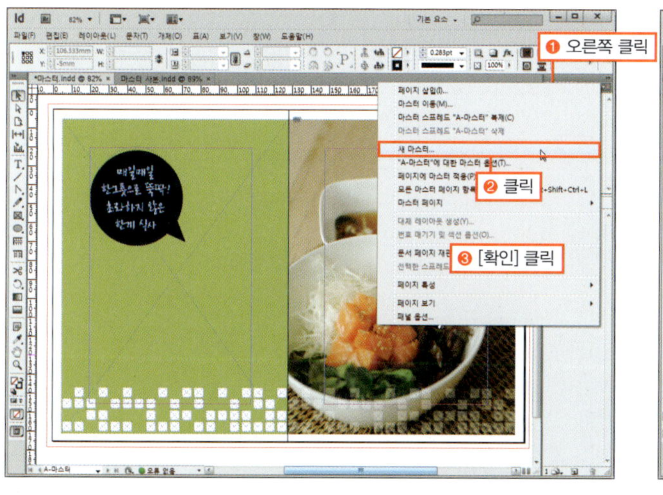

05 추가한 마스터 페이지에 내용 넣기

❶추가한 마스터 페이지에 다음과 같이 디자인 요소를 입력합니다.

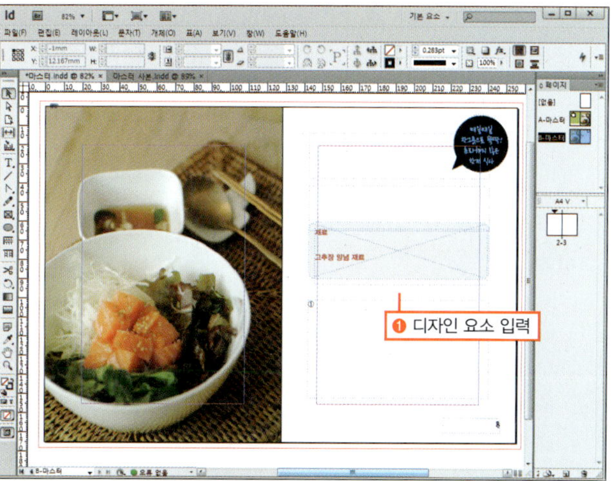

06 마스터 페이지 이름 등록하기

❶ Alt 를 누른 채 마스터 이름을 더블클릭하거나 마우스 오른쪽 버튼을 클릭하여 ['A-마스터'에 대한 마스터 옵션]을 실행합니다. ❷[마스터 옵션]에서 마스터 이름을 다음과 같이 '요리 종류 나눔'으로 입력하고 ❸[확인]을 클릭합니다.

07 등록된 마스터 페이지 이름 확인하기

❶'B-마스터'도 같은 방법을 실행하여 마스터 스프레드 이름을 '요리설명 본문'으로 설정합니다. [마스터 페이지] 패널에 입력한 마스터 페이지 이름이 표시됩니다. 이와 같이 마스터 페이지의 이름과 접두어는 사용자가 언제든 사용하기 편리하도록 변경할 수 있습니다.

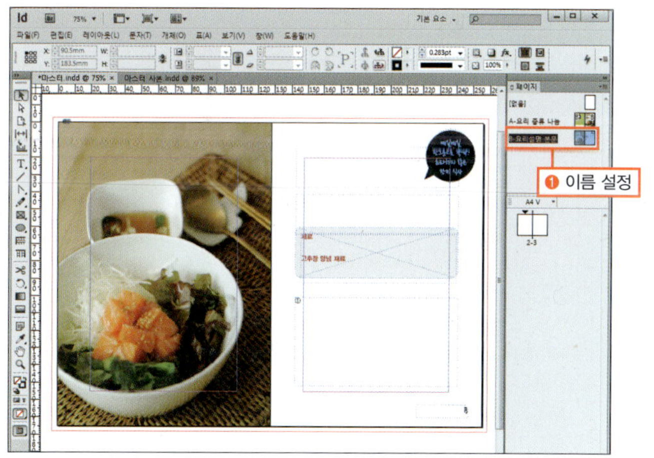

참고

마스터 페이지 이름은 챕터나 섹션 등의 이름으로 설정해 놓으면 부분별로 다른 모양의 마스터 페이지를 적용할 때 편리하게 활용할 수 있습니다.

현재 문서 내용을 마스터 페이지로 저장하기

현재 페이지의 내용을 마스터 페이지 내용으로 저장하는 방법에 대해 알아봅니다.

○ **시작 파일** : Part02\마스터2.indd
○ **완료 파일** : Part02\마스터2_완료.indd

01 마스터로 저장할 페이지 선택하기

예제 문서를 불러온 후 ❶마스터 페이지로 등록할 페이지를 클릭하여 선택합니다.

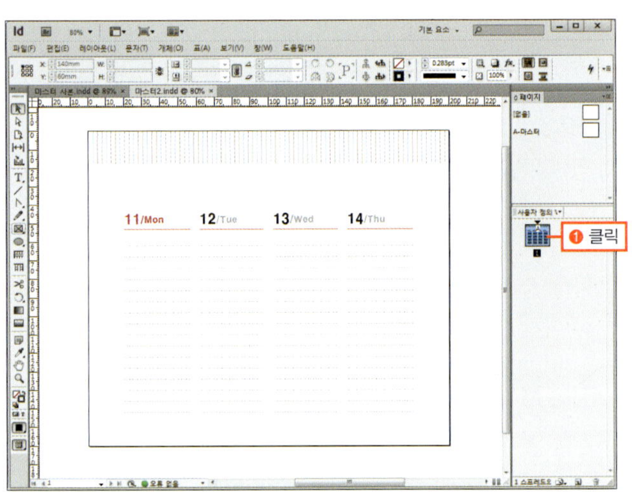

참고

- [페이지] 패널이 숨겨져 있는 경우 [창] 메뉴의 [페이지]를 실행하여 [페이지] 패널을 불러옵니다.
- 마주보고 있는 펼친 면의 스프레드를 마스터로 등록할 경우에는 Ctrl이나 Shift를 누른 채 클릭하여 스프레드를 모두 선택한 상태에서 [마스터로 저장]을 실행하도록 합니다.

02 마스터로 저장하기

마스터로 등록할 페이지를 선택한 상태에서 ❶[페이지] 패널의 팝업 메뉴 아이콘(▼)을 클릭하여 ❷[마스터 페이지]-❸[마스터로 저장]을 실행합니다.

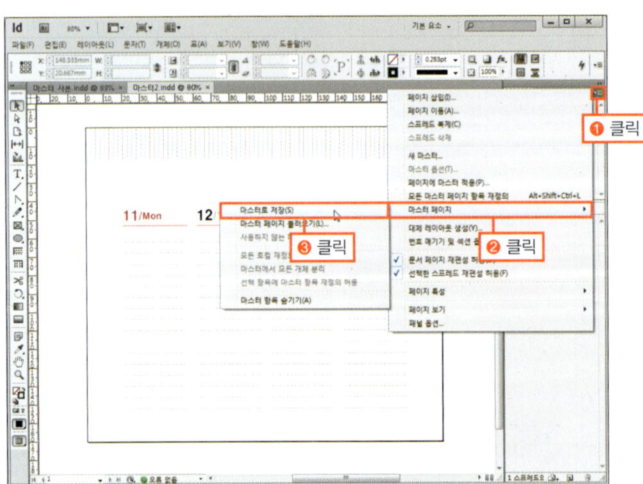

03 등록된 마스터 확인하기

[페이지] 패널의 마스터 영역을 확인하면 선택한 페이지와 동일한 모양의 마스터 페이지가 등록된 것을 볼 수 있습니다.

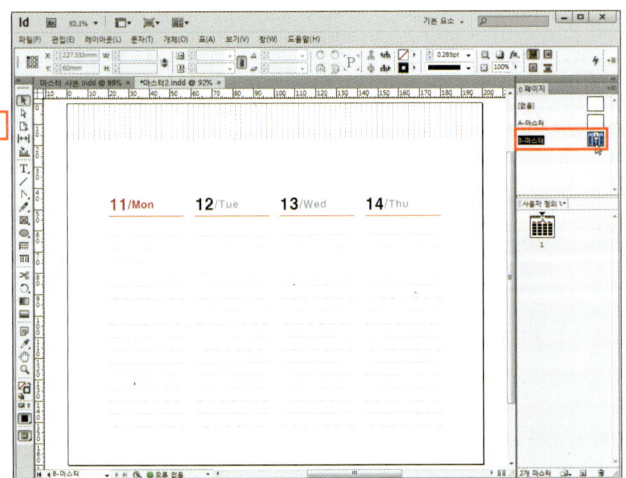

마스터 페이지 적용 변경하고 지우기

현재 페이지에 적용된 마스터 페이지를 다른 마스터 페이지로 변경하고, 변경한 마스터 페이지의 적용을 취소해 봅니다.

○ **시작 파일** : Part02\마스터 적용.indd
○ **완료 파일** : Part02\마스터 적용_완료.indd

01 페이지에 마스터 적용하기

❶마스터 페이지를 적용할 페이지를 [페이지] 패널의 본문 영역에서 클릭하여 선택합니다. 예제 문서에서는 두 페이지에 마스터를 적용하기 위해 Ctrl 이나 Shift 를 누른 채 클릭하여 두 페이지를 모두 선택합니다. ❷마우스 오른쪽 버튼을 클릭하여 ❸[페이지에 마스터 적용]을 실행합니다.

참고

[페이지] 패널의 페이지 영역에서 페이지 번호 부분을 더블클릭하면 두 페이지를 손쉽게 선택할 수 있습니다.

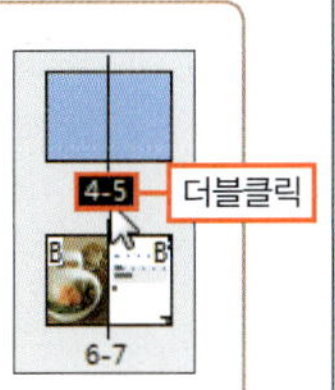

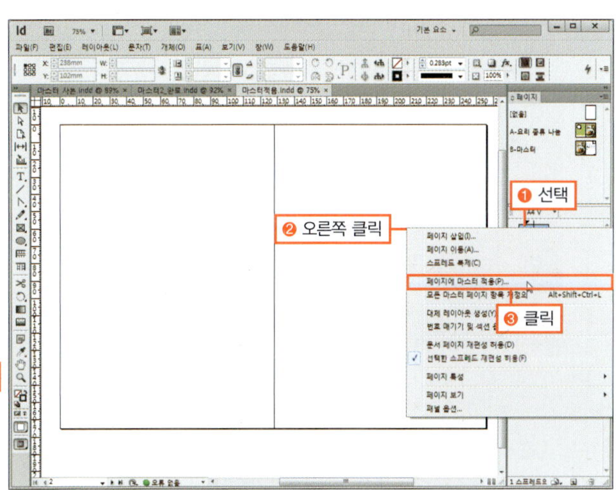

02 적용할 마스터 선택하기

❶[마스터 적용] 대화상자에서 [마스터 적용]에서 적용할 마스터를 'A-요리 종류 나눔'으로 설정하고 [적용 페이지]에 '모든 페이지'를 설정한 후 ❷[확인]을 클릭합니다.

03 마우스로 마스터가 적용된 새로운 페이지 추가하기

선택한 두 페이지에 마스터가 적용된 것을 확인할 수 있습니다. 이번에는 마우스를 이용해 마스터 페이지가 적용된 본문 페이지를 추가하는 방법에 대해 알아봅니다. ❶마스터 페이지 영역에서 'B-마스터'의 왼쪽 페이지를 드래그 하여 본문 페이지 영역에 다음과 같이 드래그합니다.

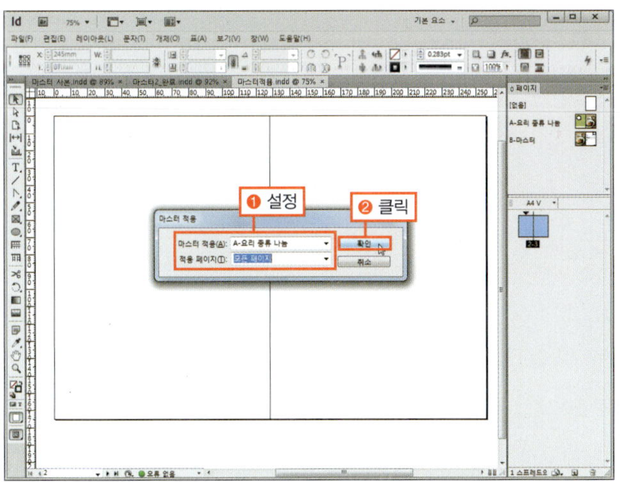

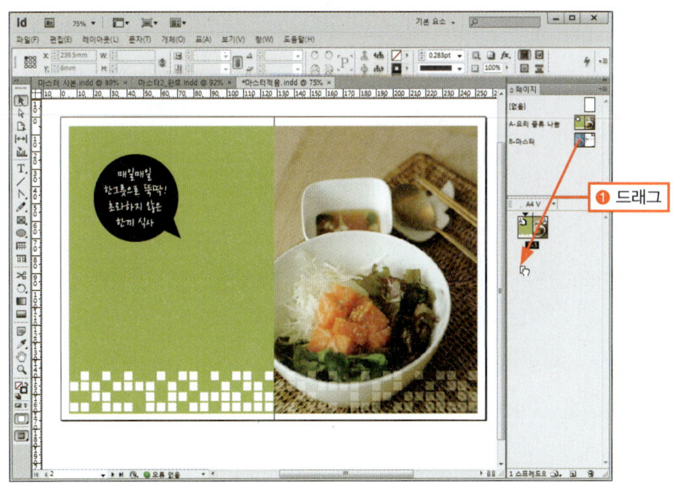

'B-마스터'가 적용된 4페이지가 추가되면 ❶이번에는 B-마스터의 오른쪽 페이지를 4페이지 오른쪽으로 드래그합니다.

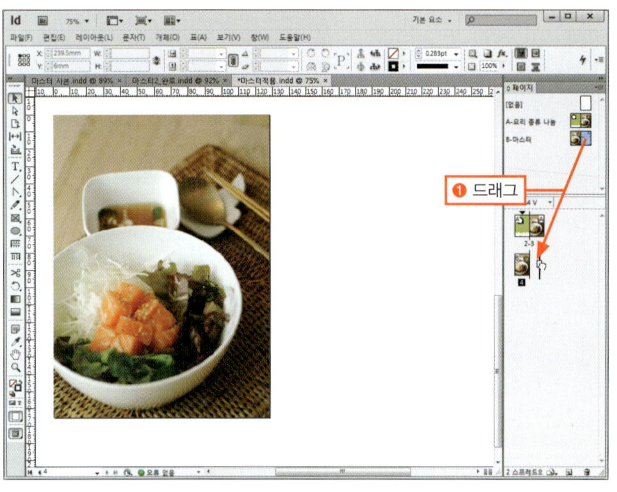

다음과 같이 마주보는 두 페이지가 만들어진 것을 볼 수 있습니다. 이와 같은 방법으로 한두 페이지를 손쉽게 추가할 수 있으며, 왼쪽과 오른쪽에 각각 다른 마스터를 적용하여 페이지를 만들 수도 있습니다.

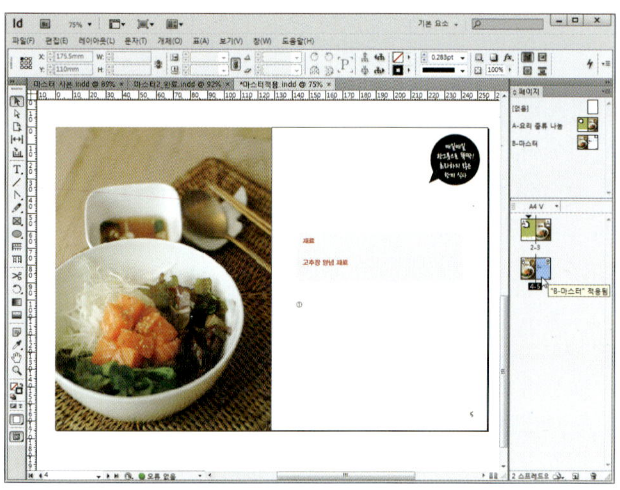

이번에는 본문에 적용한 마스터 페이지를 취소해 봅니다. ❶본문 페이지 영역을 마우스 오른쪽 버튼으로 클릭한 후 ❷[페이지에 마스터 적용]을 실행합니다. ❸[마스터 적용] 대화상자에서 '[없음]'으로 설정하고 [적용 페이지]를 '4-5'로 설정한 후 ❹[확인]을 클릭합니다.

❶마스터 페이지 영역에서 [없음] 페이지를 본문 페이지 영역의 2페이지로 드래그합니다. 2페이지에 적용되어 있던 A마스터가 삭제된 것을 볼 수 있습니다. 이번에는 ❷[없음]을 3페이지로 드래그하여 3페이지에 적용한 마스터 페이지도 취소합니다. 이와 같은 방법으로 본문 페이지에 적용된 마스터 페이지를 취소할 수 있습니다.

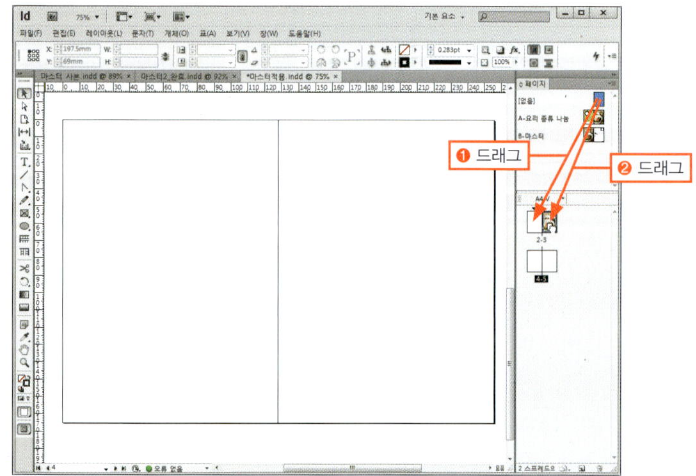

08 마스터 페이지가 적용된 새로운 페이지 만들기

❶[페이지] 패널의 본문 페이지 영역에서 마우스 오른쪽 버튼을 클릭하여 ❷[페이지 삽입]을 실행합니다. ❸[페이지 삽입] 대화상자에서 추가할 페이지 수를 '2'로 입력하고 ❹페이지를 삽입할 위치를 '문서 끝 위치'로 설정합니다. ❺마스터 종류를 'B-마스터'로 선택한 후 ❻[확인]을 클릭합니다.

09 추가된 페이지 확인하기

문서의 맨 끝 위치에 'B-마스터'가 적용된 새로운 페이지가 2페이지 추가된 것을 볼 수 있습니다. 이와 같이 특정 마스터가 적용된 페이지를 원하는 위치에 많은 양의 페이지를 한 번에 추가할 수도 있습니다.

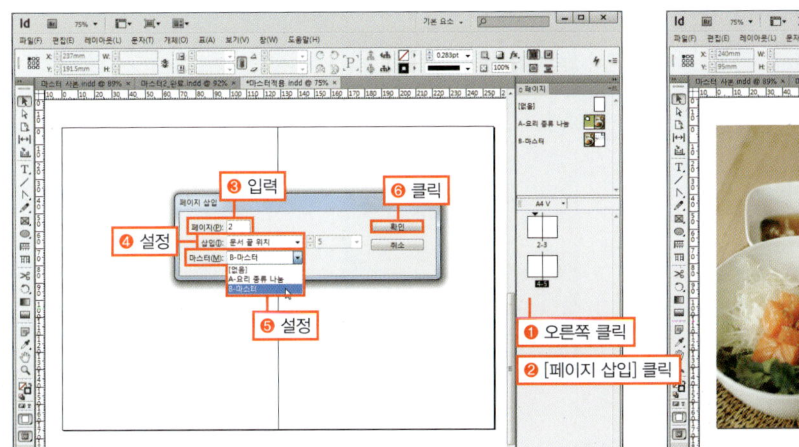

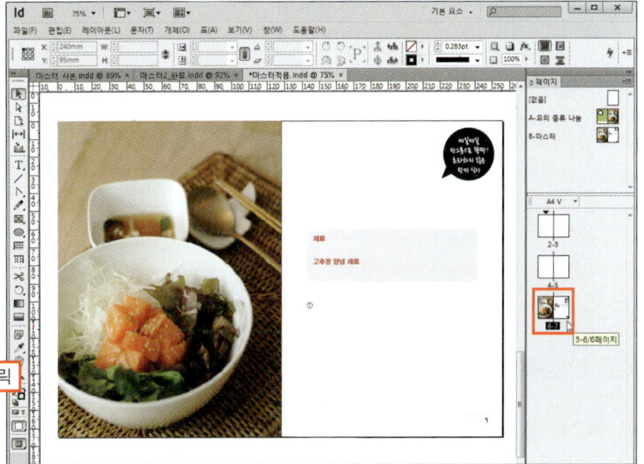

실습 과정 — 페이지 변경 방법과 페이지 번호 넣기

본문의 페이지를 직접 설정하는 방법과 마스터 페이지와 본문 페이지에 페이지 번호를 넣는 방법을 알아봅니다.

◎ 시작 파일 : Part02\페이지번호.indd
◎ 완료 파일 : Part02\페이지번호_완료.indd

01 페이지 번호 모양 설정하기

❶페이지에 페이지 번호를 입력할 텍스트 프레임을 만들고 페이지 번호에 적용할 텍스트 모양을 설정합니다. 이때 페이지의 모양과 문서의 조화를 손쉽게 확인하기 위해 두세 글자의 숫자를 입력하고 텍스트 모양을 설정하도록 합니다.

02 자동 페이지 입력하기

❶텍스트 모양을 모두 설정하였으면 입력한 텍스트를 삭제합니다. 삭제한 후 ❷`Ctrl`+`Shift`+`Alt`+`N`을 눌러 프레임 안에 자동 페이지 번호를 입력합니다. 현재 페이지 번호인 '1'이 자동으로 표시됩니다.

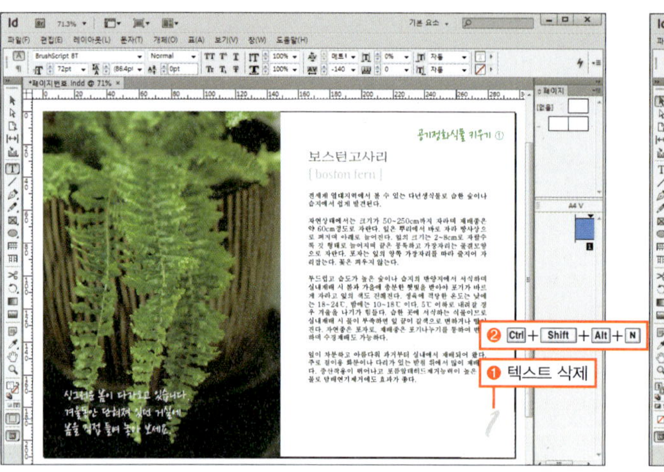

03 페이지 번호 요소 마스터 페이지로 이동하기

페이지 번호가 완성되었으면 이번에는 마스터 페이지에 자동 페이지 번호를 넣어봅니다. ❶완성한 페이지 번호 관련 요소인 텍스트 프레임과 삼각형을 모두 선택하고 ❷`Ctrl`+`X`를 눌러 오려두기 합니다.

> **참고**
> • 자동으로 표시된 페이지 번호는 페이지가 이동하면 자동으로 현재 페이지로 변경되어 표시됩니다.
> • 현재 단축키 설정이 '기본값'으로 설정되어 있을 경우이며, 'QuarkXPress 4.0 단축키'로 설정된 경우 `Ctrl`+`3`을 클릭하여 페이지 번호를 자동으로 입력할 수 있습니다.

04 마스터 페이지에 페이지 번호 붙이기

❶[페이지] 패널의 마스터 영역으로 이동하여 오른쪽 페이지를 클릭한 후 ❷[현재 위치에 붙여 붙이기]를 실행합니다. 페이지 번호 입력에 사용한 텍스트 프레임과 삼각형이 마스터 페이지에 있게 됩니다. 이때 마스터 페이지에 표시되는 페이지 번호는 마스터의 접두어인 'A'가 표시됩니다.

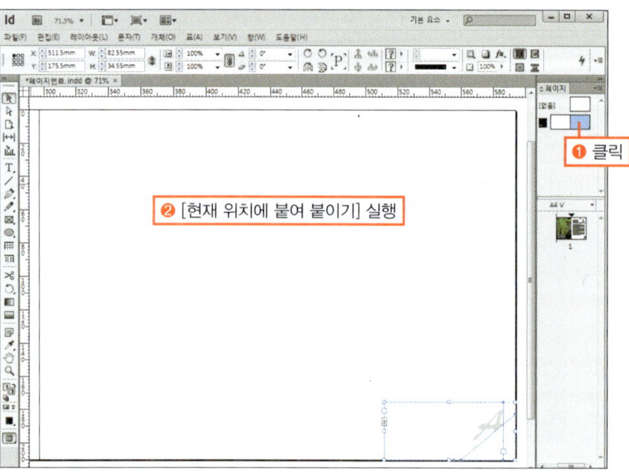

05 본문 페이지에서 확인하기

❶본문 페이지를 더블클릭하여 이동한 후 자동으로 입력된 페이지 번호를 확인합니다.

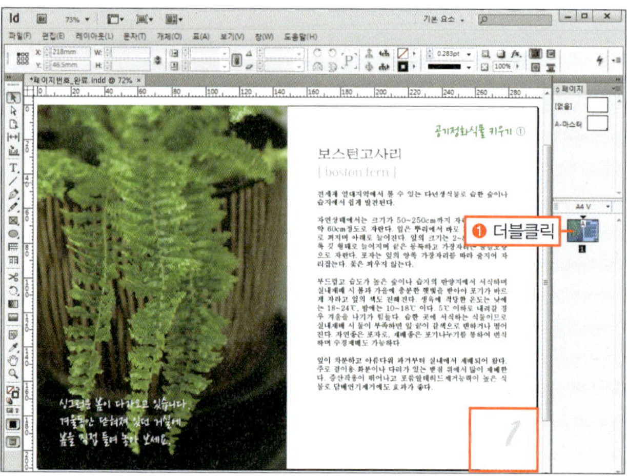

06 페이지 번호 변경하기

현재 1페이지로 설정된 페이지를 사용자가 직접 원하는 페이지로 변경해 봅니다. ❶[페이지] 패널에서 페이지 번호를 변경할 페이지를 마우스 오른쪽 버튼으로 클릭하여 ❷[번호 매기기 및 섹션 옵션]을 실행합니다.

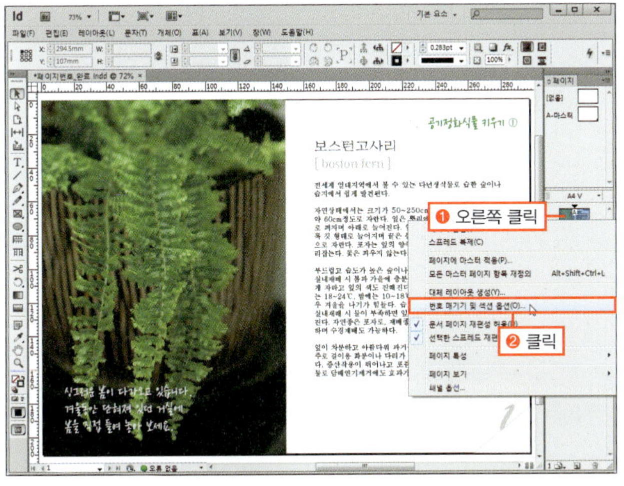

07 새로운 페이지로 변경하기

❶[번호 매기기 및 섹션 옵션] 대화상자에서 '페이지 번호 매기기 시작'을 '213'으로 입력한 후 ❷[확인]을 클릭합니다.

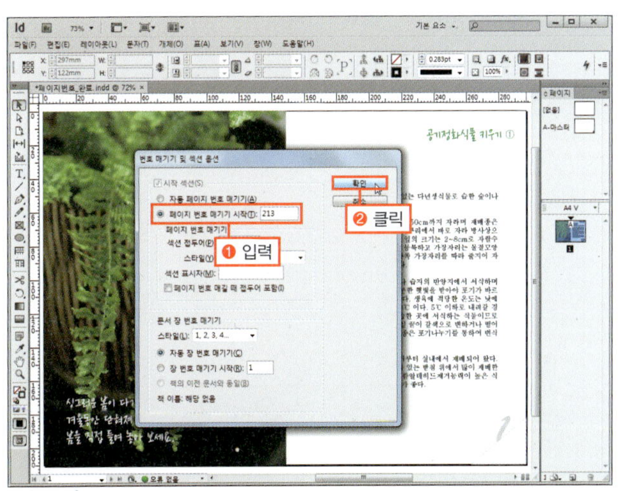

08 변경된 페이지 번호 확인하기

1페이지로 표시되었던 페이지 번호가 213페이지로 변경된 것을 볼 수 있습니다. 이와 같이 특정 페이지에 임의의 페이지를 사용자가 직접 설정할 수 있습니다.

> **참고**
>
> 페이지가 마주보도록 설정된 문서의 경우 설정한 페이지 번호에 따라 페이지가 왼쪽이나 오른쪽으로 이동할 수 있습니다. 짝수 페이지는 왼쪽에, 홀수 페이지는 오른쪽에 있도록 설정하여 문서가 흐트러지지 않도록 주의합니다.

1 예제 문서를 불러온 후 새로운 빈 페이지를 마스터 페이지를 4페이지 추가합니다. 그런 다음 4페이지만 A−마스터 페이지를 적용해 보세요.

- **시작 파일** : Part02\확인실습3.indd
- **완료 파일** : Part02\확인실습3_완료.indd

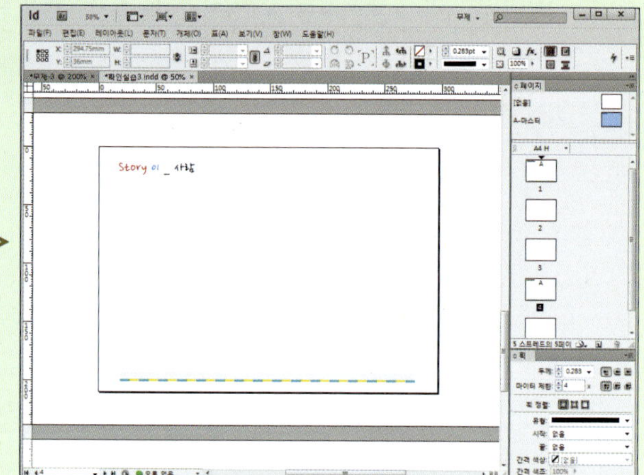

2 마스터 페이지에 페이지 번호를 입력한 후 글자 모양을 꾸며주세요. 그런 다음 모든 페이지에 자동으로 페이지가 표시되는 것을 확인하세요.

- **시작 파일** : Part02\확인실습4.indd
- **완료 파일** : Part02\확인실습4_완료.indd

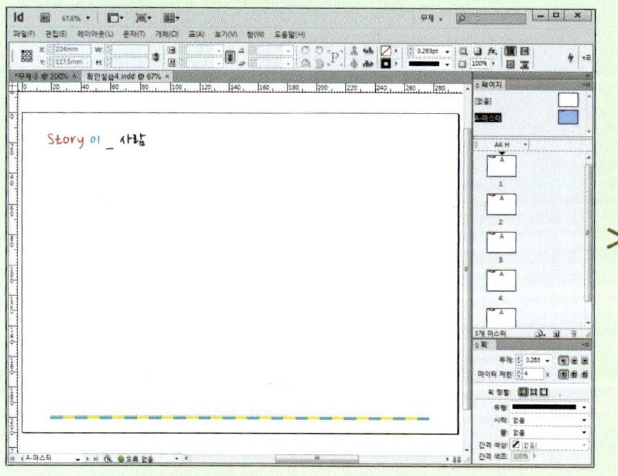
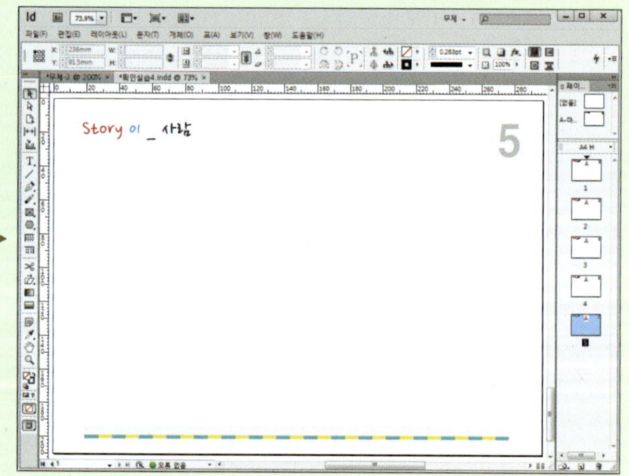

완성한 스프레드에 레이블 표시하기

페이지와 스프레드에 레이블 색상을 설정하면 완성한 페이지나 미완성된 페이지를 구분하기 쉽도록 표시할 수 있습니다. 레이블 표시를 활용하는 방법에 대해 알아봅니다.

1 페이지에 색상 레이블 표시하기

❶레이블을 표시할 스프레드를 선택한 상태에서 ❷마우스 오른쪽 버튼을 클릭하여 ❸[페이지 특성]–❹[색상 레이블]을 클릭한 후 ❺[빨강]으로 설정합니다. [페이지] 패널의 해당 페이지 아이콘 아래에 설정한 빨간색 레이블이 표시됩니다.

2 색상 레이블 활용하기

❶페이지에 붉은색과 연두색으로 레이블을 표시하고, ❷스프레드의 대지 영역 부분에 레이블에 대한 표시를 메모합니다. 이렇게 메모로 표시해 두면 레이블 색상별 페이지 상태를 쉽게 확인할 수 있습니다.

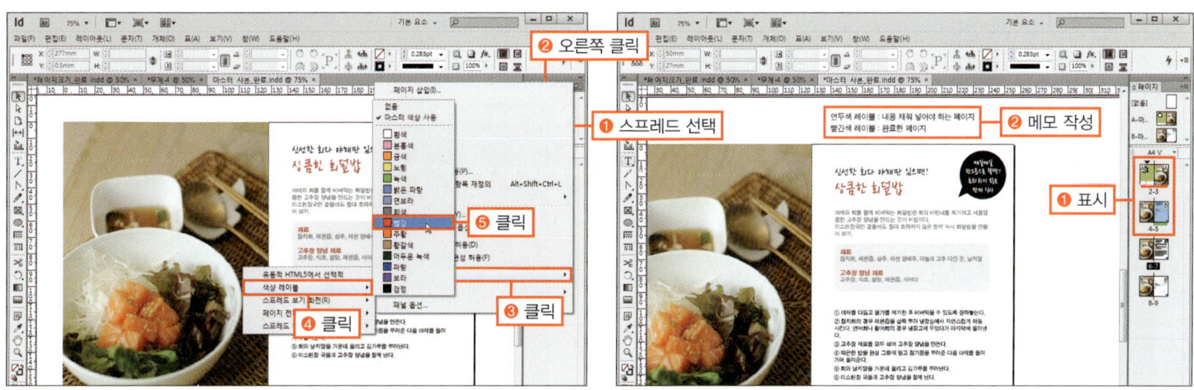

3 마스터에 색상 레이블 표시하기

❶마스터 페이지를 선택하고 마우스 오른쪽 버튼을 클릭하여 [페이지 특성]–[색상 레이블]을 클릭한 후 [노랑]으로 설정합니다. 마스터가 적용된 페이지에 모두 노란색 레이블이 표시됩니다. 페이지에 별도의 레이블에 표시된 경우 마스터에 적용한 색상 레이블이 적용되지 않습니다. 이런 경우 ❷페이지를 선택하고 ❸마우스 오른쪽 버튼을 클릭하여 ❹[페이지 특성]–❺[색상 레이블]의 ❻[마스터 색상 사용]을 실행하면 마스터에 적용한 색상 레이블이 동일하게 표시됩니다.

4 색상 레이블이 설정된 새로운 페이지 추가하기

❶색상 레이블이 설정된 A–마스터가 적용된 페이지를 문서의 끝 위치에 추가합니다. 새로 만들어진 페이지에 마스터에 적용된 노란색 레이블이 자동으로 표시됩니다.

페이지 번호에 접두어 활용하기

인디자인에서는 페이지 번호 앞에 접두어를 자동으로 반복하여 표시할 수 있습니다. 페이지 번호가 한 글자로 표시되지 않고 세 자리 수로 맞추어 디자인하고자 할 경우 활용하면 좋은 기능입니다.

1 페이지 접두어 설정하기

❶1페이지를 마우스 오른쪽 버튼으로 클릭한 후 ❷[번호 매기기 및 섹션 옵션]을 실행합니다. ❸[번호 매기기 및 섹션 옵션] 대화상자에서 [섹션 접두어]에 '00'을 입력하고 ❹[페이지 번호 매길 때 접두어 포함]을 체크한 후 ❺[확인]을 클릭합니다.

2 접두어 확인하기

[페이지] 패널의 본문 페이지 영역에서 페이지 번호 앞에 붙은 '00'을 확인할 수 있습니다. 문서의 페이지 번호에도 세 글자로 맞춰진 페이지 번호가 자동으로 입력됩니다.

3 새로운 섹션 만들기

❶이번에는 3페이지를 마우스 오른쪽 버튼으로 클릭하여 ❷[번호 매기기 및 섹션 옵션]을 실행합니다. ❸[새 섹션] 대화상자에서 [페이지 번호 매기기 시작]을 '10'으로 입력하고 ❹[섹션 접두어]를 '0'으로 입력합니다. ❺[페이지 번호 매길 때 접두어 포함]을 체크하고 ❻[확인]을 클릭합니다.

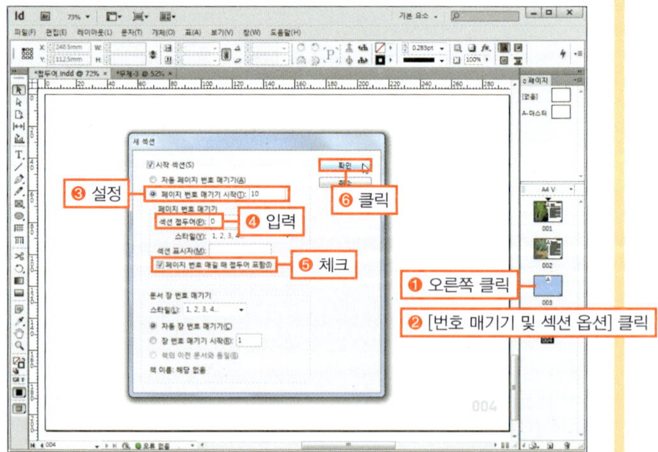

003페이지로 표시되었던 페이지가 010으로 변경된 것을 볼 수 있으며, 새로 지정된 섹션에 '▼'가 표시되어 쉽게 확인할 수 있습니다. 이와 같이 페이지 번호 앞에 임의의 접두어를 자동으로 넣어 페이지 번호를 꾸밀 수 있습니다.

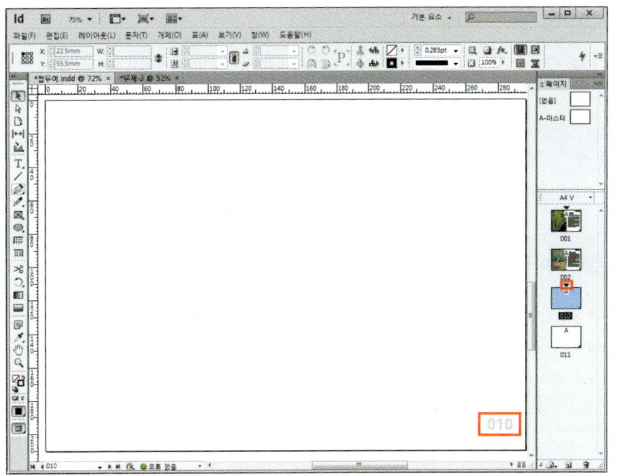

참고

새로 설정한 섹션을 취소하려면 섹션이 새로 설정된 페이지를 마우스 오른쪽 버튼으로 클릭하여 [번호 매기기 및 섹션 옵션]을 실행합니다. [시작 섹션]의 체크를 해제하고 [확인]을 클릭하면 앞의 섹션의 번호 매기기 옵션에 따라 페이지 번호가 변경됩니다.

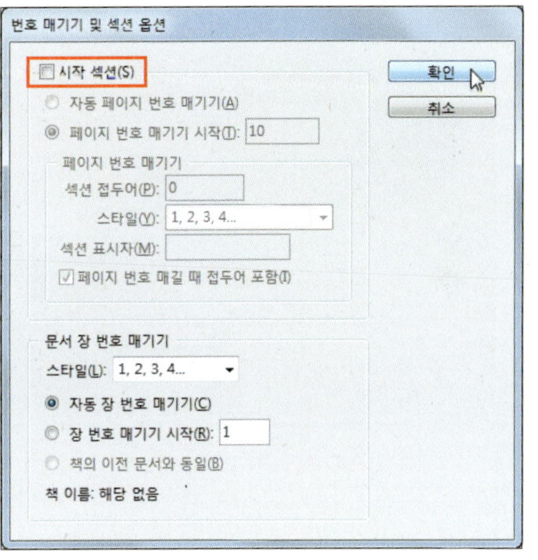

마스터 페이지에서 적용한 오브젝트를 특정 페이지에서 직접 변경하기

마스터 페이지를 통해 적용한 문서 개체의 내용을 본문 페이지에서 직접 내용을 변경하는 방법에 대해 알아봅니다.

- **시작 파일** : Part02\마스터변경.indd
- **완료 파일** : Part02\마스터변경_완료.indd

1 마스터 페이지 복제하기

❶복제할 마스터 페이지를 마우스 오른쪽 버튼으로 클릭한 후 ❷[마스터 스프레드 "A-요리 종류 나눔" 복제]를 실행합니다.

2 복제한 마스터 페이지 수정하기

복제된 마스터 페이지는 마스터 페이지 목록의 맨 아래에 추가되며, 'C-마스터'로 이름이 설정됩니다. 복제된 마스터 페이지를 더블클릭하여 이미지와 배경색 등을 변경하면 별도의 마스터 페이지로 활용할 수 있습니다.

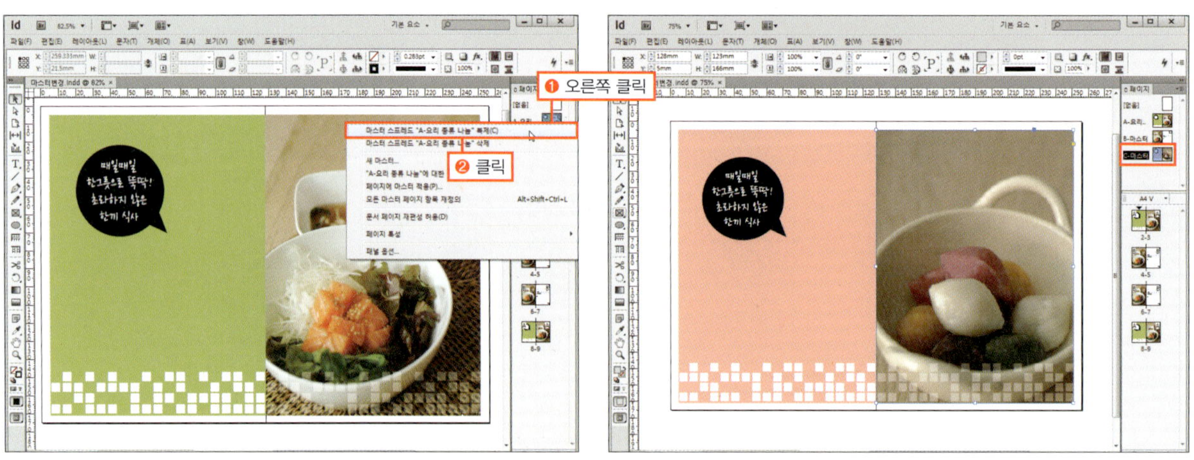

> **참고**
>
> [마스터 스프레드 "A-요리 종류 나눔" 삭제]를 실행하면 선택한 마스터 페이지를 삭제할 수 있습니다.

3 [모든 마스터 페이지 항목 재정의] 실행하기

❶예제 문서에서 B-마스터가 적용된 5페이지를 더블클릭하여 이동합니다. ❷Ctrl+H를 클릭하여 마스터 페이지에서 만들어 놓은 텍스트 프레임이 점선으로 표시되도록 합니다. 텍스트 프레임 안에 내용을 입력하기 위해 ❸5페이지를 마우스 오른쪽 버튼으로 클릭한 후 ❹[모든 마스터 페이지 항목 재정의]를 실행합니다.

> **참고**
>
> 기본적으로 마스터에서 만들어진 개체는 본문 페이지에서는 선택하거나 편집할 수 없습니다. 다만, 마스터 항목의 일부나 전체를 재정의하도록 설정하여 내용이나 위치 등을 수정할 수 있습니다.

④ 내용 입력하기

점선으로 표시되던 개체 안내선이 모두 실선으로 표시되고, 마우스로 클릭하여 선택할 수 있게 변경됩니다. ❶각 텍스트 프레임 안에 해당 내용을 입력합니다.

⑤ 부분 항목만 재정의하기

이번에는 페이지 전체가 아닌 일부 항목만 본문 페이지에서 수정해 보겠습니다. ❶7페이지를 더블클릭하여 이동한 후 ❷맨 위에 있는 텍스트 프레임을 Ctrl + Shift 를 누른 상태에서 더블클릭합니다. 점선으로 표시되었던 텍스트 프레임의 가장자리가 실선으로 변경되고 ❸커서가 위치하면 내용을 입력할 수 있습니다.

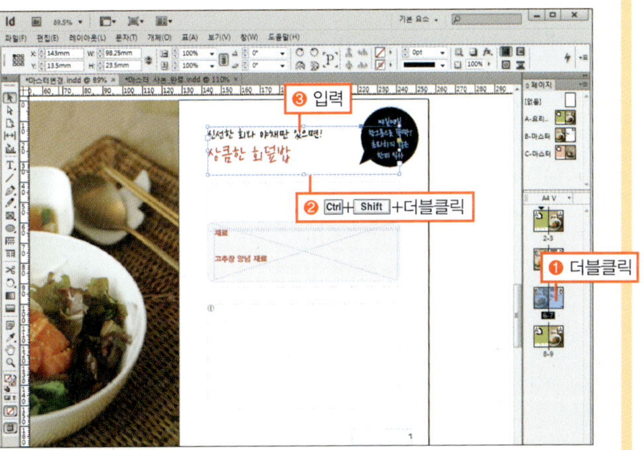

⑥ 새로 마스터 페이지 적용하기

내용을 입력한 7페이지에 'B-마스터'를 다시 적용해 봅니다. ❶마스터 항목에서 'B-마스터'를 드래그하여 7페이지에 적용합니다.

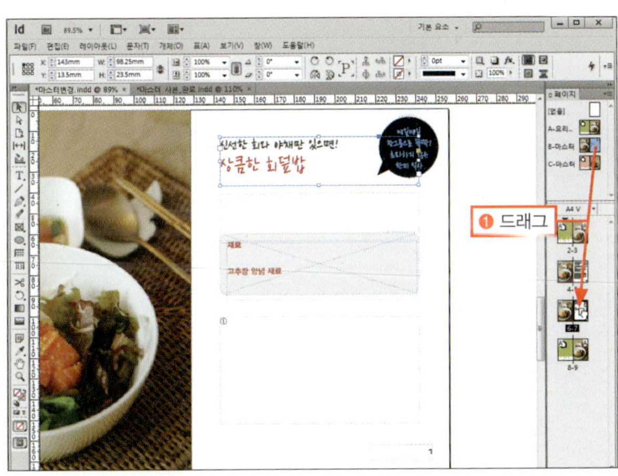

⑦ 적용된 모습 확인하기

7페이지에 B-마스터가 다시 적용되면서 입력한 내용이 사라지고, 활성화되었던 텍스트 프레임도 없어집니다. 이와 같이 본문 페이지에서 재정의한 내용은 마스터를 다시 적용하면 사라지게 됩니다. 이런 점을 고려하여 문서를 디자인할 때 적절히 사용하도록 합니다.

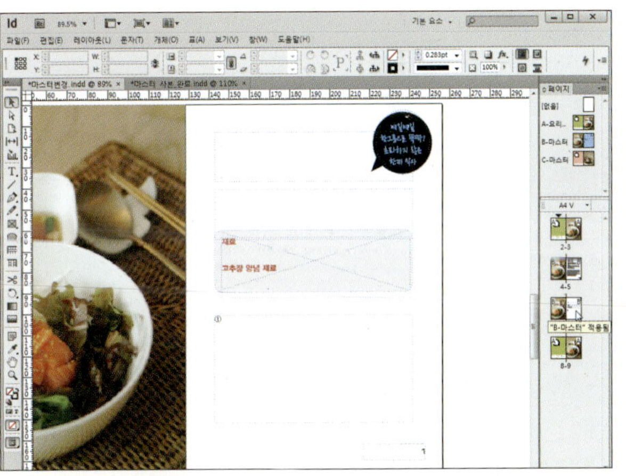

참고

'모든 마스터 페이지 항목 재정의' 기능을 실행하여 변경한 내용은 마스터 페이지의 항목을 수정해도 자동으로 변경되지 않습니다. 또한, 마스터를 재적용할 때도 변경된 내용은 그대로 유지된 상태에서 마스터 페이지의 내용이 배경처럼 아래에 배치됩니다. 그러므로 마스터 페이지를 변경할 때 일일이 각 페이지를 확인하기 어려우며, 결과물에서 오류를 범할 수 있는 단점이 있으므로 사용할 때 주의하도록 합니다.

① 예제 문서를 불러온 후 문서의 크기를 가로 세로 모두 20cm로 변경하고 현재 마주보기로 구성된 도큐먼트를 한 페이지로 변경하세요. 문서가 20페이지로 구성하도록 페이지를 추가한 후 '저장하기.indd'라는 파일 이름으로 문서를 저장해 보세요.

- **시작 파일** : Part02\응용실습1.indd
- **완료 파일** : Part02\저장하기.indd
- **해설 파일** : 해설파일\Part02_응용실습1_해설.hwp, Part02_응용실습1_해설.pdf

Before

After

①[파일] 메뉴의 [문서 설정] 실행하기 **②**용지 크기 설정하기 **③**마주보기 해제하기 **④**20페이지 설정하기 **⑤**[저장하기] 파일 이름으로 저장하기

② 예제 문서를 불러온 후 가로 방향의 3cm와 9cm 위치에 각각 안내선을 만드세요. 예제 파일의 흐트러져 있는 이미지를 안내선과 고급 안내선을 활용하여 동일한 간격을 두고 배치해 보세요.

- **시작 파일** : Part02\응용실습2.indd
- **완료 파일** : Part02\응용실습2_완료.indd
- **해설 파일** : 해설파일\Part02_응용실습2_해설.hwp, Part02_응용실습2_해설.pdf

Before

After

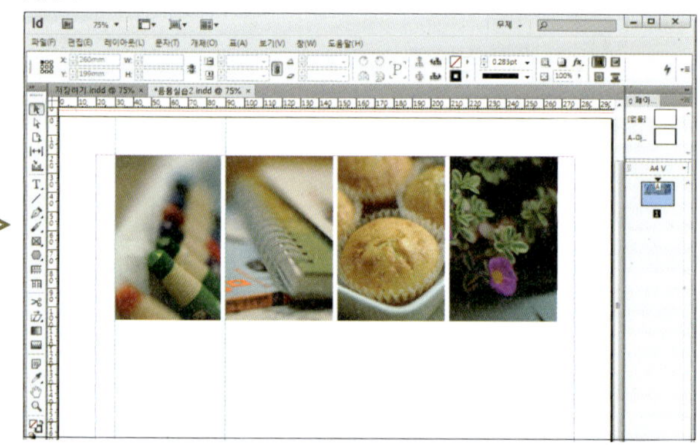

①눈금자에서 드래그하여 안내선 만들기 **②**안내선을 선택하고 [컨트롤] 패널에서 정확한 위치 설정하기 **③**고급 안내선을 활용하여 개체 정렬하기

3 예제 문서를 불러온 후 이미지와 텍스트가 배치된 페이지를 마스터 페이지로 등록하세요. 그런 다음 등록한 마스터 페이지가 적용된 페이지를 10페이지 추가해 보세요.

- **시작 파일** : Part02\응용실습3.indd
- **완료 파일** : Part02\응용실습3_완료.indd
- **해설 파일** : 해설파일\Part02_응용실습3_해설.hwp, Part02_응용실습3_해설.pdf

Before   After

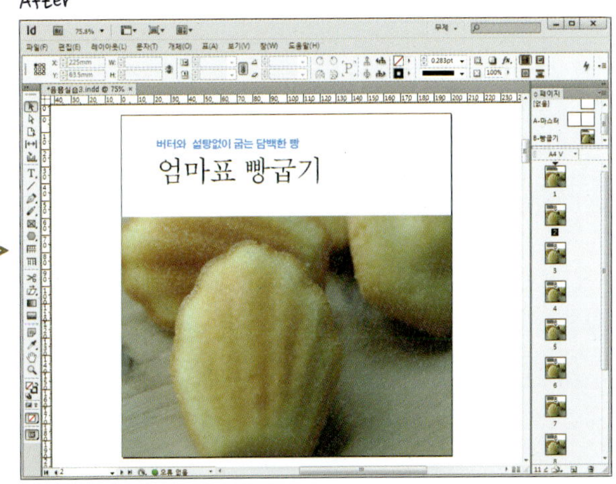

❶[페이지] 패널에서 [마스터 페이지]–[마스터 저장] 실행하기   ❷마스터 이름 설정하기   ❸마스터가 적용된 페이지 삽입하기

단순 입력에서 활용까지,
인디자인에서 텍스트 정복하기

여기에서는 편집 디자인을 위해 기본적으로 알아두어야 할 텍스트 프레임과 텍스트 활용에 대해 배

워봅니다. 텍스트를 입력하기 위해 텍스트 프레임을 만들고 텍스트 프레임 안에 텍스트를 입력하는

방법, 텍스트 프레임의 옵션을 설정하는 방법 등에 대해 살펴봅니다.

INDESIGN CS6

SECTION 01

텍스트 프레임 만들고 텍스트 입력하기

인디자인에서 문서에 텍스트를 입력하거나 불러오기 위해서는 텍스트 프레임으로 먼저 텍스트 영역을 만들어야 합니다. 텍스트 프레임 안에서 텍스트 입력이 가능하며, 텍스트 프레임의 크기와 위치, 모양은 문서의 모양에 따라 변형할 수 있습니다. 텍스트 프레임을 만들고 프레임 안에 텍스트를 입력하는 방법에 대해 알아봅니다.

다루는 내용

- 텍스트 프레임 만들고 꾸미기
- 다양한 텍스트 입력하기
- 텍스트 프레임 연결하기
- 텍스트 불러오기
- 텍스트 프레임 옵션 설정하기

기능 정리

텍스트 프레임 만들기와 크기, 위치 조절하기

텍스트 프레임은 인디자인의 문서 내에 텍스트를 입력하기 위한 공간이라 할 수 있습니다. 문서에 텍스트를 입력하거나 붙여넣기 위해서는 우선 텍스트 프레임으로 텍스트가 입력될 영역을 만들어주고, 프레임의 위치와 크기를 조정하여 텍스트가 배열되는 범위를 조절할 수 있습니다.

● 텍스트 프레임 도구 살펴보기

문서에서 텍스트를 입력할 부분에 프레임을 만들어줍니다. 도구 상자에서 [문자 도구]([T])를 클릭하면 네 가지 형태의 프레임 도구가 나타납니다. [문자 도구]를 클릭하여 문서에 드래그하면 텍스트를 입력할 수 있는 텍스트 프레임을 만들 수 있습니다. [문자 도구]는 가장 기본적인 사각형 모양의 텍스트 프레임 안에 가로 방향으로 텍스트가 입력되며, [세로 문자 도구]를 사각형 안에 텍스트를 세로 방향으로 입력할 수 있습니다. 또한, 패스에 입력 도구를 이용하면 선을 따라 텍스트를 가로 방향이나 세로 방향으로 입력할 수 있습니다. 문자 도구가 선택된 상태에서 문서에 마우스로 드래그하여 프레임의 위치와 크기를 자유롭게 만들어낼 수 있습니다.

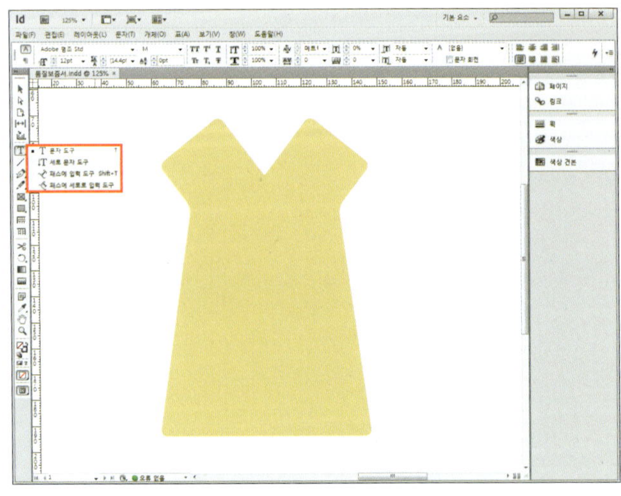

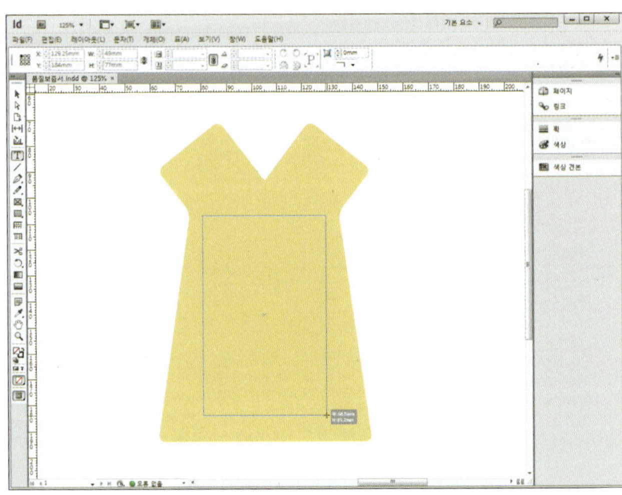

문서에 만들어 놓은 텍스트 프레임은 위치나 크기를 자유롭게 변경할 수 있습니다. 도구 상자의 [선택 도구]( )를 선택한 후 텍스트 프레임을 드래그하여 위치를 이동하거나 각 조절점을 드래그하여 크기를 변경할 수 있습니다. 또한, 텍스트 프레임이 선택된 상태에서 Delete를 클릭하여 선택한 텍스트 프레임을 삭제할 수도 있습니다.

● 텍스트 프레임 옵션 설정하기

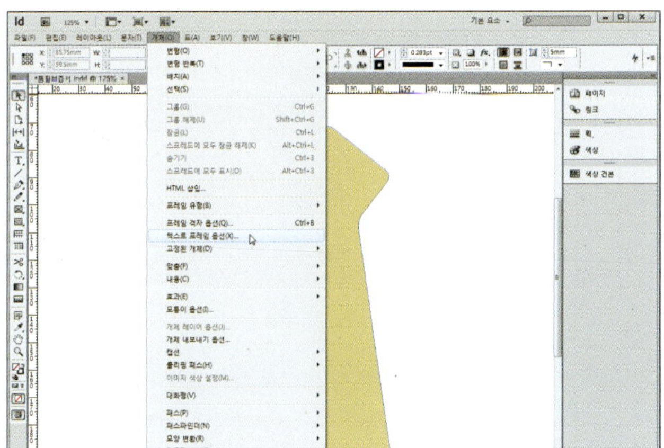

텍스트 프레임을 선택하고 [개체] 메뉴의 [텍스트 프레임 옵션]을 실행합니다. 프레임의 열 수, 안쪽 여백, 수직 배치 방법 등의 다양한 옵션을 설정할 수 있습니다.

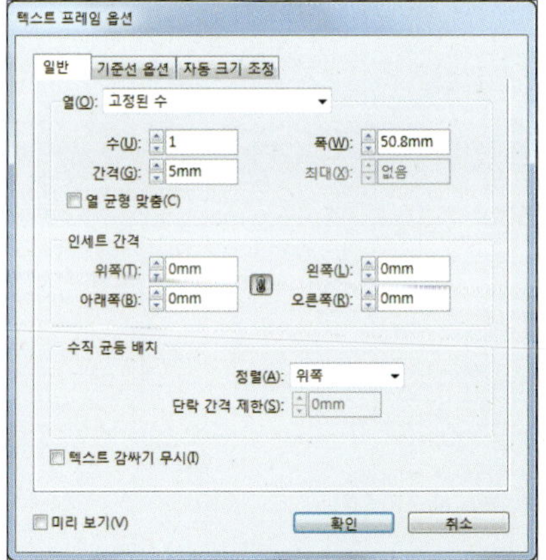

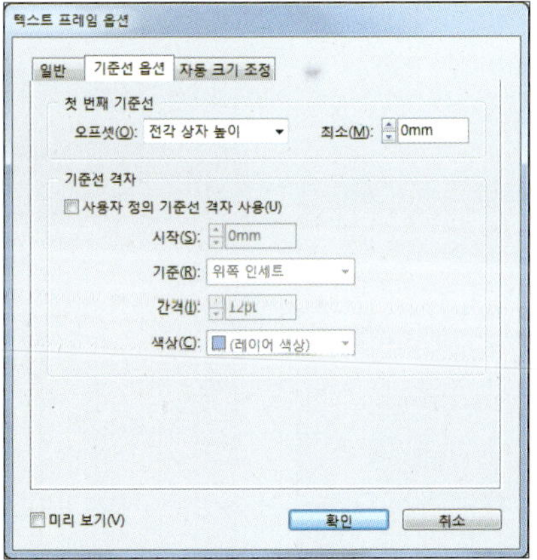

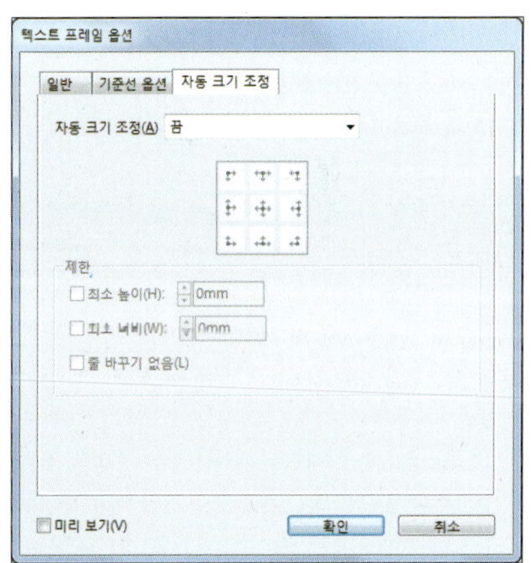

간단퀴즈

1 인디자인 문서에서 텍스트를 입력하기 위해 필요한 텍스트 프레임을 만들 수 있는 도구는 무엇일까요? (   )

2 만들어 놓은 텍스트 프레임의 위치나 크기를 조절하기 위해서는 도구 상자에서 어떤 도구를 선택해야 할까요? (   )

답 : **1** 문자 도구, **2** 선택 도구

텍스트 프레임 만들고 글자 입력하기

텍스트 프레임을 만들고 프레임 안에 텍스트를 입력하는 방법에 대해 알아봅니다.

- **시작 파일** : Part03\품질보증서.indd
- **완료 파일** : Part03\품질보증서_완료.indd

01 텍스트 프레임 만들기

예제 파일을 불러온 후 ❶도구 상자에서 [문자 도구](T)를 클릭하여 선택합니다. ❷텍스트 프레임을 넣을 위치에 드래그하여 원하는 크기의 텍스트 프레임을 만듭니다.

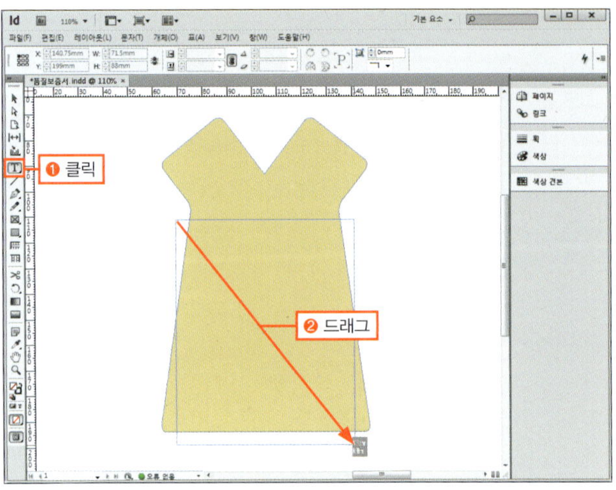

02 텍스트 프레임 안에 텍스트 입력하기

❶텍스트 프레임 안을 클릭하여 커서를 이동한 후 키보드를 이용해 내용을 입력합니다.

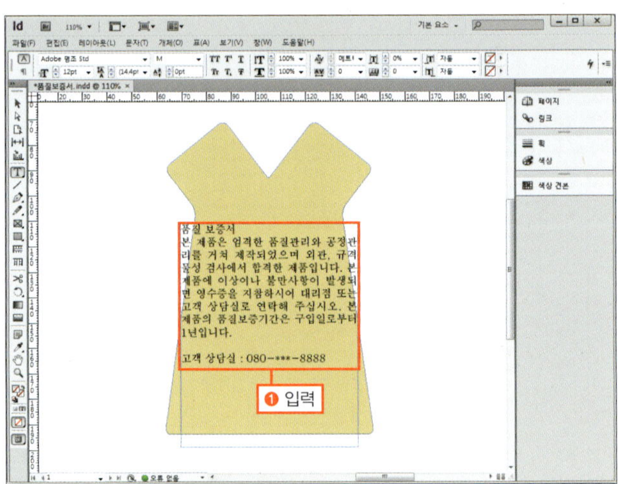

03 텍스트 프레임 위치와 크기 조절하기

❶도구 상자에서 [선택 도구](▶)를 선택하거나 Ctrl을 누른 상태에서 텍스트 프레임의 위치를 옷 모양의 배경 안쪽으로 이동합니다. ❷오른쪽 아래의 조절점을 드래그하여 왼쪽과 동일한 간격이 되도록 텍스트 프레임의 크기를 조절합니다.

> **참고**
>
> 문자 도구가 선택된 상태에서도 텍스트 프레임의 위치나 크기를 조절할 수 있습니다. 문자 도구가 선택된 상태에서 Ctrl을 누르면 커서 모양이 화살표 모양으로 변경됩니다. Ctrl을 누른 채 텍스트 프레임을 드래그하면 위치를 이동할 수 있으며, 조절점을 드래그하여 프레임의 크기를 조절할 수도 있습니다.

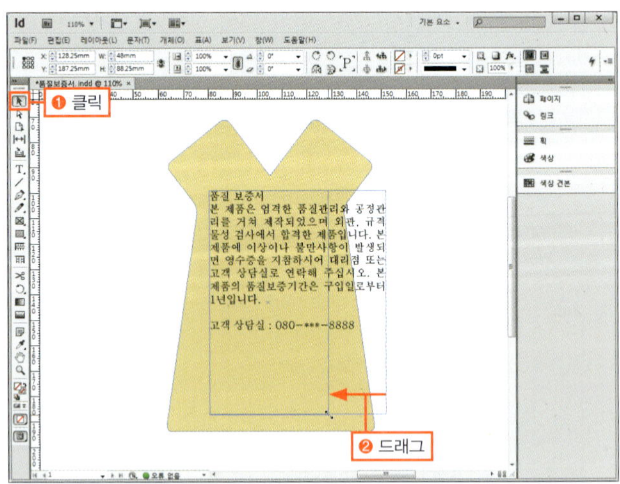

특수문자와 한자 입력하기

텍스트 프레임 안에 기호와 숫자 등의 특수문자와 한자를 입력하는 방법에 대해 알아봅니다.

○ **시작 파일** : Part03\상품안내.indd
○ **완료 파일** : Part03\상품안내_완료.indd

01 [글리프] 패널 열기

❶기호를 삽입할 위치에 커서를 두고 ❷[창] 메뉴의 ❸[문자 및 표]-❹[글리프]를 실행하여 [글리프] 패널을 불러옵니다.

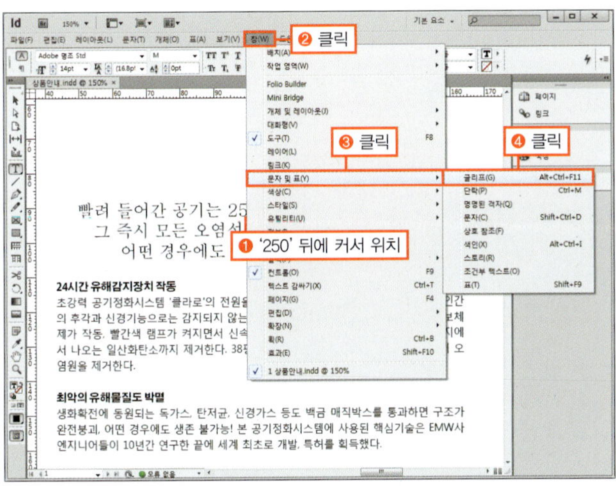

> **참고**
>
> 이미 [글리프] 패널이 열려 있는 상태라면 패널을 클릭하여 엽니다.

02 [기호] 목록 불러오기

❶[글리프] 패널에서 표시 종류를 ❷'기호'로 선택합니다.

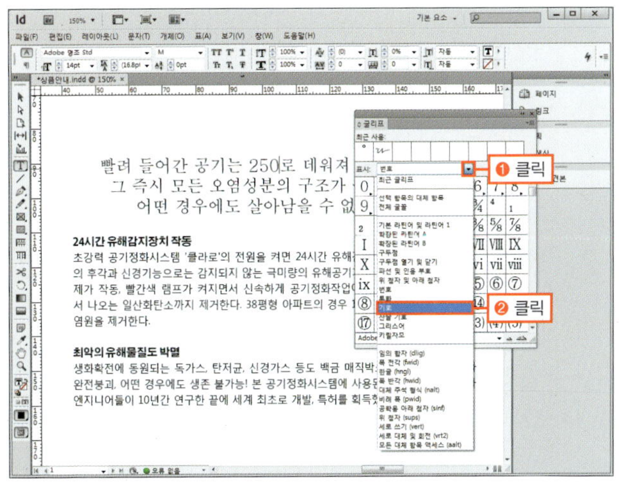

> **참고**
>
> [글리프] 패널을 드래그하여 오른쪽에 있는 패널 창에 고정해 사용할 수 있습니다. 작업자의 편의에 따라 위치를 선택하여 사용합니다.

03 '℃' 입력하기

❶기호 목록에서 '℃'를 찾아 더블클릭하여 커서 위치에 입력합니다. [최근 사용] 목록에 문서에 입력한 '℃'가 등록됩니다.

> **참고**
>
> [글리프] 패널의 [최근 사용] 목록에 등록된 기호는 손쉽게 재사용할 수 있습니다. 자주 사용하지 않는 기호는 사용자가 직접 삭제할 수 있습니다. 최근 사용 목록에서 삭제할 기호를 오른쪽 버튼으로 클릭한 후 펼침 메뉴에서 [최근 사용에서 글리프 삭제]를 실행하면 선택한 기호만 삭제되며, [모든 최근 사용 지우기]를 실행하면 최근 사용 목록의 모든 기호가 삭제됩니다.

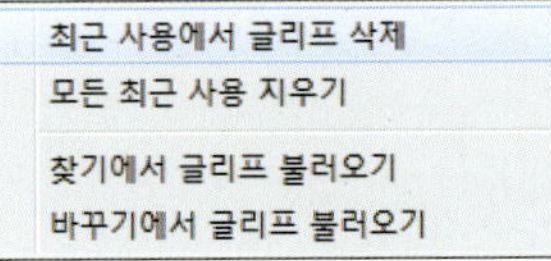

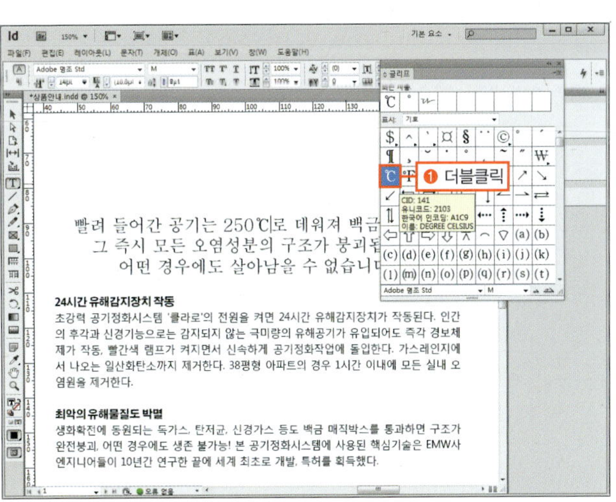

❶원문자를 넣을 위치인 네 번째 줄의 맨 앞에 커서를 위치합니다. ❷[글리프] 패널에서 [표시]를 '번호'로 선택합니다. ❸'①'을 더블클릭하여 문단 앞에 입력하고 ❹ Spacebar 를 눌러 빈칸을 추가합니다.

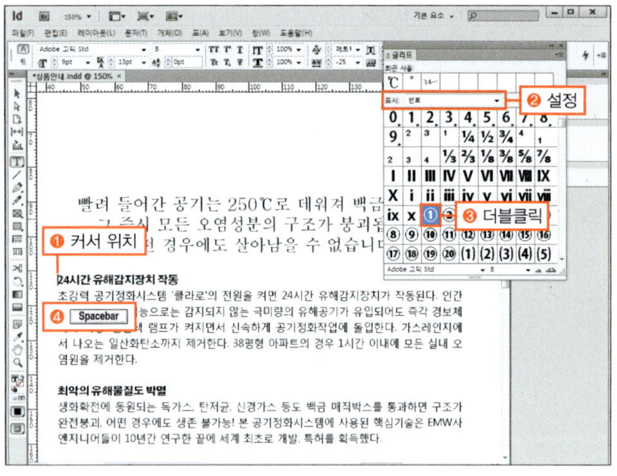

❶두 번째 제목인 '최악의' 앞에 커서를 둡니다. ❷[글리프] 패널에서 '②'를 더블클릭하여 커서 위치에 입력하고 ❸ Spacebar 를 눌러 빈칸을 입력합니다.

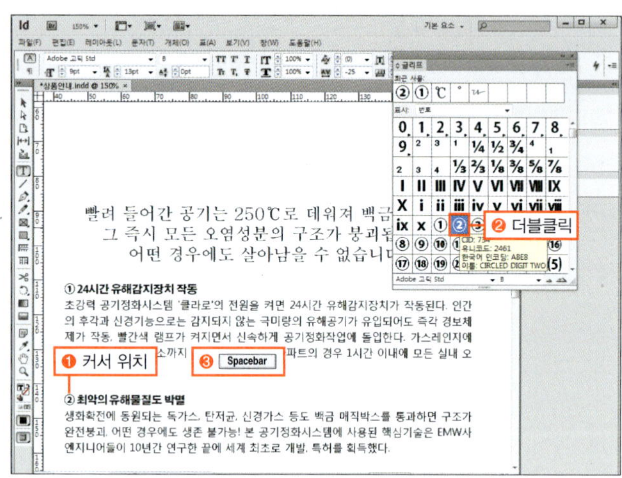

한자를 입력할 부분에 우선 한자음을 한글로 입력합니다. 여기서는 ❶'백금' 오른쪽에 '(백'을 입력하고 키보드의 [한자] 를 누릅니다. 한자음이 '백'을 가진 한자 목록에 표시되면 '흰백' 글자를 클릭하여 한글을 한자로 변환합니다. ❷'금' 을 입력하고 ❸[한자]를 눌러 ❹'쇠 금' 글자를 클릭하여 변환합니다.

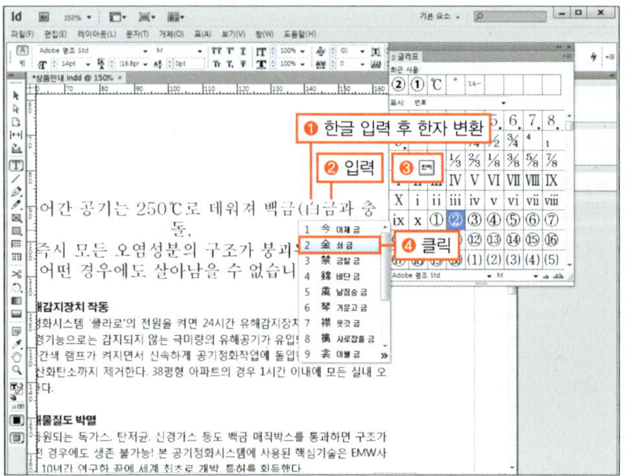

한글을 한자로 변환하였으면 ❶')'를 입력해 괄호를 닫아줍니다. ❷'백금(白金)' 글자의 글자색을 바꿔 문서를 완성합니다. 이와 같은 방법을 이용하여 인디자인 문서에 기호나 한자를 입력할 수 있습니다.

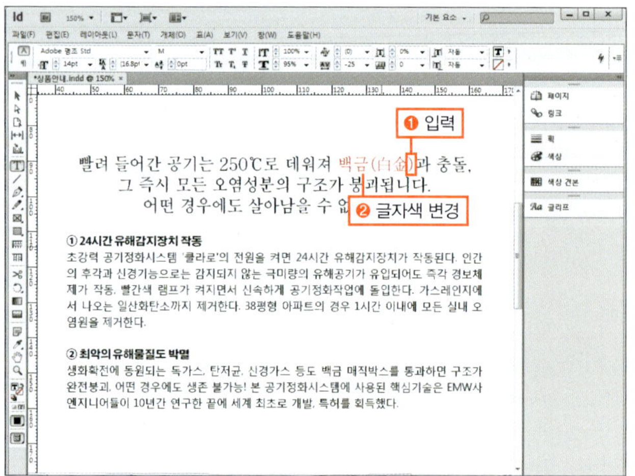

참고 ●

[글리프] 패널을 패널 창으로 이동해 놓으면 다음 작업할 때 좀 더 편리하게 사용할 수 있습니다.

패스 따라 텍스트 입력하기

패스 선을 따라 흐르는 텍스트를 입력하는 방법에 대해 살펴봅니다.

◎ **시작 파일** : Part03\패스글자.indd
◎ **완료 파일** : Part03\패스글자_완료.indd

01 [패스에 입력 도구] 선택하기

❶도구 상자에서 [문자 도구](T)를 클릭하여 ▪ 패스에 입력 도구 Shift+T 를 선택합니다. ❷예제 문서의 검은색 선 위에 커서를 두고 모양이 되면 클릭합니다.

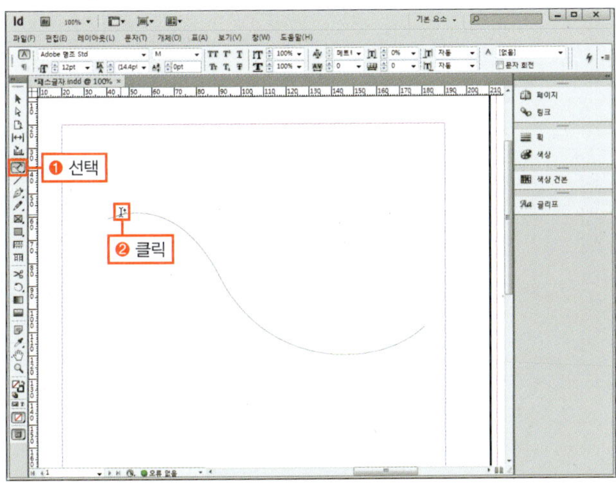

02 글자 입력하기

❶선 위에 커서가 위치하면 테스트를 입력합니다. 텍스트가 선을 따라 자연스럽게 흐르면서 입력됩니다.

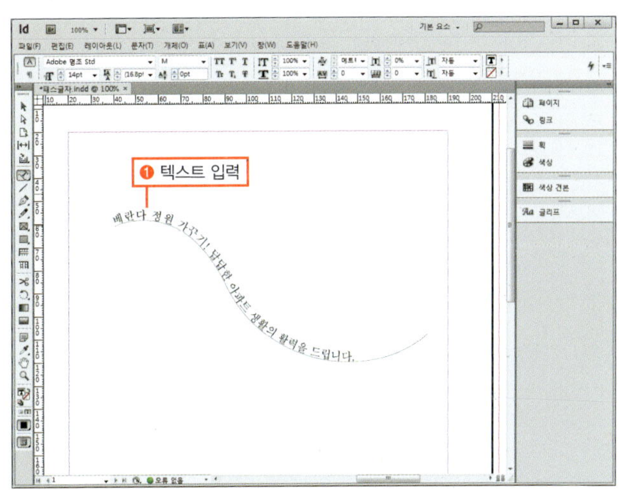

03 입력한 글자 크기와 글꼴 변경하기

텍스트를 모두 입력하고 ❶Ctrl+A를 클릭하여 텍스트 전체를 블록으로 설정합니다. ❷컨트롤 패널에서 글자 크기와 글꼴을 변경합니다.

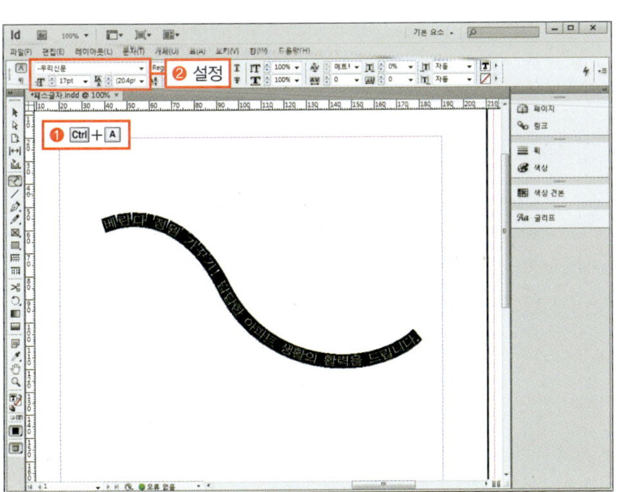

04 패스 선 색상 없애기

❶도구 상자에서 [선택 도구]( )를 클릭하여 선택하거나 Ctrl을 누른 채 ❷패스 선을 선택합니다. ❸[색상 견본] 패널에서 ❹선 색을 '[없음]'으로 설정합니다.

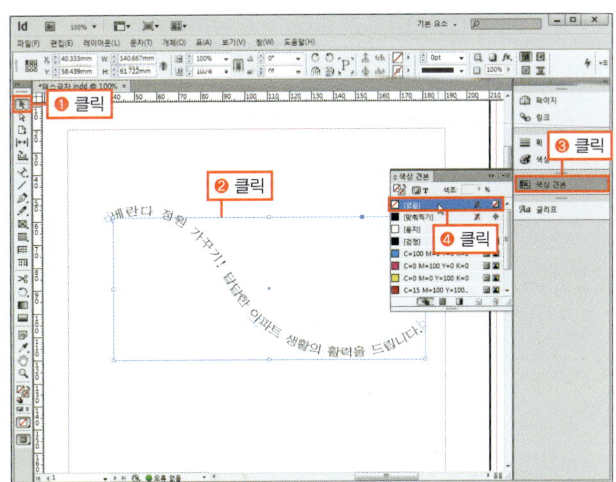

05 패스 선 모양 변경하기

❶도구 상자에서 [직접 선택 도구]를 클릭하여 선택하고 글자 입력의 기준이 되는 곡선의 왼쪽 끝을 선택합니다. ❷ 마우스로 드래그하면 곡선의 모양을 변경할 수 있습니다.

06 텍스트 시작점 변경하기

❶곡선이 선택된 상태에서 왼쪽 끝 지점으로 커서를 가져가면 커서 모양이 ▶ᵢ로 변합니다. 이때 마우스로 드래그하면 텍스트의 시작 위치를 변경할 수 있습니다. ❷오른쪽 끝 지점의 텍스트 입력 영역도 마찬가지로 변경할 수 있습니다. 텍스트가 가려져 보이지 않을 경우 오른쪽 영역을 확대하여 보이지 않는 글자가 보이도록 설정할 수 있습니다.

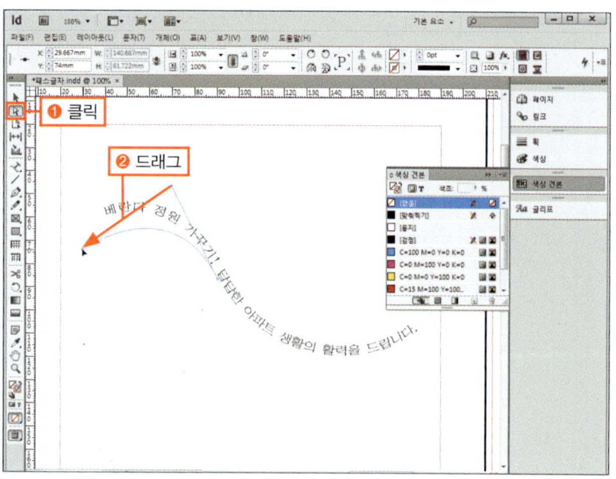

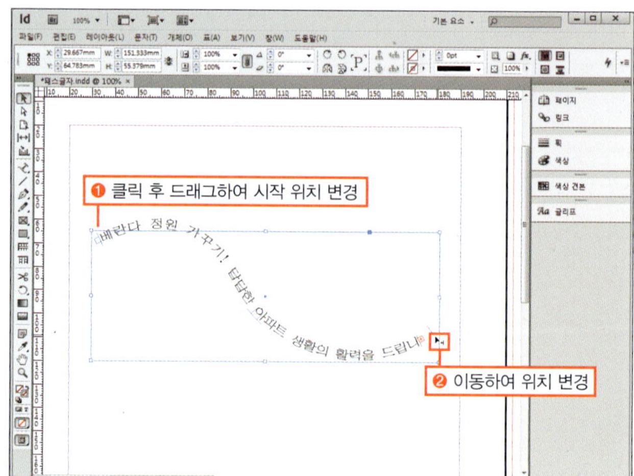

실습 과정 | 텍스트를 윤곽선 처리하고 테두리 만들기

텍스트 프레임 안에 입력한 텍스트를 윤곽선으로 변경하여 텍스트의 기준 위치를 변경하고, 테두리를 만들어 봅니다.

◉ **시작 파일** : Part03\윤곽선.indd
◉ **완료 파일** : Part03\윤곽선_완료.indd

01 텍스트를 윤곽선으로 변경하기

예제 파일을 불러온 후 ❶텍스트 프레임 안에 입력한 텍스트 중에서 'brunch'를 드래그하여 블록으로 지정합니다. ❷ [문자] 메뉴의 ❸[윤곽선 만들기]를 실행합니다.

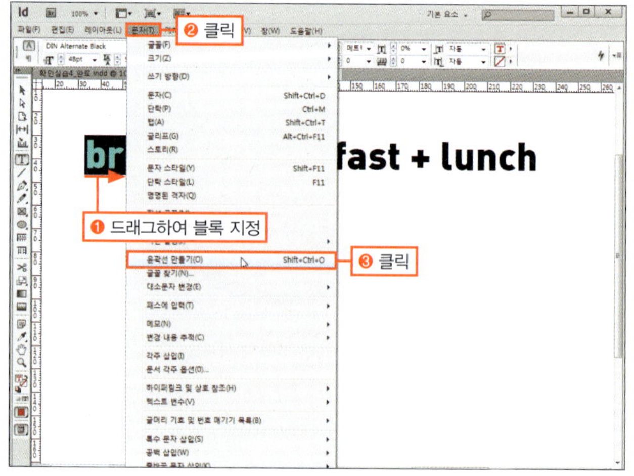

02 나머지 단어 텍스트 윤곽선 만들기

'brunch' 글자가 윤곽선으로 변경되면 ❶'_', 'breakfast',
'+', 'lunch'를 각각 드래그하여 윤곽선으로 변경합니다. 이
때 하나씩 각각 윤곽선으로 변경해야 글자의 위치를 각각
조절할 수 있습니다. 윤곽선으로 변경된 텍스트에 커서를
가져가면 ⚓ 표시가 나타납니다. 텍스트 프레임 안에서 위
치를 이동하거나 대화상자를 열 때 어떤 단축키를 누르는
지 안내해 줍니다. ❷'breakfast'의 ⚓를 Alt 를 누른 채 클
릭합니다.

03 연결 개체 옵션 설정하기

❶[연결 개체 옵션] 대화상자에서 [미리 보기]를 체크합니
다. ❷[위치]를 '인라인 또는 줄 위'로 설정하고 ❸[Y 오프
셋]을 '7mm'로 설정한 후 ❹[확인]을 클릭합니다.

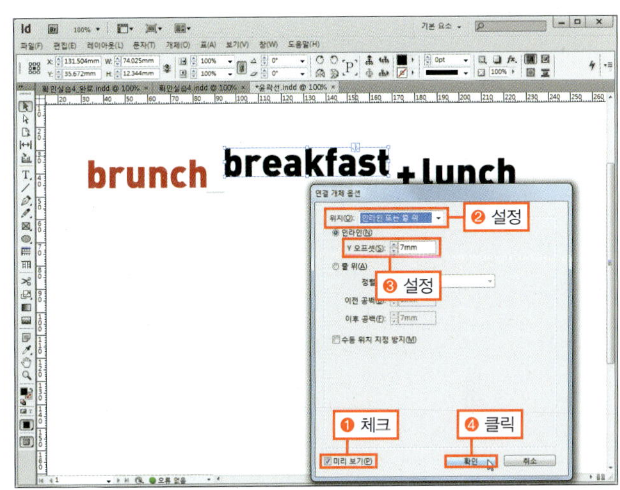

04 글자 아래로 위치 내리기

❶'lunch' 글자를 Shift 를 누른 채 아래 방향으로 드래그
하여 글자 위치를 내려줍니다. 텍스트 프레임 안에서 자유
롭게 글자 위치의 높낮이를 조절할 수 있습니다.

05 윤곽선 텍스트에 획 설정하기

❶윤곽선으로 변경한 '+'를 선택하고 ❷채우기 색상은 '없
음'으로 설정합니다. 획의 굵기를 '2pt'로 설정하고 붉은색
으로 획의 색상을 설정합니다.

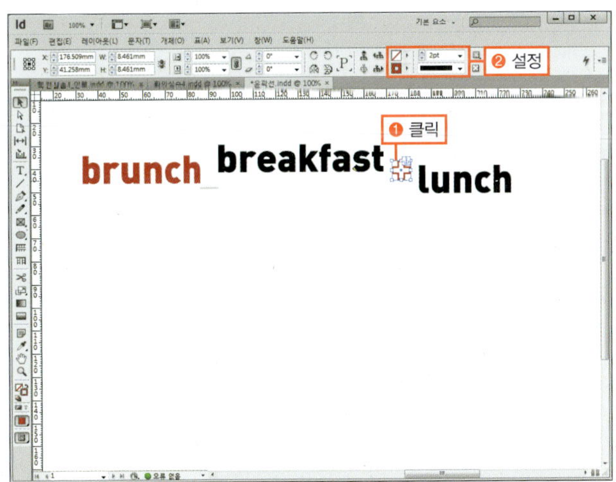

❶ 다음과 같이 윤곽선으로 변경한 텍스트의 글자 위치를 조절하여 꾸밉니다. 이와 같이 텍스트를 윤곽선으로 바꾸면 위치와 색상 등을 자유롭게 변경하여 문서에 활용할 수 있으며, 텍스트 프레임의 위치에 따라 자동으로 위치를 변경할 수 있습니다. 다만 텍스트를 윤곽선으로 변경한 후에는 텍스트의 내용은 변경할 수 없습니다.

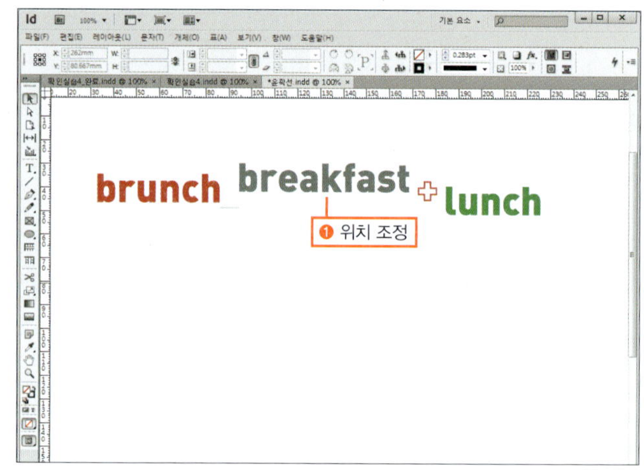

참고 • 한 글자씩 윤곽선으로 변경하기

텍스트 프레임을 선택한 상태에서 [윤곽선 만들기]를 실행하면 프레임 안에 입력한 모든 글자가 윤곽선으로 변경됩니다. 한 글자나 한 단어씩 윤곽선으로 따로 변경하기 위해서는 프레임 안에 입력한 글자를 드래그하여 블록으로 지정하고 [문자] 메뉴의 [윤곽선 만들기]를 실행합니다. 윤곽선으로 만들어진 글자에 각각 색상이나 모양을 설정할 수 있습니다.

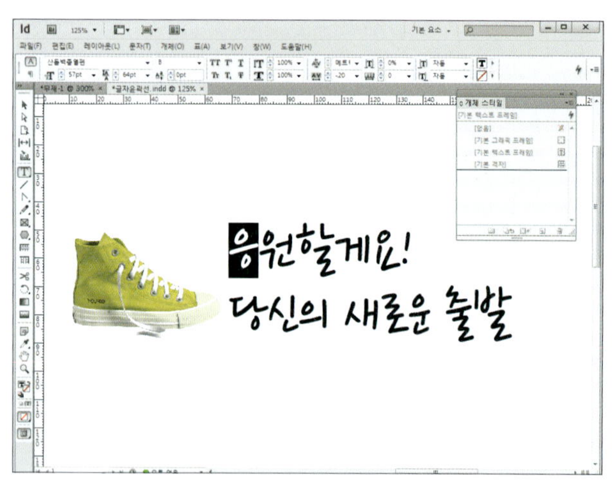
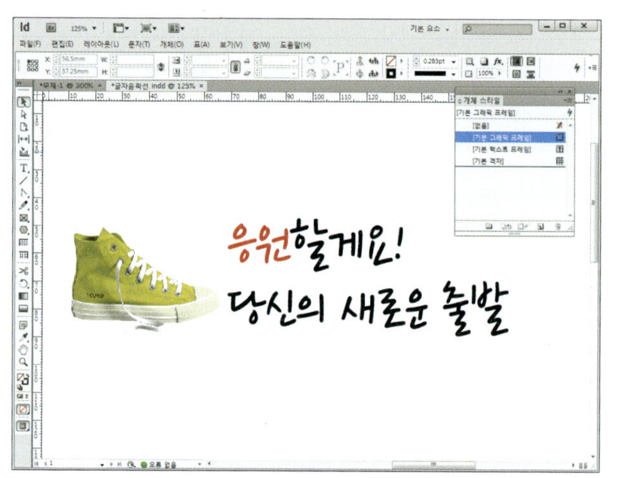

참고 • 텍스트 프레임 유지한 채 윤곽선 만들기

텍스트 프레임을 선택하고 단축키 Ctrl+Shift+Alt+O를 누릅니다. 현재 텍스트 프레임은 그대로 유지한 채 동일한 내용이 복사된 상태로 윤곽선이 만들어집니다. 윤곽선으로 변경된 글자를 드래그하여 위치를 이동하면 윤곽선으로 변경된 글자와 텍스트 프레임을 확인할 수 있습니다. 윤곽선으로 변경할 내용이 여러 가지일 경우 원본을 보존한 상태로 윤곽선을 만들면 동일한 글자 크기와 모양의 내용을 손쉽게 추가할 수 있어 편리합니다.

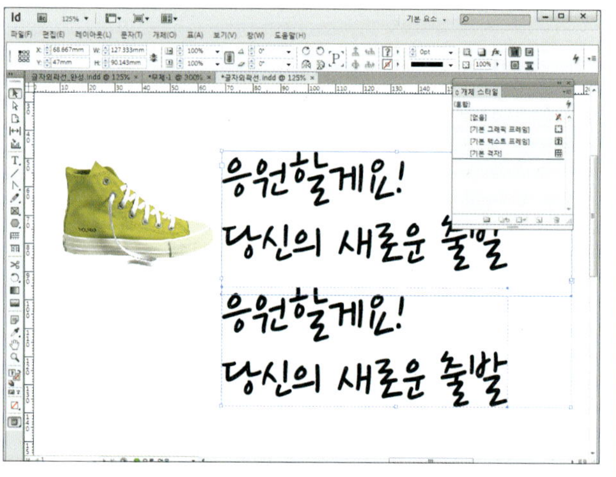

1 베이글 가장자리를 따라 흐르는 텍스트를 입력해 보세요. 현재 베이글 가장자리에는 투명한 색으로 설정된 패스선이 존재하는 상태입니다.

- 시작 파일 : Part03\확인실습1.indd
- 완료 파일 : Part03\확인실습1_완료.indd

2 베이글 이미지 오른쪽에 텍스트 프레임을 만든 다음 문서 내의 텍스트를 붙여 넣습니다. 제목 앞에 다음과 같이 기호를 넣어 문서를 완성해 보세요.

- 시작 파일 : Part03\확인실습2.indd
- 완료 파일 : Part03\확인실습2_완료.indd

루비, 권점, 할주 활용하기

글자에 루비, 권점, 할주를 활용하는 방법에 대해 알아봅니다.

시작 파일 : Part03\루비.indd
완료 파일 : Part03\루비_완료.indd

1 할주 넣기

예제 문서를 불러온 후 ❶할주로 변경할 부분을 드래그하여 블록으로 설정합니다. ❷[문자] 메뉴의 [문자]를 실행하여 ❸[문자] 패널을 불러온 후 팝업 메뉴 아이콘을 클릭하여 ❹[할주]를 실행합니다.

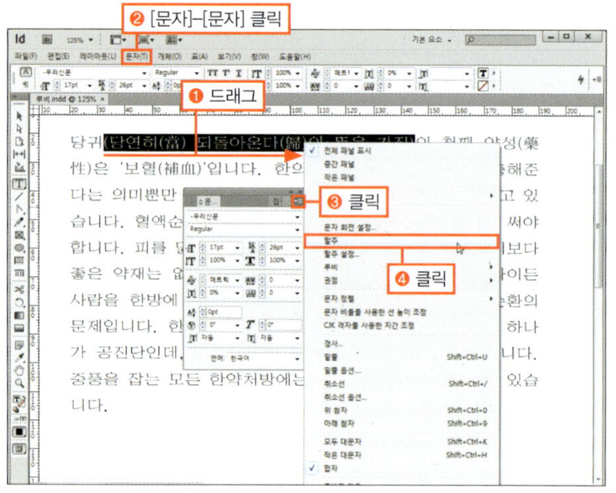

2 할주 모양 설정하기

선택한 내용이 두 줄로 구성된 할주로 변경됩니다. ❶[문자] 패널의 팝업 메뉴 아이콘을 클릭하여 [할주 설정]을 실행합니다. [할주 설정] 대화상자에서 ❷할주의 정렬 방법을 '모두 균등 배치'로 설정하고 ❸[확인]을 클릭합니다. ❹할주 내용이 선택된 상태에서 [컨트롤] 패널의 글자색을 붉은색으로 설정합니다.

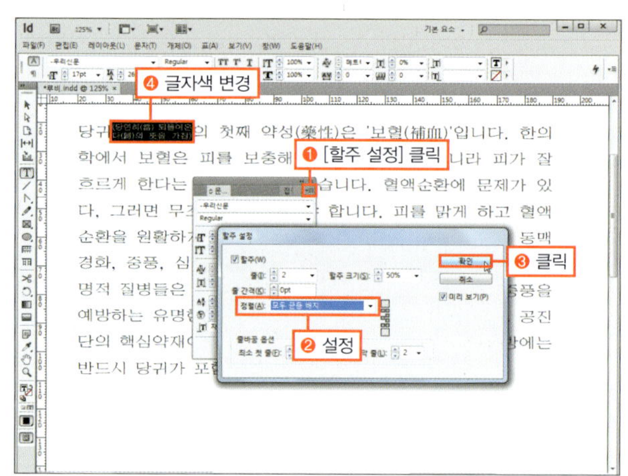

> **참고**
>
> [할주 설정] 상자에서 [미리 보기]를 체크해 변경되는 모습을 곧바로 확인하면 편리합니다.

3 권점 표시하기

❶권점을 표시할 '보혈' 두 글자를 드래그하여 선택합니다. ❷[문자] 패널의 팝업 메뉴 아이콘을 클릭하여 ❸[권점]—❹[작고 검은 원 모양]을 실행합니다.

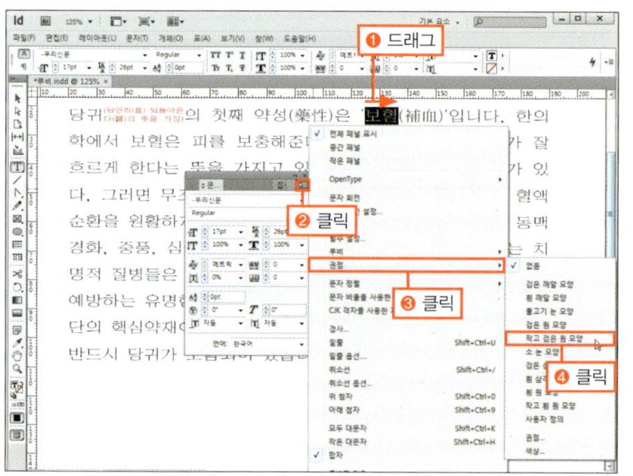

4 권점 모양 설정하기

선택한 글자 위에 검은색 작은 원 모양의 권점이 표시됩니다.
❶[문자] 패널에서 팝업 메뉴 아이콘을 클릭한 후 [권점]-[권점]
을 실행합니다. ❷[권점] 대화상자의 [권점 설정] 영역에서 [위
치]를 '-1pt'로 설정합니다.

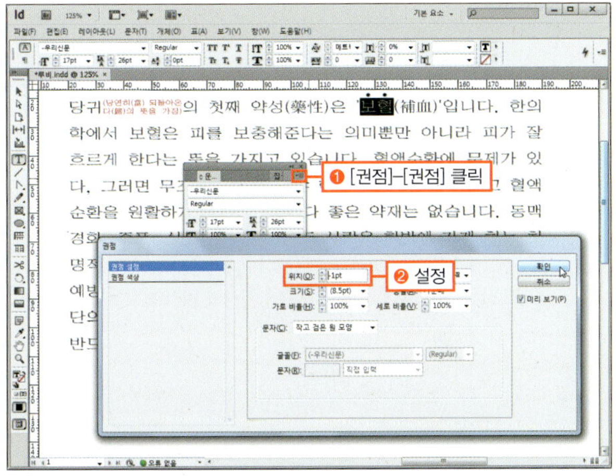

5 권점 색상 변경하기

❶[권점] 대화상자의 [권점 색상] 영역에서 ❷권점의 색상을 붉
은색으로 설정하고 ❸[확인]을 클릭합니다.

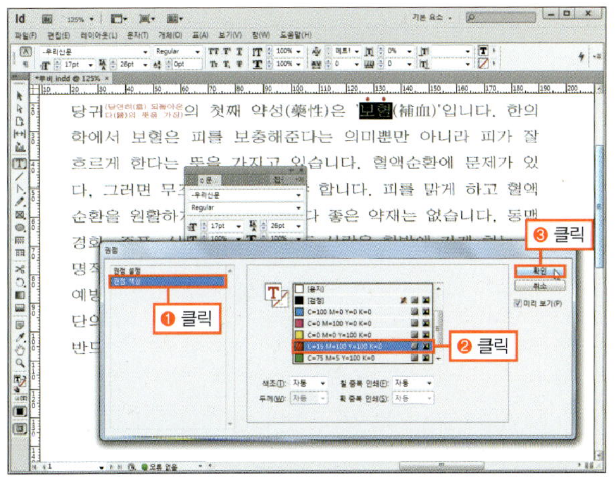

참고

[권점]-[사용자 정의]를 실행하면 사용자가 직접 권점으로 표시
할 글자나 기호를 설정할 수 있습니다.

6 루비 넣기

❶루비를 표시할 '공진단'을 드래그하여 블록으로 지정한 후 ❷
[문자] 패널의 팝업 메뉴 아이콘을 클릭하여 ❸[루비]-❹[루비]
를 실행합니다.

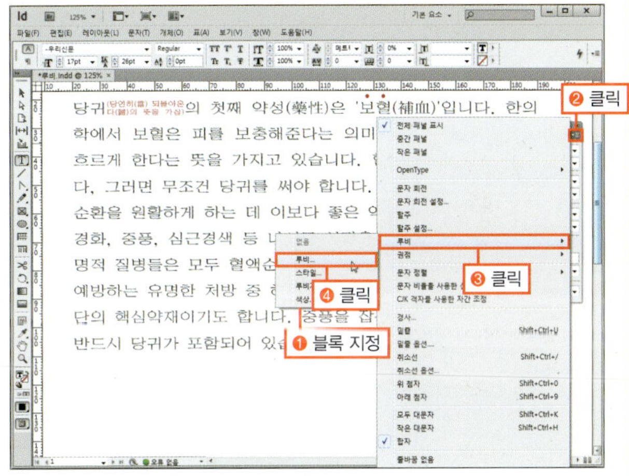

❶루비 입력란에 한글로 '공'을 입력하고 한짜를 눌러 해당 한자로 변경합니다. 이와 같은 방법으로 '供辰丹'을 입력하고 ❷[정렬]을 '같은 공백'으로 설정합니다. ❸[루비 색상]을 클릭하여 색상을 붉은색으로 설정한 후 ❹[확인]을 클릭합니다.

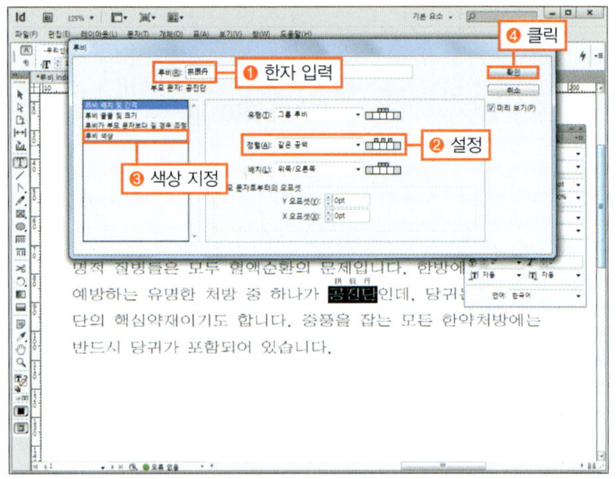

다음과 같이 텍스트에 할주, 권점, 루비를 활용하여 부가적인 설명이나 강조 내용을 표시하였습니다. 문서에 입력한 할주와 권점, 루비 등은 내용을 수정하거나 삭제할 수 있습니다.

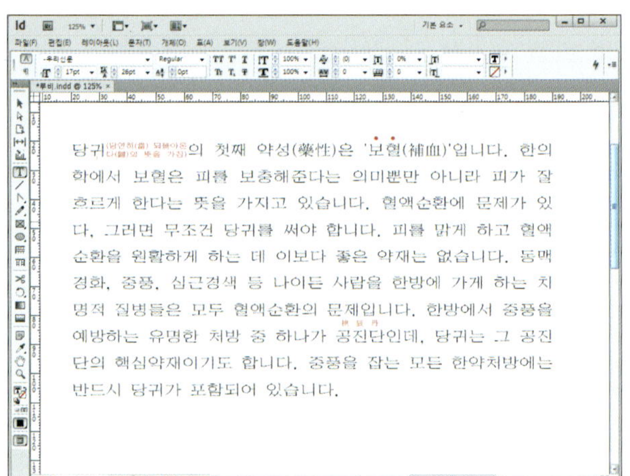

글꼴 설치 방법과 가변 글꼴 사용하기

컴퓨터 시스템에 글꼴을 설치하는 방법과 글리프 기능을 이용하여 가변 글꼴을 사용하는 방법에 대해 살펴봅니다.

- **시작 파일** : Part03\가변글꼴.indd
- **완료 파일** : Part03\가변글꼴_완료.indd

① 글꼴 복사하기

❶윈도우 탐색기에서 설치할 폰트 파일이 있는 폴더로 이동합니다. ❷설치할 폰트 파일을 드래그한 후 ❸Ctrl+C를 클릭하여 복사합니다.

② 글꼴 설치하기

❶윈도우 탐색기에서 'C:\Windows\Fonts' 폴더를 연 다음 ❷Ctrl+V를 클릭하여 복사해둔 폰트를 붙여 넣기합니다. 글꼴 설치 메시지와 진행 상태를 확인할 수 있습니다.

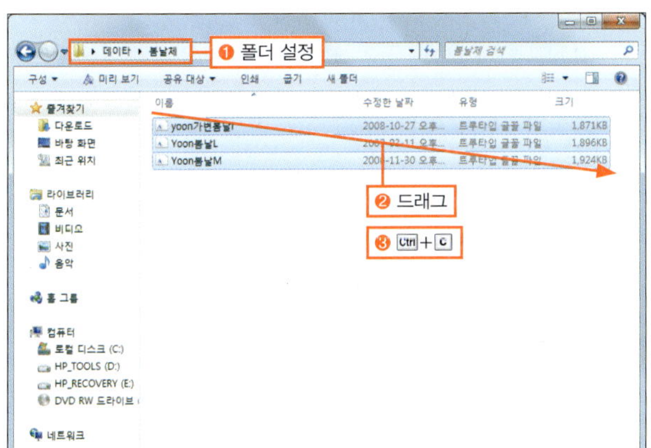

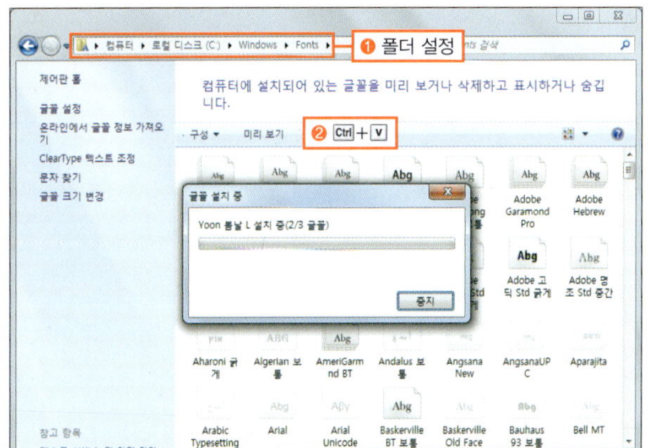

> **참고**
> - 마우스를 이용해 폰트 파일을 'C:\Windows\Fonts' 폴더로 드래그하여 글꼴을 설치할 수도 있습니다.
> - 'C:\Windows\Fonts' 폴더 내에서 폰트 파일을 삭제하면 폰트가 삭제되어 더는 해당 폰트를 사용할 수 없게 됩니다.

③ [글리프] 패널 열기

예제 파일을 불러온 후 ❶'품' 글자 오른쪽에 커서를 위치합니다. ❷[창] 메뉴의 ❸[문자 및 표]-❹[글리프]를 실행합니다.

④ 가변 글꼴 입력하기

❶[글리프] 패널에서 글꼴을 '가변 봄날'로 선택하고 ❷글꼴 목록의 세 가지 '다' 글자 중에서 다음과 같이 오른쪽 끝을 길게 늘여 장식한 '다' 글자를 선택합니다. 선택한 '다' 글자를 더블클릭하면 커서 위치에 선택한 글자가 입력됩니다.

SECTION 02

텍스트 가져오기와 텍스트 프레임 서로 연결하기

MS 워드나 아래아 한글, 텍스트 문서 등에서 텍스트 내용을 가져와 사용하는 방법과 텍스트 프레임끼리 연결하거나 연결을 끊는 방법에 대해 알아봅니다.

다루는 내용

- 텍스트 가져오기
- 텍스트 내보내기
- 텍스트 프레임 스레드 기능 활용하기
- 스레드 연결 끊기

기능 정리

텍스트 프레임에 텍스트 가져오기와 내보내기, 프레임 스레드 기능 활용하기

인디자인에서 텍스트를 입력할 수 있는 텍스트 프레임은 여러 개의 프레임을 서로 연결하여 텍스트가 흐르도록 설정할 수 있습니다. 페이지를 넘어서는 많은 양의 텍스트를 프레임 연결(스레드)을 활용해 문서에 정렬할 수 있으며, 프레임 연결은 필요에 따라 연결을 끊을 수도 있습니다. 또한, MS 워드나 한글과컴퓨터사의 한글 프로그램, 텍스트 문서 등에서 텍스트만 가져와 인디자인 문서에 사용할 수 있으며, 인디자인 문서 내에 입력된 텍스트를 텍스트 형식의 파일로 내보낼 수 있습니다. 여기서는 다른 응용 프로그램의 텍스트를 활용하는 방법과 텍스트 프레임을 서로 연결하는 방법 등에 대해 알아봅니다.

● MS 워드, 아래아 한글 문서 가져오기

인디자인 CS6에서는 MS 워드나 엑셀, 아래아 한글 등의 다른 응용 프로그램에서 텍스트나 표 등의 데이터를 가져와 활용할 수 있습니다. 다른 응용 프로그램에서 텍스트를 블록으로 지정한 후 복사합니다. 인디자인 작업 화면으로 돌아와 텍스트 프레임 안에 커서를 두고 Ctrl+V 를 실행하면 복사해온 텍스트를 인디자인 문서에 삽입할 수 있습니다.

인디자인에서 [파일] 메뉴의 [가져오기]를 실행하면 워드 문서나 한글 문서를 가져올 수 있습니다. 이때 텍스트 프레임 안에 커서가 있는 상태라면 텍스트 프레임 안에 문서 내용이 채워지고, 아닌 경우 마우스로 드래그하여 문서를 넣을 프레임을 만들 수 있습니다.

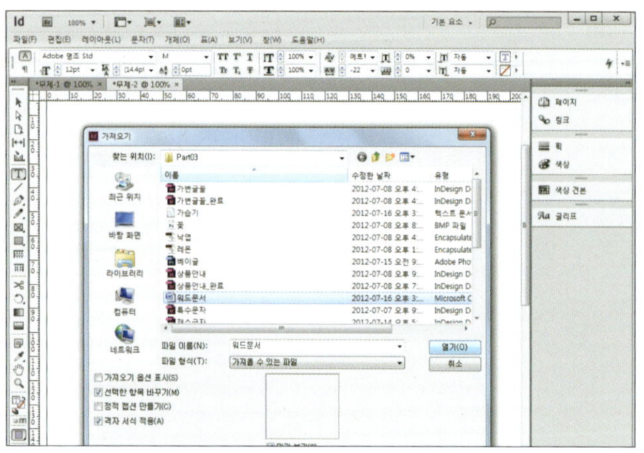

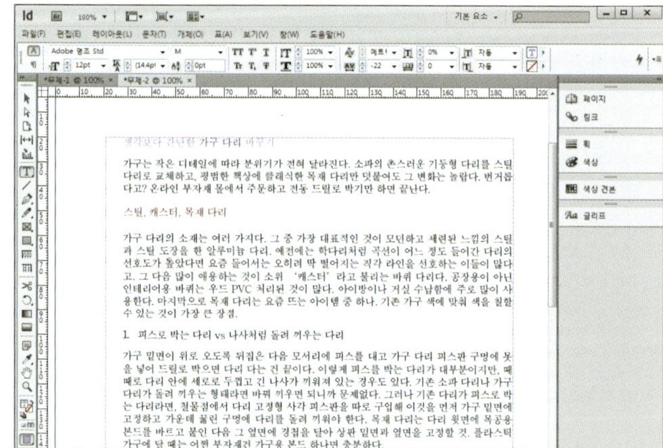

● 인디자인 문서 내보내기

인디자인에서 완성한 문서를 [내보내기] 기능을 이용해 그림 이미지나 웹 문서, PDF, 플래시 파일로 변환할 수 있습니다. 또한, 텍스트 프레임 안에 입력한 텍스트 내용을 블록으로 선택한 후 [내보내기] 기능을 실행하여 'txt' 형식으로 저장하면 다른 응용 프로그램에서 인디자인 문서의 텍스트를 활용할 수 있습니다. 텍스트 형식으로 저장하기 위해서는 우선 텍스트 프레임 안의 텍스트 내용을 블록으로 지정한 후 [파일] 메뉴의 [내보내기]를 실행합니다. [파일 형식]을 '*.txt'로 설정한 후 [저장]을 클릭하면 블록 내용을 별도의 텍스트 문서로 저장할 수 있습니다.

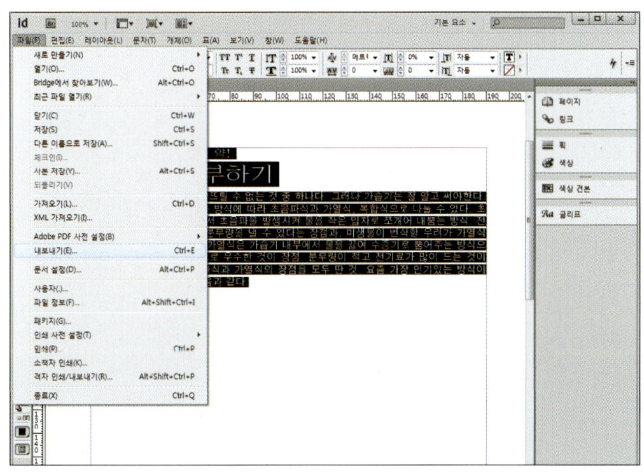

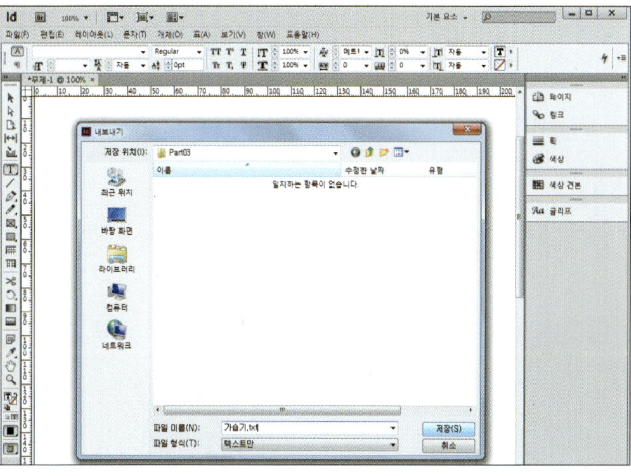

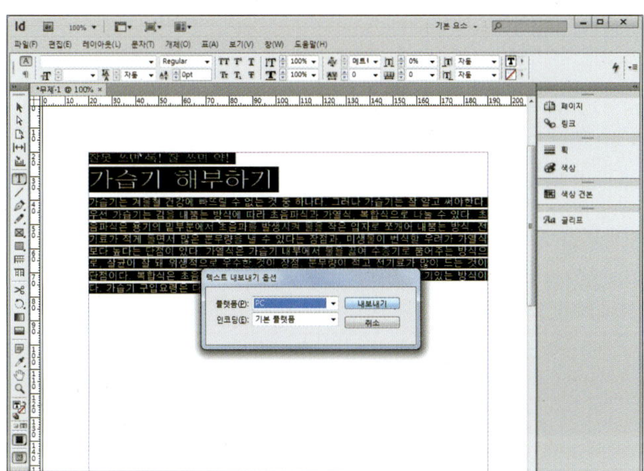

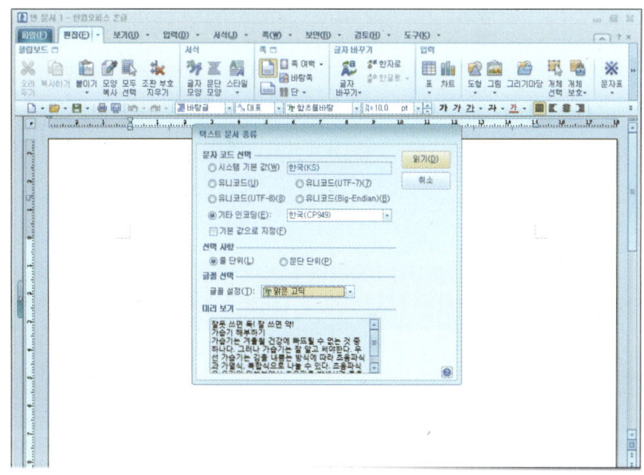

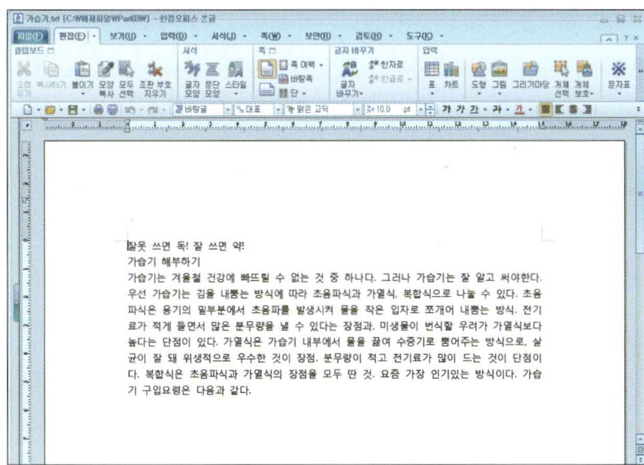

인디자인에서 [내보내기] 기능을 이용해 저장한 텍스트 문서는 다른 응용 프로그램에서 자유롭게 활용할 수 있습니다.

- **● 프레임 스레드 기능 살펴보기**

프레임 스레드는 여러 개의 텍스트 프레임을 서로 연결하여 자동으로 프레임 크기에 맞춰 텍스트가 흐르도록 하는 기능입니다. 현재 프레임 텍스트의 크기를 벗어나 감춰진 텍스트 내용을 연결된 다른 프레임에 배치되도록 하는 기능으로 문서 편집에 편리하게 사용되는 기능입니다. 프레임의 오른쪽 아래에 끝 포트를 클릭하면 다음 프레임을 연결하거나 연결할 새로운 프레임을 만들 수 있습니다. 또한, 연결된 프레임 사이에 새로운 프레임을 끼워 넣을 수도 있습니다. 프레임 간의 연결을 끊을 때에는 뒤에 있는 프레임의 시작 포트를 클릭하고 이전 프레임을 클릭하면 서로의 연결이 끊어집니다.

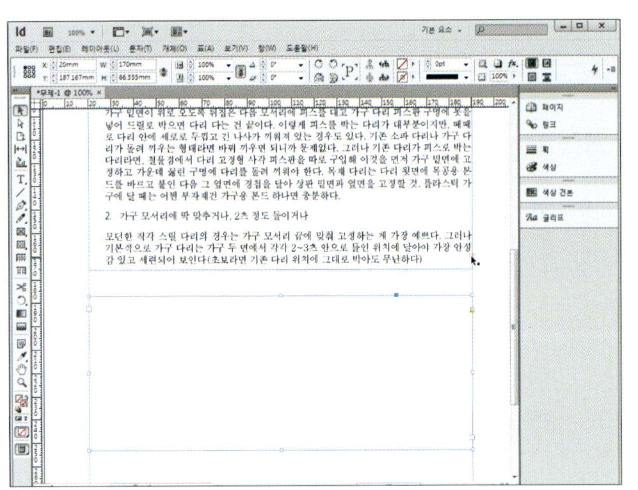 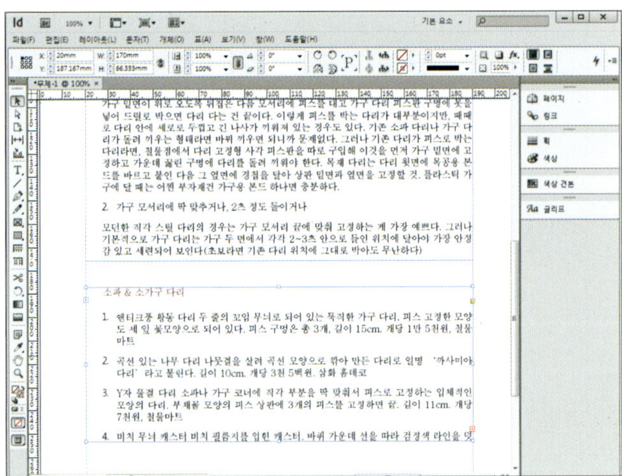

간단퀴즈

1 인디자인의 텍스트 (　　　　)와 (　　　　) 기능을 활용하면 MS 워드나 아래아 한글 프로그램의 텍스트를 인디자인 문서에서 사용할 수 있거나, 인디자인 문서의 텍스트 내용을 다른 응용 프로그램에서 활용할 수도 있습니다.

2 두 개 이상의 텍스트 프레임 안에 내용을 서로 연결하는 것을 무엇이라고 하나요? (　　　　)

답 : **1** 가져오기, 내보내기, **2** 스레드

다른 응용 프로그램의 텍스트 가져오기와 내보내기

워드 문서를 인디자인 문서로 가져오기 하는 방법에 대해 알아봅니다.

- **시작 파일** : Part03\워드문서가져오기.indd
- **완료 파일** : Part03\워드문서가져오기_완료.indd

01 워드 문서 확인하기

워드 프로그램을 실행하여 예제 파일 내용을 확인합니다. ❶인디자인에서 문서를 가져오기 하기 위해 워드의 현재 문서 작업 창을 닫아줍니다.

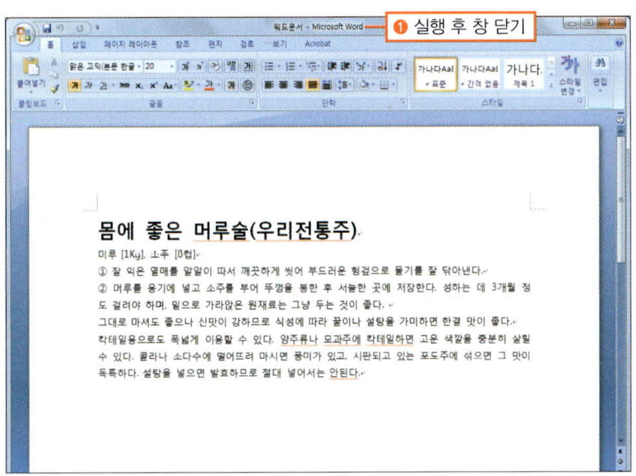

02 가져오기 실행하기

❶인디자인에서 새로운 텍스트 프레임을 만든 다음 ❷[파일] 메뉴의 ❸[가져오기]를 실행합니다. 또는 텍스트 프레임을 만들지 않은 상태에서 가져오기를 실행해도 됩니다.

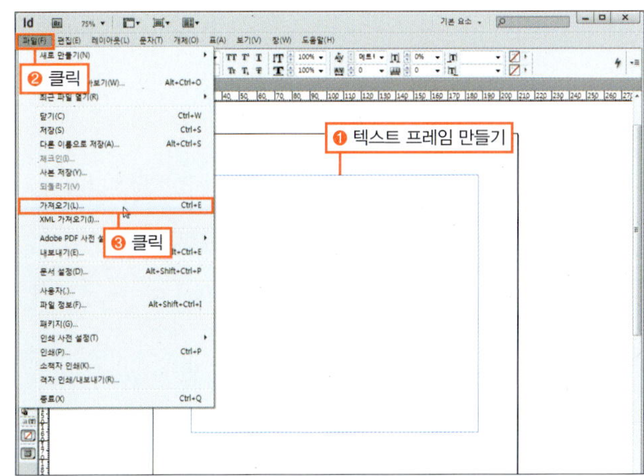

03 옵션 설정하기

❶[가져오기] 대화상자에서 워드 파일을 선택하고 ❷[열기]를 클릭합니다.

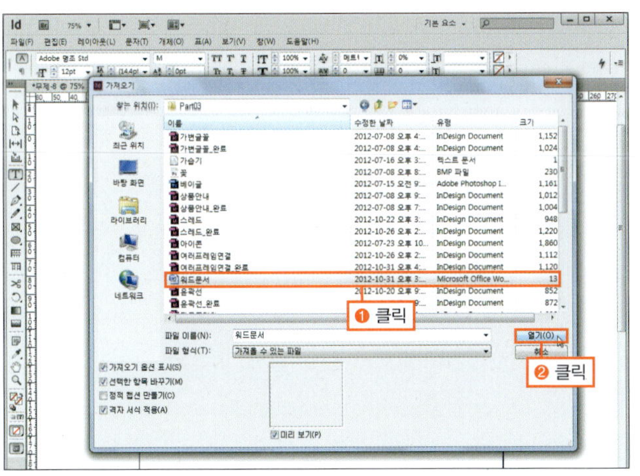

04 가져오기 된 텍스트 확인하기

텍스트 프레임 안에 워드 문서의 내용이 다음과 같이 가져오기 됩니다. 텍스트 프레임을 만들지 않으면 가져온 텍스트를 곧바로 프레임을 만들어 넣을 수도 있습니다.

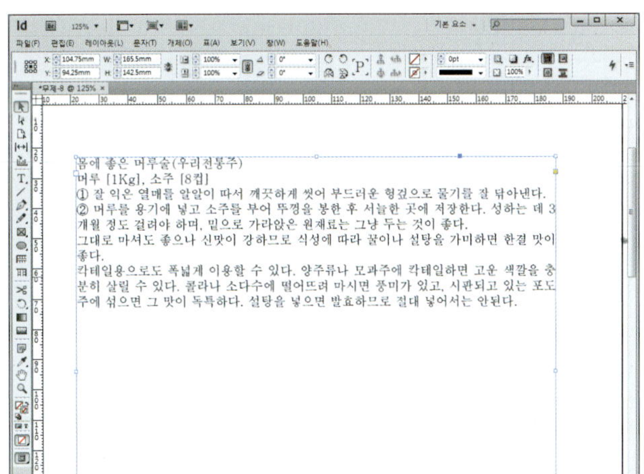

05 직접 드래그하여 내용 가져오기

이번에는 바탕화면에 워드 프로그램과 인디자인 프로그램을 함께 실행한 상태에서 ❶워드 문서의 텍스트 내용을 드래그하여 블록으로 지정합니다. ❷마우스로 블록 영역을 인디자인 쪽으로 드래그합니다. 드래그한 프레임 안에 블록으로 선택했던 워드 문서 내용이 인디자인 문서에 삽입됩니다.

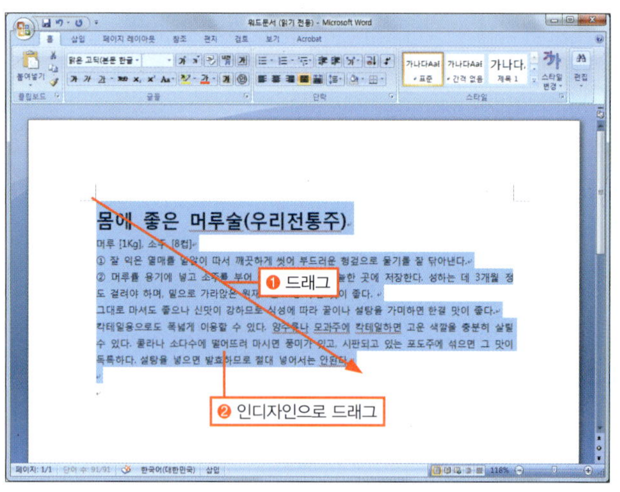

06 복사하여 붙여 넣기

워드 문서의 내용을 가져오는 또 다른 방법은 ❶워드 프로그램에서 가져올 텍스트를 드래그하여 블록으로 지정합니다. ❷Ctrl + C를 클릭하여 복사한 후 ❸인디자인 문서에 Ctrl + V를 클릭하여 붙여넣기 합니다. 인디자인의 프레임 안에 복사해온 워드 문서 내용이 삽입됩니다.

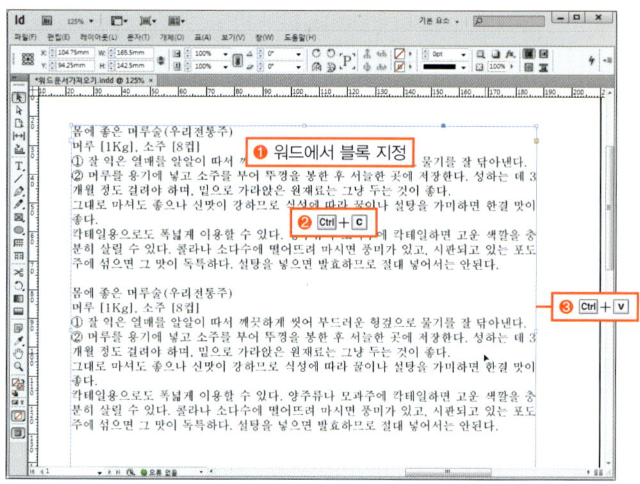

07 윈도우 탐색기에서 문서 가져오기

인디자인 프로그램이 실행된 상태에서 ❶윈도우 탐색기를 실행합니다. ❷윈도우 탐색기에서 '워드문서.doc'를 인디자인 작업 창으로 드래그합니다.

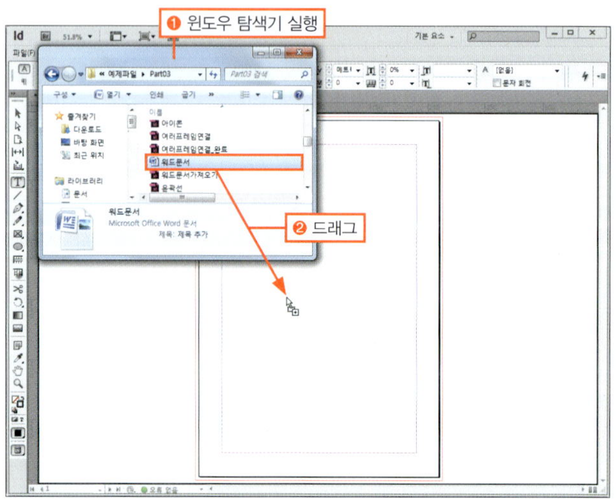

08 가져온 문서 확인하기

문서의 폭에 맞춰 자동으로 텍스트 프레임이 만들어지고, 프레임 안에는 워드 문서 내용이 그대로 나타납니다. 글꼴이나 글자 모양도 그대로 유지된 상태로 워드 문서를 가져올 수 있습니다.

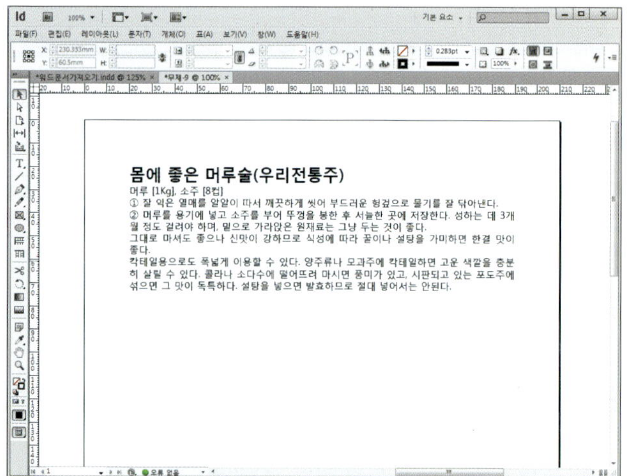

한글과컴퓨터 사의 한글 프로그램에서 작성한 문서를 인디자인에서 가져오기 하려면 HWP 형식이 아닌 서식 문서로 저장해야 합니다. [파일] 메뉴의 [다른 이름으로 저장하기]를 실행한 후 [파일 형식]을 '서식있는 문서 (*.rtf)'로 저장할 수 있습니다.

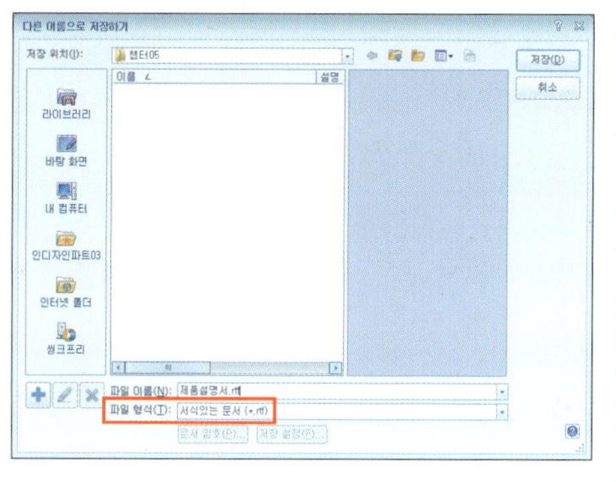

실습 과정

스레드 텍스트 프레임 추가하는 방법과 스레드 해제하기

텍스트 프레임을 서로 연결하거나 연결된 텍스트 프레임의 연결을 해제하는 방법에 대해 알아봅니다.

- **시작 파일** : Part03\스레드.indd
- **완료 파일** : Part03\스레드_완료.indd

01 텍스트 프레임 상태 확인하기

예제 파일을 불러오면 다음과 같이 텍스트 프레임을 벗어날 분량의 텍스트가 입력된 상태입니다. 그러므로 프레임을 벗어난 부분의 텍스트 내용은 확인할 수 없으며, 프레임의 오른쪽 아래에 끝 포트(➕)가 표시됩니다. 넘치는 텍스트를 연결해 넣을 텍스트 프레임을 만들기 위해 우선 ❶ 현재 프레임의 끝 포트(➕)를 클릭합니다.

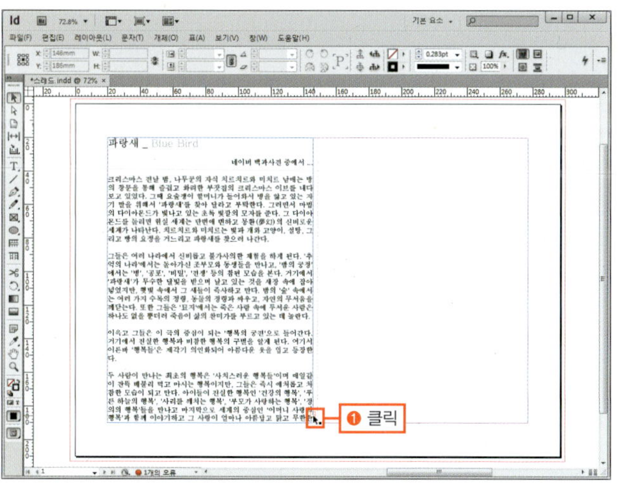

02 연결할 텍스트 프레임 만들기

❶ 오른쪽에 현재 프레임과 연결할 텍스트 프레임을 드래그하여 만듭니다. 여기서는 오른쪽에 다음과 같이 프레임을 만들었습니다.

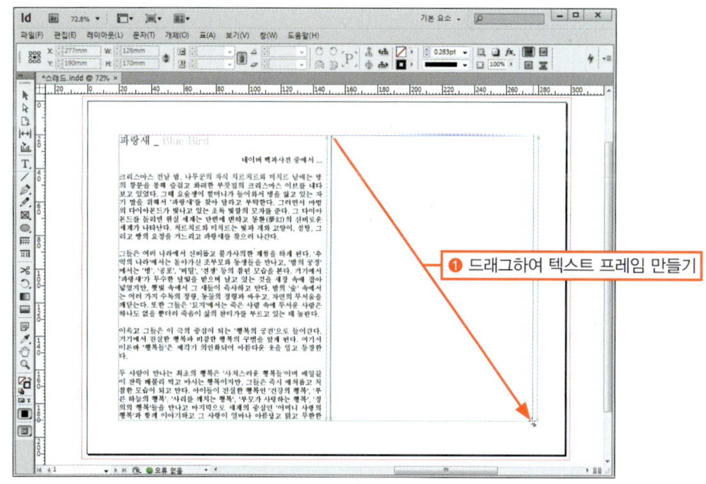

03 스레드 된 프레임 확인하기

새로 만들어진 텍스트 프레임의 왼쪽 윗부분에 시작 포트(▶)의 스레드 표시가 나타납니다. 스레드된 프레임 안에 자동으로 이전 프레임에서 넘친 텍스트가 이어집니다. ❶ 새로 만들어진 프레임을 선택하고 ❷ `Delete` 를 클릭하여 삭제합니다. 연결된 프레임을 삭제하면 왼쪽의 텍스트 프레임에 또다시 텍스트가 넘친다는 끝 포트(⊞)가 표시됩니다.

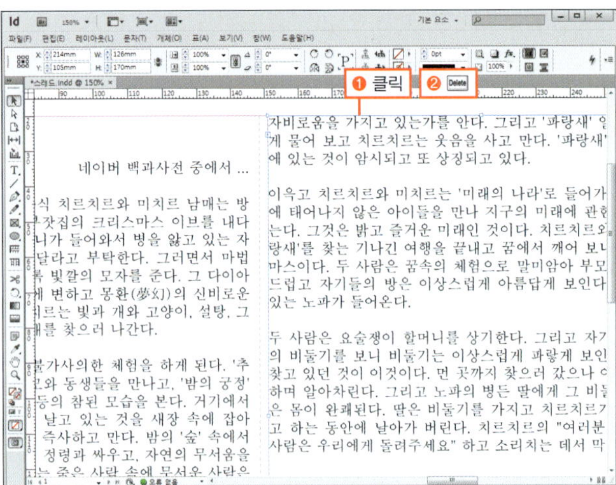

04 비어 있는 텍스트 프레임과 연결하기

이번에는 ❶오른쪽에 먼저 텍스트 프레임을 만듭니다. ❷ 비어 있는 프레임을 만들었으면 왼쪽 텍스트 프레임에서 끝 포트(⊞)를 클릭한 후 ❸오른쪽에 만들어 놓은 비어 있는 프레임을 클릭합니다.

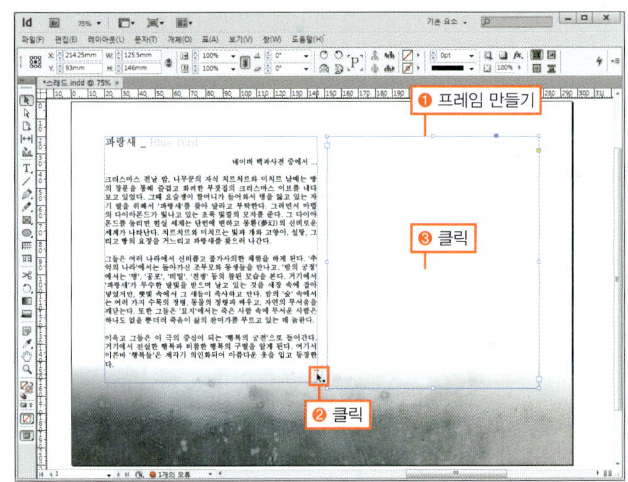

참고

텍스트 프레임에 넘치는 텍스트가 존재하는 경우 작업 창의 아래에 있는 상태 표시줄에 오류 내용이 표시됩니다.

05 연결 확인하기

오른쪽에 있는 비어 있던 텍스트 프레임에 왼쪽 프레임의 넘친 내용이 자동으로 연결된 것을 볼 수 있습니다. ❶새로 연결된 프레임 아래에 한 개의 텍스트 프레임을 만들어 두 번째 프레임과 스레드합니다. ❷오른쪽의 두 프레임의 높이를 조절하여 다음과 같이 텍스트가 배치되도록 조정합니다. ❸마우스로 드래그하여 텍스트를 블록으로 선택하면 스레드된 프레임 안의 텍스트를 자유롭게 선택할 수 있습니다.

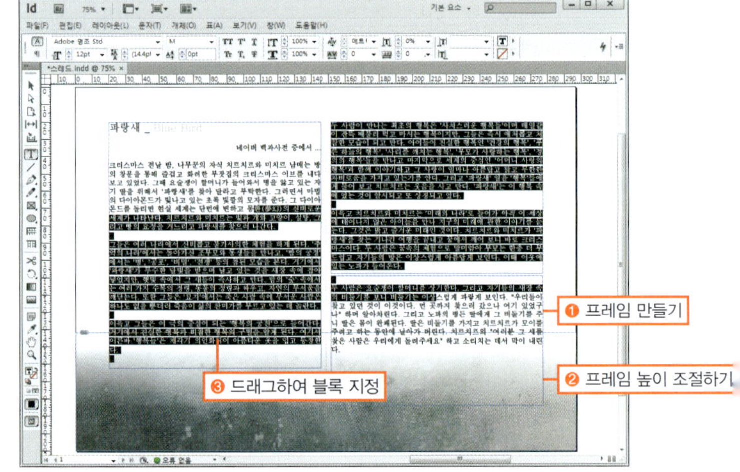

06 텍스트 프레임 연결 끊기

이번에는 서로 연결된 텍스트 프레임의 연결을 끊는 방법에 대해 알아봅니다. ❶연결을 끊을 두 번째 프레임의 시작 포트(▶)를 클릭합니다. ❷앞에 있는 텍스트 프레임을 클릭하면 연결이 끊기면서 첫 번째 프레임에 텍스트가 넘치게 됩니다. 이와 같은 방법을 이용해 두 개 이상의 텍스트 프레임을 서로 연결하거나 연결된 텍스트 프레임을 다시 분리할 수 있습니다.

07 다시 연결하기

❶첫 번째 프레임의 끝 포트를 클릭하고 ❷비어 있는 두 번째 프레임을 클릭합니다. 내용이 두 번째와 세 번째 프레임에 자동으로 이어지도록 배열됩니다.

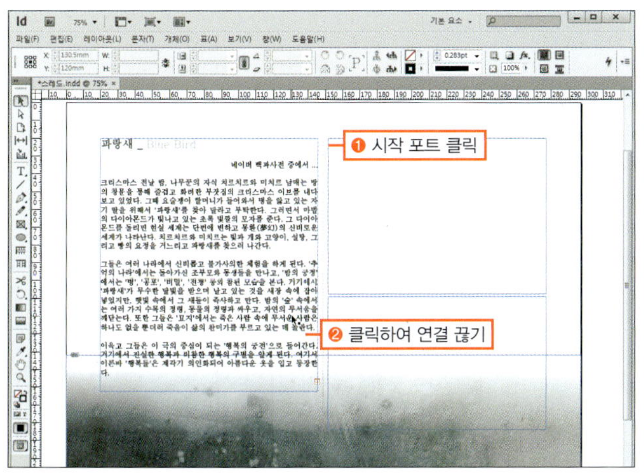

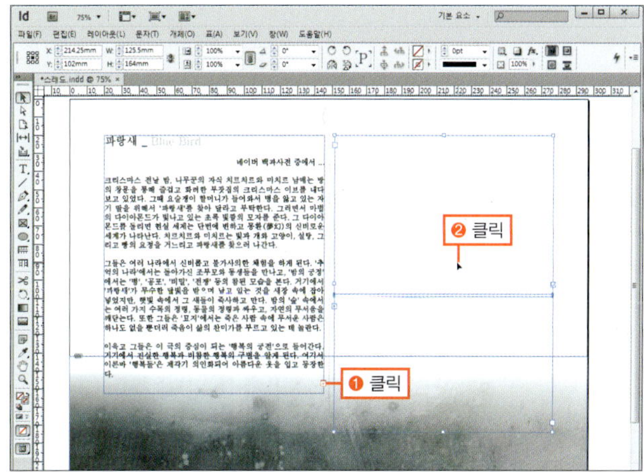

참고

세 개의 텍스트 프레임이 서로 연결되어 있을 경우 첫 번째와 두 번째 프레임의 연결을 끊으면 내용은 모두 첫 번째 프레임으로 이동하고, 두 번째 프레임과 세 번째 프레임 내용은 비워집니다. 다만, 두 번째와 세 번째 프레임의 연결은 그대로 유지됩니다.

참고 ● 다음 프레임으로 강제로 내용 넘기기

두 개 이상의 프레임을 연결하고 텍스트가 나열되었을 경우 필요에 따라 특정 위치부터는 다음 텍스트 프레임으로 넘겨 배치할 수 있습니다. 다음 프레임으로 넘길 부분의 앞머리에 커서를 두고 키보드의 오른쪽 끝에 있는 Enter 를 누릅니다. Ctrl + I 를 클릭하여 문서 부호를 보이도록 하면 커서 위치에 ↓가 표시된 것을 볼 수 있습니다. 커서 이후부터는 다음 프레임으로 내용이 이동합니다.

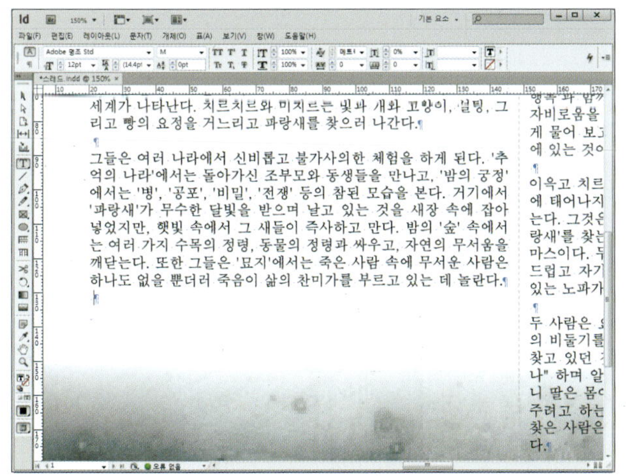

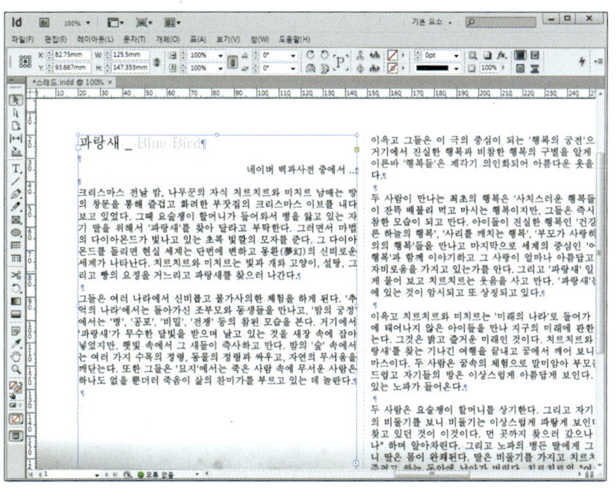

자동으로 모든 페이지에 연결된 텍스트 프레임 만들기

문서를 만들 때 서로 연결된 텍스트 프레임을 문서에 자동으로 만들어 봅니다.

◉ **완료 파일** : Part3\자동프레임.indd

01 새로운 문서 만들기

페이지마다 자동으로 연결된 텍스트 프레임을 만들려면 문서를 새로 만들 때 옵션을 설정해 주어야 합니다. 새로운 문서를 만들기 위해 ❶[파일] 메뉴의 ❷[새로 만들기]-❸[문서]를 실행합니다.

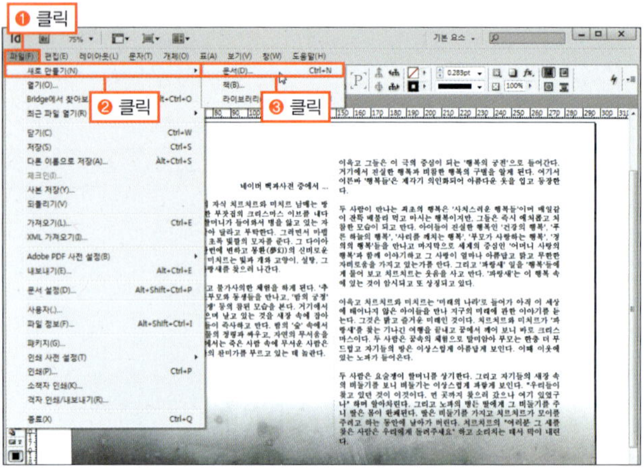

02 기본 프레임 텍스트 설정하기

❶[새 문서] 대화상자에서 [페이지] 수를 '20'으로 입력합니다. ❷[기본 텍스트 프레임]을 체크하고 ❸[여백 및 단]을 클릭합니다.

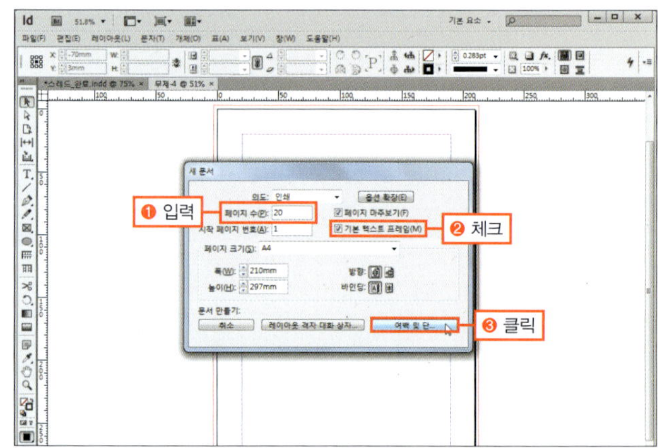

03 여백 설정하기

[새 여백 및 단] 대화상자에서 기본적으로 설정된 상태 그대로 둔 채 ❶[확인]을 클릭합니다.

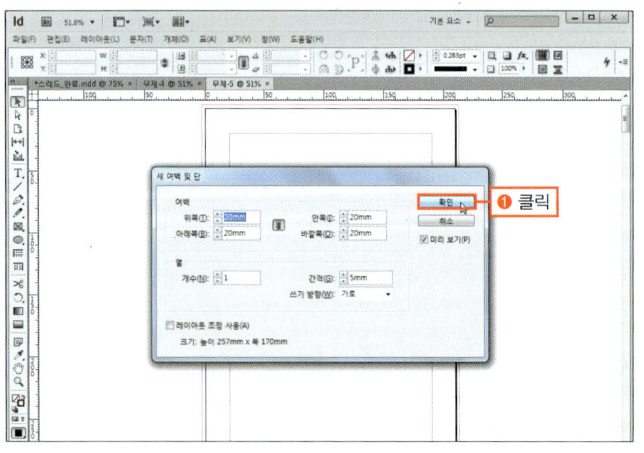

04 텍스트 입력하여 확인하기

❶자동으로 만들어진 텍스트 프레임에 텍스트를 입력하면 자동으로 모든 페이지의 프레임이 연결된 상태로 텍스트가 배열됩니다.

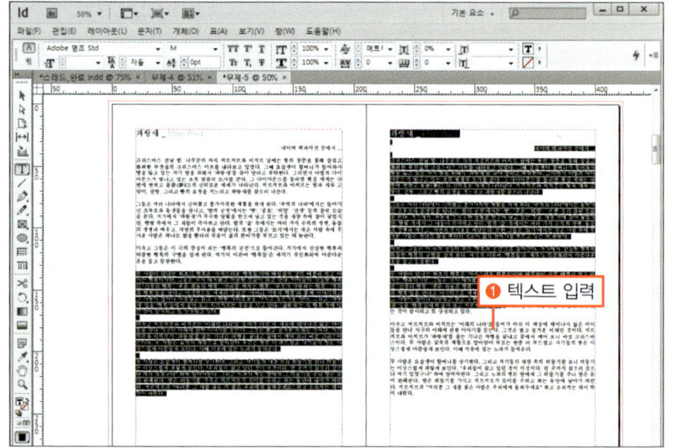

> **참고**
>
> 이와 같은 방법으로 문서를 만들 때 자동 텍스트 프레임을 설정하면 페이지를 추가했을 때 자동으로 텍스트 프레임이 포함된 채 페이지가 만들어집니다.

여러 개의 프레임을 한번에 스레드하기

여러 개의 프레임을 연달아 스레드하는 방법에 대해 알아봅니다.

◎ **시작 파일** : Part03\여러프레임연결.indd
◎ **완료 파일** : Part03\여러프레임연결_완료.indd

01 Alt 를 누른 채 프레임 연달아 연결하기

예제 문서의 경우 첫 번째 프레임에 넘치는 텍스트가 존재하고, 같은 페이지에 두 개의 비어 있는 텍스트 프레임이 만들어져 있는 상태입니다. ❶첫 번째 프레임의 끝 포트를 클릭합니다. ❷ Alt 를 누른 채 아래에 위치한 두 개의 프레임을 순서대로 클릭합니다.

02 연결 내용 확인하기

넘치는 텍스트가 두 개의 프레임에 자동으로 흐르게 됩니다. 이와 같이 Alt 를 누른 상태에서 비어 있는 텍스트 프레임을 클릭하면 많은 수의 프레임을 서로 연결할 수 있습니다.

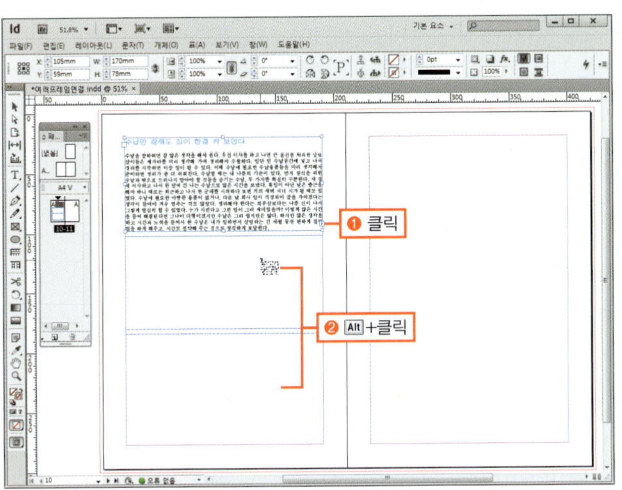

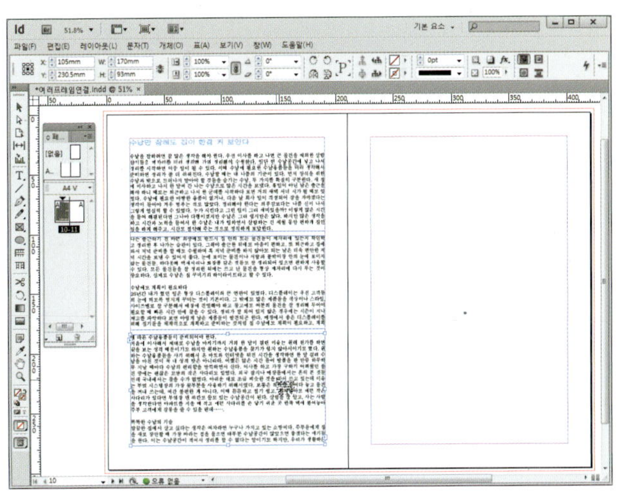

03 안내선에 맞춰 자동으로 페이지와 프레임 추가하기

연결된 마지막 프레임인 ❶세 번째 프레임의 끝 포트를 클릭합니다. ❷ Shift 를 누른 채 오른쪽 페이지의 안내선 모서리 부분을 클릭합니다.

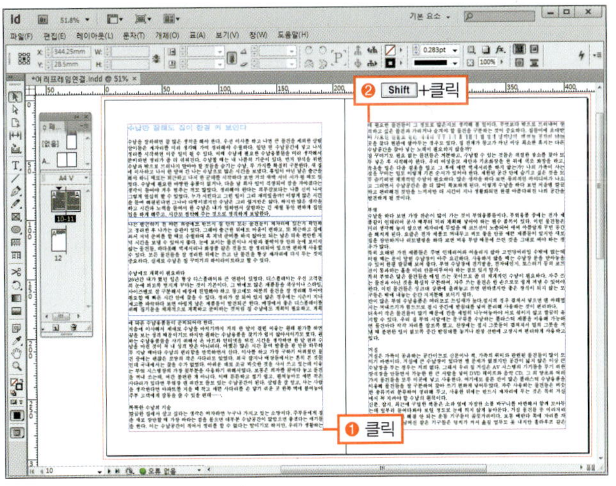

참고

안내선을 클릭할 때 마우스로 클릭한 위치를 기준으로 아래 안내선까지 텍스트 프레임의 크기가 정해집니다. 그러므로 페이지의 안내선에 맞춰 프레임을 만들고자 하는 경우에는 왼쪽 상단 모서리를 클릭하도록 합니다.

세 번째 페이지로 이동하면 자동으로 만들어진 페이지와 프레임을 확인할 수 있습니다. 자동으로 만들어지는 페이지와 텍스트 프레임 수는 넘치는 텍스트 양에 따라 정해집니다. 이와 같은 방법으로 텍스트의 양이 많은 단행본 등을 편집할 때 편리하게 페이지와 프레임을 추가할 수 있습니다.

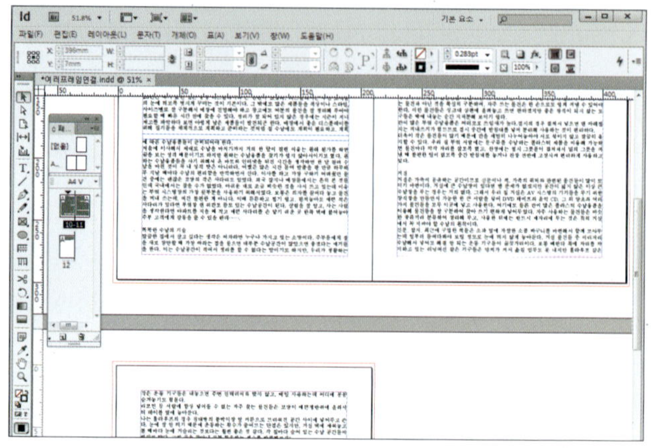

참고 ● 텍스트 연결 아이콘 살펴보기

- **수동 텍스트 흐름 아이콘( )** : 텍스트 프레임의 끝 포트를 클릭한 다음 연결할 빈 프레임을 클릭하면 프레임이 서로 연결됩니다.
- **반자동 텍스트 흐름 아이콘( )** : 프레임의 끝 포트를 클릭한 다음 Alt 를 누른 채 연결할 빈 프레임을 클릭하거나 새로운 프레임을 만들어 서로 연결할 수 있습니다. 수동 텍스트 흐름 아이콘과 비슷한 기능을 가지고 있지만 연속해서 프레임을 연결할 수 있습니다.
- **자동 흐름 아이콘( )** : 프레임의 끝 포트를 클릭한 다음 Shift 를 누른 채 안내선 부분을 클릭하면 자동으로 페이지와 프레임이 텍스트 내용의 길이에 맞춰 만들어집니다. 텍스트 내용이 많는 단행본 등을 편집할 때 사용하면 편리합니다.
- **고정 페이지 내에서 자동 흐름 아이콘( )** : 프레임의 끝 포트를 클릭한 다음 Alt + Shift 를 누른 채 안내선 부분을 클릭합니다. 텍스트 내용에 맞춰 페이지 내에서 자동으로 프레임을 생성할 수 있습니다. 단, 페이지를 자동으로 추가할 수는 없는 기능 아이콘입니다.
- **텍스트 프레임 연결 아이콘( )** : 프레임의 끝 포트를 클릭한 상태에서 비어 있는 프레임을 클릭하면 두 개의 프레임을 서로 연결하여 텍스트가 흐르는 형태로 배열됩니다.
- **연결 끊기 아이콘( )** : 서로 연결된 프레임 중에서 연결을 끊을 프레임의 시작 포트를 클릭하고 앞 프레임을 클릭하면 서로 연결을 끊을 수 있습니다.

실습 과정

조건부 텍스트를 활용해 한 페이지에 서로 다른 내용 표시하기

조건에 따라 서로 다른 텍스트 내용이 표시되도록 설정하는 방법에 대해 알아봅니다.

- **시작 파일** : Part03\조건부.indd
- **완료 파일** : Part03\조건부_완료.indd

01 [조건부 텍스트] 패널 열기

예제 파일을 불러온 다음 ❶[창] 메뉴의 ❷[문자 및 표]-❸ [조건부 텍스트]를 실행합니다.

02 새로운 조건 만들기

❶[조건부 텍스트] 패널에서 [새 조건](￼)을 클릭합니다. ❷[새 조건] 대화상자에서 조건부 이름을 '커피머신만'으로 입력한 후 ❸[확인]을 클릭합니다.

03 조건부 텍스트 등록하기

조건부 텍스트 패널에 새로 추가한 조건이 등록되면 ❶문서에서 '시티즈 앤 밀크' 텍스트 내용을 드래그하여 블록으로 지정합니다. ❷[조건부 텍스트] 패널에서 '커피머신만' 앞의 체크 박스를 체크하여 블록으로 지정한 텍스트를 등록합니다.

04 조건부 텍스트 내용 추가하기

❶텍스트 블록을 해제하면 파란색의 밑줄이 그어진 것을 확인할 수 있습니다. ❷문서 내용에서 아래 줄에 위치한 가격을 드래그하여 블록으로 지정한 다음 ❸'커피머신만' 조건의 체크 박스를 체크하여 조건 내용에 추가합니다.

05 또 다른 조건 만들기

❶[조건부 텍스트] 패널에서 [새 조건](￼)을 클릭합니다. ❷[새 조건] 대화상자에서 조건부 이름을 '캡슐세트'로 입력한 후 ❸[확인]을 클릭합니다. 이번에는 색상이 빨간색으로 설정된 것을 확인할 수 있습니다.

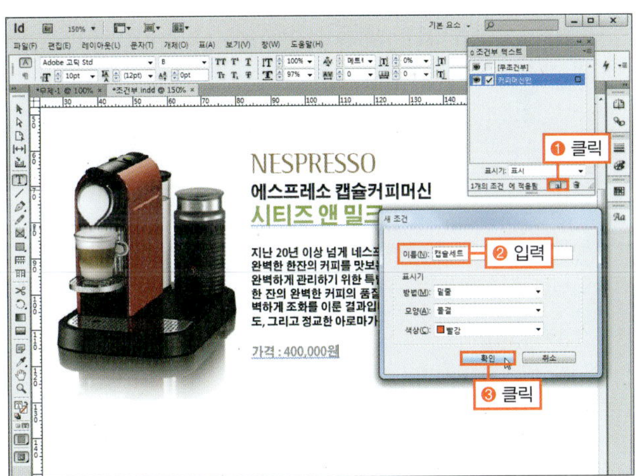

> **참고**
>
> [조건부 텍스트] 패널의 조건 오른쪽에는 조건별로 서로 다른 색의 아이콘이 표시됩니다. 문서에서 조건에 텍스트 내용을 등록하면 등록된 내용에도 동일한 색의 밑줄이 표시됩니다. 그러므로 조건별로 등록된 텍스트 내용을 손쉽게 확인할 수 있습니다.

06 조건 내용 등록하기

❶ '시티즈 앤 밀크' 오른쪽에 '& 20캡슐SET'를 입력하고 ❷ '시티즈 앤 밀크 & 20캡슐SET'를 드래그하여 블록으로 지정합니다. ❸ [조건부 텍스트] 패널의 '캡슐세트' 조건의 체크 박스를 체크하고, ❹ '커피머신만' 조건의 체크는 없애 줍니다.

07 조건부 텍스트 내용 추가하기

❶ 가격을 '450,000원'으로 입력한 후 마우스로 드래그하여 블록으로 지정합니다. ❷ [조건부 텍스트] 패널에서 [캡슐세트] 조건의 체크 박스를 체크하고, ❸ '커피머신만'의 체크가 해제되었는지 확인합니다. 텍스트 블록을 해제하면 다음과 같이 조건에 맞춰 각각의 색상으로 밑줄이 그어진 것을 볼 수 있습니다.

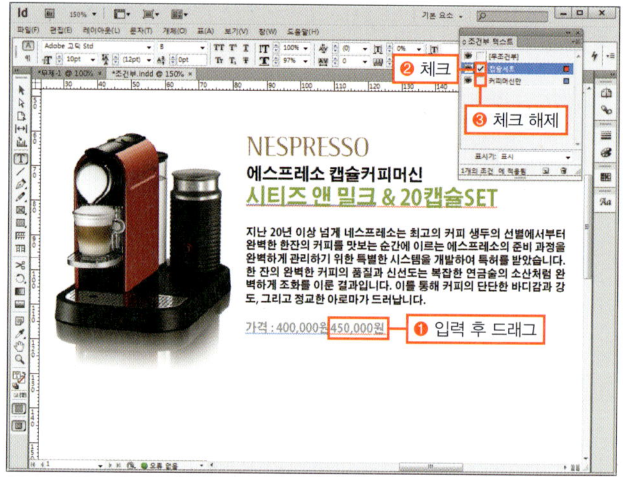

> **참고**
>
> 두 가지 조건에 모두 해당하는 부분에는 두 가지 색의 밑줄이 함께 표시됩니다.

08 조건부 텍스트 표시 내용 확인하기

❶ '캡슐세트' 조건의 눈동자 모양 아이콘을 클릭하여 보이지 않게 지정한 후 문서 내용을 확인합니다. ❷ 이번에는 반대로 ❸ '캡슐세트' 조건의 눈동자만 보이게 하여 내용을 확인합니다. 이와 같이 조건부 텍스트를 활용하면 텍스트의 일부 내용을 설정한 조건에 맞춰 각각 표시되도록 지정할 수 있습니다.

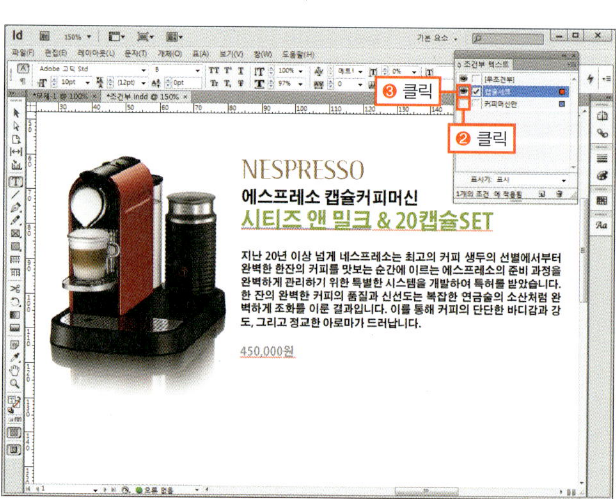

1 예제 문서를 불러온 후 텍스트 프레임 안에 입력된 텍스트 내용을 별도의 텍스트 파일로 저장해 보세요.

◎ **시작 파일** : Part03\확인실습3.indd
◎ **완료 파일** : Part03\확인실습3_텍스트.txt

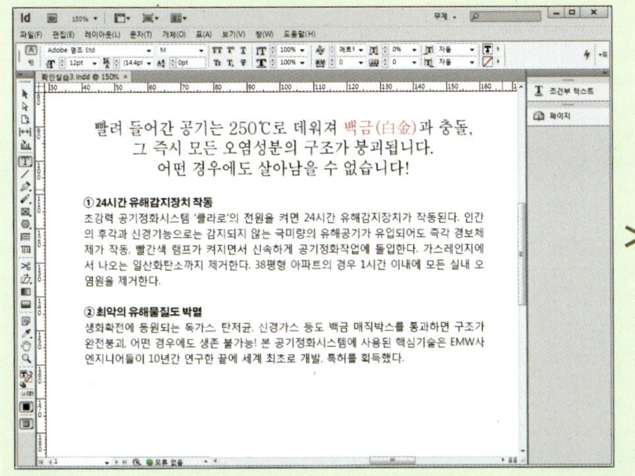

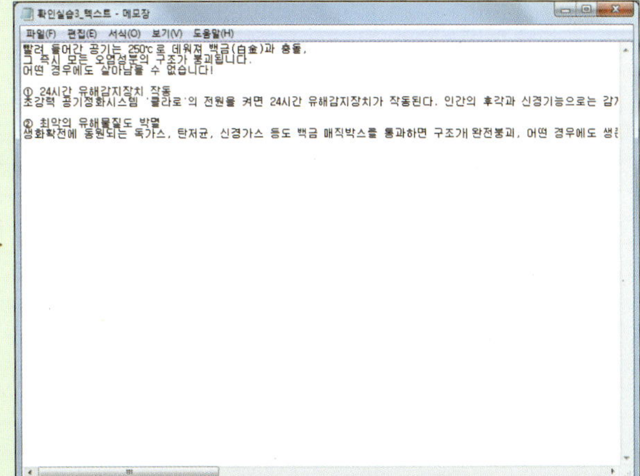

2 예제 파일을 불러온 후 조건부 텍스트를 활용하여 '30% DC'와 '50% DC' 두 개의 조건부를 만들어 보세요.

◎ **시작 파일** : Part03\확인실습4.indd
◎ **완료 파일** : Part03\확인실습4_완료.indd

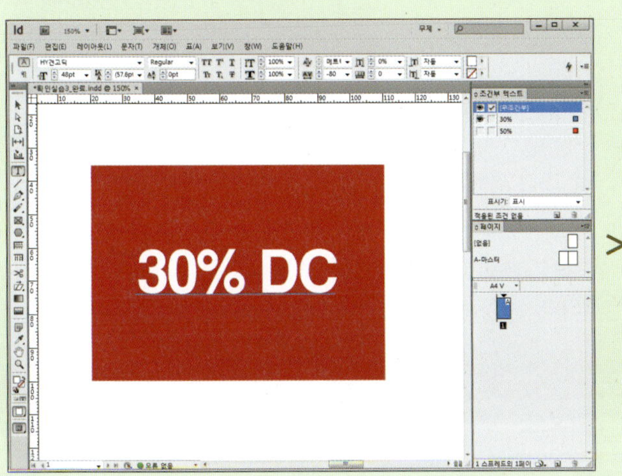

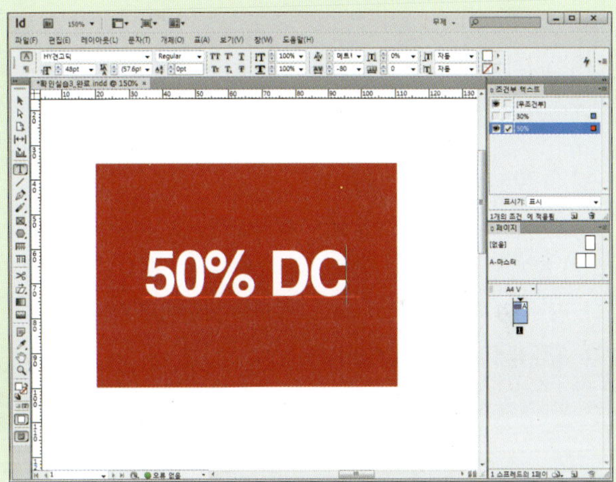

조건 세트 만들고 관리하기

만들어 놓은 조건부 텍스트 상태는 조건부 세트로 등록해 놓고 관리할 수 있습니다. 또한 여러 개의 조건부 텍스트 세트를 한 문서 내에 등록해 활용할 수도 있습니다. 조건부 세트를 만들고 삭제하는 방법에 대해 알아봅니다.

1 새로운 조건부 세트 만들기

❶ [조건부 텍스트] 패널의 팝업 메뉴 아이콘(▤)을 클릭히여 [옵션 표시]를 실행합니다. ❷ 세트 메뉴가 표시되면 목록 표시 아이콘을 클릭하여 ❸ [새 세트 만들기]를 실행합니다.

2 조건 세트 이름 입력하기

❶ [조건 세트 이름] 대화상자에서 조건 세트 이름을 입력한 후 ❷ [확인]을 클릭합니다. 여기서는 '커피머신 가격'으로 입력하도록 하며, 현재 문서의 모든 조건부 텍스트가 보이도록 설정된 상태입니다.

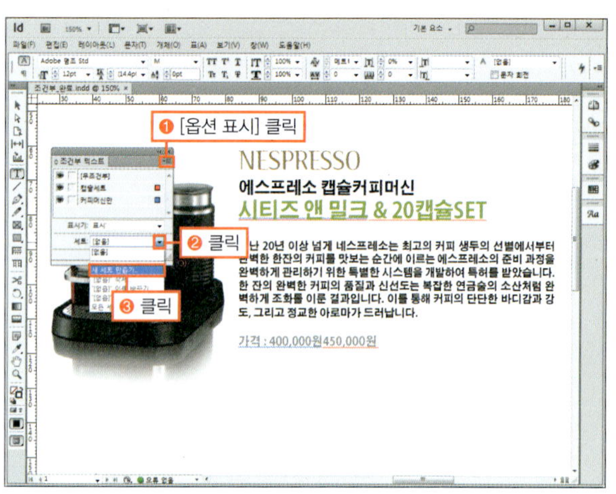

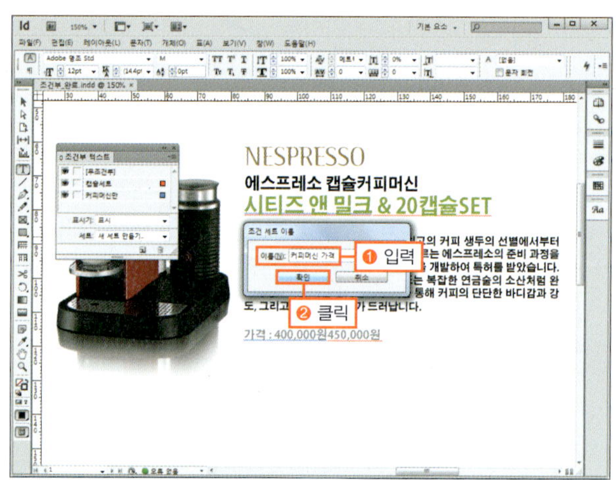

3 조건부 텍스트 재정의하기

❶ [조건부 텍스트] 패널의 조건 목록에서 '캡슐세트' 조건을 보이지 않게 변경합니다. 세트 이름 오른쪽에 + 표시가 나타납니다. ❷ '+' 표시를 클릭합니다. ❸ 펼쳐진 목록에서 ['커피머신 가격' 재정의]를 실행합니다.

4 조건 세트 삭제하기

조건부 텍스트 목록이나 조건부 세트를 삭제할 때에는 ❶ 해당 목록을 선택하고 ❷ [조건 삭제](🗑)를 클릭하여 삭제할 수 있습니다.

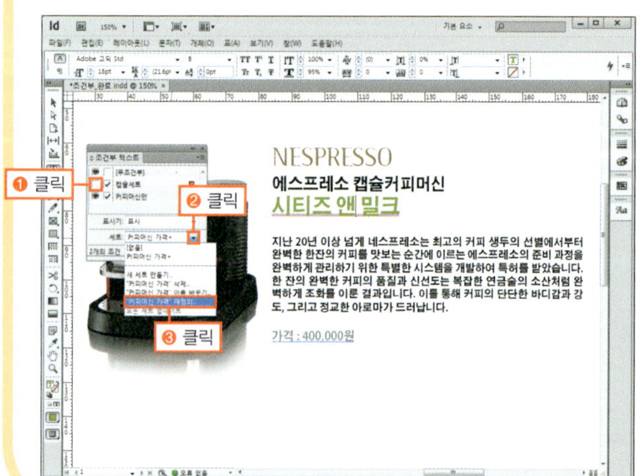

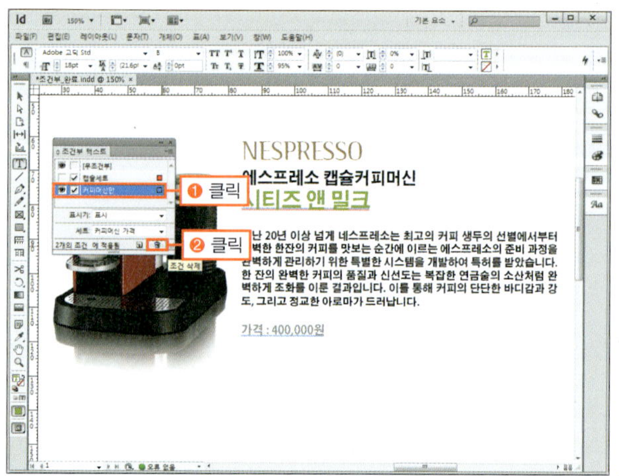

SECTION 03

텍스트 프레임 모양과 여백 설정하기

텍스트 프레임은 현재의 모양 외에 다른 모양으로 변형이 가능하며, 프레임 안쪽이나 바깥쪽에 여백을 설정할 수 있습니다. 여기서는 텍스트 프레임의 모양을 변경하는 방법과 여백을 설정하는 방법에 대해 알아봅니다.

다루는 내용

- 텍스트 프레임 모양 변경하기
- 텍스트 프레임 옵션 설정하기
- 텍스트 감싸기 설정하기

기능 정리

텍스트 프레임의 모양과 여백 설정 방법 살펴보기

인디자인에서는 텍스트 프레임을 사각형으로 만들도록 기본 설정되어 있습니다. 사각형으로 만들어진 프레임은 타원이나 모서리가 둥근 사각형, 다각형 등의 다양한 모양으로 변형이 가능합니다. 모양이 설정된 텍스트 프레임에는 배경색이나 테두리 모양을 설정할 수 있으며, 프레임 모양을 변경하면 자동으로 텍스트의 배열도 프레임의 모양에 따라 흐르게 됩니다.

텍스트 프레임의 옵션에서는 안쪽 여백과 수직 균등 배치 방식을 설정할 수 있습니다. 또한 [창] 메뉴의 [텍스트 감싸기] 패널에서 프레임의 텍스트 감싸기 옵션과 간격을 설정할 수 있습니다.

● 텍스트 프레임에 배경색과 테두리 넣기

텍스트 프레임을 선택하고 [컨트롤] 패널에서 배경색이나 테두리를 설정할 수 있습니다. 프레임에 배경색이나 테두리를 넣어 문서를 꾸밀 때에는 텍스트 프레임 옵션에서 인센트 간격을 보기 적당하게 설정해 주는 것이 좋으며, 인센트 간격을 설정할 경우 표시되지 않는 숨겨진 텍스트가 생기지 않도록 주의합니다.

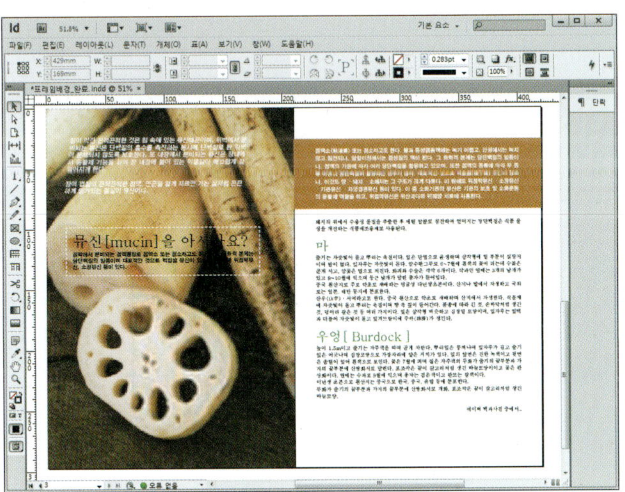

텍스트 프레임 옵션 대화상자는 [일반], [기준선 옵션], [자동 크기 조정]의 세 개 탭으로 구성되어 있습니다.

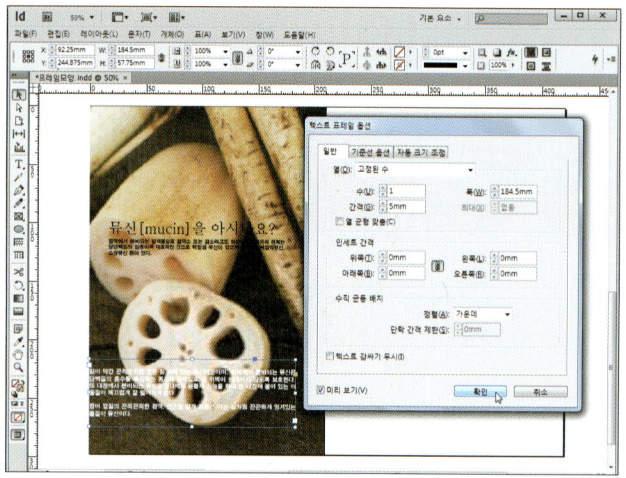

① [일반] 탭

- **열** : 선택한 프레임에 다단 문서를 설정할 수 있습니다. 다단의 수와 폭, 간격을 설정할 수 있으며, [열 균형 맞춤]을 체크하면 다단에 흐르는 내용의 끝나는 위치를 같은 위치로 자동 맞춤할 수 있습니다.
- **인센트 간격** : 프레임 안쪽에 여백을 설정할 수 있는 기능으로 프레임의 모양에 따라 같은 간격, 또는 네 방향의 인센트 간격을 설정할 수 있습니다.
- **수직 균등 배치** : 프레임 안에 입력한 텍스트를 수직 방향으로 어떤 기준에 의해 정렬할 것인지를 설정할 수 있습니다.

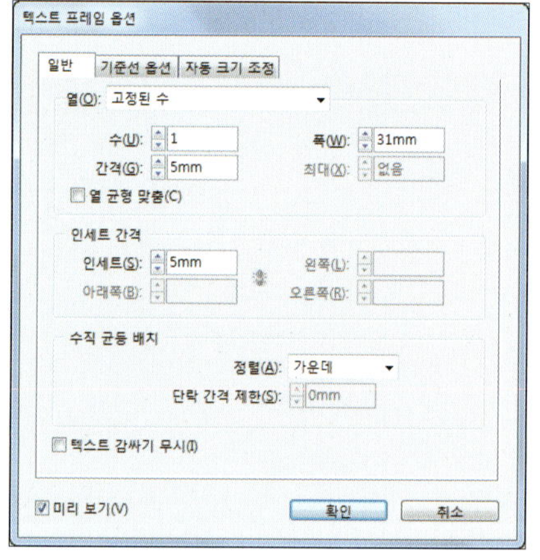

② [기준선 옵션] 탭

텍스트 프레임에 입력할 텍스트를 정렬할 때 사용할 기준선을 설정할 수 있습니다. 여기에서 설정한 기준선은 [보기] 메뉴의 [격자 및 안내선]-[기준선 격자 표시]를 실행하여 확인할 수 있습니다. 오프셋 종류에서 골라 설정하거나 사용자가 직접 기준선 격자를 설정할 수도 있습니다.

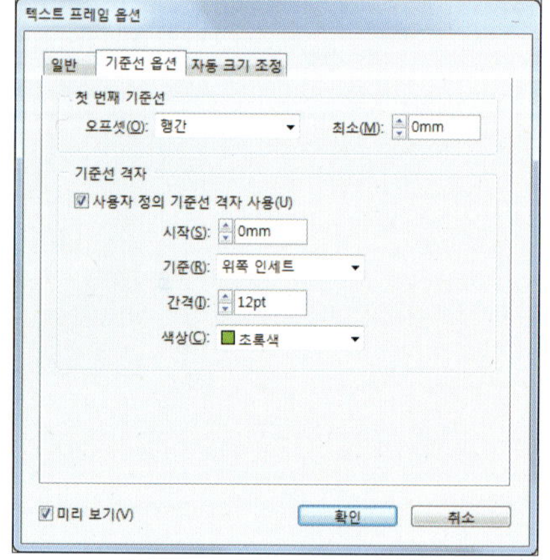

③ [자동 크기 조정] 탭

텍스트 프레임의 크기를 입력하는 텍스트의 양에 따라 자동으로 변경되도록 설정할 수 있습니다. 기본으로 '끔'이 설정되어 있으므로 텍스트의 양이 많아져도 프레임의 크기는 변경되지 않습니다. 다만 프레임 옵션에서 자동 크기 조정을 설정하면 텍스트 내용에 따라 자동으로 길이나 너비를 조절할 수 있도록 지정할 수 있습니다. 자동 크기 조정을 선택하면 해당 옵션에 따라 어느 부분을 기준으로 크기를 조절할지를 설정할 수 있습니다. 또한, [제한] 영역을 통해 프레임의 최소 높이와 너비를 사용자가 직접 설정할 수도 있습니다.

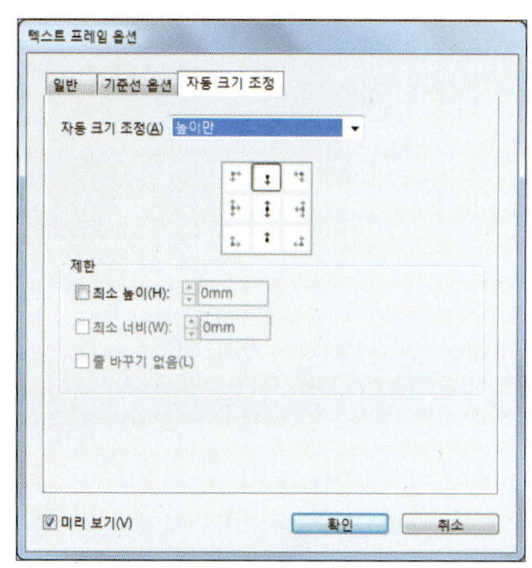

● **텍스트 프레임 모양 변경하기**

텍스트가 입력된 프레임의 모양은 필요에 따라 다양한 형태로 변형할 수 있습니다. 프레임을 선택하고 [개체] 메뉴의 [모양 변환]을 실행하면 사각형이나 다각형, 타원 등의 모양으로 변경할 수 있으며, [패스] 메뉴를 이용하면 프레임의 꼭짓점 일부를 변형시켜 프레임의 모양을 변경할 수 있습니다.

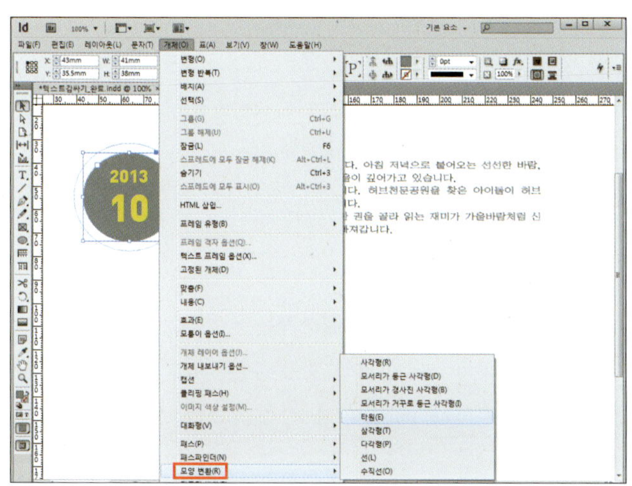
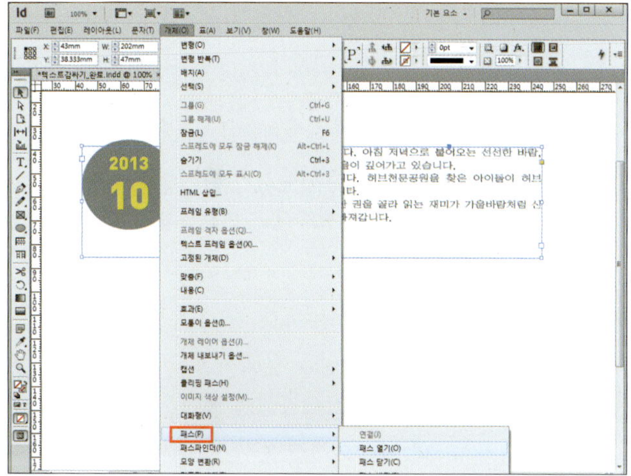

● **텍스트 감싸기**

텍스트 프레임을 선택하고 [컨트롤] 패널에서 텍스트 감싸기를 설정할 수 있습니다. [창] 메뉴의 [텍스트 감싸기]를 실행하여 [텍스트 감싸기] 패널을 열면 가장자리에 배치된 텍스트 간의 간격을 설정할 수 있습니다.

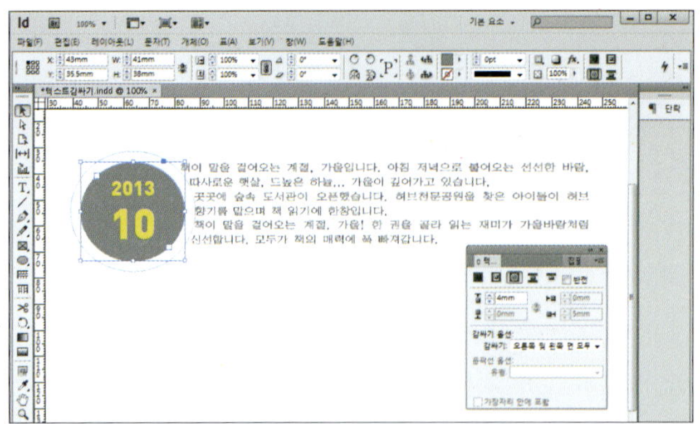

1 텍스트 프레임 안에 (   ) 간격을 설정하면 프레임 테두리와 입력된 텍스트 사이에 간격을 설정할 수 있습니다.

2 도형이나 이미지가 텍스트와 이웃하여 배치되었을 경우 (   ) 기능을 활용해 배치 방법을 설정할 수 있습니다.

답 : 1 인셋트, 2 텍스트 감싸기

실습 과정

텍스트 프레임 크기 설정하고 옵션 설정하기

텍스트 프레임의 크기와 옵션을 설정하고 기울이기를 적용하는 방법에 대해 알아봅니다.

⊙ **시작 파일** : Part03\프레임모양.indd
⊙ **완료 파일** : Part03\프레임모양_완료.indd

01 프레임 옵션 설정하기

❶예제 문서의 텍스트 프레임을 선택하고 ❷[개체] 메뉴의 ❸[텍스트 프레임 옵션]을 실행합니다. 또는 마우스 오른쪽 버튼을 클릭하여 [텍스트 프레임 옵션]을 실행합니다.

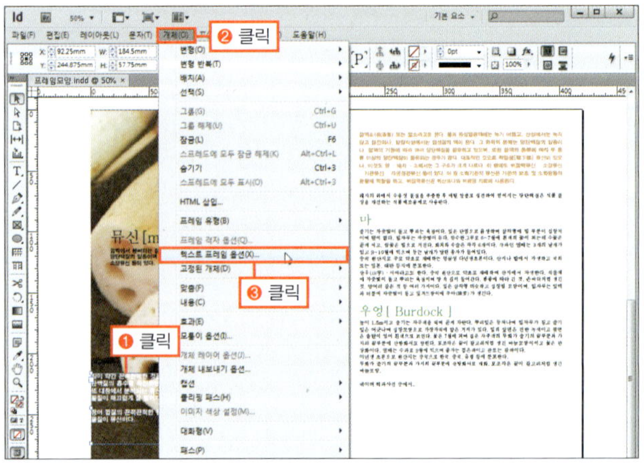

02 수직 방향 배치 방법 설정하기

[텍스트 프레임 옵션] 대화상자의 ❶[일반] 탭에서 [수직 균등 배치]를 '가운데' 정렬로 설정하고 ❷[확인]을 클릭합니다.

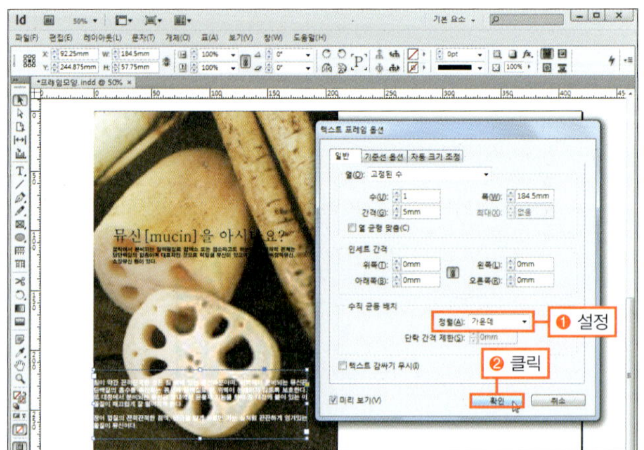

03 프레임 크기 설정하기

❶옵션이 설정된 텍스트 프레임을 다음과 같이 이미지의 상단 위치로 드래그하여 이동합니다. ❷[컨트롤] 패널에서 개체의 참조점을 왼쪽 상단 모서리로 설정합니다. 참조점을 설정하였으면 ❸[컨트롤] 패널에서 프레임의 가로와 세로 크기를 각각 '150mm', '60mm'로 입력합니다. 입력한 크기로 텍스트 프레임의 크기가 자동으로 변경됩니다.

04 프레임과 텍스트 함께 기울이기

❶도구 상자에서 [기울이기] 도구를 클릭하여 선택합니다. ❷텍스트 프레임을 왼쪽으로 드래그하여 약간 기울여줍니다. 텍스트 프레임과 안에 입력된 텍스트가 함께 기울어지면서 글꼴이 이탤릭체 느낌을 줍니다.

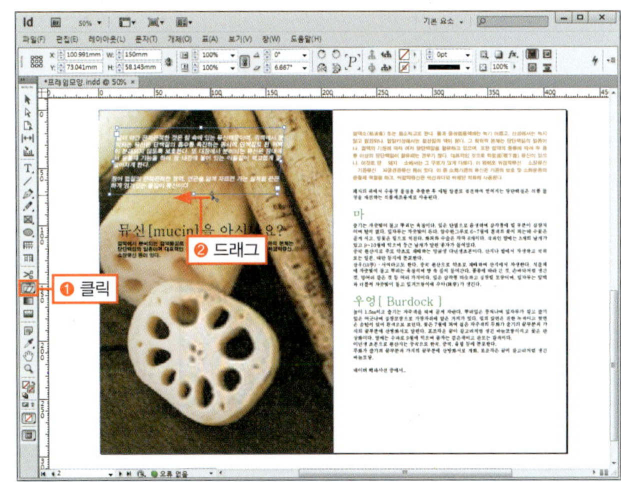

05 문서 완성하기

❶ Esc 를 누르거나 프레임 외의 다른 곳을 클릭하여 선택을 해제하면 다음과 같이 문서가 완성됩니다. 프레임을 드래그하여 위치를 변경할 수 있으며, 각 조절점을 드래그하여 프레임의 모양을 변형할 수 있습니다.

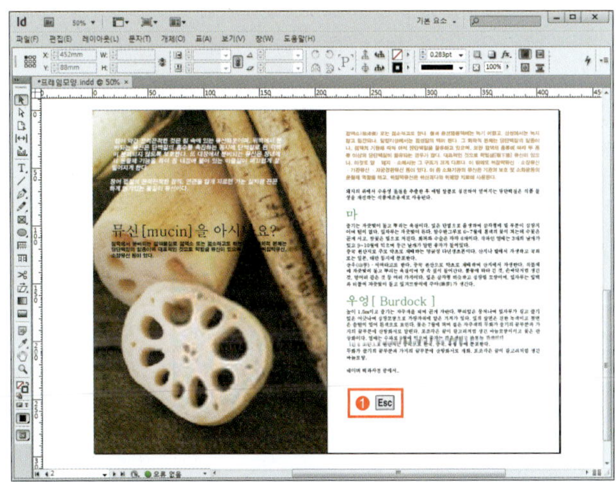

텍스트 프레임에 배경색과 테두리 설정하기

텍스트 프레임에 배경색과 테두리를 설정하는 방법에 대해 알아봅니다.

◉ **시작 파일** : Part03\프레임배경.indd
◉ **완료 파일** : Part03\프레임배경_완료.indd

01 프레임 배경색 설정하기

텍스트 프레임에 배경색을 넣기 위해서는 우선 배경으로 사용할 색상을 만듭니다. ❶텍스트 프레임을 클릭하여 선택하고 ❷[컨트롤] 패널에서 ❸[채우기] 색상을 'C=22 M=61 Y=92 K=0'으로 설정합니다.

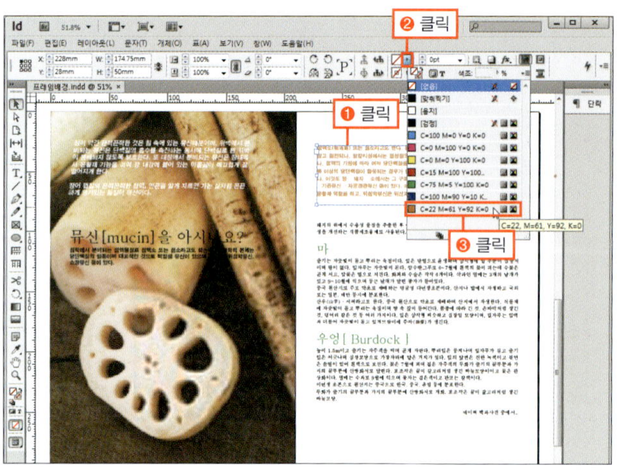

02 텍스트 색상 변경하기

선택되어 있는 텍스트 프레임에 배경색이 채워진 것을 볼 수 있습니다. ❶[텍스트에 서식 적용](T)을 클릭한 후 ❷프레임 안의 글자색을 '용지' 색으로 설정합니다.

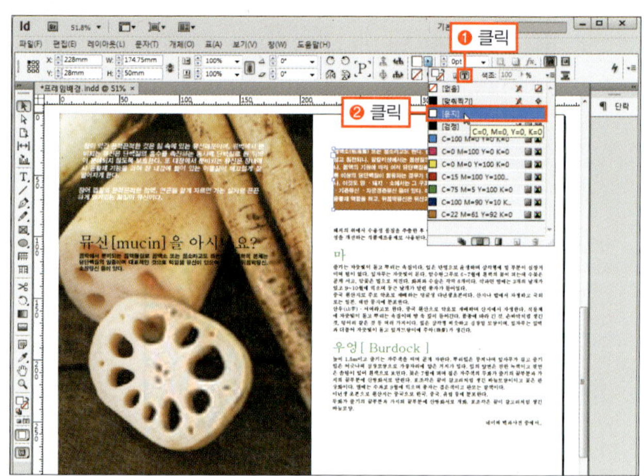

03 텍스트 프레임 옵션 실행하기

❶배경색과 글자색이 설정된 텍스트 프레임의 크기를 조절하여 페이지의 양 끝 선에 채워지도록 맞춥니다. ❷프레임을 오른쪽 버튼으로 클릭하여 ❸[텍스트 프레임 옵션]을 실행합니다.

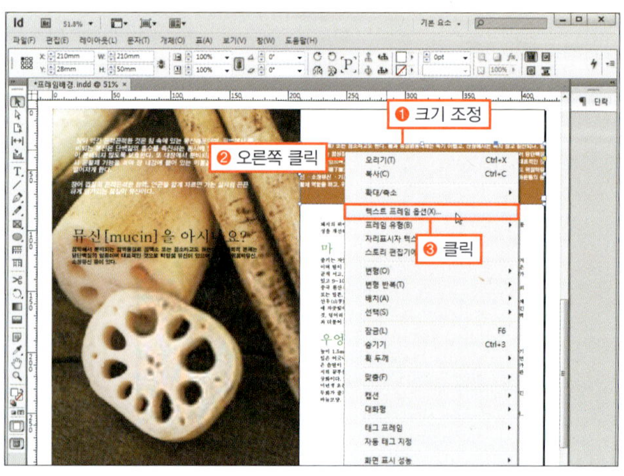

04 수직 균등 배치 설정과 인센트 간격 설정하기

❶[텍스트 프레임 옵션] 대화상자의 [일반] 탭에서 [수직 균등 배치] 방식을 '가운데'로 설정합니다. ❷[인센트 간격]에서 위쪽과 아래쪽은 각각 '5mm'로, 왼쪽은 '18mm', 오른쪽은 '19mm'로 설정하고 ❸[확인]을 클릭합니다.

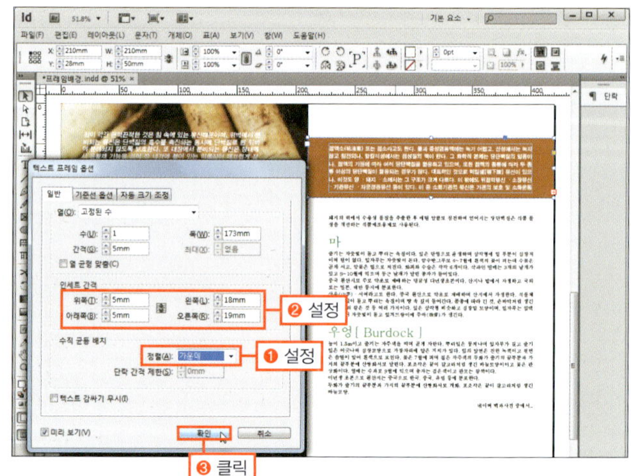

05 텍스트 프레임에 테두리 설정하기

❶배경색이 설정된 텍스트 프레임의 위아래 높이를 조절하여 숨겨진 텍스트 내용이 모두 표시되도록 합니다. 이번에는 텍스트 프레임에 테두리를 설정해 보도록 합니다. ❷테두리를 설정할 텍스트 프레임을 선택하고 ❸[컨트롤] 패널에서 [선 모양]은 '파선(3:2)'으로 설정하고, 선 굵기를 '1pt'로 설정합니다.

06 텍스트 프레임 옵션 설정하기

❶테두리가 설정된 프레임을 오른쪽 버튼으로 클릭하여 [텍스트 프레임 옵션]을 실행합니다. ❷[수직 균등 배치]를 '가운데'로 설정하고 ❸왼쪽과 오른쪽 인센트 간격을 '5mm'로 입력한 후 ❹[확인]을 클릭합니다.

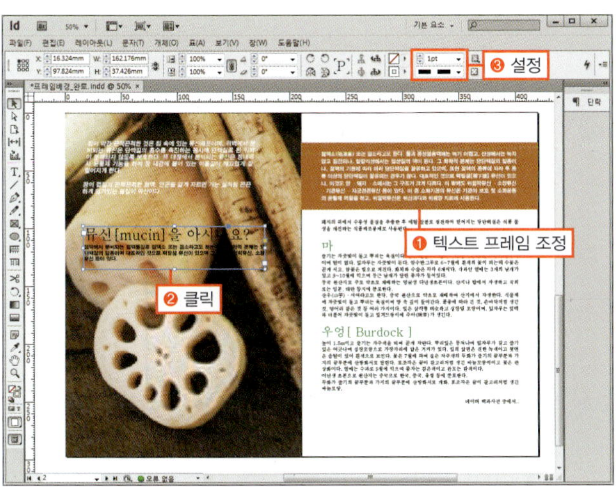

07 문서 완성하기

테두리가 설정된 텍스트 프레임의 크기와 위치를 보기 좋게 변경하여 문서를 완성합니다. 이와 같은 방법으로 텍스트 프레임에 배경색이나 테두리를 넣어 문서를 보다 세련되게 꾸밀 수 있습니다.

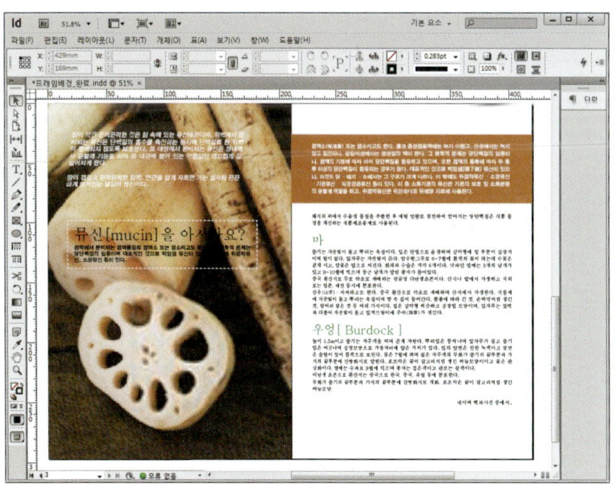

텍스트 프레임의 외부 여백과 텍스트 감싸기 설정하기

텍스트 프레임에 외부 여백을 설정하고 가장자리에 위치한 텍스트와의 감싸기 옵션을 설정해 봅니다.

- **시작 파일** : Part03\텍스트감싸기.indd
- **완료 파일** : Part03\텍스트감싸기_완료.indd

01 텍스트 감싸기 설정하기

❶다음과 같이 텍스트 감싸기 옵션을 설정할 프레임을 클릭하여 선택합니다. ❷컨트롤 패널에서 [테두리 상자 감싸기](🔳)를 클릭합니다.

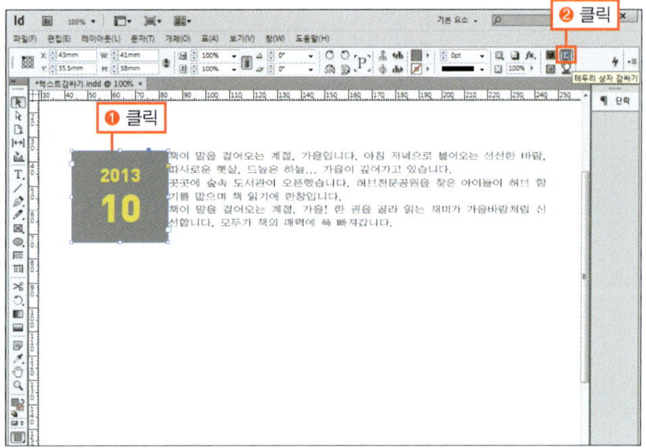

02 [텍스트 감싸기] 패널 열기

선택한 프레임 뒤쪽으로 가려져 있던 내용이 오른쪽으로 밀려 정렬됩니다. ❶[창] 메뉴의 ❷[텍스트 감싸기]를 실행하여 [텍스트 감싸기] 패널을 불러옵니다.

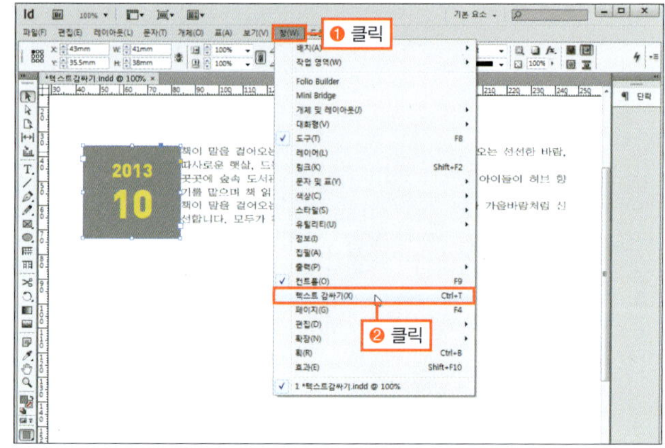

03 프레임에 오른쪽 여백 설정하기

❶[텍스트 감싸기] 패널에서 프레임의 오른쪽 간격을 '5mm'로 설정합니다. 설정된 수치만큼 오른쪽의 텍스트와 간격이 벌어집니다.

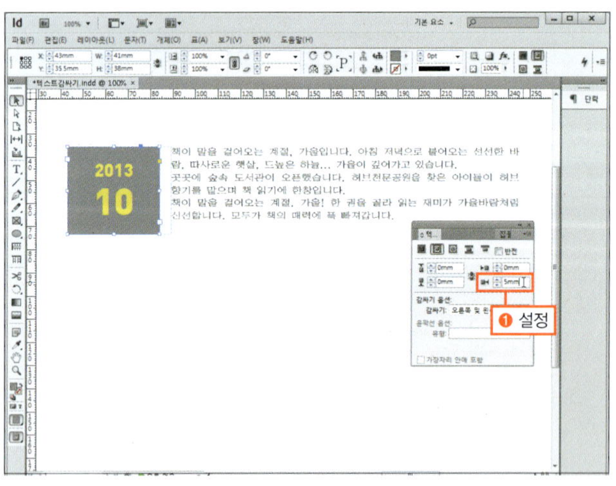

04 프레임 모양 변경하기

오른쪽 간격을 설정하였으면 이번에는 프레임의 모양을 변경해 보겠습니다. ❶프레임을 선택하고 ❷[개체] 메뉴의 ❸[모양 변환]-❹[타원]을 실행합니다.

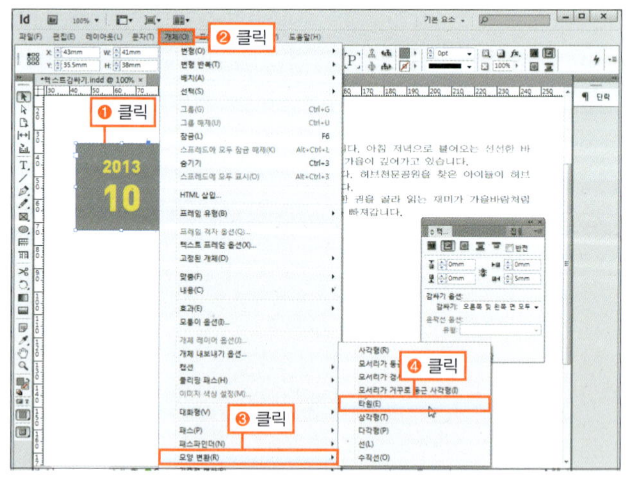

참고

이때 기본적으로 네 방향의 간격이 동일하게 적용되도록 [모든 설정 동일하게 만들기](🔳)가 활성화되어 있습니다. 클릭하여 비활성화시킨 다음 오른쪽 간격만 수치를 조절합니다.

05 텍스트 감싸기 확인하기

텍스트 프레임이 타원 모양으로 변경됩니다. [텍스트 감싸기] 패널에는 감싸기 방향을 한쪽 방향만 확인할 수 있습니다.

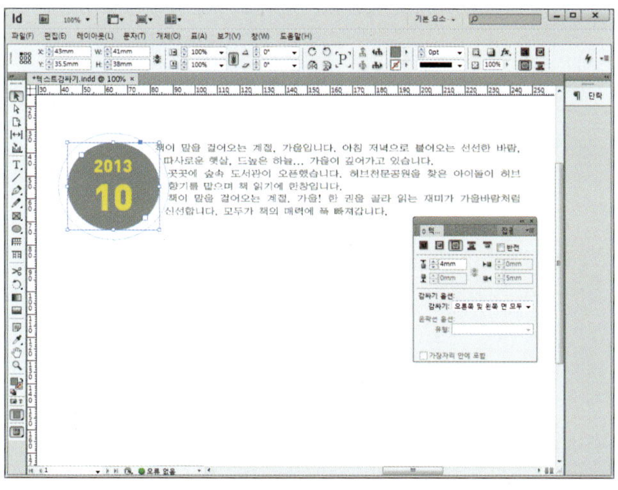

06 문서 완성하기

❶ Esc 를 누르거나 프레임 바깥 부분을 클릭하여 선택을 해제하면 다음과 같이 회색의 타원 오른쪽에 자연스럽게 배치된 텍스트를 확인할 수 있습니다.

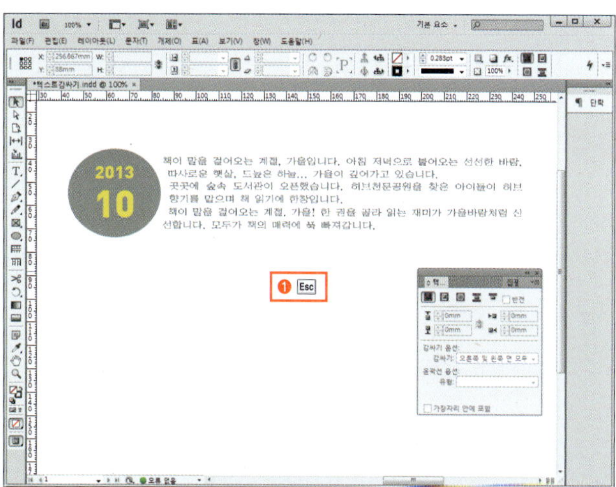

실습 과정

텍스트 프레임 모양 변경하기

텍스트 프레임의 모양을 다양하게 변경하는 방법에 대해 알아봅니다.

- **시작 파일** : Part03\프레임모양변경.indd
- **완료 파일** : Part03\프레임모양변경_완료.indd

01 기준점 추가 도구 선택하기

❶모양을 변경할 텍스트 프레임을 클릭하여 선택합니다.
❷도구 상자에서 [펜] 도구를 클릭하여 ❸[기준점 추가 도구]를 선택합니다.

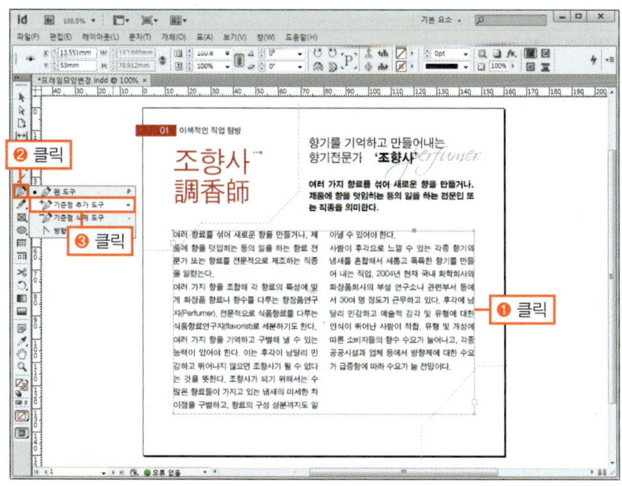

02 기준점 추가하기

❶마우스 포인터 모양이 펜 모양으로 변경되면 다음과 같이 텍스트 프레임의 가장자리를 클릭하여 기준점을 추가합니다.

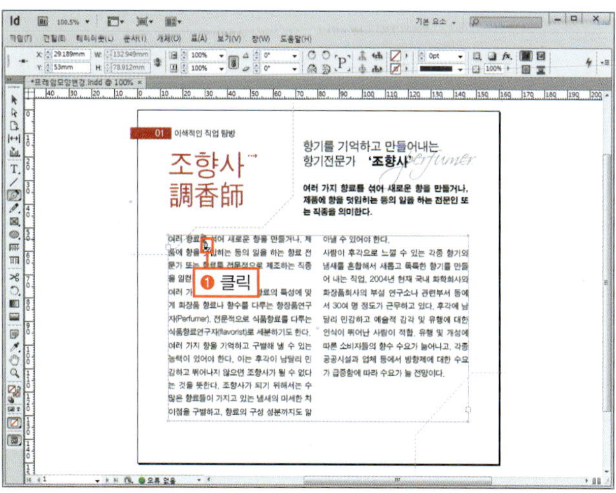

클릭한 위치에 기준점이 추가된 것을 확인하고 ❶도구 상자에서 [직접 선택 도구]를 클릭합니다. ❷프레임의 맨 왼쪽 상단 모서리 기준점을 아래 방향으로 드래그하여 회색의 점선과 나란한 모양으로 프레임 모양을 변형시킵니다.

❶오른쪽 아래 부분도 같은 방법을 이용해 프레임의 모양을 회색 점선에 맞춰줍니다. ❷프레임의 선택을 해제하면 다음과 같이 회색 점선과 겹쳐졌던 텍스트가 점선의 위치에 맞춰 배치된 것을 볼 수 있습니다. 이와 같이 텍스트 프레임의 모양은 사각형이나 타원 등의 정해진 도형 모습 외에도 기준점을 추가하거나 제거하여 다양한 모양으로 변환하여 활용할 수 있습니다.

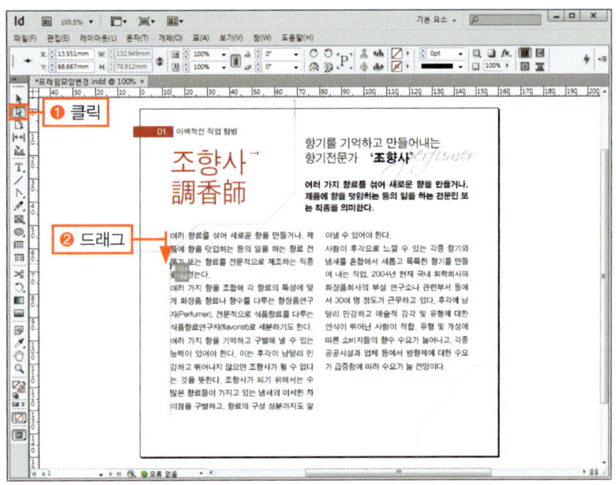

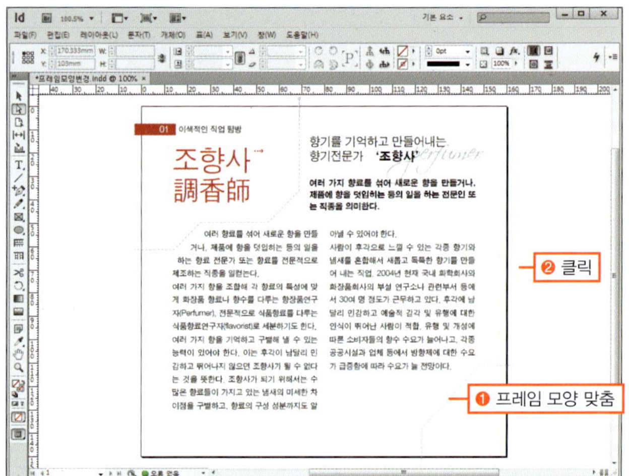

확인실습

예제 문서를 불러온 후 텍스트 프레임 안쪽 간격을 설정하고, 'TIP'이 입력된 텍스트 프레임에 텍스트 감싸기를 적용하여 텍스트 내용이 가려지지 않도록 꾸며보세요.

- 시작 파일 : Part03\확인실습5.indd
- 완료 파일 : Part03\확인실습5_완료.indd

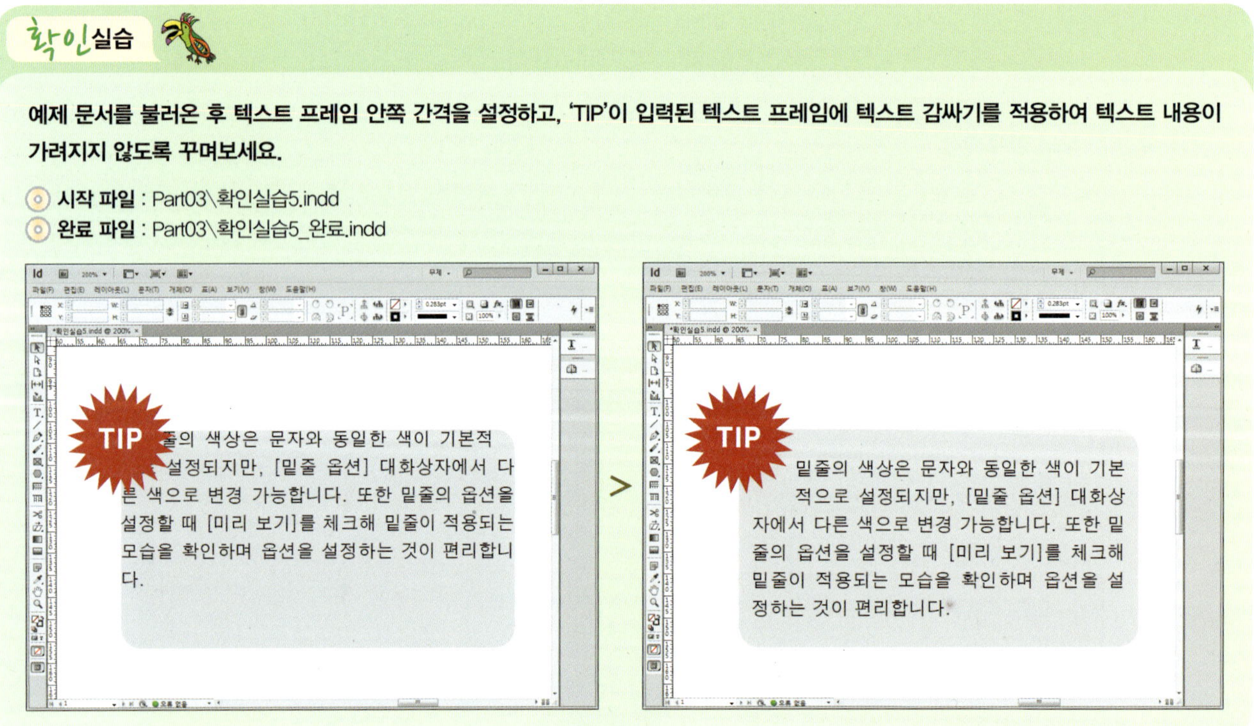

텍스트 프레임에 격자 설정하고 격자 정렬하기

텍스트 프레임에 격자를 설정하고 텍스트를 격자에 정렬하면 왼쪽과 오른쪽 페이지의 텍스트 나열 위치를 나란히 배치할 수 있습니다. 텍스트의 위치를 맞추면 문서가 좀 더 정돈된 느낌을 줄 수 있으며, 가독성을 높일 수 있습니다. 또한 앞면과 뒷면의 인쇄 겹침 현상을 방지할 수 있습니다.

- **시작 파일** : Part03\격자.indd
- **완료 파일** : Part03\격자_완료.indd

1 격자 표시하기

예제 문서를 불러온 후 ❶[보기] 메뉴의 [격자 및 안내선]–[기준선 격자 표시]를 실행합니다. 텍스트 프레임에 격자가 표시되고, 왼쪽과 오른쪽의 텍스트 위치가 서로 다름을 확인할 수 있습니다.

> **참고**
>
> 왼쪽 페이지의 배경 이미지로 인해 기준선 격자가 보이지 않을 경우 [편집] 메뉴의 [환경 설정]–[격자]를 실행하여 하단의 [배경 격자]의 체크를 해제하도록 합니다. 배경 격자가 해제되면 배경 이미지 앞으로 기준선 격자가 표시됩니다.

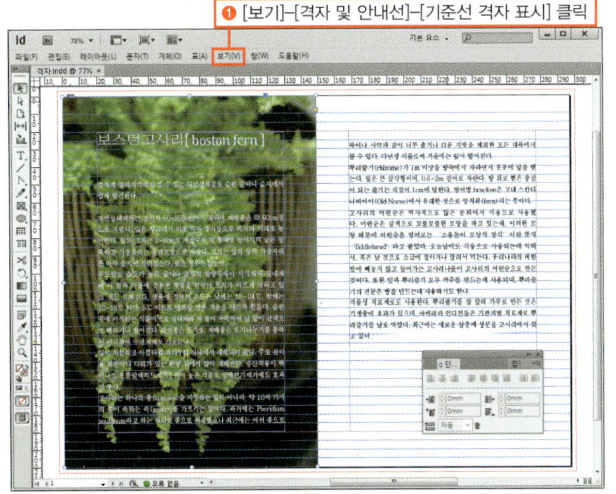

2 격자 정렬하기

❶텍스트 프레임 안에 입력한 텍스트를 드래그하여 블록으로 지정합니다. ❷[단락] 패널에서 팝업 메뉴 아이콘을 클릭하여 ❸[격자 정렬]–❹[전각 상자 위쪽]을 실행합니다.

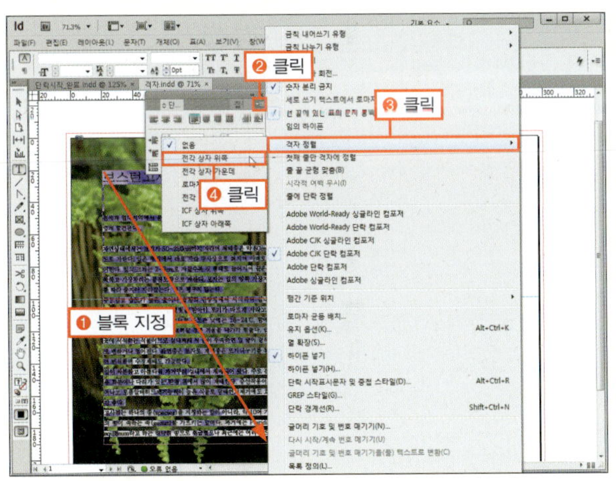

3 기준선 격자 환경에서 행간 설정하기

텍스트 프레임 안에 입력되어 있는 텍스트의 행간이 뜻하지 않은 상태로 벌어지게 됩니다. 이런 현상을 없애기 위해 기준 격자의 행간을 현재 텍스트 프레임에 설정된 행간과 일치시켜야 합니다. ❶[편집] 메뉴의 [환경 설정]–[격자]를 실행합니다. ❷[환경 설정] 대화상자의 [격자] 영역에서 ❸[간격]을 '18pt'로 입력하고 ❹[확인]을 클릭합니다.

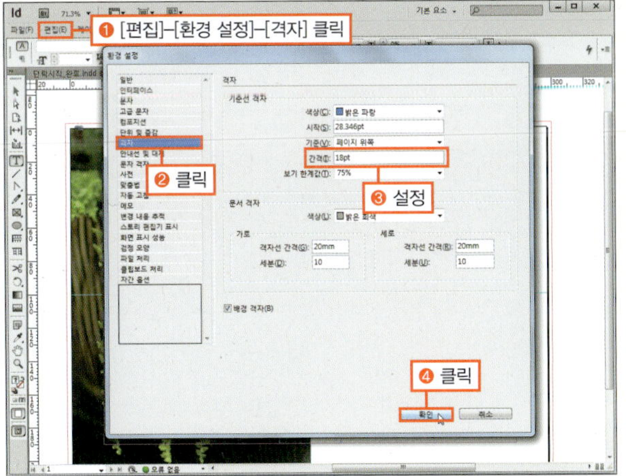

왼쪽과 오른쪽에 위치한 텍스트의 기준선이 일치하면서 다음과
같이 정렬됩니다. 텍스트 프레임의 크기를 변경하면 기준선에
맞춰 내용이 자동으로 정렬됩니다. ❶왼쪽과 오른쪽 페이지의
텍스트 색상과 프레임의 크기를 조절하여 문서를 완성합니다.

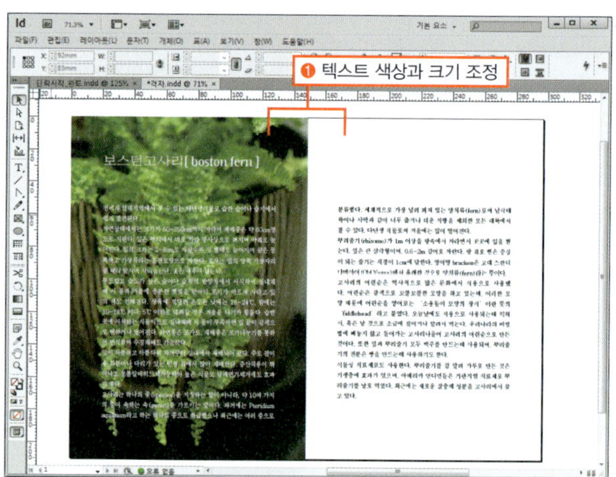

❶ 예제 문서를 불러온 후 한자를 입력하고 텍스트 프레임 배경색과 태두리, 옵션을 다음과 같이 설정해 보세요.

◉ **시작 파일** : Part03\응용실습1.indd
◉ **완료 파일** : Part03\응용실습1_완료.indd
◉ **해설 파일** : 해설파일\Part03_응용실습1_해설.hwp, Part03_응용실습1_해설.pdf

Before

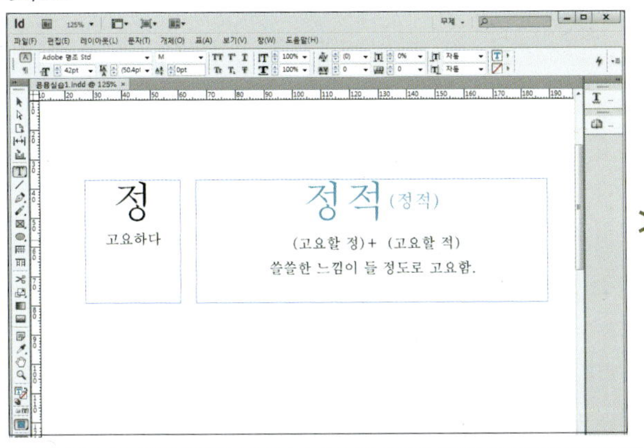

After

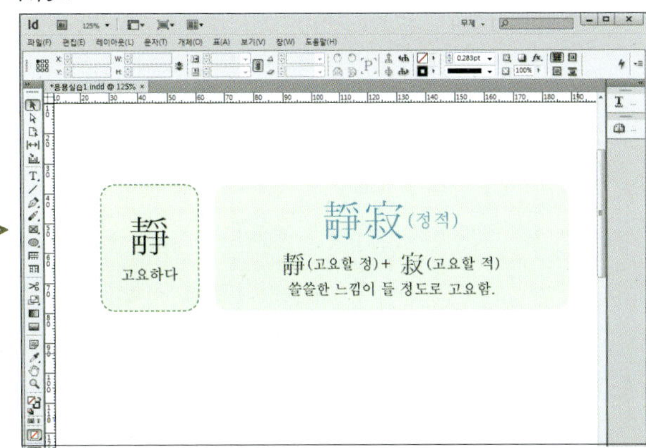

❶한글로 한자 음을 입력한 후 [한자]를 눌러 한자로 변환하기 ❷텍스트 프레임 옵션에서 세로 방향을 가운데로 정렬하기 ❸모퉁이 옵션에서 '5mm'의 둥근 모양으로 모퉁이 모양 변경하기 ❹텍스트 프레임의 배경색와 테두리 모양 설정하기

❷ 예제 문서를 불러온 후 텍스트를 윤곽선으로 만들고 프레임 모양을 원 모양으로 변경해 보세요. 텍스트 프레임에 텍스트 감싸기를 설정하여 아래에 위치한 텍스트와 보기 좋게 어울리도록 배치시켜 보세요.

◉ **시작 파일** : Part03\응용실습2.indd
◉ **완료 파일** : Part03\응용실습2_완료.indd
◉ **해설 파일** : 해설파일\Part03_응용실습2_해설.hwp, Part03_응용실습1_해설.pdf

Before

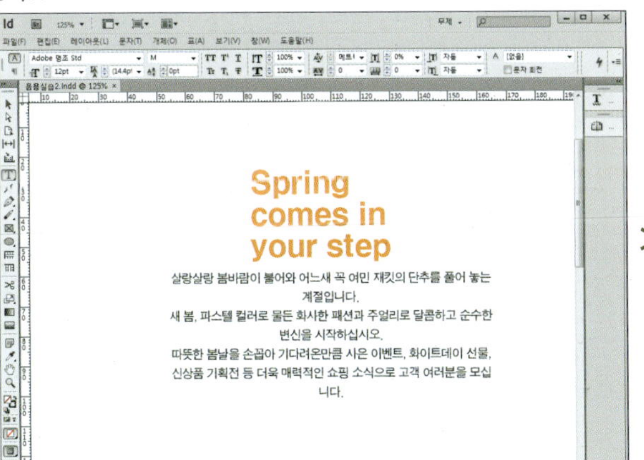

After

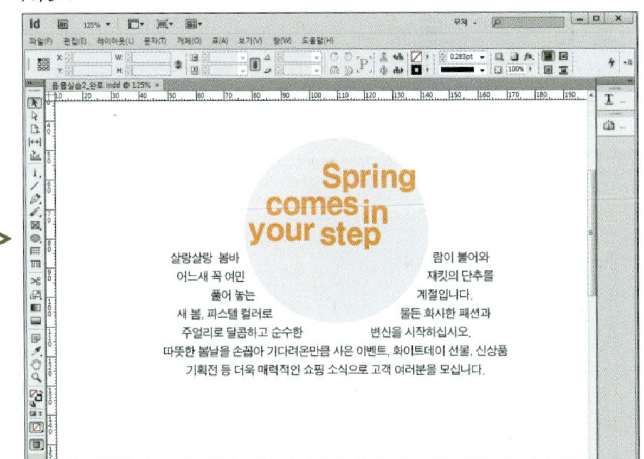

❶단어 하나씩 [윤곽선 만들기] 실행하기 ❷텍스트 프레임 모양을 원으로 변경하고 색상 채우기 ❸윤곽선으로 변경된 단어 위치 조절하기 ❹텍스트 감싸기 설정하여 아래 텍스트와 보기 좋게 배치하기

느낌 있는 문서를 위한 이미지 활용하기

Part 04에서는 인디자인 문서에 이미지를 넣고 꾸미는 방법에 대해 배워봅니다. 문서에 그림을 넣기 위해서는 이미지를 넣을 수 있는 프레임을 먼저 만들어야 합니다. 프레임 안에서 자유롭게 그림 이미지를 넣어 문서를 꾸밀 수 있습니다. 여기서는 다양한 모양의 프레임을 만들고 이미지를 넣는 방법 등에 대해 살펴봅니다.

SECTION 01

새로운 이미지 프레임 만들고 이미지 불러오기

인디자인에서는 텍스트와 마찬가지로 이미지도 프레임 안에 배치해야 합니다. 사각형이나 타원 등의 다양한 모양의 프레임을 만들고, 이미지를 가져와 배치할 수 있습니다. 여기서는 그래픽 프레임을 만들고 편집하는 방법, 프레임의 옵션을 설정하는 방법, 이미지를 가져와 활용하는 방법에 대해 알아봅니다.

다루는 내용

- 이미지 프레임 만들고 꾸미기
- 프레임에 이미지 넣기
- 이미지 크기 변경하기
- 이미지 위치 조절하기
- 프레임 옵션 설정하기

기능 정리

새로운 이미지 프레임 만들고 모양 설정하기

문서에 이미지를 넣기 전에 이미지가 들어갈 공간을 프레임으로 만들어줍니다. 이미지를 넣을 수 있는 프레임은 사각형, 원, 다각형으로 자유롭게 만들 수 있으며, 프레임의 크기에 맞춰 이미지의 크기를 조절할 수 있습니다.

● 프레임 도구 살펴보기

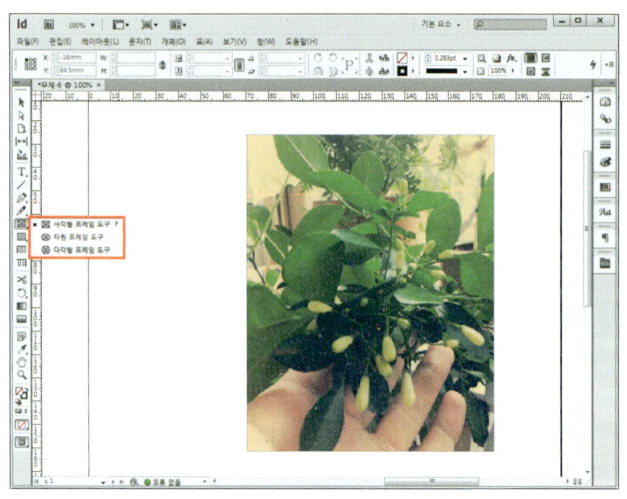

이미지를 넣을 프레임은 도구 상자의 [프레임 도구]를 이용하는데 종류는 [사각형 프레임 도구](⊠), [타원 프레임 도구](⊠), [다각형 프레임 도구](⊠)의 세 가지 중에서 선택하여 사용할 수 있습니다. 기본적으로 [사각형 프레임 도구]가 표시되어 있으며, 클릭하면 타원이나 다각형 프레임 도구를 선택할 수 있습니다. 프레임 도구를 선택하고 마우스로 드래그하여 프레임을 문서에 입력할 수 있습니다.

또는 프레임 도구를 선택한 후 작업 화면을 클릭하면 사각형의 가로와 세로 크기, 타원의 폭과 높이, 다각형의 폭과 높이, 면 수, 별모양 인세트 값을 설정할 수 있습니다. 다각형의 경우 설정해 놓은 최종 값이 드래그하여 만드는 다각형에 지속적으로 적용됩니다.

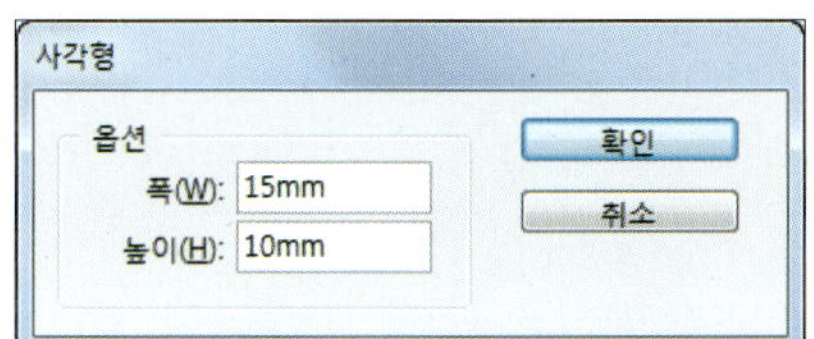

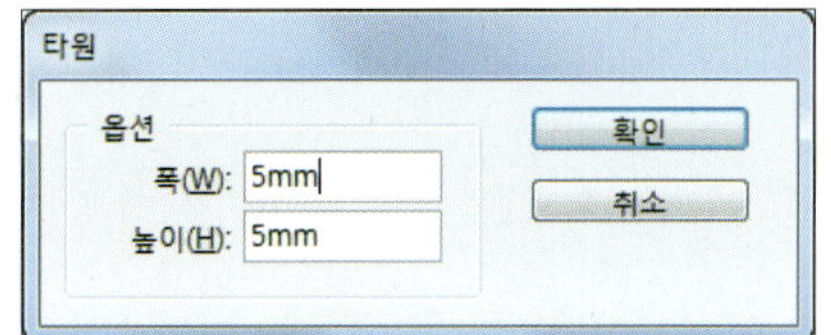

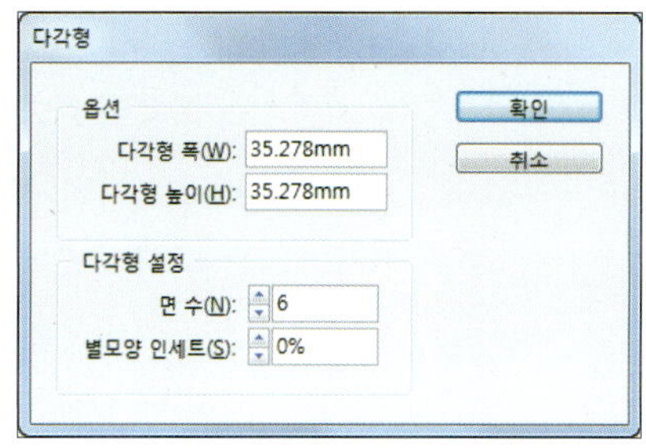

● 프레임 변형하기

문서에 만들어 넣은 프레임은 그 모양을 다른 모양으로 변경할 수 있습니다. 프레임을 선택하고 [개체] 메뉴의 [모양 변환]을 실행하면 다양한 모양의 프레임으로 모양을 변경할 수 있습니다. 이때 둥근 모서리나 다각형 등은 사용자가 최근에 사용한 모양으로 변경됩니다. 여러 개의 프레임을 선택한 상태에서도 명령을 적용할 수 있어 활용하면 편리합니다.

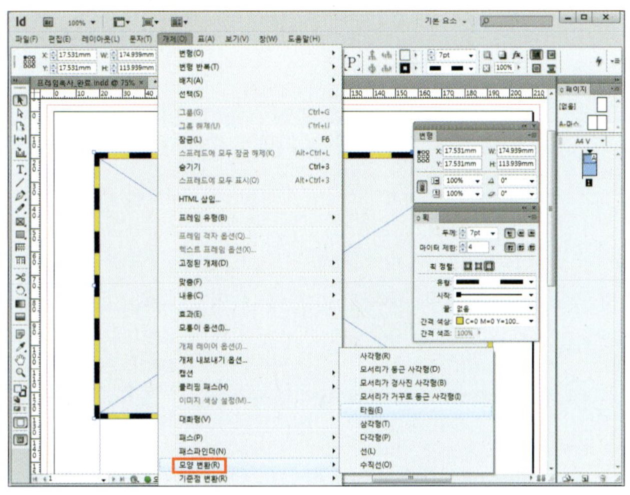

프레임은 모양을 변환할 수 있을 뿐만 아니라 색상을 채워 넣거나 테두리를 다양한 모양으로 꾸밀 수 있습니다. 채우기 컬러와 테두리 컬러는 [컨트롤] 패널에서도 설정이 가능하며, [창] 메뉴의 [획]을 실행하여 [획] 패널에서 테두리의 모양과 색상 등을 좀 더 세밀하게 꾸밀 수 있습니다.

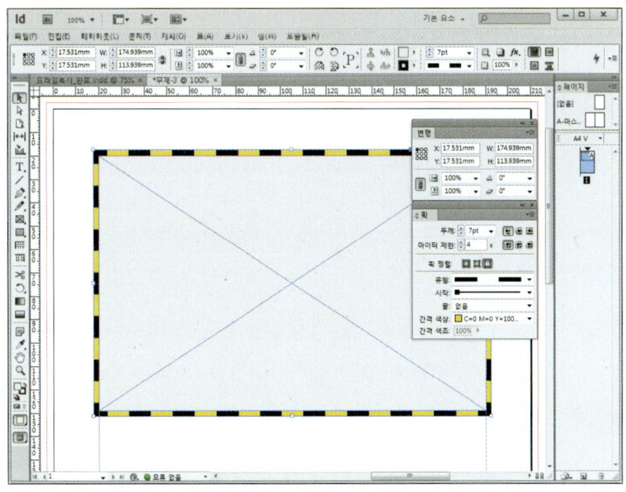

● **프레임 배치하기**

여러 개의 프레임이 서로 겹쳐있을 때 어떤 이미지를 맨 앞에 놓을지를 설정할 수 있습니다. 앞에 배치할 이미지를 선택하고 [개체] 메뉴의 [배치]-[맨 앞으로 가져오기]를 실행하거나 오른쪽 버튼을 클릭하여 [배치]-[맨 앞으로 가져오기]를 실행합니다. 선택한 이미지가 다른 이미지보다 앞서 이미지의 전체가 보이도록 변경됩니다. 이와 같은 방법으로 겹쳐진 이미지에서 특정 이미지를 맨 앞에 배치할 수 있습니다.

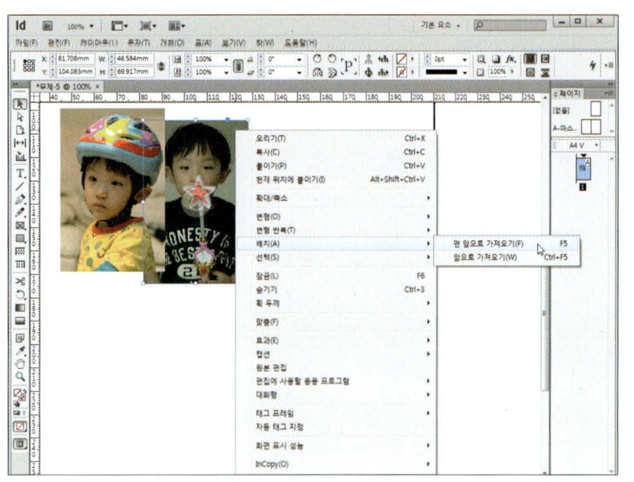
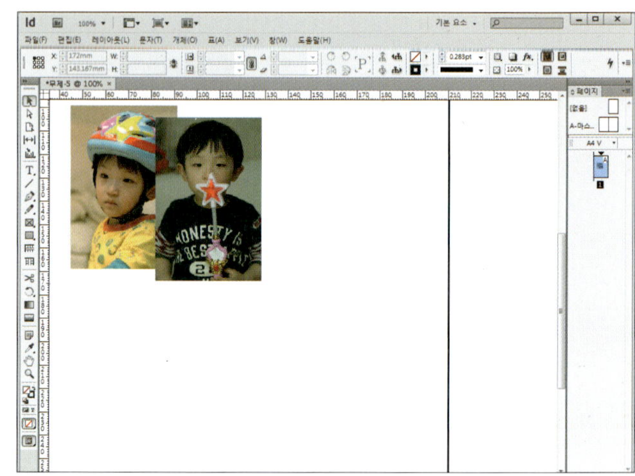

다음 그림은 파란색의 원 뒤쪽에 노란색의 작은 원이 가려져 있는 상태입니다. 파란색 원을 선택하고 마우스 오른쪽 버튼을 클릭하여 [배치]-[맨 뒤로 보내기]를 실행하면 노란색 원이 앞으로 배치되어 나타납니다.

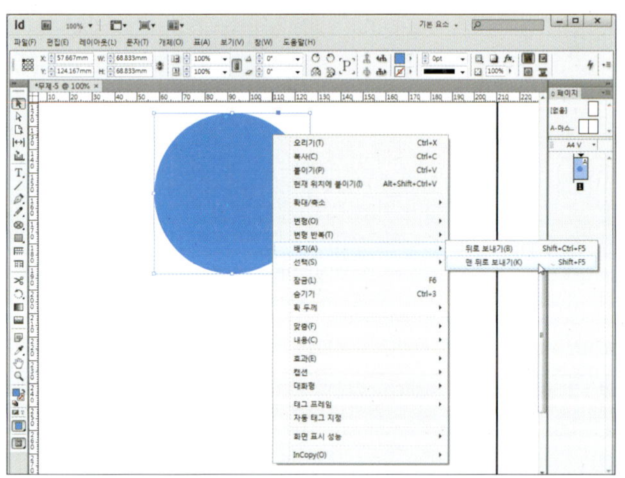
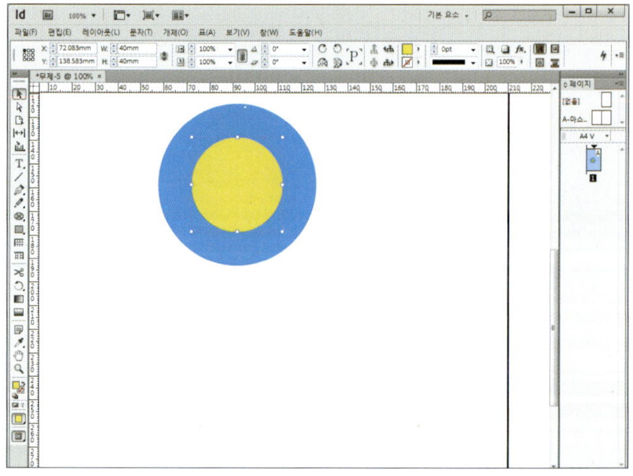

1 그래픽 이미지를 넣을 수 있는 프레임은 도구 상자의 어떤 도구를 이용하여 만들 수 있을까요? (   )

2 사각형 프레임의 모양을 타원 모양으로 변형할 수 있을까요? 있다면 어떤 명령을 실행해야 할까요? (   )

답 : **1** 프레임 도구, **2** 있어요. [개체] 메뉴의 [모양 변환]-[타원]

다양한 이미지 프레임 만들기

프레임 도구를 이용하여 다양한 모양의 프레임을 만들어 봅니다.

◎ **시작 파일** : Part04\프레임.indd
◎ **완료 파일** : Part04\프레임_완료.indd

01 사각형 프레임 만들기

직접 드래그하여 원하는 크기의 사각형 프레임을 만들 수 있습니다. ❶도구 상자에서 [사각형 프레임 도구]를 선택합니다. ❷마우스로 드래그하여 사각형 프레임을 만듭니다. 만들어진 사각형 프레임은 색이나 테두리가 없는 상태로 만들어집니다.

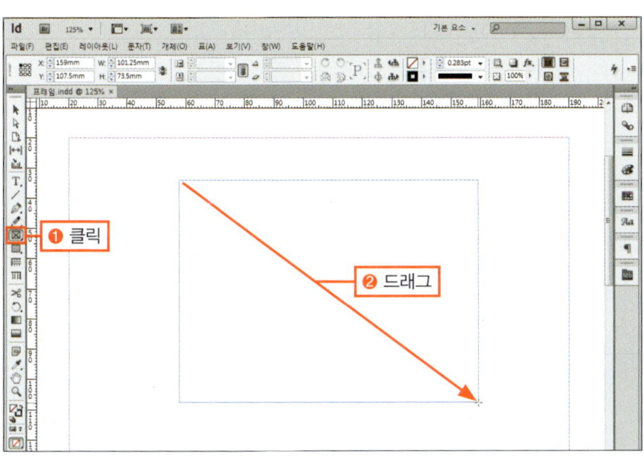

02 프레임 이동하기

❶도구 상자에서 [선택 도구](화살표)를 선택하거나 Ctrl을 누른 채 프레임에 마우스 포인터를 가져가면 화살표 모양으로 변경됩니다. ❷마우스로 드래그하여 선택한 프레임의 위치를 변경할 수 있습니다.

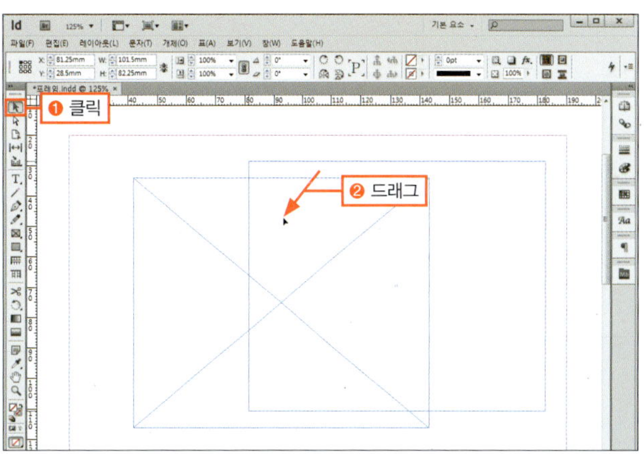

03 프레임의 일부분만 모양 변경하기

❶도구 상자에서 [직접 선택 도구](화살표)를 클릭하여 선택합니다. ❷프레임의 왼쪽 상단 모서리 조절점을 클릭하거나 주변을 드래그하여 선택합니다. 마우스로 드래그하여 프레임의 한 모서리만 위치를 변경하여 프레임의 전체 모양을 변경할 수 있습니다.

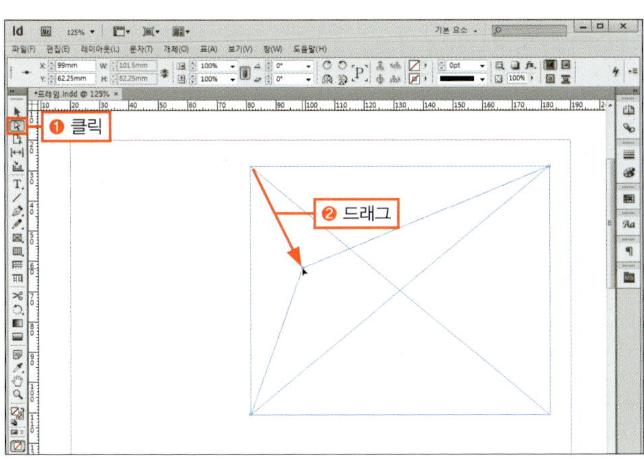

04 정해진 사이즈의 프레임 만들기

❶이번에는 사각형 프레임 도구를 선택한 상태에서 ❷화면을 클릭합니다. ❸[사각형] 대화상자에서 사각형의 폭과 높이를 'mm' 단위로 입력하고 ❹[확인]을 클릭합니다.

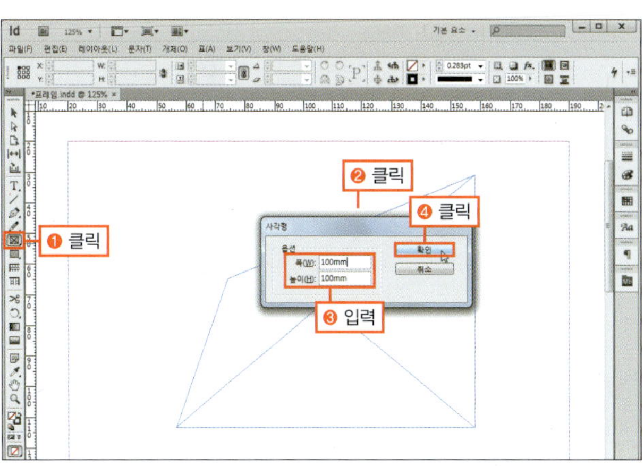

❶도구 상자에서 [다각형 프레임 도구]를 클릭하여 선택합니다. ❷화면을 클릭하여 [다각형] 대화상자에서 다음과 같이 폭과 너비를 입력합니다. ❸[다각형 설정] 영역에서 [면 수]를 '5'로 입력하고 [별모양 인세트]를 '40%'로 설정한 다음 ❹[확인]을 클릭합니다.

설정한 모양의 다각형이 만들어집니다. ❶선택 도구로 다각형을 선택하고 ❷모서리를 드래그하면 프레임의 크기를 조절할 수 있습니다. 이때 Shift 를 누른 채 드래그하면 가로와 세로 비율이 그대로 유지된 채 크기를 조절할 수 있습니다.

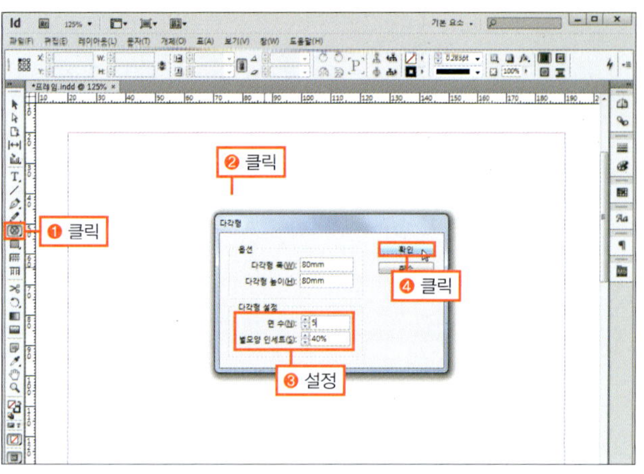
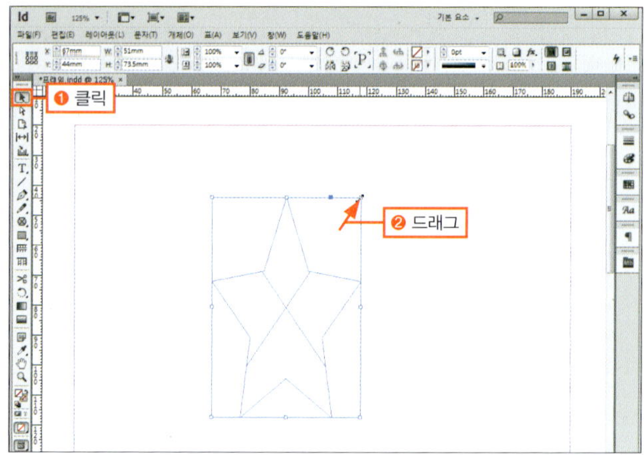

실습 과정

프레임 배경색과 테두리 설정하기

프레임에 배경색과 테두리를 설정해 봅니다.

○ **시작 파일** : Part04\프레임모양.indd
○ **완료 파일** : Part04\프레임모양_완료.indd

01 프레임에 색상 채우기

❶프레임을 선택하고 ❷[컨트롤] 패널에서 [칠 색]을 ❸'C=46 M=5 Y=18 K=0'으로 설정합니다. 프레임에 선택한 컬러가 채워집니다.

02 테두리 굵기 설정하기

사각형 프레임이 선택되어 있는 상태에서 ❶[컨트롤] 패널에서 ❷테두리 굵기를 '8pt'로 설정합니다.

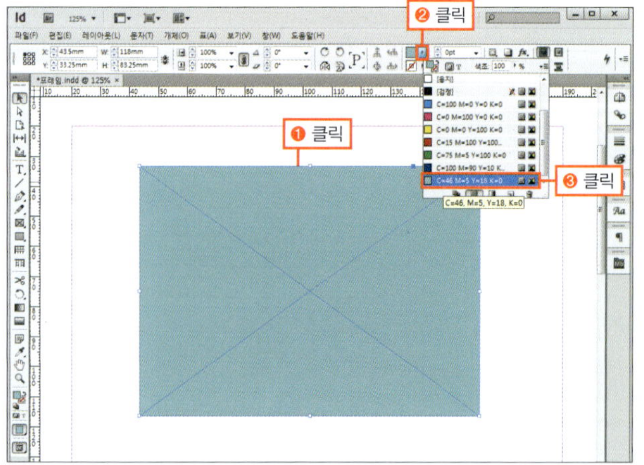
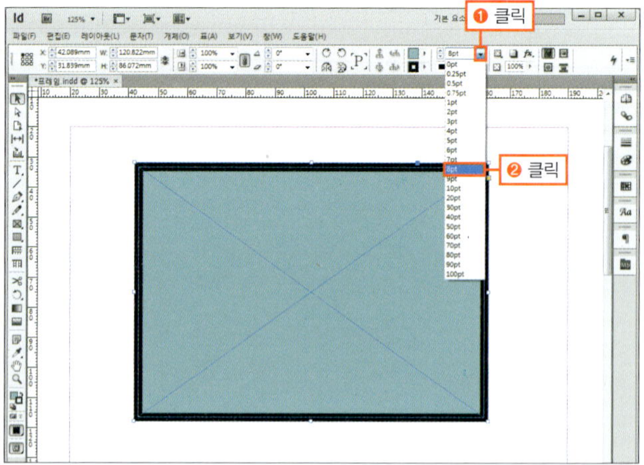

03 테두리 모양 설정하기

❶[컨트롤] 패널에서 ❷프레임의 테두리 종류를 '물결'로 설정합니다. 사각형 프레임의 테두리 모양을 자유롭게 설정할 수 있습니다.

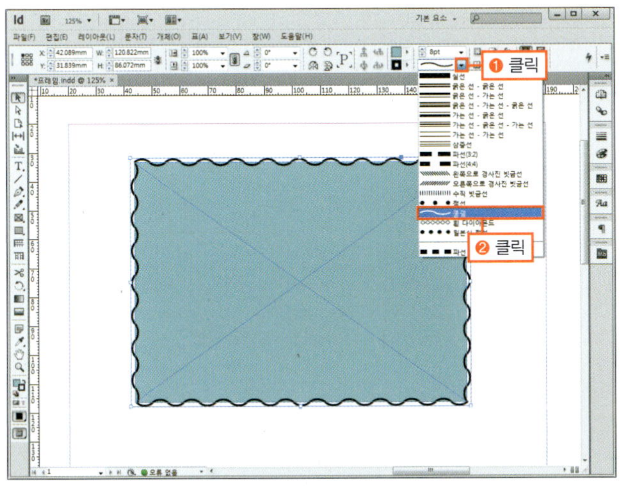

04 프레임 회전하기

❶사각형을 선택하고 모서리 선택점에 마우스 포인터를 가져가면 ⟲ 모양으로 변경됩니다. ❷드래그하여 원하는 방향으로 드래그하면 개체를 회전할 수 있습니다. ❸개체를 회전할 때 [컨트롤] 패널에서 [참조점](▦)을 선택하면 검은색으로 채워진 지점을 기준으로 회전하게 됩니다.

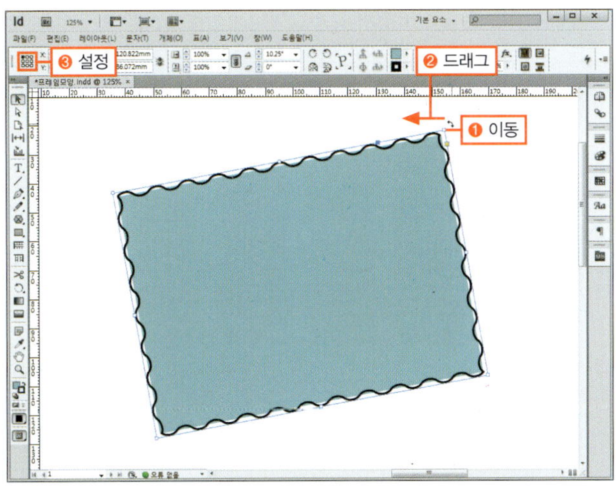

실습 과정

프레임 복제와 회전하기

프레임을 복사하는 방법과 회전시키는 방법에 대해 알아봅니다.

◉ **시작 파일** : Part04\프레임복사.indd
◉ **완료 파일** : Part04\프레임복사_완료.indd

01 프레임 복사하기

예제 파일을 불러온 후 ❶프레임을 클릭하여 선택합니다. ❷ Alt 를 누른 채 오른쪽으로 드래그하면 동일한 모양의 둥근 모서리가 거꾸로 둥근 사각형을 복사할 수 있습니다. 이 때 Shift 를 누르면 같은 일직선상에 프레임을 복사할 수 있습니다.

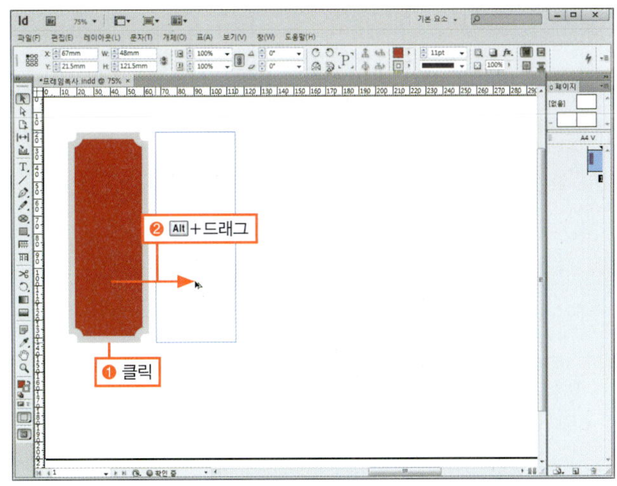

02 반복 실행하기

동일한 모양의 프레임을 복사하였으면 ❶Ctrl+D를 누르거나 [편집] 메뉴의 [복제]를 클릭하여 동일한 간격을 두고 프레임을 여러 개 복사할 수 있습니다.

03 단계 및 반복으로 복제하기

❶프레임을 선택하고 ❷[편집] 메뉴의 [단계 및 반복]을 실행합니다. ❸[단계 및 반복] 대화상자에서 [반복]의 [개수]를 '3'으로 입력하고 ❹[오프셋]의 [가로] 값을 '59mm'로 설정합니다. ❺[미리 보기]를 체크하여 복제되는 모습을 살펴보고 ❻[확인]을 클릭합니다.

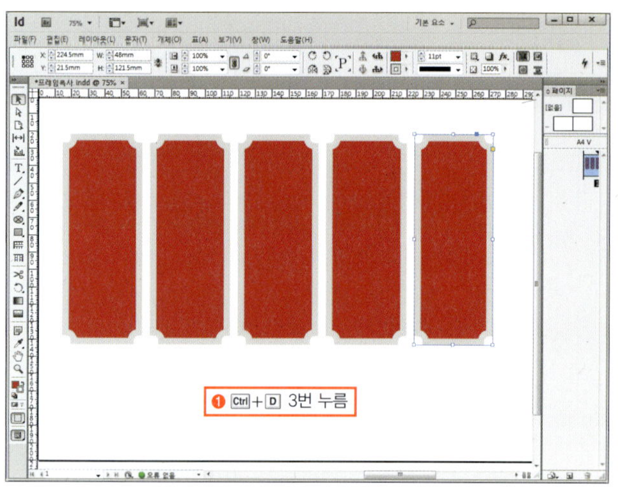

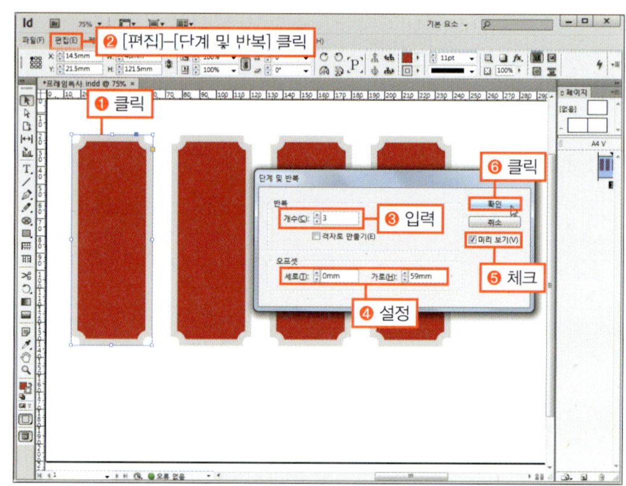

04 회전시켜 복제하기

❶도구 상자의 [회전 도구]( )를 선택합니다. ❷Alt를 누른 상태에서 사각형 프레임을 클릭합니다. ❸[회전] 대화상자에서 [각도]를 '-30°'로 입력하고 ❹[복사]를 클릭합니다.

05 회전 복사 확인하고 삭제하기

사각형 프레임이 회전한 상태로 복제된 것을 확인할 수 있습니다. ❶마우스로 클릭하여 선택한 후 ❷Delete를 클릭하여 복제된 사각형을 삭제합니다.

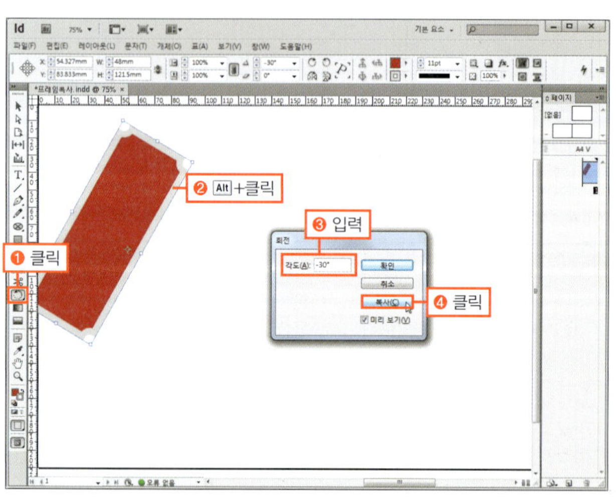

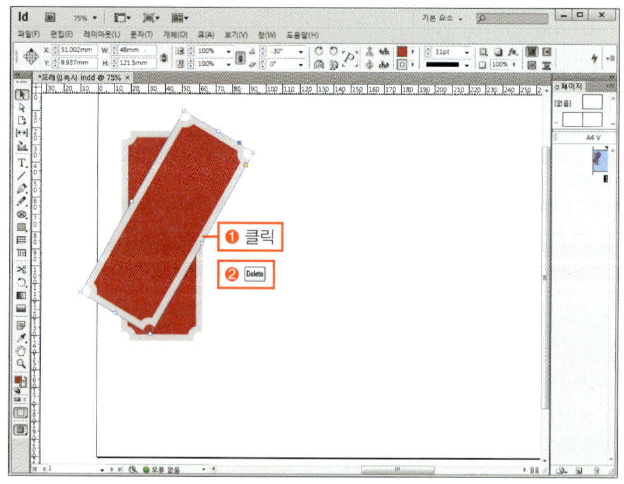

> **참고**
>
> 이때 [미리 보기]를 체크하여 회전 각도를 확인하면 편리합니다.

06 축소하여 복사하기

❶도구 상자에서 [크기 조정 도구]( )를 클릭하여 선택합니다. ❷ Ctrl 을 누른 상태에서 사각형 프레임을 클릭합니다. ❸[크기 조정] 대화상자에서 X와 Y 비율을 '50%'로 설정한 후 ❹[복사]를 클릭합니다.

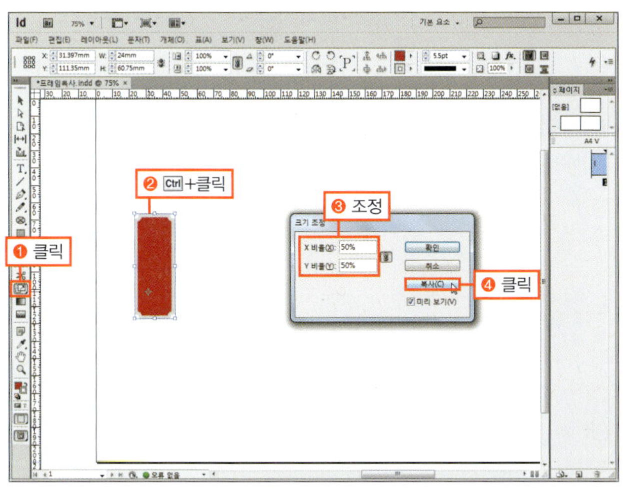

07 축소 복제 이미지 확인하기

❶축소된 복제 프레임을 확인하고 오른쪽으로 드래그하여 이동합니다. 전체 프레임의 크기뿐만 아니라 테두리 굵기도 함께 축소된 상태로 복제됩니다.

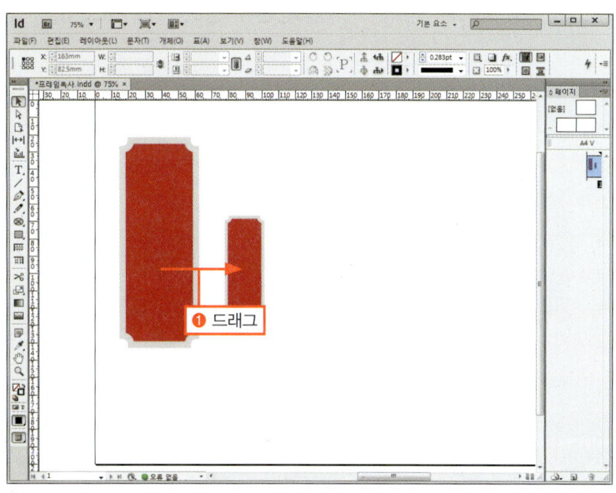

실습 과정

숨겨진 개체 선택하고 배치하기

프레임이 서로 겹쳐 있을 경우 뒤에 숨겨진 프레임을 선택하는 방법과 앞과 뒤에 배치하는 방법에 대해 알아봅니다.

◉ **시작 파일** : Part04\프레임배치.indd
◉ **완료 파일** : Part04\프레임배치_완료.indd

01 프레임 선택하기

❶마우스로 모든 프레임이 포함되도록 드래그하여 개체 모두를 선택합니다. 현재 문서의 경우 모두 네 개의 프레임으로 구성되어 있으며, 붉은색의 원 뒤에 검은색 원이 가려져 보이지 않는 상태입니다.

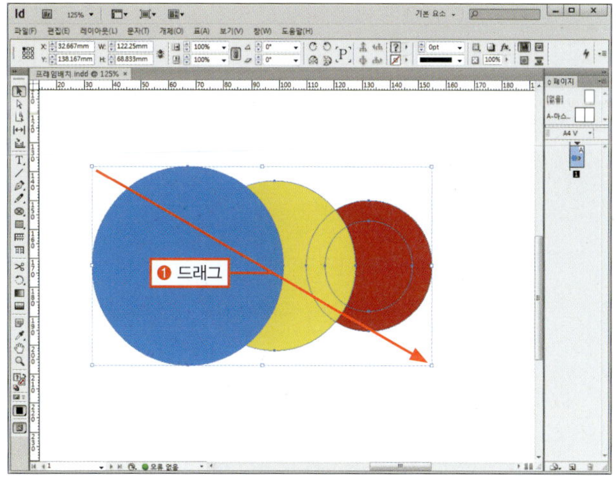

02 노란색 원 앞으로 가져오기

❶가운데 위치한 노란색 원을 선택하고 ❷마우스 오른쪽 버튼을 클릭하여 ❸[배치]-❹[앞으로 가져오기]를 실행합니다. 또는 [개체] 메뉴의 [배치]-[앞으로 가져오기]를 실행합니다. 노란색 원이 앞으로 배치되면서 파란색 프레임에 가려진 부분이 모두 나타납니다.

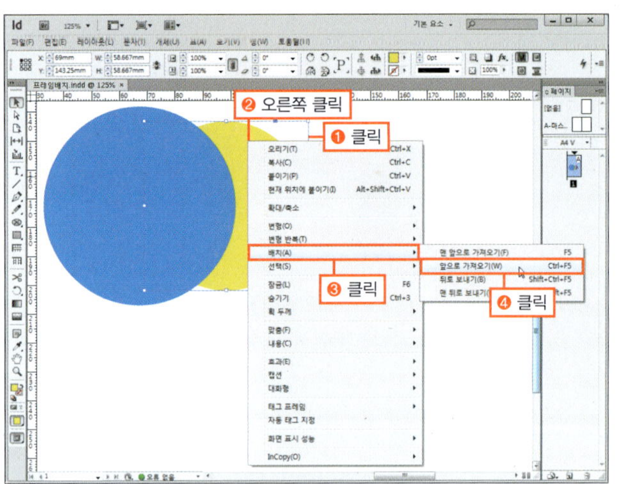

03 가려진 프레임 선택하기

붉은색 뒤에 가려진 검은색 원을 선택하기 위해 ❶붉은 색 원을 먼저 선택합니다. ❷마우스 오른쪽 버튼을 클릭한 후 ❸[선택]-❹[아래에 마지막 개체]를 실행하거나 [개체] 메뉴의 [선택]-[아래에 마지막 개체]를 실행합니다.

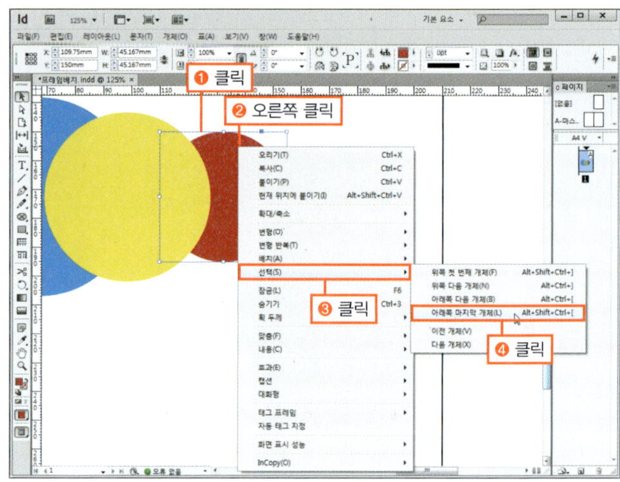

> **참고**
>
> 이때 클릭하는 위치가 중요합니다. 붉은색과 검은색 원이 겹쳐진 부분을 오른쪽 버튼으로 클릭하여야 뒤에 숨겨진 개체를 선택할 수 있습니다.

04 검은색 프레임 맨 앞으로 가져오기

붉은 색 프레임에 가려진 작은 원이 선택되면 ❶[개체] 메뉴의 [배치]-[맨 앞으로 가져오기]를 실행하여 검은색 프레임이 보이게 합니다.

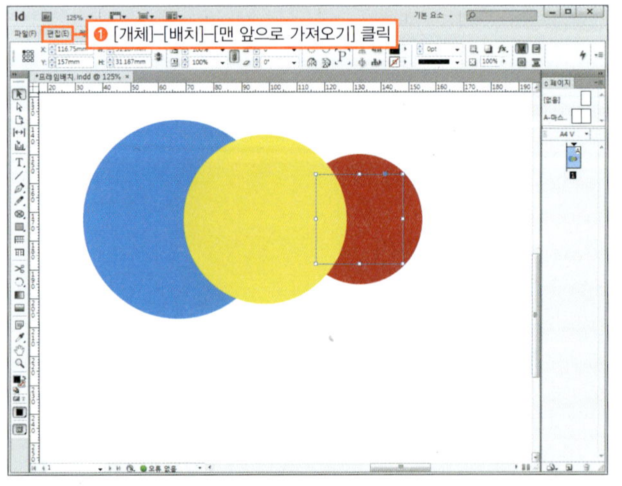

05 단축키로 차례대로 선택하기

❶Ctrl을 누른 상태에서 프레임이 겹쳐진 부분을 클릭하면 맨 앞에 위치한 프레임부터 순차적으로 선택할 수 있습니다.

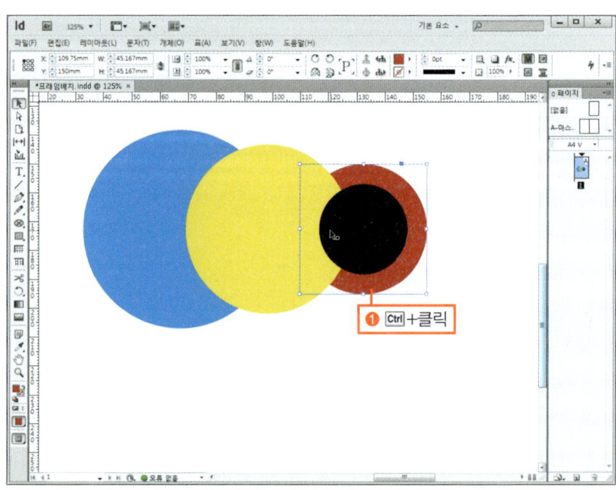

1 다음과 같이 육각형을 만든 후 채우기 색을 검정색으로 설정합니다. 다단 복제를 이용해 모두 4개의 육각형을 만들어 보세요.

◉ 완료 파일 : Part04\확인실습1.indd

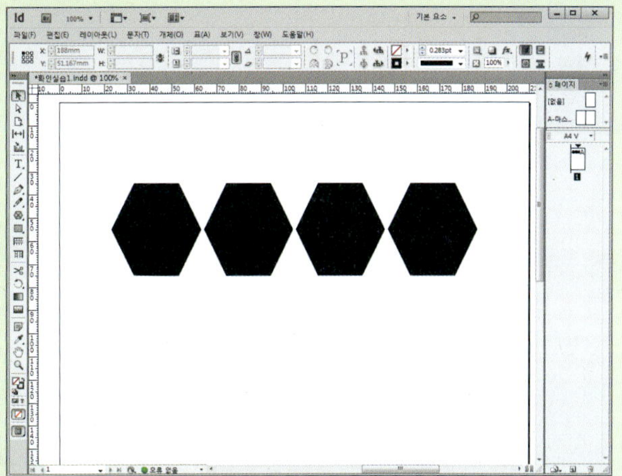

2 예제 문서의 이미지 뒤에는 텍스트가 입력되어 있는 프레임이 존재합니다. 그림 이미지를 뒤로 보내고 텍스트 프레임을 앞으로 이동하여 가려진 텍스트가 보이도록 변경해 보세요.

◉ **시작 파일** : Part04\확인실습2.indd
◉ **완료 파일** : Part04\확인실습2_완료.indd

>

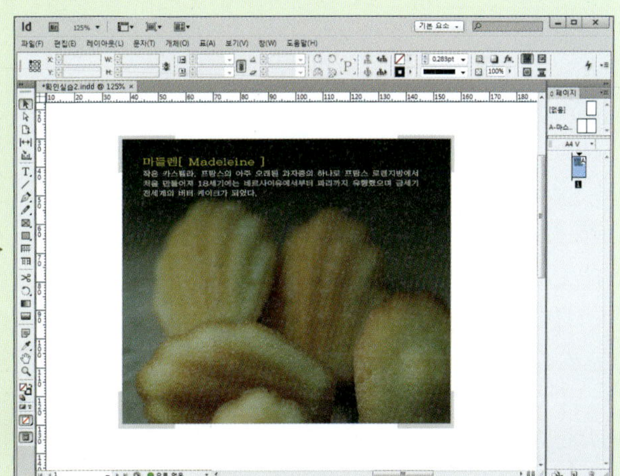

프레임 잠금 설정하고 해제하기

문서에 삽입한 프레임 및 개체의 위치 변경이나 삭제를 방지하기 위해서는 [잠금]을 설정하는 것이 편리합니다. 개체를 잠금 설정하는 방법과 잠금 설정을 해제하는 방법에 대해 알아봅니다.

1 [잠금] 설정하기

❶보호하고 싶은 대상 프레임을 선택하고 ❷마우스 오른쪽 버튼을 클릭하여 ❸[잠금]을 실행하거나 [개체] 메뉴의 [잠금]을 실행합니다.

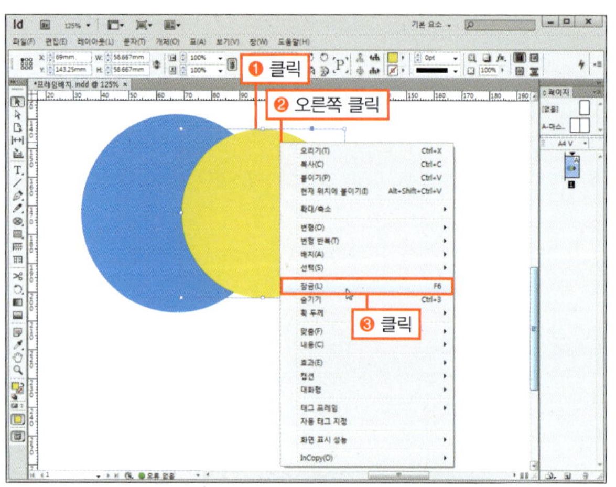

2 잠금 상태 확인하기

❶마우스로 드래그하여 모든 개체를 선택하였을 때 잠금이 설정된 노란색 원은 선택되지 않은 것을 볼 수 있습니다. 이와 같이 잠금을 설정하면 개체의 이동이나 삭제를 막을 수 있습니다.

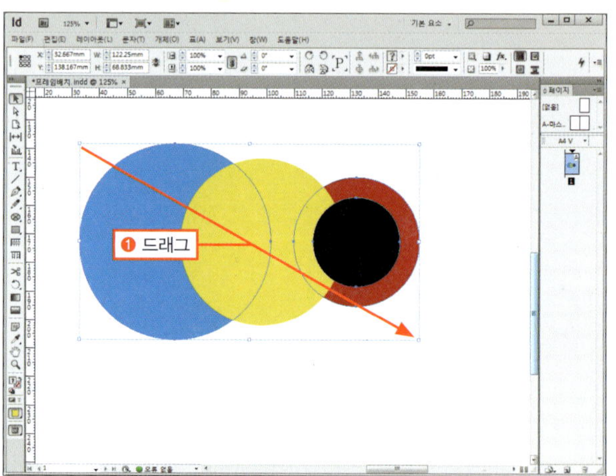

3 잠금 해제하기

잠가 놓은 개체를 편집하기 위해서는 잠금을 해제해야 합니다. ❶[개체] 메뉴의 ❷[스프레드에 모두 잠금 해제]를 실행합니다. 문서에 설정된 잠금이 모두 해제됩니다.

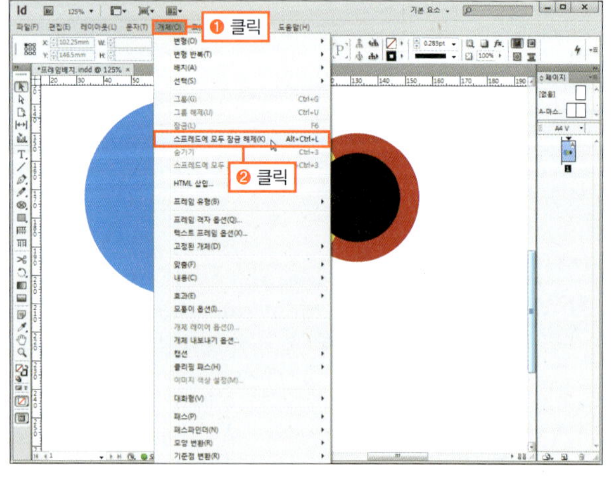

4 잠금 해제 확인하기

❶다시 한 번 드래그하여 모든 개체를 선택하면 노란색의 프레임도 함께 선택되는 것을 볼 수 있습니다. 이제 노란색 프레임의 위치나 모양 등을 변경할 수 있습니다. 이와 같이 필요에 따라 개체를 잠금하여 보호하거나 해제하여 편집할 수 있습니다.

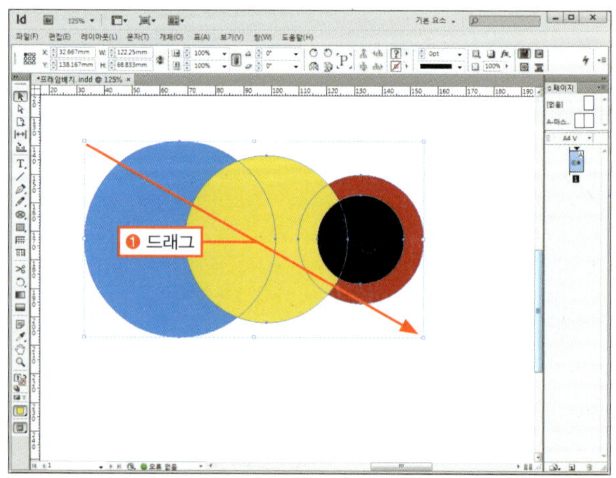

SECTION 02

프레임 안의 이미지 편집하기

문서에 이미지를 넣기 위해 프레임을 만든 후 이미지 파일을 가져오는 방법에 대해 알아봅니다. 또한, 프레임 안에 입력한 이미지의 위치와 크기, 확대/축소 비율 등을 조절하거나 편집하는 방법에 대해서도 알아봅니다.

다루는 내용

- 이미지 가져오기
- 여러 개의 이미지 가져오기
- 이미지 크기 변경하기
- 이미지 위치 조절하기
- 프레임 옵션 설정하기

기능 정리

프레임에 이미지 넣고 편집하기

프레임을 만들었으면 [가져오기] 명령을 통해 그래픽 이미지를 프레임 안에 입력할 수 있습니다. 프레임 안에 입력한 이미지는 위치와 크기 등을 자유롭게 변경할 수 있으며, 크기나 확대/축소 비율을 직접 설정할 수 있습니다.

● 이미지 가져오고 변형하기

문서에 이미지를 넣기 위해서는 프레임을 만든 후 [파일] 메뉴의 [가져오기]를 실행합니다. 프레임 안에 넣을 이미지 파일을 선택하고 [열기]를 클릭하면 가져오기 옵션을 설정할 수 있습니다. 가져오기 옵션에서는 클리핑 패스의 적용과 포토샵 파일의 경우 레이어를 선택하여 가져오기를 실행할 수 있습니다.

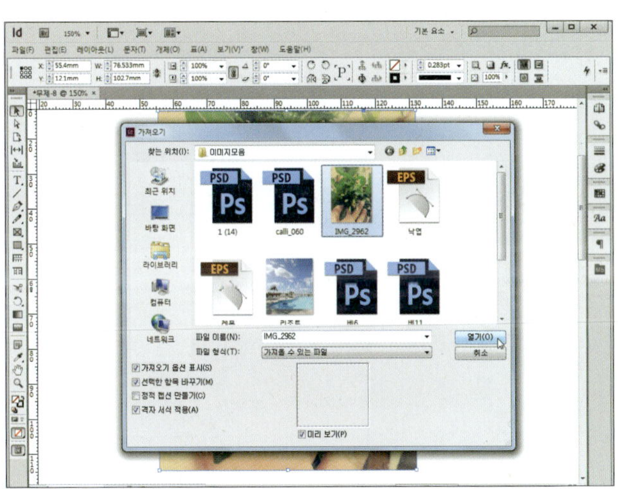
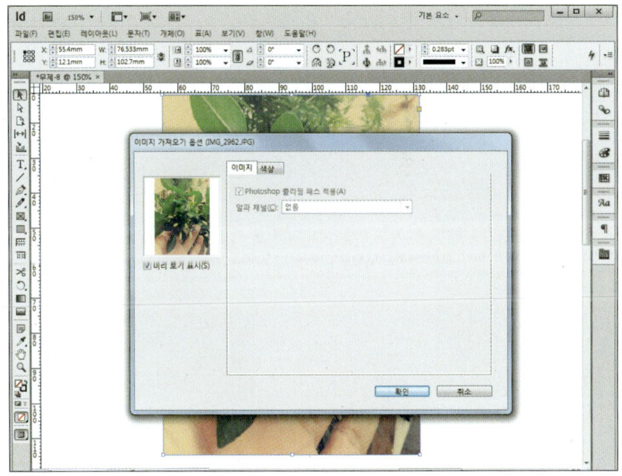

문서에 입력한 그래픽 프레임은 위치나 크기를 자유롭게 변경할 수 있습니다. 도구 상자의 [선택 도구](▶)를 선택한 후 프레임을 드래그하여 위치를 이동하거나 각 조절점을 드래그하여 크기를 변경할 수 있습니다. 또한, [직접 선택 도구](▶)를 이용하면 프레임의 모서리 한 곳만 수정하거나 프레임 안에 입력된 이미지의 위치를 조절할 수 있습니다. 선택 도구로 프레임이 선택된 상태에서 Delete 를 눌러 선택한 프레임을 삭제할 수 있습니다.

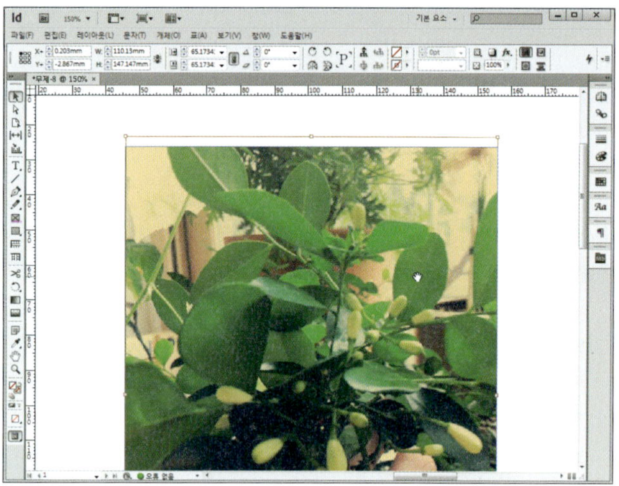

● 프레임 옵션 설정하기

프레임 안에 이미지를 넣을 경우 프레임에 내용을 자동으로 맞춰 확대/축소 비율을 조절할 수 있으며, 이미지 크기에 맞춰 프레임 크기를 자동으로 맞출 수 있습니다. 이미지를 마우스 오른쪽 버튼으로 클릭하거나 [개체] 메뉴의 [맞춤]에서 옵션을 설정할 수 있습니다. [프레임 맞춤 옵션] 대화상자에서 [자동 맞춤]을 설정해 놓으면 이미지를 다른 이미지로 변경할 경우 자동으로 설정해 놓은 옵션에 따라 적용됩니다.

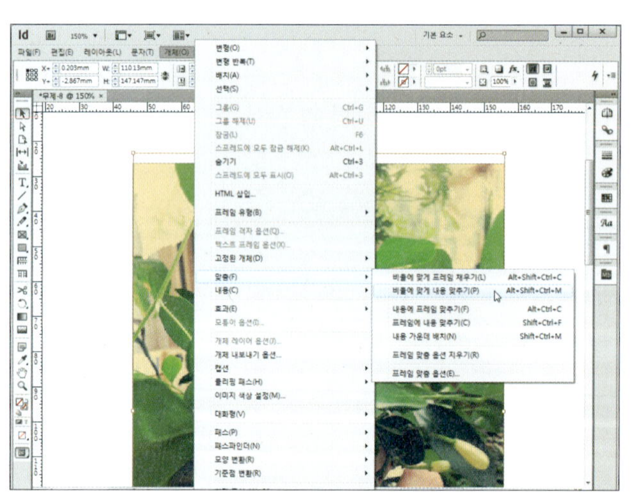
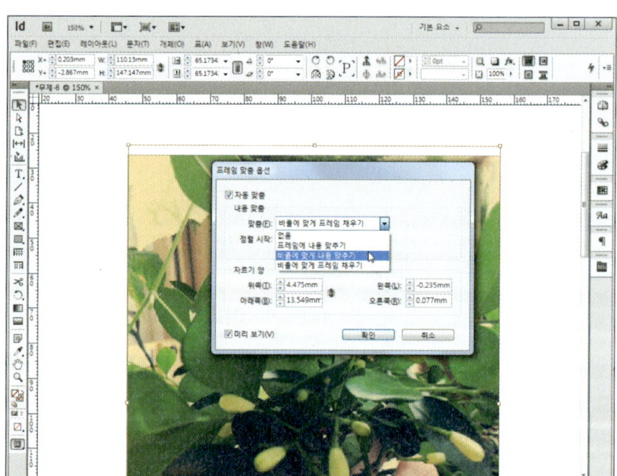

● 여러 개의 이미지 한번에 가져오기

[파일] 메뉴의 [가져오기]를 실행하여 여러 개의 이미지를 함께 가져올 수 있습니다. Ctrl + Shift 를 누른 상태에서 드래그하면 3×3 형식으로 이미지를 가져올 수 있습니다. 9개 이상을 가져오기 한 경우에는 9개를 먼저 입력하고, 다시 드래그하여 나머지 이미지를 입력할 수 있습니다.

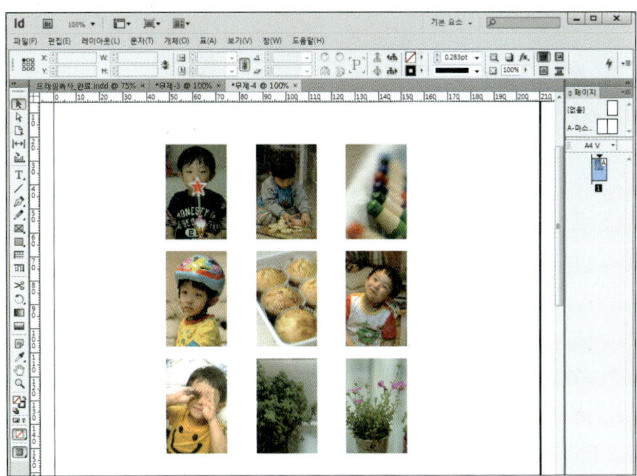

● 여러 개의 프레임 정렬하기

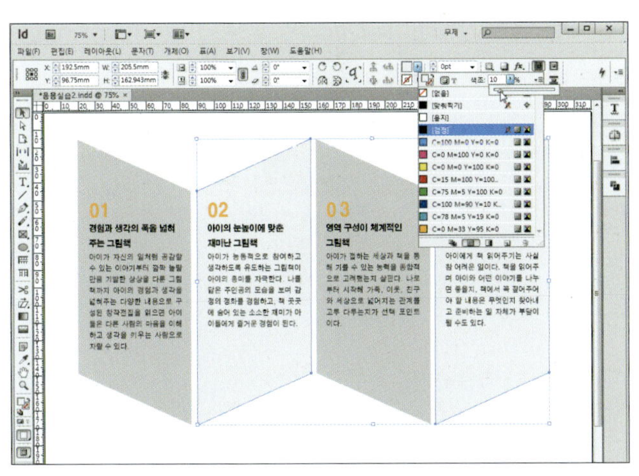

그래픽이 담긴 프레임이 여러 개 있을 경우 [정렬] 패널을 이용해 나란히 또는 동일한 간격이 벌어지도록 정렬할 수 있습니다. [창] 메뉴의 [개체 및 레이아웃]-[정렬]을 실행하여 [정렬] 패널을 불러옵니다. [정렬] 패널에서 여러 개의 이미지를 정렬하거나 균등 배치할 수 있습니다.

● 화면 표시 성능 설정하기

프레임 안에 입력한 그래픽 이미지의 화면 표시 성능을 간단, 일반, 고품질 표시 중에서 설정할 수 있습니다. 화면 표시 성능은 최종 인쇄 품질과는 무관하며, 화면상에서만 어떻게 표현할지를 설정하는 기능입니다. 고품질로 화면 성능을 설정하면 깨끗하게 표현되는 이미지를 확인할 수 있지만 용량이 큰 이미지의 경우 로딩 시간이 오래 걸리는 단점이 있습니다. 적절하게 사용자가 설정하여 작업하도록 합니다.

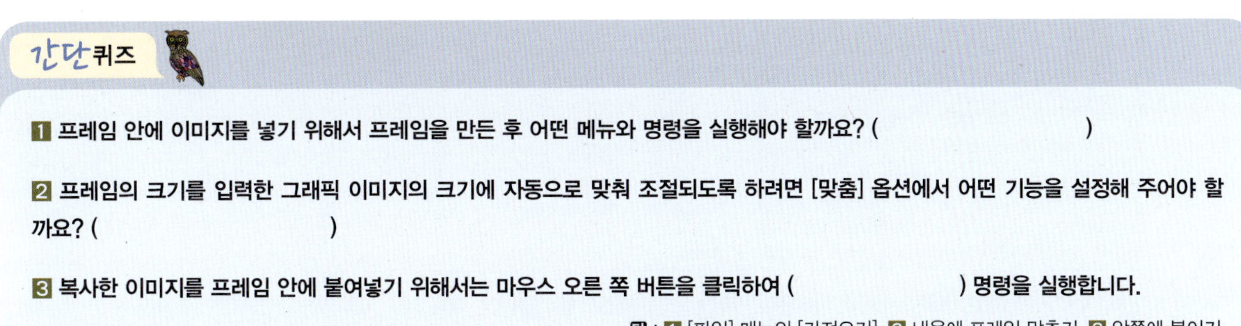

간단퀴즈

1 프레임 안에 이미지를 넣기 위해서 프레임을 만든 후 어떤 메뉴와 명령을 실행해야 할까요? (　　　　　　　　　)

2 프레임의 크기를 입력한 그래픽 이미지의 크기에 자동으로 맞춰 조절되도록 하려면 [맞춤] 옵션에서 어떤 기능을 설정해 주어야 할까요? (　　　　　　　　)

3 복사한 이미지를 프레임 안에 붙여넣기 위해서는 마우스 오른 쪽 버튼을 클릭하여 (　　　　　　　　) 명령을 실행합니다.

답 : **1** [파일] 메뉴의 [가져오기], **2** 내용에 프레임 맞추기, **3** 안쪽에 붙이기

이미지 프레임에 이미지 넣고 크기와 위치 조절하기

프레임 안에 이미지 파일을 가져와 크기와 위치, 확대/축소 비율을 설정해 봅니다.

◎ **시작 파일** : Part04\이미지.indd
◎ **완료 파일** : Part04\이미지_완료.indd

01 프레임 만들고 [가져오기] 실행하기

❶도구 상자에서 [사각형 프레임 도구]를 선택하고 마우스로 드래그하여 이미지를 넣을 프레임을 만듭니다. ❷[파일] 메뉴의 ❸[가져오기]를 실행합니다.

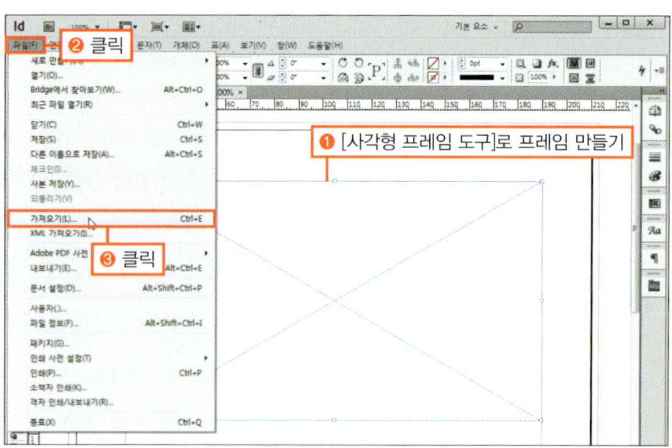

02 가져올 이미지 열기

❶[가져오기] 대화상자에서 프레임에 넣을 이미지 'DSCF0142.jpg'를 선택하고 ❷[가져오기 옵션 표시]를 체크하고 ❸[열기]를 클릭합니다.

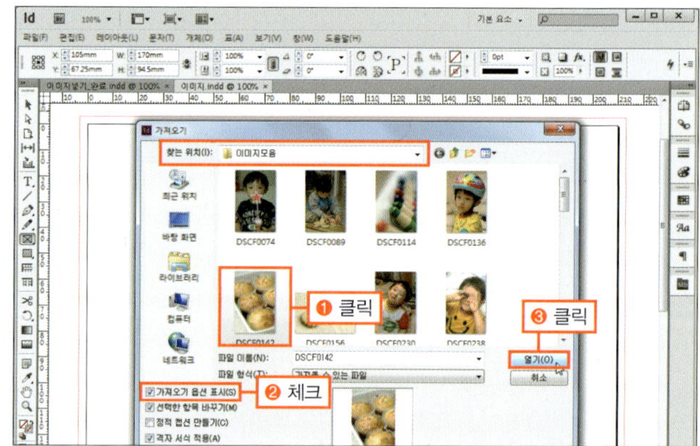

03 가져오기 옵션 확인하기

[이미지 가져오기 옵션] 대화상자에서 내용을 확인하고 ❶[확인]을 클릭합니다.

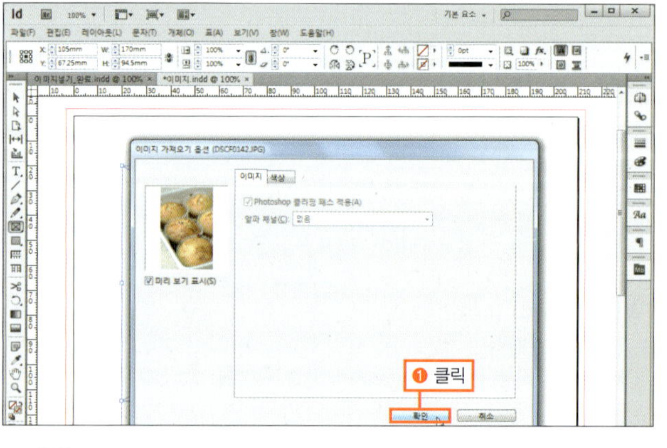

04 이미지 이동하기

이미지는 프레임의 왼쪽 상단 모서리를 기준으로 100% 비율로 입력됩니다. ❶[선택 도구]를 더블클릭하면 프레임 안에 입력한 이미지를 선택할 수 있습니다. ❷마우스 포인터가 손 모양으로 변경되면 드래그하여 이미지의 원하는 부분이 보이도록 조정합니다.

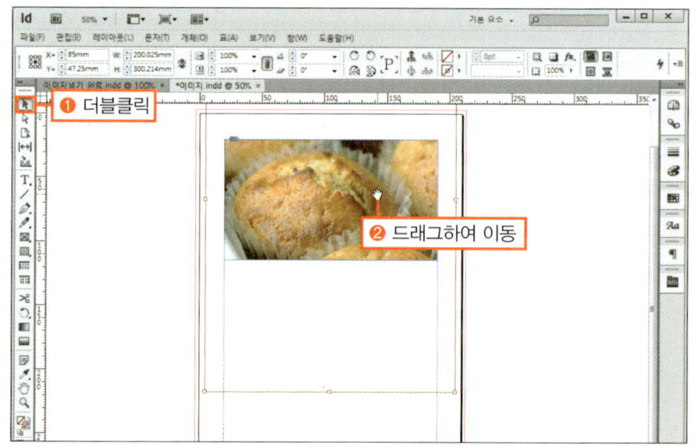

참고

프레임 크기보다 이미지가 더 큰 경우 이미지의 일부분이 가려져 보이지 않을 수 있습니다. 이런 경우 이미지의 특정 부분만 보이도록 하거나 확대/축소 비율을 적용하여 이미지를 전체적으로 보이도록 조정할 수 있습니다.

프레임 안에 입력한 그림 이미지가 선택된 상태에서 ❶[컨트롤] 패널에서 [참조점] 아이콘의 왼쪽 상단 부분을 클릭하여 검게 채워줍니다(▦). ❷X와 Y의 위치를 모두 '0'으로 입력합니다.

> **참고**
>
> 그림 이미지가 아닌 프레임이 선택되어 있는 상태에서 기준점을 '0'으로 입력하면 프레임의 위치가 변경됩니다. 반드시 안쪽에 입력한 이미지가 선택된 상태에서 X와 Y 위치를 '0'으로 입력하도록 합니다.

07 프레임 크기 조절하기

❶프레임의 모서리를 조절하여 이미지의 크기와 동일하도록 맞춥니다.

06 이미지의 확대/축소 비율 설정하기

프레임 안에서의 이미지 기준점을 설정하였으면 ❶[컨트롤] 패널의 X 비율을 '50%'로 설정합니다. 이때 [크기 조절 비율 제한](🔒)을 설정해 놓으면 Y 비율도 자동으로 '50%'로 변경됩니다. Y 비율도 '50%'로 설정되었는지 확인합니다.

> **참고**
>
> [크기 조절 비율 제한](🔒)을 설정해 놓지 않은 경우 Y 비율 값을 '50%'로 입력해 줍니다.

08 프레임 모양 변경하기

이미지를 넣은 프레임의 모양은 언제든 다른 모양으로 변경할 수 있습니다. ❶프레임을 선택하고 ❷[개체] 메뉴의 ❸[모양 변환]-❹[모서리가 둥근 사각형]을 실행합니다.

09 모서리 모양 확인하기

사각형의 직각 모서리가 다음과 같이 둥근 모양으로 변경
된 것을 확인할 수 있습니다. 이외에도 프레임을 타원이나
다각형 등 다양한 모양으로 변경할 수 있으며, 프레임의 모
양에 따라 이미지의 일부분이 가려져 보이지 않을 수도 있
습니다.

참고

둥근 모서리 모양은 [개체] 메뉴의 [모퉁이 옵션]에서 가장 최근에
설정해 놓은 모양으로 적용됩니다.

실습 과정

여러 개의 이미지 한번에 가져오기

여러 개의 이미지를 한번에 선택하여 문서에 가져오기 하는 방법에 대해 알아봅니다.

○ **시작 파일** : Part04\여러이미지.indd
○ **완료 파일** : Part04\여러이미지_완료.indd

01 가져올 그래픽 이미지 선택하기

예제 문서를 불러온 후 ❶[파일] 메뉴의 [가져오기]를 실
행합니다. 현재 예제 문서에는 안내선이 설정되어 있는 상
태입니다. ❷[가져오기] 대화상자에서 Ctrl을 누른 채 클릭
하여 다음과 같이 네 개의 이미지 파일을 선택합니다. ❸
[가져오기 옵션 표시]의 체크를 해제하고 ❹[열기]를 클릭
합니다.

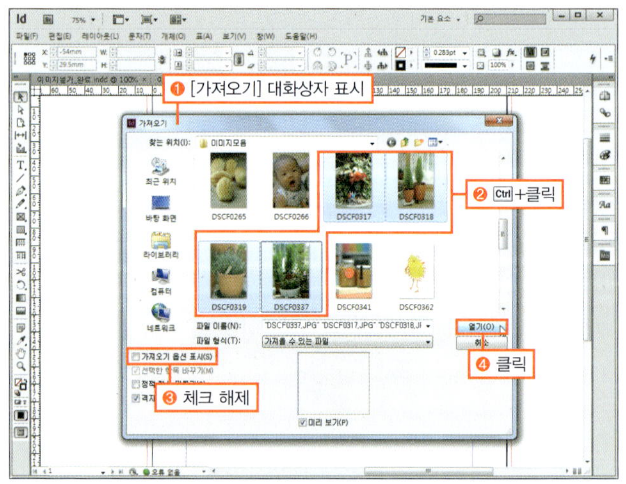

그림을 가져올 때 설정할 수 있는 옵션으로 [이미지]와 [색상] 탭으로 구성되어 있습니다. 클리핑 패스나 특정 프로필을 적용하지 않을 경우 가져오기 옵션의 확인은 불필요하므로 [가져오기 옵션 표시]의 체크를 해제하는 것이 편리합니다. 여러 개의 이미지를 선택하여 가져올 경우 [가져오기 옵션 표시]를 체크하면 이미지 개수만큼 옵션 상자를 확인하고 닫아야 하는 번거로움이 생길 수 있습니다.

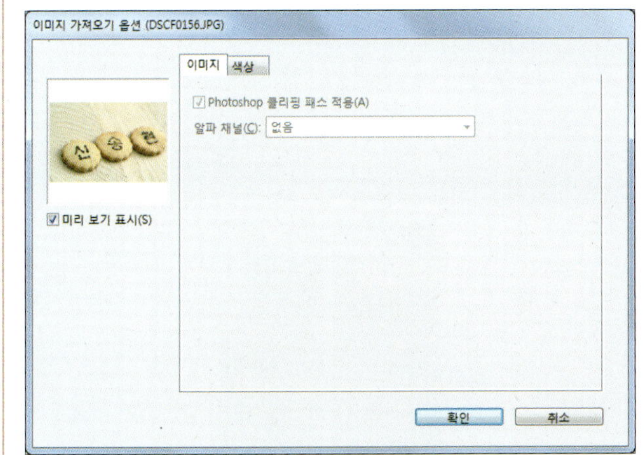
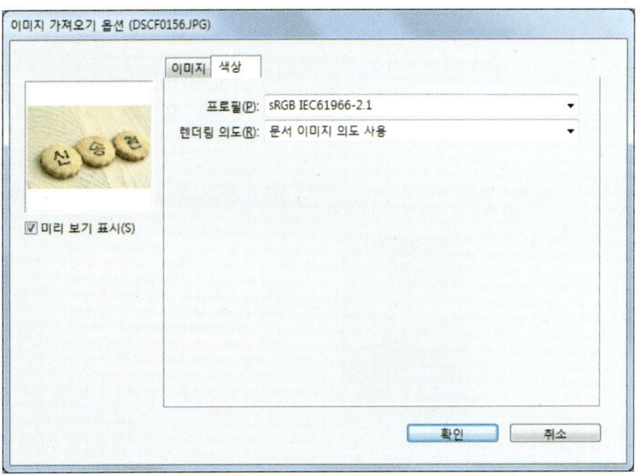

02 이미지 파일 표시 확인하기

커서 위치에 4개의 파일이 표시되어 있으며, 파일의 순서대로 문서에 입력할 수 있습니다.

03 첫 번째 이미지 넣기

❶마우스로 드래그하여 첫 번째 이미지를 문서에 넣습니다. 안내선에 맞춰 마우스로 드래그하여 그림의 위치와 크기를 만들 수 있으며, 그림의 확대/축소 비율은 마우스로 드래그하는 프레임의 크기에 맞춰 자동으로 조절됩니다.

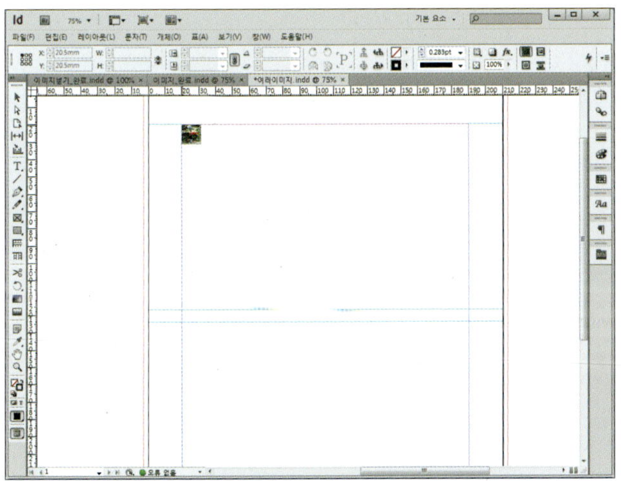

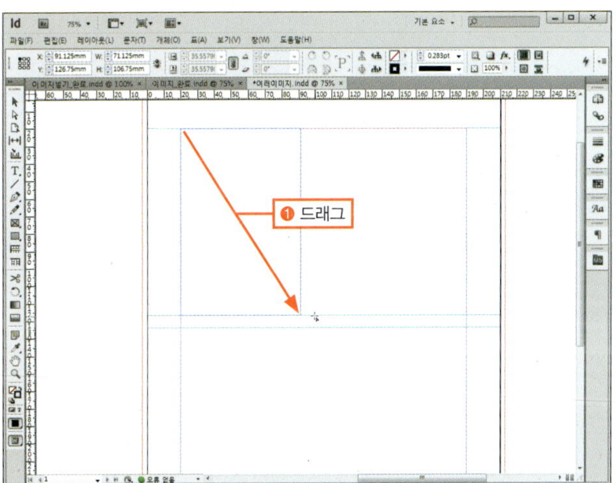

이미지를 넣는 순서는 파일이 위치한 폴더 내에서 이름 순으로 순서가 정해집니다.

프레임과 그림 이미지의 맞춤 옵션은 기본적으로 내용에 프레임이 맞춰지도록 설정되어 있습니다.

첫 번째 이미지가 문서에 입력됩니다. 곧바로 ❶오른쪽에 드래그하여 동일한 크기의 프레임을 만들어 두 번째 이미지를 넣습니다. 고급 안내선이 두 번째 이미지 프레임과 첫 번째 이미지 프레임의 크기가 동일한 지를 안내해줍니다.

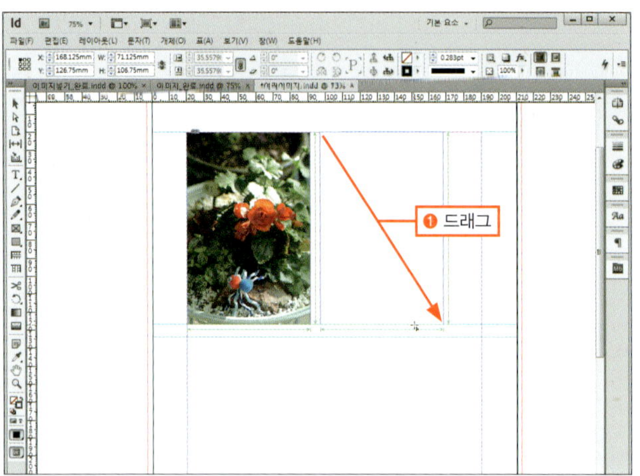

고급 안내선과 문서에 만들어 놓은 안내선을 참고하여 ❶ 네 개의 이미지를 다음과 같이 동일한 크기로 문서에 넣습니다.

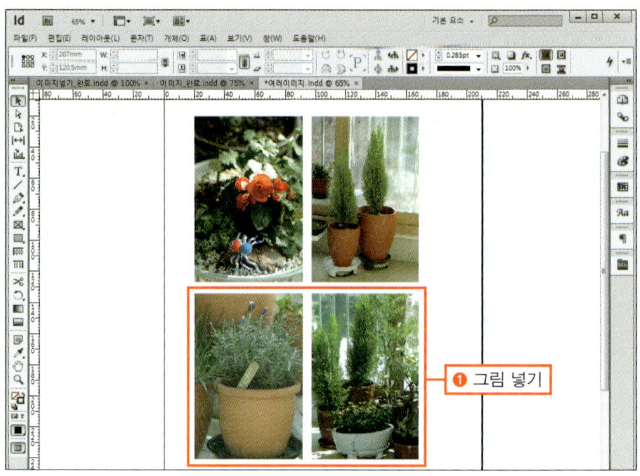

참고 •

원본 이미지의 크기나 비율이 서로 다른 경우, 가로나 세로 크기 중에서 큰 부분을 기준으로 이미지가 배치됩니다. 그러므로 최상의 결과물을 위해서는 포토샵에서 모든 이미지의 크기를 동일하게 맞춰 준 다음 가져오는 것이 편리합니다.

실습 과정

프레임 맞춤 옵션 설정하기

프레임과 이미지를 어떻게 맞춰줄 것인지 옵션을 설정해 봅니다.

◎ **시작 파일** : Part04\맞춤옵션.indd
◎ **완료 파일** : Part04\맞춤옵션_완료.indd

01 사각형 프레임 만들기

❶도구 상자에서 [사각형 프레임 도구]를 선택하고 ❷마우스로 드래그하여 사각형 프레임을 만듭니다.

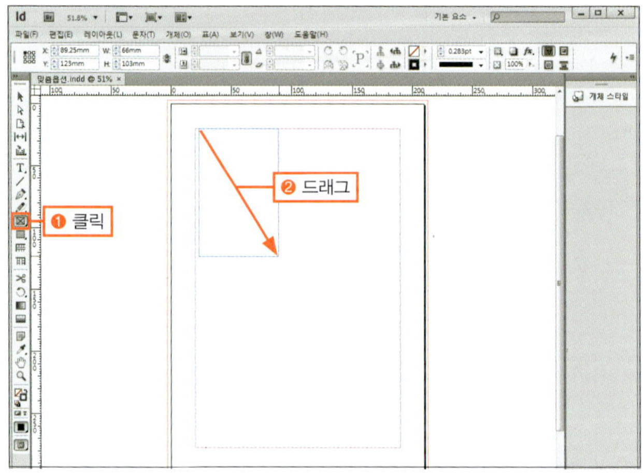

02 [맞춤 옵션] 명령 실행하기

❶프레임을 선택하고 ❷마우스 오른쪽 버튼을 클릭하여 ❸
[맞춤]-❹[프레임 맞춤 옵션]을 실행하거나 [개체] 메뉴의
[맞춤]-[프레임 맞춤 옵션]을 실행합니다.

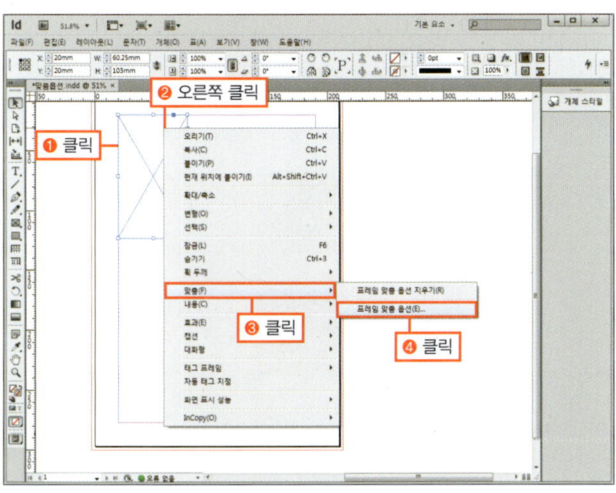

03 맞춤 옵션 설정하기

❶[프레임 맞춤 옵션]에서 [자동 맞춤]을 체크합니다. ❷
[내용 맞춤]을 '비율에 맞게 내용 맞추기'로 설정하고 [정
렬 시작]을 중앙으로 설정합니다. 모든 옵션을 설정하고 ❸
[확인]을 클릭합니다.

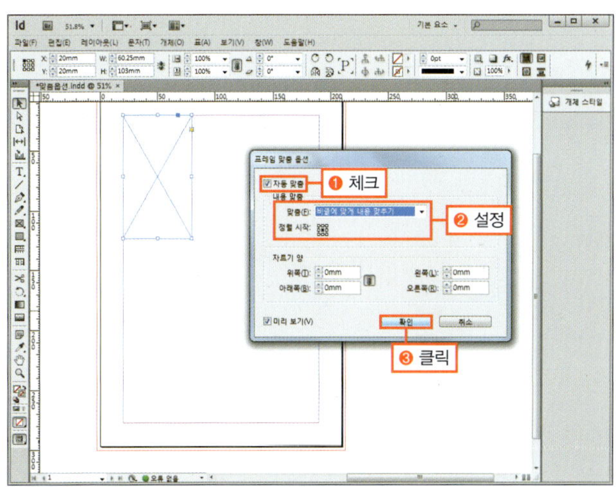

04 이미지 파일 가져오기

맞춤 옵션을 설정하였으면 ❶[파일] 메뉴의 [가져오기]를
실행합니다. ❷'DSCF0074.jpg' 파일을 선택하고 ❸[열기]
를 클릭합니다.

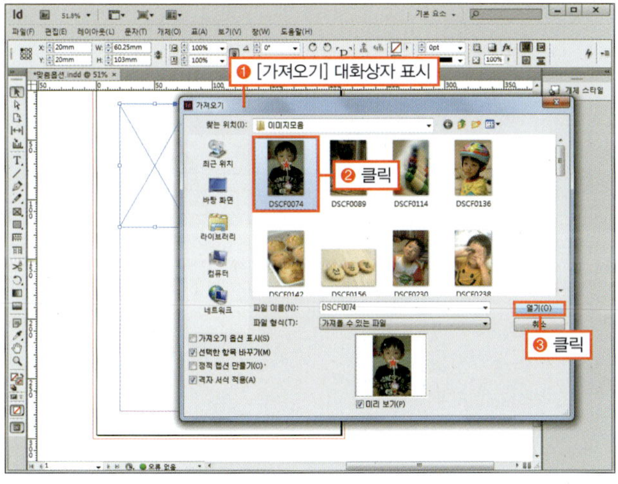

05 이미지 확인하기

선택한 이미지가 프레임 안에 입력되었습니다. 프레임 맞
춤 옵션에서 설정한 것과 같이 가운데 점을 기준으로 일정
한 비율로 가로/세로 중 넓은 곳을 기준으로 채워졌습니다.

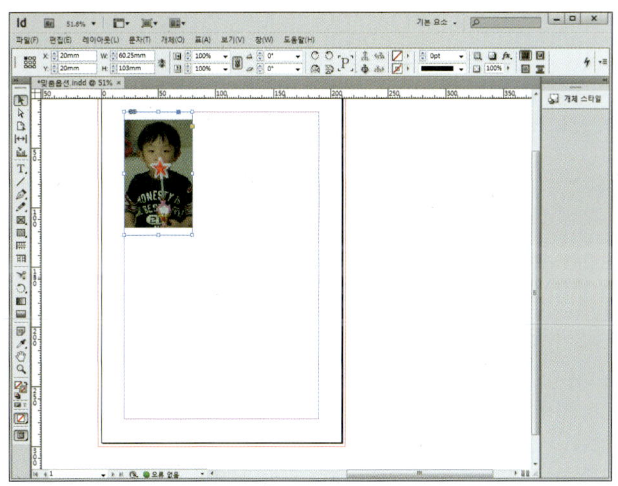

06 이미지 크기와 프레임 크기 맞추기

프레임과 이미지의 크기를 맞추기 위해 ❶마우스 오른쪽
버튼으로 클릭한 후 [맞춤]-[내용에 프레임 맞추기]를 실
행합니다. 이미지와 프레임 크기가 동일하게 변경되면 프
레임을 드래그하여 왼쪽 모서리 부분으로 위치를 이동합
니다.

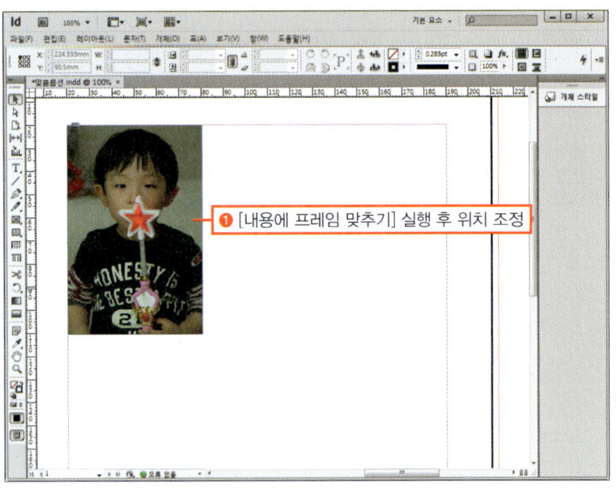

07 프레임 복사하기

❶Ctrl+Shift를 누른 채 맞춤 옵션이 설정된 프레임을 드
래그하여 오른쪽에 하나 더 복사합니다. ❷복사한 프레임
을 선택하고 ❸[파일] 메뉴의 [가져오기]를 실행합니다.

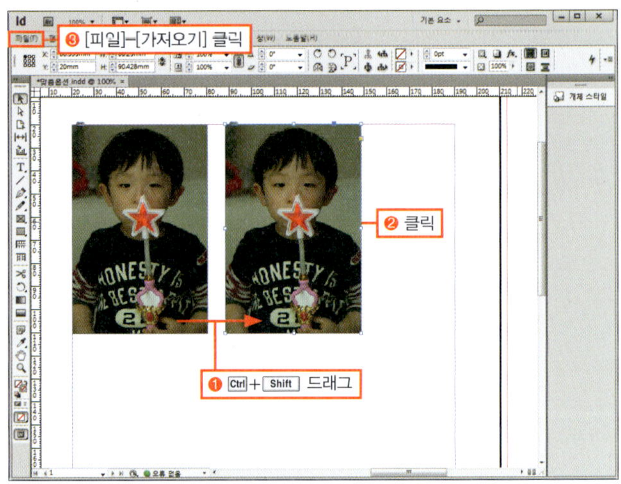

08 이미지 파일 가져오기

❶[가져오기] 대화상자에서 다음과 같이 'DSCF0230.jpg'
파일을 선택하고 ❷[열기]를 클릭합니다.

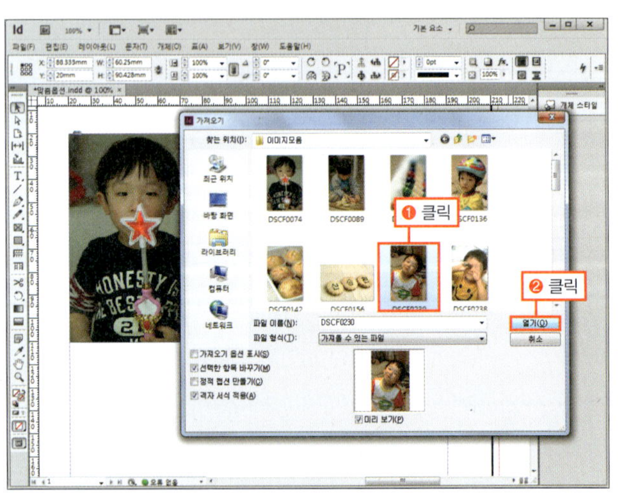

09 이미지 확인하기

맞춤 옵션이 설정되어 있으므로 다음과 같이 자동으로 프
레임 크기에 맞춰 이미지가 일정한 비율로 채워집니다. 동
일한 크기의 이미지를 문서에 여러 개 넣을 경우 맞춤 옵션
을 활용하면 편리합니다.

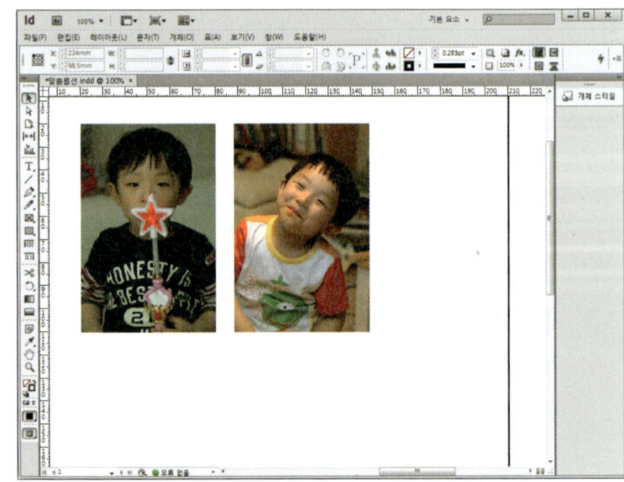

맞춤 옵션이 설정되어 있는 프레임을 개체 스타일에 등록하면 자동으로 맞춤 옵션 내용이 스타일로 등록됩니다. 맞춤 옵션은 많은 개수의 동일한 크기로 구성된 이미지를 반복해서 넣어야 할 경우 활용하면 편리한 기능이지만, 이미지의 원본 크기를 확인할 수 없어 인쇄 시 해상도가 문제될 수 있습니다. 그러므로 필요한 경우에만 맞춤 옵션을 등록하여 활용하도록 합니다.

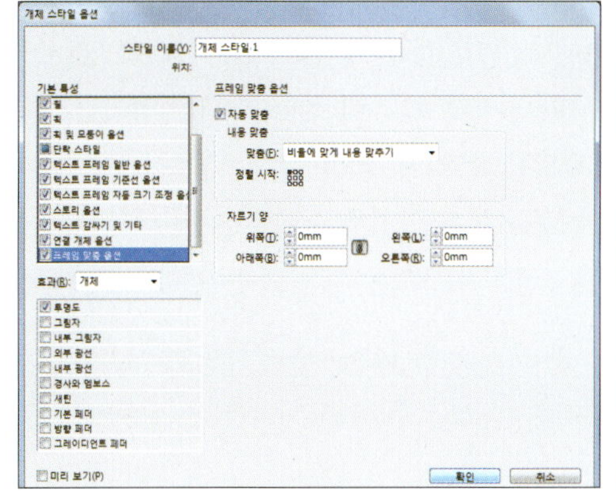

또한, 프레임에 설정한 맞춤 옵션이 불필요한 경우 오른쪽 버튼을 클릭하여 [맞춤]–[프레임 맞춤 옵션 지우기]를 실행합니다. 프레임에 설정된 맞춤 옵션이 취소되고, 이미지를 넣을 경우 왼쪽 상단 모서리를 기준으로 100% 비율로 이미지를 넣을 수 있습니다.

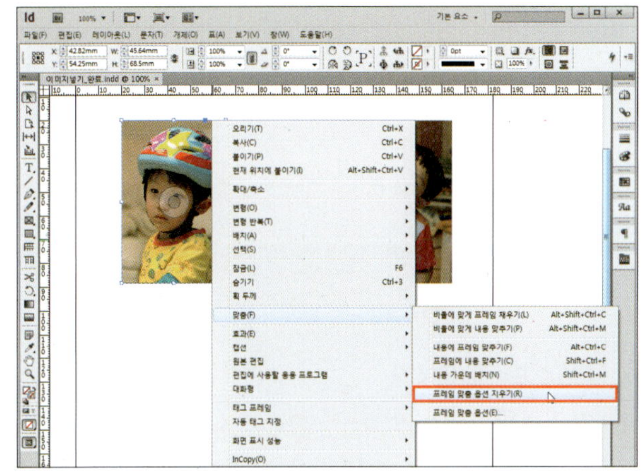

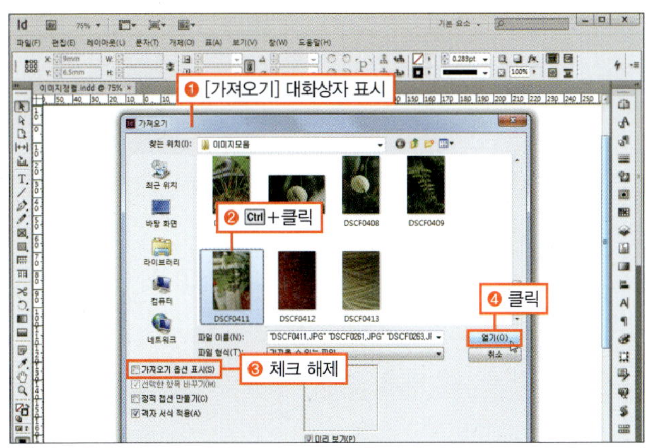

실습 과정

여러 개의 이미지 가져와 정렬하기

여러 개의 이미지를 한번에 가져오기 한 후 이미지 사이의 간격을 설정해 봅니다.

◎ **시작 파일** : Part04\이미지정렬.indd
◎ **완료 파일** : Part04\이미지정렬_완료.indd

01 9개의 이미지 가져오기

❶[파일] 메뉴의 [가져오기]를 실행합니다. ❷9개의 이미지를 Ctrl 을 누른 채 클릭하여 모두 선택하고 ❸[가져오기 옵션 표시]의 체크는 해제합니다. ❹[열기]를 클릭합니다.

선택한 이미지는 'DSCF0411.JPG', 'DSCF0261.JPG', 'DSCF0263.JPG', 'DSCF0317.JPG', 'DSCF0318.JPG', 'DSCF0319.JPG', 'DSCF0337.JPG', 'DSCF0382.JPG', 'DSCF0385.JPG'의 9가지 이미지입니다.

02 3×3 형식으로 이미지 넣기

❶ Ctrl 과 Shift 를 함께 누르면 포인터가 모양으로 변경됩니다. 마우스로 드래그하여 9개의 이미지가 들어갈 영역을 만듭니다. 이때 파란색으로 이미지 하나당 크기를 확인할 수 있으므로 적절한 크기로 드래그합니다.

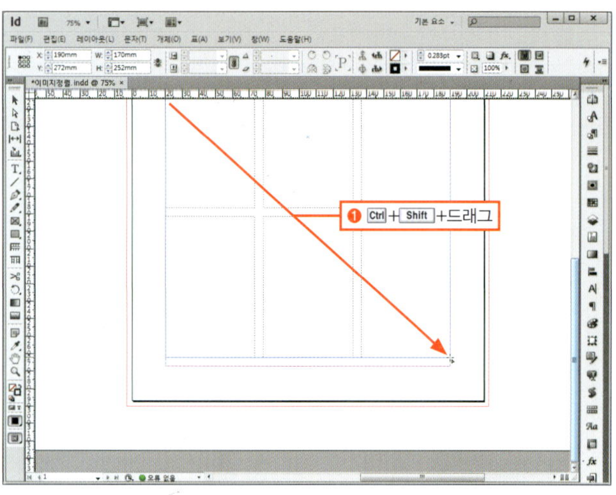

03 3×3 형식 이미지 확인하기

9개의 이미지가 다음과 같이 각각의 프레임에 채워집니다. 이때 이미지의 확대/축소 비율은 프레임 크기에 맞춰 자동으로 조절됩니다. 이미지의 확대/축소 비율은 컨트롤 패널에서 확인할 수 있습니다.

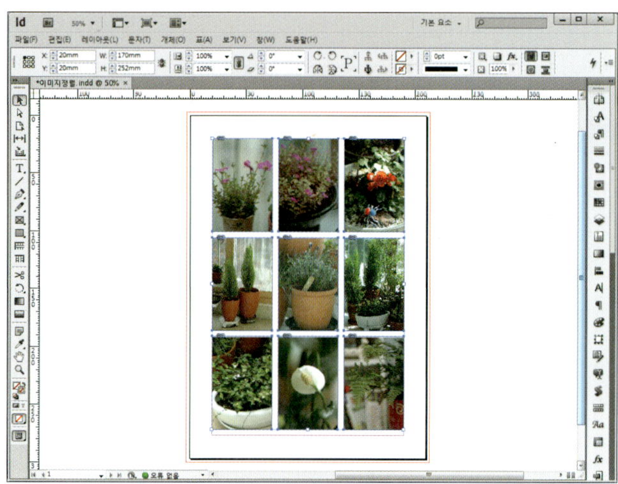

04 내용에 프레임 맞추기

❶9개의 프레임을 모두 선택하고 ❷마우스 오른쪽 버튼을 클릭하여 ❸[맞춤]-❹[내용에 프레임 맞추기]를 실행합니다.

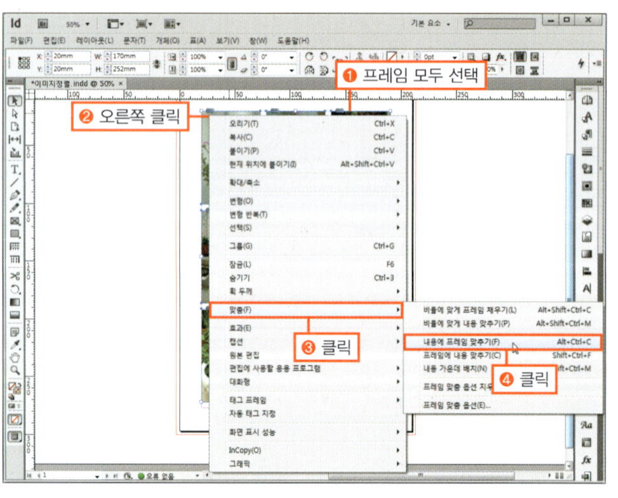

05 [정렬] 패널 열기

9개의 프레임을 동일한 간격으로 정렬하기 위해 ❶[창] 메뉴의 ❷[개체 및 레이아웃]-❸[정렬]을 실행하여 [정렬] 패널을 불러옵니다.

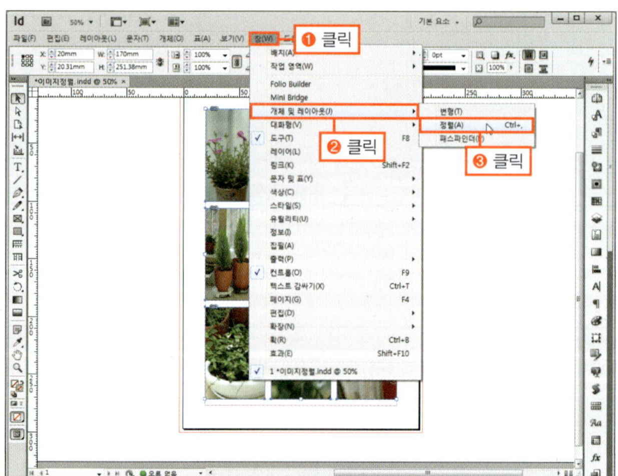

06 수직 간격 설정하기

❶왼쪽 첫 번째 세로 줄에 위치한 세 개의 프레임을 선택합니다. ❷[정렬] 패널에서 [간격 사용]을 체크하고 '5mm'로 입력합니다. ❸[수직 공간 분포]( )를 클릭하여 세 개의 프레임 사이에 '5mm' 간격을 설정합니다. ❹두 번째 세로 줄의 세 프레임을 선택하고 [수직 공간 분포]( )를 클릭합니다. ❺세 번째 세로 줄도 같은 방법으로 간격을 설정합니다.

07 수평 간격 설정하기

❶첫 번째 가로 줄에 위치한 세 개의 프레임을 선택하고 ❷[수평 공간 분포]( )를 클릭합니다. ❸두 번째와 세 번째 가로 줄도 각각 세 개씩 선택한 후 ❹[수평 공간 분포]( )를 클릭하여 간격을 '5mm'로 설정합니다.

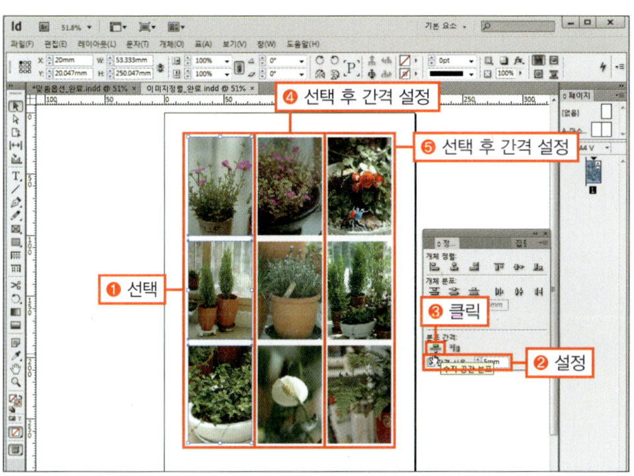

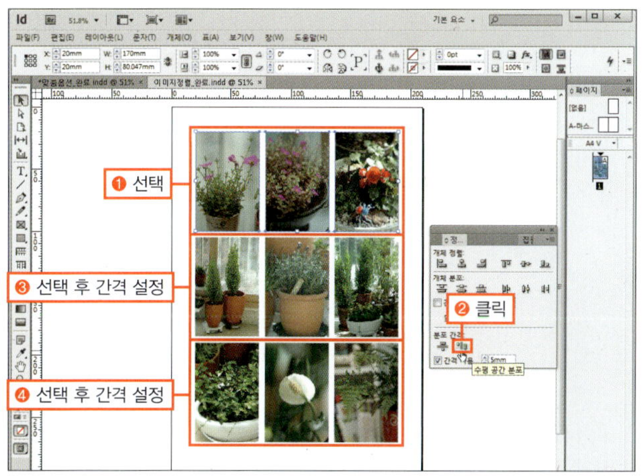

실습 과정

연결 프로그램을 이용해 원본 이미지 편집하기

프레임에 넣은 이미지를 원본 프로그램과 연결하여 수정된 이미지의 내용을 자동으로 적용할 수 있도록 설정해 봅니다.

◉ **시작 파일** : Part04\원본편집.indd

01 링크로 이동하기

예제 파일을 불러오면 세 번째 페이지가 보이는 상태입니다. ❶[창] 메뉴의 [링크]를 실행한 후 ❷[링크] 패널에서 '보스턴고사리.JPG'를 선택합니다. ❸[링크로 이동]( )을 클릭합니다.

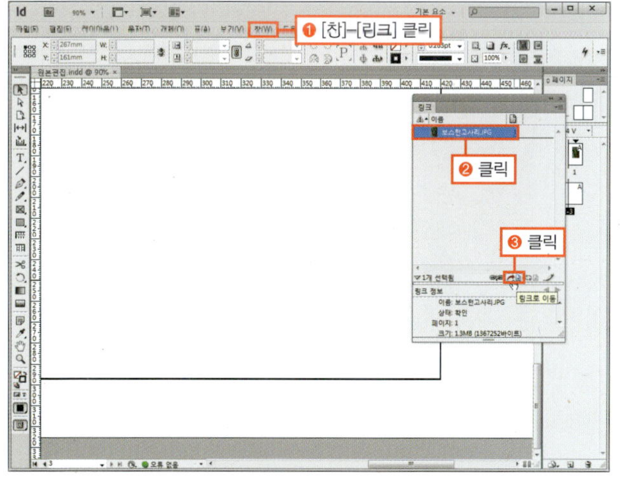

02 포토샵으로 원본 파일 열기

링크된 이미지가 위치한 첫 번째 페이지로 이동합니다. ❶ 이미지가 입력된 프레임을 선택하고 ❷마우스 오른쪽 버튼을 클릭하여 ❸[편집에 사용할 응용 프로그램]-❹ [Adobe Photoshop CS6]를 실행합니다.

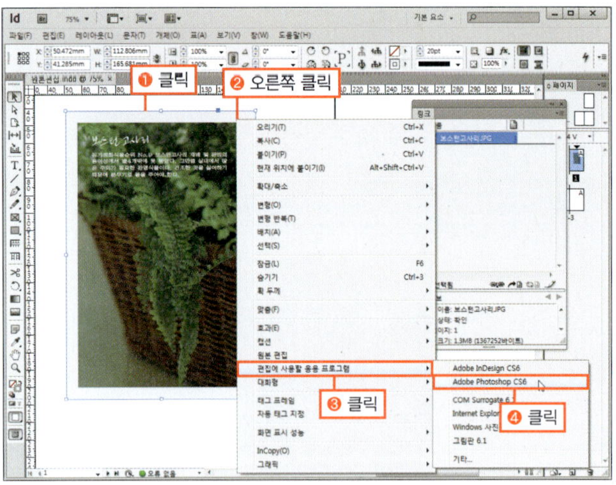

> **참고 •**
> 컴퓨터에 포토샵 CS6가 설치되어 있지 않은 경우 응용 프로그램 목록에 표시되지 않습니다. 응용 프로그램을 사용하기 이전에 프로그램을 설치하도록 합니다.

03 포토샵에서 파일 변경하기

포토샵이 자동으로 실행되고 인디자인 문서와 링크된 이미지가 열립니다. ❶[Image] 메뉴의 ❷[Mode]-❸ [Grayscale]을 실행하여 흑백 이미지로 변경합니다. ❹ [File] 메뉴의 [Save]를 실행합니다.

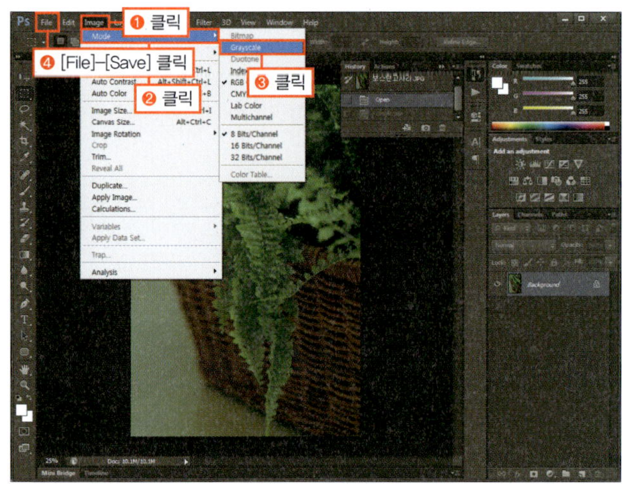

> **참고 •**
> 이때 파일을 닫거나 포토샵 프로그램을 종료하지 않도록 주의합니다. 그래야만 파일의 컬러를 되돌릴 수 있습니다.

04 인디자인에서 변경 이미지 확인하기

인디자인으로 이동하면 자동으로 이미지가 흑백 이미지로 변경된 것을 볼 수 있습니다. 다시 한 번 이미지를 ❶마우스 오른쪽 버튼으로 클릭하여 [편집에 사용할 응용 프로그램]-[Adobe Photoshop CS6]를 실행합니다.

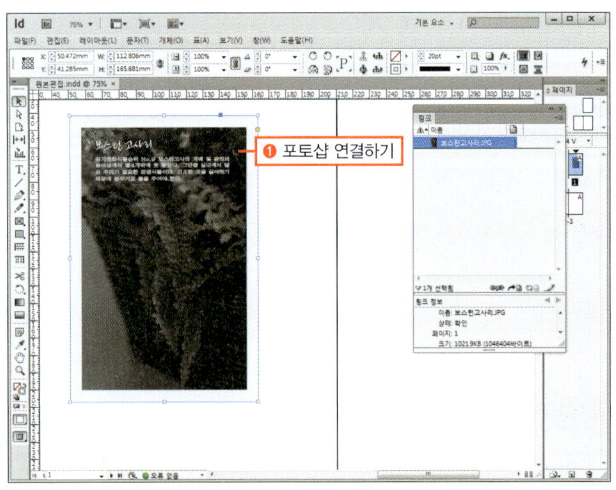

05 포토샵에서 컬러 되살리기

포토샵에서 파일이 열리면 ❶[Window]-[History]를 실행합니다. ❷[History] 창에서 'Open'을 클릭하여 원래의 컬러 이미지로 되돌립니다. ❸[File] 메뉴의 [Save]를 실행합니다.

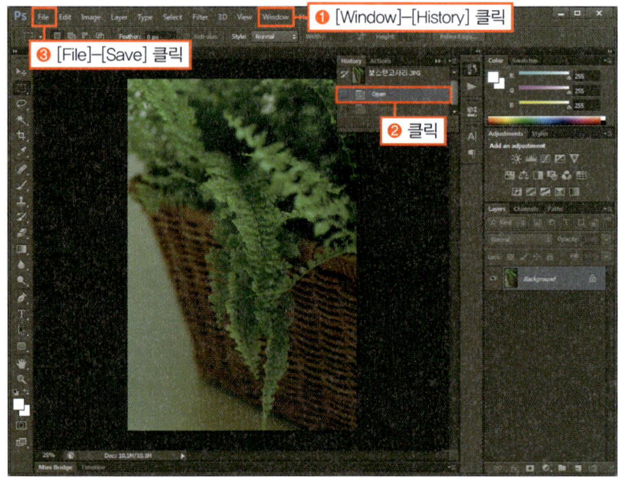

06 링크 업데이트하기

인디자인으로 되돌아오면 이미지의 컬러는 변경되지 않고 [링크] 패널에서 변경 내용이 있다는 ⚠ 표시만 나타납니다. ❶'보스턴고사리.jpg'를 선택하고 ❷[링크 업데이트] (🔄)를 클릭합니다.

07 변경된 이미지 확인하기

링크 이미지 목록 앞에 표시되었던 ⚠가 사라지고, 다시 컬러 이미지로 변경된 것을 볼 수 있습니다. 이와 같이 원본을 편집하면 자동으로 변경된 이미지를 업데이트할 수 있습니다. 다만, 이미지의 크기가 변경된 경우에는 프레임 크기를 다시 한 번 맞춰야 합니다.

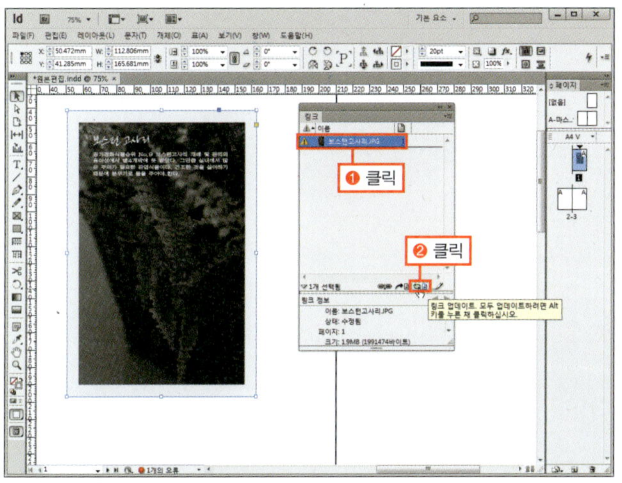

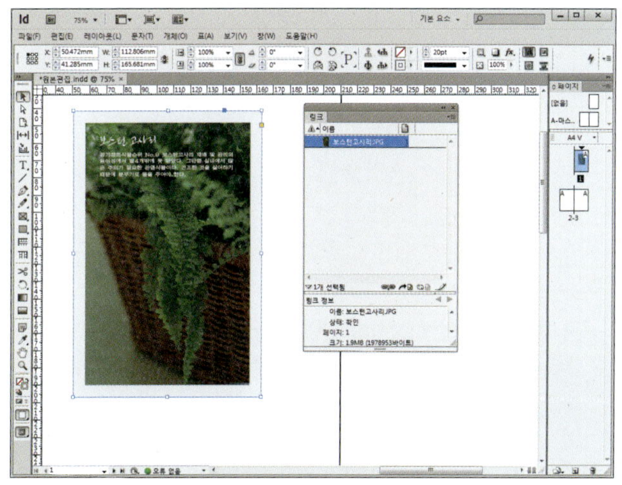

참고 • 링크한 이미지 변경하기

[링크] 패널에서 [다시 연결](🔗)을 클릭하면 프레임에 입력한 이미지를 다른 이미지로 변경할 수 있습니다.

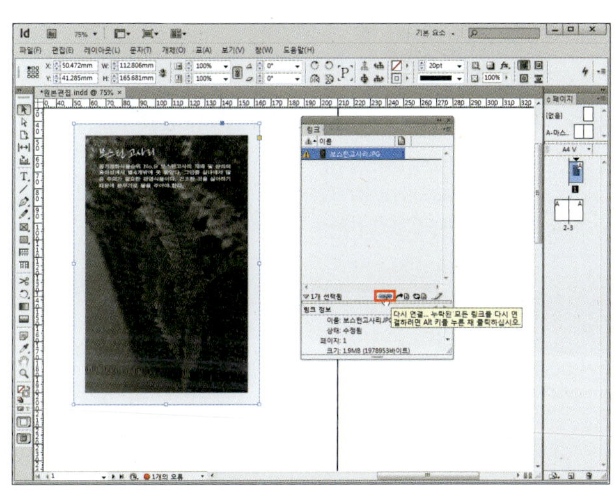

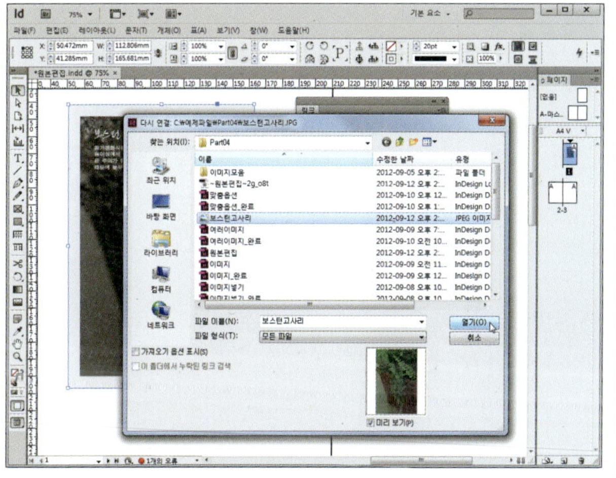

1 타원 모양의 프레임을 만든 후 이미지를 가져와 아이의 얼굴이 중앙에 오도록 비율과 위치를 조절해 보세요.

- **시작 파일** : Part04\예제3.jpg
- **완료 파일** : Part04\확인실습3_완료.indd

2 세 개의 그림 이미지를 한번에 가져와 프레임 크기를 내용에 맞춤으로 설정하세요. 그런 다음 프레임 간의 가로 간격을 '2mm' 로 정렬해 보세요.

- **시작 파일** : Part04\확인실습4.indd, 강낭콩.jpg, 거리흰꽃.jpg, 돈나물꽃.jpg
- **완료 파일** : Part04\확인실습4_완료.indd

프레임 안의 이미지 복사 및 이동하기

프레임 안에 입력한 이미지를 복사하거나 이동하는 방법에 대해 알아봅니다.

시작 파일 : Part04\이미지복사.indd
완료 파일 : Part04\이미지복사_완료.indd

① 프레임 오리기

예제 문서를 불러온 후 ❶오른쪽 이미지를 선택하고 ❷Ctrl+X를 누르거나 마우스 오른쪽 버튼을 클릭하여 [오리기]를 실행합니다.

② 현재 위치에 붙이기

오리기 명령을 실행한 이미지 프레임이 사라집니다. [편집] 메뉴를 클릭하거나 ❶마우스 오른쪽 버튼을 클릭하여 ❷[현재 위치에 붙이기]를 실행합니다.

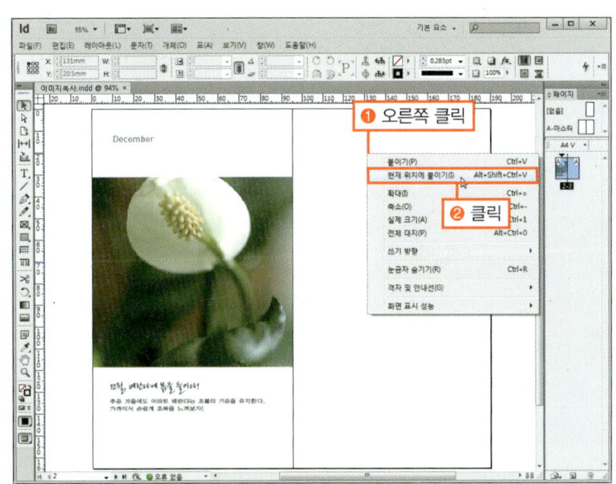

③ 이미지 복사하기

원래 있던 위치에 그대로 붙여넣기 됩니다. ❶붙여넣기 한 이미지를 선택하고 ❷Ctrl+C를 눌러 복사합니다. 또는 [편집] 메뉴의 [복사]를 실행합니다.

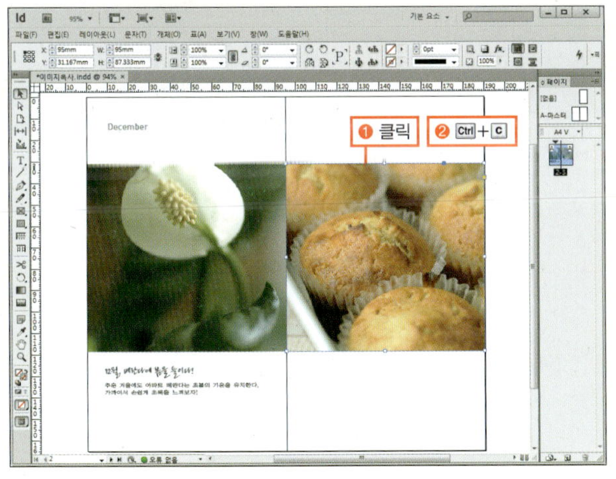

참고 • 다른 페이지에 이미지 같은 자리에 붙여넣기

오려두기나 복사해둔 이미지를 다른 페이지에서 [현재 위치에 붙이기]를 실행하면 동일한 위치에 이미지를 복사하여 넣을 수 있습니다. 단, 마주보고 있는 페이지의 왼쪽이나 오른쪽의 위치가 동일해야 하며, 편집 용지의 왼쪽 상단 모서리를 기준으로 동일한 위치에 붙여넣기 됩니다.

4 안쪽에 붙이기

❶왼쪽 페이지에 위치한 이미지 프레임을 마우스 오른쪽 버튼으로 클릭하여 ❷[안쪽에 붙이기]를 실행합니다. 또는 [편집] 메뉴의 [안쪽에 붙이기]를 실행합니다.

5 이미지 확인하기

복사해온 오른쪽 이미지가 왼쪽 프레임에도 동일한 모양으로 변경된 것을 확인할 수 있습니다. 이와 같이 [안쪽에 붙이기]를 실행하면 프레임은 그대로 유지한 채 안에 입력한 이미지만 변경할 수 있습니다.

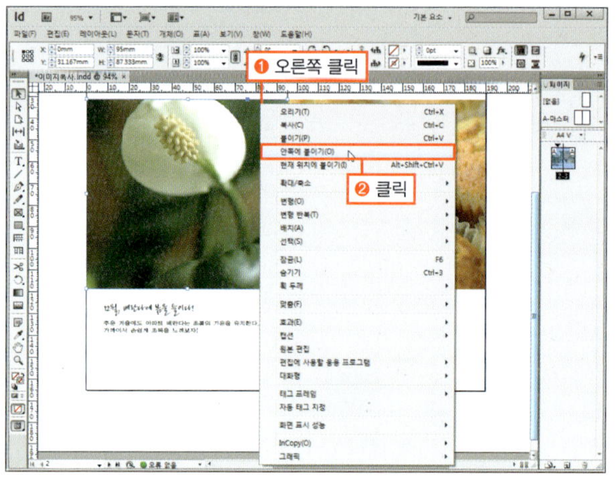

6 이미지 위치 변경하기

❶프레임을 더블클릭하면 안에 입력한 이미지가 선택됩니다. ❷마우스 포인터가 손 모양으로 변경되면 이미지를 드래그하여 현재 보이는 부분을 변경할 수 있습니다.

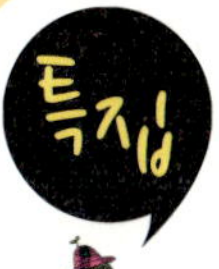

어도비 브리지(Bridge) 프로그램과 탐색기를 활용해 이미지 넣기

어도비 사의 브리지 프로그램이나 윈도우 탐색기를 활용하면 문서에 손쉽고 빠르게 이미지를 넣을 수 있습니다. 브리지와 윈도우 탐색기를 이용해 이미지를 넣는 방법에 대해 알아봅니다.

- **시작 파일** : Part04\bridge.indd
- **완료 파일** : Part04\bridge_완료.indd

1 프레임 맞춤 옵션 설정하기

예제 문서를 불러온 후 ❶세 개의 사각형 프레임을 Ctrl을 누른 채 클릭하여 선택합니다. ❷[개체] 메뉴의 [맞춤]–[프레임 맞춤 옵션]을 실행하고 ❸[자동 맞춤]을 체크한 후 ❹'비율에 맞게 프레임 채우기'로 설정합니다. [정렬 시작] 위치를 가운데로 설정한 후 ❺[확인]을 클릭합니다.

참고

프레임 맞춤 옵션을 설정해 놓으면 브리지 프로그램이나 윈도우 탐색기를 이용해 이미지를 프레임에 넣을 때 자동으로 맞춤 옵션이 적용되어 이미지 확대/축소 비율이 적용됩니다.

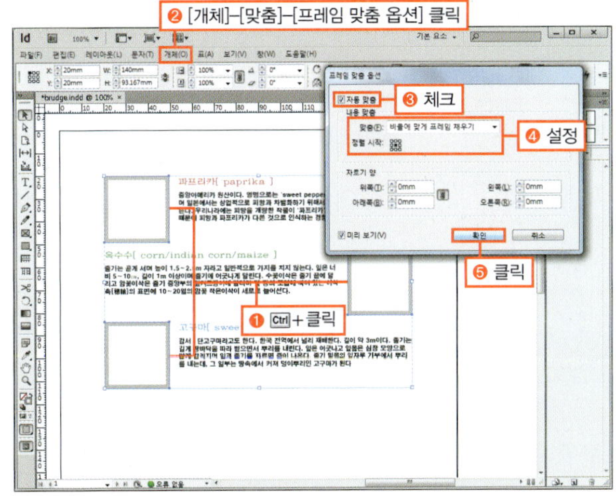

2 [Mini Bridge] 패널 열기

프레임에 맞춤 옵션을 설정하였으면 ❶[창] 메뉴의 ❷[Mini Bridge]를 실행합니다.

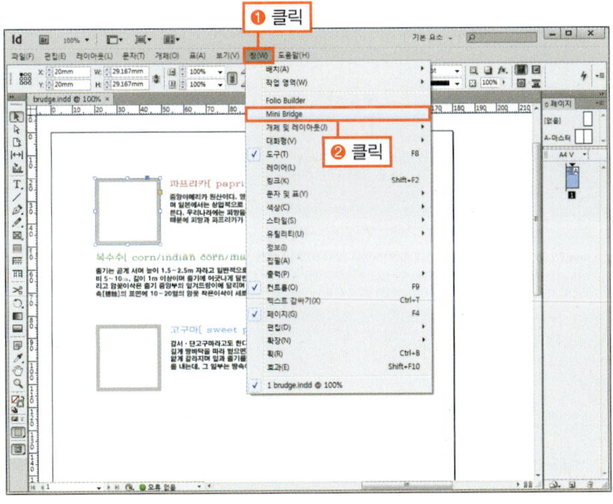

참고

어도비 브리지 프로그램은 어도비의 프로그램을 설치할 때 함께 설치할 수 있습니다.

3 이미지 파일 드래그하기

❶[Mini Bridge] 패널에서 문서에 넣을 이미지 파일이 위치한 폴더로 이동합니다. 폴더 내에 위치한 ❷'이미지–1.bmp' 파일을 파프리카 그림을 넣을 맨 위의 프레임으로 드래그합니다.

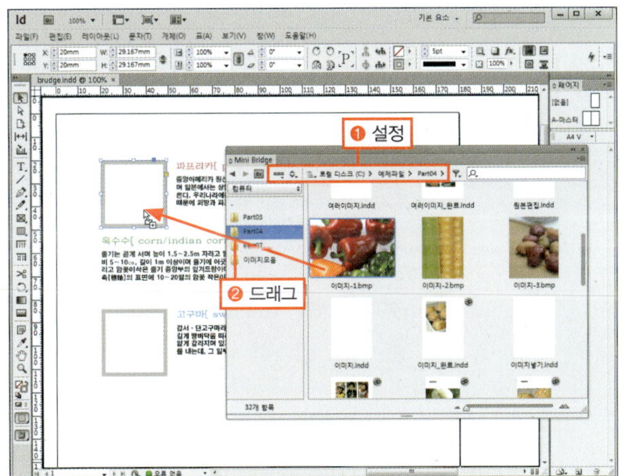

4 두 번째 이미지 드래그하기

파프리카 이미지가 프레임의 가운데를 중심으로 세로 비율에 맞춰 가로 비율이 자동으로 정해진 상태로 프레임에 입력된 것을 볼 수 있습니다. ❶ '이미지-3.bmp' 파일을 맨 아래에 위치한 프레임으로 드래그합니다.

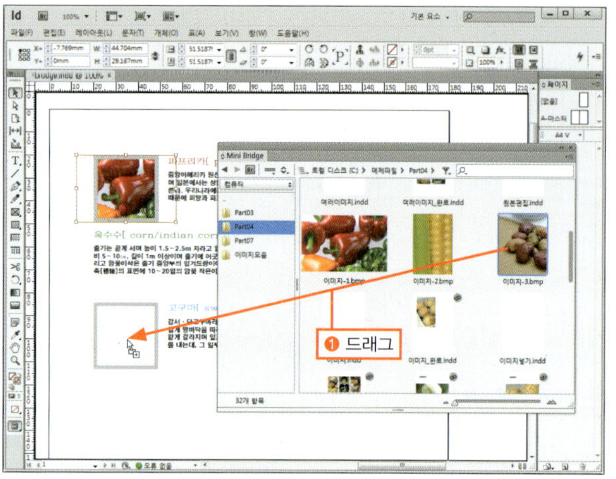

5 고구마 이미지 확인하기

고구마 이미지가 프레임에 보기 좋게 입력된 것을 볼 수 있습니다. 이와 같이 프레임을 선택하지 않은 상태에서도 프레임의 위치로 드래그하면 이미지 파일을 손쉽게 문서에 입력할 수 있습니다.

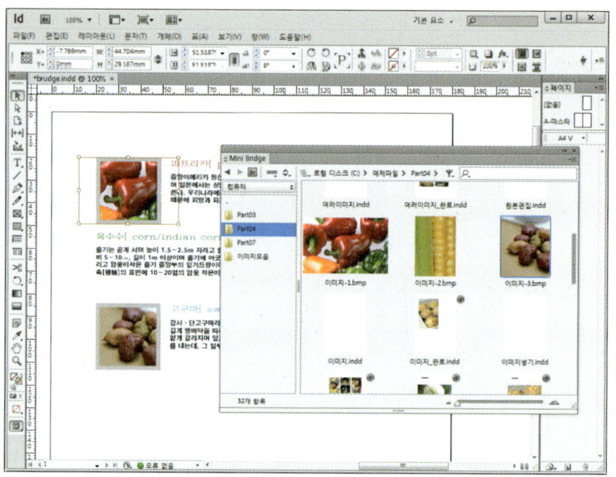

6 윈도우 탐색기를 이용해 이미지 넣기

❶ 바탕화면에서 [시작]()을 클릭한 후 [모든 프로그램]-[보조 프로그램]-[Windows 탐색기]를 실행합니다. ❷ 탐색기에서 '이미지-3.bmp' 이미지를 인디자인 문서의 프레임으로 드래그합니다.

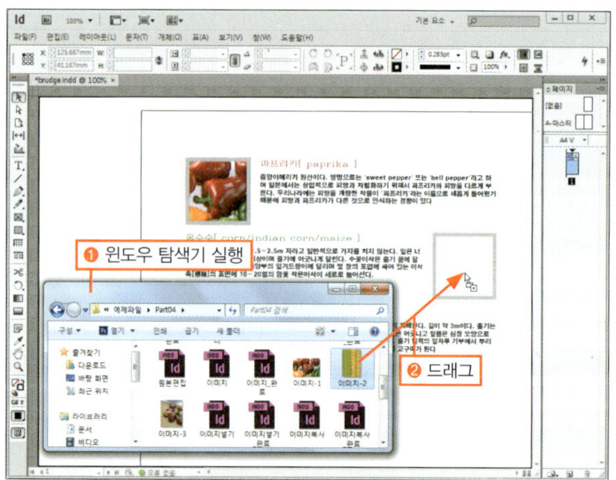

7 이미지 확인하기

드래그한 위치로 옥수수 이미지가 삽입된 것을 볼 수 있습니다. 이와 같이 프레임 옵션을 설정한 후 미니 브리지(Mini Bridge) 프로그램이나 윈도우 탐색기를 이용해 손쉽고 빠르게 이미지를 넣을 수 있습니다.

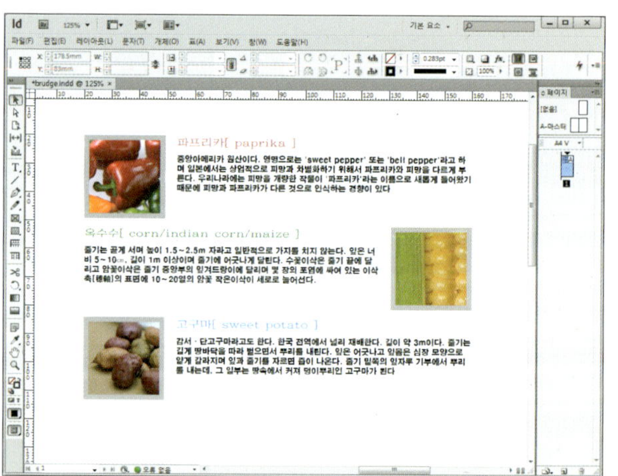

> **참고**
>
> 프레임 옵션을 설정하지 않은 경우 기본적으로 왼쪽 상단 꼭지점을 기준으로 100% 비율로 이미지가 프레임에 입력됩니다.

인디자인 문서에 사용한 이미지를 복사하거나 전달해야 할 경우 윈도우 탐색기에서 손쉽게 찾는 방법에 대해 알아봅니다. 원본 이미지를 찾아야 할 이미지를 마우스 오른쪽 버튼으로 클릭하여 [그래픽]-[탐색기에서 나타내기]를 실행합니다.

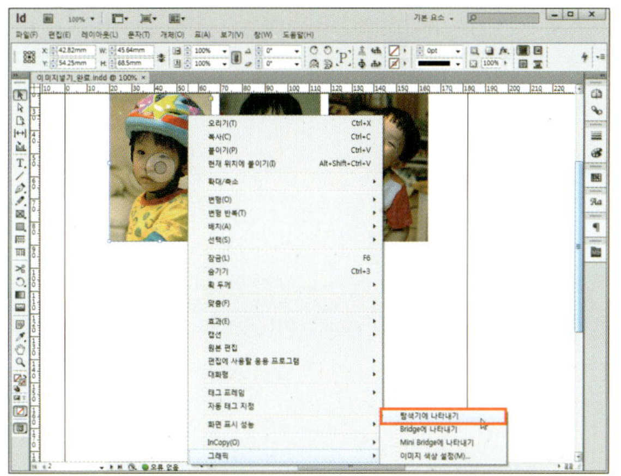

윈도우 탐색기가 실행되고, 인디자인에서 선택한 이미지가 선택된 상태로 창에 나타납니다. 곧바로 선택한 이미지를 복사하거나 전달할 수 있습니다.

이미지 파일명 일괄적으로 변경하기

어도비 사의 브리지 프로그램을 활용하면 여러 개의 이미지 파일명을 일괄적으로 변경할 수 있습니다. 브리지 프로그램을 활용하여 이미지의 파일명을 변경하는 방법에 대해 알아봅니다.

① 브리지 프로그램 실행하기

❶인디자인 상단에 위치한 어도비 브리지 아이콘(Br)을 클릭하여 실행합니다. ❷브리지가 실행되면 이미지 파일이 위치한 폴더로 이동하고 ❸[도구] 메뉴의 ❹[일괄 이름 바꾸기]를 실행합니다.

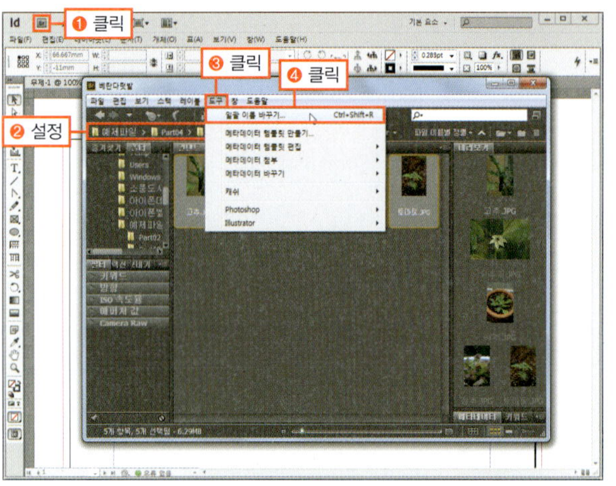

② 표시 이름 설정하기

❶[일괄 이름 바꾸기] 대화상자에서 대상 폴더를 지정합니다. ❷[새 파일 이름] 영역에서 [텍스트]에 '미니텃밭_'으로 입력하고 ❸표시를 원하지 않는 내용은 '-' 아이콘을 클릭하여 ❹목록에서 삭제합니다.

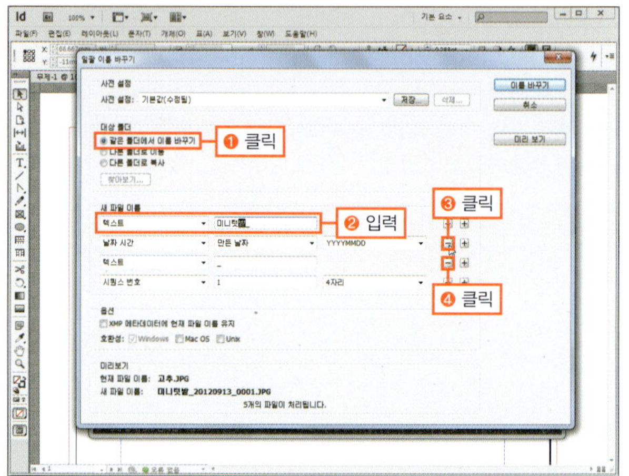

③ 자동 표시 번호 설정하기

❶[시퀀스 번호]를 '1'로 시작하도록 설정하고 ❷자리수를 '1자리수'로 선택한 후 ❸[이름 바꾸기]를 클릭합니다.

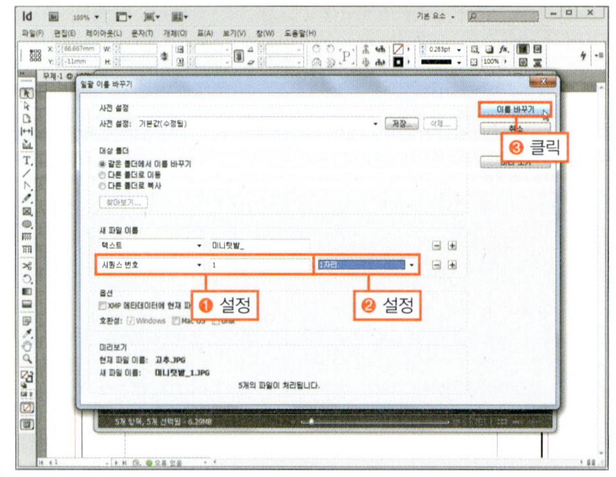

④ 파일명 변경 확인하기

기존의 파일명은 사라지고 설정해 놓은 '미니텃밭_'에 자동 번호가 붙어 파일명이 일괄적으로 변경됩니다. 이와 같은 방법으로 브리지를 활용하여 많은 개수의 이미지 파일명을 원하는 파일명으로 변경할 수 있습니다.

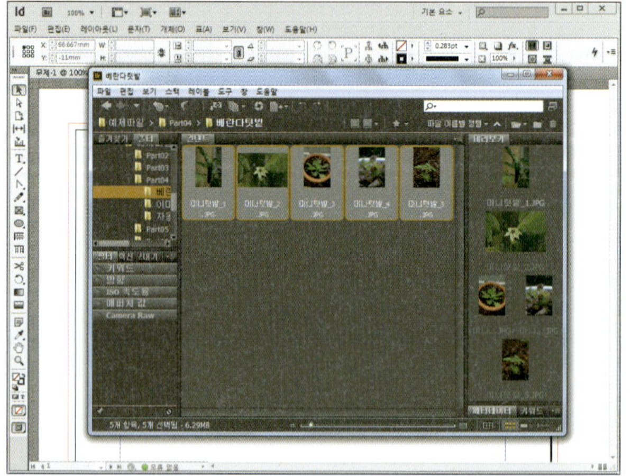

SECTION 03

이미지에 다양한 효과 적용하기

인디자인에서는 문서에 입력한 이미지에 투명도, 블러, 그림자 등의 다양한 효과를 적용할 수 있습니다. 그러므로 포토샵에서 처리해야 하는 이미지 효과 작업을 인디자인에서 어느 정도 해결할 수 있어 편리하며, 레이어를 살린 상태에서 이미지를 넣을 수 있어 텍스트와의 배치도 자연스럽게 꾸밀 수 있습니다. 여기서는 이미지에 다양한 효과를 적용해 문서를 꾸미는 방법에 대해 알아봅니다.

다루는 내용

- 이미지에 효과 주기
- 클리핑 패스
- 레이어 살려 이미지 가져오기
- 모퉁이 옵션 설정하기

기능 정리

이미지에 적용할 수 있는 다양한 효과 살펴보기

[개체] 메뉴의 [효과] 명령을 실행하여 문서에 입력한 이미지나 프레임에 다양한 효과를 적용할 수 있습니다. 포토샵에서 주로 사용할 수 있었던 투명도, 그림자, 광선, 페더 등의 효과를 적용할 수 있습니다. 또한, 프레임의 모서리 모양도 꾸밀 수 있습니다.

● 투명도 적용하기

프레임을 선택하고 [컨트롤] 패널에서 채우기 색상의 투명도를 설정할 수 있습니다. 투명도의 수치가 커질수록 프레임 색상이 흐려져, 뒤에 배치된 이미지나 배경색이 더 많이 비치게 됩니다. 또는 프레임을 선택하고 [개체] 메뉴의 [효과]-[투명도]를 실행하여 불투명도와 투명도 모드를 설정할 수 있습니다. [미리 보기]를 체크해 놓으면 투명도가 적용되는 모습을 곧바로 확인할 수 있어 적절한 투명도를 찾기가 수월합니다.

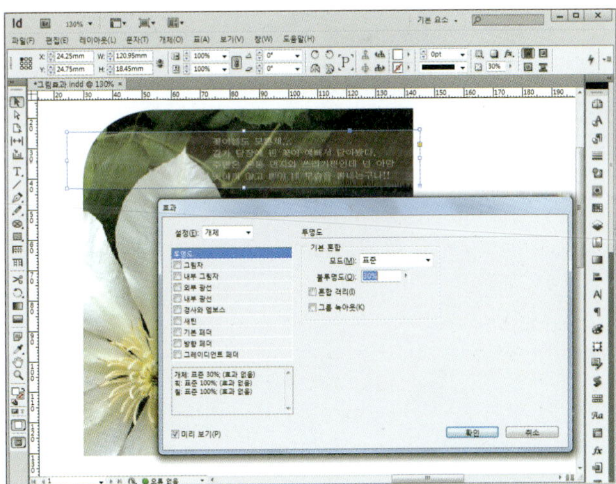

● **이미지에 효과 적용하기**

효과를 적용할 이미지나 프레임을 선택하고 [개체] 메뉴의 [효과]를 클릭한 후 효과 목록 중 한 가지를 실행합니다. [효과] 대화상자에서 적용할 효과에 체크하고 각 옵션을 설정합니다. 이때 [미리 보기]를 체크하면 적용된 모습을 곧바로 확인할 수 있어 편리하며, 적용한 효과를 취소하려면 효과 앞에 위치한 체크 박스의 체크를 해제합니다.

● **모퉁이 옵션 변경하기**

프레임을 선택하고 [개체] 메뉴의 [모퉁이 옵션]을 실행합니다. 모퉁이 네 곳을 동일한 모양으로 설정하거나 각각 다른 모양으로 설정할 수 있습니다.

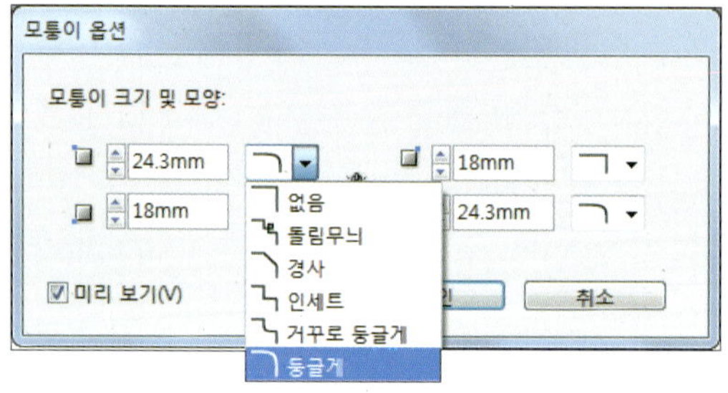

간단퀴즈

1 개체의 뒤에 배치된 이미지가 비치도록 하기 위해서는 개체에 어떤 효과를 적용해야 할까요? (　　　　　　)

2 사각형이나 다각형의 모서리 부분을 둥글게 또는 깎인 모습으로 변형할 수 있는 메뉴는 무엇일까요? (　　　　　　　)

답 : **1** 투명도, **2** [개체] 메뉴의 [모퉁이 옵션]

이미지 가장자리에 페더 효과 적용하기

이미지 가장자리에 번짐 효과인 페더 효과를 적용해 봅니다.

◎ **시작 파일** : Part04\페더효과.indd
◎ **완료 파일** : Part04\페더효과_완료.indd

01 페더 효과 실행하기

❶페더 효과를 적용할 사진 이미지를 클릭하여 선택합니다. ❷[개체] 메뉴의 ❸[효과]-❹[그레이디언트 페더]를 실행합니다.

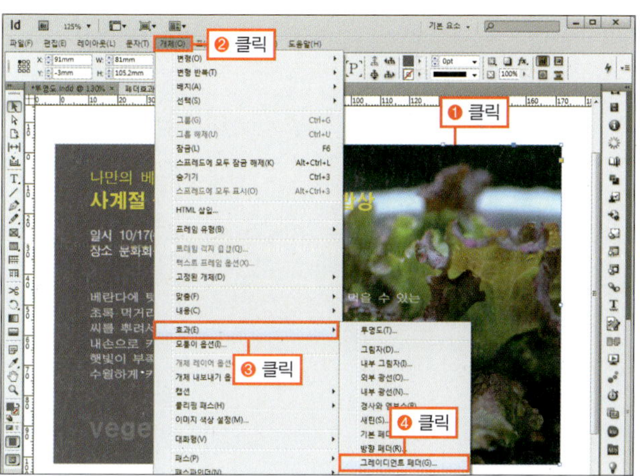

02 [그레이디언트 페더] 효과 적용하기

[효과] 대화상자에서 [그레이디언트 페더]에 체크 표시되어 나타납니다. ❶[그레이디언트 정지점]에서 왼쪽 정지점을 클릭하여 ❷[불투명도]를 '0%'로 설정합니다.

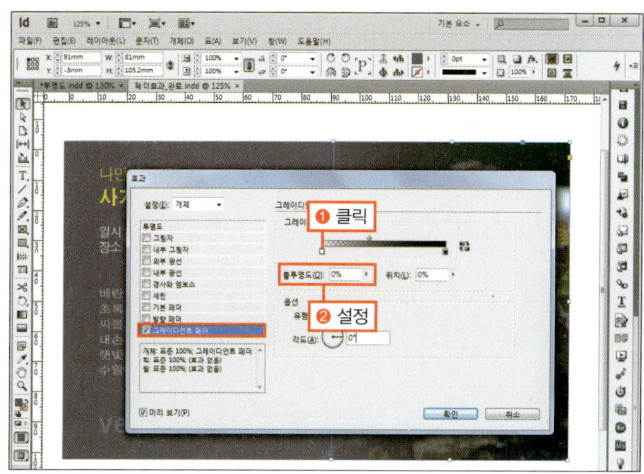

03 참조점 투명도 설정하기

❶오른쪽 끝에 위치한 정지점을 선택하고 ❷[불투명도]를 '100%'로 설정한 후 ❸[각도]를 '0'으로 설정합니다. ❹[유형]을 '선형'으로 설정하고 ❺[확인]을 클릭합니다.

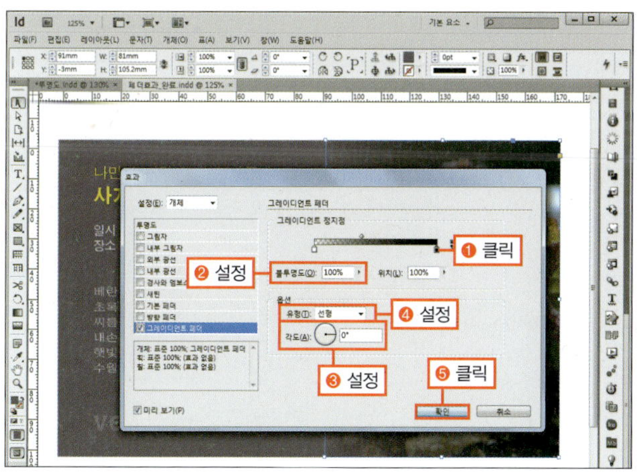

04 이미지 확인하기

그림 이미지의 왼쪽 부분에 페더 효과가 적용되어 페이지 전체에 깔려 있는 보라색 배경과 자연스럽게 어울리게 됩니다.

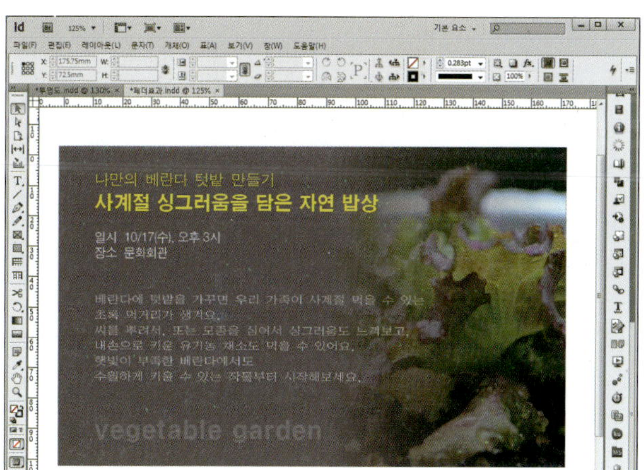

> **참고**
>
> 이때 [미리 보기]를 체크해 놓으면 효과가 적용된 모습을 곧바로 확인할 수 있어 편리하며, 여기서는 그림의 왼쪽 경계선이 자연스럽게 페더 효과가 적용될 수 있도록 효과를 적용하는 것이 중요합니다.

05 그레이디언트 페더 효과 수정하기

그림에 적용한 [그레이디언트 페더] 효과의 내용을 수정하기 위해 ❶다시 한번 그림을 선택하고 ❷[개체] 메뉴의 [효과]-[그레이디언트 페더]를 실행합니다. ❸[그레이디언트 정지점]에서 왼쪽 정지점을 선택하고 ❹[위치]를 '10%'로 수정합니다. 왼쪽 정지점이 이동하면 ❺[확인]을 클릭합니다.

06 수정된 효과 확인하기

왼쪽 그레이디언트 페더의 시작점이 오른쪽으로 이동하여 이미지의 왼쪽 부분이 좀더 가려져 보입니다. 이와 같이 그레이디언트 페더의 정지점과 불투명도를 이용해 이미지의 한쪽 부분만 배경과 자연스럽게 합쳐지도록 설정할 수 있습니다.

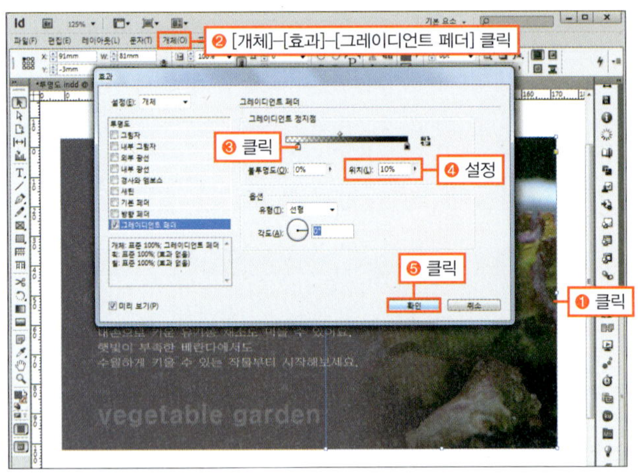

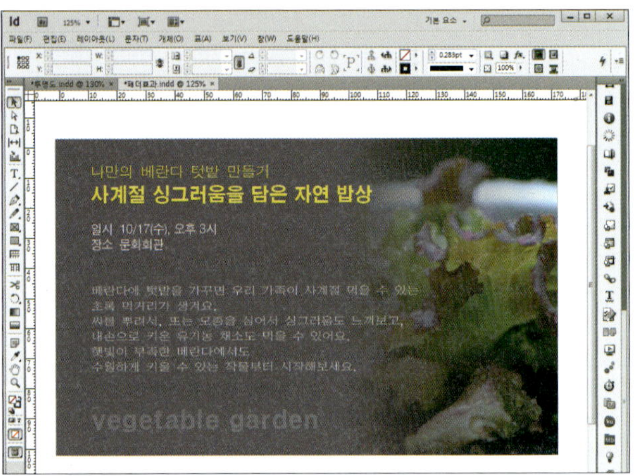

> **참고**
>
> 정지점을 선택하고 '위치'를 변경하면 정지점의 위치를 변경할 수 있습니다. 그러므로 정지점의 위치를 변경하여 그레이디언트 페더 효과의 시작점이나 끝점을 변경할 수 있습니다.

참고 ● 또 다른 페더 효과 살펴보기

페더 효과를 적용하면 배경 이미지와 자연스럽게 어울릴 수 있는 결과물을 얻을 수 있습니다. [효과] 메뉴를 통해 적용할 수 있는 페더 효과는 기본 페더, 방향 페더, 그레이디언트 페더 세 가지 종류가 있으며, 각각 조금씩 다른 결과물을 얻을 수 있어 필요에 따라 적절하게 사용하면 편리합니다.

① 네 모서리에 모두 페더 효과 적용하기

[기본 페더]에서 페더 폭을 설정하면 그림 이미지의 네 모서리에 동일한 크기의 페더 효과를 적용할 수 있습니다.

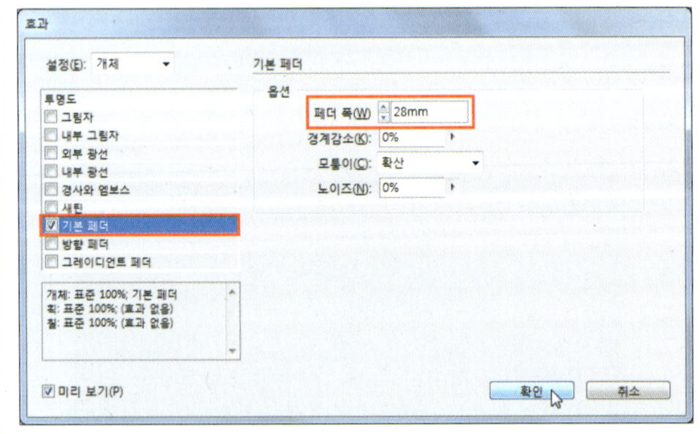

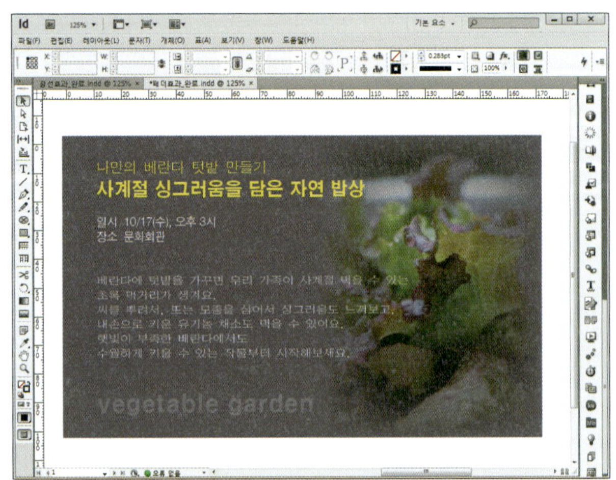

② 둥근 모양의 페더 효과

[기본 페더]에서 [모퉁이]를 '둥글게'로 설정하면 둥근 모양으로 이미지를 보이도록 페더 효과를 적용할 수 있습니다.

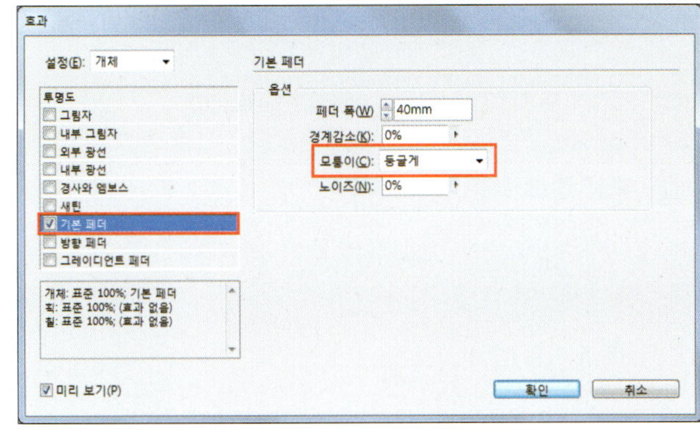

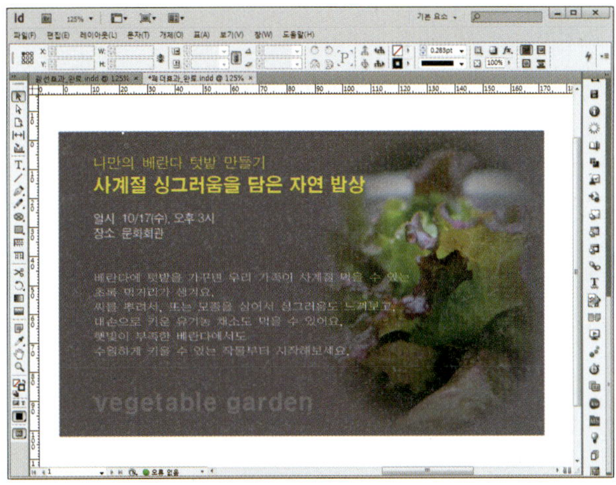

③ 방향 페더

[방향 페더]를 설정하면 네 군데의 방향에 각각 다른 폭의 페더 효과를 적용할 수 있습니다.

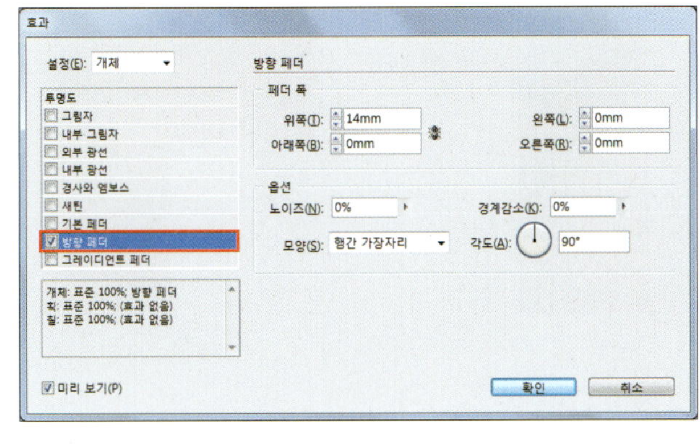

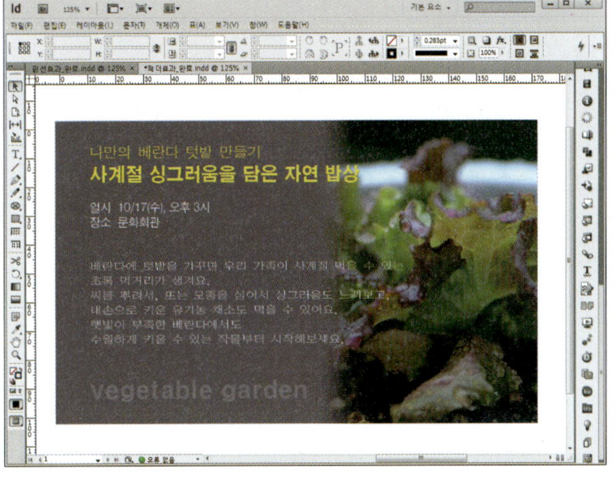

이미지에 테두리와 광선 효과 적용하기

이미지에 테두리와 광선 효과를 적용해 봅니다.

시작 파일 : Part04\광선효과.indd
완료 파일 : Part04\광선효과_완료.indd

01 테두리 설정하기

❶테두리를 만들 원을 선택하고 ❷[창] 메뉴의 [획]을 실행합니다. ❸[획] 패널에서 두께를 '8pt'로 설정합니다. ❹획은 문서의 배경 색과 같은 'C=15 M=100 Y=100 K=0'으로 설정합니다.

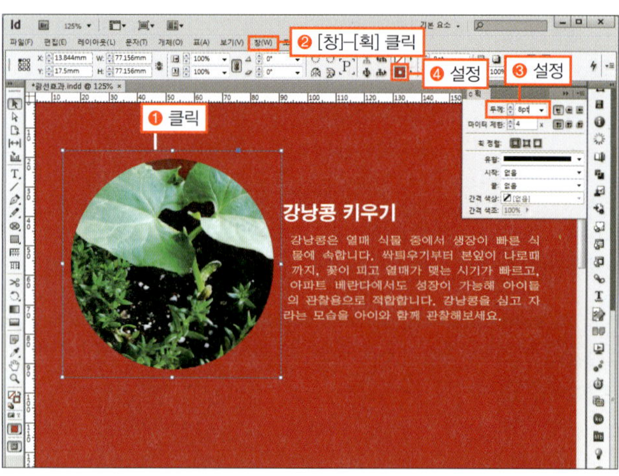

02 광선 효과 실행하기

프레임에 외곽선을 설정하였으면 ❶[개체] 메뉴의 ❷[효과]-❸[외부 광선]을 실행합니다.

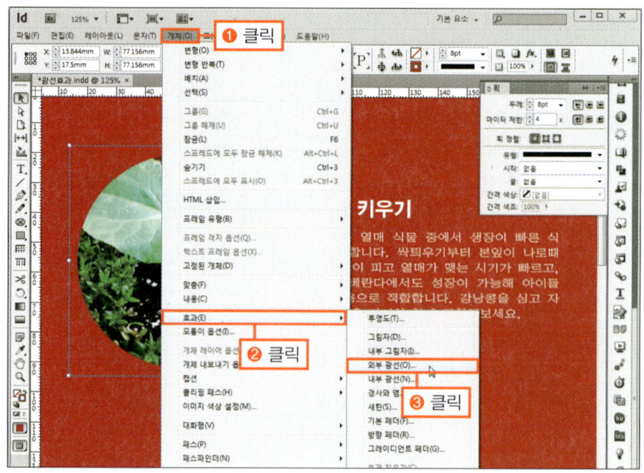

03 광선 모드와 불투명도, 크기 설정하기

[효과] 대화상자에서 ❶[외부 광선]을 체크합니다. ❷다음과 같이 옵션에서 [모드]를 '어둡게 하기'로 설정합니다. ❸[불투명도]를 '65%'로 설정하고 ❹[크기]를 '8mm'로 설정한 후 ❺[확인]을 클릭합니다.

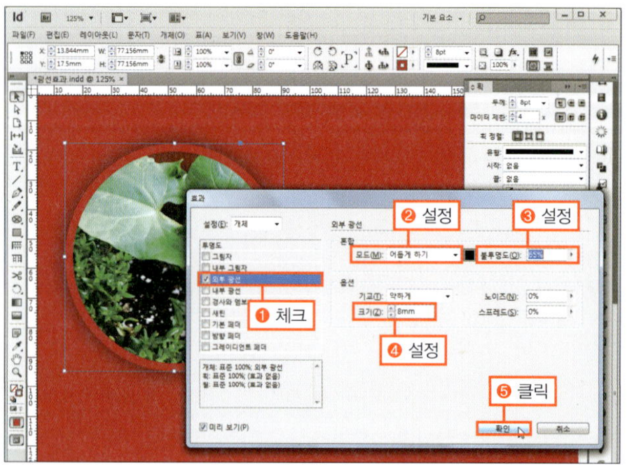

04 적용한 효과 확인하기

프레임의 선택을 해제하면 다음과 같이 원 모양의 이미지 가장자리에 번짐 효과가 만들어집니다.

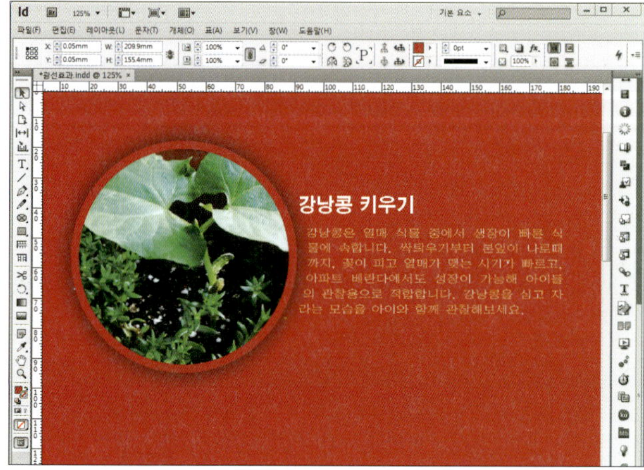

프레임 모퉁이 모양 변경하고 투명도 설정하기

프레임의 모서리를 다른 모양으로 꾸미고 투명도를 적용하여 이미지와 텍스트를 배치해 봅니다.

◉ **시작 파일** : Part04\투명도.indd
◎ **완료 파일** : Part04\투명도_완료.indd

01 모퉁이 옵션 실행하기

❶모퉁이를 변경할 프레임을 선택하고 ❷[개체] 메뉴의 ❸[모퉁이 옵션]을 실행합니다.

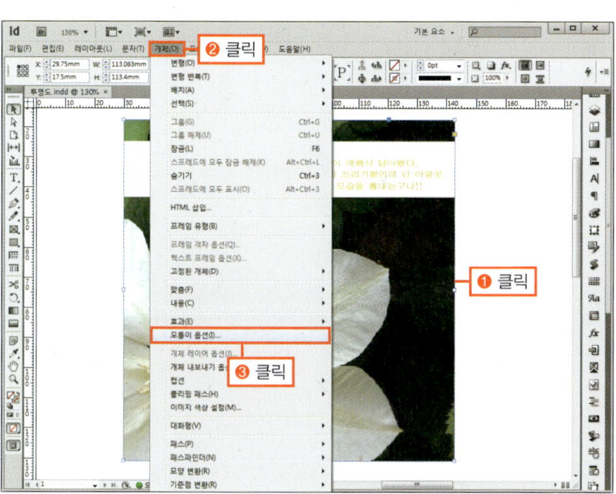

02 모퉁이 옵션 설정하기

❶[모퉁이 옵션] 대화상자에서 [모든 설정 동일하게 만들기]를 클릭하여 비활성화시킵니다.

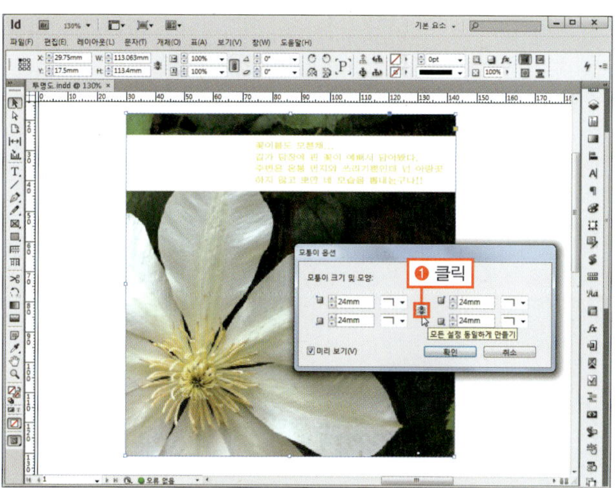

03 둥근 모퉁이로 모양 설정하기

[모퉁이 옵션] 대화상자에서 ❶왼쪽 상단 부분의 모퉁이를 선택하고 모퉁이 모양을 '둥글게'로 설정합니다. ❷오른쪽 아래에 위치한 모퉁이의 종류를 ❸'둥글게'로 설정합니다.

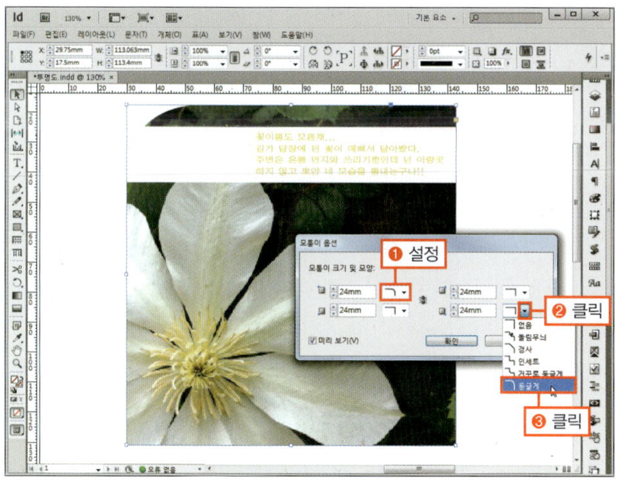

04 둥근 모퉁이 크기 설정하기

❶둥글게 설정한 왼쪽 위와 오른쪽 아래의 모퉁이 크기를 각각 '20mm'로 설정한 후 ❷[확인]을 클릭합니다. 두 개의 모퉁이 모양만 둥근 모양으로 변경된 것을 볼 수 있습니다.

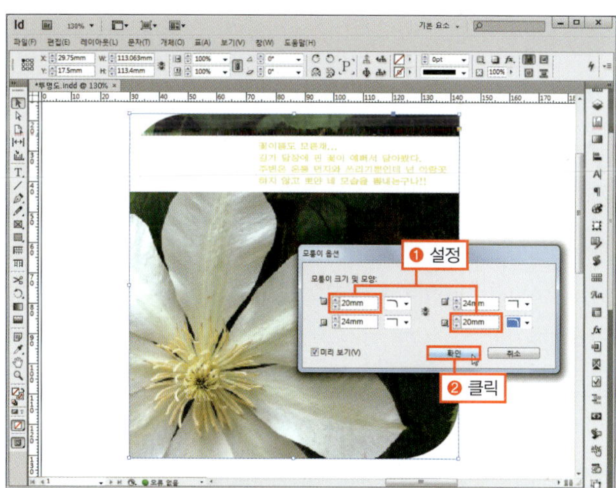

05 [투명도] 명령 실행하기

이번에는 프레임에 투명도를 적용해 봅니다. ❶투명도를
적용할 흰색으로 채워져 있는 직사각형 프레임을 클릭하
여 선택합니다. ❷[개체] 메뉴의 ❸[효과]-❹[투명도]를 실
행합니다.

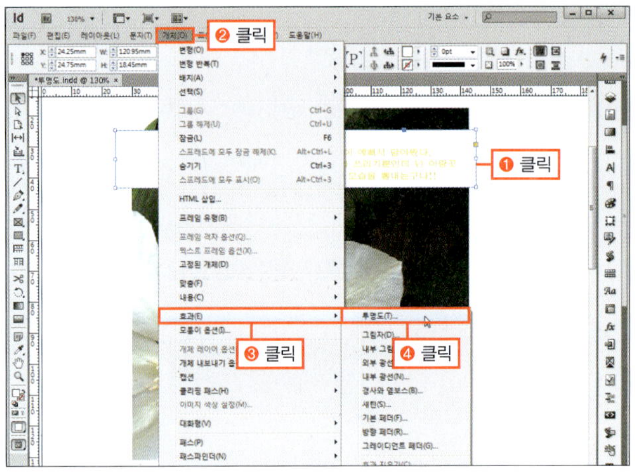

06 투명도 설정하기

[효과] 대화상자에서 ❶[모드]를 '표준'으로 설정하고 ❷
[투명도]의 [불투명도]를 '30%'로 설정한 후 ❸[확인]을
클릭합니다.

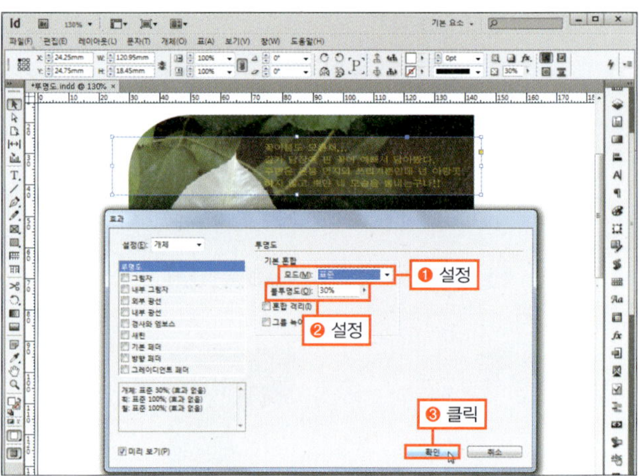

07 투명도 확인하기

직사각형 프레임의 선택을 해제하면 다음과 같이 아래에
위치한 꽃 이미지가 비쳐져 은은하게 흰색이 살짝 표현됩
니다. 이와 같이 투명도를 적절하게 활용하면 텍스트가 이
미지에 묻혀서 가독성을 떨어뜨리는 경우를 피할 수 있습
니다.

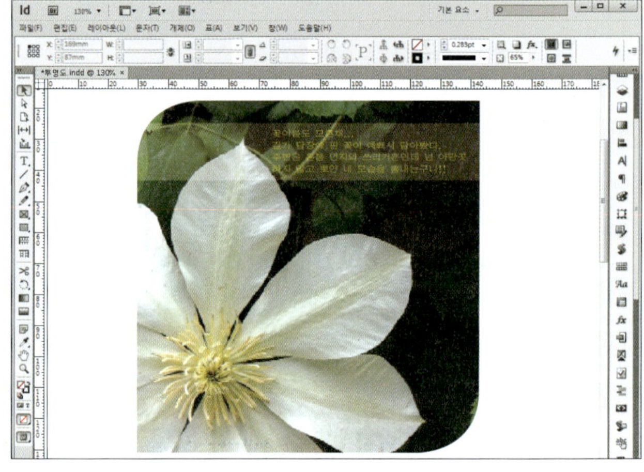

클리핑 패스와 둘러싸기를 활용해 텍스트 배치하기

클리핑 패스를 활용해 이미지의 가장자리로 텍스트가 자연스럽게 흐르도록 설정하고 둘러싸기를 설정해 이미지와 텍스트 간의 간격을 설정해 봅니다.

시작 파일 : Part04\둘러싸기.indd
완료 파일 : Part04\둘러싸기_완료.indd

01 [텍스트 감싸기] 패널 열기

❶[창] 메뉴의 ❷[텍스트 감싸기]를 실행하여 [텍스트 감싸기] 패널을 불러옵니다.

02 [텍스트 둘러싸기] 설정하기

❶아이스크림바를 클릭하면 그림에 대한 텍스트 둘러싸기가 표시됩니다. 현재는 텍스트 둘러싸기가 설정되어 있지 않은 상태이며, ❷[개체 모양 감싸기]( )를 클릭하여 둘러싸기를 설정합니다. ❸둘러싸기 수치를 '2'로 설정하여 이미지와 텍스트 간의 간격을 만듭니다.

03 둘러싸기 영역 수정하기

둘러싸기가 적용된 상태에서 '케'와 '피'의 벌어짐을 수정하기 위해 ❶도구 상자에서 [직접 선택 도구]를 선택합니다. ❷아이스크림 막대 가장자리 부분의 선택점을 클릭하여 선택하고 위쪽으로 드래그하여 둘러싸기 영역을 일부만 넓혀줍니다.

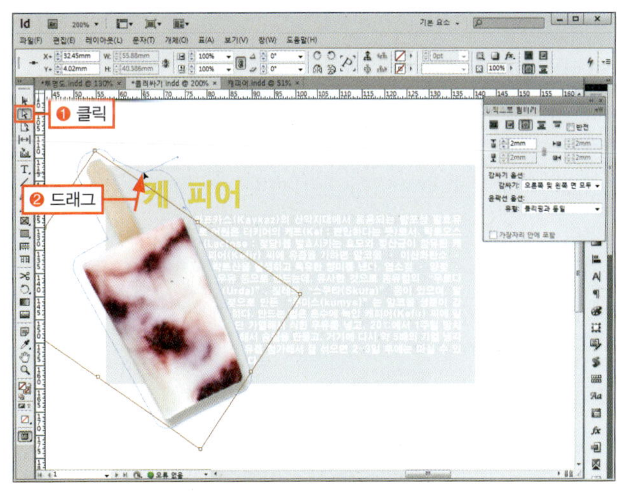

텍스트 둘러싸기 영역이 일부만 확장되면서 '케' 글자가 오른쪽으로 이동하여 '피' 글자 옆에 배치됩니다. 이와 같이 텍스트 둘러싸기는 전체, 또는 일부분만 그 적용 영역을 변경할 수 있습니다.

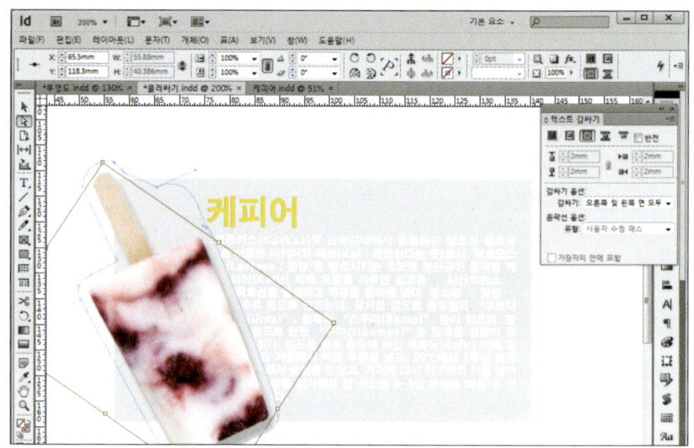

> **참고**
>
> 개체에 적용한 텍스트 둘러싸기를 변경하면 일부만 변경된 둘러싸기 영역도 원래 상태로 되돌아갑니다. 그러므로 이런 경우 설정을 변경한 후 다시 한 번 둘러싸기 영역을 수정해야 합니다.

참고 ● [컨트롤] 패널에서 그림에 효과 적용하기

개체를 선택한 상태에서 [컨트롤] 패널에 표시되는 그림자, 효과, 불투명도, 둘러싸기 아이콘을 이용해 간단하게 효과를 설정할 수 있습니다.

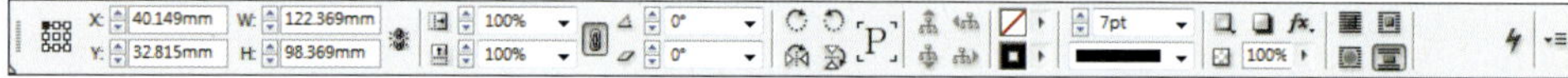

다만 효과를 적용할 대상을 개체, 획, 칠, 텍스트 중에서 먼저 선택한 후 그림자와 효과를 적용합니다. 선택되어 있는 개체의 특정 부분에 효과나 불투명도를 적용할 수 있습니다.

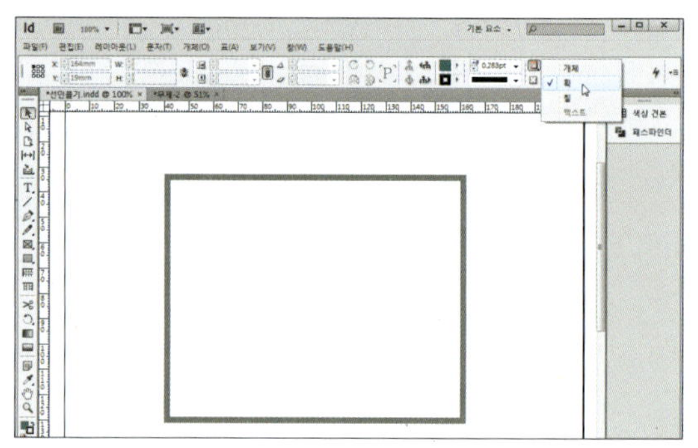

확인실습

1 다음과 같이 그림이 담긴 프레임에 그림자 효과를 만들어 보세요.

◎ **시작 파일** : Part04\확인실습5.indd
◎ **완료 파일** : Part04\확인실습5_완료.indd

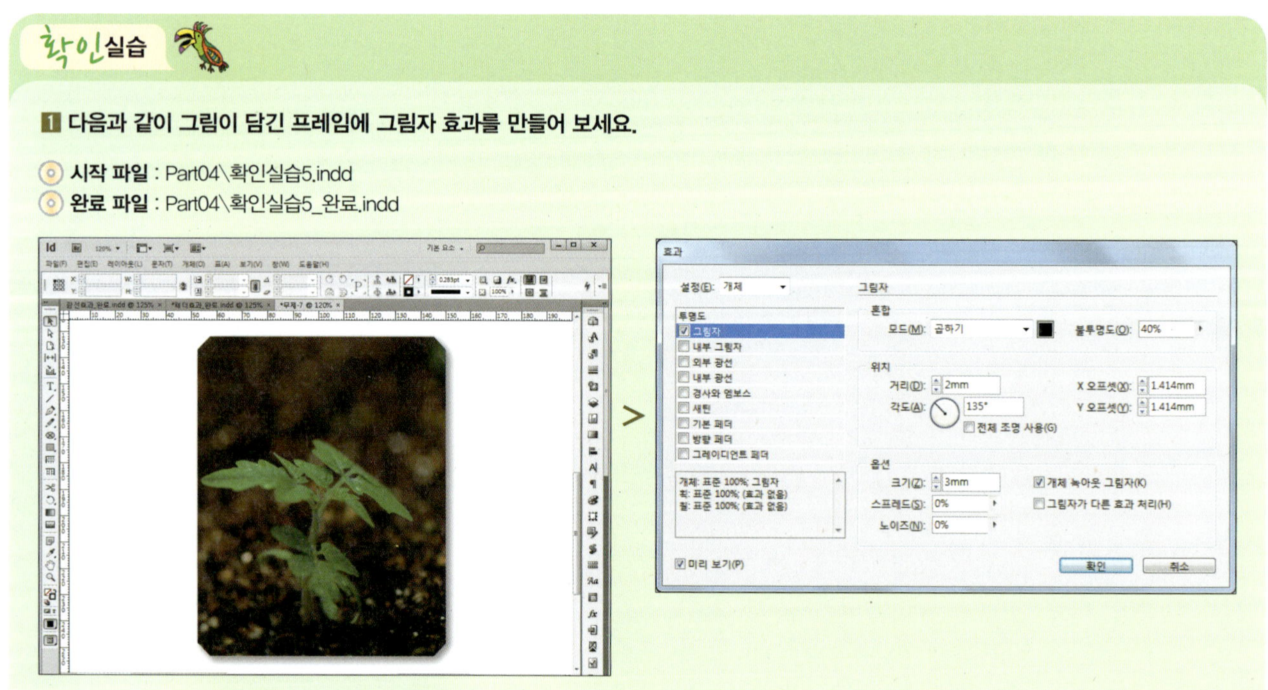

② 그림자를 설정한 이미지에 입력한 텍스트를 이미지로 변환하고, 내부 그림자를 적용해 텍스트 부분에 구멍이 뚫린 듯한 효과를 만들어 보세요.

◎ **시작 파일** : Part04\확인실습6.indd
◎ **완료 파일** : Part04\확인실습6_완료.indd

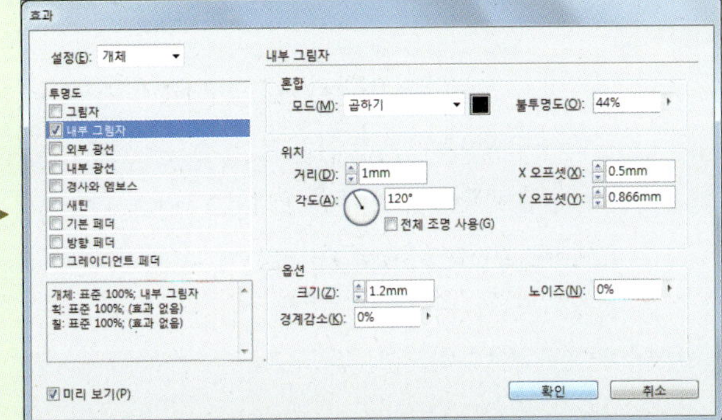

③ 도구 상자의 [그레이디언트 페더 도구]를 이용하여 그림에 페더 효과를 적용해 보세요.

◎ **시작 파일** : Part04\확인실습7.indd
◎ **완료 파일** : Part04\확인실습7_완료.indd

포토샵에서 클리핑 패스 만들어 저장하기

포토샵에서 패스를 만들어 클리핑 패스로 등록한 후 저장하면 인디자인에서 클리핑 패스 영역 안의 이미지만 가져올 수 있습니다. 여기서는 클리핑 패스를 만드는 방법과 인디자인 문서에 가져오기 하는 방법에 대해 알아봅니다.

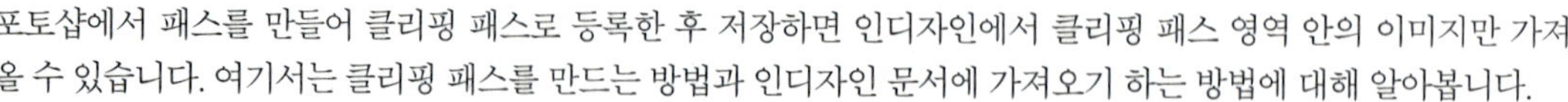

◉ **시작 파일** : Part04\요거트바.psd
◉ **완료 파일** : Part04\요거트이미지그림자.indd

① 'Work Path' 선택하기

포토샵 파일을 열면 현재 아이스크림이 패스 선으로 만들어져 있는 상태입니다. ❶[Paths] 패널로 이동하여 'Work Path'를 클릭하여 선택합니다.

② 패스 저장하기

❶[Paths] 패널의 팝업 메뉴 아이콘(▤)을 클릭하여 [Save Path]를 실행합니다. ❷패스 이름이 'Path 1'인 것을 확인하고 [OK]를 클릭합니다.

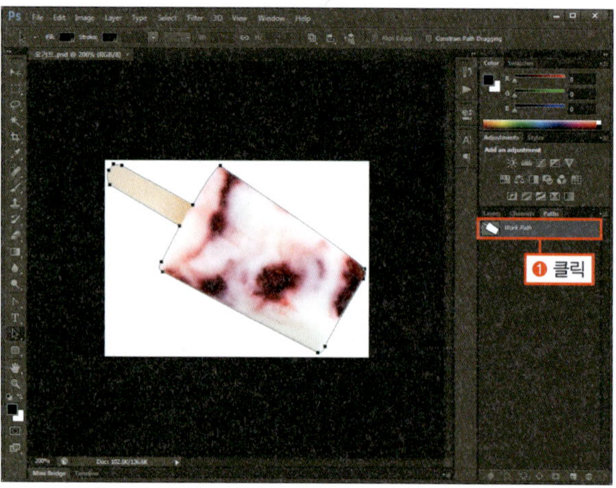

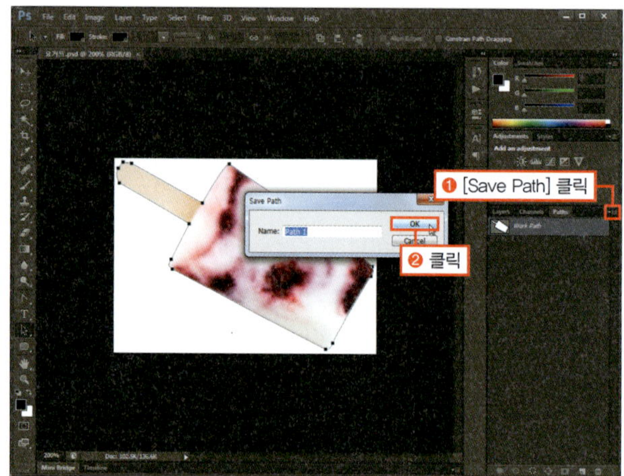

③ [Clipping Path] 설정하기

패스를 저장하였으면 다시 한 번 ❶[Paths] 패널의 팝업 메뉴 아이콘(▤)을 클릭하여 ❷[Clipping Path]를 실행합니다.

④ 파일 저장하기

❶[Clipping Path] 창에서 'Path 1'을 선택하고 ❷[OK]를 클릭합니다. 클리핑 패스 작업을 마쳤으면 ❸[File] 메뉴의 [Save]를 실행하여 파일을 저장합니다.

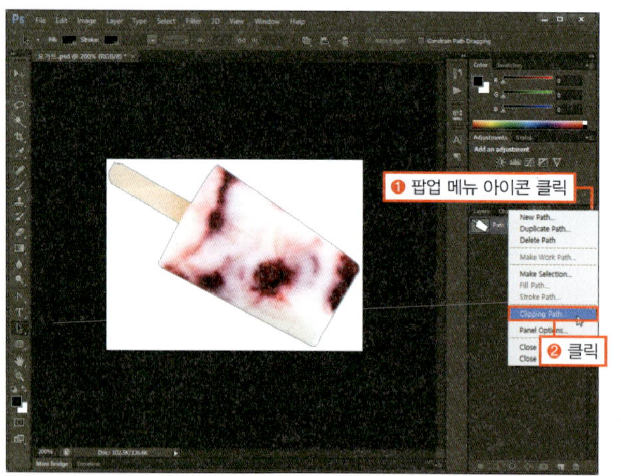

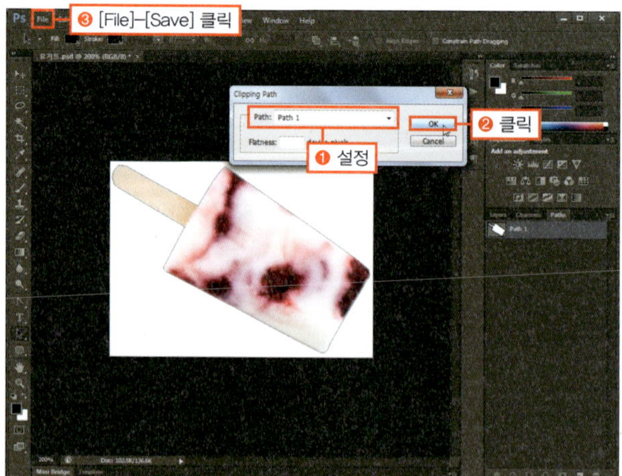

5 인디자인에서 이미지 가져오기

❶인디자인에서 프레임을 만든 다음 ❷[파일] 메뉴의 [가져오기]를 실행합니다. ❸[가져오기]에서 저장해 놓은 이미지 '요거트바.psd'를 선택하고 ❹[가져오기 옵션 표시]를 체크하고 ❺[열기]를 클릭합니다.

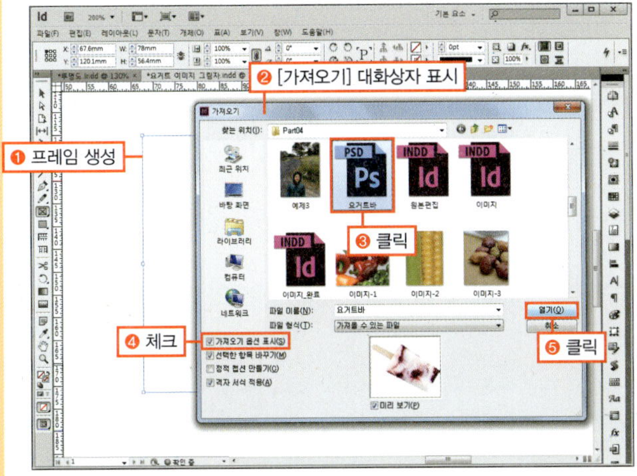

6 이미지 가져오기 옵션 설정하기

[이미지 가져오기 옵션] 대화상자의 [이미지] 탭에서 ❶[Photoshop 클리핑 패스 적용]을 체크합니다. ❷[레이어] 탭에서 ❸'Layer 2'를 감춘 후 ❹[확인]을 클릭합니다.

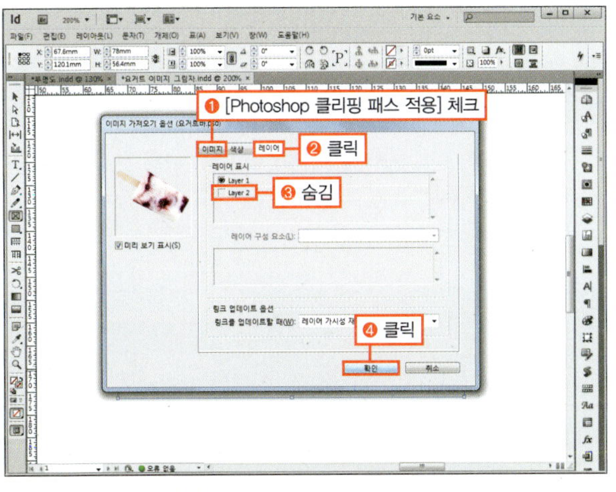

7 클리핑 패스를 프레임으로 변환하기

프레임 안에 선택한 이미지가 삽입되면 ❶마우스 오른쪽 버튼을 클릭하여 ❷[클리핑 패스를 프레임으로 변환]을 실행합니다.

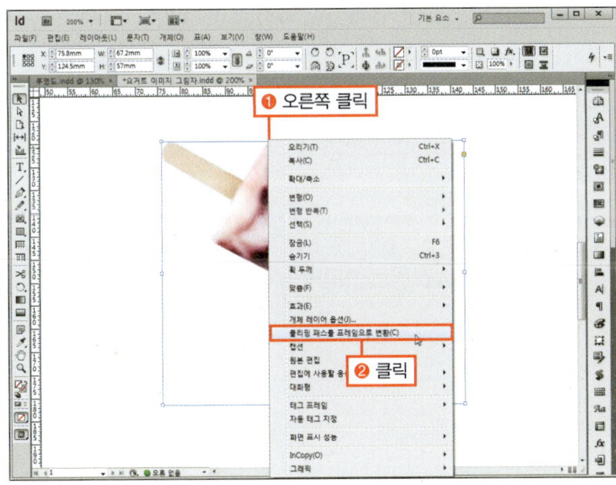

8 이미지 확인하기

클리핑 패스 이미지에 맞춰 프레임 크기가 자동으로 변경됩니다. 클리핑 패스 영역 안의 요거트바 이미지만 올바르게 가져오기 되었는지 확인하기 위해 이미지 뒤에 회색 배경 사각형을 만들어 보았습니다. 요거트바 외에는 투명하게 처리된 것을 확인할 수 있습니다. 잡지 등에서 여러 개의 이미지를 겹쳐 사용할 때 활용하면 편리합니다.

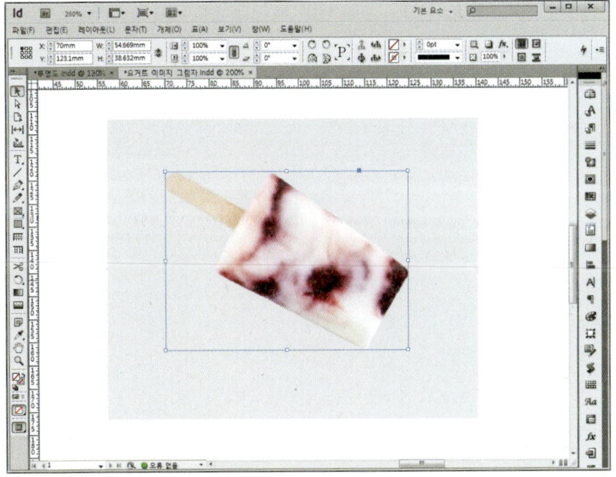

포토샵 액션 기능을 활용해 이미지 자동 변환하기

포토샵의 액션 기능으로 명령을 기록하고 'Automate' 기능을 이용해 폴더 안에 위치한 이미지에 자동으로 액션을 적용하는 방법에 대해 알아봅니다.

◉ **시작 파일** : Part04\자동변환이미지\변환1~6.jpg
◉ **완료 파일** : Part04\자동변환이미지\변환1~6.eps

1 액션 과정 등록하기

포토샵을 실행하고 폴더 안에 위치한 파일 하나를 샘플로 열어 줍니다. ❶[Window] 메뉴의 [Action]을 실행하여 [Action] 패널을 불러옵니다. ❷[Create new action] 아이콘을 클릭하여 새로운 액션을 추가합니다.

2 액션 이름 정하기

❶[New Action] 창에서 'Name'을 'eps저장'으로 입력하고 ❷[Record]를 클릭합니다.

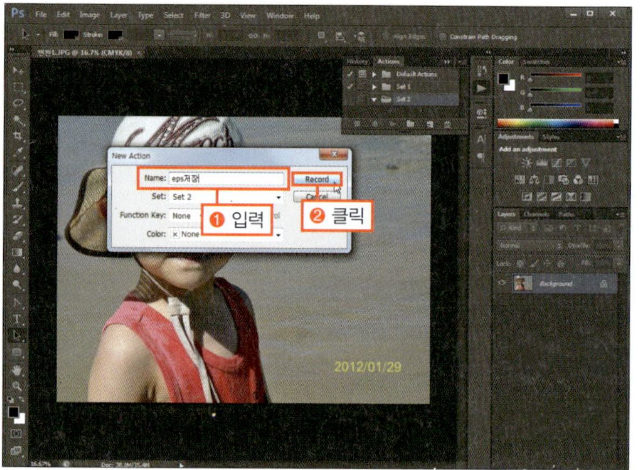

3 액션 과정 등록하기

액션 과정 등록이 시작되면 현재 파일을 EPS 형식으로 별도 저장하기 위해 ❶[File] 메뉴의 [Save As]를 실행합니다. ❷[자동변환 이미지] 폴더에 'Photoshop eps(*.eps)' 형식으로 저장합니다.

4 [EPS Option] 설정하기

❶[EPS Option]에서 다음과 같이 설정하고 ❷[OK]를 클릭합니다. ❸파일 이름의 X자 모양을 클릭하여 현재 문서를 닫습니다.

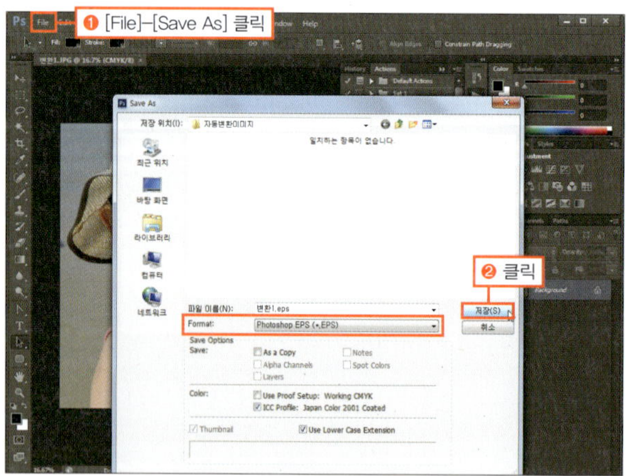

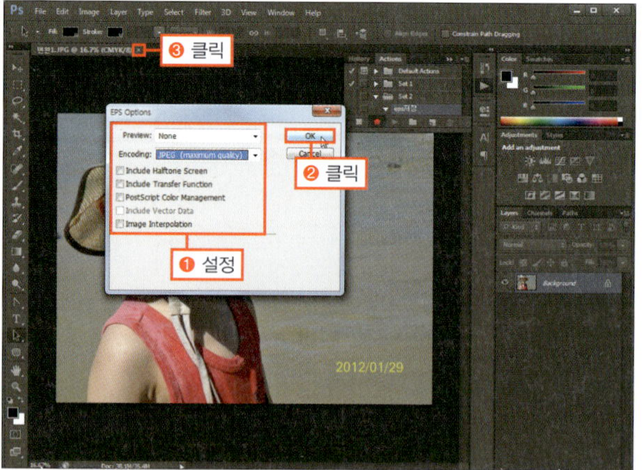

5 액션 등록 마치기

문서를 닫았으면 ❶[Action] 패널에서 [Stop playing/recording] 를 클릭합니다.

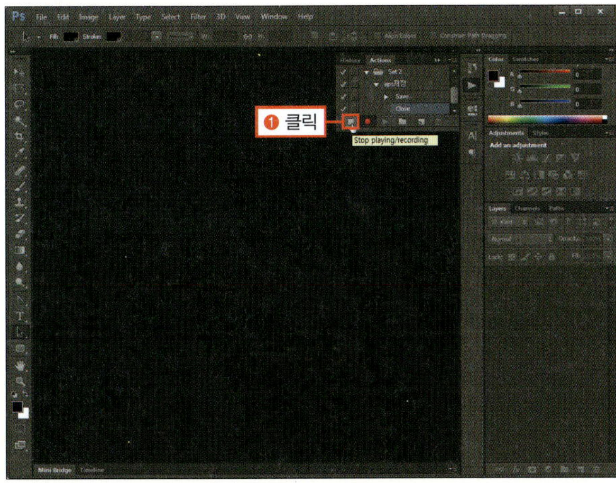

6 자동화 실행하기

액션을 등록해 놓았으면 자동으로 반복 실행하기 위해 ❶[File] 메뉴의 ❷[Automate]–❸[Batch]를 실행합니다.

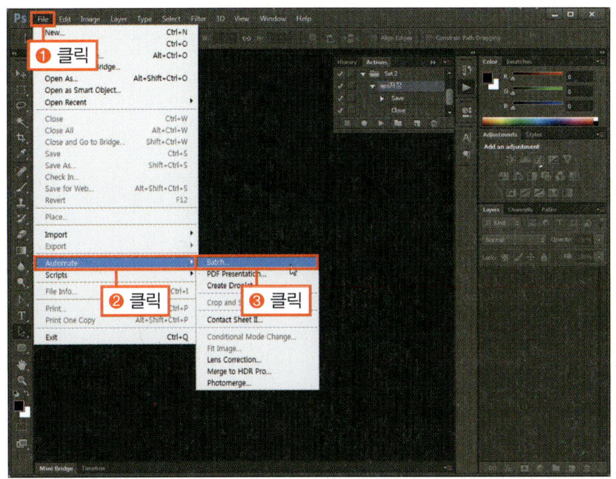

7 폴더 설정하기

❶[Batch] 대화상자에서 실행할 액션을 'eps 저장'으로 선택합니다. ❷소스 폴더에서 [Choose...]를 클릭합니다. ❸[폴더 찾아보기] 대화상자에서 [자동변환이미지] 폴더를 선택하고 ❹[확인]을 클릭합니다.

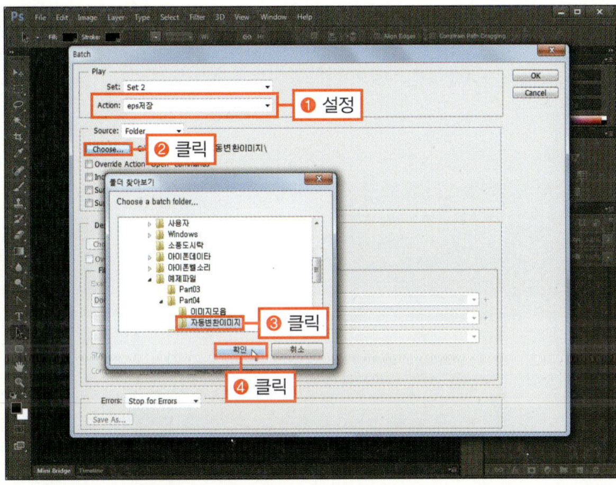

8 저장된 파일 확인하기

윈도우 탐색기를 열어 [자동변환이미지] 폴더를 살펴보면 다음과 같이 원본 이미지 파일 외에 EPS 형식의 파일이 하나씩 각각 추가된 것을 볼 수 있습니다. 이와 같이 포토샵의 액션 기능과 'Automate' 기능을 활용하면 많은 양의 이미지를 자동으로 손쉽게 변환할 수 있습니다.

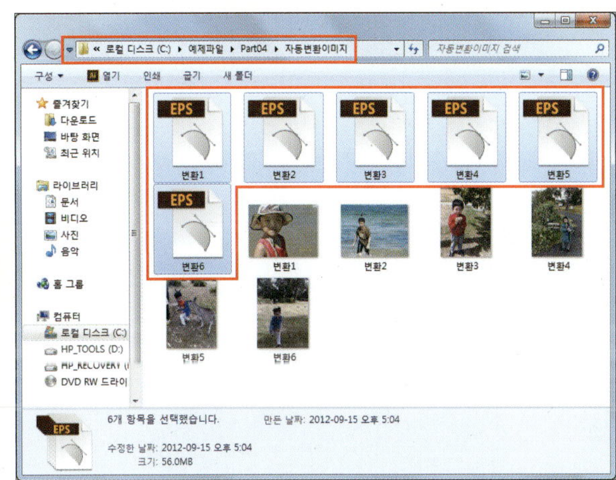

참고

변환한 이미지를 다른 폴더에 저장할 경우에는 [Destination] 폴더를 대상 폴더로 설정합니다.

1 예제 문서를 열고 이미지 9개를 한번에 가져오기 하여 배치하세요. 그런 다음 두 개의 그래픽 프레임 안에 위치한 이미지를 삭제하고 배경색을 채워보세요.

- **시작 파일** : Part04\응용실습1.indd, 간식_1~간식_9.jpg
- **완료 파일** : Part04\응용실습1_완료.indd
- **해설 파일** : 해설파일\Part04_응용실습1_해설.hwp, Part04_응용실습1_해설.pdf

Before

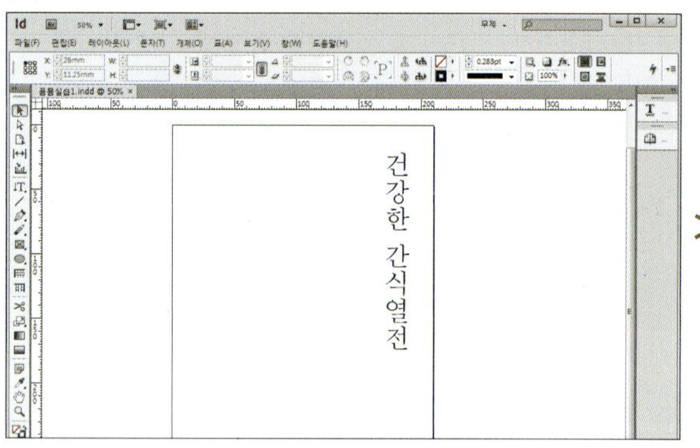

After

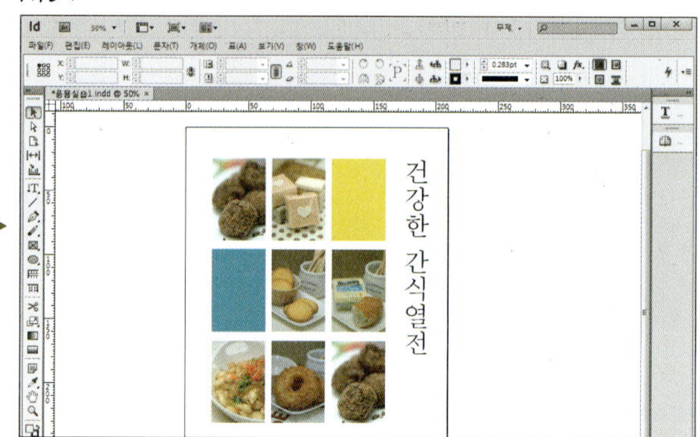

❶[가져오기]를 실행하여 9개 이미지 선택하기 ❷ Ctrl + Shift 를 누른 채 드래그하여 9개의 이미지 한번에 넣기 ❸[내용에 프레임 맞추기]로 프레임 맞춤 옵션 설정하기 ❹프레임 안의 이미지 삭제하기 ❺비어 있는 프레임에 배경색 채우기

2 예제 문서를 열고 사각형 프레임에는 검은색 테두리를 설정하고 나무 모양으로 만들어진 프레임에는 효과를 적용해 보세요.

- **시작 파일** : Part04\응용실습2.indd
- **완료 파일** : Part04\응용실습2_완료.indd
- **해설 파일** : 해설파일\Part04_응용실습2_해설.hwp, Part04_응용실습2_해설.pdf

Before

After

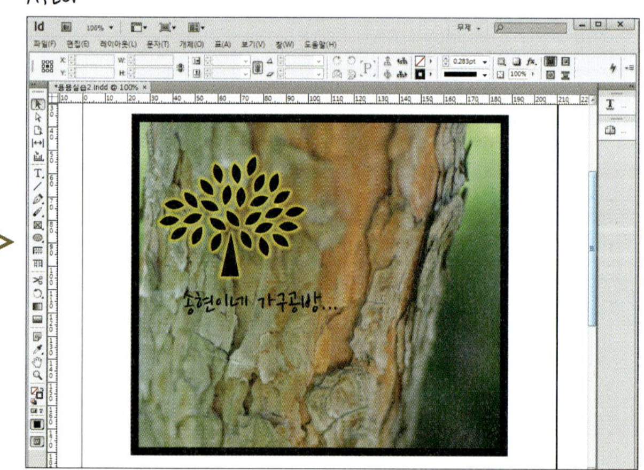

❶사각형 프레임의 테두리 굵기를 '10pt'로 설정하기 ❷테두리 색상을 검은색으로 설정하기 ❸나무 모양 이미지를 선택하고 [효과]−[외부광선] 설정하기

3 예제 문서를 열고 이미지가 담긴 텍스트 프레임의 맞춤 옵션을 설정해 보세요. 옵션이 설정된 프레임을 복사한 후 브리지 프로그램을 활용하여 각각 다른 이미지로 변경해 보세요.

- **시작 파일** : Part04\응용실습3.indd
- **완료 파일** : Part04\응용실습3_완료.indd
- **해설 파일** : 해설파일\Part04_응용실습3_해설.hwp, Part04_응용실습3_해설.pdf

Before · After

❶프레임에 맞춤 옵션을 [비율에 맞게 프레임 채우기]로 설정하기 ❷[내용에 프레임 맞추기] 맞춤 옵션 설정하기 ❸브리지 프로그램 실행하기 ❹프레임으로 드래그하여 이미지 넣기

인디자인 CS6의 컬러와 그래픽 기능 활용하기

인디자인에서 텍스트나 개체에 컬러를 적용하기 위해서는 필요한 컬러를 직접 등록하여 사용할 수 있습니다. 컬러는 원색과 별색 중에서 선택하여 만들 수 있으며, 문서에 등록해 놓은 컬러는 그 문서를 열면 항상 등록해 놓은 컬러를 사용할 수 있고 다른 문서의 컬러 목록을 가져와 사용할 수도 있습니다. 또한 등록해 놓은 컬러 목록은 색상을 수정하거나 삭제할 수 있습니다. 인디자인에서는 색상뿐만 아니라 직접 도구를 만들거나 레이어를 활용하는 등의 기본적인 그래픽 기능이 가능합니다.

여기서는 색상을 활용하는 방법과 인디자인의 그래픽 기능에 대해 살펴봅니다.

SECTION 01

새로운 원색과 별색 만들기

인디자인에서 문서에 등록하여 사용할 수 있는 컬러는 원색과 별색으로 나누어집니다. 원색은 CMYK 잉크로 인쇄할 수 있는 컬러이며, 별색은 CMYK 잉크 외에 특정 별색을 의미합니다. 원색과 별색을 설정하고 활용하는 방법에 대해 알아봅니다.

다루는 내용

- 컬러 만들기
- 컬러 변경하기
- 컬러 추출하기

기능 정리

새로운 원색과 별색 설정 방법 살펴보기

문서에 새로운 컬러를 등록하는 방법과 컬러의 종류를 선택하여 설정하는 방법에 대해 알아봅니다. 또한 컬러 활용법과 컬러의 종류에 대해 살펴봅니다.

● 원색과 별색 개념 익히기

문서에 컬러를 사용할 때에는 빛의 삼원색과 흑색을 사용해 만들어지는 원색 컬러와 이미지 혼합되어 있는 잉크로 인쇄할 수 있는 별색 컬러를 사용할 수 있습니다. 원색과 별색은 [색상 견본] 패널에서 선택하여 만들 수 있으며, 목록에서 아이콘으로 쉽게 원색과 별색을 구별할 수 있습니다. 별색은 CMYK 잉크 외에 별도의 컬러 잉크를 필요로 하기 때문에 문서를 만들 때 인쇄 비용이 더 소요될 수 있습니다. 또한, 인쇄 공정도 추가됩니다. 그러므로 별색을 사용할 때에는 반드시 필요한 것인지 확인하고, 많은 종류의 별색을 만들지 않는 것이 좋습니다. 실수로 인해 색상 지정을 별색으로 만든 경우 [색상 견본] 패널에서 원색으로 변환도 가능합니다. 다만 색상이 조금 달라질 수 있습니다.

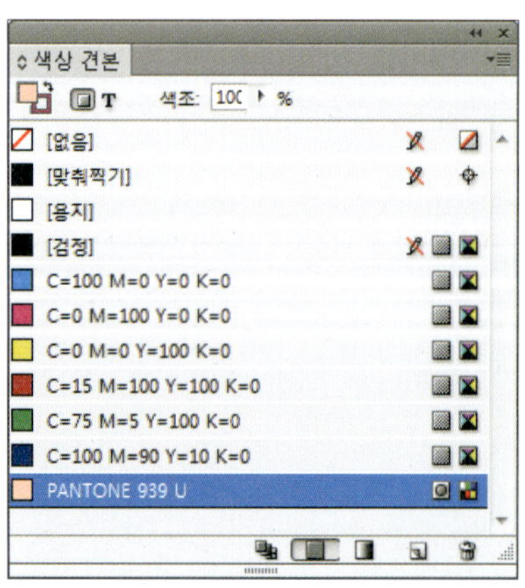

- : 원색 표시 아이콘
- : 별색 표시 아이콘
- : CMYK 색상 표시 아이콘
- : Lab 색상 표시 아이콘
- : RGB 색상 표시 아이콘

● **도구 상자를 통해 새로운 색상 만들기**

도구 상자의 [칠]이나 [획] 컬러를 더블클릭하면 [색상 피커] 대화상자를 불러올 수 있습니다. 색
상 공간을 직접 클릭하여 색상을 선택하거나 각각 RGB 컬러 수치를 입력하여 원하는 색상을 만들
수 있습니다. 컬러 피커에서는 RGB, CMYK, Lab 컬러 중에서 원하는 부분을 클릭하여 세 가지 종류
의 색상을 만들 수 있습니다. 각각의 색상을 선택하고 [색상 추가]를 클릭하면 [색상 견본] 패널에
현재 컬러가 자동으로 등록됩니다.

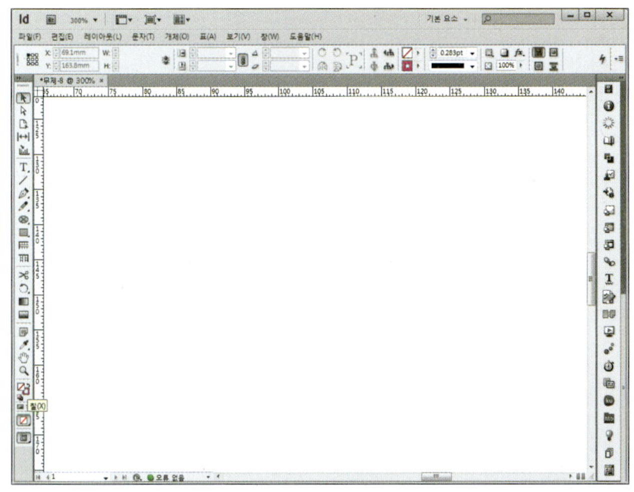
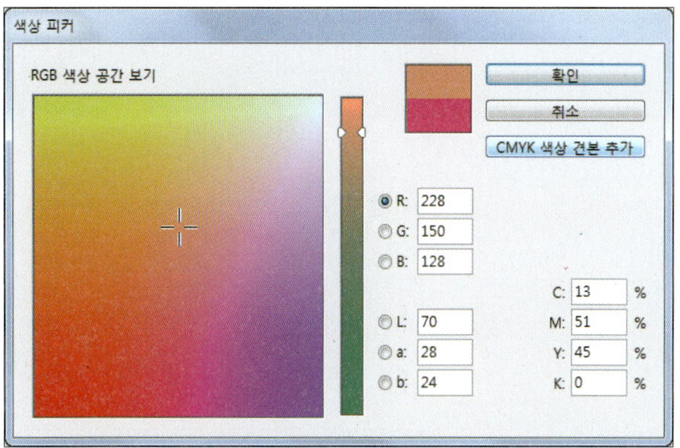

● **[색상] 패널에서 색상 만들기**

[창] 메뉴의 [색상]-[색상]을 실행하면 [색
상] 패널을 열 수 있습니다. [색상] 패널에서
팝업 메뉴 아이콘을 클릭하면 컬러 종류를
선택할 수 있으며, 현재 색상을 색상 견본에
곧바로 추가할 수 있습니다.

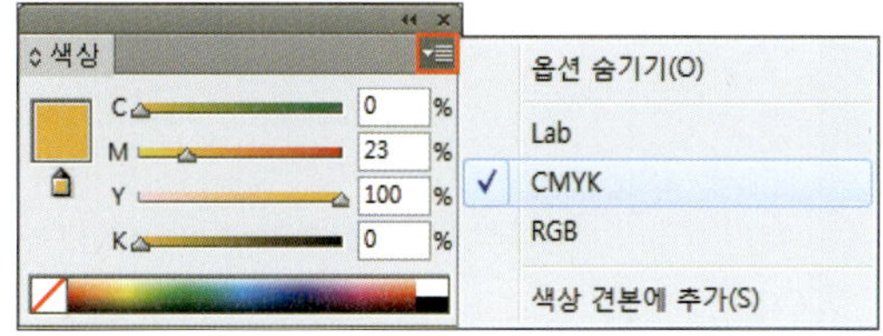

● **색상 견본 패널에서 새로운 색상 등록하기**

[색상 견본] 패널에서 [새 색상 견본] 아이콘을 클릭하
여 새로운 색상을 추가할 수 있습니다. [새 색상 견본]
대화상자에서 [색상 유형]을 '원색'과 '별색' 중에서 선
택할 수 있습니다.

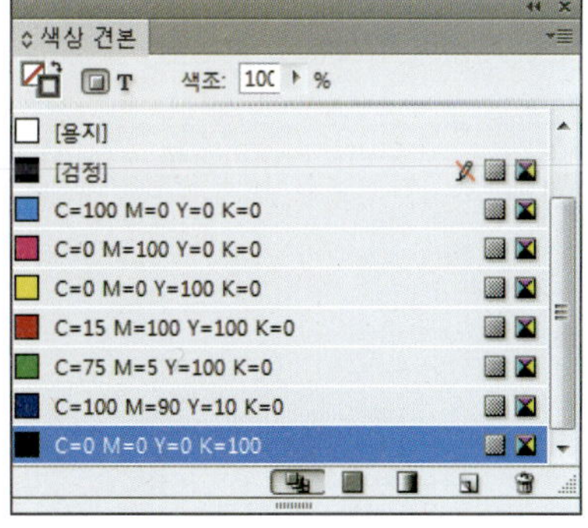

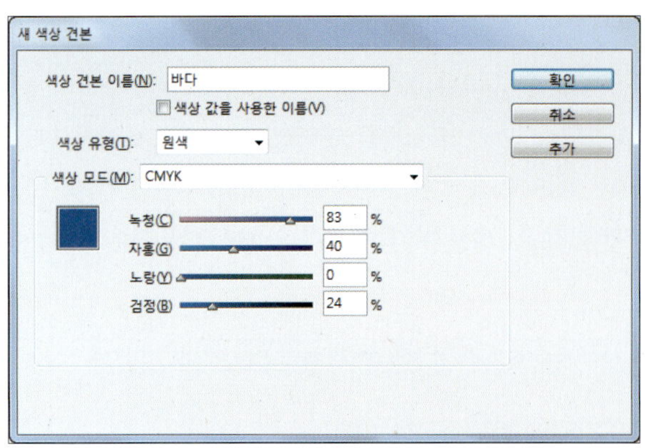 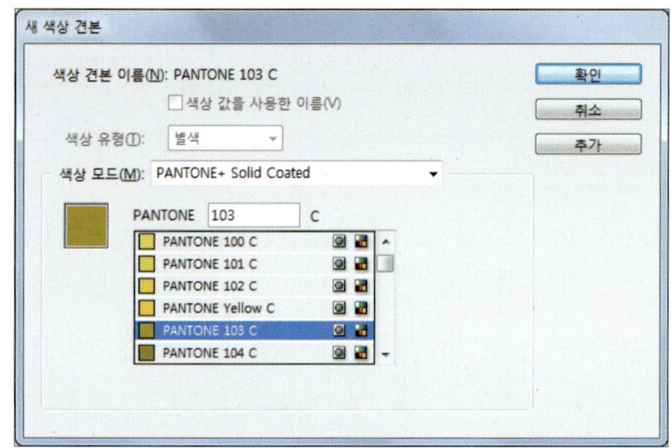

● 새로운 그레이디언트 색상 견본 만들기

[창] 메뉴의 [색상]-[색상 견본]을 실행합니다. [색상 견본] 패널에서 팝업 메뉴 아이콘을 클릭하여 [새 그레이디언트 색상 견본]을 실행하면 새로운 그레이디언트 색상이 목록에 추가됩니다. 더블클릭하여 그레이디언트 색상을 만들 수 있습니다.

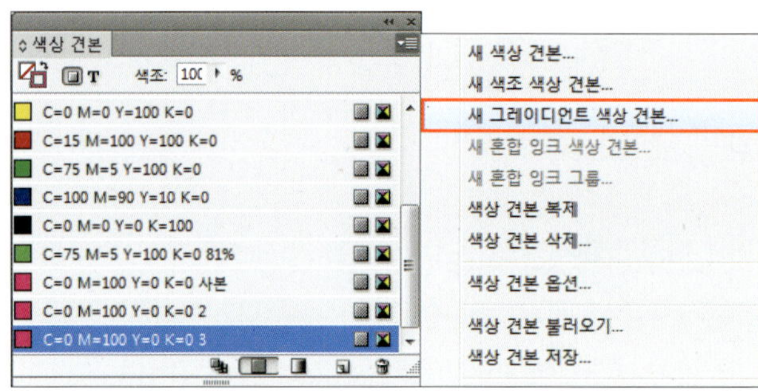 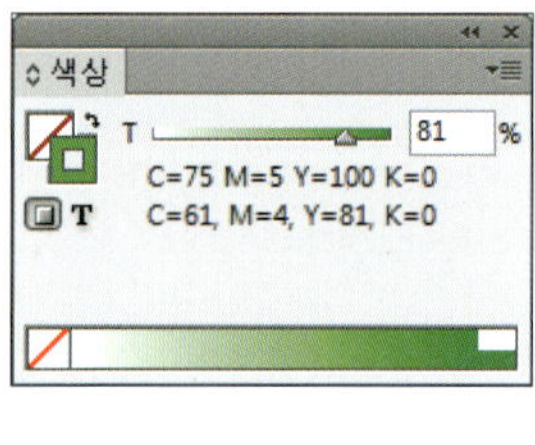

● 색상 견본 저장하고 활용하기

문서에 만들어 놓은 색상 견본을 별도의 파일로 저장해 놓고 사용할 수 있습니다. [색상 견본] 패널의 [팝업 메뉴] 아이콘을 클릭하여 [색상 견본 저장]을 실행하면 [파일 형식]을 'Adobe 색상 견본 교환' 형식으로 저장할 수 있습니다.

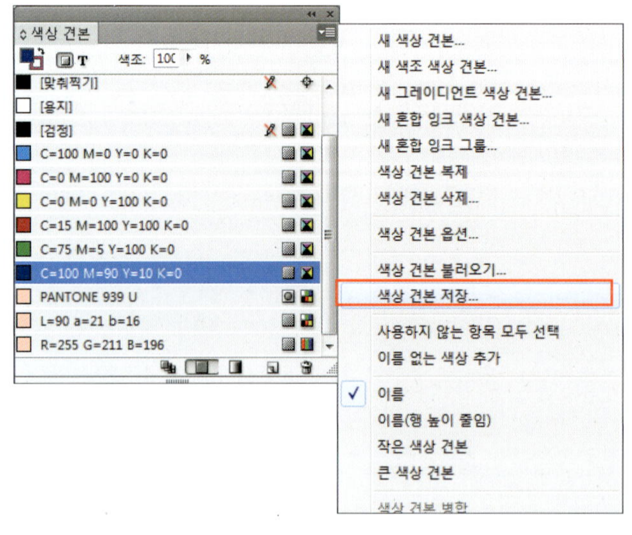

1 인디자인에서 사용할 수 있는 컬러 종류는 크게 원색과 (   )으로 나뉩니다.

2 [컬러 피커]에서 설정할 수 있는 색상의 세 가지 종류는 무엇인가요? (   )

답 : **1** 별색, **2** RGB, CMYK, Lab

실습 과정

새로운 원색과 별색 만들기

새로운 원색과 별색을 만드는 다양한 방법에 대해 알아봅니다.

⊙ **시작 파일** : Part05\색상견본.indd
⊙ **완료 파일** : Part05\색상견본_완료.indd

01 도구 상자에서 색상 설정하기

예제 문서를 불러온 후 ❶색상을 채울 사각형 프레임을 선택하고 ❷도구 상자의 [칠] 아이콘을 더블클릭합니다.

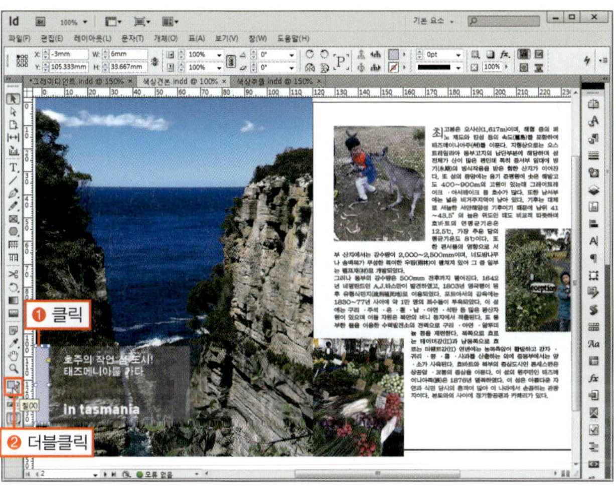

02 [색상 피커]에서 색상 설정하기

❶[색상 피커] 대화상자가 나타나면 원하는 컬러를 클릭하여 설정합니다. 원하는 색상을 설정하였으면 ❷[확인]을 클릭합니다.

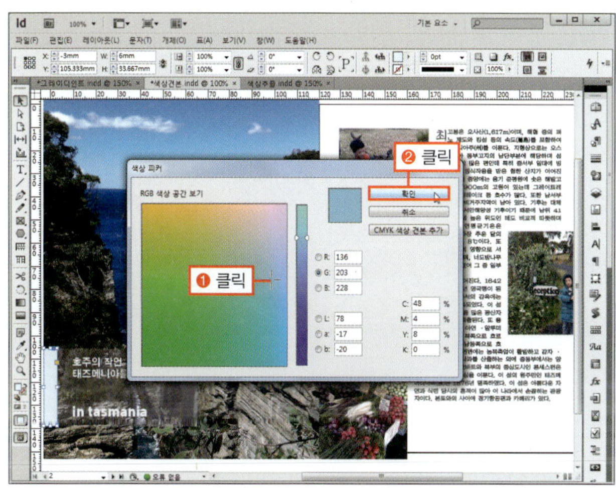

03 [색상 견본] 패널에 색상 추가하기

선택한 사각형 프레임에 [색상 피커]에서 설정한 컬러가 채워집니다. 현재 도구 상자에서 선택된 컬러를 [색상 견본] 패널에 등록하기 위해 ❶도구 상자의 [칠] 아이콘을 더블클릭합니다. ❷[색상 피커]에서 [CMYK 색상 견본 추가]를 클릭합니다.

04 [색상 견본] 패널 확인하기

❶[창] 메뉴의 [색상]-[색상 견본]을 실행합니다. [색상 견본] 패널에 [색상 피커]에서 만들어 놓은 컬러가 등록되어 있는 것을 볼 수 있습니다.

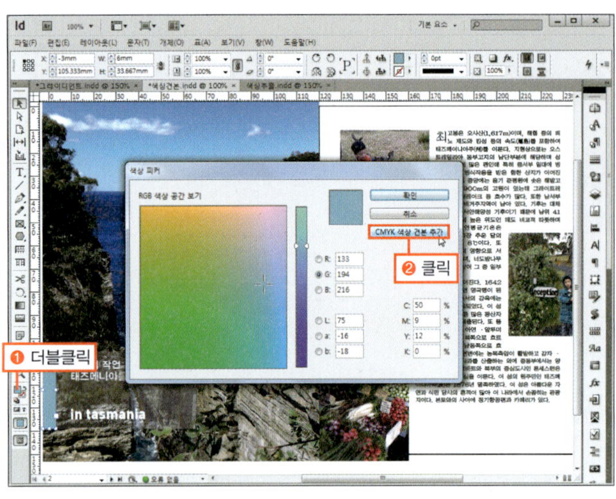

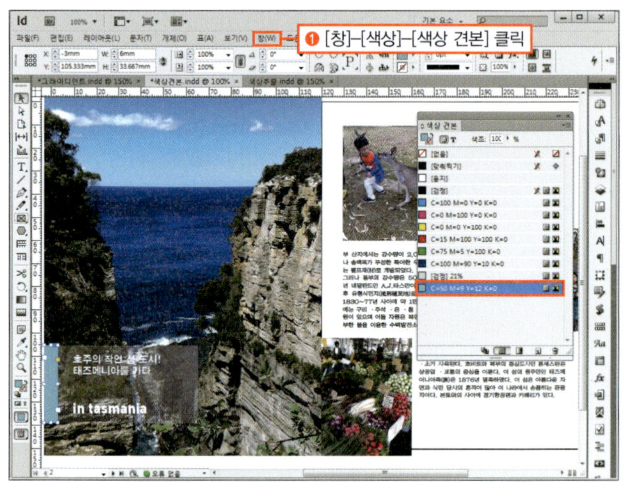

05 새로운 색상 견본 만들기

❶[색상 견본] 패널에 새로운 색을 추가하기 위해 [새 색상 견본]( )을 클릭합니다. 현재 선택되어 있는 색상과 동일한 색이 아래 목록에 복제되어 추가됩니다. ❷색상을 변경하기 위해 복제된 색상 이름을 더블클릭합니다.

06 색상 견본 옵션 변경하기

복제된 색상 이름을 더블클릭하면 [색상 견본 옵션] 대화상자가 열립니다. ❶색상 유형이나 이름, 색상 모드, 색상을 변경하고 ❷[확인]을 클릭하면 색상을 변경할 수 있습니다.

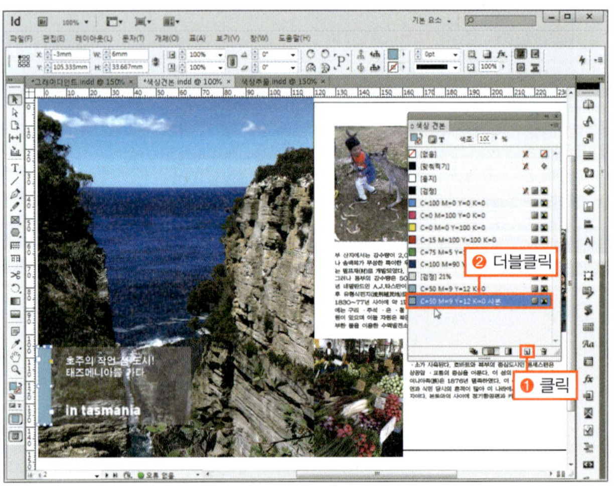

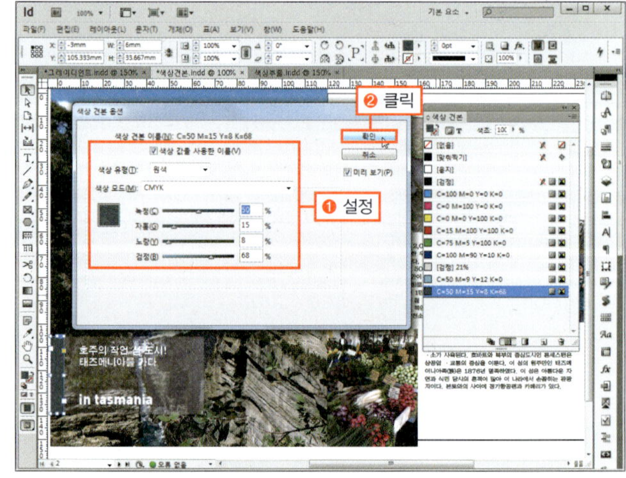

❶[색상 견본] 패널에서 [새 색상 견본](▢)을 클릭합니다. ❷새로운 색상이 추가되면 더블클릭하여 [색상 견본 옵션] 대화상자를 불러옵니다. ❸[색상 유형]을 '별색'으로 설정하고 [색상 모드]를 선택합니다. 원하는 별색 컬러를 선택하고 ❹[확인]을 클릭합니다.

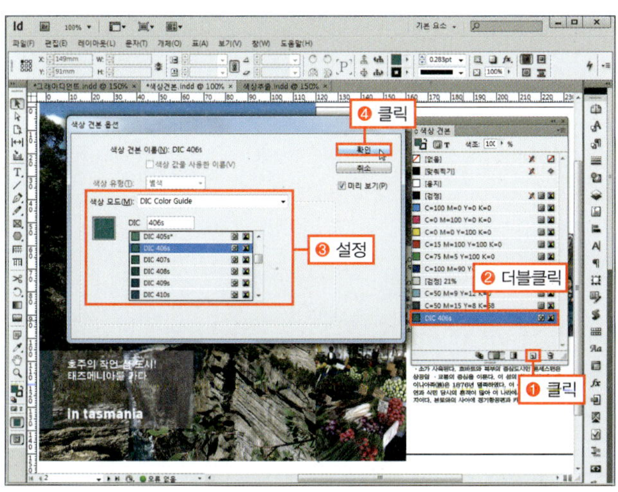

[색상 견본] 패널의 색상이 별색으로 등록되고, 색상 이름 옆에 ◉가 표시됩니다. ❶목록에서 색상을 다른 위치로 드래그하면 특정 색상 견본의 목록 위치를 변경할 수 있습니다. 자주 사용하는 색상이나 비슷한 위치에 사용하는 색상을 근처에 정리해 놓고 사용하는 것이 편리합니다.

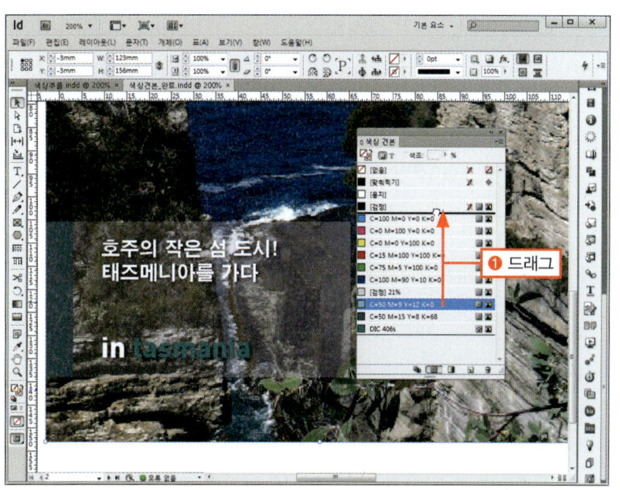

참고 ● 색상 견본 이름 지정하기

[색상 견본] 패널에 새로운 색상 견본을 추가하면 기본적으로 CMYK 수치로 설정된 이름으로 등록됩니다. [색상 견본 옵션]에서 [색상 값을 사용한 이름]의 체크를 해제하면 직접 색상 견본 이름을 입력할 수 있습니다. 특정 제목이나 특정 부분에 사용한 색상의 경우 이름을 입력해 놓으면 추후에 재사용하기가 편리합니다.

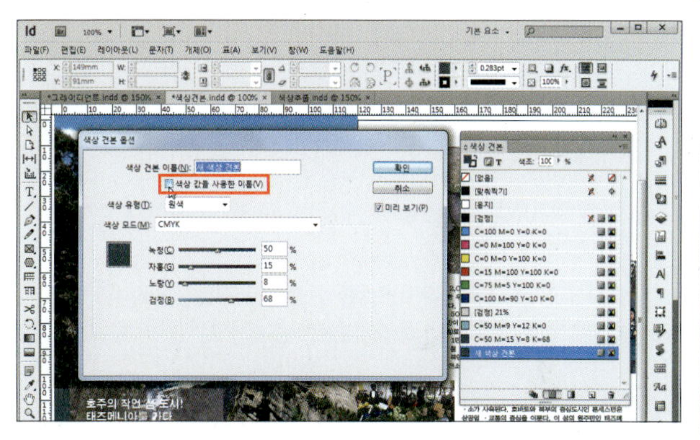

참고 ● [색상 피커]에서 설정할 수 있는 세 가지 색상 공간

[색상 피커] 대화상자에서는 세 가지 색상 공간을 선택하여 색상을 설정할 수 있습니다. 색상 공간은 각각 수치를 입력할 수 있는 위치에 마우스 포인터를 이동하면 자동으로 변경되며, 색상별 특징에 대해 알아봅니다.

❶ **RGB 컬러** : RGB 컬러 모드는 모니터의 색상에 기초하여 색을 구현하는 방법으로, RGB 모드의 색을 CMYK 형식으로 분판 인쇄하면 화면상의 색상과 전혀 다른 느낌의 인쇄물을 얻는 경우가 있습니다. 그러므로 인쇄를 맡기기 전 CMYK 컬러로 변경해 주는 것이 좋습니다.

❷ **CMYK 컬러** : 인쇄물을 위한 색상 모드로 C(청), M(적), Y(황), K(먹)의 잉크를 이용하여 인쇄합니다. 각각의 CMYK 수치를 조절하여 원하는 색을 조합할 수 있습니다.

❸ **Lab 컬러** : 색 파괴를 최소화한 컬러 모드로 RGB 색상을 곧바로 CMYK 모드로 변환하지 말고, Lab 컬러 모드로 변환한 후 CMYK 모드로 변환하면 색상 차이를 줄일 수 있습니다.

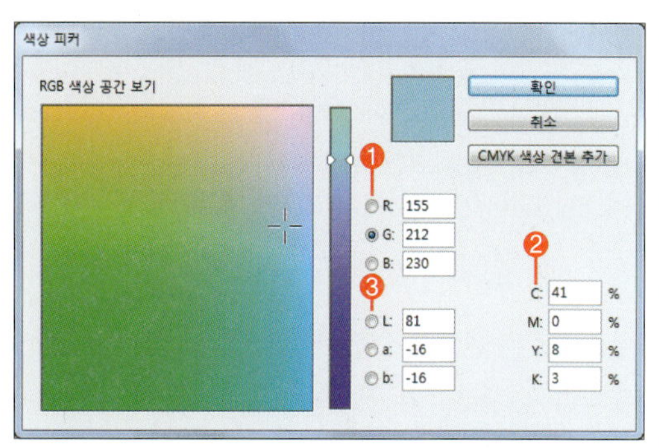

그레이디언트 색상 견본 만들기

그레이디언트 색상을 만들고 적용하는 방법에 대해 알아봅니다.

시작 파일 : Part05\그레이디언트.indd
완료 파일 : Part05\그레이디언트_완료.indd

01 [색상 견본] 패널에서 그레이디언트 색상 견본 확인하기

새로운 그레이디언트 컬러를 만들기 위해서는 우선 ❶[창] 메뉴의 [색상]-[색상 견본]을 실행하여 [색상 견본] 패널을 불러옵니다. ❷[색상 견본] 패널에서 [그레이디언트 색상 견본 표시](￼)를 클릭합니다. 현재 문서에 등록되어 있는 그레이디언트 색상 견본 목록이 나타납니다.

02 새 그레이디언트 색상 견본 추가하기

❶[색상 견본] 패널에서 팝업 메뉴 아이콘(￼)을 클릭하여 ❷[새 그레이디언트 색상 견본]을 실행합니다.

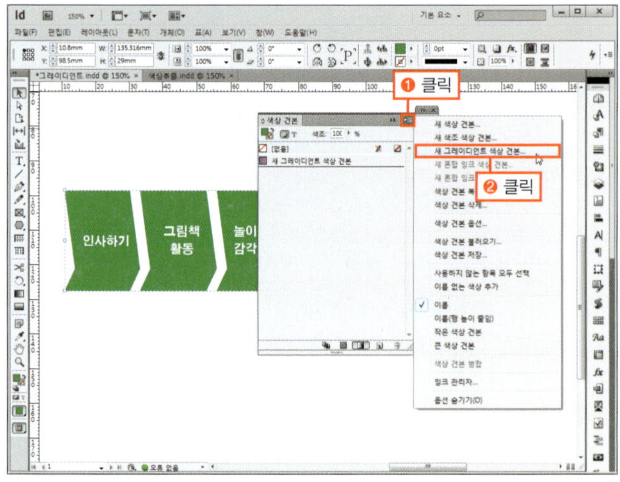

> **참고**
>
> [창] 메뉴의 [색상]-[그레이디언트]를 실행하면 기본적으로 흰색과 검정색으로 설정된 그레이디언트 색상이 표시됩니다. 그레이디언트 색상이 적용된 개체를 선택하면 해당 그레이디언트 컬러가 표시되며 그레이디언트 색상을 변경할 수 있습니다.

03 그레이디언트 시작 색상 설정하기

[새 그레이디언트 색상 견본] 대화상자에서 ❶[색상 견본 이름]을 '파란색계열'로 입력하고 [유형]을 '선형'으로 설정합니다. ❷[그레이디언트 경사]에서 왼쪽 시작점을 클릭합니다. ❸시작점의 컬러를 다음과 같이 '녹청 : 15, 자홍 : 58, 노랑 : 10, 검정 : 0'으로 설정합니다.

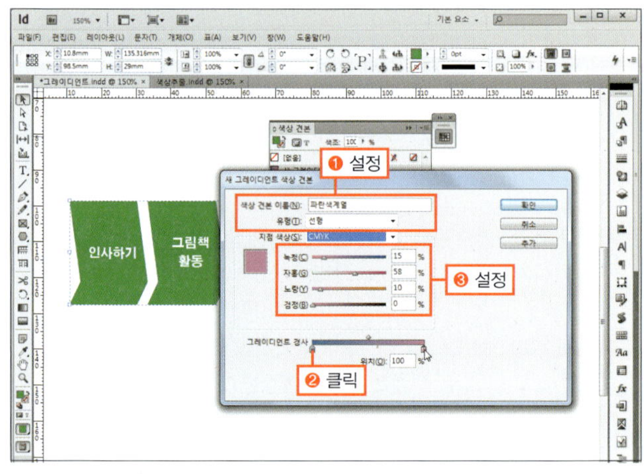

04 그레이디언트 끝 색상 설정하기

❶[그레이디언트 경사]에서 오른쪽 끝점을 클릭합니다. ❷ 끝점의 컬러를 다음과 같이 '녹청 : 48, 자홍 : 0, 노랑 : 10, 검정 : 20'으로 설정합니다.

05 그레이디언트 색상 견본 추가하기

❶그레이디언트 컬러의 가운데 중간점을 드래그하여 왼쪽으로 이동하여 위치를 '25.96%'로 설정합니다. 그레이디언트 색상을 완성하였으면 ❷[추가]를 클릭하여 현재 그레이디언트 색상을 [색상 견본] 패널의 그레이디언트 목록에 추가한 후 ❸[완료]를 클릭하여 대화상자를 닫습니다.

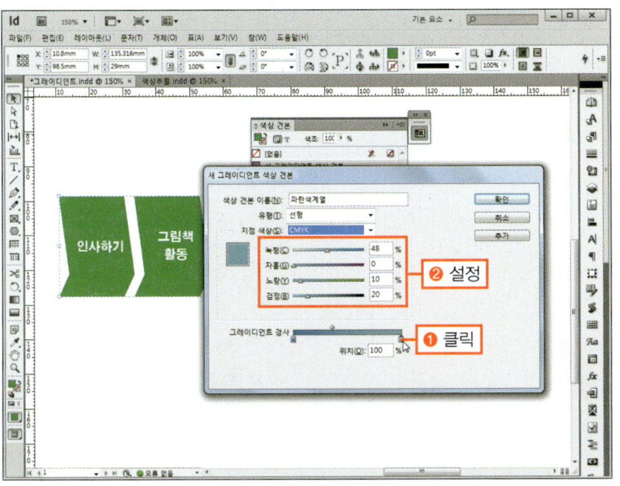

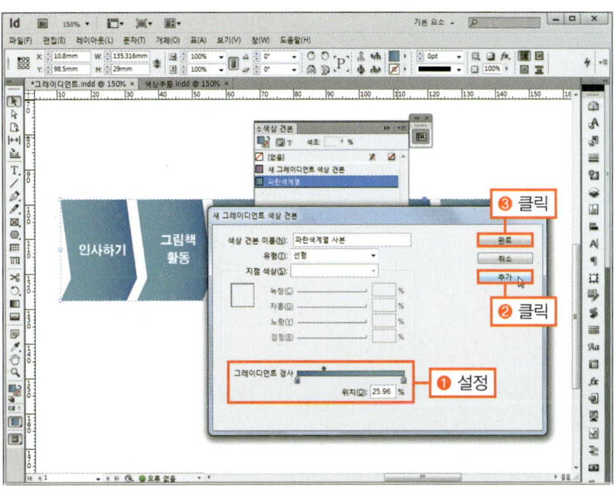

참고 ● [그레이디언트] 패널 살펴보기

[창] 메뉴의 [색상]–[그레이디언트]를 실행하면 [그레이디언트] 패널을 열 수 있습니다. 현재 선택한 개체에 적용된 그레이디언트 색상을 변경할 수 있으며, 각 기능에 대해 살펴보면 다음과 같습니다.

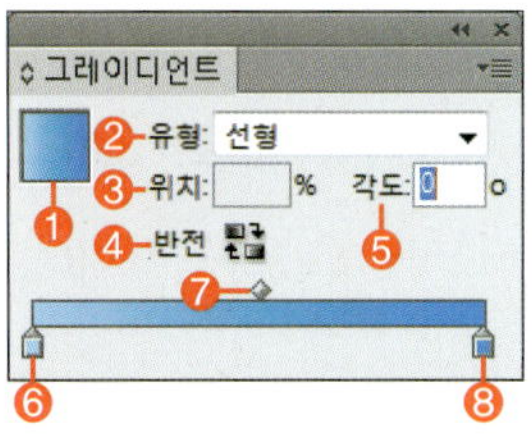

❶ **그레이디언트 칠** : 설정된 그레이디언트 색상을 미리 확인할 수 있습니다.
❷ **유형** : 선형과 방사형 중에서 그레이디언트 유형을 설정합니다.
❸ **위치** : 그레이디언트 중간점의 위치를 설정합니다.
❹ **각도** : 그레이디언트 유형이 '선형'일 때에만 적용이 가능하며, 색상에 각도를 설정하면 기울어진 상태로 그레이디언트 색상이 채워집니다.
❺ **반전** : 개체에 적용한 그레이디언트 색상의 시작 색상과 끝 색상이 반전됩니다.
❻ **시작 색상 정지점** : 그레이디언트의 시작 색상과 시작점을 설정할 수 있습니다.
❼ **중간점** : 시작 색상과 끝 색상의 가운데 중간점을 조절할 수 있습니다.
❽ **끝 색상 정지점** : 그레이디언트의 끝 색상과 끝 지점을 설정할 수 있습니다.

06 그레이디언트 색상 채우기

❶문서의 도형을 모두 선택한 상태에서 ❷[색상 견본] 패널에서 등록해 놓은 '파란색계열' 그레이디언트 색상을 채웁니다. 다음과 같이 한 개의 도형에 각각 그레이디언트 색상이 채워집니다.

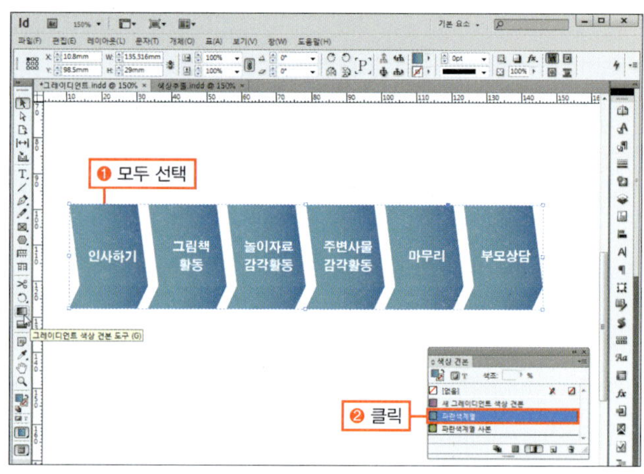

실습 과정

그레이디언트 색상 견본 도구를 이용한 색상 채우기

도구 상자의 [그레이디언트 색상 견본] 도구를 이용해 여러 개의 개체에 연결하여 그레이디언트 색상을 채워봅니다.

- **시작 파일** : Part05\그레이디언트2.indd
- **완료 파일** : Part05\그레이디언트2_완료.indd

---

01 [그레이디언트 색상 견본] 도구 이용하기

각각 그레이디언트 색상이 설정된 프레임을 모두 선택한 상태에서 ❶도구 상자의 [그레이디언트 색상 견본] 도구를 클릭하여 선택합니다. ❷마우스로 왼쪽에서 오른쪽으로 드래그합니다. 이때 Shift 를 누른 상태에서 드래그하면 일직선 방향으로 그레이디언트 색상을 적용할 수 있습니다.

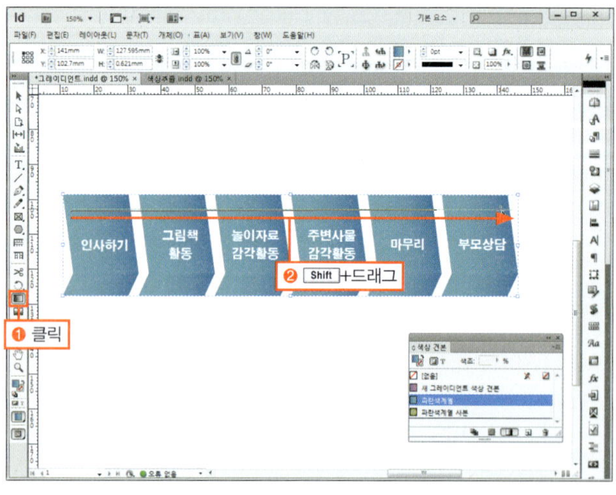

02 그레이디언트 반전시키기

다음과 같이 여러 개의 개체에 연이어 그레이디언트 색상이 적용됩니다. ❶이번엔 오른쪽에서 왼쪽 방향으로 드래그하여 그레이디언트 색상을 반대로 채워 넣어봅니다.

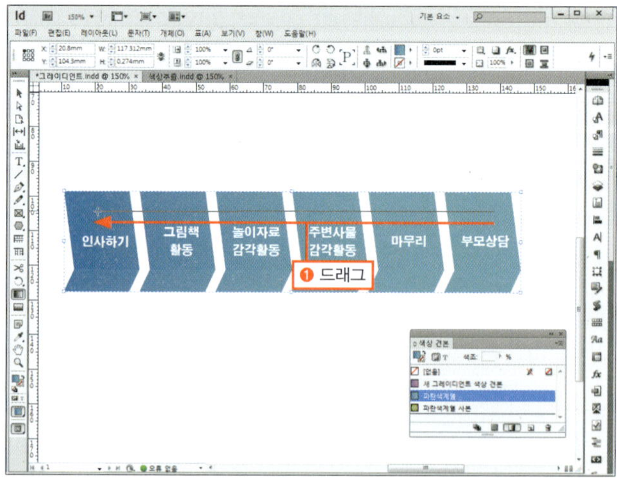

03 그레이디언트가 채워진 모습 확인하기

그레이디언트 색상이 반대 방향으로 채워진 것을 볼 수 있습니다. 그레이디언트는 선택되어 있는 개체에만 적용되며, 색상 견본에서 선택한 그레이디언트 색상을 채울 수 있습니다. 그레이디언트 색상 견본이 존재하지 않을 경우 기본적으로 검은색과 흰색으로 이루어진 그레이디언트 색상이 채워집니다.

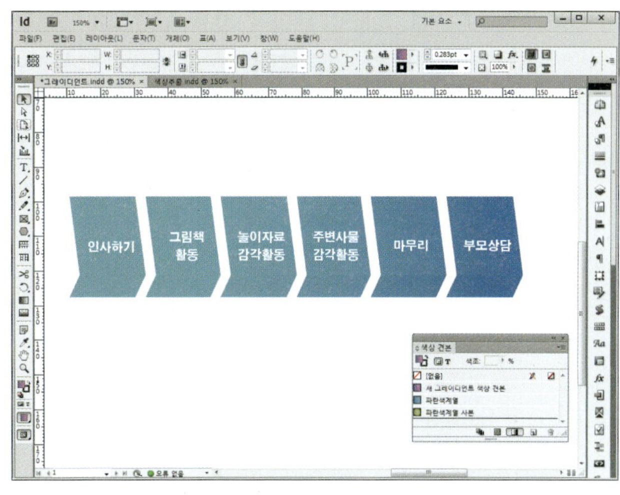

실습 과정 — 색상 견본 저장하고 가져와 사용하기

문서에 만들어 놓은 색상 견본을 저장하고 다른 문서에서 저장해 놓은 색상 견본을 불러와 봅니다.

01 색상 견본 저장하기

❶ [색상 견본] 패널에서 팝업 메뉴 아이콘(▼≡)을 클릭하여 ❷ [색상 견본 저장]을 실행합니다.

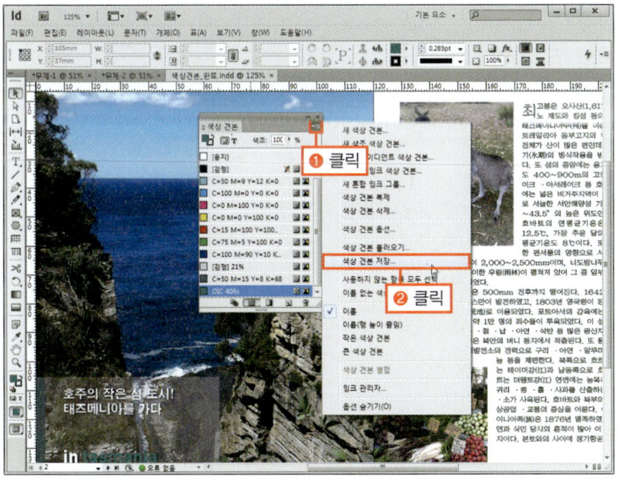

02 파일 이름 지정하기

❶ [다른 이름으로 저장] 대화상자에서 색상 견본을 저장할 경로를 설정합니다. ❷ [파일 이름]은 '색상견본'으로 입력하고 ❸ [파일 형식]은 'Adobe 색상 견본 교환'으로 지정합니다. ❹ [저장]을 클릭합니다.

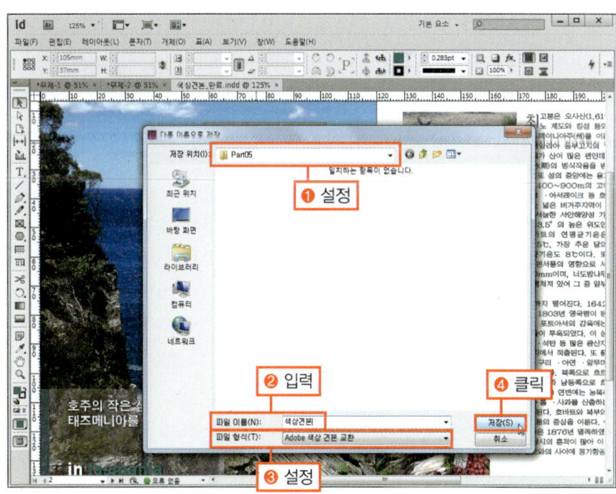

❶ 저장해 놓은 색상 견본을 불러와 사용하기 위해 [색상 견본] 패널의 팝업 메뉴 아이콘(▼≣)을 클릭하여 ❷ [색상 견본 불러오기]를 실행합니다.

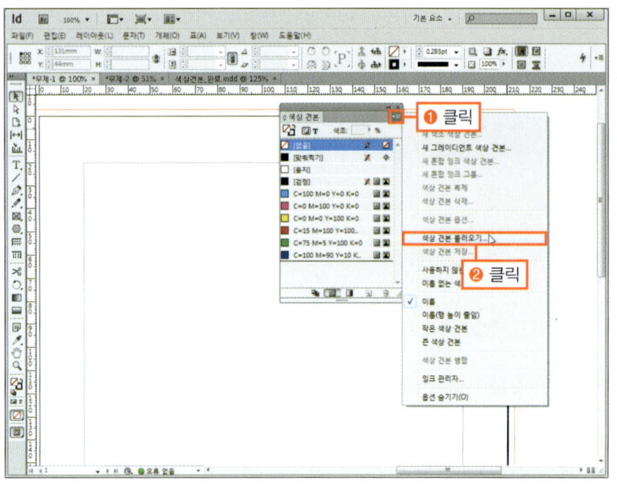

❶ [파일 열기] 대화상자에서 색상 견본 파일을 저장해 놓은 파일 위치로 이동합니다. ❷ '색상견본' 파일을 선택하고 ❸ [열기]를 클릭합니다.

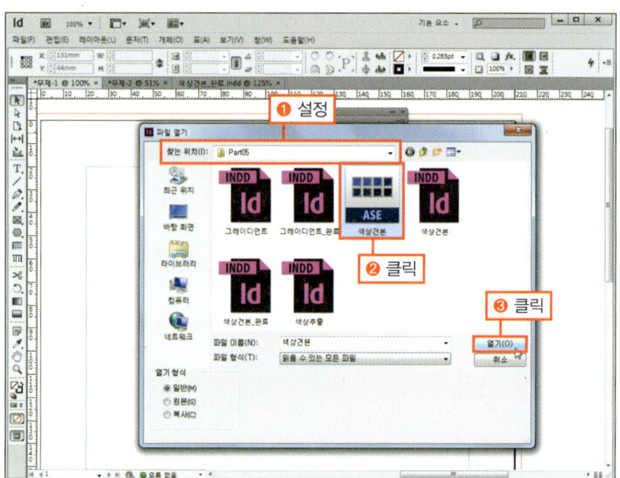

현재 문서의 [색상 견본] 패널에 불러온 색상 견본 파일의 색상이 추가된 것을 볼 수 있습니다.

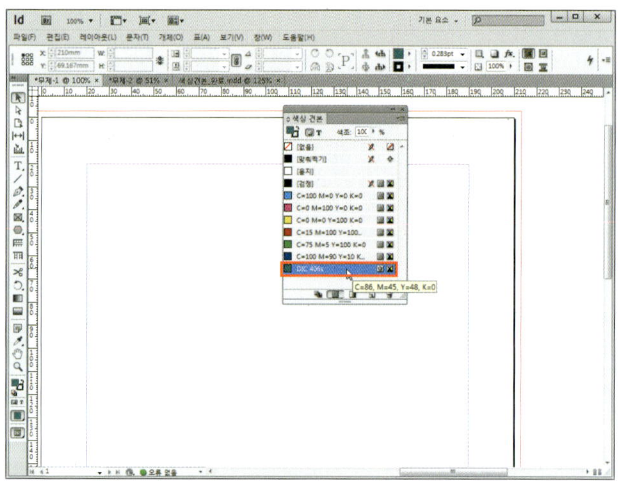

참고 ● 색상 견본 목록 정리하기

문서를 편집하다 보면 여러 가지 색상을 [색상 견본] 패널에 등록하고 사용하게 됩니다. 또한, 다른 문서에 만들어 놓은 색상 견본을 가져와 추가로 사용하는 경우도 있습니다. 이런 경우 문서에 사용하지 않은 불필요한 색상이 목록에 남아있게 됩니다. [색상 견본] 패널에 너무 많은 개수의 색상이 나열되어 있는 경우 원하는 색상을 찾기도 불편할 수 있습니다. [색상 견본] 패널의 팝업 메뉴 아이콘(▼≣)을 클릭하여 [사용하지 않는 항목 모두 선택]을 실행한 후 [색상 견본 삭제](🗑)를 클릭하여 목록에서 제거할 수 있습니다. 문서 작업을 최종 마무리할 때 색상 견본 목록도 정리하는 습관을 가지면 편리합니다.

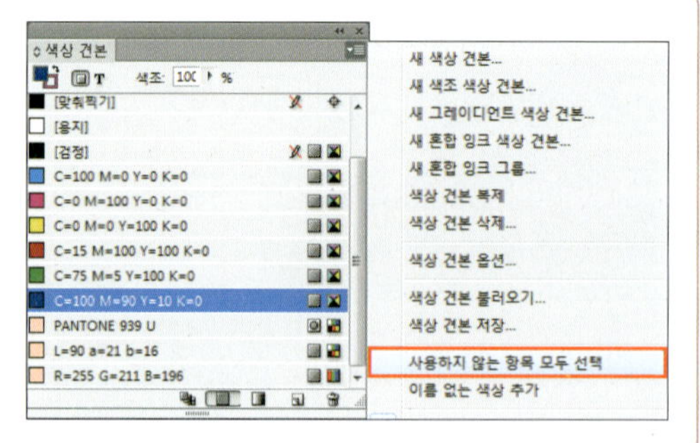

이미지에서 색상 추출하여 사용하기

이미지에서 특정 색상을 추출하여 색상 견본 패널에 추가하거나 직접 텍스트에 적용하는 방법에 대해 알아봅니다.

◉ **시작 파일** : Part05\색상추출.indd
◉ **완료 파일** : Part05\색상추출_완료.indd

01 스포이드 도구 선택하기

예제 문서를 불러온 후 ❶이미지의 색상을 추출하기 위해 도구 상자의 [스포이드 도구]( )를 클릭하여 선택합니다.

02 스포이드 도구로 색상 추출하기

❶스포이드 도구를 이용해 호박 부분의 원하는 색상을 클릭하여 추출합니다. 도구 상자의 [칠] 색상에 스포이드 도구로 클릭한 색상이 표시됩니다.

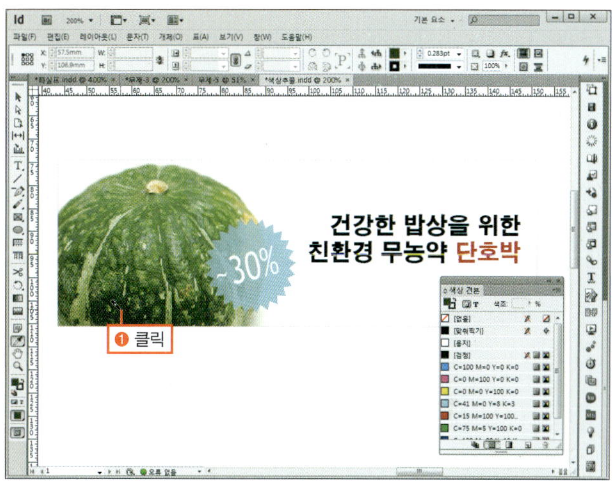

03 추출한 색상 [색상 견본]에 추가하기

❶도구 상자의 [칠] 영역을 더블클릭하여 [색상 피커] 대화상자를 엽니다. ❷CMYK 영역에 커서를 클릭하고 ❸ [CMYK 색상 견본 추가]를 클릭합니다. [색상 견본] 패널에 현재 [칠] 영역의 색상이 추가됩니다.

04 추출한 색상 직접 적용하기

❶추출한 색상이 [칠] 영역에 표시되어 있을 경우 마우스로 추출한 색상을 채울 부분을 드래그합니다. 현재 [칠] 영역에 표시된 색상이 텍스트에 적용됩니다.

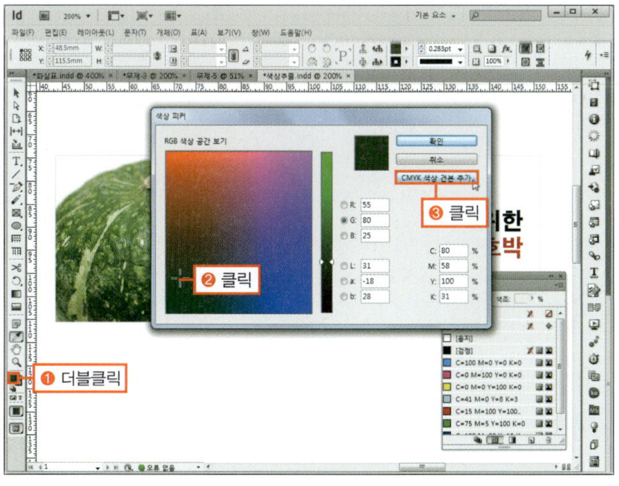

05 다른 색상 추출하기

❶ [스포이드] 도구가 선택되어 있는 상태에서 Alt 를 누른 채 클릭하면 현재 선택된 색상이 아닌 다른 위치의 색상을 추출할 수 있습니다. Alt 를 누른 채 조금 더 연한 색 위치를 클릭하여 연두색을 추출합니다.

06 새로 추출한 색상 적용하기

연두색을 추출하였으면 ❶ 다시 한 번 '단호박' 글자를 드래그하여 추출해 놓은 연두색을 채웁니다. 이와 같은 방법을 활용하여 이미지에서 색상을 추출하고 개체나 텍스트에 자유롭게 적용할 수 있습니다.

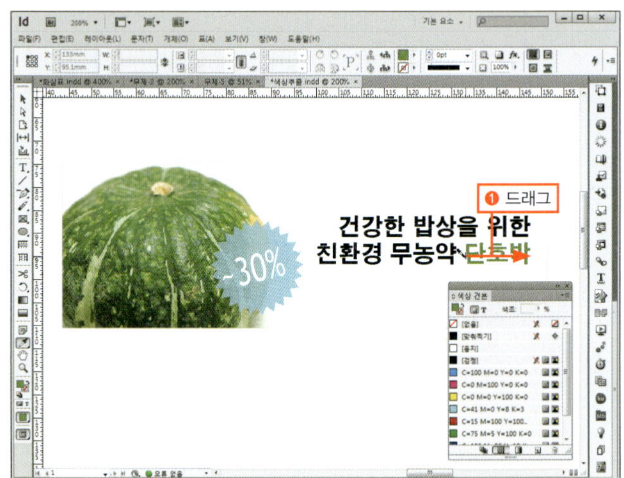

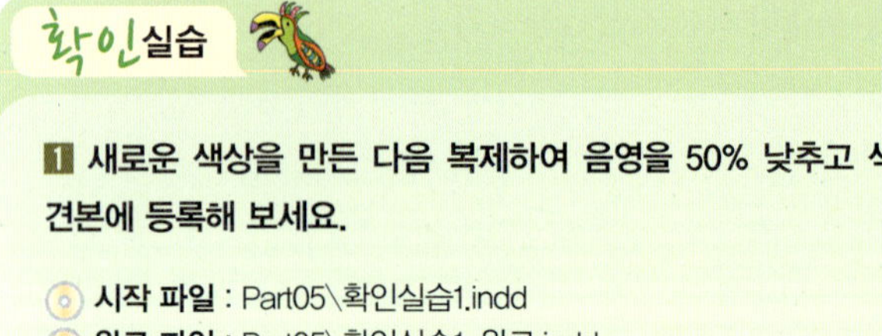

❶ 새로운 색상을 만든 다음 복제하여 음영을 50% 낮추고 색상 견본에 등록해 보세요.

◎ 시작 파일 : Part05\확인실습1.indd
◎ 완료 파일 : Part05\확인실습1_완료.indd

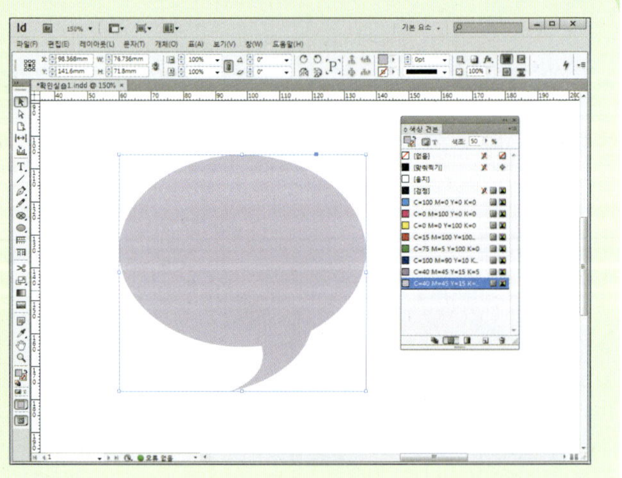

2 새로운 그레이디언트 색상을 추가한 후 다음과 같이 글자에 색을 채워보세요.

- **시작 파일** : Part05\확인실습2.indd
- **완료 파일** : Part05\확인실습2_완료.indd

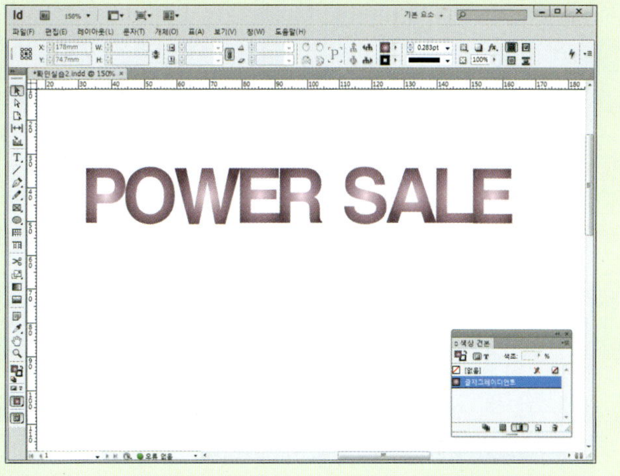

인디자인에서 색상을 설정할 수 있는 흑백 이미지 만들어 활용하기

포토샵에서 색상과 파일 형식을 지정하여 저장하면 인디자인에서 자유롭게 이미지 색상을 설정하여 배경 등으로 활용할 수 있습니다.

- ⊙ **시작 파일** : Part05\배경.psd
- ⊙ **완료 파일** : Part05\배경.indd

① 흑백 이미지로 변환하기

❶포토샵을 실행하여 파일을 불러온 후 ❷[Image] 메뉴의 ❸[Mode]–❹[Grayscale]을 실행합니다. 컬러 이미지가 흑백 이미지로 변환됩니다.

② 저장하기

이미지가 흑백 모드로 변환되었으면 ❶[File] 메뉴의 [Save As]를 실행합니다. ❷저장할 경로를 지정하고 ❸[파일 이름]을 '배경'으로 입력합니다. ❹[파일 형식]을 'TIFF'로 지정한 후 ❺[저장]을 클릭합니다. ❻[TIFF Options] 대화상자에서는 [OK]를 클릭합니다.

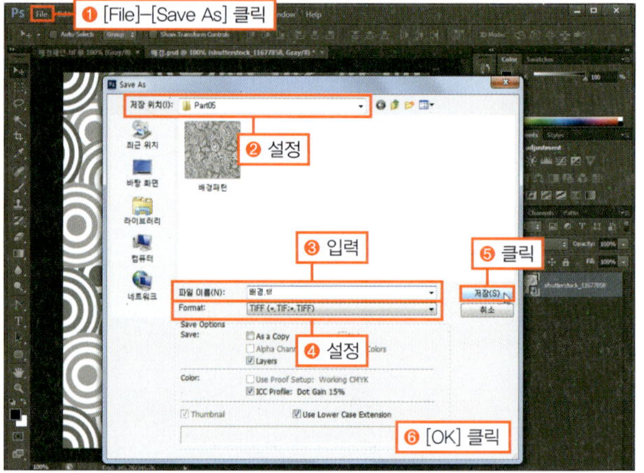

③ 프레임 배경색 채우기

❶인디자인을 실행하고 그래픽 프레임에 이미지 가져오기를 실행합니다. 저장해 놓은 '배경.TIFF' 파일을 선택하고 [열기]를 클릭합니다. ❷프레임의 채우기 색상을 붉은색으로 설정하면 흑백 이미지의 흰색 부분에 붉은색이 채워집니다.

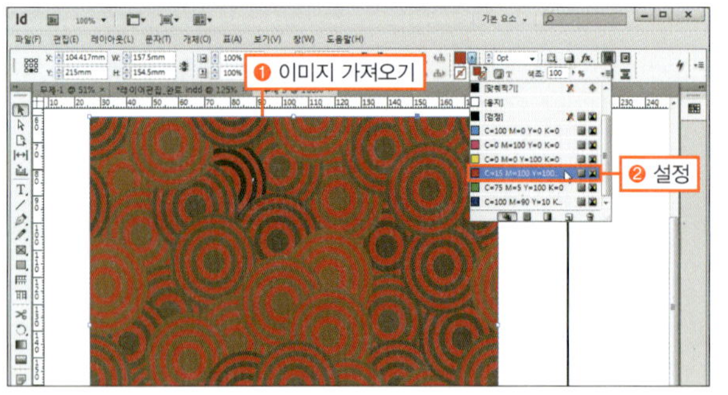

④ 이미지에 색상 설정하기

이번에는 ❶직접 선택 도구를 이용하거나 프레임을 더블클릭하여 프레임이 아닌 프레임 안에 위치한 이미지를 선택합니다. ❷[컨트롤] 패널에서 채우기 색상을 노란색으로 설정합니다. 이미지의 검은색 부분의 음영에 맞춰 노란색이 채워집니다. 이와 같이 TIFF 형식의 이미지를 활용하면 인디자인에서 자유롭게 색상을 지정하여 문서의 배경 등으로 활용할 수 있습니다.

SECTION 02
충충이 존재하는 레이어 기능 활용하기

인디자인에서도 포토샵에서 사용할 수 있는 레이어를 사용할 수 있습니다. 그러므로 레이어를 이용한 어느 정도의 이미지 작업이 가능하며, 레이어가 놓이는 순서에 따라 이미지의 배치가 달라집니다. 레이어는 [레이어] 패널에서 새로 만들거나 삭제, 복제 등의 편집이 가능하며, 두 개 이상의 레이어를 하나로 합칠 수도 있습니다.

다루는 내용

- 레이어 만들기
- 레이어 감추기
- 레이어 잠그기

- 레이어 병합하기
- 포토샵 이미지 특정 레이어 불러오기

기능 정리

레이어 개념과 기능 살펴보기

레이어는 충충이 이미지나 오브젝트를 겹쳐 놓는 개념입니다. 인디자인에서는 여러 개의 레이어를 추가하거나 복제할 수 있으며, 레이어의 위치에 따라 이미지의 배치가 달라집니다. 레이어의 이름을 직접 설정할 수 있으며, 특정 레이어를 잠그거나 보이지 않도록 감출 수도 있습니다. [레이어] 패널에 대해 살펴보고 간단한 사용 방법에 대해 알아봅니다.

● [레이어] 패널과 레이어 옵션 살펴보기

[창] 메뉴의 [레이어]를 실행하여 [레이어] 패널을 불러옵니다. [레이어] 패널에서 현재 문서의 레이어 목록과 위치를 확인할 수 있습니다. [레이어] 패널의 아래에 위치한 [새 레이어 만들기]를 클릭하면 현재 레이어 위에 새로운 레이어를 추가할 수 있으며, 마우스로 레이어를 [새 레이어 만들기]로 드래그하면 동일한 레이어를 복제할 수 있습니다. 또한, [선택한 레이어 삭제]를 클릭하거나 해당 레이어를 드래그하여 삭제할 수 있습니다. 레이어 이름을 더블클릭하면 [레이어 옵션] 대화상자를 열 수 있으며, 레이어 이름과 표시 색상, 안내선 등의 옵션을 설정할 수 있습니다.

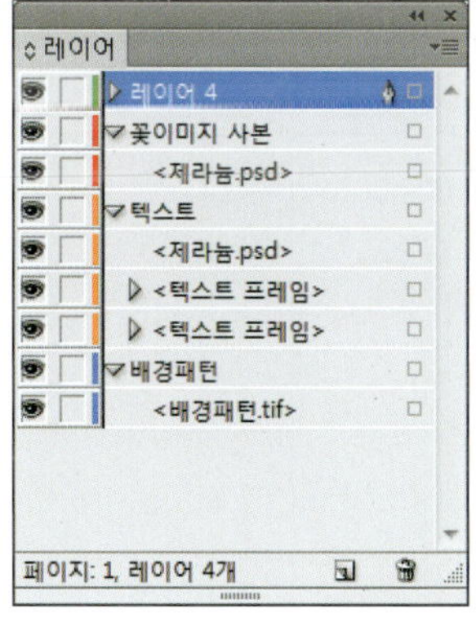

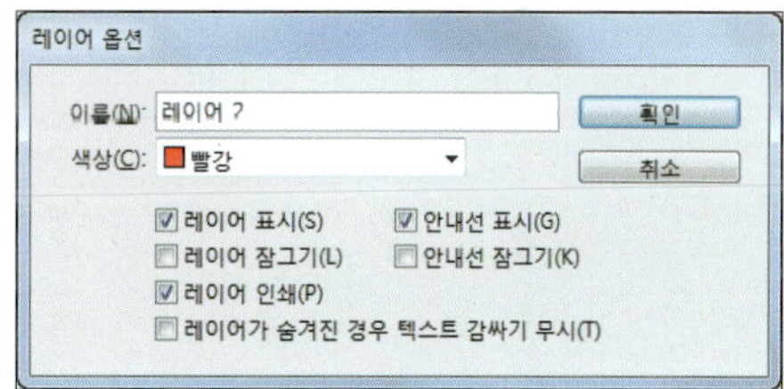

● 레이어 감추기와 잠그기

[레이어] 패널에서 레이어 이름 앞의 눈동자 모양 아이콘(●)을 클릭하여 보이지 않는 모양으로 표시하면 해당 레이어의 오브젝트가 가려져 보이지 않게 됩니다. 반면 다시 클릭하여 눈동자가 보이는 모양으로 표시하면 해당 레이어의 오브젝트가 다시 나타납니다. 이 기능을 [가시성 켜기/끄기]라고 하며, 해당 레이어에 포함한 모든 오브젝트를 감추거나 레이어에 속한 한 개의 오브젝트만 감추기 할 수 있습니다. [가시성 켜기/끄기] 영역 오른쪽에 네모 모양을 클릭하면 자물쇠 모양 아이콘(●)이 표시되며, 자물쇠 모양 아이콘이 표시되면 해당 오브젝트는 선택하거나 편집, 삭제가 불가능해집니다. 다시 한 번 클릭하여 자물쇠 모양 아이콘을 없애면 오브젝트나 레이어를 이동하거나 삭제할 수 있습니다.

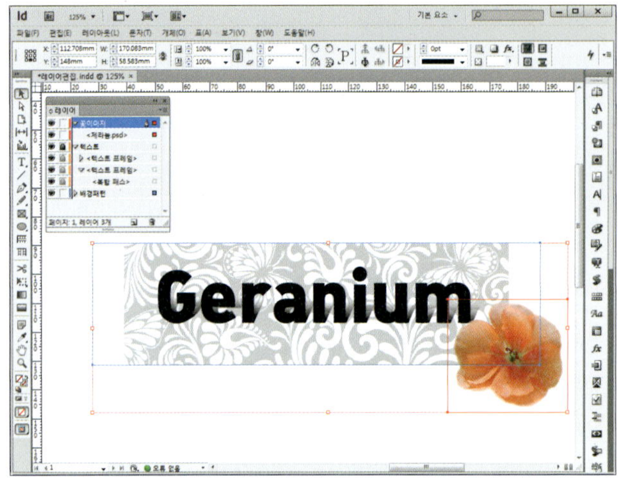

● 레이어 편집하기

[레이어] 패널에서의 레이어 순서는 마우스로 드래그하여 원하는 위치로 이동할 수 있습니다. 레이어의 순서에 따라 이미지의 배치가 달라집니다. 서로 겹쳐진 오브젝트의 경우 속해 있는 레이어가 다른 경우 레이어의 순서에 의해 배치가 정해집니다. 그러므로 오브젝트의 배치에 따라 레이어의 순서를 정렬하도록 합니다. 팝업 메뉴 아이콘(▼≣)을 클릭하면 여러 가지 메뉴가 펼쳐집니다. 레이어를 복제하거나 삭제할 수 있으며, 잠금이나 감추기 기능 등을 적용할 수 있습니다.

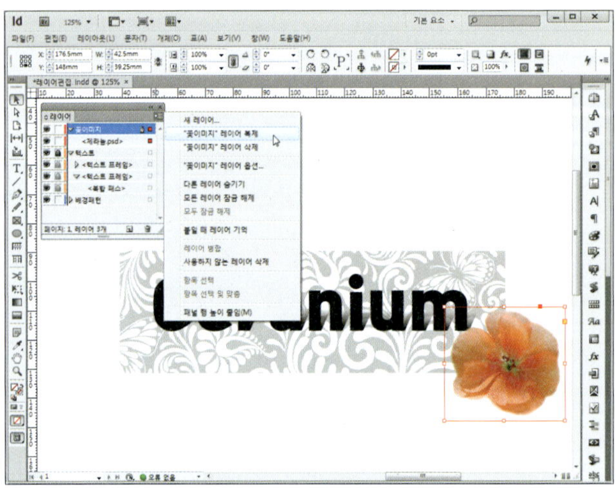

● 레이어 병합하기

Ctrl 이나 Shift 를 누른 채 레이어 이름 부분을 클릭하여 두 개 이상의 레이어를 함께 선택합니다. 마우스 오른쪽 버튼을 클릭하여 [레이어 병합]을 실행하면 두 개 이상의 레이어를 하나의 레이어로 병합할 수 있습니다. 병합된 레이어의 이름은 맨 처음 클릭하여 선택한 레이어의 이름을 따르며, 모든 오브젝트는 병합된 레이어에 속하게 됩니다.

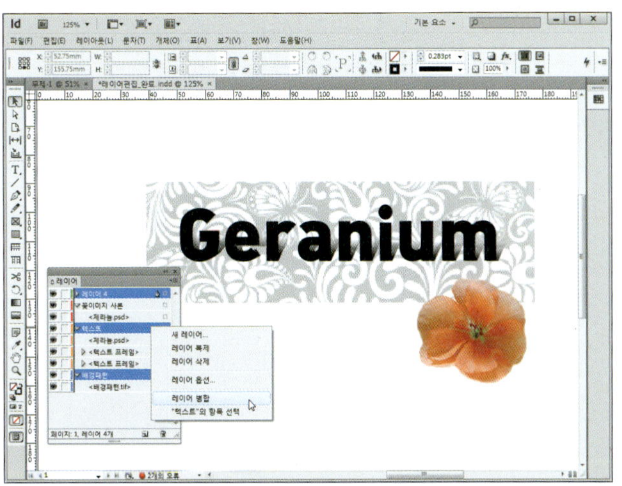

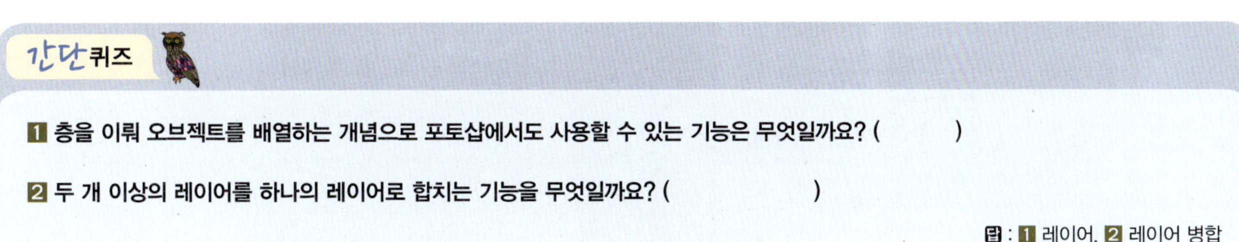

1 층을 이뤄 오브젝트를 배열하는 개념으로 포토샵에서도 사용할 수 있는 기능은 무엇일까요? (   )

2 두 개 이상의 레이어를 하나의 레이어로 합치는 기능을 무엇일까요? (   )

답 : **1** 레이어, **2** 레이어 병합

새로운 레이어 만들고 순서 변경하기

새로운 레이어를 만들고 레이어 간의 순서를 변경하는 방법에 대해 알아봅니다.

- **시작 파일** : Part05\레이어.indd
- **완료 파일** : Part05\레이어_완료.indd

01 레이어에 포함된 항목 선택하기

예제 파일을 불러온 다음 ❶[창] 메뉴의 [레이어]를 실행하여 [레이어] 패널을 불러옵니다. 문서는 기본적으로 하나의 레이어로 구성되어 있으며, ❷'레이어 1'의 ▶를 클릭하여 레이어 1에 포함된 항목 목록을 펼칩니다. ❸'〈텍스트 프레임〉'의 네모 모양 항목 선택 아이콘을 클릭하여 비어 있는 텍스트 프레임을 선택합니다.

02 불필요한 텍스트 프레임 삭제하기

❶비어 있는 텍스트 프레임을 확인하고 불필요한 경우 [레이어] 패널에서 휴지통 아이콘으로 항목을 드래그합니다. 문서의 〈텍스트 프레임〉 항목이 사라지고, 문서에서 해당 텍스트 프레임도 함께 삭제됩니다.

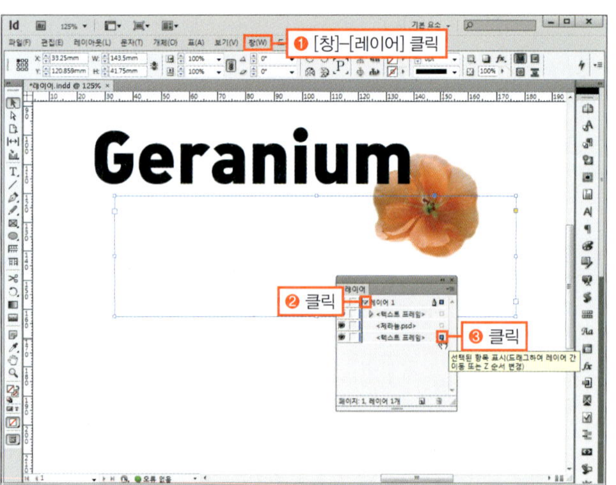

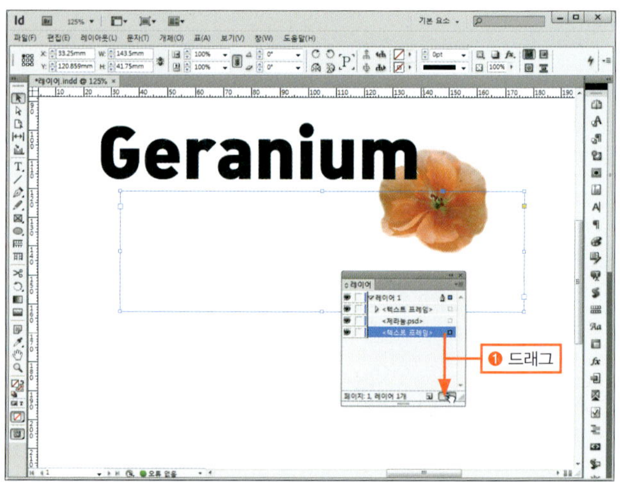

03 새로운 레이어 만들기

❶레이어 1에 포함된 '제라늄.psd' 이미지를 클릭하여 선택하고 Ctrl+X를 눌러 오려두기 합니다. 또는 마우스 오른쪽 버튼을 클릭하여 [오리기]를 실행합니다. ❷[레이어] 패널의 [새 레이어 만들기](   )를 클릭합니다.

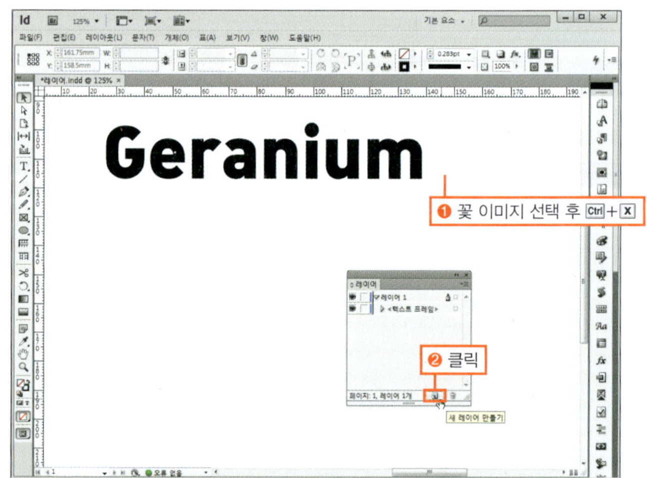

04 새로운 레이어에 이미지 붙여넣기

❶[레이어] 패널에서 새로 만들어진 '레이어 2'를 클릭하여 선택합니다. ❷작업 화면을 마우스 오른쪽 버튼으로 클릭하여 ❸[현재 위치에 붙이기]를 실행합니다.

05 레이어 위치 확인하기

'레이어 2'에 제라늄 이미지가 붙여넣기 되고, 레이어의 위치에 따라 제라늄 이미지가 텍스트 앞에 배치됩니다. 현재 오브젝트가 선택되어 있는 레이어가 편집 상태로 표시되며, 레이어 목록에서 맨 위에 위치한 레이어의 오브젝트가 앞에 배치됩니다.

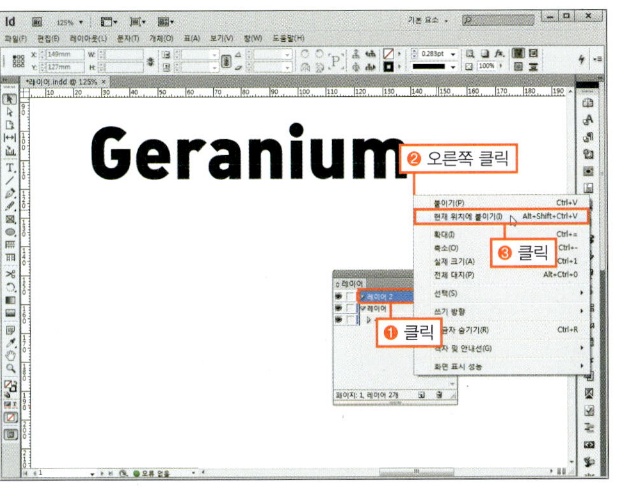

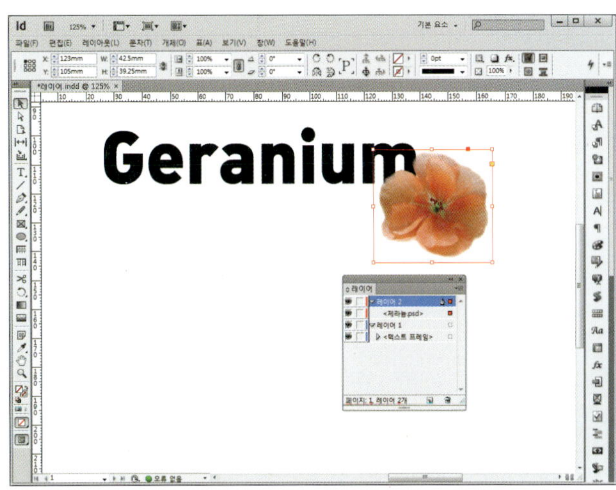

06 레이어 위치 변경하기

❶[레이어] 패널에서 '레이어 1'의 이름 부분을 클릭한 후 ❷'레이어 2'의 위쪽으로 드래그합니다.

07 레이어 이름 설정하기

레이어의 순서가 바뀌면서 이미지와 텍스트의 배치도 변경됩니다. ❶'레이어 2'의 이름 부분을 더블클릭하여 레이어 이름을 '꽃이미지'로 설정합니다. ❷'레이어 1'의 이름 부분을 더블클릭하여 ❸레이어 이름을 '텍스트'로 입력하고 ❹[확인]을 클릭합니다.

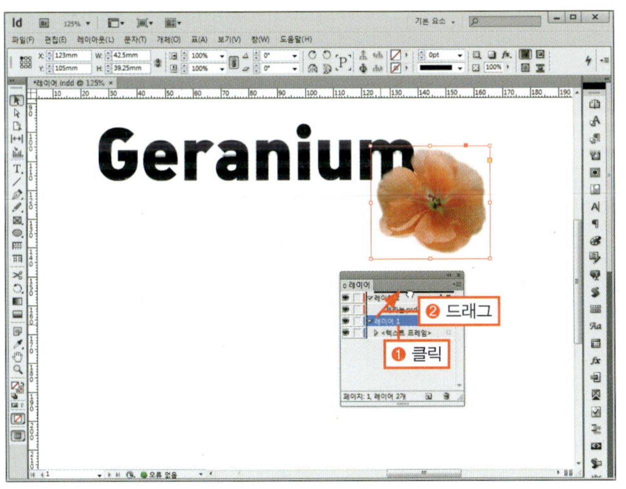

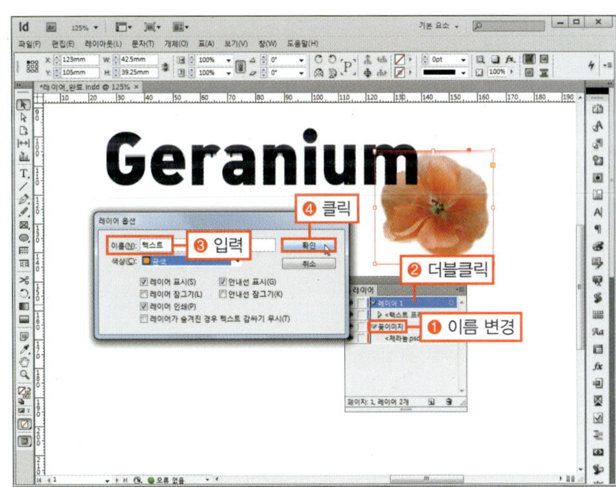

레이어 잠그기와 감추기 설정하기

레이어를 잠그거나 감추는 방법, 두 개의 레이어를 하나로 합치는 방법에 대해 알아봅니다.

- **시작 파일** : Part05\레이어편집.indd
- **완료 파일** : Part05\레이어편집_완료.indd

01 레이어 감추기

예제 문서를 불러온 후 ❶[레이어] 패널을 불러옵니다. ❷ [레이어] 패널에서 '텍스트' 레이어의 눈동자 모양 아이콘 (👁)을 클릭하여 눈동자 모양이 없어지도록 지정합니다. 해당 레이어의 모든 오브젝트가 가려져 보이지 않게 됩니다.

02 레이어 잠그기

❶가려진 레이어의 눈동자를 클릭하여 다시 표시하면 레이어의 모든 오브젝트가 다시 나타납니다. ❷이번에는 '텍스트' 레이어의 [잠금 영역]을 클릭하여 자물쇠 모양 아이콘(🔒)을 활성화합니다. 마우스로 드래그하여 모든 오브젝트를 선택해도 잠긴 레이어의 오브젝트는 선택할 수 없습니다.

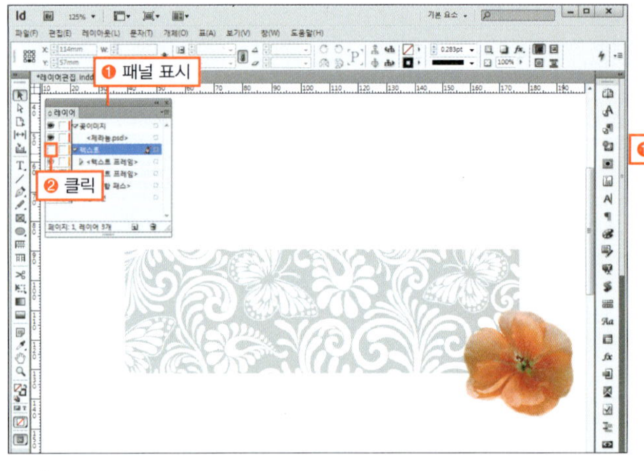

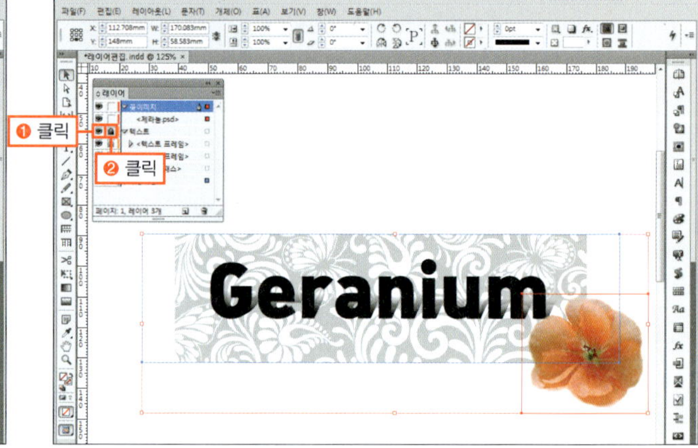

> **참고**
> 가려진 레이어의 내용은 편집이 불가능하기 때문에 펜 모양에 붉은 색의 선이 그어진 상태(🖊)로 표시됩니다.

03 레이어 복제하기

❶첫 번째 레이어 '꽃이미지' 레이어를 선택하고 ❷[레이어] 패널의 팝업 메뉴 아이콘을 클릭하여 ❸["꽃이미지" 레이어 복제]를 실행합니다.

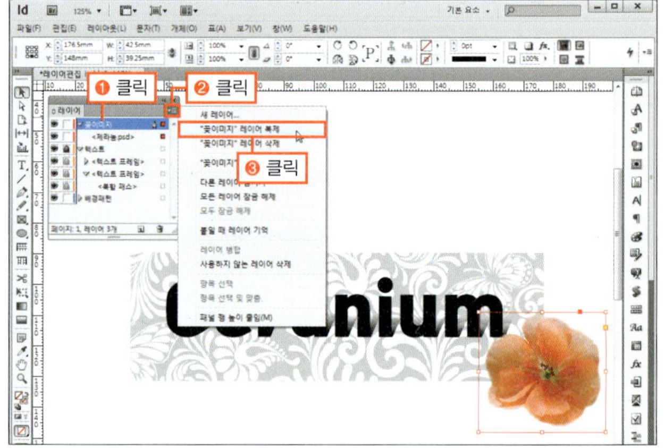

현재의 '꽃이미지' 레이어 위에 '꽃이미지 사본' 레이어가 추가됩니다. ❶복제된 레이어의 꽃이미지를 이동하여 다음과 같이 두 개의 꽃 이미지가 겹쳐지도록 지정합니다. ❷Ctrl을 누른 채 레이어의 이름을 클릭하여 '꽃이미지 사본' 레이어와 '꽃이미지' 레이어를 선택합니다.

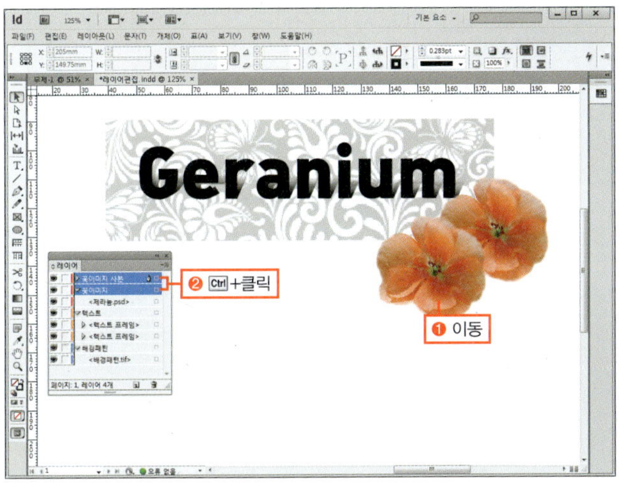

하나로 합칠 레이어가 모두 선택된 상태에서 ❶[레이어] 패널의 팝업 메뉴 아이콘을 클릭하여 ❷[레이어 병합]을 실행합니다. 또는 마우스 오른쪽 버튼을 클릭하여 [레이어 병합]을 실행합니다.

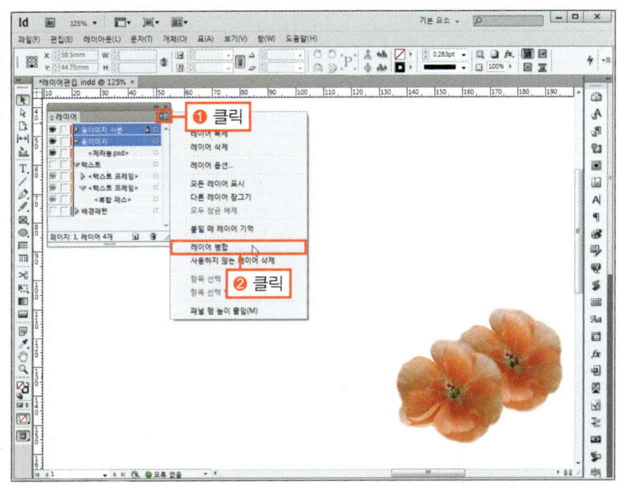

참고

병합된 레이어 이름으로는 맨 처음 선택한 레이어의 이름이 적용됩니다.

06 다른 레이어로 오브젝트 이동하기

두 개의 레이어가 하나의 레이어로 합쳐지고, 각각에 포함된 오브젝트가 하나의 레이어 안에 포함된 상태로 나타납니다. ❶'꽃이미지 사본' 레이어의 〈제라늄.psd〉 레이어를 아래로 이동하여 '텍스트' 레이어로 이동합니다. 레이어의 위치뿐만 아니라 레이이 안에 포함된 오브젝트를 드래그하여 다른 레이어에 포함되도록 변경할 수 있습니다.

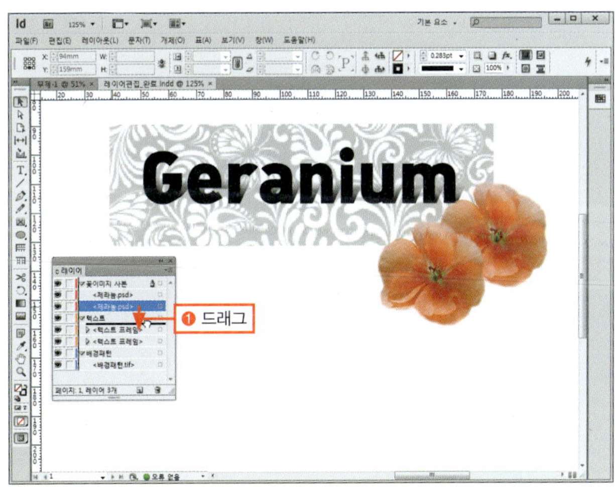

[레이어] 패널에서 알아두면 편리하게 사용할 수 있는 단축키에 대해 알아봅니다.

① **Alt 를 누른 채 레이어 클릭** : Alt 를 누른 채 레이어 이름을 클릭하면
해당 레이어에 포함된 모든 오브젝트를 한번에 선택할 수 있습니다.

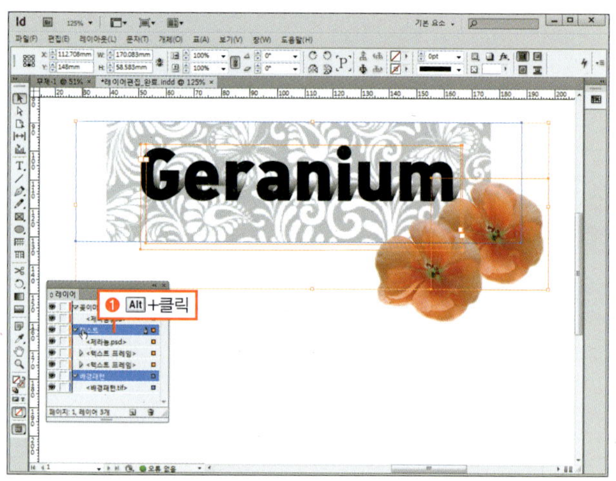

② **Alt 를 누른 채 레이어 복사하기** : 레이어의 오브젝트가 선택된 상태
에서 Alt 를 누른 채 레이어를 드래그하면 해당 레이어를 복제할 수
있습니다.

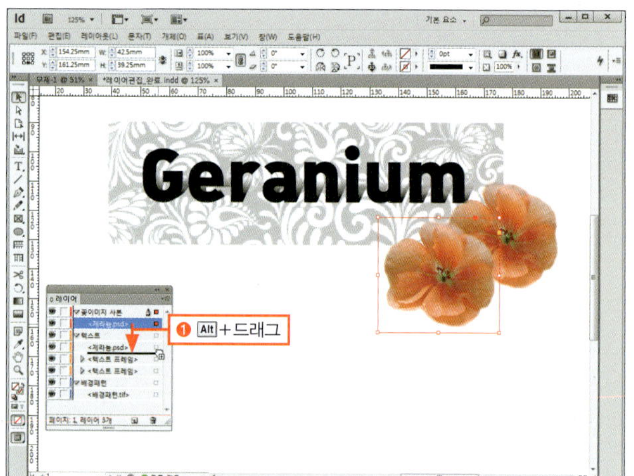

③ **Shift + Ctrl 을 누른 채 새 레이어 추가하기** : Shift + Ctrl 을 누른 채
[새 레이어 만들기]( )를 클릭하면 현재 어떤 레이어가 선택되어
있든 상관없이 레이어 목록의 맨 위에 새로운 레이어를 추가할 수
있습니다.

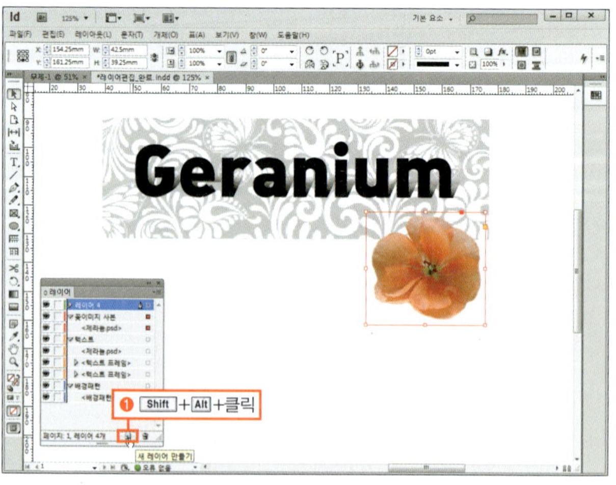

④ **Alt를 누른 채 새 레이어 추가하기** : Alt를 누른 채 [새 레이어 만들기](⬛)를 클릭하면 새로운 레이어가 추가되면서 곧바로 [새 레이어] 대화상자에서 레이어의 옵션을 설정할 수 있습니다.

확인실습

1 다음과 같이 한 개의 레이어에 속해 있는 오브젝트를 각각의 레이어로 분리시켜 보세요.

◎ **시작 파일** : Part05\확인실습3.indd
◎ **완료 파일** : Part05\확인실습3_완료.indd

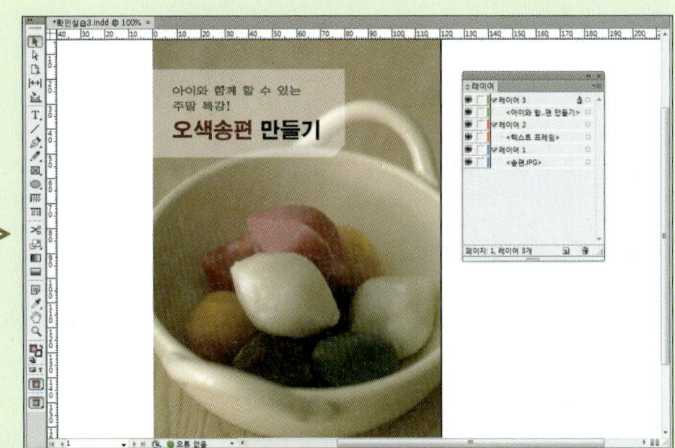

2 다음과 같이 레이어의 이름을 각각 변경해 보세요.

◎ **시작 파일** : Part05\확인실습4.indd
◎ **완료 파일** : Part05\확인실습4_완료.indd

포토샵에서 레이어만 살린 채 이미지 가져오기

포토샵에서 레이어가 존재하는 이미지 파일을 인디자인에서 특정 레이어만 살린 채 가져오는 방법에 대해 알아봅니다.

◉ **시작 파일** : Part05\제라늄.jpg
◉ **완료 파일** : Part05\포토샵레이어.indd

① 레이어 복제하기

❶'제라늄.jpg' 파일을 불러온 후 'Background' 레이어를 [레이어] 팔레트의 [Create a new layer](🔲)로 드래그하여 복제합니다. 'Background copy' 레이어가 추가됩니다.

② 가장자리 삭제하기

❶새로 복사한 'Background copy' 레이어에서 꽃 이미지를 제외한 나머지 부분을 지우개 도구를 이용하여 삭제합니다. 이때 'Background' 레이어를 보이지 않게 지정하면 삭제되는 모습을 확인하며 작업할 수 있어 편리합니다.

③ 포토샵에서 PSD 파일 형식으로 저장하기

❶[File] 메뉴의 [Save As]를 실행하여 ❷다음과 같이 [파일 이름]을 '제라늄레이어'로 입력하고 ❸파일 형식을 PSD 형식으로 ❹저장합니다.

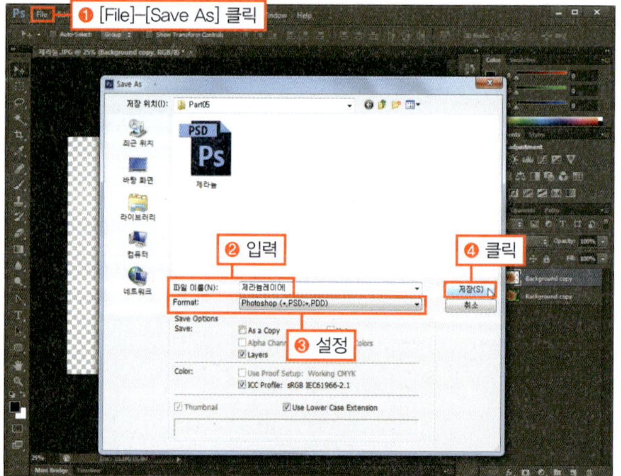

4 이미지 가져오기

❶포토샵에서 저장해 놓은 그림 이미지를 가져오기 위해 인디자인에서 프레임을 만듭니다. 프레임 안에 커서를 두고 ❷[파일] 메뉴의 [가져오기]를 실행합니다. [가져오기] 대화상자에서 [가져오기 옵션 표시]에 체크하고 ❸[열기]를 클릭합니다.

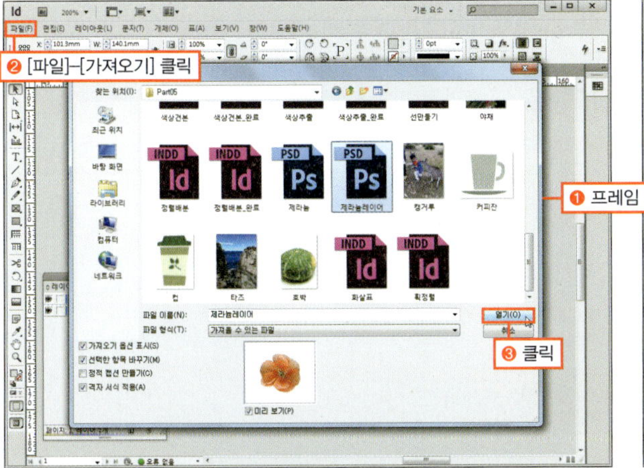

5 가져오기 옵션에서 레이어 설정하기

❶[이미지 가져오기 옵션] 대화상자에서 [레이어] 탭을 클릭합니다. 포토샵에서 설정된 상태인 'Background copy' 레이어만 보이도록 설정된 것을 볼 수 있습니다.

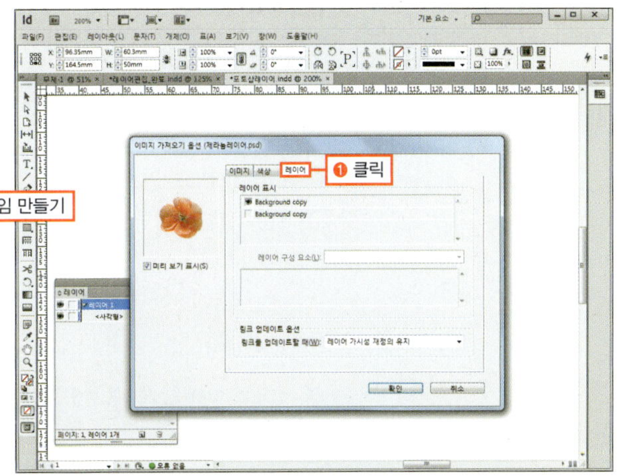

> **참고**
>
> 이때 [이미지 가져오기 옵션] 대화상자의 [레이어] 탭에서 아래 레이어만 선택하고 [확인]을 클릭하면 배경을 삭제하기 이전의 이미지 상태로 불러올 수 있습니다. 그러므로 포토샵에서 레이어별로 이미지를 만들어 저장한 경우 인디자인의 [이미지 가져오기 옵션]에서 문서에 넣을 특정 레이어를 선택할 수 있습니다.

6 가져온 레이어 확인하기

사각형 프레임에 꽃만 남겨둔 레이어만 가져오기 됩니다. 배경에 프레임을 이용하여 노란색을 배치하면 꽃 이미지 레이어만 가져오기 된 것을 좀 더 쉽게 확인할 수 있습니다. 이와 같은 방법으로 포토샵 문서의 특정 레이어를 불러와 문서에 활용할 수 있습니다.

SECTION 03

도형 만들기와 패스파인더 기능 활용하기

인디자인에서는 직사각형 도구나 타원 도구, 다각형 도구, 또는 펜 도구와 연필 도구 등을 이용하여 자유로운 모양의 도형을 만들 수 있습니다. 문서에 만들어 넣은 다양한 도형은 위치나 크기, 모양 등을 자유롭게 조정할 수 있으며, 복제하거나 삭제할 수 있습니다. 또한, 여러 개의 도형을 일정한 간격으로 배치하거나 기준점을 중심으로 일직선상에 배열할 수도 있습니다. 일러스트레이터에서 사용하던 패스파인더 기능을 이용하면 여러 도형의 겹치는 부분을 오려 내거나 모든 영역을 합치는 등의 과정을 거쳐 새로운 모양의 도형을 완성할 수도 있습니다. 여기서는 다양한 도형을 만드는 방법과 활용 방법에 대해 알아봅니다.

다루는 내용

- 도형 만들기
- 패스파인더 기능 활용하기
- 개제 정렬하기
- 개체 배분하기

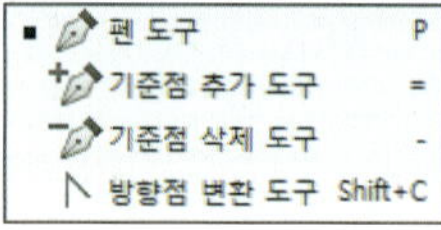

새로운 도형 만들기와 패스파인더 기능 살펴보기

인디자인에서는 펜 도구와 연필 도구 등을 활용하여 도형을 직접 만들 수 있으며, [정렬/패스파인더] 패널을 활용하여 도형을 편집하거나 정렬/배분할 수 있습니다.

● 도형 만들기

인디자인에서 도형을 만들 때 사용하는 도구는 펜 도구, 연필 도구가 대표적입니다. [펜 도구]를 사용하면 지선이나 곡선을 자유자재로 만들 수 있으며, [펜 도구]를 클릭하면 숨겨진 [기준점 추가 도구], [기준점 삭제 도구], [방향점 변환 도구]를 사용할 수 있습니다. 펜 도구로 만든 곡선이나 직선은 숨은 도구를 활용하여 기준점을 추가하거나 삭제할 수 있으며, 방향점을 변환하여 모양을 변경할 수 있습니다.

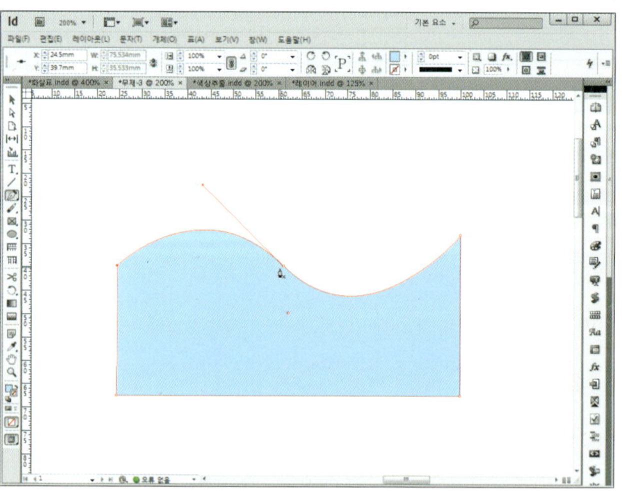

연필 도구를 이용하면 자유로운 곡선을 만들어 원하는 이미지를 만들 수 있습니다. [연필 도구]를 클릭하면 숨은 도구 [매끄럽게 도구]와 [지우기 도구]를 사용할 수 있습니다. [매끄럽게 도구]는 연필 도구를 이용하여 그린 이미지의 기준점을 줄여 좀 더 매끄러운 곡선을 만들어주며, [지우개 도구]는 연필 도구로 만든 선을 지울 때 사용합니다.

● **개체 정렬/배분하기**

[창] 메뉴의 [개체 및 레이아웃]-[정렬]을 실행하여 [정렬] 패널을 엽니다. 정렬할 대상 개체를 모두 선택한 상태에서 정렬, 분포, 간격 설정 후 분포 명령 아이콘을 이용하여 원하는 모양으로 정렬할 수 있습니다.

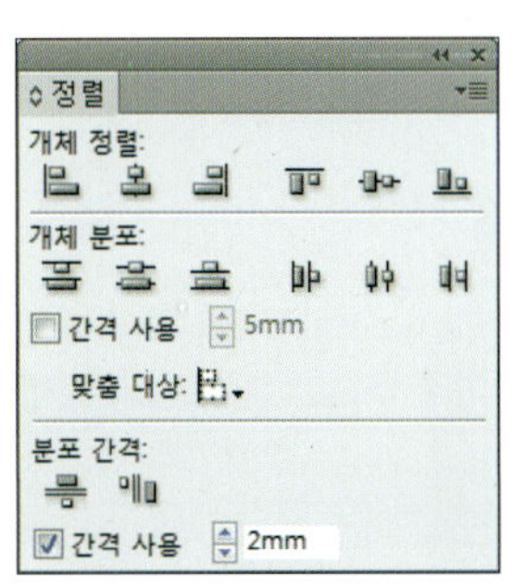

● 패스파인더 기능으로 도형을 합치거나 나누기

[패스파인더] 패널의 도구 아이콘을 이용하면 두 개 이상의 도형이 겹쳐져 있을 때 두 개를 하나로 합치거나 겹치는 부분을 빼는 등의 편집이 가능합니다. 또한, 현재 선택한 도형의 모양을 변경할 수 있으며, 기준점의 모양과 종류를 변경할 수 있습니다.

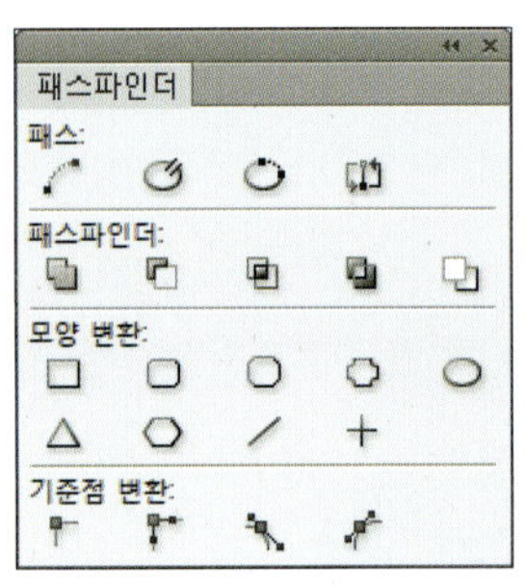
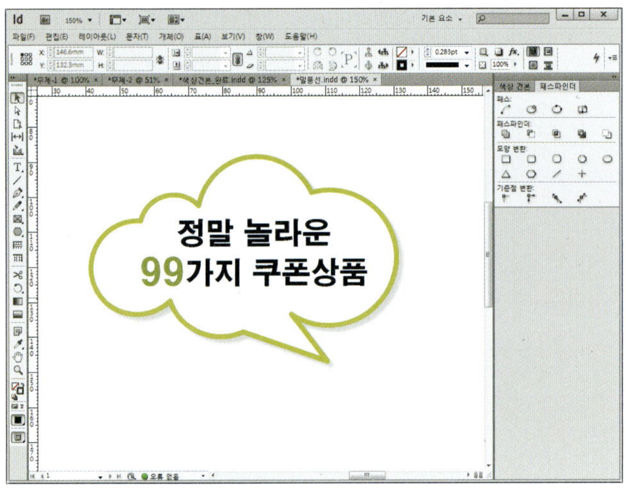

● [획] 설정하기

[획] 패널에서는 개체의 테두리나 선의 굵기, 모양, 간격 색상 등을 설정할 수 있습니다. 도구 상자의 [선 도구]와 [연필 도구], [펜 도구] 등으로 만든 선이나 도형의 테두리에 적용할 수 있습니다.

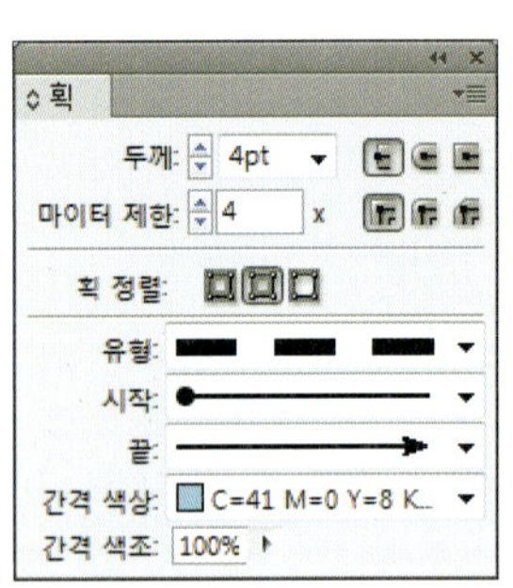
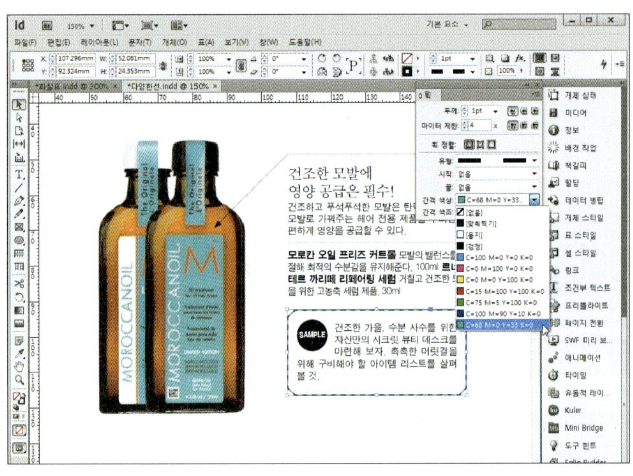

간단퀴즈

1 [펜 도구]를 이용하여 클릭한 지점에 만들어지는 지점을 (   )이라고 합니다.

2 [연필 도구]에 숨은 도구로서 연필로 그린 도형의 가장자리 라인을 좀더 부드럽게 바꿔줄 수 있는 기능을 하는 도구는? (   )

3 겹쳐져 있는 두 개의 도형을 하나로 합칠 때에는 [패스파인더] 패널의 (   ) 아이콘을 클릭합니다.

답 : **1** 기준점, **2** 매끄럽게 도구(✏), **3** [더하기](▣)

다양한 새로운 도형 만들기

다양한 그리기 도구를 이용해 개체를 만드는 방법에 대해 알아봅니다.

- **시작 파일** : Part05\도형들.indd
- **완료 파일** : Part05\도형들_완료.indd

01 펜 도구로 이미지 가장자리 따라 그리기

❶도구 상자에서 [펜 도구]를 클릭하여 선택합니다. 예제 파일의 이미지를 확대하여 작업하기 편하게 준비합니다.
❷펜 도구를 이용하여 컵의 모서리를 클릭하여 역사다리꼴 사각형을 만듭니다.

> **참고**
>
> 맨 처음 클릭한 위치에 마우스 포인터를 가져가면 펜 도구 아래에 'O'자 모양이 표시됩니다. 이때 클릭하면 닫힌 형태의 도형을 만들 수 있습니다.

02 펜 도구로 곡선 그리기

❶펜 도구를 이용하여 컵의 손잡이 부분을 만듭니다. 곡선 부분을 클릭한 상태에서 드래그하면 방향점이 생기면서 패스 선이 곡선 패스 선으로 변경됩니다. 이미지와 일치하도록 곡선을 조절합니다.

03 곡선 패스의 방향점 없애기

❶곡선 패스를 만들고 아래쪽을 Alt를 누른 채 클릭하여 방향점을 없애줍니다. 방향점을 없애면 곡선 패스선에서 직선 패스선으로 변경됩니다.

04 배경 이미지 삭제하기

❶컵 손잡이와 컵 받침 부분까지 패스 도구를 이용하여 도형을 만듭니다. ❷배경 이미지를 클릭하여 선택하고 ❸ Delete 를 눌러 삭제합니다.

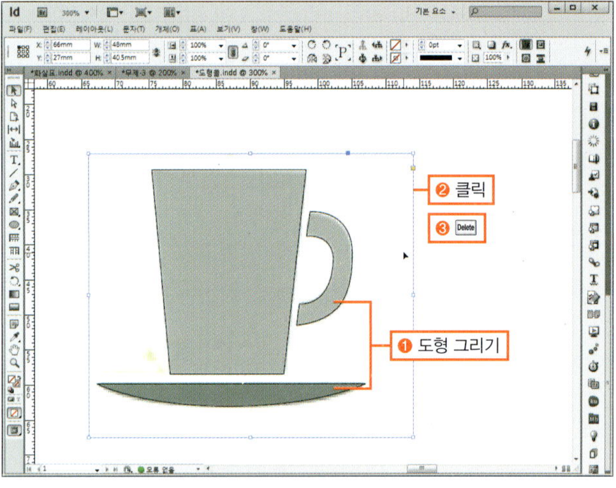

05 완성한 도형에 색상 채우기

❶패스 도구를 이용해 만든 도형 이미지를 모두 선택한 상태에서 ❷테두리 색상은 '없음'으로, ❸채우기 색상은 'C=33 M=14 Y=60 K=16'으로 설정합니다.

06 방향점 변환하여 곡선 모양 변경하기

❶도구 상자에서 [방향점 변환 도구]( )를 클릭하여 선택합니다. ❷컵의 손잡이 부분의 방향점을 드래그하여 곡선 모양을 좀더 자연스럽게 수정합니다.

07 연필 도구로 자유 곡선 그리기

❶도구 상자에서 [연필 도구]( )를 클릭하여 선택합니다. ❷마우스를 이용하여 컵의 상단 부분에 모락모락 김이 올라가는 듯한 모습으로 곡선을 그려 넣습니다.

완성된 패스선에 기준점을 추가하거나 삭제할 수 있습니다. 도구 상자의 [기준점 추가 도구]( )를 선택한 상태에서 패스 선의 임의 부분을 클릭하면 기준점이 추가되어 도형의 모양을 변경할 수 있습니다. 또한, [기준점 삭제 도구]( )를 선택한 상태에서 도형의 기준점을 클릭하면 선택한 기준점이 삭제됩니다. 기준점을 삭제할 때에는 도형의 모양이 변형될 수 있으므로 주의하도록 합니다.

08 매끄럽게 도구 사용하기

❶세 개의 곡선을 다음과 같은 모양으로 그려 넣습니다. ❷ 도구 상자에서 [매끄럽게 도구]를 클릭하여 선택합니다. ❸연필 도구를 이용하여 만들어 놓은 곡선을 따라 드래그하여 좀 더 매끄럽게 만듭니다.

[매끄럽게 도구]는 [연필 도구] 아이콘을 클릭하여 선택할 수 있습니다.

09 선에 색상과 두께 설정하기

❶매끄럽게 도구와 기준점 삭제 도구 등을 활용하여 곡선을 최대한 자연스럽게 만듭니다. ❷완성한 곡선의 획의 두께와 색상을 다음과 같이 설정합니다.

10 만들어진 도형 안에 텍스트 넣기

이번에는 패스 도구를 이용해 완성한 도형을 텍스트 프레임으로 변경해 텍스트를 입력해 봅니다. ❶컵 부분을 [선택 도구](⬉)를 이용하여 선택합니다. ❷마우스 오른쪽 버튼을 클릭하여 팝업 메뉴에서 ❸[내용]-❹[텍스트]를 실행합니다.

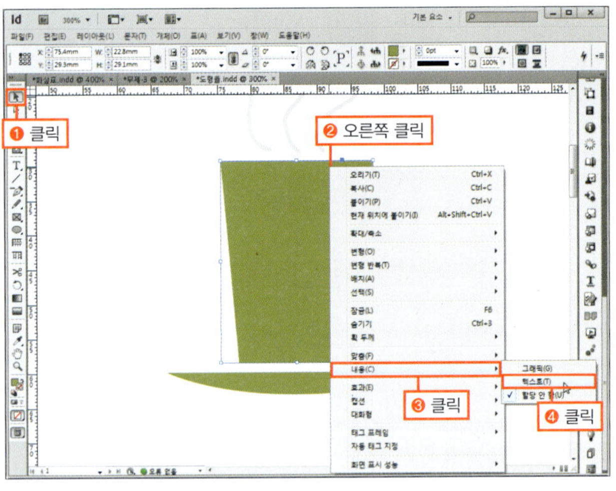

11 이미지 완성하기

❶텍스트를 입력하고 글자 모양과 단락 모양을 설정하여 다음과 같이 완성합니다. 이와 같이 패스 도구와 연필 도구를 이용해 다양한 모양의 이미지를 만들 수 있으며, 필요에 따라 패스 도형에 이미지를 채워 넣거나 텍스트를 채워 넣을 수 있습니다.

실습 과정

여러 개의 도형 배치/정렬하기

여러 개의 도형을 일정한 간격으로 배치하거나 정렬하는 방법에 대해 알아봅니다.

◉ **시작 파일** : Part05\정렬배분.indd
◉ **완료 파일** : Part05\정렬배분_완료.indd

01 간격 도구로 개체 배치하기

예제 문서를 불러온 후 ❶도구 상자에서 [간격 도구](↔)를 클릭하여 선택합니다. ❷두 개의 개체 사이에 마우스 포인터를 가져가면 두 개의 개체 간격이 회색으로 표시됩니다.

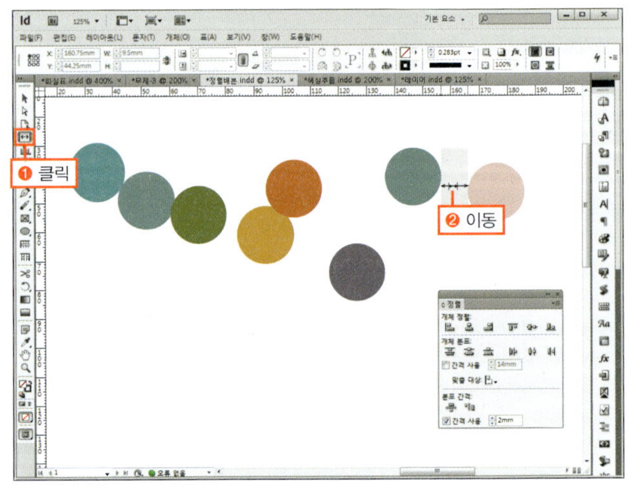

02 간격 유지한 채 크기 조절하기

❶마우스로 개체의 간격을 클릭한 후 오른쪽이나 왼쪽으로 드래그하면 간격은 그대로 유지한 채 개체의 크기가 자동 변경됩니다. 마우스를 다른 곳으로 이동하면 다른 개체 간의 간격도 유지한 채 개체의 크기를 자동으로 변경할 수 있습니다. ❷ Ctrl + Z 를 눌러 모양이 변경된 개체를 원상태로 되돌립니다.

03 수직 가운데 정렬하기

이번에는 여러 개의 개체를 일직선상에 정렬시켜 봅니다. ❶마우스로 드래그하여 모든 원을 선택한 상태에서 ❷[창] 메뉴의 [개체 및 레이아웃]-[정렬]을 실행합니다. ❸모든 원이 선택된 상태에서 [수직 가운데 정렬]( )을 클릭합니다. 수직 방향으로 일직선상에 원이 정렬됩니다.

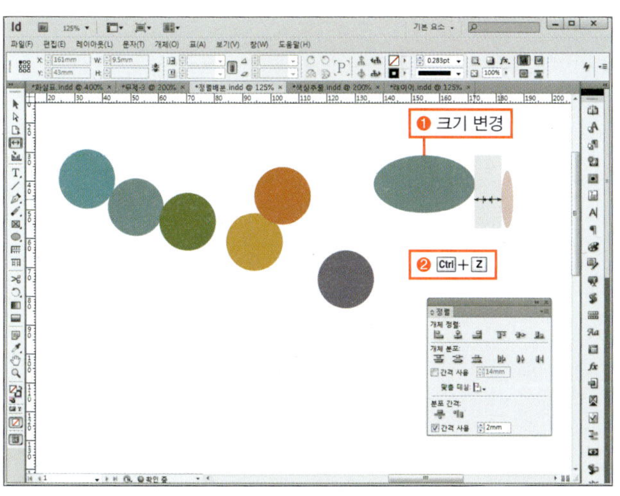

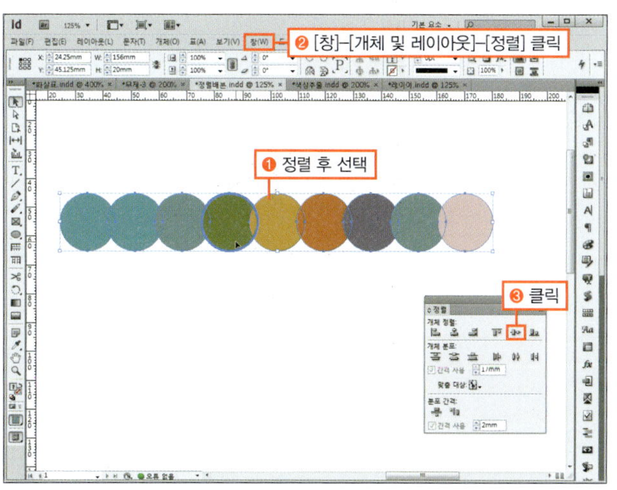

04 양쪽 끝에 있는 개체를 기준으로 분포하기

모든 원이 수직 방향으로 일직선상에 정렬된 상태에서 ❶[정렬] 패널의 [수평 가운데 분포]( )를 클릭합니다. 양 끝에 있는 원을 기준으로 영역 안에 있는 원이 균등한 간격으로 분포하여 자동으로 정렬됩니다.

05 간격 지정하여 분포 정렬하기

이번에는 원 사이의 간격을 직접 설정해 봅니다. ❶[정렬] 패널의 [분포 간격]에서 [간격 사용]을 체크합니다. ❷간격을 '2mm'로 설정하고 ❸[수평 공간 분포]( )를 클릭합니다. 왼쪽에 있는 원을 기준으로 동일하게 '2mm'의 간격으로 자동 분포됩니다. 개체 간의 간격을 정확하게 설정해야 하는 경우 사용하면 편리합니다.

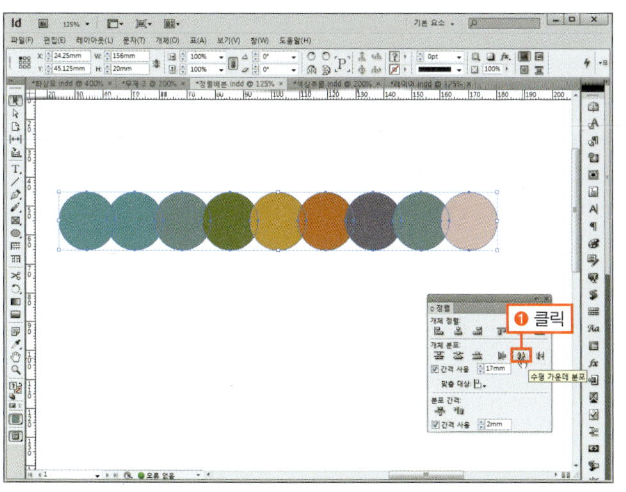

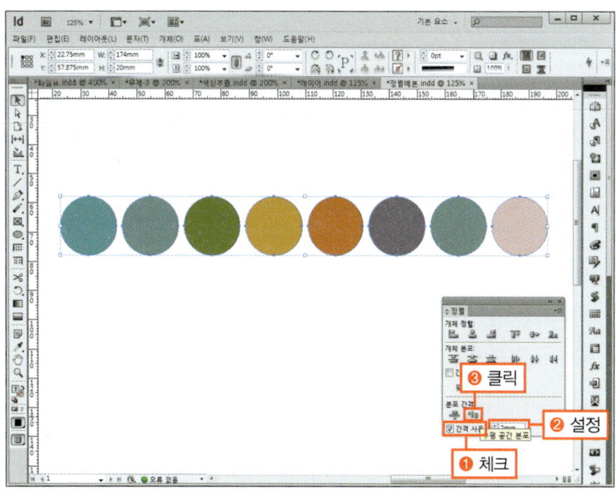

인디자인의 고급 안내선 기능은 개체를 드래그하여 위치를 이동하거나 크기를 조절할 때, 또는 새로운 개체를 만들 때 기존의 개체와의 간격이나 중심점, 위치를 안내해주는 기능입니다. [편집] 메뉴의 [환경 설정]을 실행하여 [안내선 및 대지]에서 안내선 색상을 설정할 수 있습니다. 불필요한 경우 [보기] 메뉴의 [격자 및 안내선]-[고급 안내선]의 체크를 해제하면 표시되지 않습니다.

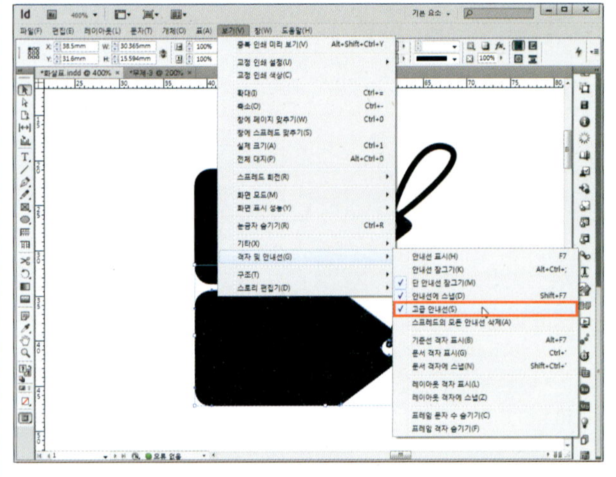
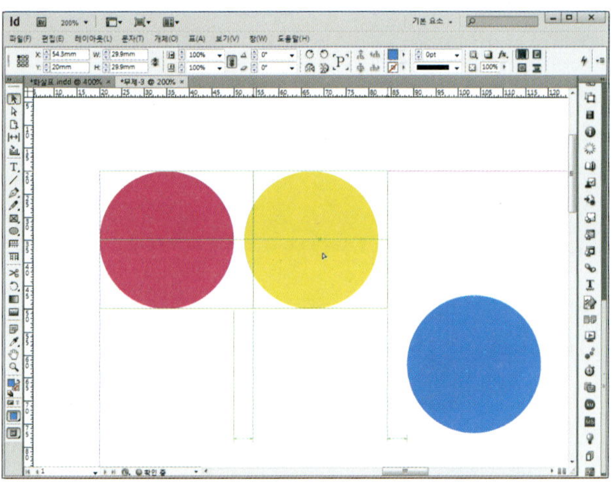

도형에 패스파인더 기능 활용하기

실습 과정

도형에 패스파인더 기능을 적용하여 여러 개의 개체를 하나의 개체로 바꾸어 봅니다.

◉ **시작 파일** : Part05\말풍선.indd
◉ **완료 파일** : Part05\말풍선_완료.indd

01 겹쳐진 타원 만들기

❶ 도구 상자의 [타원 도구]를 이용해 다음과 같이 원을 여러 개 만듭니다. 이때 원의 일부분이 겹치게 지정해야 합니다.

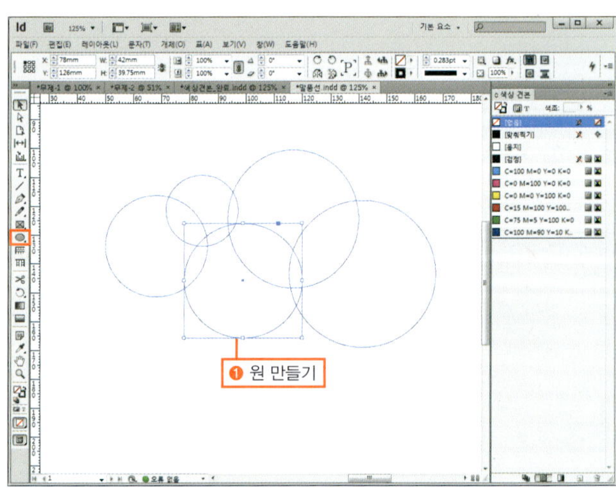

타원 사이에 겹쳐지지 않은 부분이 있을 때 비워진 부분을 타원이나 다각형을 추가로 만들어 넣어 채워지도록 합니다.

❶비워진 부분이 없는지 확인하기 위해 만들어 놓은 타원을 모두 검은색으로 채웁니다. ❷도구 상자에서 [펜 도구]를 선택하여 ❸말풍선의 뾰족한 부분을 추가로 만듭니다. 이때도 만들어 놓은 타원과 겹쳐지도록 삼각형을 만듭니다.

03 모두 선택하고 [패스파인더] 패널 열기

❶마우스로 드래그하여 타원과 다각형을 모두 선택합니다. ❷[창] 메뉴의 ❸[개체 및 레이아웃]-❹[패스파인더]를 실행하여 [패스파인더] 패널을 불러옵니다.

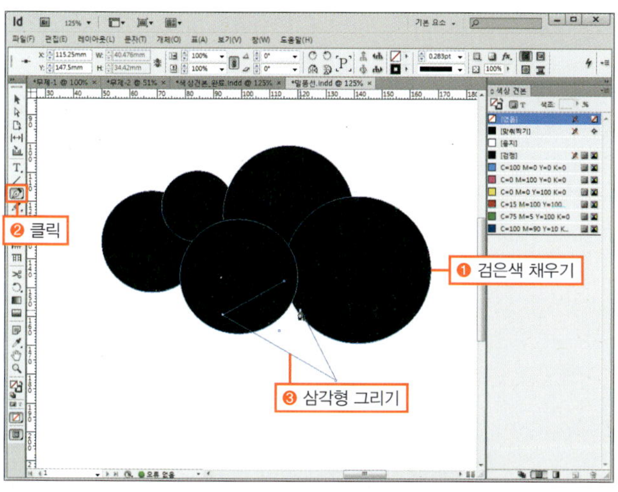

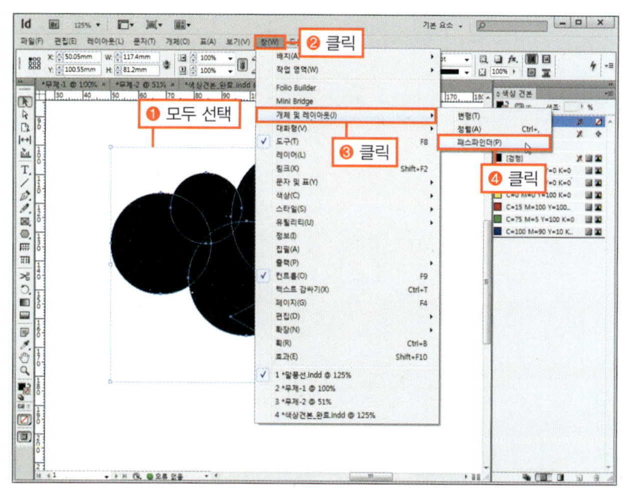

04 하나로 합치기

❶[패스파인더] 패널에서 [더하기](⬚)를 클릭하여 여섯 개의 개체를 하나의 개체로 합칩니다.

05 말풍선 완성하기

❶도구 상자의 [회전 도구]를 선택하여 모서리를 드래그합니다. 말풍선을 좀더 자연스러운 방향으로 돌려 완성합니다. ❷완성된 말풍선에 테두리와 그림자를 넣어 꾸미면 다음과 같은 모습으로 완성할 수 있습니다.

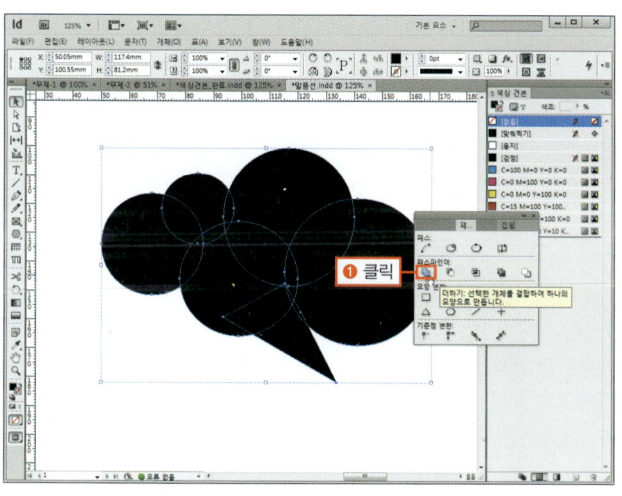

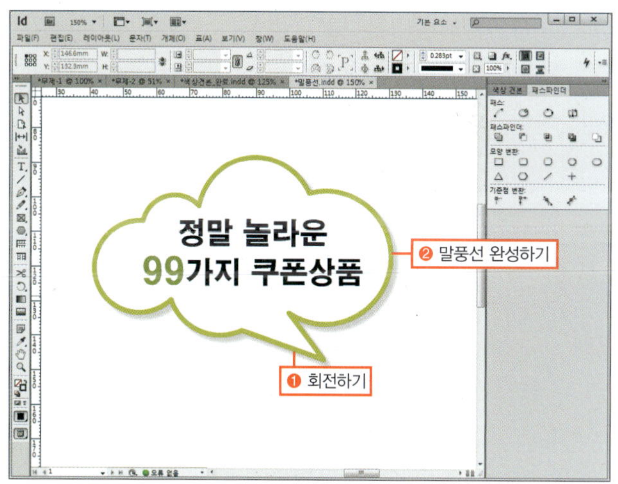

다양한 모양의 선 다루기

[획] 패널을 활용해 다양한 모양의 선을 만드는 방법에 대해 알아봅니다.

◎ **시작 파일** : Part05\다양한선.indd
◎ **완료 파일** : Part05\다양한선_완료.indd

01 [펜] 도구로 꺾은 선 만들기

예제 파일을 불러온 후 ❶도구 상자에서 [펜] 도구를 클릭하여 선택합니다. ❷마우스로 이미지의 윗부분과 텍스트의 왼쪽 상단 부분을 순서대로 클릭합니다. 그런 다음 텍스트의 오른쪽 끝선에 맞춰 클릭하여 한번 꺾인 모양의 선을 만듭니다.

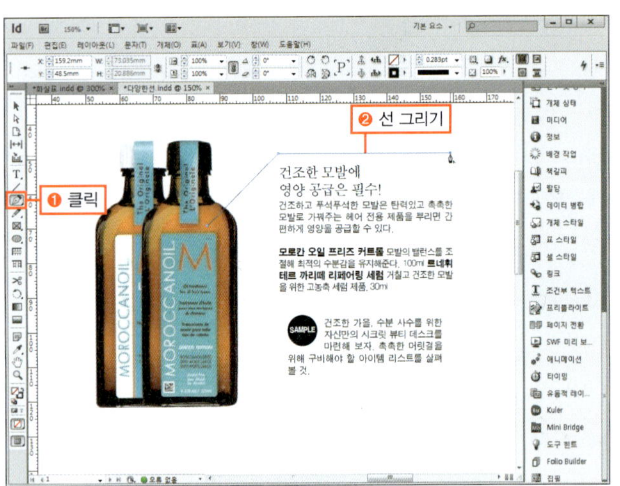

02 [획] 패널 열기

만들어진 선의 모양과 굵기 등을 설정하기 위해 ❶[창] 메뉴의 ❷[획]을 실행하여 [획] 패널을 불러옵니다.

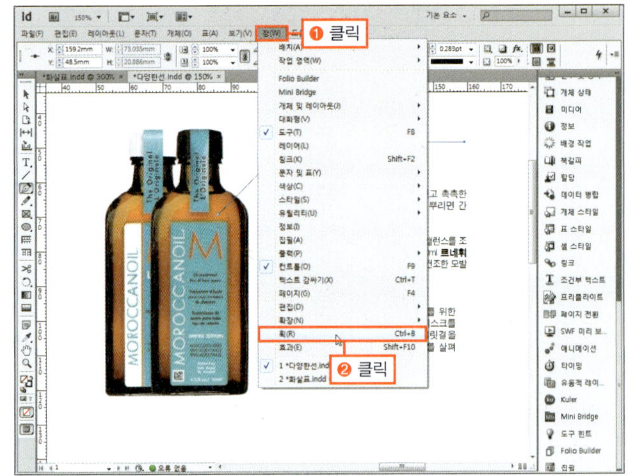

03 획의 시작점 모양 설정하기

[획] 패널에서 두께는 기본 상태 그대로 유지한 채 ❶[시작]을 ❷'삼각형'으로 설정합니다.

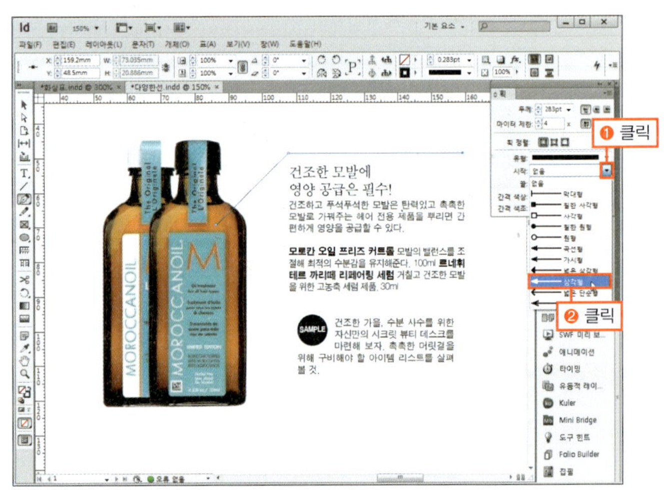

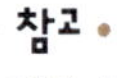
참고 ·

이때 선의 모양이 기본적인 가는 선의 직선이 아닌 경우 선의 두께는 '0.283pt'로 설정하고 선의 색상은 '검정'으로 설정합니다. 또한, 채우기 컬러는 '없음'으로 설정합니다.

04 직선 만들기

❶도구 상자에서 [선] 도구를 클릭하여 선택합니다. 다음과 같이 ❷텍스트의 왼쪽 끝선에 맞춰 클릭한 후 ❸ Shift 를 누른 상태에서 오른쪽을 클릭하여 식선을 만듭니다.

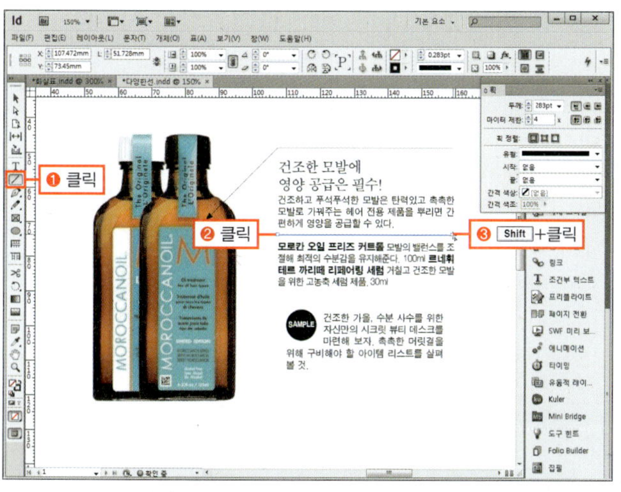

05 선 모양 설정하기

❶[획] 패널에서 선의 유형을 '파선(4:4)'로 설정합니다. ❷테두리의 굵기는 '0.283pt', ❸색상은 검은색으로 설정합니다. 모양이 설정된 선의 위치와 길이를 조절하여 텍스트의 폭과 같게 완성합니다.

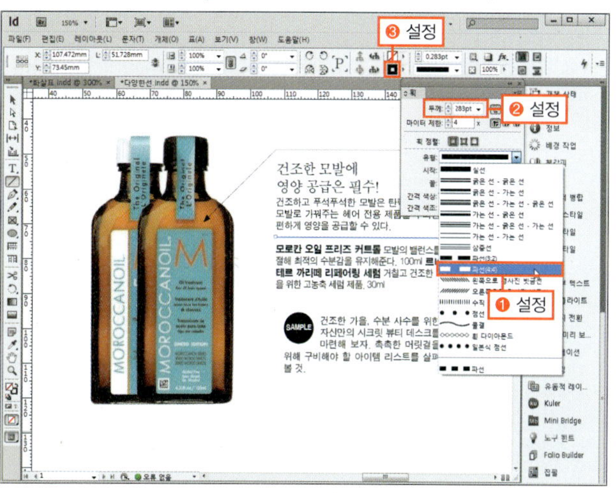

06 사각형 만들기

❶도구 상자에서 [사각형] 도구를 선택한 후 ❷다음과 같이 사각형을 만듭니다. ❸[개체] 메뉴의 [모퉁이 옵션]을 실행합니다. ❹[모퉁이 옵션]에서 '2mm'의 각진 모서리로 설정한 후 ❺[확인]을 클릭합니다.

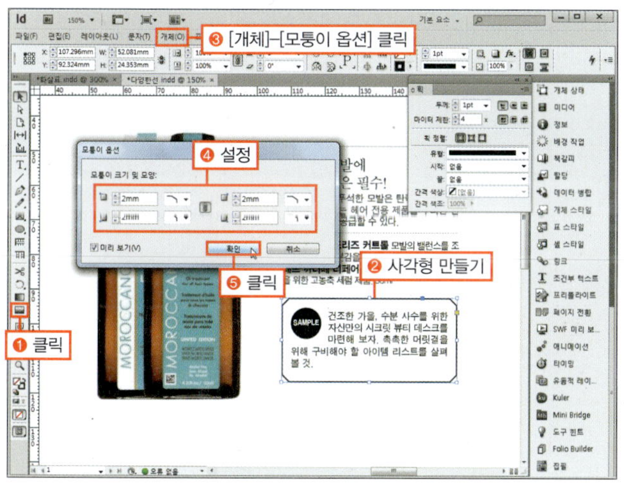

07 선 모양 설정하기

❶사각형의 테두리를 '1pt'의 검은색으로 설정하고 '유형'을 '파선(4:4)'로 설정합니다. ❷[간격 색상]을 ❸'C=68 M=0 Y=33 K=0'으로 설정합니다.

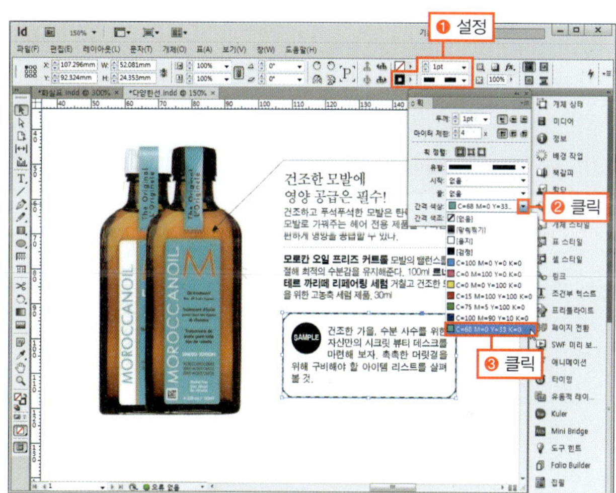

08 문서 완성하기

❶ 사각형의 위치와 크기를 조절하여 다음과 같이 텍스트와
간격과 폭이 맞도록 완성합니다.

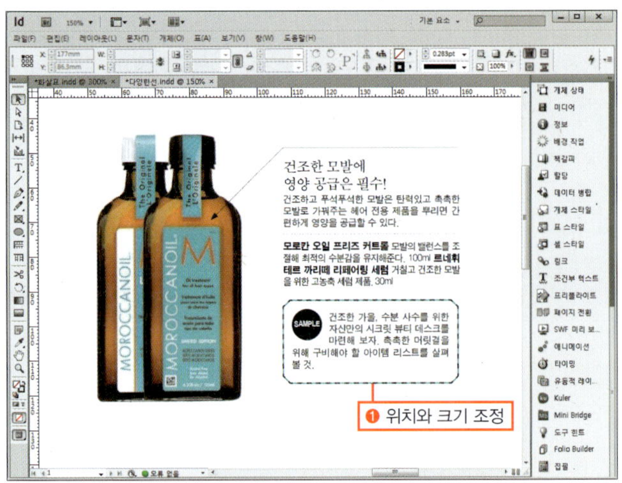

참고 • 획 정렬 위치 설정하기

개체에 획을 만들 경우 설정한 두께의 획을 어느 선을 기준으로 할지를
선택합니다. 획의 두께가 '0'일 때의 가장자리 선을 기준으로 획의 중심
으로, 안쪽으로, 바깥쪽으로 테두리를 만들 수 있습니다.

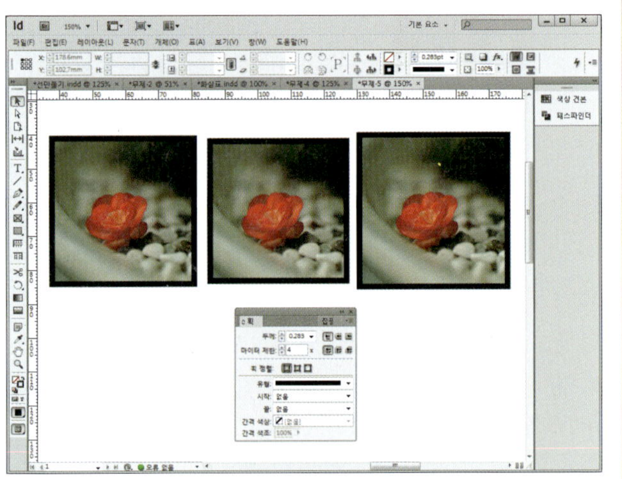

가위 도구를 이용해 개체 분리하기

도구 상자의 [가위] 도구를 이용하여 원을 분리해 봅니다.

◎ **시작 파일** : Part05\가위도구.indd
◎ **완료 파일** : Part05\가위도구_완료.indd

01 가위 도구 선택하기

예제 파일을 불러온 후 ❶원을 선택하고 ❷도구 상자의 [가위] 도구를 클릭하여 선택합니다. 현재 예제 문서의 원은 테두리가 '60pt'로 설정된 상태입니다. ❸가위 도구로 원의 왼쪽 참조점을 클릭합니다.

02 자르기

왼쪽 참조점을 클릭한 상태에서 ❶곧바로 원의 다른 부분을 클릭하여 원 테두리의 일부분을 잘라냅니다.

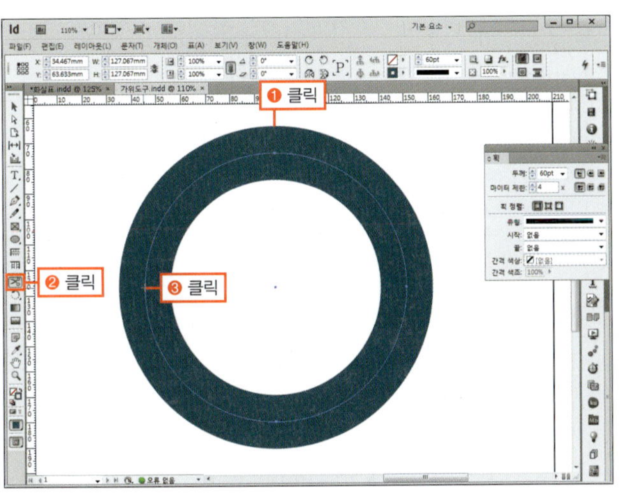

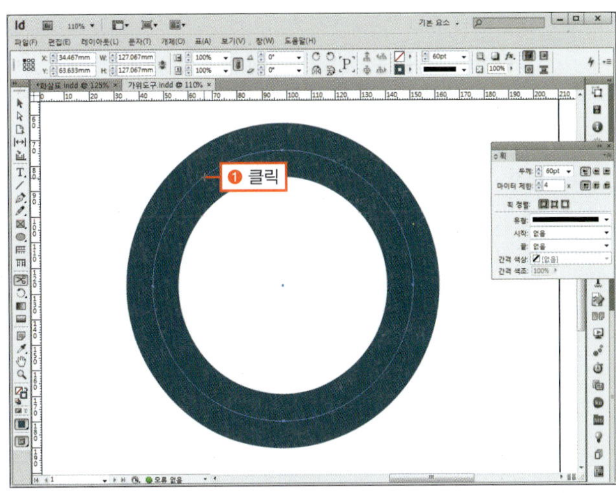

03 잘린 부분 색상 설정하기

❶[선택] 도구를 이용하여 잘린 원의 일부분을 선택하고 ❷ [컨트롤] 패널에서 [획] 색상을 'C=50 M=9 Y=0 K=48'로 설정합니다.

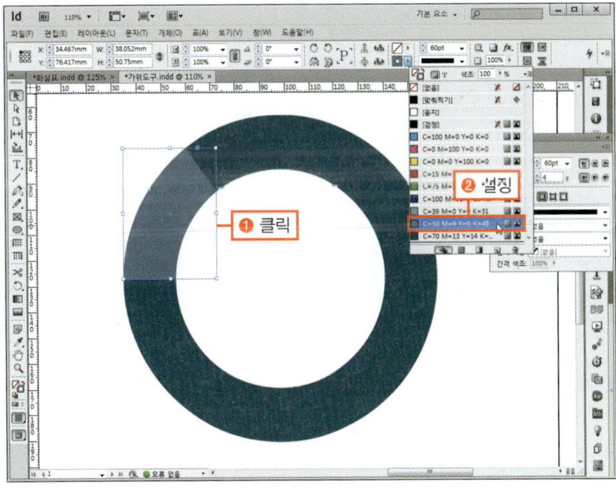

04 다시 한번 자르고 위치 이동하기

❶가위 도구를 이용하여 원을 다시 한 번 조각냅니다. ❷조각낸 원의 일부분의 컬러를 'C=39 M=0 Y=0 K=31'로 설정합니다. ❸처음 잘라낸 일부분을 드래그하여 위치를 이동합니다. 이와 같이 가위 도구를 이용하면 도형을 분리할 수 있으며 잘린 일부분에는 별도의 컬러를 설정하거나 위치를 따로 떼어 분리할 수 있습니다.

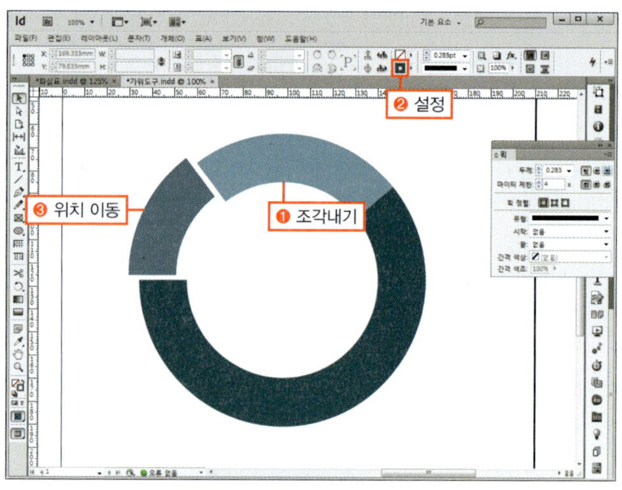

참고 ● 여러 개의 개체 그룹으로 묶고 해제하기

여러 개의 개체를 이용해 배경이나 오브젝트를 만든 경우, 그룹으로 묶어 놓으면 하나씩 분리되어 위치가 달라지거나 삭제되는 일을 막을 수 있습니다. 여러 개의 개체를 하나의 개체로 묶는 그룹 설정 방법과 그룹을 해제하는 방법에 대해 살펴봅니다.

① **그룹으로 묶기** : 하나로 묶을 개체를 모두 선택한 상태에서 [개체] 메뉴의 [그룹]을 실행합니다.

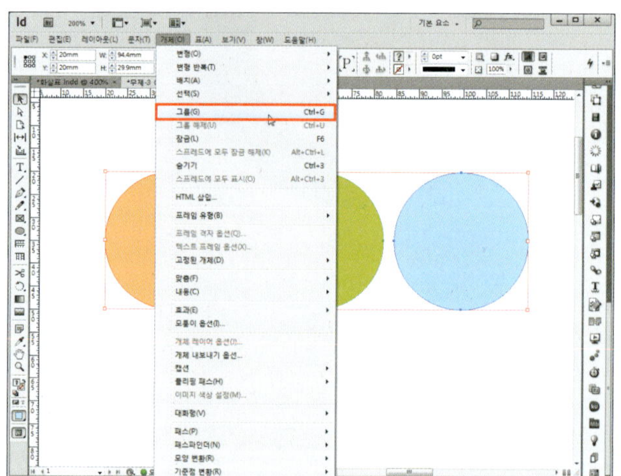

② **그룹으로 묶인 개체 이동하기** : 그룹으로 묶이면 마우스로 드래그하여 한번에 위치를 이동할 수 있으며, Delete를 눌러 한번에 삭제할 수 있습니다.

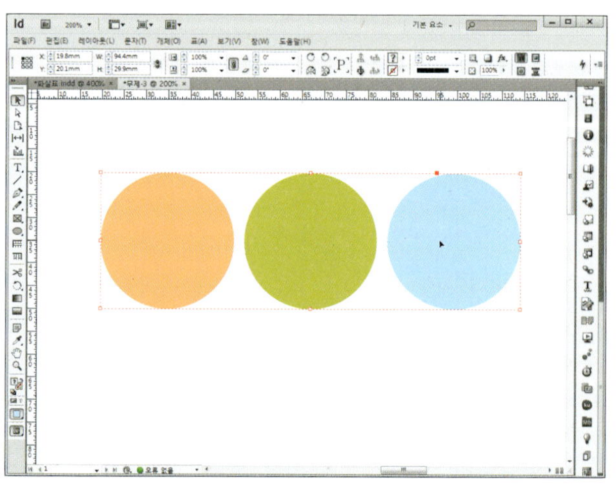

③ **그룹 해제하기** : 그룹으로 묶인 개체를 클릭하여 선택하고 [개체] 메뉴의 [그룹 해제]를 실행합니다.

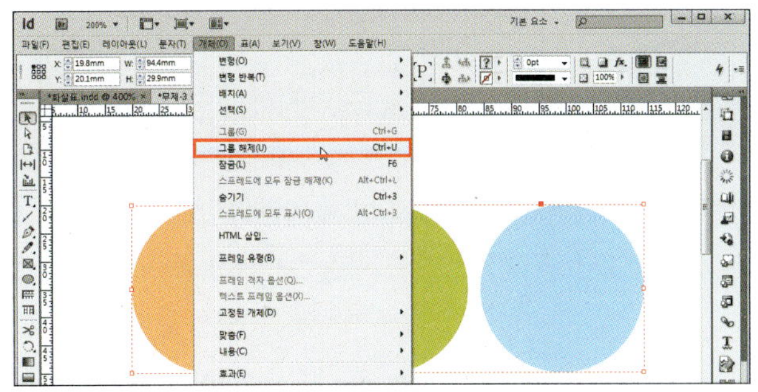

④ **그룹 해제 상태 확인하기** : 그룹이 해제된 개체를 하나만 클릭하여 드래그하면 선택한 개체만 이동할 수 있습니다. 필요에 따라 그룹으로 묶거나 해제하여 사용할 수 있습니다.

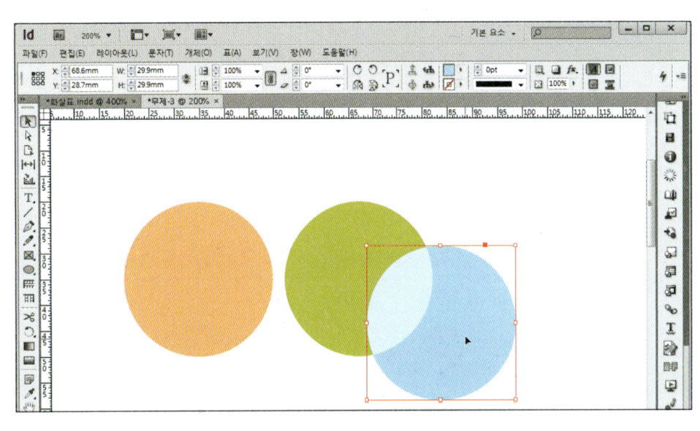

1 패스파인더 기능을 활용하여 도넛 모양의 오브젝트를 만들어 보세요.

◎ **시작 파일** : Part05\확인실습5.indd
◎ **완료 파일** : Part05\확인실습5_완료.indd

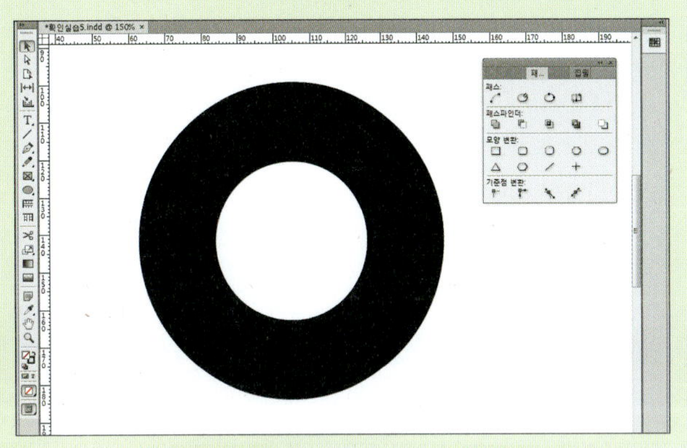

2 가위 도구를 이용하여 원을 자르고, 각각의 호를 화살표 모양으로 만들어 보세요.

◎ **시작 파일** : Part05\확인실습6.indd
◎ **완료 파일** : Part05\확인실습6_완료.indd

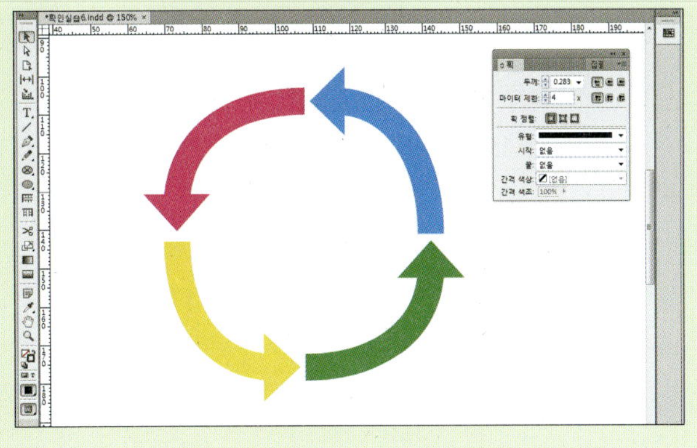

개체 선택 방법과 복사/이동 방법 살펴보기

개체를 선택하는 방법과 배치 방법, 그룹 설정 방법 등에 대해 알아봅니다.

시작 파일 : Part05\화살표.indd

1 여러 개의 개체 선택하기

❶마우스로 선택할 개체가 일부라도 포함되도록 드래그하여 두 개 이상의 개체를 한번에 선택할 수 있습니다.

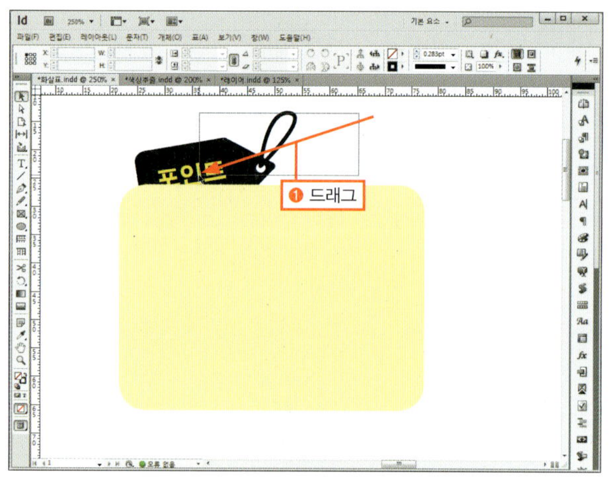

> **참고**
>
> Ctrl+A를 누르면 문서의 모든 개체를 선택할 수 있습니다.

2 그룹 묶기

드래그한 영역에 포함된 개체 세 개가 다음과 같이 모두 선택됩니다. ❶[개체] 메뉴의 [그룹]을 실행하여 현재 두 개의 개체를 한 개의 개체로 묶습니다.

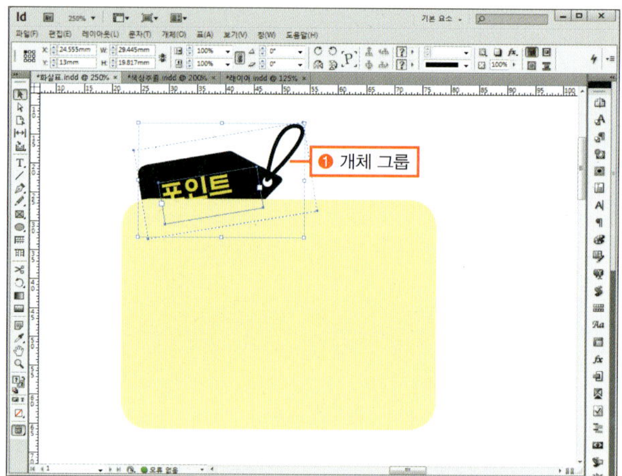

> **참고**
>
> 그룹으로 묶어 놓으면 위치를 이동하거나 크기를 변경할 때 묶여 있는 모든 개체를 한번에 조절할 수 있어 편리합니다. 다만 개체 안에 입력한 텍스트의 크기는 변경되지 않습니다.

3 선택한 개체를 맨 앞에 배치하기

그룹으로 묶인 개체가 선택된 상태에서 ❶[개체] 메뉴의 ❷[배치]-❸[맨 앞으로 가져오기]를 실행합니다. 앞을 가리고 있는 둥근 모서리 사각형보다 앞으로 이동하여 가려진 부분이 보이게 됩니다. 앞으로 이동한 개체를 드래그하여 원하는 위치로 이동할 수 있습니다.

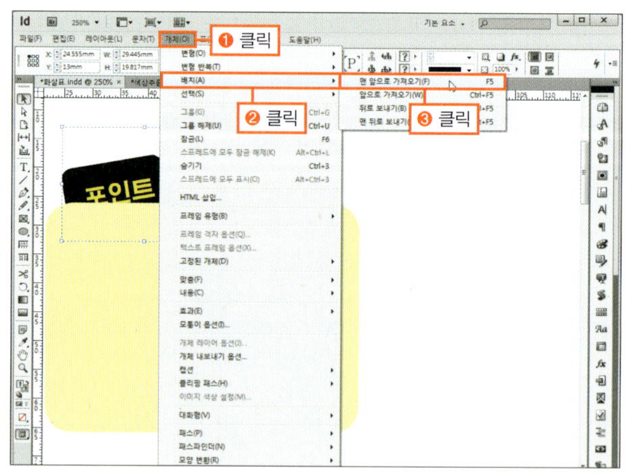

④ 개체 복사하기

❶ 앞으로 배치된 개체를 선택한 상태에서 Alt 를 누른 채 드래
그합니다. 동일한 모양의 개체를 복사할 수 있으며, Alt + Shift
를 누른 채 드래그하면 일직선상에 복사할 수 있습니다.

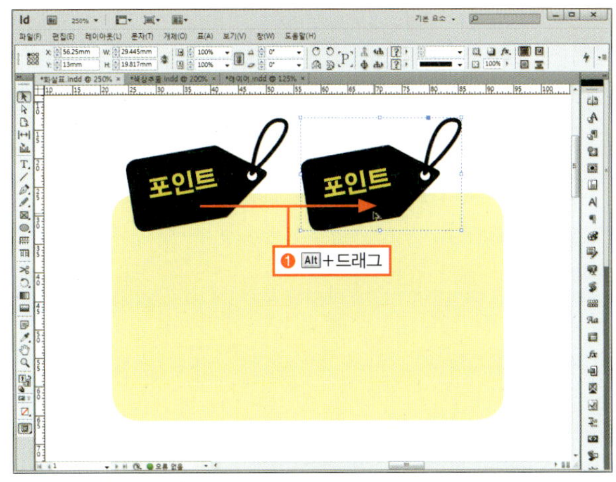

참고 • 귀찮은 안내선 보이지 않게 설정하기

개체에 커서를 가져가면 개체의 가운데 부분에 동그란 모양이 표시됩니다. 이와 같이 귀찮은 안내 표시를 보이지 않게 하려면 [보기] 메뉴
의 [기타]–[내용 잡기 도구 숨기기]를 실행합니다.

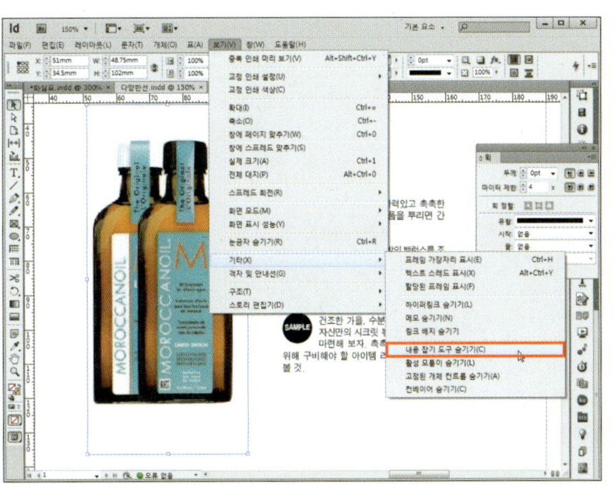

① 예제 문서를 열고 사각형 모양의 도형을 회전시킨 다음 복제하세요. 반복하여 복제된 사각형을 중심을 맞춰 정렬한 후 하나의 도형으로 합쳐보세요. 합쳐진 도형 위에 원을 만들어 다음과 같은 형태의 도형을 완성해 보세요.

- **시작 파일** : Part05\응용실습1.indd
- **완료 파일** : Part05\응용실습1_완료.indd
- **해설 파일** : 해설파일\Part05_응용실습1_해설.hwp, Part05_응용실습1_해설.pdf

Before

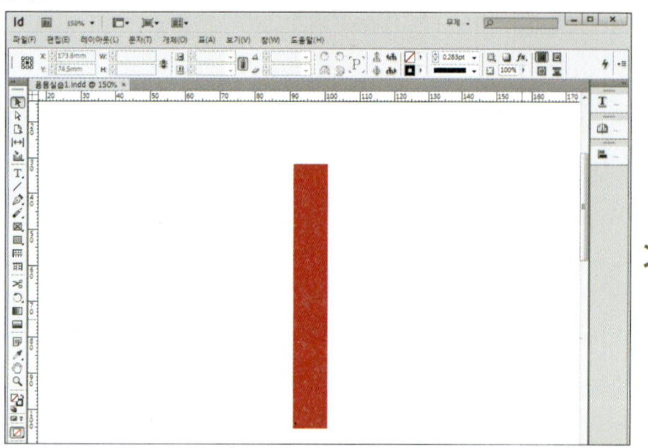

After

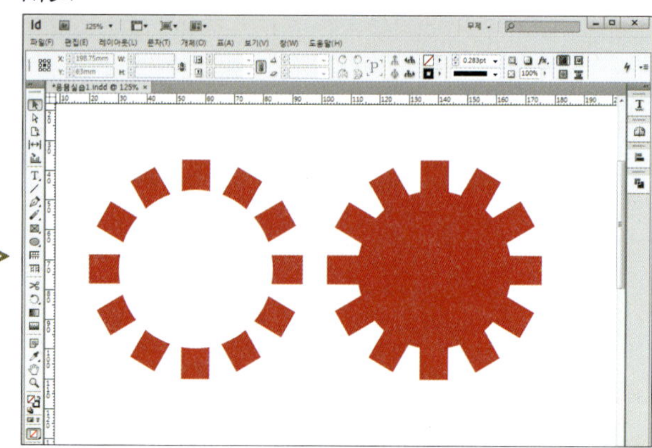

❶[회전 도구](⟳)를 활용하여 30도 각도로 회전 복사하기 ❷직사각형을 모두 선택하고 [패스파인더] 패널에서 [더하기](▣) 클릭하기 ❸원을 추가한 후 색상과 위치를 설정 완성한 도형을 복사한 후 원의 색상 변경하기

② 예제 문서를 열고 사각형을 복사하고 기울이기 등을 적용해 다음과 같이 모두 4개로 구성된 형태로 만들어 보세요. 사각형과 텍스트 프레임을 각각 그룹으로 묶어 서로의 간격을 '0'으로 정렬하여 완성해 보세요.

- **시작 파일** : Part05\응용실습2.indd
- **완료 파일** : Part05\응용실습2_완료.indd
- **해설 파일** : 해설파일\Part05_응용실습2_해설.hwp, Part05_응용실습2_해설.pdf

Before

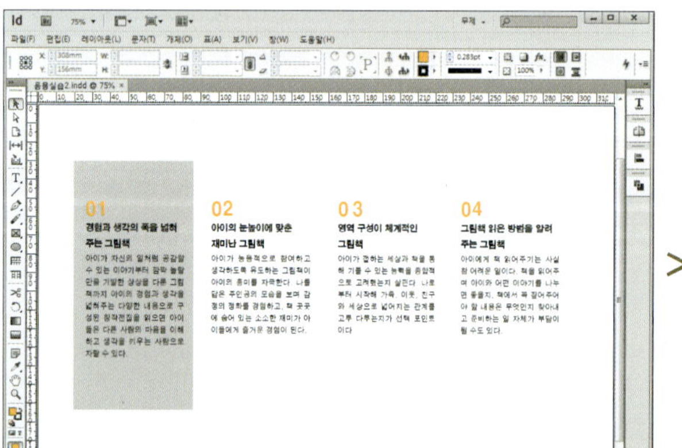

After

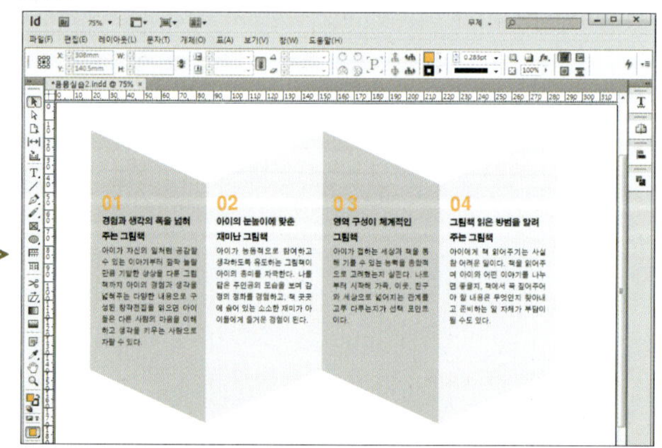

❶도구 상자의 기울이기 도구로 사각형 기울이기 ❷사각형 복사하여 배치하기 ❸두 개씩 묶어 그룹으로 묶기 ❹[정렬] 패널에서 수평 간격을 0으로 설정한 후 분배 정렬하기

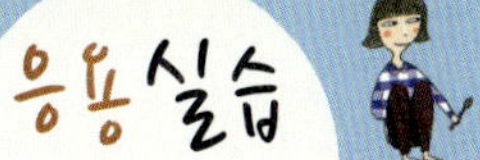

3 예제 문서를 열고 그레이디언트 색상을 만들어 원을 채워주세요. 원을 확대 복사한 후 패스파인더 기능을 활용해 원의 일부분만 남겨줍니다. 또 다른 그레이디언트 색상을 추가하여 잘라진 원에 색을 채워줍니다.

- **시작 파일** : Part05\응용실습3.indd
- **완료 파일** : Part05\응용실습3_완료.indd
- **해설 파일** : 해설파일\Part05_응용실습3_해설.hwp, Part05_응용실습3_해설.pdf

Before

After

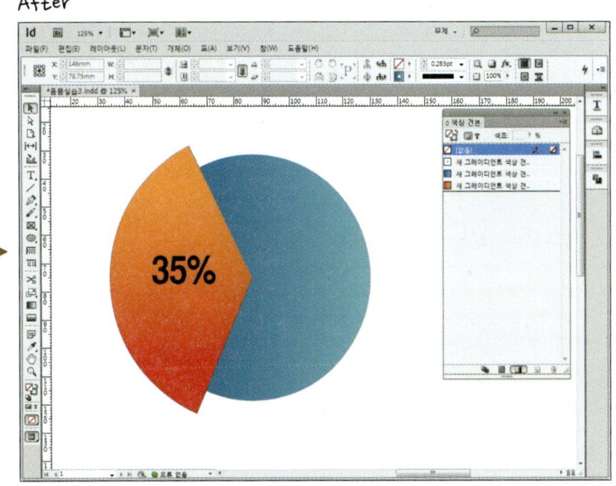

❶[색상 견본] 패널에서 파란색 계열의 그레이디언트 추가하기 ❷크기 조정 도구를 이용해 120% 확대된 원 복제하기 ❸펜 도구를 이용해 원을 자를 수 있는 도형 만들기 ❹[패스파인더] 패널의 [빼기] 기능을 활용해 원의 일부만 남기기 ❺잘라진 원의 일부에 또 다른 그레이디언트 색상 채워 완성하기

스타일 기능을 활용하여
더욱 편리하게 문서 디자인하기

인디자인의 스타일 기능은 특정한 스타일을 등록해 놓고 여러 요소에 등록해 놓은 스타일을 적용할 수 있는 기능입니다. 스타일은 텍스트 서식이나 도형, 표 등에서 사용할 수 있으며, 등록해 놓은 스타일은 언제든 수정할 수 있습니다. 그러므로 많은 양으로 구성된 문서를 만들 때 스타일을 활용하면 통일감 있는 문서를 만들 수 있습니다. 여기서는 각종 스타일의 종류와 설정 방법, 활용 방법 등에 대해 살펴봅니다.

SECTION 01

문자 스타일과 단락 스타일 설정하기

인디자인에서 문서를 디자인할 때 텍스트는 의미 전달에서 매우 중요한 역할을 합니다. 텍스트의 가독성을 높이기 위해서는 텍스트의 크기와 글꼴, 줄 간격 등을 보기 좋게 설정해야 하며, 설정해 놓은 서식을 스타일로 등록해 놓으면 다른 위치의 텍스트에 동일한 스타일을 손쉽게 적용할 수 있습니다. 여기서는 텍스트와 단락에 스타일을 적용하고 활용하는 방법에 대해 알아봅니다.

다루는 내용

- 문자 스타일 등록하기
- 스타일 적용하기
- 단락 스타일 등록하기

기능 정리

문자 스타일과 단락 스타일 패널 살펴보기

문자 스타일과 단락 스타일을 활용하기 위해서는 스타일 관련 패널에서 스타일을 관리해야 합니다. 문자와 단락 스타일 패널에 대해 알아봅니다.

● [문자 스타일] 패널 살펴보기

[문자 스타일] 패널에서는 문자 스타일을 추가하거나 복제, 삭제할 수 있습니다. 또한, 두 개 이상의 문자 스타일을 그룹으로 묶어 손쉽게 관리할 수 있습니다.

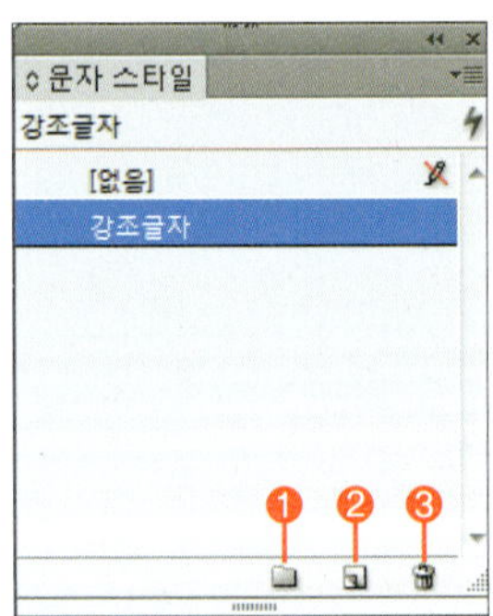

❶ **새 스타일 그룹 만들기** : 새로운 문자 스타일 그룹을 만들 수 있으며, 그룹 안에 문자 스타일을 포함하여 함께 관리할 수 있습니다.

❷ **새 스타일 추가하기** : 새로운 문자 스타일을 목록에 추가할 수 있으며, 현재 커서 위치의 문자 모양을 새로운 문자 스타일로 등록합니다. 문자 스타일 이름은 자동으로 '문자 스타일 #'로 정해지며, 이름을 클릭하여 변경할 수 있습니다.

❸ **선택한 스타일/그룹 삭제** : 선택한 그룹이나 스타일을 삭제할 수 있습니다. 선택한 후 아이콘을 클릭하거나 삭제할 스타일 이름을 드래그하여 삭제할 수 있습니다.

문자 스타일 이름을 마우스 오른쪽 버튼으로 클릭하면 현재 선택한 문자 스타일을 수정하거나
복제 및 삭제할 수 있으며, 그룹으로 복사하여 활용할 수도 있습니다. [문자 스타일] 패널에서 팝
업 메뉴 아이콘을 클릭하면 다음과 같은 팝업 메뉴가 표시됩니다. 팝업 메뉴에서는 문자 스타일
을 편집하거나 옵션을 설정할 수 있는 등의 여러 가지 명령을 수행할 수 있습니다.

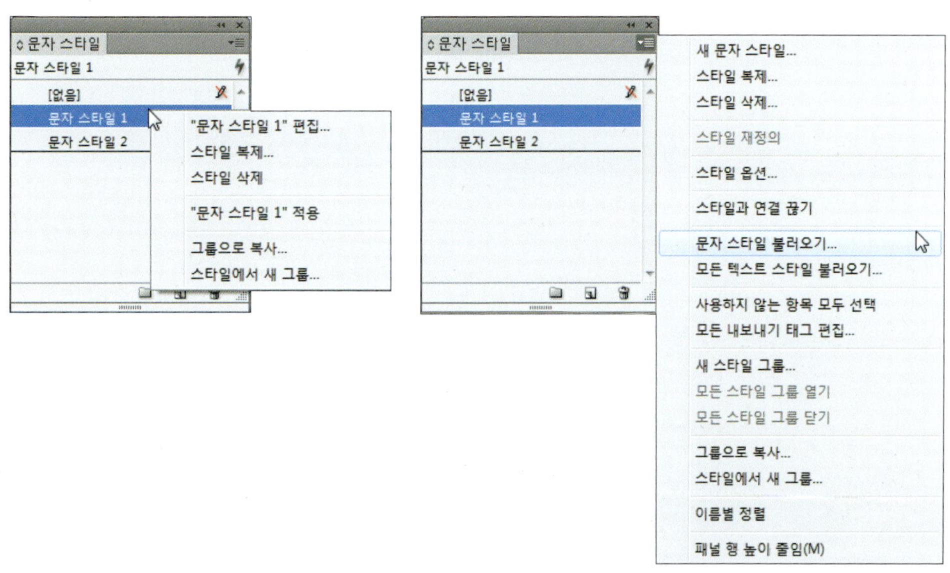

[단락 스타일] 패널도 [문자 스타일] 패널과 비슷한 구조로 구성되어 있습니다. 다만 스타일을
적용할 대상이 문자와 단락별로 다를 뿐입니다.

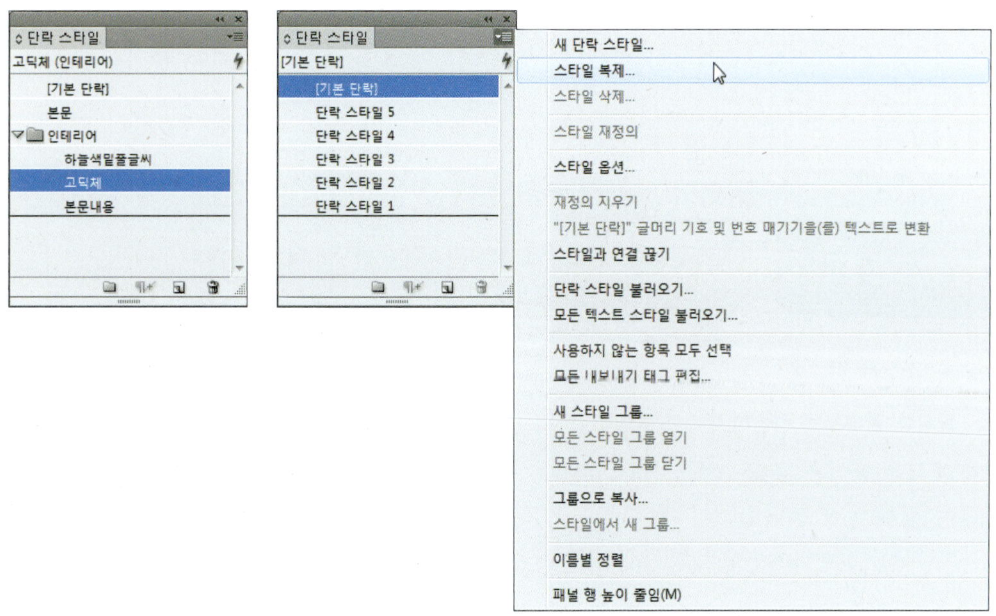

● 단락 앞에 기호나 자동 번호 매기기

단락이 시작하는 맨 앞에 자동으로 기호나 번호를 표시할 수 있으며, 번호의 경우 특정 위치에서
부터 새로운 번호를 사용자가 지정할 수 있습니다. 또한, 기호나 번호 다음에는 탭이나 빈칸 등을

입력할 수 있어 단락을 정렬하는 데 활용하면 편리합니다. 기호나 번호가 자동으로 표시된 단락을 단락 스타일로 등록해 놓으면 다른 위치에 손쉽게 적용할 수 있으며, 단락 스타일의 옵션을 변경하여 적용된 모든 위치의 단락 모양을 빠르게 변경할 수 있습니다.

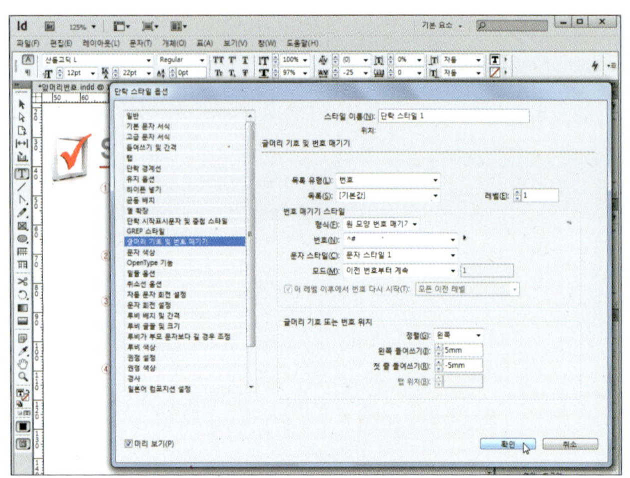
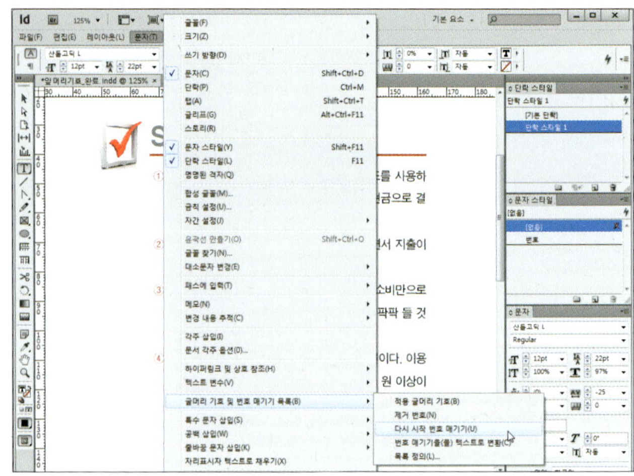

■ [글자 스타일] 패널은 어떻게 열 수 있을까요? (   )

② 글자에 밑줄을 넣었을 때 밑줄과 글자 사이의 간격을 설정하기 위해서는 [밑줄 옵션] 대화 상자에서 어떤 값을 설정해야 할까요? (   )

답 : ■ [창] 메뉴의 [스타일]-[글자 스타일], ② 오프셋

실습 과정

밑줄이 그어진 문자 스타일 설정하기

문자에 밑줄을 표시한 후 현재 문자 모양을 문자 스타일로 등록해 봅니다.

◉ **시작 파일** : Part06\글자스타일.indd
◉ **완료 파일** : Part06\글자스타일_완료.indd

01 문자를 블록으로 지정하기

예제 문서를 불러온 후 ❶문자 모양을 설정할 부분을 드래그하여 블록으로 선택합니다. ❷[창] 메뉴의 [문자 및 표]-[문자]를 실행하여 [문자] 패널을 불러옵니다.

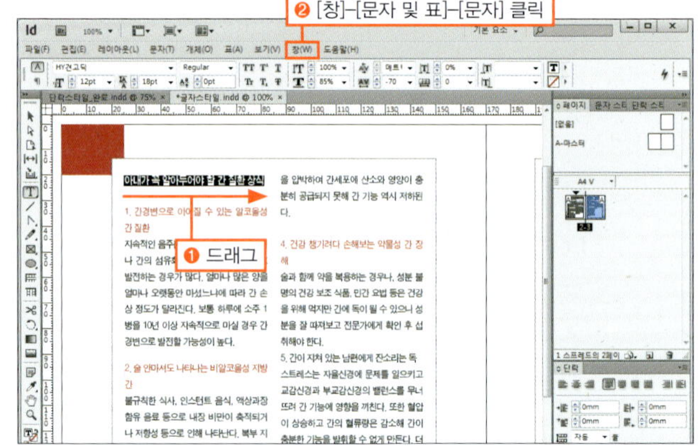

02 문자에 밑줄 설정하기

❶[문자] 패널에서 팝업 메뉴 아이콘(▼)을 클릭하여 ❷ [밑줄]을 실행합니다. 밑줄의 모양을 꾸미기 위해 다시 한 번 ❸팝업 메뉴 아이콘(▼)을 클릭한 후 ❹[밑줄 옵션]을 실행합니다.

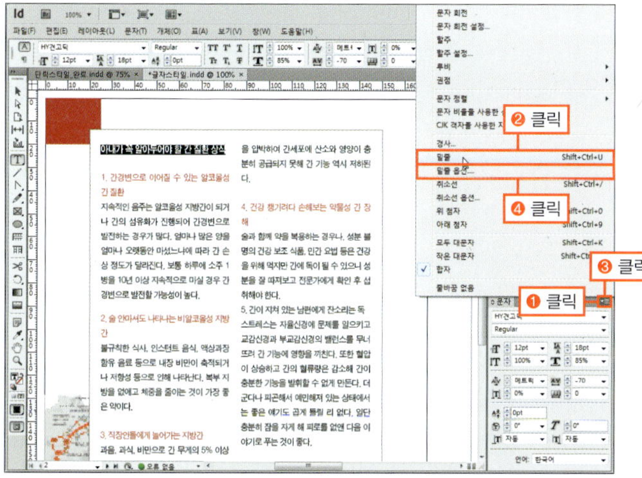

> **참고**
>
> 밑줄의 오프셋을 조절하여 문자와 밑줄 간의 간격과 위치를 조절할 수 있습니다. 다음 그림은 그림의 순서대로 오프셋을 각각 '–7pt', '0pt', '7pt'로 설정한 예입니다.

자가 테스트 10 자가 테스트 10

자가 테스트 10

03 밑줄 옵션 설정하기

❶[밑줄 옵션] 대화상자에서 [두께]를 '1pt'로 입력하고, [유형]을 실선으로 설정합니다. ❷[오프셋]을 '4pt'로 설정하여 문자와 밑줄 사이에 간격을 만듭니다. ❸[색조]를 '50%'로 설정한 후 ❹[확인]을 클릭합니다.

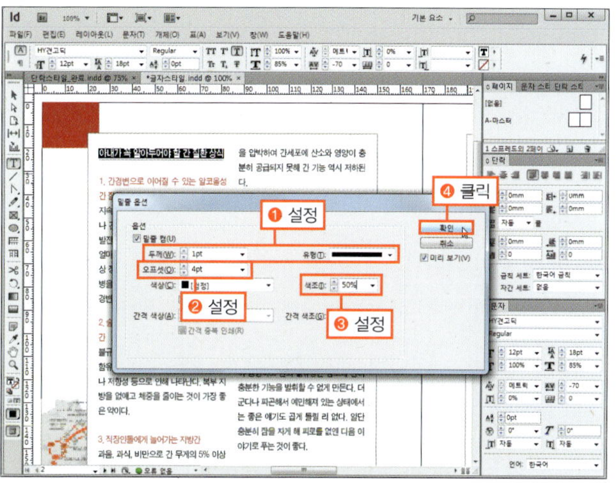

> **참고**
>
> 밑줄의 색상은 문자와 동일한 색이 기본적으로 설정되지만, [밑줄 옵션] 대화상자에서 다른 색으로 변경 가능합니다. 또한, 밑줄의 옵션을 설정할 때 [미리 보기]를 체크해 밑줄이 적용되는 모습을 확인하며 옵션을 설정하는 것이 편리합니다.

04 현재 문자 모양을 스타일로 등록하기

❶모양을 완성한 문자 사이에 커서를 두고 ❷[창] 메뉴의 [스타일]-[문자 스타일]을 실행하여 [문자 스타일] 패널을 불러옵니다. ❸[문자 스타일] 패널에서 [새 스타일 만들기](🔳)를 클릭합니다.

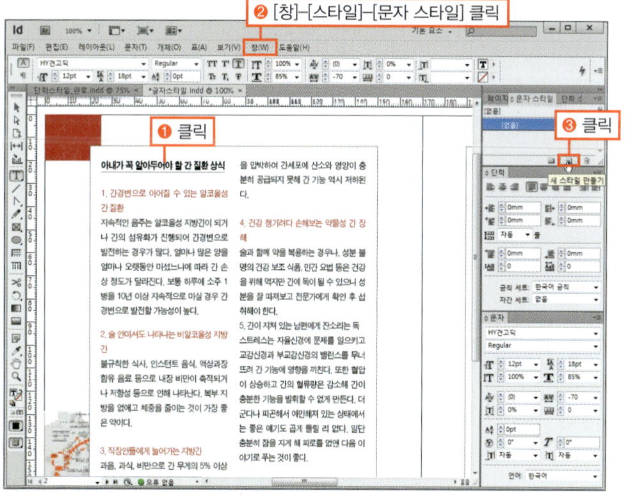

❶등록된 '문자 스타일 1'을 더블클릭하여 [문자 스타일 옵션] 대화상자를 불러옵니다. ❷[스타일 이름]을 '밑줄제목'으로 입력하고 ❸단축키 입력란에 커서를 둔 상태에서 Ctrl + 1 을 누릅니다. 단축키가 설정되면 ❹[확인]을 클릭합니다.

[문자 스타일] 패널의 스타일 목록을 살펴보면 스타일 이름 오른쪽에 설정해 놓은 단축키가 표시됩니다. ❶오른쪽 페이지로 이동하여 첫 번째 줄을 드래그하여 블록으로 지정한 후 ❷문자 스타일 목록에서 '밑줄제목'을 클릭하여 적용합니다. ❸두 번째 단의 '술자리나 야근이~' 부분을 드래그하여 블록으로 지정한 후 ❹단축키 Ctrl + 1 을 누릅니다. 이와 같은 방법으로 등록해 놓은 스타일을 스타일 이름을 클릭하거나 단축키를 이용하여 문서에 적용할 수 있습니다.

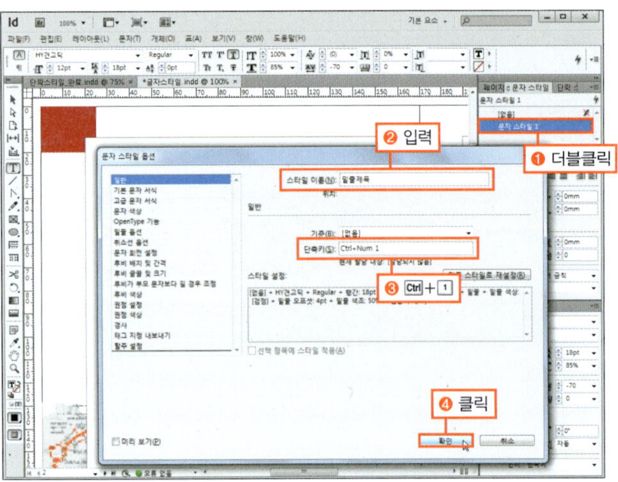

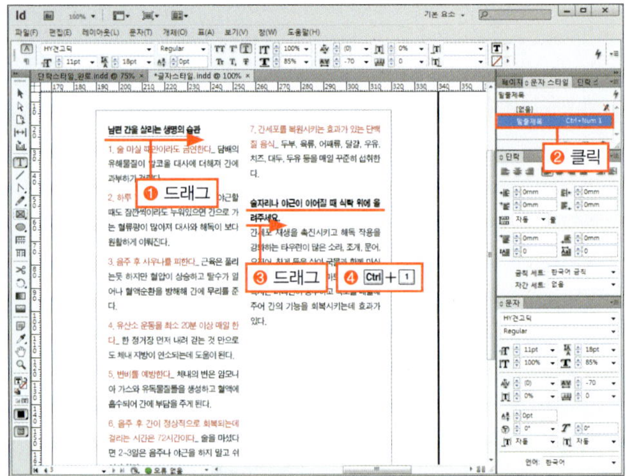

참고

자주 사용하는 스타일에는 단축키를 설정하여 작업하는 것이 편리합니다. 다만, 스타일의 단축키는 인디자인의 명령에서 사용하는 단축키 외에 Ctrl 이나 Shift , Alt 를 누른 상태에서 키보드의 오른쪽에 있는 키패드의 숫자를 눌러 설정할 수 있습니다.

참고

스타일을 등록하는 방법은 두 가지입니다. 첫 번째는 새로운 스타일을 [스타일] 패널에 추가하고 추가한 스타일의 모양을 설정하여 문서에 활용하는 방법입니다. 두 번째는 문서의 일부 내용에 글꼴이나 단락 옵션을 설정하여 모양을 살핀 후 현재 모양을 스타일로 등록하는 방법입니다. 사용자가 편리한 방법을 선택하여 사용하면 되지만, 두 번째 방법이 적용된 결과물의 모습을 미리 확인하고 작업할 수 있어 보다 자주 사용됩니다.

새로운 단락 스타일 설정하기

새로운 단락 스타일을 [스타일] 패널에 등록해 봅니다.

○ **시작 파일** : Part06\단락스타일.indd
○ **완료 파일** : Part06\단락스타일_완료.indd

01 [단락 스타일] 패널 열기

단락 스타일을 설정하기 위해 우선 ❶[창] 메뉴의 ❷[스타일]-❸[단락 스타일]을 실행하여 [단락 스타일] 패널을 불러옵니다.

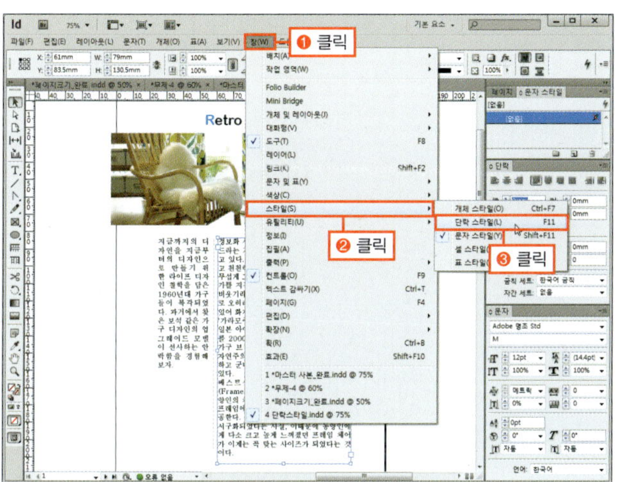

02 새로운 단락 스타일 추가하기

❶불러온 패널은 작업 화면의 오른쪽에 드래그하여 배치하고 작업하기 편리하도록 배열합니다. ❷[단락 스타일] 패널에서 [새 스타일 만들기]( )를 클릭합니다. 스타일 목록에 '단락 스타일 1'이 추가된 것을 볼 수 있습니다.

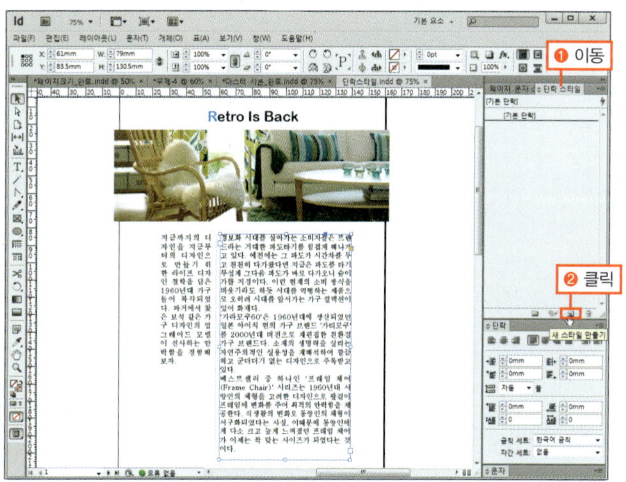

03 기본 문자 서식 설정하기

❶추가된 '단락 스타일 1' 이름 부분을 더블클릭하면 [단락 스타일 옵션] 대화상자가 나타납니다. ❷[기본 문자 서식] 영역에서 [글꼴 모음]은 '산돌명조 L', [크기]는 '10pt', [행간]은 '16pt', [자간] '-50'으로 설정한 후 ❸[확인]을 클릭합니다.

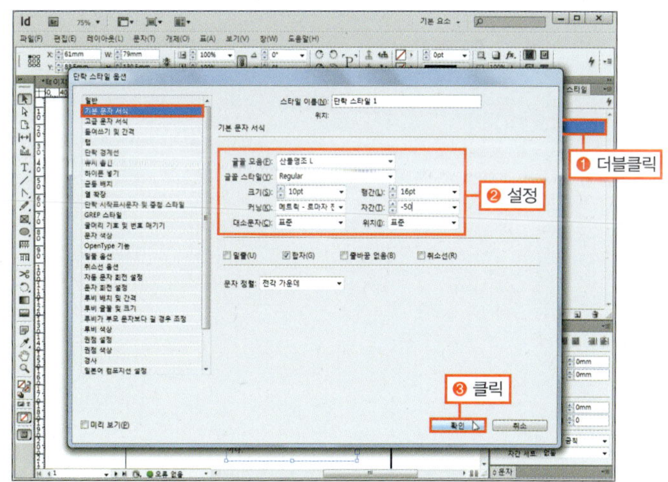

04 단락 스타일 적용하기

❶텍스트 프레임을 선택하고 ❷등록해 놓은 '단락 스타일 1'을 클릭하면 프레임 안에 입력한 단락에 적용됩니다.

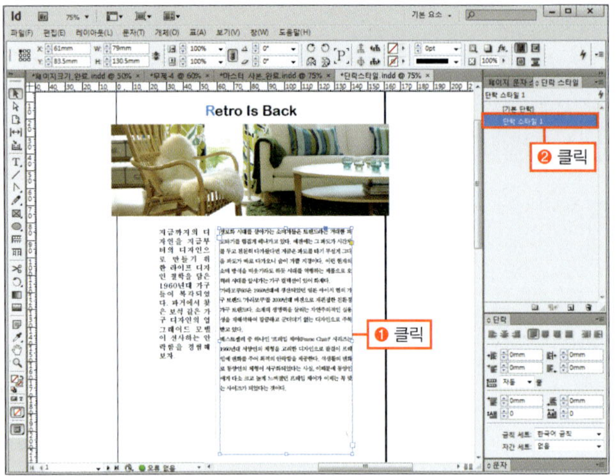

> **참고**
>
> 이때 텍스트 프레임을 선택한 상태에서 단락 스타일을 등록하면 자동으로 선택된 프레임에 스타일이 적용됩니다.

06 단락 스타일 이름 설정하기

❶복제된 단락 스타일을 더블클릭하여 ❷[단락 스타일 복제] 대화상자에서 [스타일 이름]을 '고딕체'로 입력합니다. ❸[글꼴]을 'HY견고딕'으로 설정하고 ❹[고급 문자 서식]을 클릭합니다. ❺[가로 비율]을 '95%'로 설정하고 ❻[확인]을 클릭합니다.

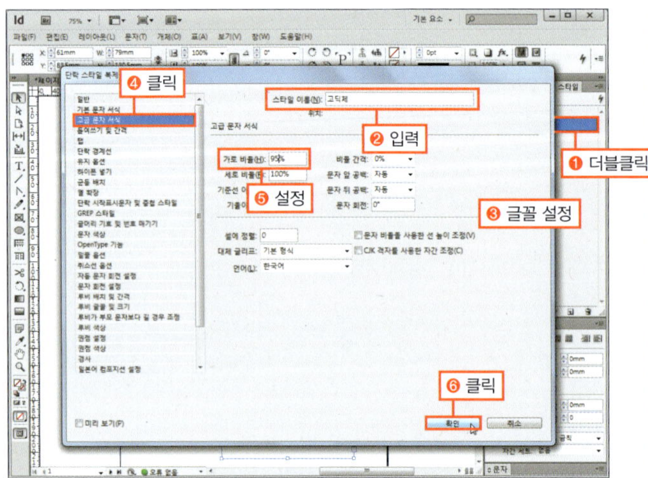

05 단락 스타일 복제하기

이번에는 만들어 놓은 단락 스타일을 복제해 봅니다. ❶'단락 스타일 1'을 마우스 오른쪽 버튼으로 클릭하여 ❷[스타일 복제]를 실행합니다.

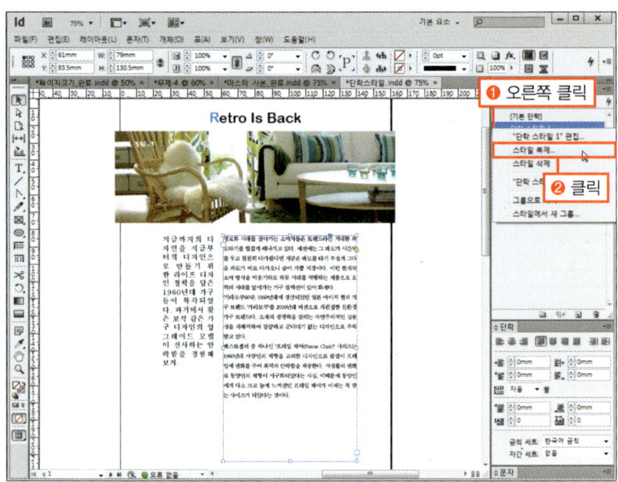

07 스타일 적용하기

❶왼쪽의 텍스트 프레임을 선택하고 ❷[단락 스타일] 패널에서 '고딕체' 스타일을 클릭하여 적용합니다.

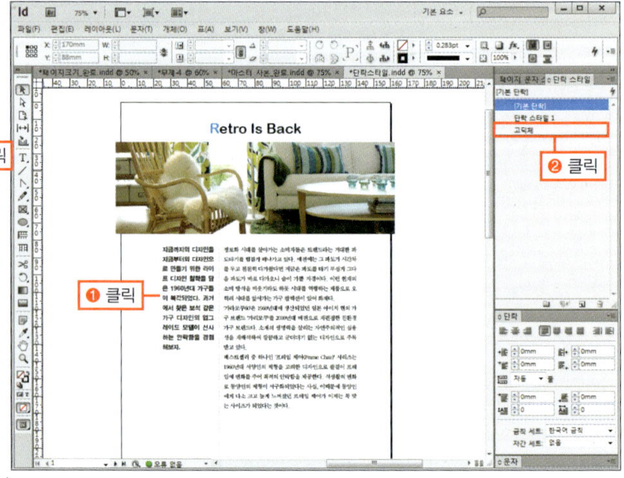

08 스타일 적용된 단락의 앞 간격 설정하여 변경하기

❶오른쪽 텍스트 프레임 안에 입력한 텍스트를 드래그하여 블록으로 선택하고 ❷[단락] 패널에서 단락 앞 간격을 '3mm'로 설정합니다. [단락 스타일] 패널의 '단락 스타일 1' 이름 오른쪽에 '+' 표시가 나타납니다.

09 스타일 재정의하기

현재 변경된 단락의 모양을 스타일에 적용하기 위해 ❶스타일 이름을 마우스 오른쪽 버튼으로 클릭하여 ❷[스타일 재정의]를 실행합니다. '단락 스타일 1'에 단락 앞 간격이 '3mm'로 재설정되고, 스타일 이름 오른쪽에 '+' 표시는 사라집니다.

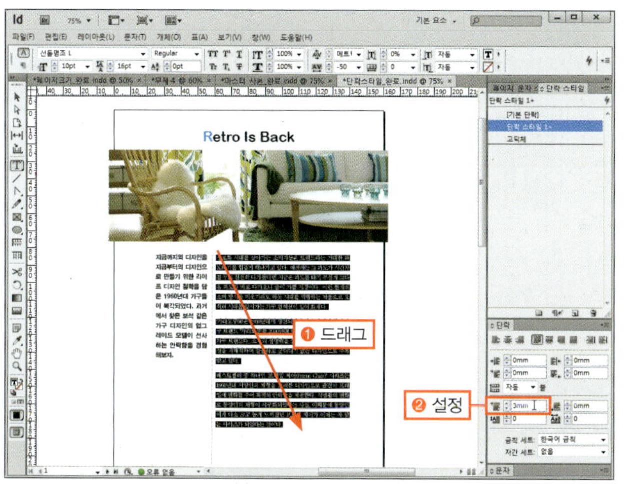

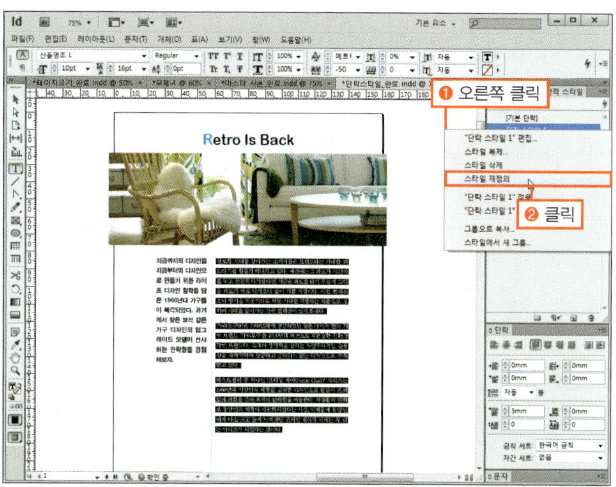

참고

["단락 스타일 1"적용, 재정의 지우기]를 클릭하면 등록해 놓은 스타일 모양이 다시 적용됩니다. 그러므로 스타일 내용과 달리 적용된 단락 앞 간격은 사라지고, 스타일 이름 오른쪽의 '+' 모양의 재정의 아이콘도 사라집니다.

스타일 수정하고 사용하지 않는 스타일 삭제하기

스타일을 수정하고 사용하지 않는 스타일을 삭제하는 방법, 스타일 목록을 관리하는 방법에 대해 알아봅니다.

- **시작 파일** : Part06\스타일관리.indd
- **완료 파일** : Part06\스타일관리_완료.indd

01 스타일과 연결 끊기

예제 파일을 불러온 후 ❶[고딕체] 스타일이 설정된 텍스트 프레임을 클릭하여 선택합니다. ❷[단락 스타일] 패널에서 팝업 메뉴 아이콘(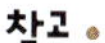)을 클릭하여 ❸[스타일과 연결 끊기]를 실행합니다.

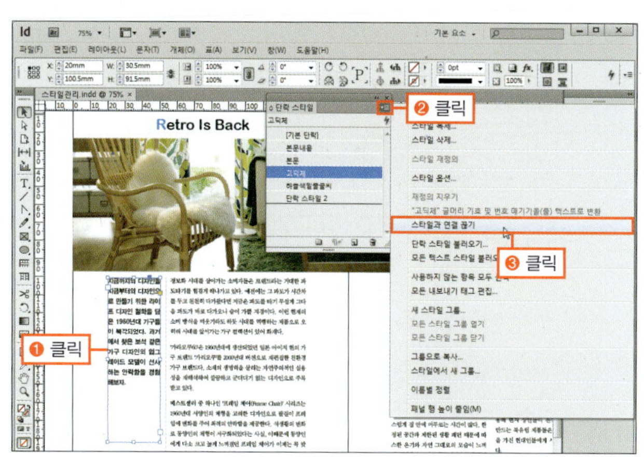

참고

스타일과 연결을 끊으면 설정된 스타일의 옵션이 변경되었을 때 변경된 내용이 자동으로 적용되지 않습니다.

02 [고딕체] 단락 스타일 수정하기

❶ [단락 스타일] 패널의 '고딕체' 스타일을 더블클릭하여 [단락 스타일 옵션] 대화상자를 나타냅니다. ❷ [문자 색상]에서 ❸ 문자 색상을 파란색으로 설정하고 ❹ [확인]을 클릭합니다.

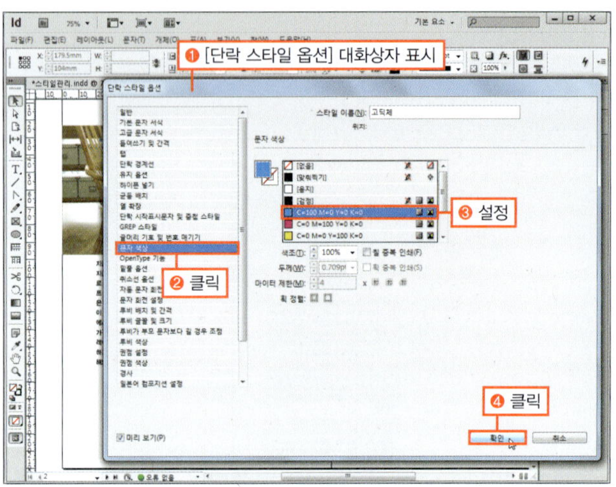

03 변경 사항 확인하기

고딕체 스타일 옵션이 변경되었지만, 스타일과 연결을 끊어준 텍스트 프레임에는 변경된 스타일 모양이 적용되지 않고 다른 부분에는 변경된 내용이 적용된 것을 볼 수 있습니다.

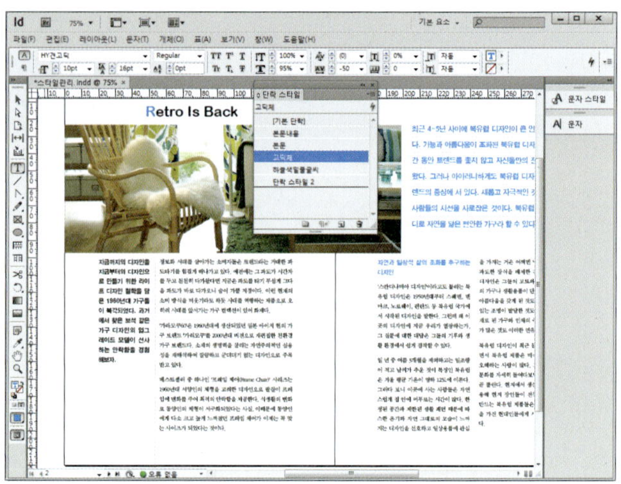

04 사용하지 않는 스타일 항목 삭제하기

❶ [단락 스타일] 패널의 팝업 메뉴 아이콘(▤)을 클릭하여 [사용하지 않는 항목 모두 선택]을 실행합니다. 사용하지 않는 스타일이 선택되면 ❷ [선택한 스타일/그룹 삭제] (🗑)를 클릭합니다.

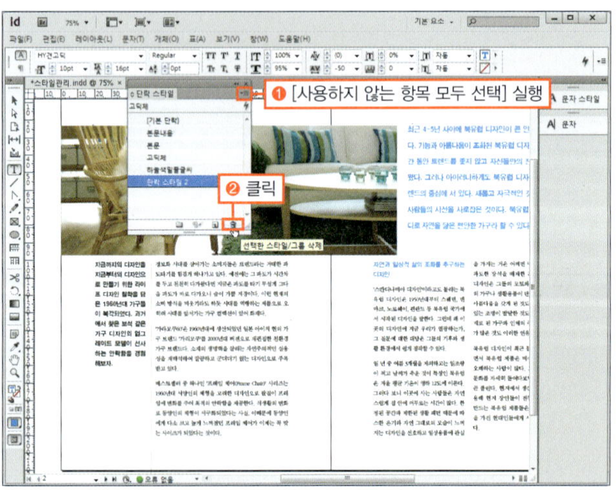

05 스타일 그룹 만들어 관리하기

스타일 패널에서는 스타일 목록을 그룹으로 만들어 관련 스타일들을 묶어 관리할 수 있습니다. 새로운 스타일 그룹을 만들기 위해 ❶ [스타일] 패널에서 [새 스타일 그룹 만들기](🗀)를 클릭합니다.

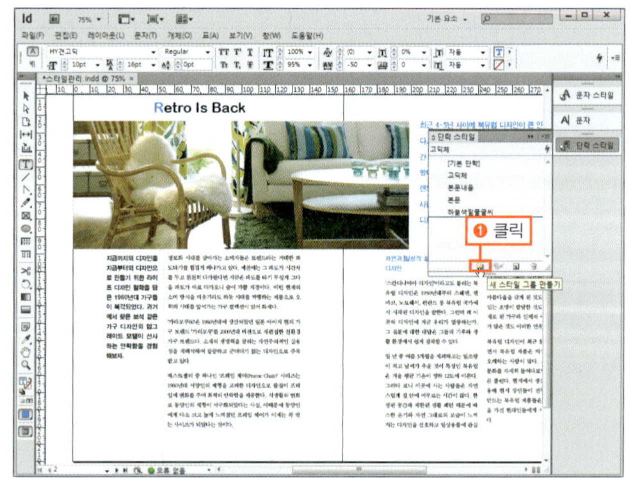

06 그룹에 스타일 포함하기

❶새로운 스타일 그룹이 만들어지면 더블클릭하여 이름을 '인테리어'로 설정합니다. ❷그룹명 위에 있는 스타일을 마우스로 드래그하여 그룹 이름으로 드래그합니다. 드래그한 스타일이 그룹 안으로 이동합니다. 스타일 간의 위치도 마우스로 드래그하여 위나 아래로 이동할 수 있습니다.

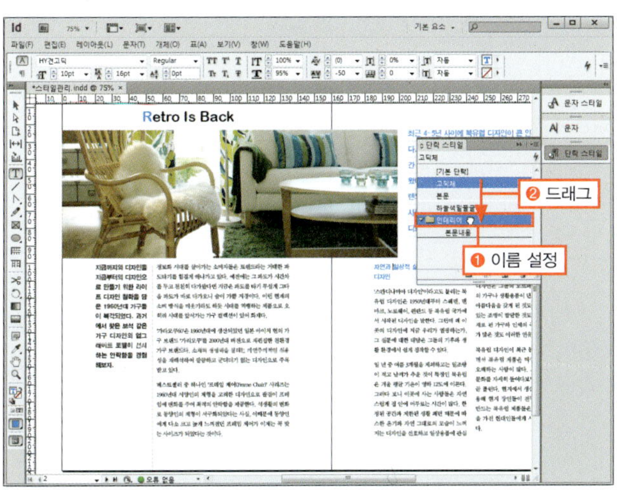

07 스타일 목록 완성하기

지금까지 등록된 단락 스타일의 옵션을 수정하는 방법과 사용하지 않는 스타일을 삭제하는 방법에 대해 알아보았습니다. 또한, 스타일 목록을 관리하는 방법에 내해 배웠습니다.

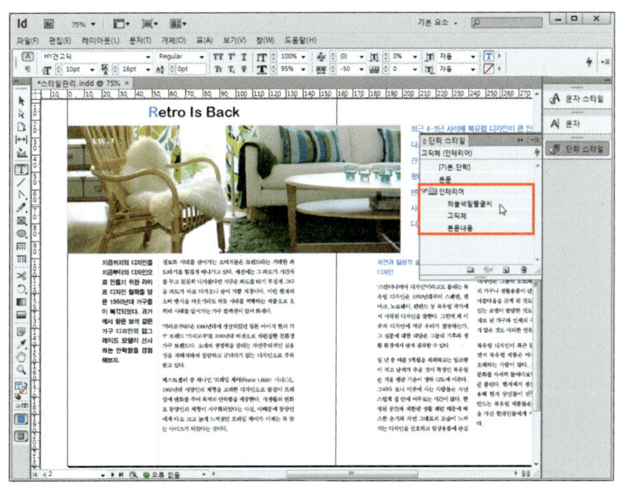

참고 • 금칙 설정하기

금칙 설정에 등록해 놓은 글자는 문단의 맨 앞줄에 있을 수 없습니다. 예를 들어 앞에 있는 줄의 내용과 연결된 ""나 '?' 등의 기호가 다음 줄의 맨 앞에 오는 경우가 생깁니다. 이 같은 경우 금칙 설정을 해 놓으면 기호가 줄의 맨 앞에 올 수 없습니다. [문자] 메뉴의 [금칙 설정]을 실행하여 금칙 내용을 등록하거나 등록된 내용을 수정할 수 있습니다.

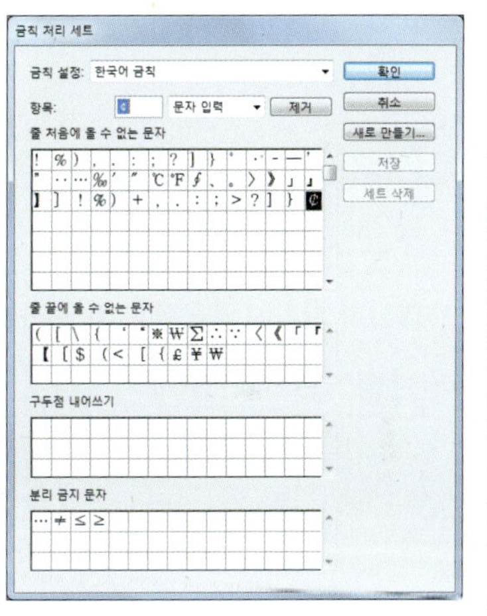

자동으로 글 앞머리에 기호 넣기

단락 앞머리에 자동으로 번호나 기호를 넣어 단락을 꾸며봅니다.

- **시작 파일** : Part06\앞머리기호.indd
- **완료 파일** : Part06\앞머리기호_완료.indd

01 현재 위치의 서식을 단락 스타일로 등록하기

예제 파일을 불러온 후 ❶두 번째 줄에 커서를 두고 ❷[단락 스타일] 패널에서 [새 스타일 만들기](   )를 클릭합니다. ❸'단락 스타일 1'이 등록되면 스타일을 변경하기 위해 스타일 이름 부분을 더블클릭합니다.

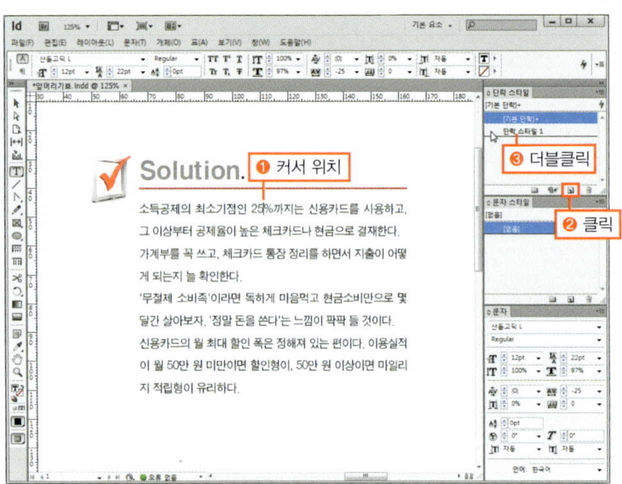

02 글머리 기호 추가하기

❶[단락 스타일 옵션] 대화상자에서 [글머리 기호 및 번호 매기기]를 클릭합니다. ❷[목록 유형]을 '글머리 기호'로 선택하고 ❸새로운 기호를 등록하기 위해 [추가]를 클릭합니다.

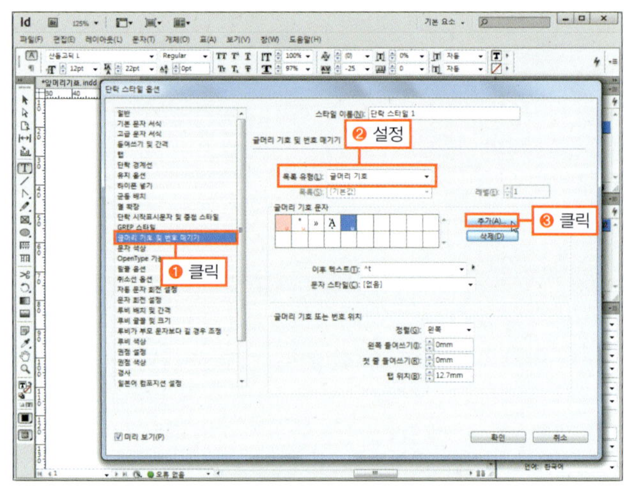

03 글머리 기호에 적용할 문자 스타일 만들기

❶[글머리 기호 추가] 대화상자에서 '■'를 선택하고 [확인]을 클릭합니다. 글머리 기호 문자 목록에 '■'가 추가되고 추가된 '■'가 선택됩니다. ❷[이후 텍스트]를 Spacebar 를 눌러 한 칸 비워 쓰기 합니다. ❸글머리 기호에 적용할 문자 스타일을 등록하기 위해 [새 문자 스타일]을 실행합니다.

> **참고** .
>
> [이후 텍스트]는 기본적으로 기호 오른쪽에 탭이 설정되도록 '^t'가 입력되어 있습니다. 탭을 원하지 않을 때 삭제하고 마침표나 빈칸 등을 입력할 수 있습니다.

> **참고** .
>
> 이때 기호에 적용할 문자 스타일을 미리 등록해 놓았을 때 새롭게 문자 스타일을 만들지 않고 목록에서 해당 문자 스타일을 선택합니다.

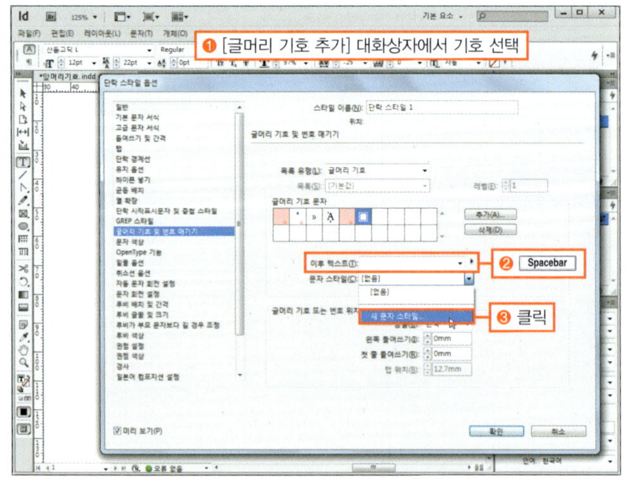

04 기호에 적용할 문자 스타일 설정하기

❶[새 문자 스타일] 대화상자에서 [기본 문자 서식]을 클릭하여 [글꼴 모음]을 'HY견고딕'으로 설정합니다. ❷[문자 색상]을 클릭한 후 ❸문자 색상을 'C=15 M=100 Y=100 K=0'으로 설정합니다. ❹[확인]을 클릭하여 문자 스타일 설정을 완료합니다.

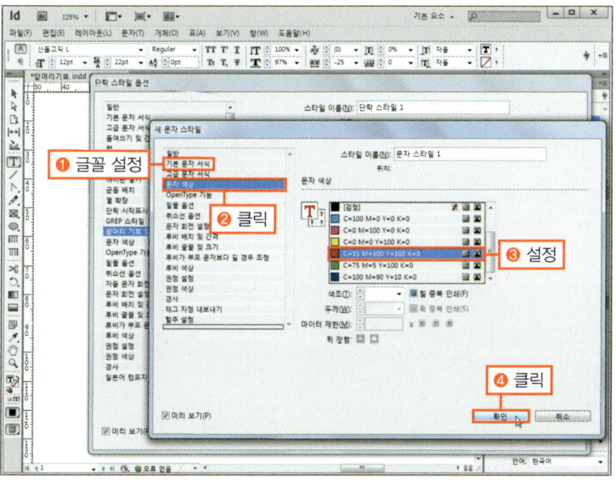

05 첫 줄 내어쓰기 설정하기

❶[글머리 기호 또는 번호 위치] 영역에서 [왼쪽 들여쓰기]를 '5mm'로 설정해 왼쪽 들여쓰기를 적용합니다. [첫 줄 들여쓰기]를 '-5mm'로 설정하고 ❷[확인]을 클릭합니다.

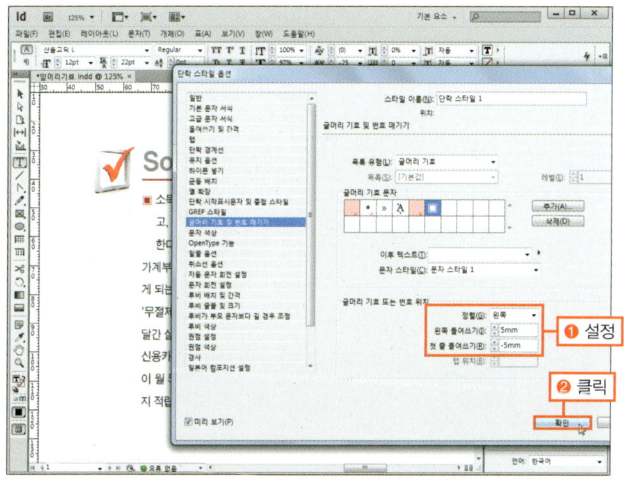

> **참고**
> 이때 [미리 보기]를 체크하고 [단락 스타일 옵션] 대화상자의 위치를 조절하여 글머리 기호와 두 번째 줄의 위치를 확인하면서 조절합니다. 글꼴이나 글자의 크기에 따라 들여쓰기 범위가 달라질 수 있습니다.

06 단락 스타일 적용하기

❶다섯 번째에 있는 세 번째 단락부터 마지막 단락까지를 드래그하여 선택하고 ❷[단락 스타일] 패널에서 '단락 스타일 1'을 적용합니다.

> **참고 ● 내어쓰기를 위해 우선 설정해야 하는 들여쓰기**
> 인디자인에서는 첫 줄의 왼쪽 들여쓰기의 수치가 '+'이면 들여쓰기가 적용되고, '−'면 내어쓰기가 적용됩니다. 내어쓰기를 적용하기 위해서는 '−' 값으로 수치를 입력해야 하며, 입력할 '−' 수치보다 왼쪽 들여쓰기 값을 크게 지정해야 그만큼 내어쓰기를 설정할 수 있습니다. 왼쪽 들여쓰기 값보다 더 큰 값을 입력할 때는 다음과 같이 경고 메시지가 표시되고, 내어쓰기는 적용되지 않습니다.

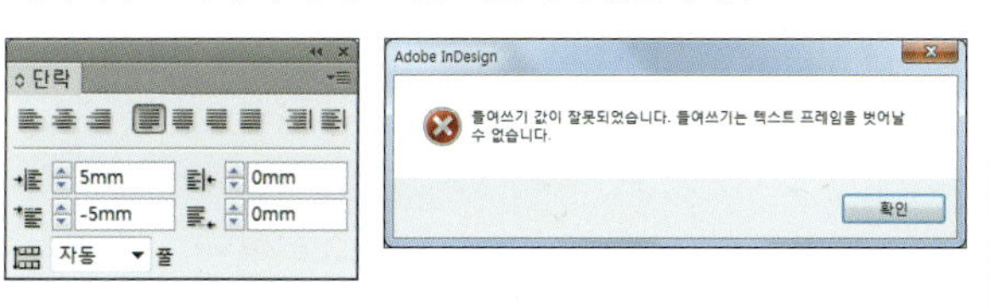

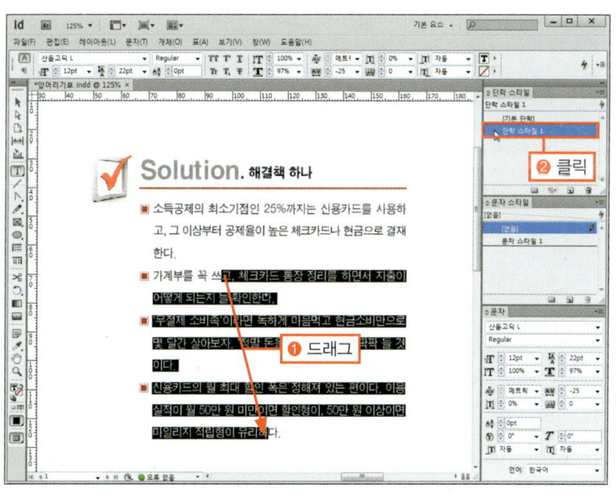

자동으로 글 앞머리에 번호 넣기

단락 스타일의 내용을 변경하여 자동으로 앞머리에 번호가 표시되도록 꾸며봅니다.

◎ **시작 파일** : Part06\앞머리번호.indd
◎ **완료 파일** : Part06\앞머리번호_완료.indd

01 글머리 번호 설정하기

❶[단락 스타일] 패널에서 글머리 기호가 설정된 '단락 스타일 1'을 더블클릭합니다. ❷[단락 스타일 옵션] 상자에서 [글머리 기호 및 번호 매기기]를 클릭합니다. ❸[목록 유형]을 '번호'로 설정하고 [형식]을 '원 모양 번호 매기기'로 설정합니다. [번호] 입력란에 '^# '를 넣어 번호 오른쪽에 빈 칸을 한 칸 추가하도록 설정한 후 ❹[확인]을 클릭합니다.

02 변경된 숫자 확인하기

단락 앞에 표시되어 있던 기호가 원 모양의 숫자로 변경된 것을 볼 수 있습니다. 이렇게 자동으로 입력된 숫자는 마우스로 클릭하거나 선택할 수 없으므로 모양을 변경하고자 할 때 [글자 스타일] 패널에서 숫자에 적용된 글자 스타일을 변경해야 합니다.

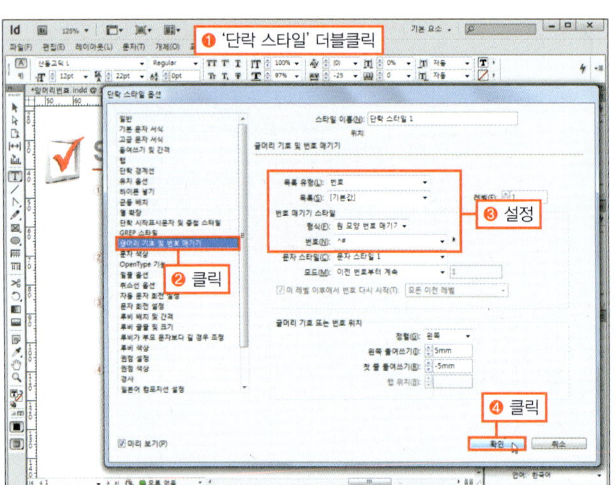

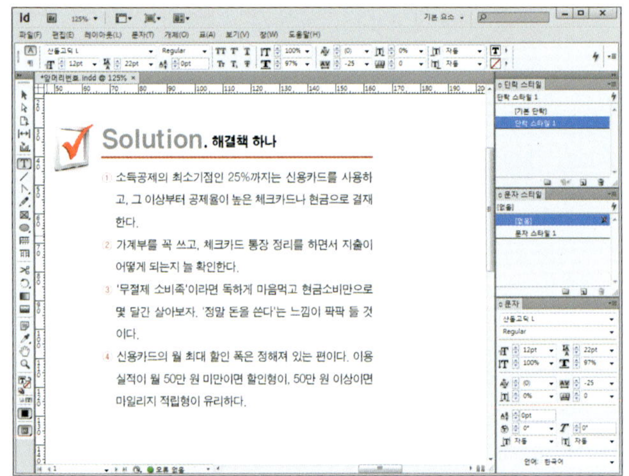

03 번호를 텍스트로 변환하기

❶번호가 입력된 단락 중 '①'이 입력된 단락에 커서를 위치시킵니다. ❷[문자] 메뉴의 ❸[글머리 기호 및 번호 매기기 목록]-❹[번호 매기기을(를) 텍스트로 변환]을 실행합니다.

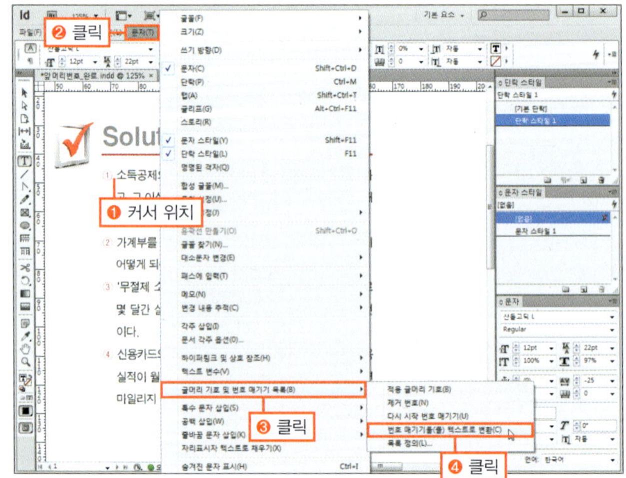

현재 커서가 위치한 단락의 앞번호는 텍스트로 변경되어 글꼴 색을 다른 색으로 변경하거나 삭제할 수 있습니다. 다만, 번호를 텍스트로 변환하면 자동으로 번호가 바뀌지는 않습니다. 이후에 있는 단락에는 다시 '①'로 시작하도록 번호가 자동 변경됩니다.

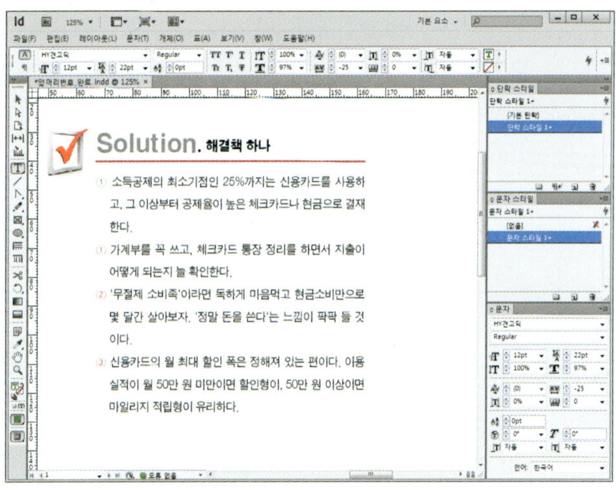

실습 과정

영역별로 다른 모양의 중첩 스타일 설정하기

줄과 특정 문자를 기준으로 각각 다른 문자 스타일을 적용할 수 있는 중첩 스타일 설정 방법에 대해 알아봅니다.

◉ **시작 파일** : Part06\중첩스타일.indd
◉ **완료 파일** : Part06\중첩스타일_완료.indd

01 중첩 스타일에 사용할 문자 스타일 등록하기

중첩 스타일에 사용할 문자 스타일을 우선 등록해 놓는 것이 편리합니다. 여기서는 단락의 맨 앞에 번호를 '번호' 스타일, 그 다음 강조할 내용은 '붉은색 제목', 나머지 본문 내용은 '본문' 스타일로 문자 스타일을 각각 등록해 놓았습니다.

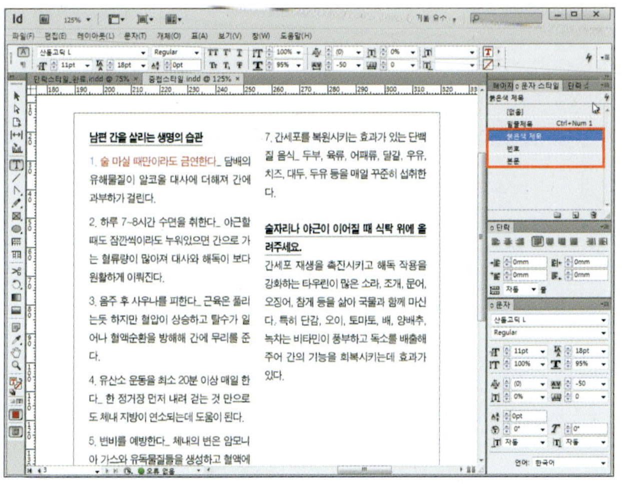

02 스타일 복제하기

❶[단락 스타일] 패널로 이동하여 등록된 ❷[본문] 스타일을 [새 스타일 만들기]( )로 클릭하여 복제합니다. 또는 마우스 오른쪽 버튼을 클릭하여 [스타일 복제]를 실행합니다. 스타일이 복제되면 ❸예제 문서의 세 번째 단락에 커서를 위치시킵니다.

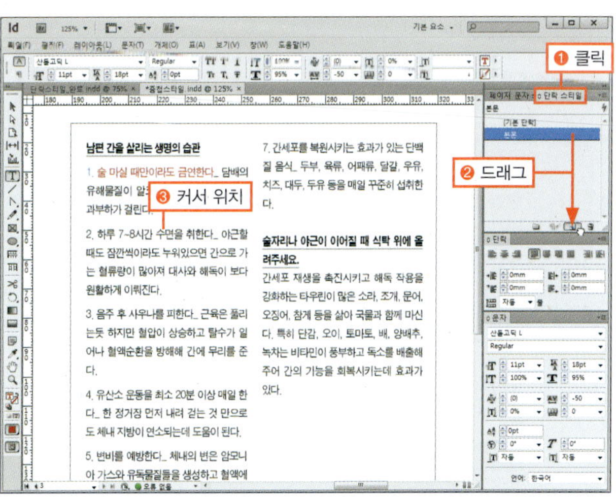

❶복제한 스타일을 더블클릭하여 [단락 스타일 옵션] 대화 상자를 불러옵니다. ❷[스타일 이름]을 '본문 중첩'으로 입력하고 ❸[단락 시작표시문자 및 중첩 스타일]을 클릭합니다. ❹[단락 시작표시문자] 영역에서 [줄 수]는 '1', [문자 수]는 '2'로 입력하고 ❺적용할 [문자 스타일]을 '번호'로 설정한 후 ❻[새 중첩 스타일]을 클릭합니다.

❶[중첩 스타일] 목록에 새로운 스타일이 추가되면 적용할 문자 스타일을 '붉은색 제목'으로 설정합니다. ❷'문자'로 입력된 부분을 삭제하고 '_'를 입력합니다. ❸적용 범위를 '앞까지'로 설정한 후 ❹[확인]을 클릭합니다.

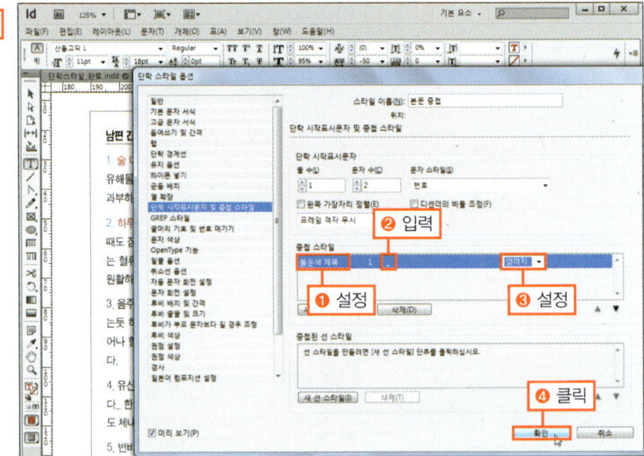

> **참고**
>
> 이때 [미리 보기]를 체크한 상태에서 중첩 스타일을 설정하면 단락에 적용된 모습을 곧바로 확인할 수 있어 편리합니다. 또한, 불필요한 중첩 스타일이 있는 경우, 선택한 후 [삭제]를 클릭하여 목록에서 삭제할 수 있습니다.

05 중첩 스타일 적용하기

❶중첩 스타일이 완성되면 다음과 같이 3~7까지의 내용을 드래그하여 블록으로 지정한 후 ❷[단락 스타일] 패널에서 '본문 중첩' 스타일을 적용합니다.

06 문단 스타일 완성하기

선택을 해제하면 다음과 같이 단락을 시작하는 두 글자와 '_' 이전까지의 내용, 나머지 내용에 각각 다른 문자 스타일이 적용된 것을 볼 수 있습니다. 이와 같은 방법을 활용하여 일률적인 형식을 갖춘 문단에 빠르게 스타일을 적용할 수 있습니다.

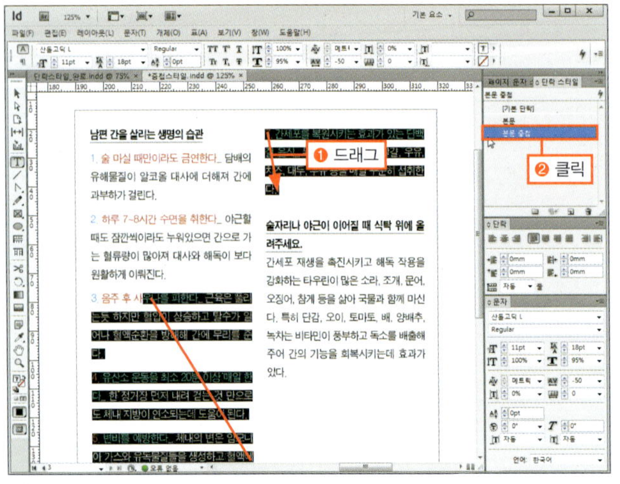

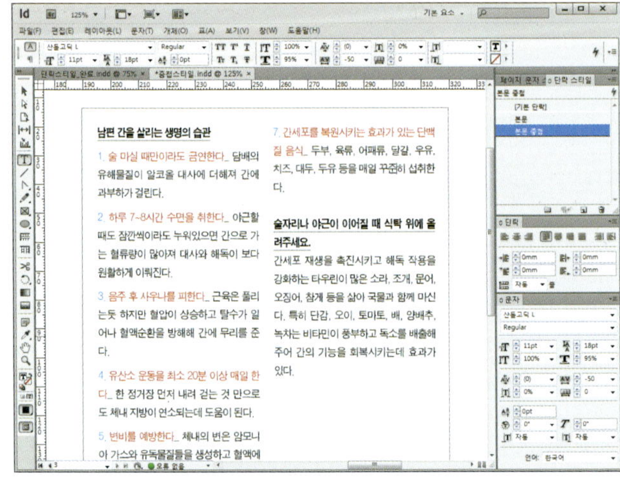

07 중첩 스타일에 적용한 문자 스타일 변경하기

❶ [문자 스타일] 패널에서 '붉은색 제목' 스타일을 더블클릭하여 [문자 스타일 옵션] 대화상자를 불러옵니다. ❷ [문자 색상]을 선택하여 ❸ 'C=100 M=0 Y=0 K=0'으로 설정하고 ❹ [확인]을 클릭합니다. 중첩 스타일이 적용된 단락의 붉은색 글자가 파란색으로 모두 변경된 것을 볼 수 있습니다.

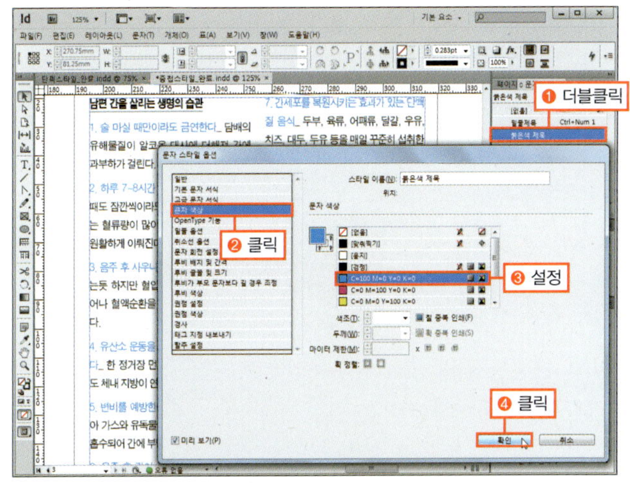

참고 ● 중첩 스타일 기준 설정하기

중첩 스타일을 설정할 때 해당 문자 스타일을 적용할 기준 위치를 다양하게 설정할 수 있습니다. 문자, 글자, 숫자, 단어, 문장, 탭 문자, 강제 줄 바꿈, 공백 등을 다양하게 설정하여 문자 스타일을 적용할 대상 영역을 설정할 수 있습니다.

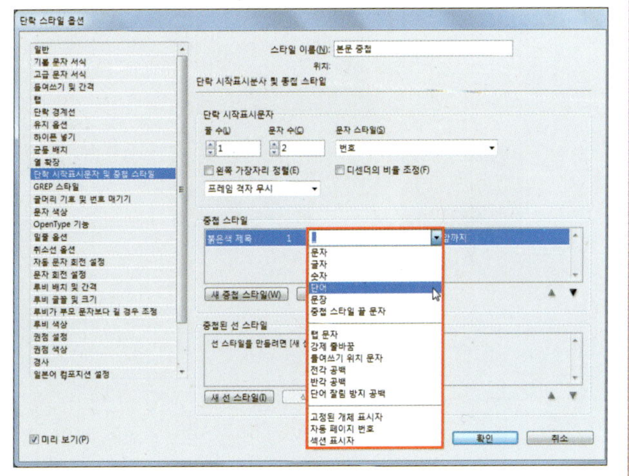

참고 ● 여러 개의 텍스트 프레임에 문자/단락 스타일 적용하기

문자 스타일이나 단락 스타일을 여러 개의 프레임에 동시에 적용할 수 있습니다. 스타일을 적용할 텍스트 프레임을 Shift 를 누른 채 클릭하여 모두 선택합니다. 글자 스타일이나 단락 스타일 패널에서 적용할 스타일을 클릭하면 선택한 모든 프레임에 해당 스타일이 적용된 것을 볼 수 있습니다.

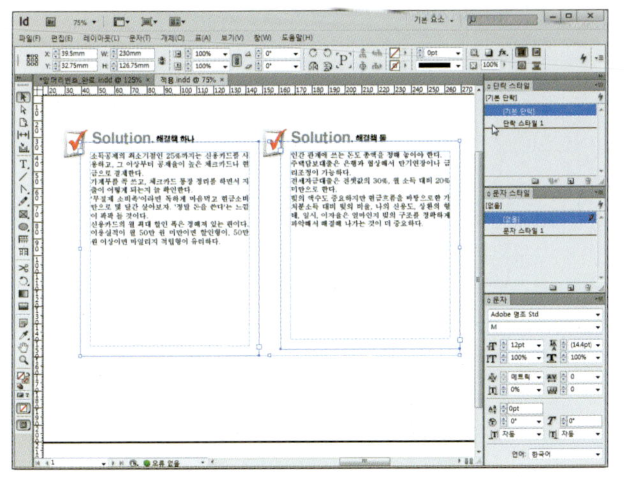

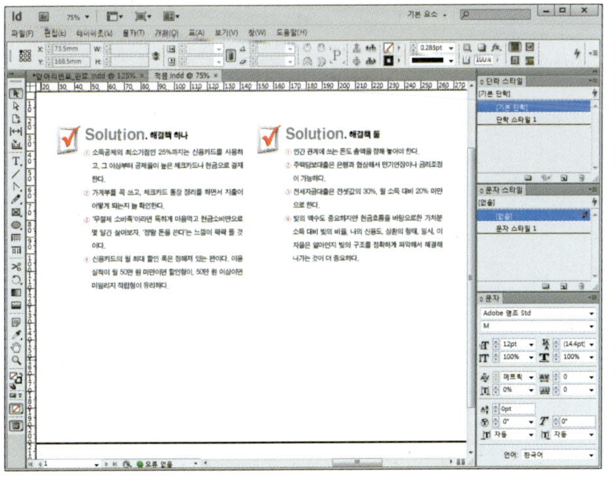

실습
과정

[다음 스타일] 기능을 활용하여 여러 개의 스타일 한번에 적용하기

단락 스타일의 [다음 스타일] 기능을 활용하여 텍스트 프레임 안에 여러 개의 단락 스타일을 한번에 적용해 봅니다.

◉ **시작 파일** : Part06\다음스타일.indd
◉ **완료 파일** : Part06\다음스타일_완료.indd

01 각각의 단락 스타일 설정하기

예제 파일에 등록된 단락 스타일 세 가지를 확인합니다. 예제에서는 '시리즈', '세부설명', '가격'의 세 가지 단락 스타일이 설정된 상태입니다. ❶[단락 스타일] 패널에서 '시리즈' 스타일을 더블클릭합니다.

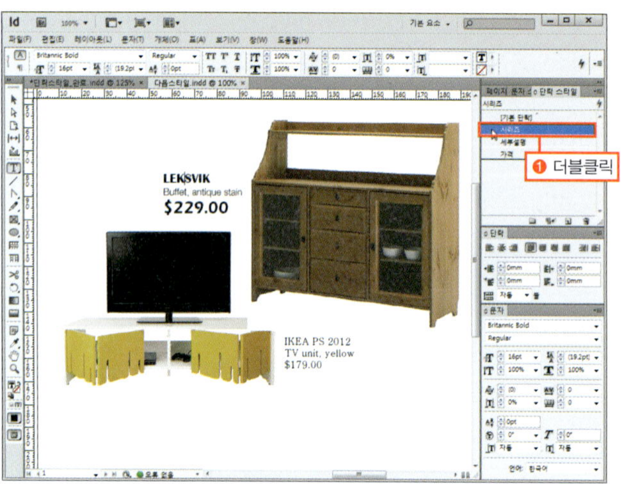

02 다음 스타일 지정하기

❶[단락 스타일 옵션] 대화상자의 [일반] 영역에서 [다음 스타일]을 '세부설명' 스타일로 선택하고 ❷[확인]을 클릭합니다.

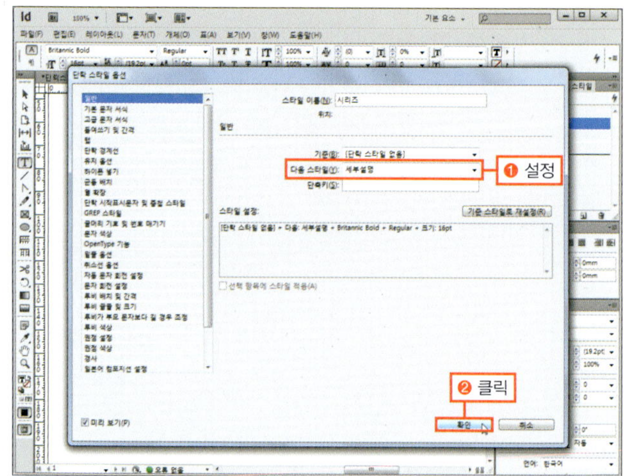

03 두 번째 단락의 다음 스타일 설정하기

❶이번에는 두 번째 줄에 적용된 '세부설명' 단락 스타일을 더블클릭하여 옵션 상자를 불러옵니다. ❷[다음 스타일]을 '가격'으로 선택하고 ❸[확인]을 클릭합니다.

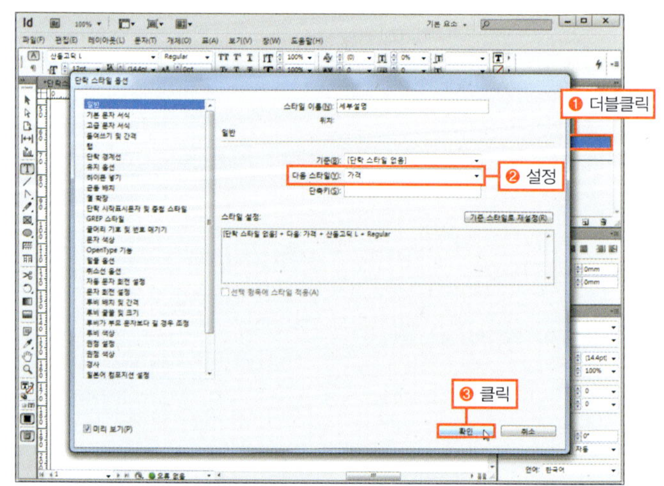

❶단락 스타일을 적용할 텍스트 프레임을 클릭하여 선택합니다. ❷[단락 스타일] 패널에서 '시리즈' 스타일을 마우스 오른쪽 버튼으로 클릭하여 ❸['시리즈' 적용 후 다음 스타일]을 클릭합니다.

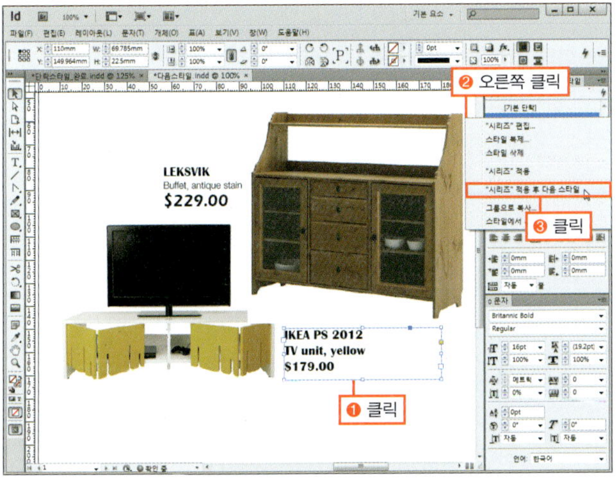

선택을 해제하면 한번에 모든 스타일이 순서대로 적용된 것을 확인할 수 있습니다. 이와 같은 간략한 단락 스타일을 변경하면 적용된 스타일은 자동으로 변경됩니다.

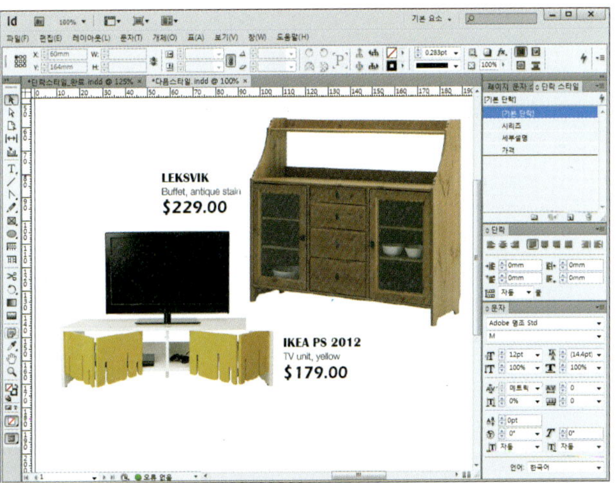

참고

하나의 그룹으로 묶여 있는 스타일들은 그룹 채 복제하거나 삭제할 수도 있습니다.

확인실습

예제 문서를 불러온 후 번호가 매겨진 단락 모양을 '번호설명'이란 이름의 단락 스타일로 등록해 보세요. 그런 다음 등록한 단락 스타일을 맨 마지막 단락에 적용해 보세요.

◎ **시작 파일** : Part06\확인실습1.indd
◎ **완료 파일** : Part06\확인실습1_완료.indd

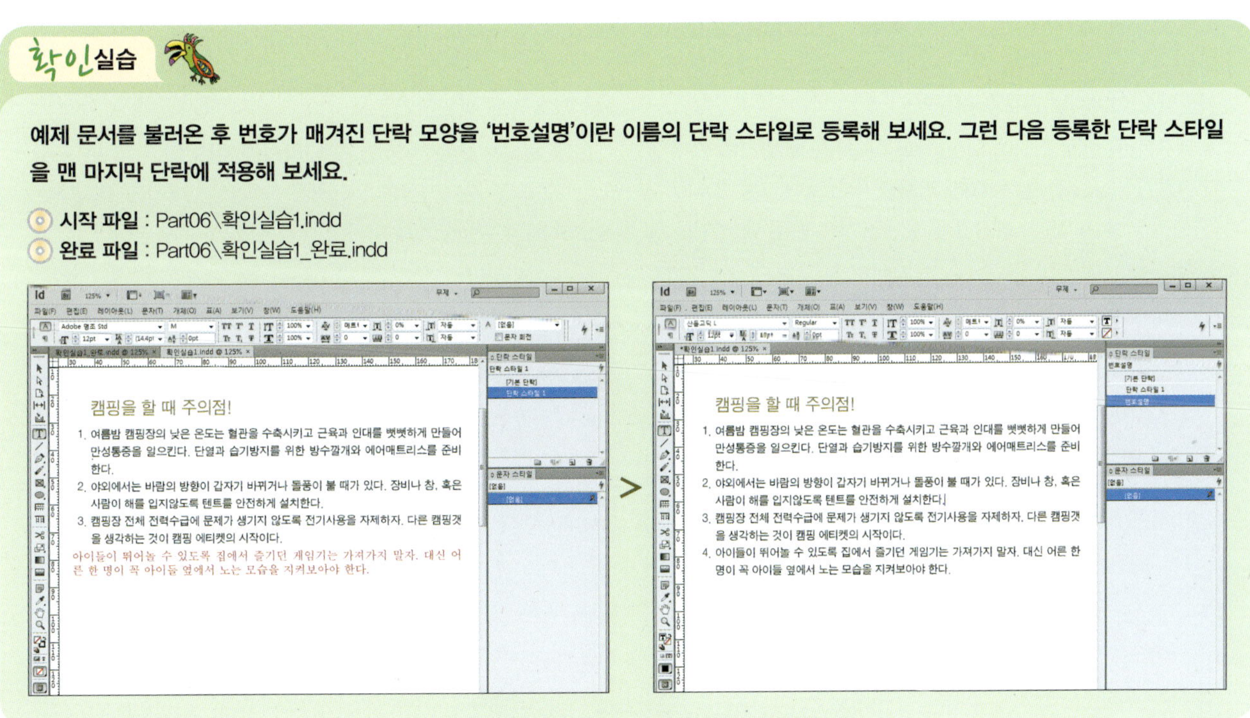

다시 시작 번호 매기기

자동으로 단락 앞머리에 번호가 입력된 경우 새로운 번호로 변경할 수 있습니다. 커서 위치부터 번호가 새롭게 시작하도록 변경해 봅니다.

◎ **시작 파일** : Part06\앞머리기호_완료.indd

① [다시 시작 번호 매기기] 명령 실행하기

새롭게 번호를 시작할 부분에 커서를 위치시킵니다. ①여기서는 '②'로 시작하는 세 번째 단락에 커서를 두고 ②[문자] 메뉴의 ③[글머리 기호 및 번호 매기기 목록]–④[다시 시작 번호 매기기]를 실행합니다.

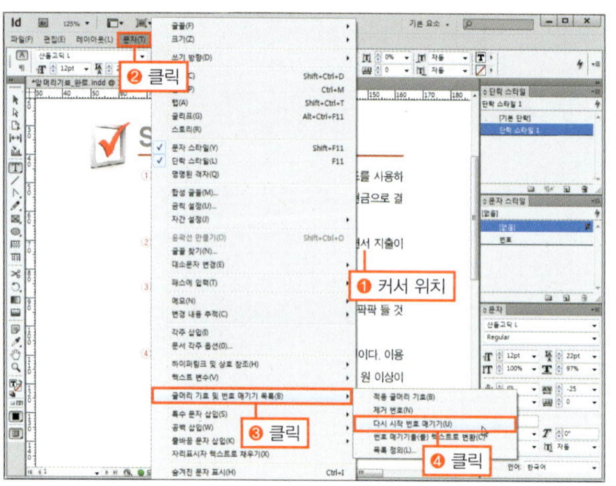

② 번호 변경확인하기

커서가 위치한 단락부터 다시 앞머리 번호가 시작되고 이후 단락의 앞머리 기호도 자동으로 변경된 것을 볼 수 있습니다. 이처럼 원하는 부분에서부터 새로운 번호로 앞머리 번호를 변경할 수 있습니다.

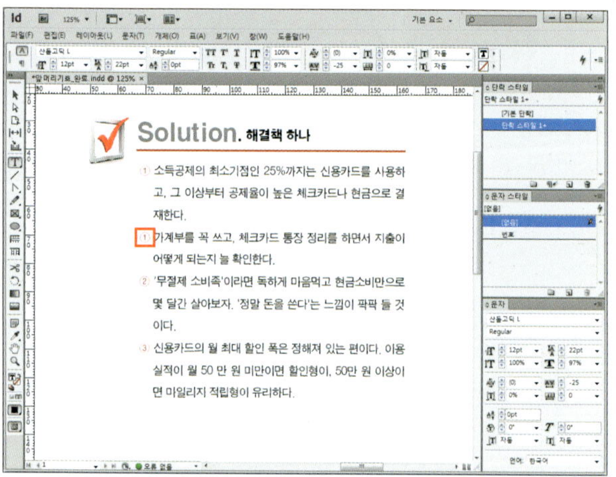

③ 다시 이어지는 번호로 바꾸기

새로 지정된 번호를 다시 앞 단락과 이어지도록 변경해 봅니다. ①번호가 새로 시작된 단락에 커서를 두고 ②[문자] 메뉴의 ③[글머리 기호 및 번호 매기기 목록]–④[계속 번호 매기기]를 실행합니다.

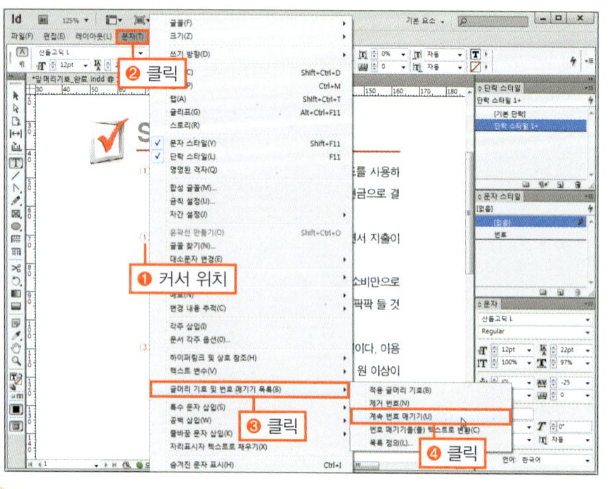

④ 번호 적용 확인하기

새롭게 시작된 번호가 다시 앞 단락의 번호에 이어 '②'로 표시되는 것을 볼 수 있습니다. 이처럼 단락의 앞머리에 표시하는 번호의 시작 위치를 설정하거나 다시 취소할 수 있습니다.

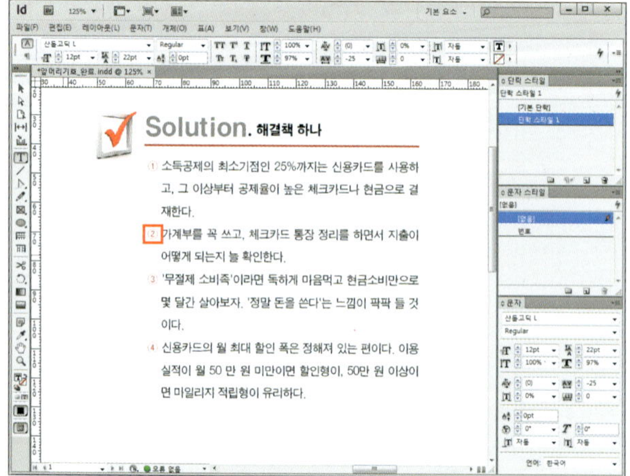

간단하게 내어쓰기 설정하기

인디자인에서는 단축키를 이용하여 손쉽게 첫 줄 내어쓰기를 설정할 수 있습니다. 내어쓰기를 설정하거나 설정한 내어쓰기를 취소하는 방법에 대해 알아봅니다.

◎ **시작 파일** : Part06\앞머리기호_완료.indd

1 단축키로 내어쓰기 설정하기

❶내어쓰기를 설정할 단락에 커서를 위치합니다. ❷키보드에서 단축키 Ctrl + W 를 누릅니다.

2 숨겨진 문자 표시하기

커서 위치를 기준으로 두 번째 줄부터 나머지 내용이 모두 커서 위치에 맞춰 정렬됩니다. 이로써 첫 줄 내어쓰기가 적용된 모습입니다. 이렇게 적용된 첫 줄 내어쓰기를 취소하기 위해서는 ❶[문자] 메뉴의 ❷[숨겨진 문자 표시]를 실행합니다.

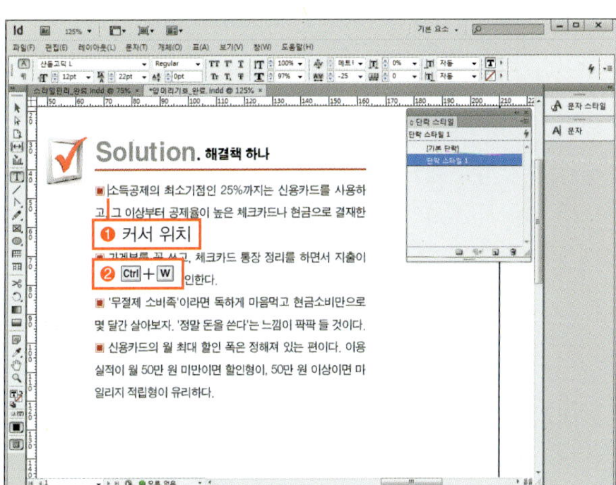

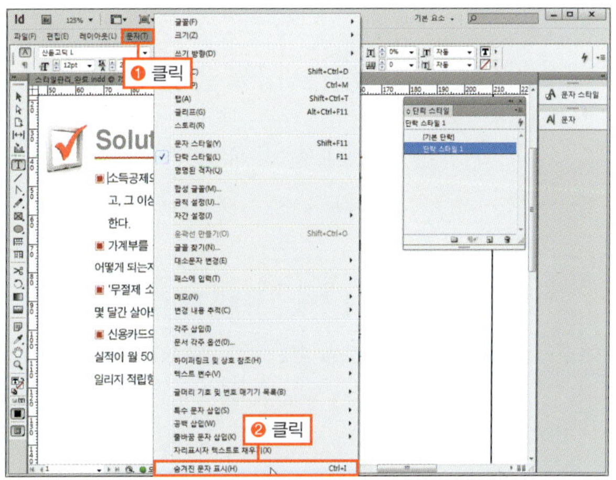

3 내어쓰기 기호 삭제하기

다음과 같이 숨겨진 내어쓰기, 띄어쓰기, 단락 구분 위치 등이 기호로 표시됩니다. ❶'소' 글자 앞에 위치한 기호를 Delete 를 눌러 삭제합니다.

4 취소된 첫 줄 내어쓰기 확인하기

단축키로 설정한 내어쓰기가 취소되고 원래의 단락 형태로 되돌아온 것을 볼 수 있습니다. 이처럼 원하는 위치에서 단축키로 손쉽게 첫 줄 내어쓰기를 적용하거나 취소할 수 있습니다.

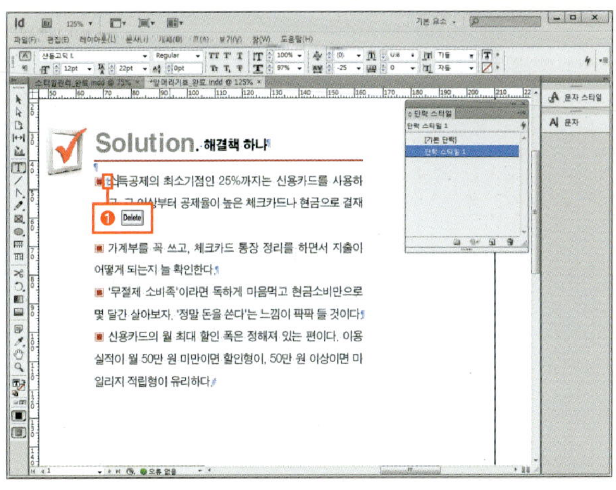

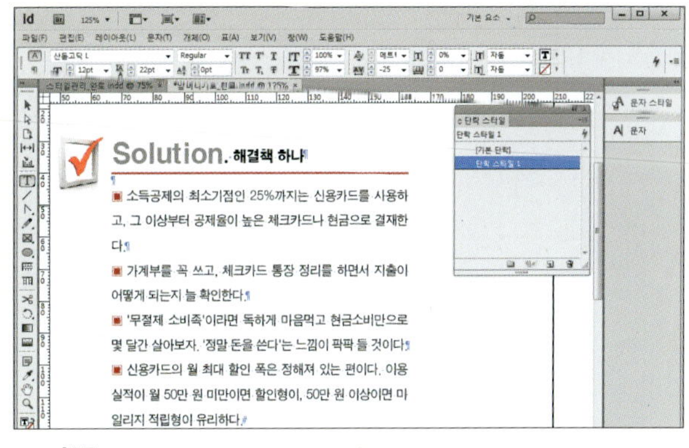

참고

단축키로 설정한 첫 줄 내어쓰기는 [단락 스타일 옵션] 대화상자에서는 설정 내용을 확인할 수 없습니다.

개체 스타일 만들고 활용하기

인디자인에서 문서를 디자인할 때 텍스트는 의미 전달에서 매우 중요한 역할을 합니다. 텍스트의 가독성을 높이기 위해서는 텍스트의 크기와 글꼴, 줄 간격 등을 보기 좋게 설정해야 하며, 설정해 놓은 서식을 스타일로 등록해 놓으면 다른 위치의 텍스트에 동일한 스타일을 손쉽게 적용할 수 있습니다. 여기서는 텍스트와 단락에 스타일을 적용하고 활용하는 방법에 대해 알아봅니다.

다루는 내용

- 개체 스타일 만들기
- 개체 스타일 적용하기
- 개체 스타일 편집하기

기능 정리

개체 스타일 만들기

[개체 스타일] 패널에서 개체 스타일을 새로 등록하거나 등록해 놓은 스타일을 관리할 수 있습니다.

● [개체 스타일] 패널 살펴보기

[개체 스타일] 패널에서는 새로운 개체 스타일을 추가하거나 복제, 삭제할 수 있으며, 스타일 목록의 순서를 변경할 수 있습니다. 또한, 스타일을 그룹으로 묶어 많은 종류의 스타일을 좀더 편리하게 관리할 수 있습니다. [개체 스타일] 패널의 팝업 메뉴 아이콘을 클릭하면 추가 메뉴를 확인할 수 있으며, 해당 스타일의 옵션이나 재정의 여부 등을 설정할 수 있습니다.

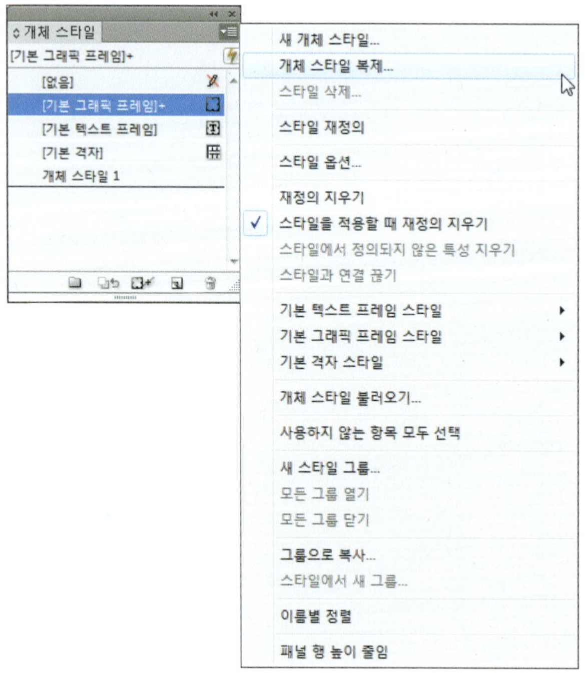

● **기본 프레임 모양 설정하기**

[개체 스타일] 패널에서는 새롭게 만드는 그래픽 프레임과 텍스트 프레임에 적용할 모양을 사용자가 설정할 수 있습니다. [개체 스타일] 패널에 기본적으로 등록된 기본 스타일 옆에 있는 ⊞, ⊡, ⊡의 위치를 원하는 스타일로 옮겨 기본 스타일을 설정할 수 있습니다.

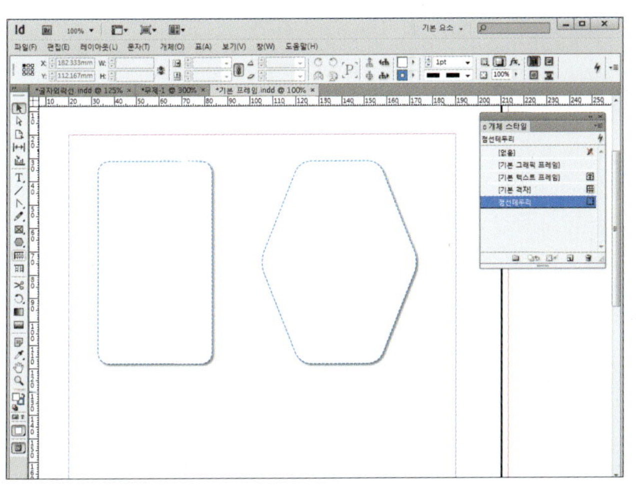

● **개체 스타일 설정하고 적용하기**

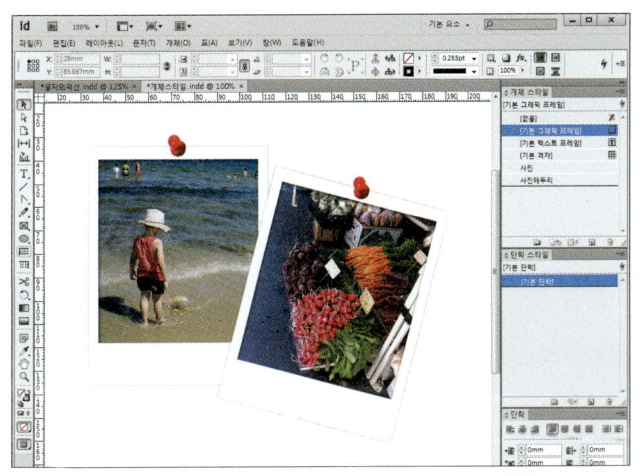

문서에 입력한 개체에 그림자나 광선, 페더 효과를 적용한 상태에서 개체 스타일을 등록할 수 있습니다. 또한, 효과 외에도 테두리나 채우기 색상 등을 설정한 상태로 개체 스타일을 등록하면 다른 개체에 손쉽게 동일한 스타일을 적용할 수 있습니다.

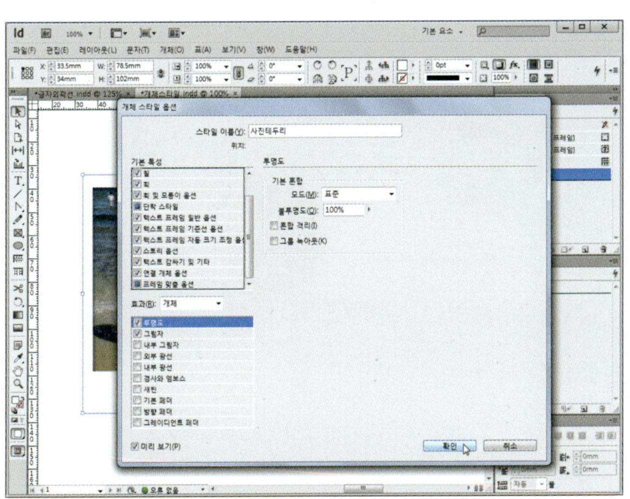

[개체 스타일] 패널에 등록된 스타일을 더블클릭하여 [개체 스타일 옵션] 대화상자를 열 수 있으며, 스타일의 이름이나 기본 특성, 효과 적용 대상과 적용할 효과 등을 설정할 수 있습니다.

● **개체 스타일과 단락 스타일 함께 적용하기**

개체 스타일을 만들고 [개체 스타일 옵션] 상자에서 [단락 스타일]을 체크하면 개체 안에 입력된 텍스트에 손쉽게 단락 스타일을 적용할 수 있습니다.

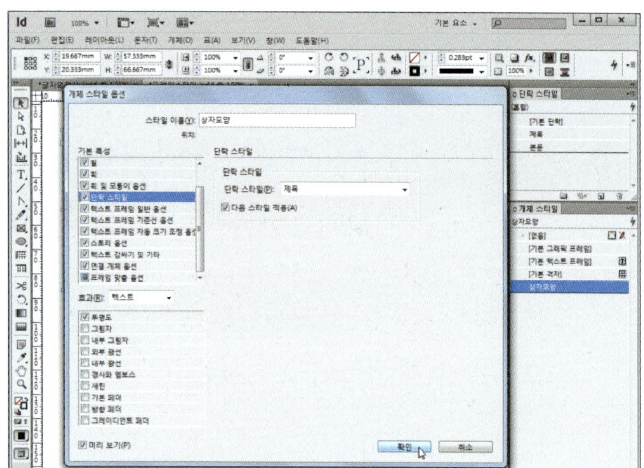
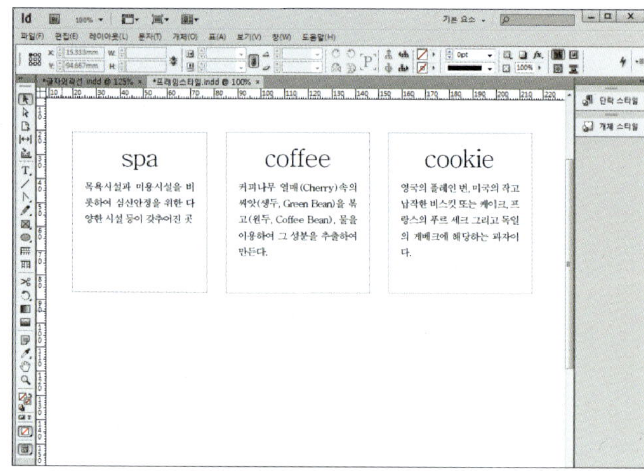

간단 퀴즈

1 개체에 적용한 모양이나 효과를 저장해 두고 다른 개체에 손쉽게 적용할 수 있는 기능은 무엇일까요? (　　　　　)

2 개체 스타일 옵션을 설정할 때 (　　　　　)을 체크하면 개체 안에 입력되어 있는 텍스트에 단락 스타일도 함께 적용할 수 있습니다.

답 : **1** 개체 스타일, **2** 단락 스타일

실습 과정

현재 개체 모양을 스타일로 등록하여 활용하기

현재 개체에 설정된 모양을 스타일로 등록하고 다른 오브젝트에 적용해 봅니다.

◎ **시작 파일** : Part06\감싸기스타일.indd
◎ **완료 파일** : Part06\감싸기스타일_완료.indd

01 텍스트 감싸기 설정하기

❶[창] 메뉴의 [텍스트 감싸기]를 실행하여 [텍스트 감싸기] 패널을 불러옵니다. ❷다음과 같이 예제 문서의 왼쪽 이미지를 클릭하여 선택하고 ❸[텍스트 감싸기] 패널에서 [개체 모양 감싸기]를 클릭합니다. ❹감싸기 수치를 '3mm'로 설정합니다.

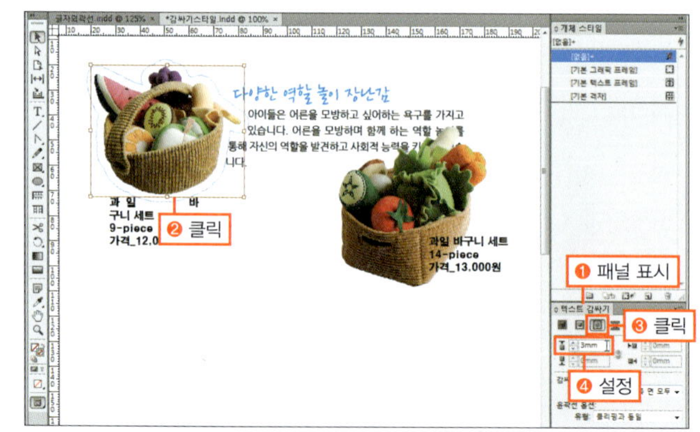

02 현재 개체 스타일을 스타일 목록에 등록하기

선택한 이미지에 텍스트 감싸기가 설정되면서 옆에 배치한 텍스트 프레임 안에 입력한 텍스트가 다음과 같이 배치됩니다. ❶텍스트 감싸기가 설정된 이미지를 선택하고 ❷ [개체 스타일] 패널에서 [새 스타일 만들기]( )를 클릭합니다.

03 개체 스타일 이름 변경하기

❶새로운 스타일인 '개체 스타일 1'이 등록되면 이름을 더블클릭합니다. ❷[개체 스타일 옵션] 대화상자에서 [스타일 이름]을 '텍스트감싸기3'으로 설정하고 ❸[확인]을 클릭합니다.

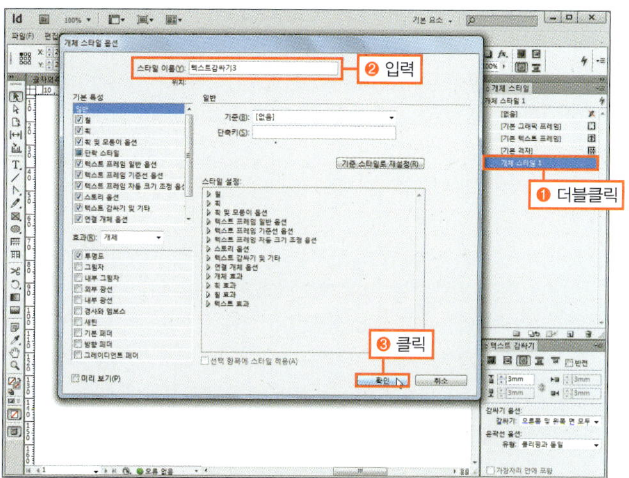

04 개체 스타일 적용하기

❶오른쪽에 있는 이미지를 클릭하여 선택합니다. ❷[개체 스타일] 패널에서 '텍스트감싸기3' 스타일을 클릭하여 선택한 이미지에 적용합니다.

05 '텍스트 감싸기 무시' 설정하기

텍스트 감싸기가 적용된 ❶두 개의 프레임을 Shift 를 누른 채 클릭하여 함께 선택합니다. ❷마우스 오른쪽 버튼을 클릭하여 [텍스트 프레임 옵션]을 실행합니다. ❸[텍스트 프레임 옵션] 대화상자에서 '텍스트 감싸기 무시'를 체크하고 ❹[확인]을 클릭합니다.

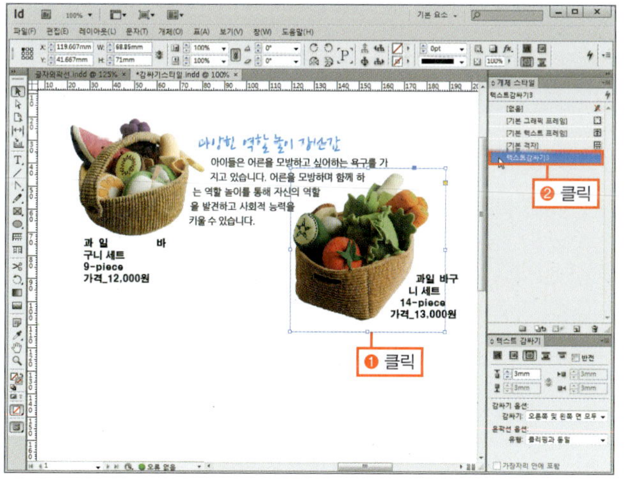

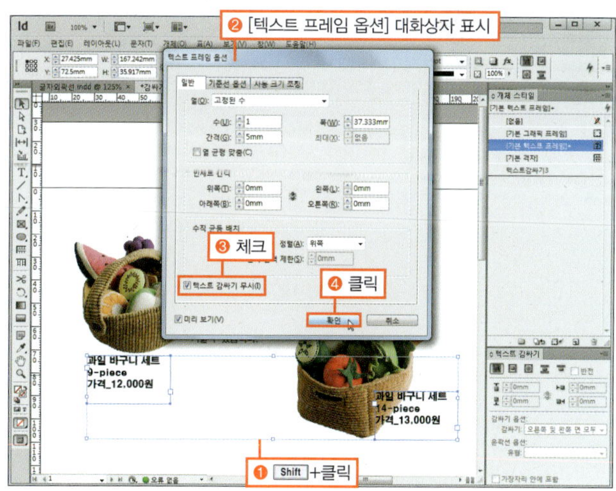

선택을 해제하면 텍스트 감싸기가 무시되어 이미지의 위치와 상관없이 다음과 같이 표시됩니다. 텍스트 감싸기는 이미지와 텍스트의 배치와는 상관없이 무조건 영향을 받기 때문에 텍스트 감싸기를 설정하지 않으려면 '텍스트 감싸기 무시'를 설정해 주는 것이 좋습니다.

참고 ● 개체 스타일에서 특정 옵션 제외하고 적용하기

개체 스타일에서는 스타일로 등록할 수 있는 옵션을 사용자가 선택할 수 있습니다. [개체 스타일 옵션] 대화상자의 [기본 특성] 목록에서 체크를 해제하면 특정 옵션을 제외한 나머지 모양만 스타일로 등록됩니다. 이와 같이 스타일 옵션에서 제외된 특성은 다른 개체에 스타일을 적용했을 때 적용되지 않습니다. 예를 들어 다음 예제의 경우 개체 스타일에서 [텍스트 감싸기 및 기타] 기능의 체크를 해제합니다. 문서의 개체에 [텍스트감싸기 3] 스타일을 적용해도 텍스트 감싸기가 적용되지 않는 것을 볼 수 있습니다.

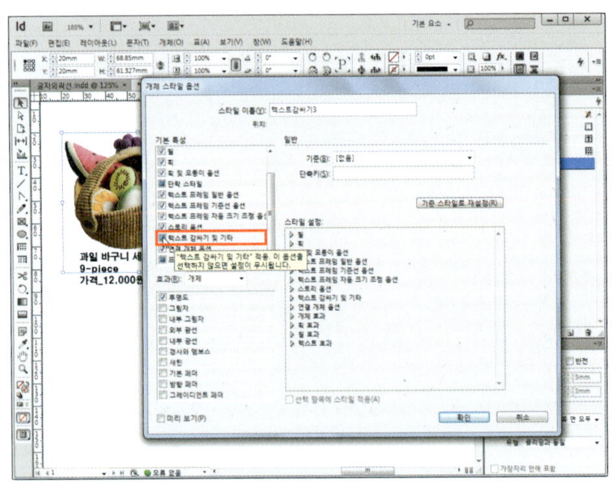

단락 스타일도 함께 적용할 수 있는 개체 스타일 활용하기

개체 스타일을 이용하여 프레임의 모양과 안에 입력된 단락·스타일도 함께 적용해 봅니다.

◎ **시작 파일** : Part06\프레임스타일.indd
◎ **완료 파일** : Part06\프레임스타일_완료.indd

01 텍스트 프레임 안의 단락 스타일과 다음 스타일 설정하기

예제 문서를 불러오면 텍스트 프레임 안에 두 단락이 입력되어 있고, 첫 단락에는 '제목' 스타일이, 두 번째 단락에는 '본문' 단락 스타일이 각각 설정되어 있습니다. ❶[단락 스타일] 패널에서 '제목' 스타일을 더블클릭하여 ❷[다음 스타일]을 '본문'으로 설정합니다.

02 텍스트 프레임 옵션 설정하기

텍스트 프레임 안의 내용에 각각 단락 스타일을 설정합니다. ❶텍스트 프레임을 마우스 오른쪽 버튼으로 클릭하여 [텍스트 프레임 옵션]을 실행합니다. ❷[텍스트 프레임 옵션] 대화상자에서 [인센트 간격]을 모두 '5mm'로 설정하고 ❸[확인]을 클릭합니다.

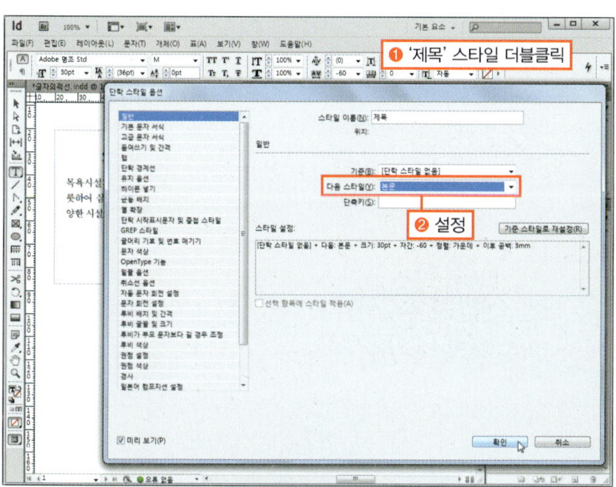

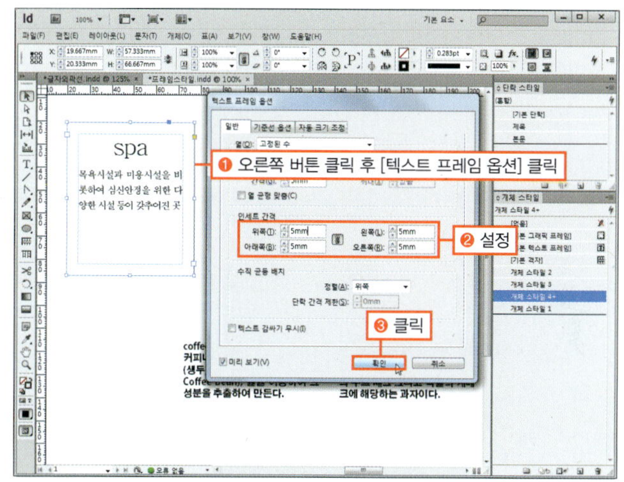

03 새로운 개체 스타일 추가하기

❶텍스트 프레임의 테두리를 '0.283pt'의 검은색 실선으로 설정한 후 ❷[개체 스타일] 패널에서 [새 스타일 추가하기]( )를 클릭하여 현재 개체 모양을 스타일로 등록합니다.

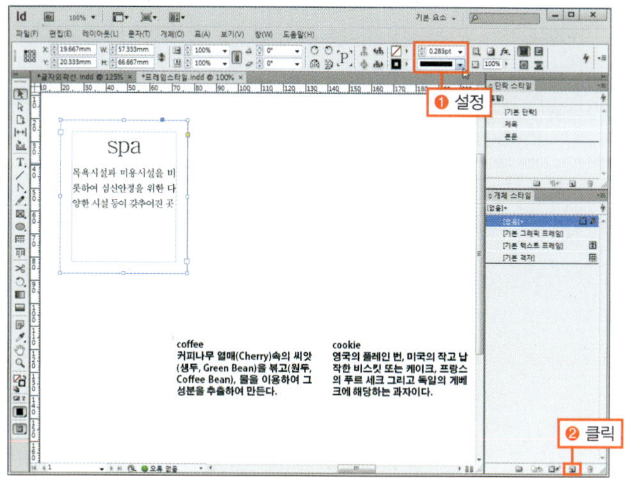

04 다음 스타일 적용시키기

❶새롭게 추가된 '상자모양' 스타일을 더블클릭합니다. ❷
[개체 스타일 옵션] 대화상자에서 [단락 스타일]의 체크
박스를 클릭하여 표시합니다. ❸[단락 스타일]을 설정하여
❹[다음 스타일 적용]을 체크하고 ❺[확인]을 클릭합니다.

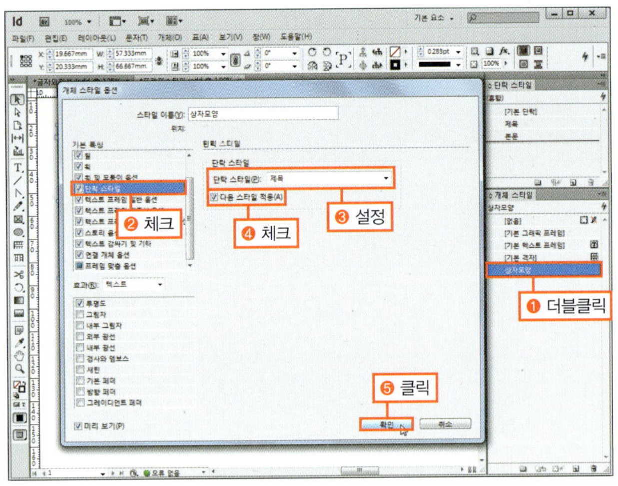

05 두 개의 텍스트 프레임에 개체 스타일 적용하기

❶아래에 있는 두 개의 텍스트 프레임을 드래그하여 다음
과 같이 나란히 위치시킨 후 크기를 조절합니다. ❷두 개의
텍스트 프레임을 선택한 상태에서 ❸[개체 스타일] 패널에
서 '상자모양' 스타일을 클릭하여 적용합니다.

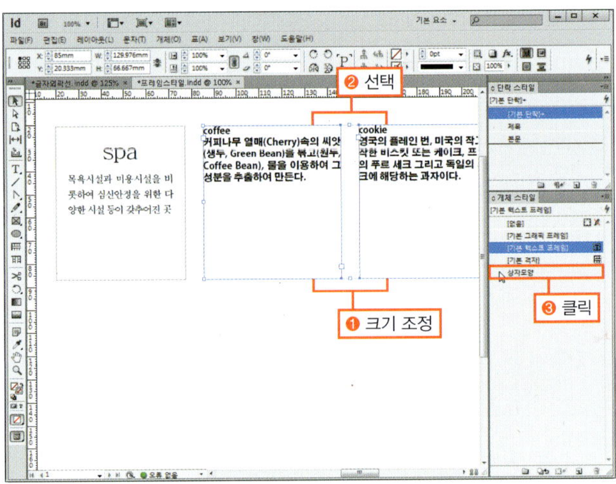

06 적용된 모습 확인하기

'상자모양' 단락 스타일이 적용되면 텍스트 프레임의 테두
리와 인센트 간격이 동일하게 적용됩니다. 또한, 안에 입력
한 단락에 '제목' 스타일과 '본문' 스타일이 차례대로 적용
됩니다.

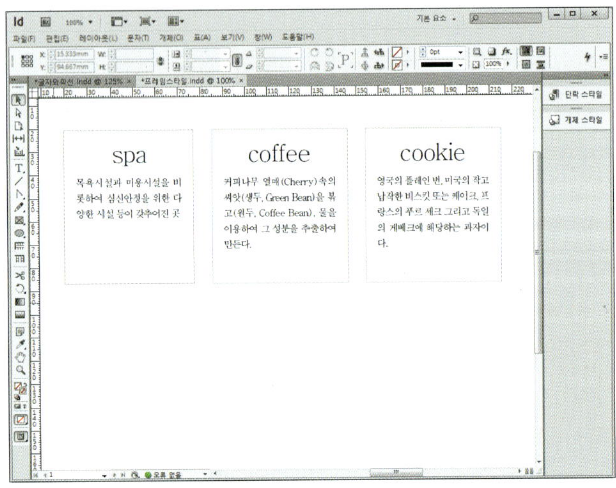

07 단락 스타일은 적용되지 않도록 개체 스타일 옵션 변경하기

이번에는 텍스트 프레임의 개체 스타일에서 단락 스타일
이 적용되지 않도록 설정을 변경해 보겠습니다. ❶개체 스
타일을 변경하기 위해 '상자모양' 스타일을 더블클릭합니
다. ❷[개체 스타일 옵션] 상자에서 [단락 스타일]의 체크
를 해제하고 ❸[확인]을 클릭합니다.

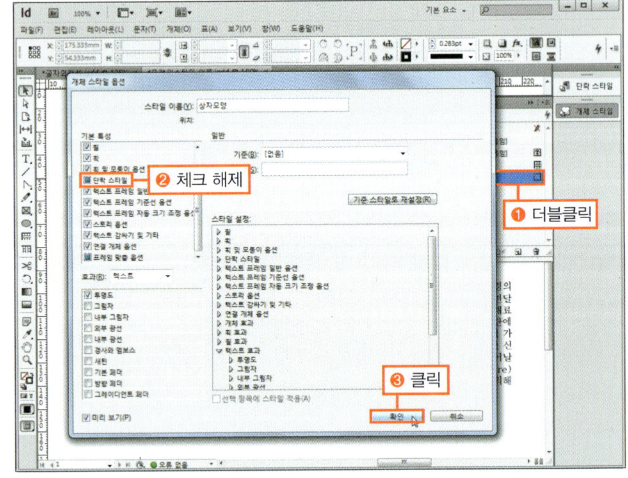

08 변경된 개체 스타일 적용하기

❶새롭게 텍스트 프레임을 만들고 내용을 입력합니다. ❷ 텍스트 프레임을 선택하고 ❸[개체 스타일] 패널의 '상자 모양' 스타일을 클릭하여 적용합니다. 프레임의 테두리와 인센트 간격은 적용되지만, 안에 입력한 텍스트에는 단락 스타일이 적용되지 않는 것을 확인할 수 있습니다. 이와 같이 필요에 따라 개체의 스타일만 적용하거나 안에 입력한 텍스트의 단락 스타일까지 적용할 수 있습니다.

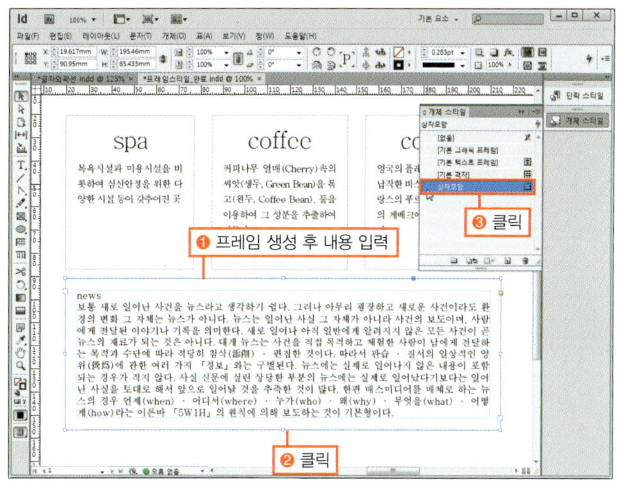

실습 과정

개체 스타일을 적용하여 폴라로이드 사진 느낌 만들기

개체에 효과를 적용하고 현재 모양을 스타일로 등록하여 다른 개체에도 적용해 봅니다.

◎ **시작 파일** : Part06\개체스타일.indd
◎ **완료 파일** : Part06\개체스타일_완료.indd

---

01 사진 가장자리 그림자 효과 주기

예제 파일을 불러온 후 ❶왼쪽 사진의 가장자리 흰색 사각형을 클릭하여 선택합니다. ❷[컨트롤] 패널에서 [선택한 대상에 개체 효과 추가] 도구를 클릭하여 ❸[그림자]를 실행합니다.

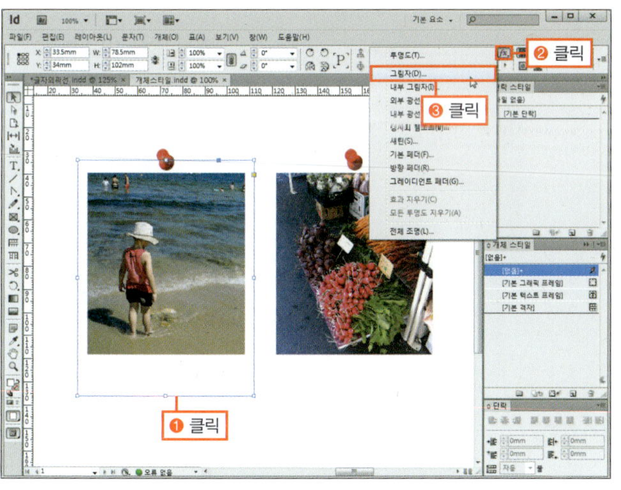

02 그림자 효과 설정하기

❶[효과] 대화상자의 [그림자]에서 다음과 같이 [불투명도]는 '35%', ❷[거리]는 '0mm', ❸[크기]는 '0.5mm'로 설정한 후 ❹[확인]을 클릭합니다.

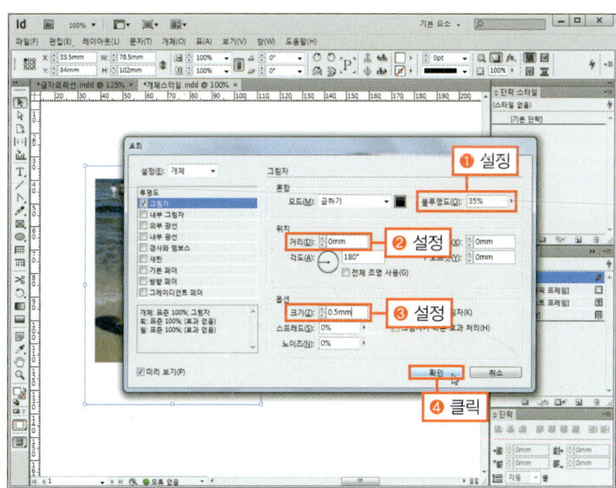

03 내부 그림자 효과 설정하기

흰색 배경의 사각형에 그림자가 적용되면 이번에는 ❶사진 이미지를 선택하고 ❷[컨트롤] 패널에서 [선택한 대상에 개체 효과 추가] 도구를 클릭하여 ❸[내부 그림자]를 실행합니다.

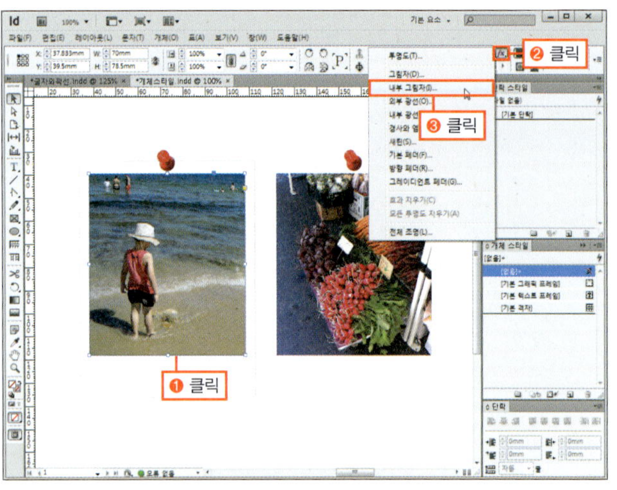

04 내부 그림자 옵션 설정하기

❶[효과] 대화상자의 [내부 그림자] 영역에서 [불투명도]는 '75%', ❷[거리]는 '1mm', ❸[크기]는 '2mm'로 설정하고 ❹[확인]을 클릭합니다.

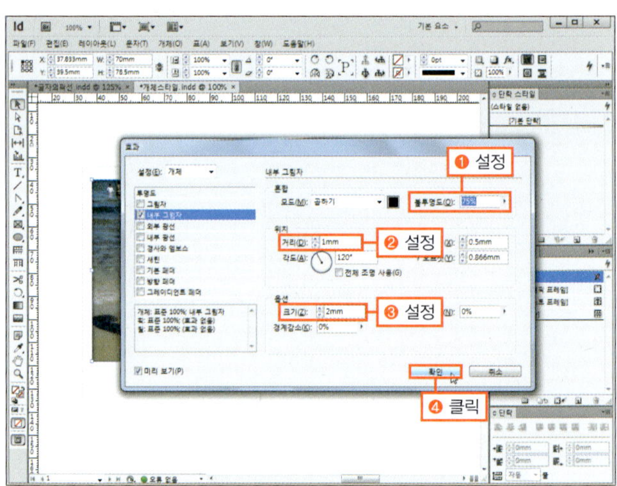

05 개체 모양을 개체 스타일로 등록하기

❶그림자 효과가 적용된 개체를 선택하고 ❷새로 만들어진 스타일을 더블클릭하여 [개체 스타일] 패널에서 [새 스타일 만들기]를 클릭합니다. ❸[개체 스타일 옵션] 대화상자에서 [스타일 이름]을 '사진테두리'로 입력하고 ❹[효과]를 '개체'로 설정한 후 ❺[확인]을 클릭합니다.

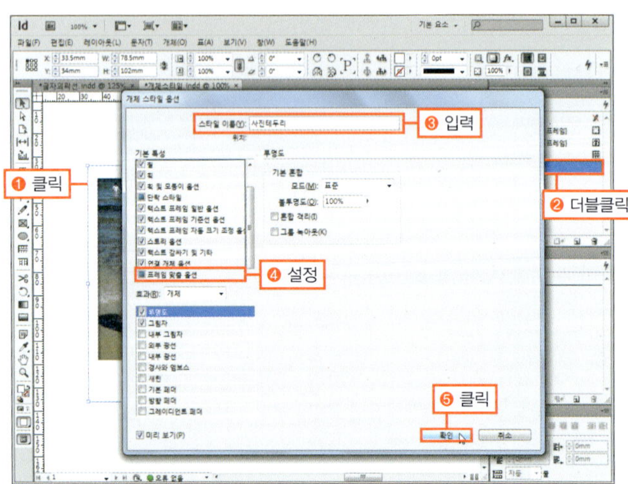

06 사진 이미지의 개체 스타일 등록하기

❶내부 그림자 효과가 적용된 사진 이미지를 선택한 후 ❷[개체 스타일] 패널에서 [새 스타일 만들기]를 클릭합니다. ❸새로 만들어진 스타일을 더블클릭하여 ❹[개체 스타일 옵션] 대화상자에서 [스타일 이름]을 '사진'으로 입력하고 ❺[확인]을 클릭합니다.

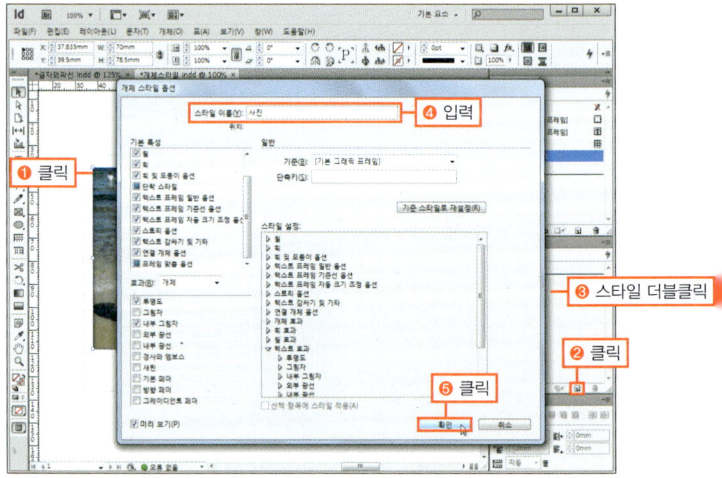

> **참고**
>
> [개체 스타일] 패널이 열려 있지 않았다면 [창] 메뉴의 [스타일]–[개체 스타일]을 실행하여 패널을 불러옵니다.

> **참고**
>
> 앞서 개체 스타일 옵션의 효과를 '개체'로 설정해 놓았으므로 별도로 설정하지 않아도 됩니다.

07 개체 스타일 적용하기

❶오른쪽에 있는 개체에 차례대로 각각 개체 스타일을 적용합니다. 오른쪽 폴라로이드 사진 이미지가 완성되면 ❷ 마우스로 드래그하여 세 개의 개체를 모두 선택하고 ❸도구 상자에서 [회전] 도구를 선택합니다. ❹마우스로 드래그하여 적당한 각도로 선택한 개체를 회전합니다.

08 사진 위치 조정하여 완성하기

❶마우스로 드래그하여 위치를 조절한 후 ❷[개체] 메뉴의 [배치]-[맨 앞으로 가져오기]를 실행하여 오른쪽 사진이 앞에 있도록 하여 완성합니다.

확인실습

예제 문서를 불러온 후 왼쪽 개체의 스타일과 개체 안의 단락 스타일을 오른쪽 개체에 동일하게 적용해 보세요.

◎ **시작 파일** : Part06\확인실습2.indd
◎ **완료 파일** : Part06\확인실습2_완료.indd

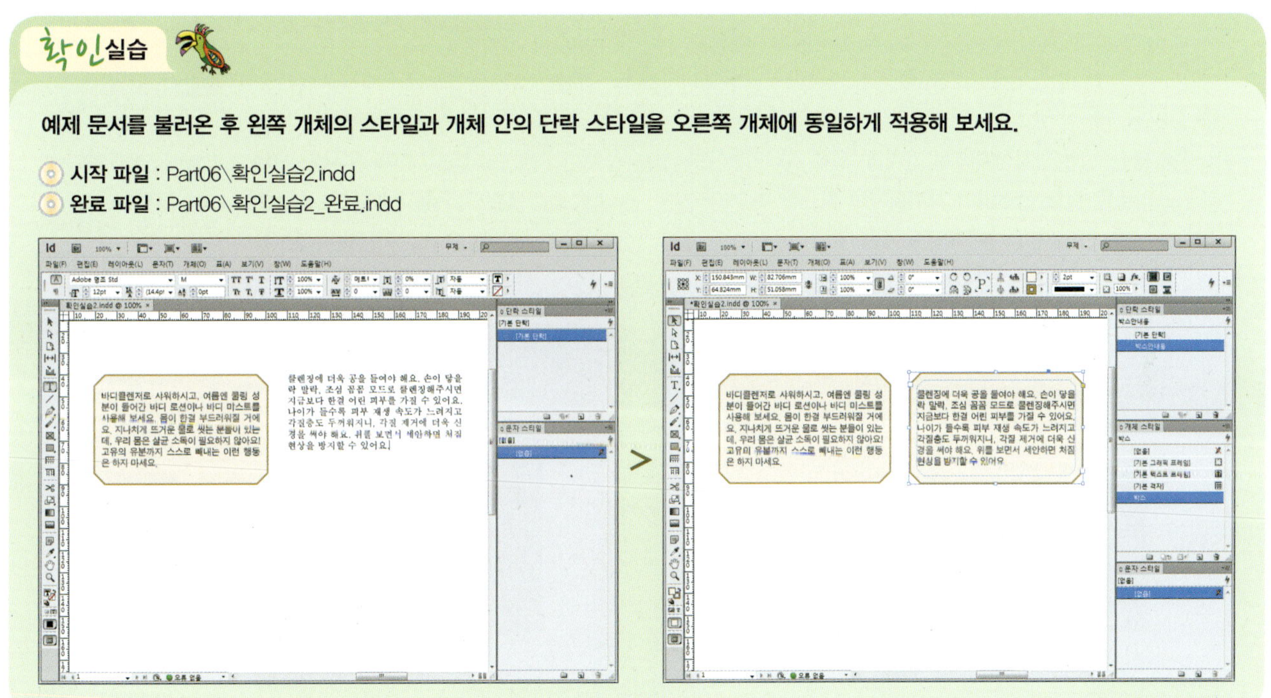

다른 문서에서 스타일 가져와 활용하기

다른 문서의 스타일을 가져와 현재 문서에서 적용하는 방법에 대해 알아봅니다.

◉ **시작 파일** : Part06\개체스타일_완료.indd

1 개체 스타일 불러오기

❶스타일 패널에서 팝업 메뉴 아이콘(▾)을 클릭하여 ❷[개체 스타일 불러오기]를 실행합니다.

2 대상 파일 선택하기

❶[파일 열기] 대화상자에서 불러올 개체 스타일이 포함된 문서를 선택하고 ❷[열기]를 클릭합니다.

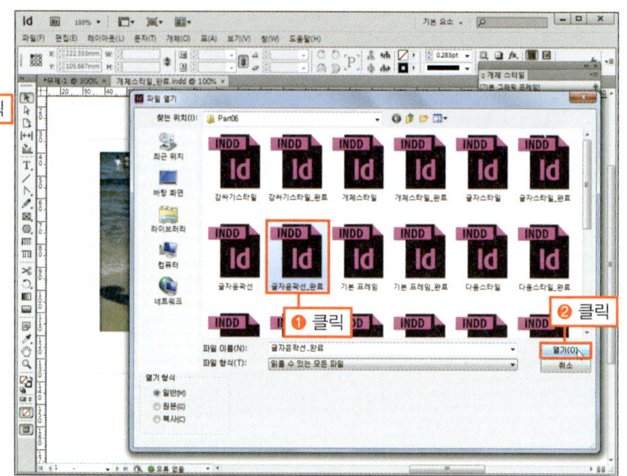

3 스타일 선택하기

[스타일 불러오기] 대화상자에서 가져올 개체 스타일을 선택합니다. 스타일은 전체 선택하여 가져오거나 필요한 몇 개만 가져오기 할 수도 있습니다. ❶스타일을 선택하고 ❷[확인]을 클릭합니다.

4 가져오기한 스타일 적용하기

선택한 개체 스타일이 현재 문서의 개체 스타일 패널에 추가됩니다. ❶적용할 개체를 선택하고 ❷가져오기한 개체 스타일을 클릭하면 개체에 곧바로 적용됩니다.

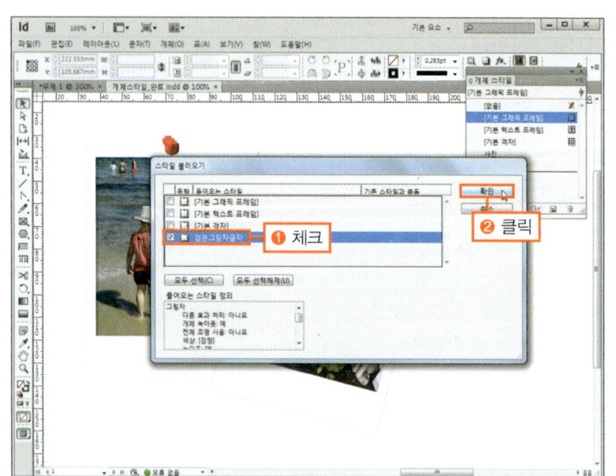

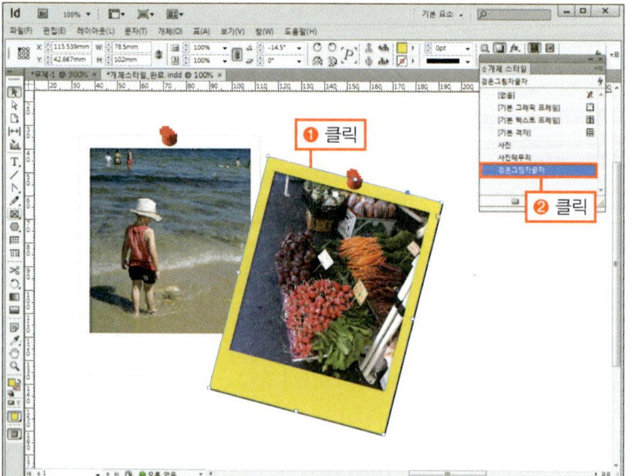

새로 만드는 프레임에 자동으로 개체 스타일 설정하기

현재 문서에서 만들어지는 새로운 프레임에 적용할 스타일을 설정할 수 있습니다. [개체 스타일] 패널에 기본적으로 등록된 [기본 그래픽 프레임]과 [기본 텍스트 프레임]의 모양을 설정하는 방법에 대해 알아봅니다.

◉ **시작 파일** : Part06\기본 프레임.indd
◉ **완료 파일** : Part06\기본 프레임_완료.indd

1 현재 개체 모양을 스타일로 등록하기

예제 파일을 불러온 후 ❶점선 테두리와 그림자가 설정된 둥근 모서리의 사각형 프레임을 선택합니다. ❷[개체 스타일] 패널에서 [새 스타일 만들기](   )를 클릭합니다.

2 개체 스타일 옵션 설정하기

❶현재 사각형의 모양이 '개체 스타일 1'로 등록되면 더블클릭하여 ❷[개체 스타일 옵션] 대화상자에서 [스타일 이름]을 '점선 테두리'로 입력합니다. ❸[효과]를 '개체'로 선택하고 ❹[확인]을 클릭합니다.

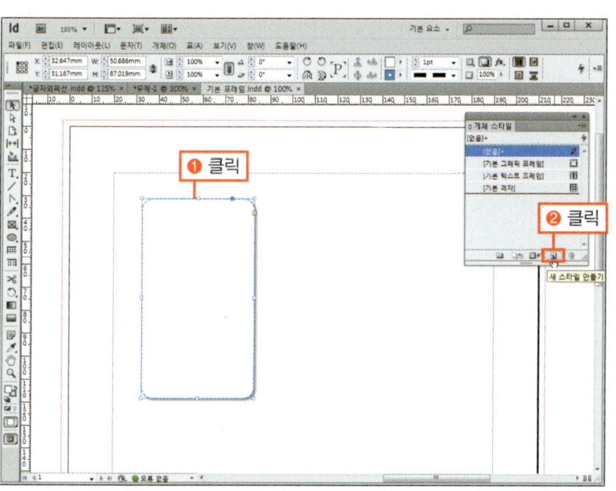

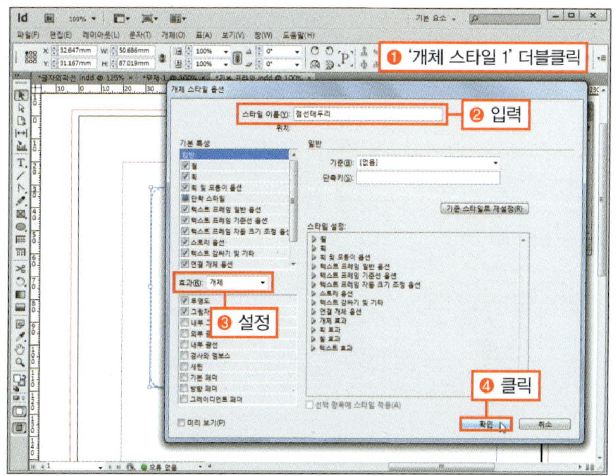

3 기본 그래픽 프레임 스타일 변경하기

❶[개체 스타일] 패널에서 '[기본 그래픽 프레임]' 스타일의 오른쪽에 있는 ▣를 '점선 테두리' 스타일쪽으로 드래그합니다.

4 기본 그래픽 프레임 모양 확인하기

❶도구 상자의 다각형 도구를 이용하여 육각형을 만들어 봅니다. 등록해 놓은 [점선 테두리] 스타일로 프레임이 만들어집니다.

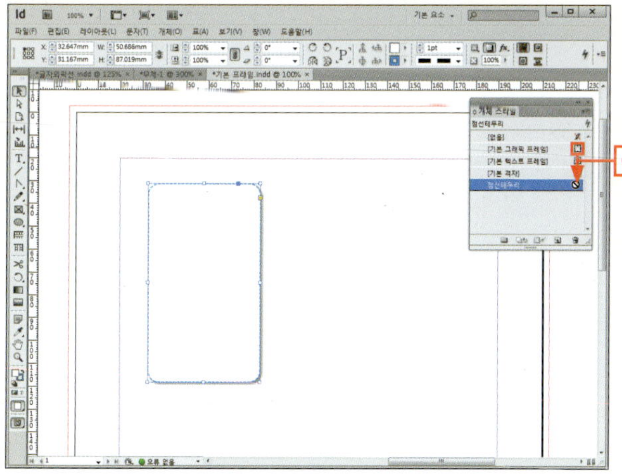

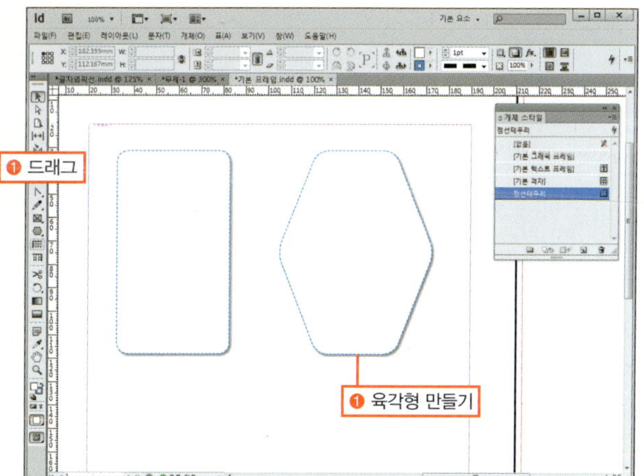

도구 상자의 사각형 프레임 도구나 타원 프레임 도구, 다각형 프레임 도구를 사용하여 프레임을 만들면 등록해 놓은 기본 그래픽 프레임 모양이 적용되지 않습니다.

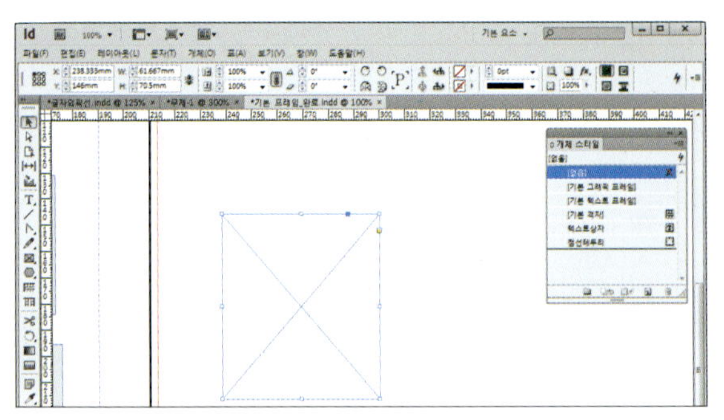

5 텍스트 프레임 만들고 스타일로 등록하기

❶텍스트 프레임을 만들고 ❷[개체] 메뉴의 [텍스트 프레임 옵션]을 실행하여 ❸[텍스트 프레임 옵션] 대화상자에서 3개의 다단으로 설정합니다. ❹텍스트 프레임의 채우기 색을 연한 회색으로 설정합니다. 현재 만들어 놓은 텍스트 프레임을 선택한 상태에서 ❺[새 스타일 추가]를 클릭하여 [개체 스타일]로 등록합니다.

6 기본 텍스트 프레임 모양으로 등록하기

❶[개체 스타일 1]로 등록된 스타일을 '텍스트상자'로 변경하고 ❷[기본 텍스트 프레임] 스타일 오른쪽에 있는 ▣를 '텍스트상자' 스타일 쪽으로 드래그합니다.

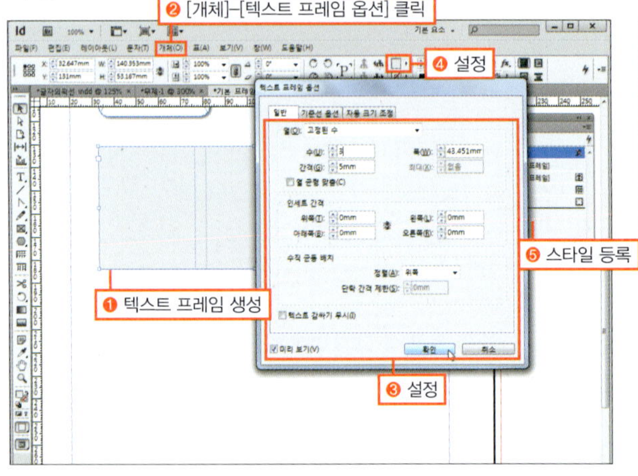

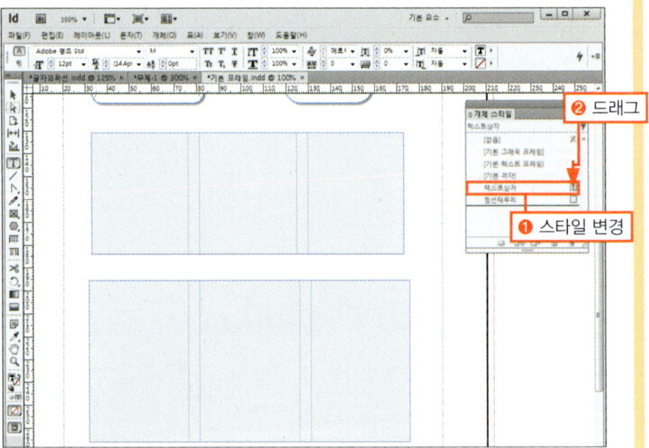

7 텍스트 프레임 만들어 확인하기

❶새로운 텍스트 프레임을 만들면 등록해 놓은 '텍스트상자' 스타일이 기본적으로 적용된 모습으로 만들어지는 것을 볼 수 있습니다. 이와 같은 방법으로 문서에서 자주 사용하는 그래픽 프레임이나 텍스트 프레임의 모양을 기본 프레임 모양으로 등록해 놓고 활용할 수 있습니다. 또한, 등록해 놓은 기본 프레임의 모양은 ▣, ▣의 위치를 바꿔 손쉽게 변경할 수 있습니다.

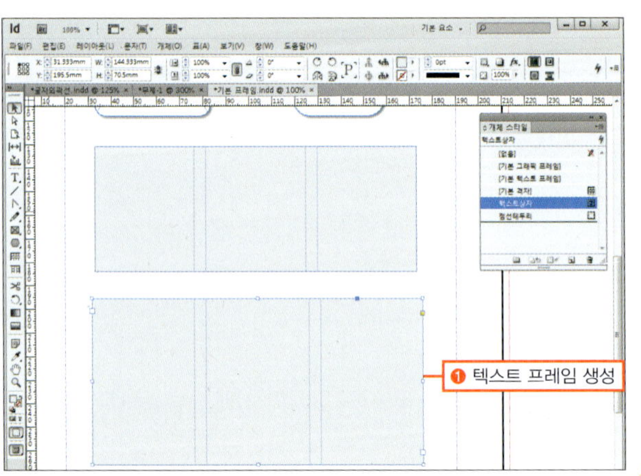

다단 문서 설정과 텍스트에 효과 적용하기

인디자인에서는 한 문서 내에서나 텍스트 프레임 안에 두 개 이상의 단을 구성하여 내용을 정렬할 수 있습니다. 문서를 처음 만들 때, 문서 전체를 다단 구성으로 설정할 수도 있으며 텍스트 프레임을 활용하여 다단 문서를 만들 수 있습니다. 다단 문서를 설정하는 방법과 글자를 윤곽선으로 변경하여 효과를 적용하는 방법에 대해 알아봅니다.

다루는 내용

- 단 설정하기
- 문자 윤곽선 만들기
- 합성 글꼴 만들기

기능 정리

다단 문서 설정 방법 살펴보기

문서에 다단을 설정하거나 텍스트 프레임을 활용하여 다단 문서를 만들 수 있습니다. 다단 형식의 문서를 만드는 방법을 다양하게 살펴봅니다.

● 문서 자체를 다단 형식으로 설정하기

새로운 문서를 만들 때 [새 문서] 창에서 [여백 및 단]을 실행합니다. [여백 및 단] 대화상자에서 열의 개수와 사이 간격을 설정하여 다단 문서를 만들 수 있습니다. 이때 [새 문서] 탭에서 [기본 텍스트 프레임]을 체크한 상태로 문서를 설정하면 세 개의 단으로 구성된 텍스트 프레임이 자동으로 만들어집니다.

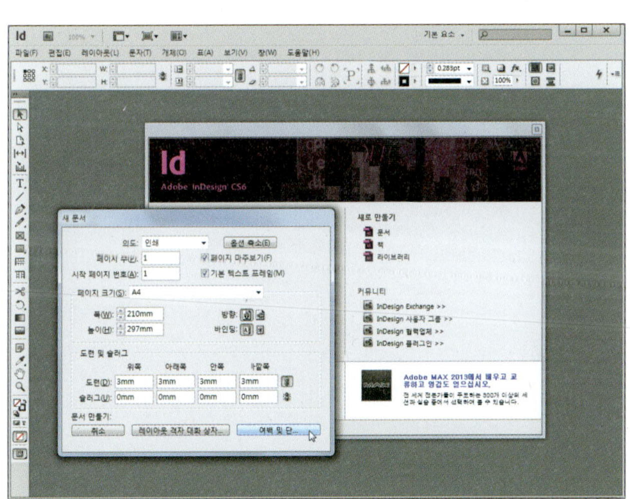 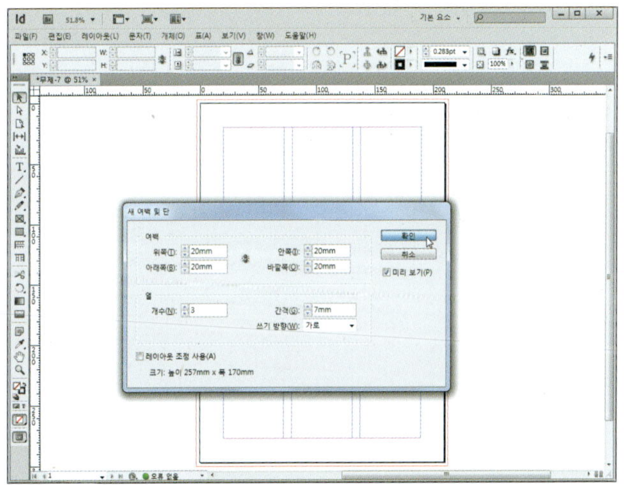

[레이아웃] 메뉴의 [여백 및 단]을 실행하여 현재 문서를 다단 형식으로 변경할 수 있습니다. 문서에 단을 설정하면 모든 페이지에 단 안내선이 표시되며, 스레드된 텍스트 프레임을 자동으로 만들 때 한 개의 단에 해당하는 크기의 텍스트 프레임이 만들어집니다.

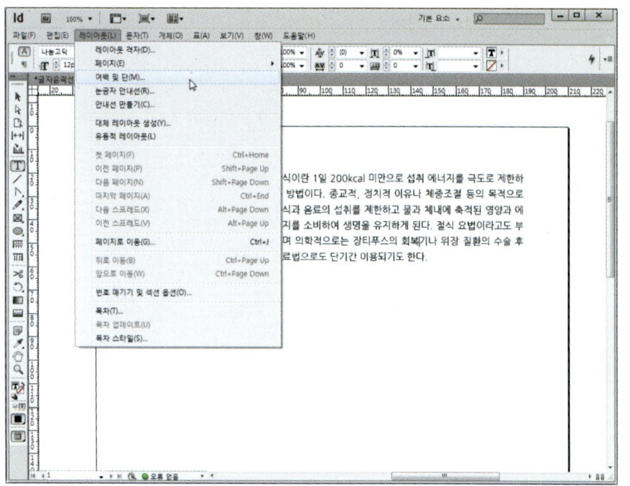

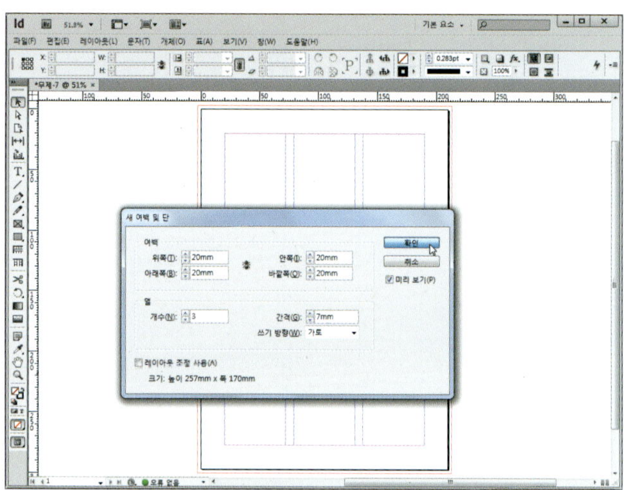

● 텍스트 프레임을 활용해 다단 형식 만들기

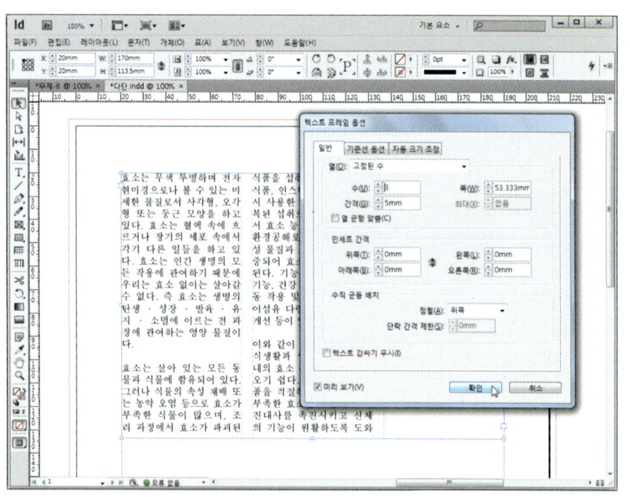

문서 일부분에만 다단 형식을 넣을 때에는 텍스트 프레임을 활용하는 것이 편리합니다. 텍스트 프레임을 선택하고 [개체] 메뉴의 [텍스트 프레임 옵션]을 실행합니다. 열의 개수와 폭, 간격을 설정하면 현재 텍스트 프레임을 다단 형식으로 변경할 수 있습니다.

● 스레드를 활용한 폭이 다른 다단 문서 만들기

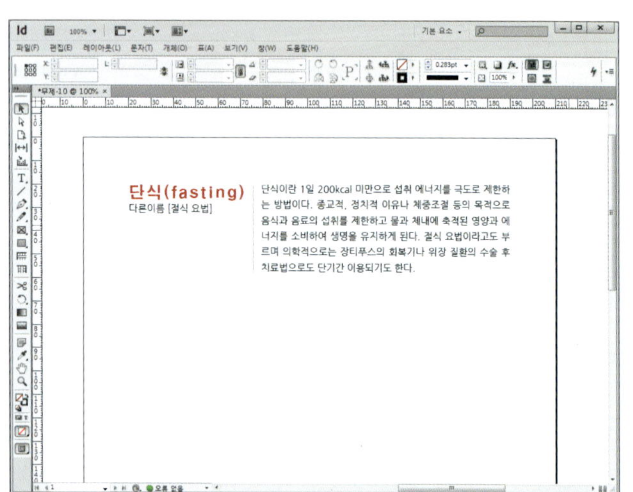

인디자인에서는 폭이 서로 다른 다단 문서를 만들 수 없습니다. 이런 경우 텍스트 프레임을 별도로 만든 다음 스레드 기능을 활용하여 서로 폭이 다른 다단 문서를 만들 수 있습니다. 또한, 도구 상자의 [선] 도구를 활용하여 단 사이에 다양한 모양과 색상의 단 구분선을 맘껏 넣어 문서를 꾸밀 수 있습니다.

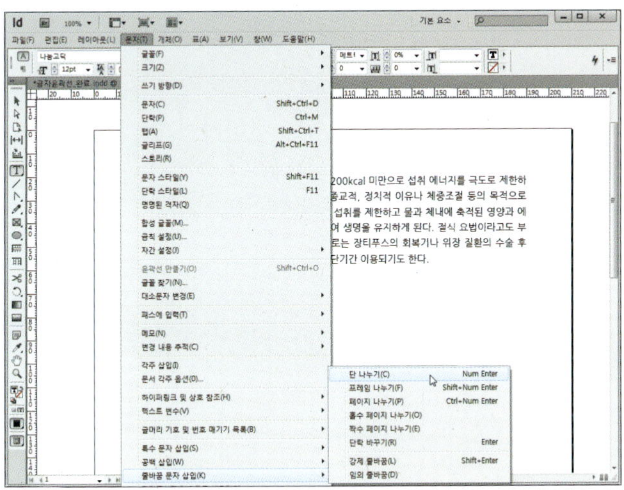

다음 단으로 내용을 강제 이동할 때에는 [문자] 메뉴의 [줄바꿈 문자 삽입]-[단 나누기]를 실행하여 커서 위치부터 이후 내용을 다음 단으로 이동할 수 있습니다. 또는 키보드의 오른쪽에 있는 키패드의 Enter 를 눌러 커서 위치 이후 내용을 다음 단으로 이동할 수 있습니다.

실습 과정 · 다단 문서 만들기

새로운 문서를 만들 때 단을 구성하여 다단 문서를 만들어 봅니다.

01 새로운 문서 만들기

❶인디자인을 실행하면 표시되는 시작 창에서 [새로 만들기]의 [문서]를 클릭합니다. 또는 [파일] 메뉴의 [새로 만들기]-[문서]를 실행합니다. ❷[새 문서] 창에서 페이지의 크기와 수 등의 옵션을 설정한 후 ❸[여백 및 단]을 클릭합니다.

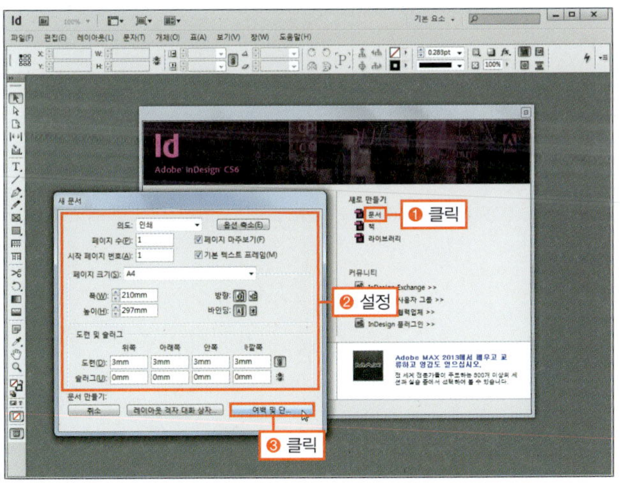

참고

이때 [기본 텍스트 프레임]을 체크한 채 문서를 만들면 다단으로 설정된 텍스트 프레임이 페이지마다 자동으로 생성됩니다.

02 단 설정하기

❶[새 여백 및 단] 대화상자에서 [열]의 [개수]를 '3'으로 입력하고 ❷[간격]을 '7mm'로 입력한 후 ❸[확인]을 클릭합니다.

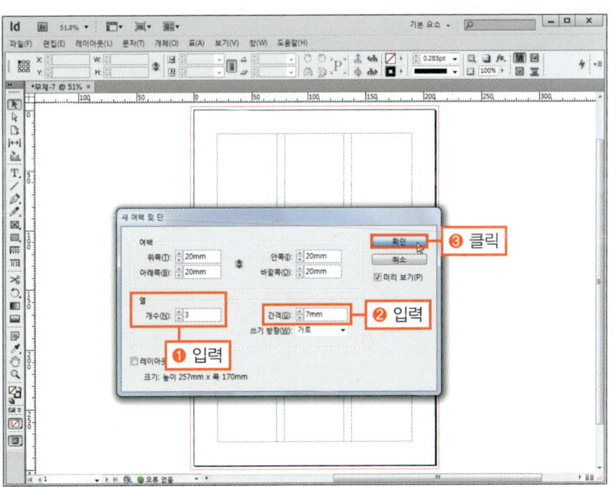

03 다단 문서에 텍스트 입력하기

텍스트 프레임 안에 내용을 입력하면 다음과 같이 자동으로 세 개의 단으로 구성된 상태로 입력됩니다. 세 개의 단은 너비가 동일하게 구성되어 있으며, 텍스트 프레임의 크기를 변경하면 단의 너비도 균일하게 조정됩니다.

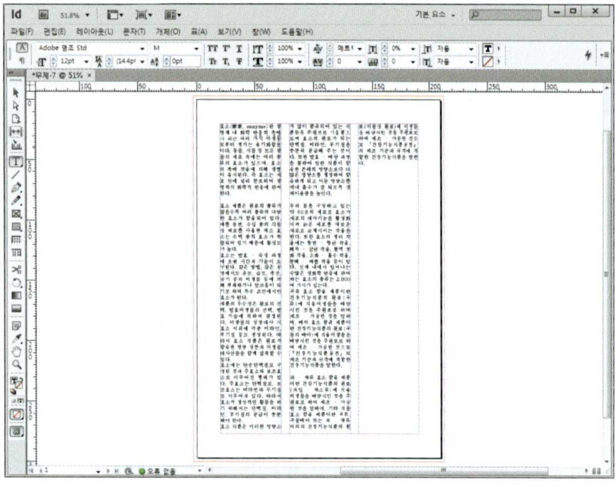

04 단 안내선 잠그기 옵션 해제하기

문서에 설정된 단 안내선을 해당 페이지만 다른 위치로 변경할 수 있습니다. 이때 위치를 변경하기 위해서는 ❶[보기] 메뉴의 ❷[격자 및 안내선]-❸[단 안내선 잠그기]를 실행하여 [단 안내선 잠그기]의 체크를 해제해야 합니다.

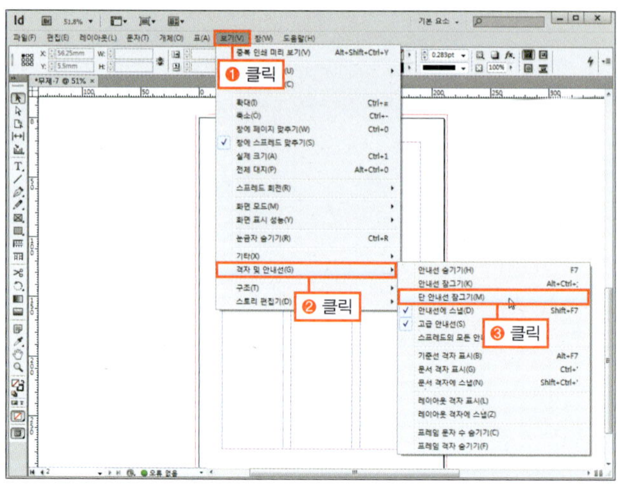

05 단 안내선 변경하기

❶도구 상자의 선택 도구를 이용하여 ❷단 구분선을 드래그합니다. 단 구분선을 사용자가 임의로 변경할 수 있습니다.

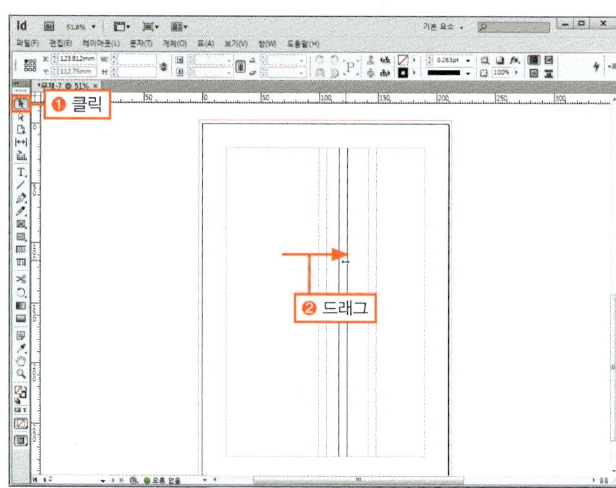

> **참고**
>
> 이때 텍스트 프레임의 단 구성은 변경되지 않으며, 현재 페이지에 표시되는 단 안내선만 변경됩니다.

텍스트 프레임으로 다단 문서 만들기

텍스트 프레임에 단을 구성하여 다단 문서를 만들어 봅니다.

◉ **시작 파일** : Part06\다단.indd
◉ **완료 파일** : Part06\다단_완료.indd

01 텍스트 프레임 옵션 실행하기

예제 문서를 불러온 후 ❶텍스트가 입력된 텍스트 프레임을 선택합니다. ❷[개체] 메뉴의 ❸[텍스트 프레임 옵션]을 실행합니다.

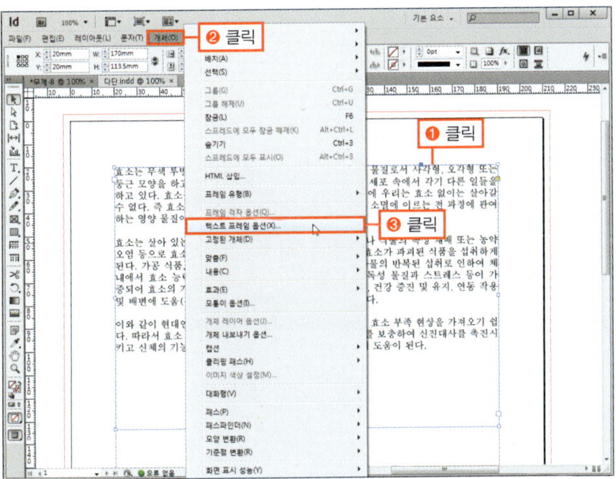

02 텍스트 프레임 옵션에서 단 설정하기

❶[텍스트 프레임 옵션] 대화상자에서 [열]의 [수]를 '3'으로 입력하고 ❷[간격]을 '5mm'로 설정한 후 ❸[확인]을 클릭합니다.

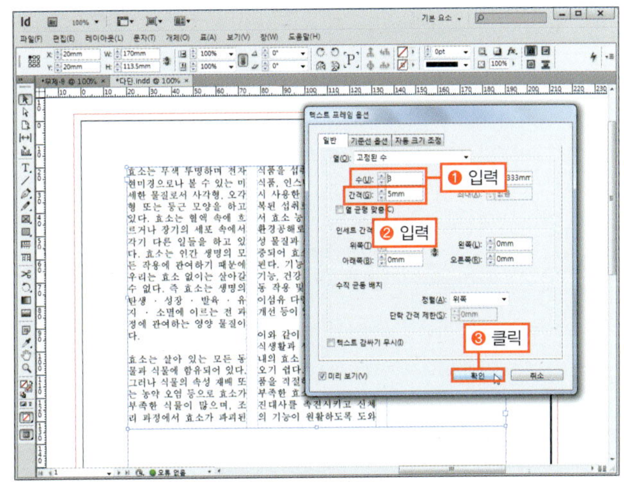

> **참고**
>
> 이때 단의 폭은 현재 텍스트 프레임의 전체 너비에 맞춰 자동으로 조절됩니다.

03 다단 문서 확인하기

현재 텍스트 프레임이 세 개의 단으로 변경되고, 왼쪽에 있는 첫 번째 단에 내용이 가득 채워진 다음 두 번째와 세 번째 단으로 내용이 나열됩니다.

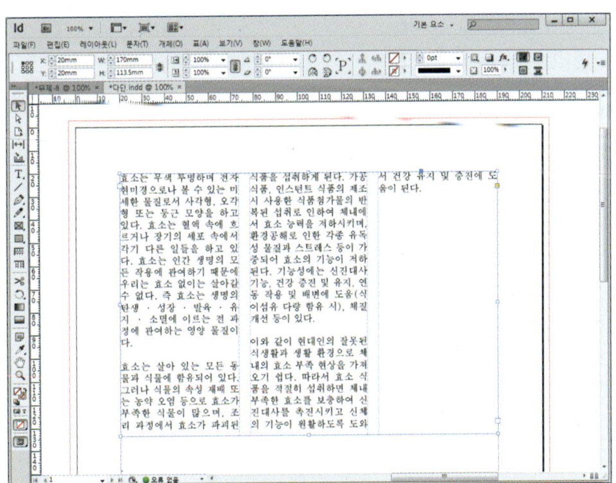

04 열 균형 맞춤 설정하기

❶텍스트 프레임을 선택하고 ❷다시 한 번 [개체] 메뉴의 [텍스트 프레임 옵션]을 실행합니다. ❸[텍스트 프레임 옵션] 대화상자에서 [열 균형 맞춤]을 체크하고 ❹[확인]을 클릭합니다. 세 개의 단에 내용이 비슷하게 분량을 맞춰 다시 정렬되는 것을 볼 수 있습니다.

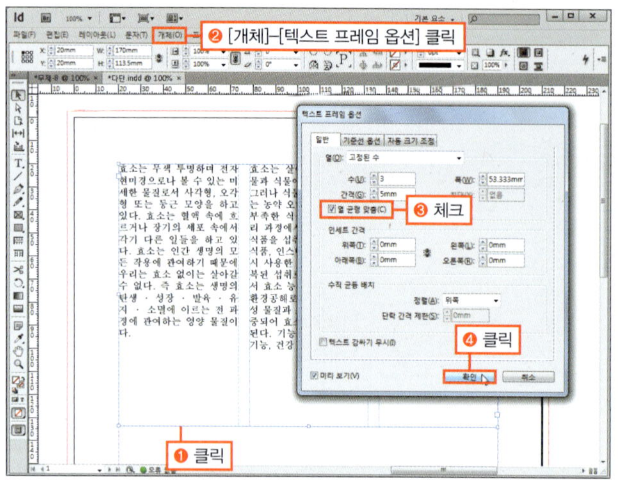

05 단의 폭 조절하기

❶텍스트 프레임을 선택하고 다시 한 번 ❷[개체] 메뉴의 [텍스트 프레임 옵션]을 실행합니다. ❸[텍스트 프레임 옵션] 대화상자에서 단의 폭을 '61.333mm'로 늘리고 ❹[확인]을 클릭합니다. 자동으로 텍스트 프레임의 전체 너비가 조절됩니다. 다만, 단 사이의 간격은 그대로 유지됩니다.

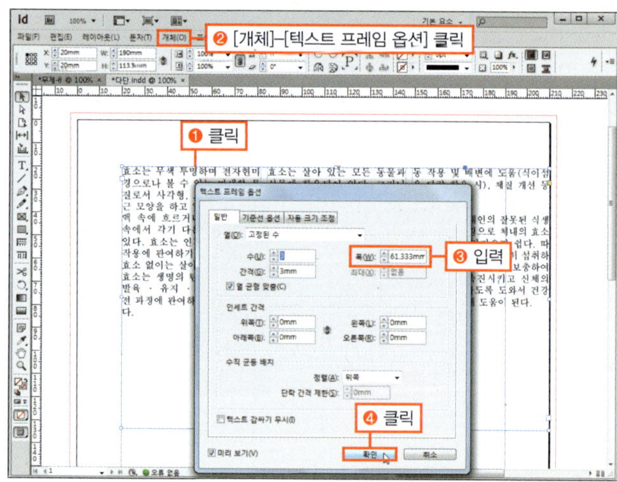

06 다단 형식 문서 확인하기

문서의 단 구성과는 별도로 텍스트 프레임을 활용하여 다단 형식을 만들 수 있습니다.

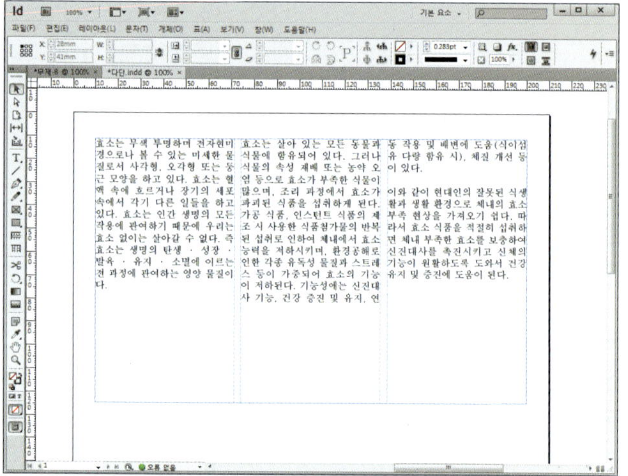

스레드를 활용해 단 폭이 다른 다단 형식 만들기

텍스트 프레임의 스레드 기능을 활용해 단의 너비가 서로 다른 다단 문서를 만들어 봅니다.

◎ **완료 파일** : Part06\스레드다단.indd

01 단 형식 설정하기

❶ 새로운 문서를 만들 때 다음과 같이 세 개의 단으로 구성한 문서를 만듭니다. ❷ 단 사이의 간격을 '7mm'로 설정하고 ❸ [확인]을 클릭합니다.

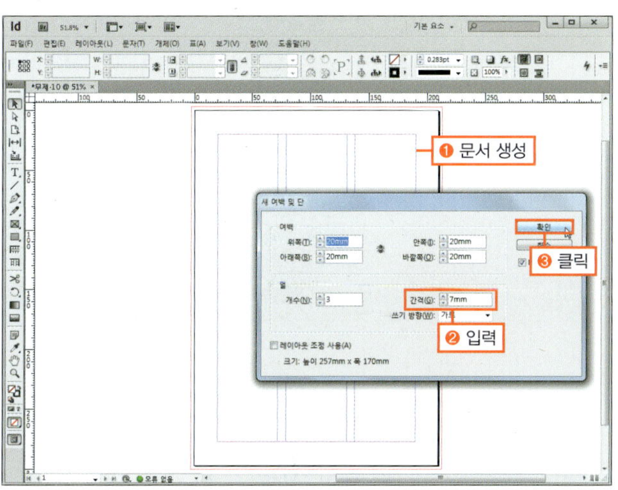

02 텍스트 프레임 만들기

❶ 도구 상자의 텍스트 프레임 도구를 이용하여 첫 번째 단 안내선에 맞춰 텍스트 프레임을 만듭니다. 오른쪽에는 두 개의 단 폭에 해당하는 텍스트 프레임을 만듭니다.

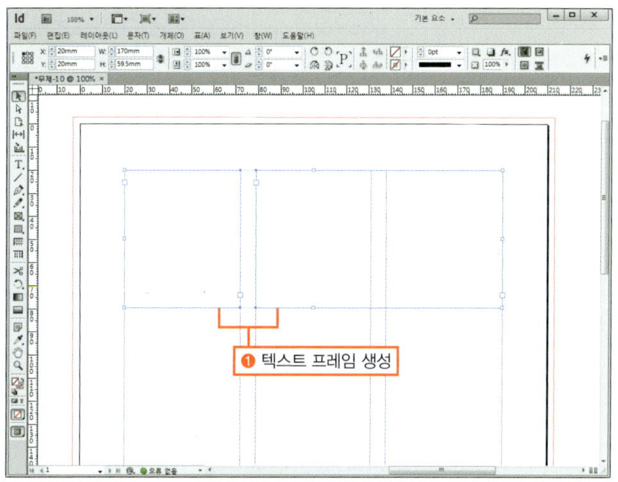

03 텍스트 프레임 스레드하기

❶ 왼쪽에 있는 텍스트 프레임 안에 텍스트 내용을 입력합니다. ❷ 내용이 프레임의 크기를 벗어나면 프레임의 오른쪽 아래에 표시되는 ⊞ 를 클릭합니다. ❸ 마우스 포인터가 ▤로 변경되면 현재 프레임과 연결할 오른쪽 프레임을 클릭합니다.

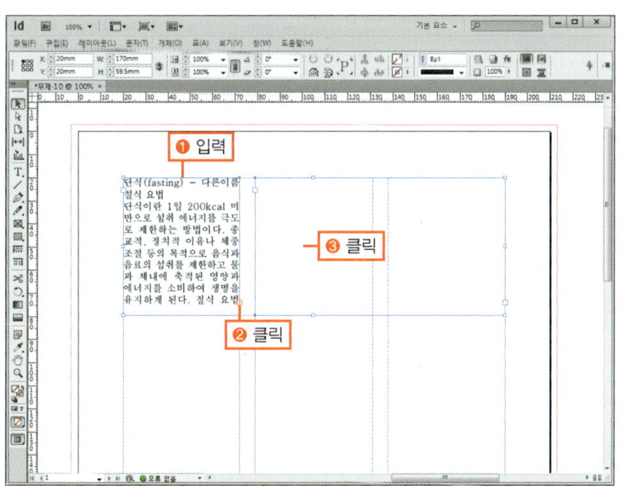

04 오른쪽 단으로 내용 강제 넘기기

왼쪽 프레임을 벗어난 내용이 오른쪽 프레임으로 연결되는 것을 볼 수 있습니다. 제목 부분만 남기고 두 번째 단락부터 오른쪽 단으로 이동시켜 봅니다. ❶ 오른쪽 단으로 이동할 부분의 시작 위치에 커서를 두고 ❷ 키보드의 오른쪽 키패드에 위치한 후 Enter 를 누릅니다.

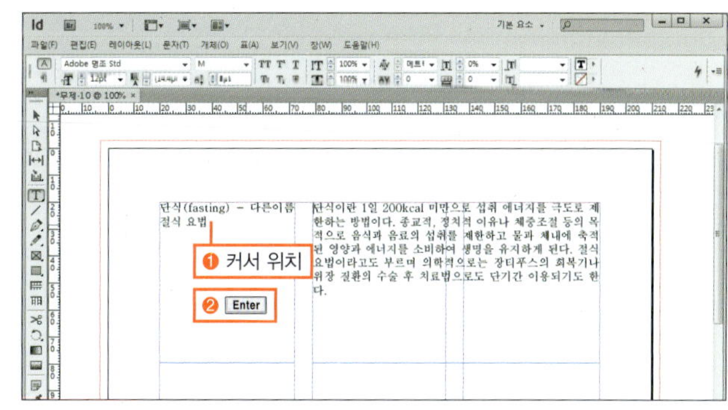

> **참고**
>
> 또는 [문자] 메뉴의 [줄바꿈문자 삽입]-[단 나누기]를 실행하여 오른쪽 단으로 내용을 이동할 수도 있습니다.

05 단 사이 구분선 만들기

❶ 도구 상자의 선 도구를 이용하여 두 개의 단 사이에 구분
선을 만듭니다. **Shift** 를 누른 상태에서 만들어주면 직선
을 만들 수 있으며, 직선의 굵기와 모양, 색상을 컨트롤 패
널을 통해 다양한 모양으로 설정할 수 있습니다.

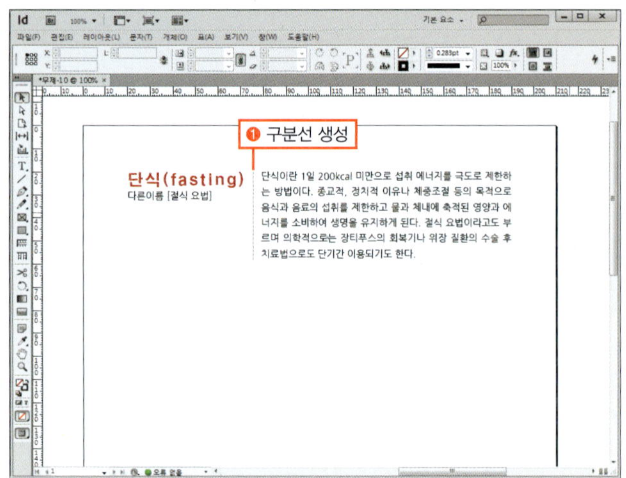

> **참고**
>
> 인디자인에서는 단 간격이 서로 다른 형식의 다단을 하나의 프레임
> 으로 만들 수 없습니다. 그러므로 두 개 이상의 텍스트 프레임을 만
> 들고, 스레드하여 각각의 텍스트 프레임을 다단 형식으로 구성하여
> 야 합니다.

실습 과정 · 내린 대문자로 단락 꾸며주기

내린 대문자 기능을 활용해 단락을 꾸며봅니다.

- **시작 파일** : Part06\단락시작.indd
- **완료 파일** : Part06\단락시작_완료.indd

01 [단락 시작표시문자 및 중첩 스타일] 명령 실행하기

❶ 단락 시작 문자를 꾸며줄 단락을 블록으로 선택하거나 커
서를 위치합니다. ❷ [단락] 패널의 팝업 메뉴 아이콘을 클릭
하여 ❸ [단락 시작표시문자 및 중첩 스타일]을 실행합니다.

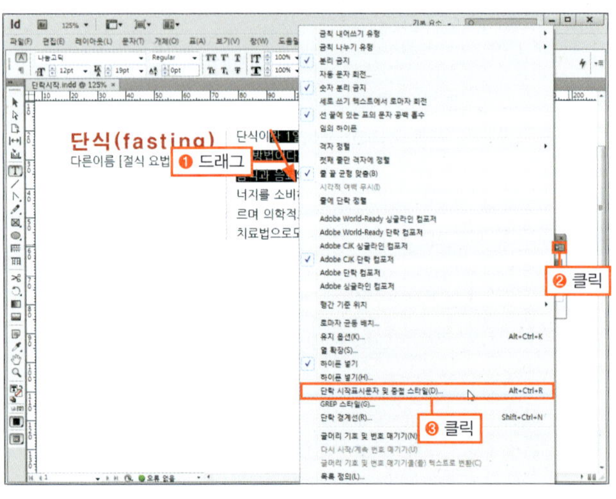

> **참고**
>
> [문자] 메뉴의 [단락]을 실행하거나 [창] 메뉴의 [문자]–[단락]을 실
> 행하여 [단락] 패널을 불러옵니다.

02 단락 시작표시문자 모양 설정하기

❶ [단락 시작표시문자 및 중첩 스타일] 대화상자에서 [줄
수]를 '2', [문자 수]를 '2'로 설정하고 ❷ [왼쪽 가장자리 정
렬]을 체크한 후 ❸ [확인]을 클릭합니다.

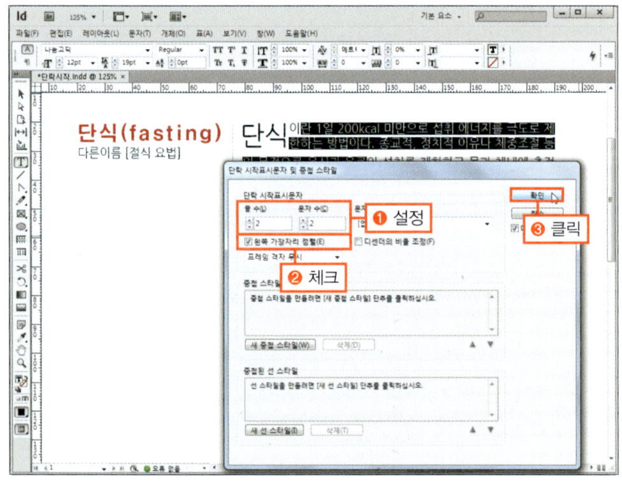

03 시작표시문자 모양 꾸미기

❶장식된 두 글자를 드래그하여 블록으로 지정하고 글꼴과 글자색을 변경합니다.

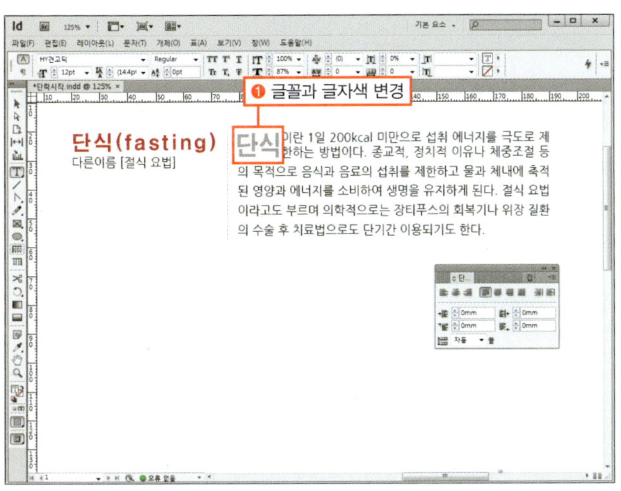

04 단락 나누기

❶단락 시작표시문자가 설정된 단락을 나눌 경우 새롭게 추가된 단락의 시작 문자에도 동일한 설정이 적용됩니다. 이때 분리된 단락의 시작 문자에는 변경된 글자 모양이 아닌 본문의 글꼴이 그대로 적용됩니다.

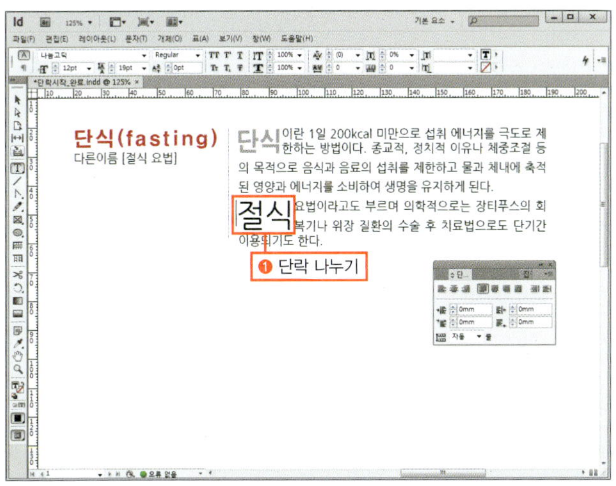

실습 과정

텍스트에 효과 주고 스포이드 도구 활용하여 같은 모양 적용하기

윤곽선으로 변경한 텍스트에 효과를 적용한 후 개체 스타일로 등록합니다. 개체 스타일과 스포이드 도구를 이용하여 같은 효과를 다른 텍스트에 적용해 봅니다.

◉ **시작 파일** : Part06\글자윤곽선.indd
◉ **완료 파일** : Part06\글자윤곽선_완료.indd

01 윤곽선 만들기

예제 문서를 불러온 후 ❶텍스트 프레임을 선택하고 ❷[문자] 메뉴의 [윤곽선 만들기]를 실행합니다. 텍스트 프레임 안에 입력한 텍스트가 윤곽선으로 변경되면 ❸Ctrl+C를 눌러 복사합니다. ❹마우스 오른쪽 버튼을 클릭하여 ❺[현재 위치에 붙이기]를 실행합니다.

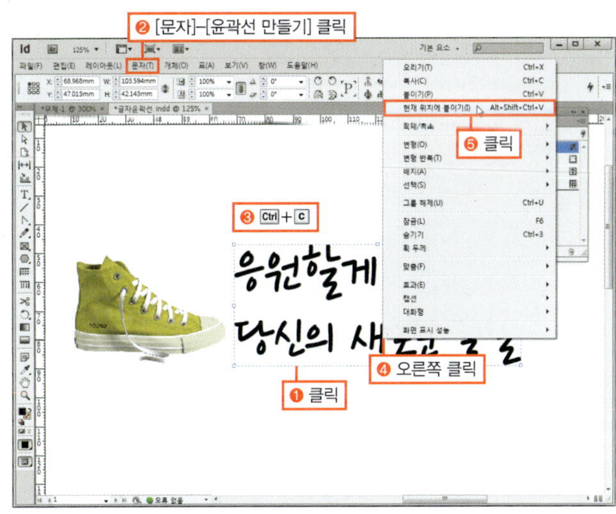

❶윤곽선으로 변경된 글자를 선택하고 ❷채우기 색상을 노란색으로 설정합니다. ❸[컨트롤] 패널에서 [선택한 대상에 개체 효과 추가](ℱ)를 클릭하여 ❹[그림자] 효과를 다음과 같이 설정합니다.

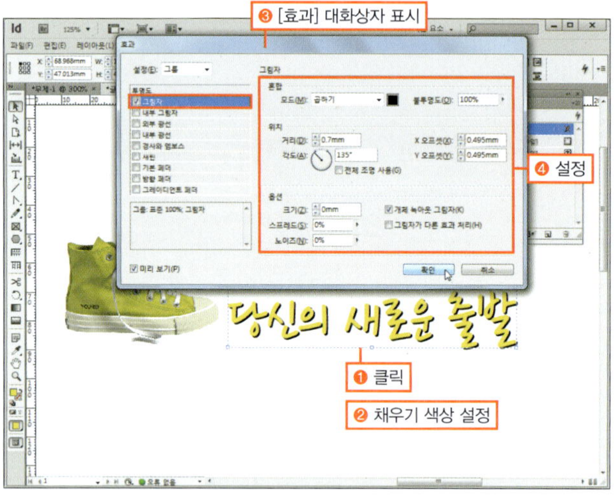

❶그림자가 적용된 글자를 선택하고 ❷[새 스타일 추가]( ) 를 클릭합니다. ❸스타일 이름을 '검은그림자글자'로 설정하고 ❹[효과]를 '개체'로 선택한 후 ❺[확인]을 클릭합니다.

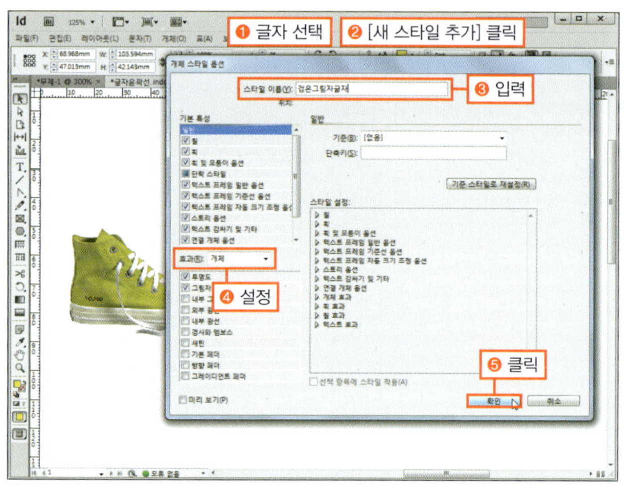

❶다른 텍스트를 입력한 후 윤곽선으로 변경합니다. 변경한 텍스트에 '검은그림자글자' 스타일을 적용합니다. 개체 스타일이 적용된 글자의 크기를 마우스로 드래그하여 조절하면 자유롭게 윤곽선 글자와 효과를 완성할 수 있습니다.

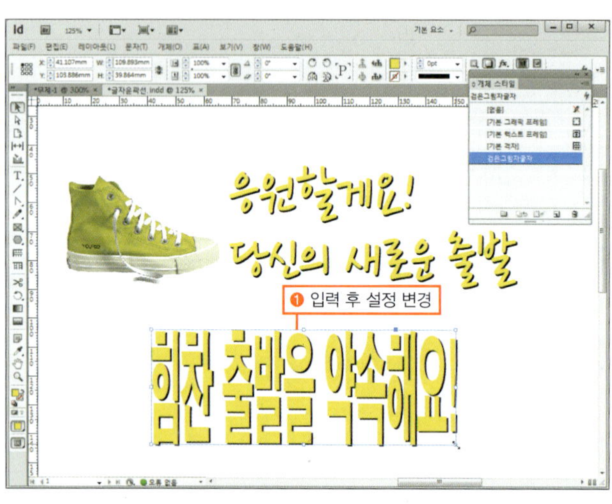

❶도구 상자의 [스포이드 도구]를 선택합니다. ❷개체 스타일이 적용된 글자를 클릭하여 모양을 추출합니다.

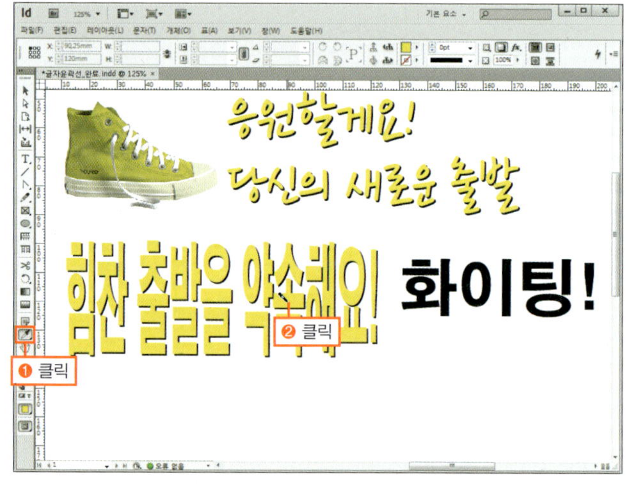

윤곽선으로 만들어진 글자를 드래그하거나 클릭하여 추출해 놓은 모양을 손쉽게 적용할 수 있습니다. 이와 같이 스포이드 도구를 활용하면 동일한 모양의 문자나 개체를 손쉽게 만들어 낼 수 있습니다.

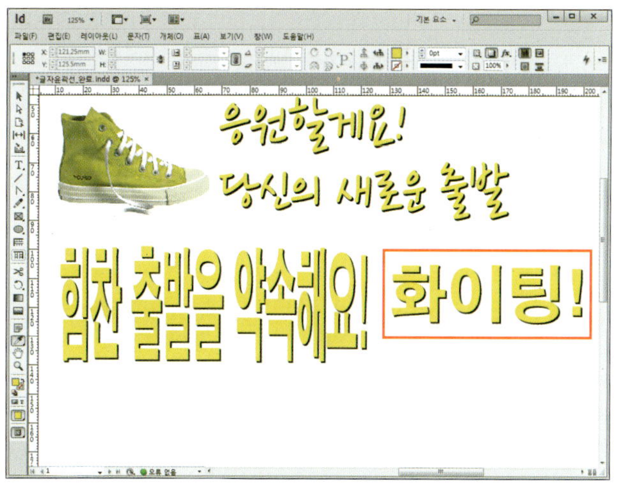

확인실습

예제 문서를 불러온 후 노란색 프레임에 입력되어 있는 텍스트를 두 개의 단으로 변경해 보세요.

- **시작 파일** : Part06\확인실습3.indd
- **완료 파일** : Part06\확인실습3_완료.indd

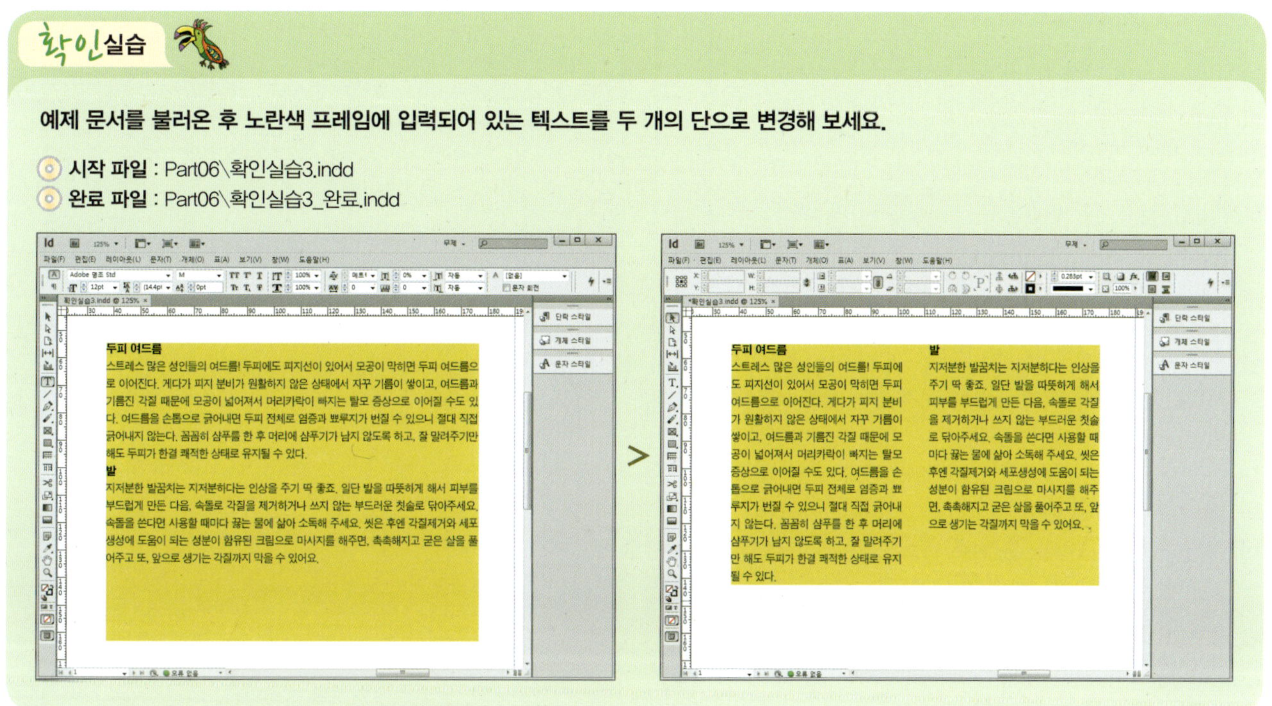

합성 글꼴과 탭 활용하기

한글과 영문, 기호, 번호 등을 서로 다른 글꼴과 크기로 설정하는 합성 글꼴을 만드는 방법에 대해 알아봅니다. 또한, 단락에 탭을 활용하여 페이지와 목차 내용을 정리해 봅니다.

◎ **시작 파일** : Part06\합성글꼴.indd
◎ **완료 파일** : Part06\합성글꼴_완료.indd

1 합성 글꼴 만들기

예제 파일을 불러온 후 ❶[문자] 메뉴의 ❷[합성 글꼴]을 실행합니다.

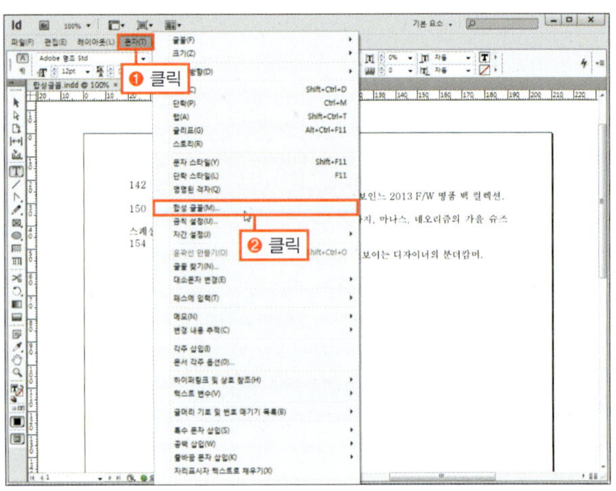

> **참고**
>
> 합성 글꼴을 등록해 놓으면 다른 문서에서도 사용할 수 있습니다.

2 합성 글꼴 설정하기

❶[합성 글꼴 편집기]에서 [새로 만들기]를 클릭합니다. ❷[새 합성 글꼴] 대화상자에서 [이름]을 '목차'로 입력하고 ❸[확인]을 클릭합니다.

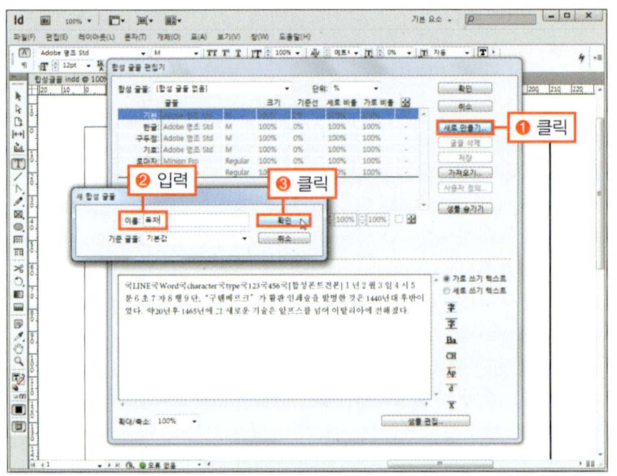

3 글꼴 설정하기

다음과 같이 ❶한글 글꼴은 '나눔고딕'으로, 로마자 글꼴은 'Arial'로 설정합니다. 번호 글꼴을 'Lucida Calligraphy'로 설정하고 크기를 '120%'로 설정한 후 ❷[확인]을 클릭합니다.

> **참고**
>
> 글꼴마다 글자의 크기가 다르게 느껴질 수 있습니다. [합성 글꼴 편집기]의 미리 보기 창에서 적용된 모습을 미리 확인하며 글꼴과 크기를 설정합니다.

> **참고**
>
> 사용자의 컴퓨터에 해당 글꼴이 설치되어 있지 않을 때에는 다른 글꼴을 설정하도록 합니다.

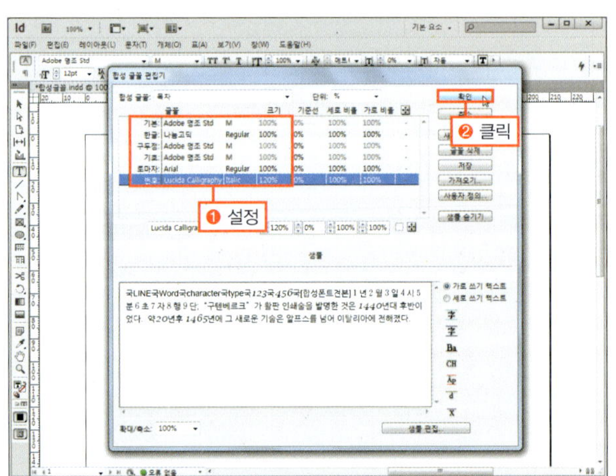

4 합성 글꼴 저장하기

❶글꼴을 설정하였으면 [저장]을 클릭합니다. 또는 [확인]을 클릭하면 다음과 같은 저장 여부를 묻는 창이 표시됩니다. ❷[예]를 클릭하여 설정해 놓은 합성 글꼴을 저장합니다.

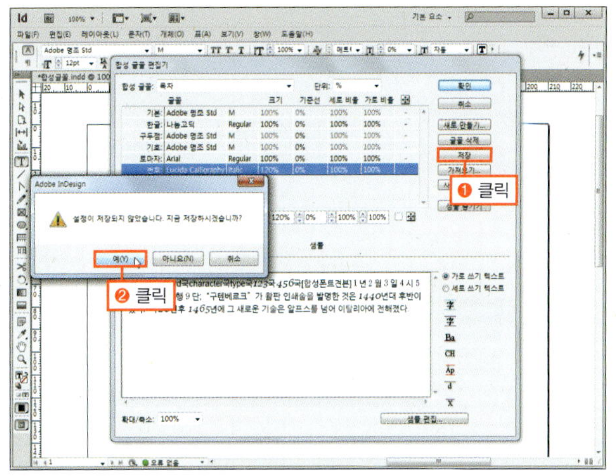

참고 ● 합성 글꼴 편집기의 샘플 변경하기

[합성 글꼴 편집기] 대화상자에서는 설정하는 글꼴의 모습을 미리 확인할 수 있습니다. 기본적으로 표시되는 샘플을 사용자가 직접 다른 내용으로 변경할 수 있으므로 원하는 문서에 적용된 모습을 더욱 쉽게 확인할 수 있습니다. [합성 글꼴 편집기] 대화상자에서 샘플 부분을 더블클릭하거나 [샘플 편집]을 클릭합니다. [샘플 편집] 창에 입력된 내용을 삭제하고 새로운 내용을 입력하거나 복사해둔 내용을 붙여넣기 합니다. 샘플 창에 표시되는 내용에 적용되는 합성 글꼴의 모습을 보다 정확하게 확인할 수 있어 편리합니다.

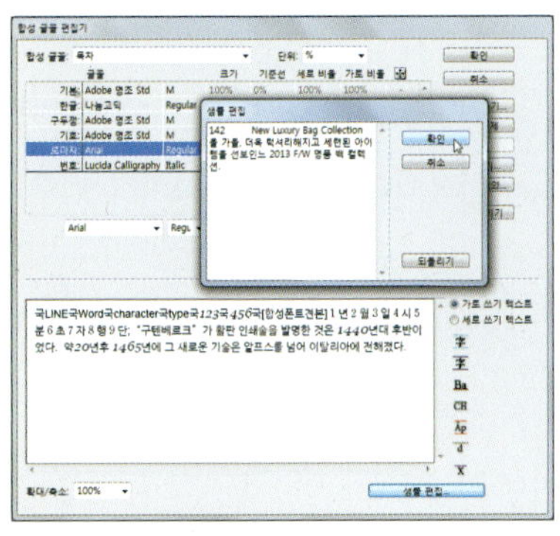 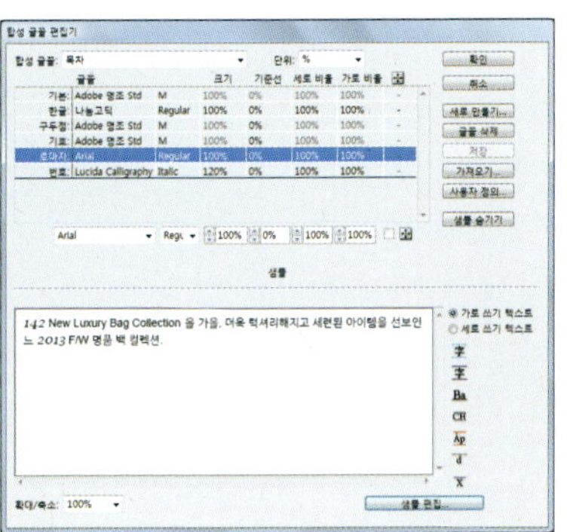

---

5 합성 글꼴 적용하기

❶글꼴을 적용할 대상 텍스트를 드래그하여 블록으로 선택합니다. ❷[컨트롤] 패널이나 [문자] 패널에서 글꼴 목록을 펼친 다음 [목차] 글꼴을 적용합니다.

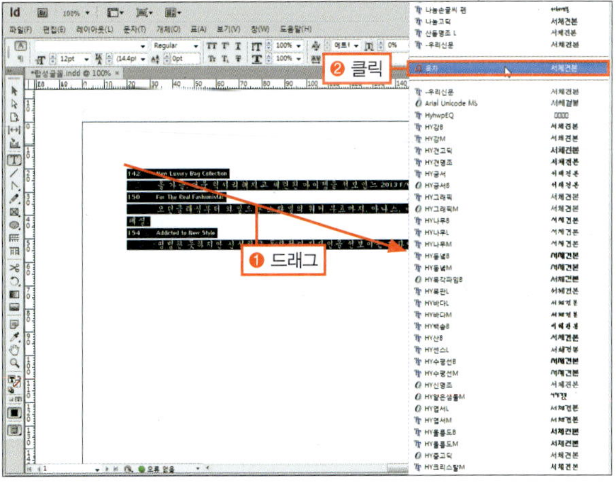

❶글꼴이 적용된 단락을 모두 드래그하여 블록으로 선택합니다. ❷[컨트롤] 패널에서 행간을 '20pt'로 설정하고 ❸[문자] 메뉴의 ❹[탭]을 실행합니다.

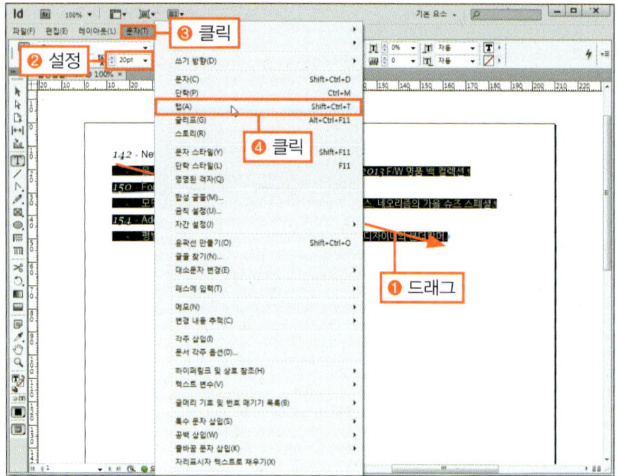

❶[탭] 대화상자에서 왼쪽 정렬 탭을 마우스로 클릭하고 드래그하여 탭의 위치를 설정합니다.

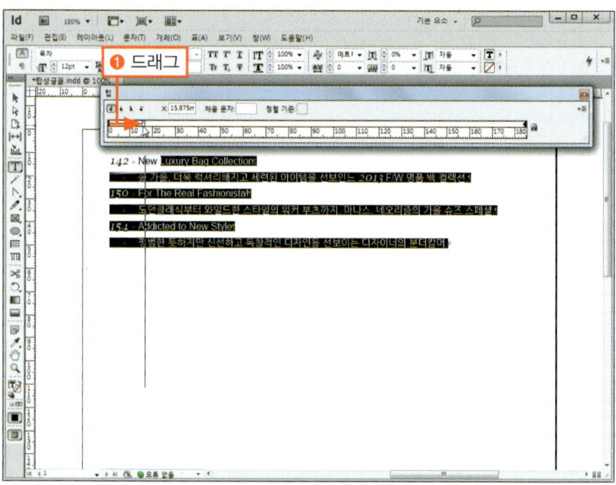

블록 선택을 해제하면 다음과 같이 합성 글꼴과 탭이 적용된 모습을 볼 수 있습니다. 적용된 합성 글꼴은 [문자] 메뉴의 [합성 글꼴]을 실행하고 해당 글꼴의 설정 옵션을 변경하면 자동으로 합성 글꼴 모양이 변경됩니다. 또한, [문자] 메뉴의 [탭]을 실행하여 탭의 위치와 정렬 기준을 변경할 수 있습니다.

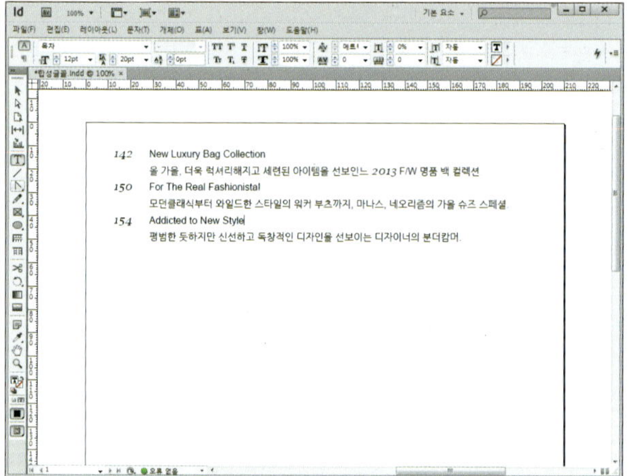

1 예제 문서를 열고 단락 스타일과 개체 스타일을 새롭게 만들고, 단락과 개체에 등록해 놓은 스타일을 각각 적용해 보세요.

◎ **시작 파일** : Part06\응용실습1.indd
◎ **완료 파일** : Part06\응용실습1_완료.indd
◎ **해설 파일** : 해설파일\Part06_응용실습1_해설.hwp, Part06_응용실습1_해설.pdf

Before

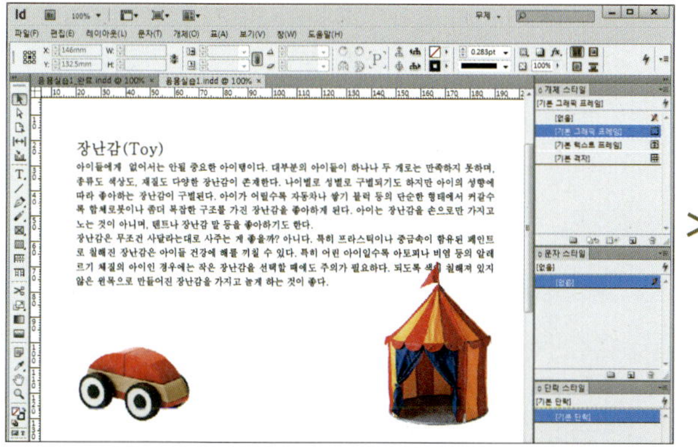

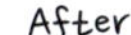

After

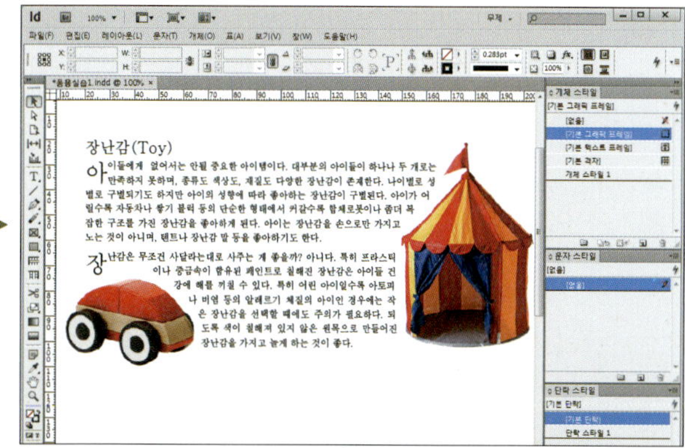

❶새로운 단락 스타일 추가하기 ❷[단락 스타일 옵션] 대화상자의 [단락 시작표시문자 및 중첩 스타일] 영역에서 [줄 수]는 '2', [문자 수]는 '1'로 설정하기 ❸새로운 개체 스타일 만들기 ❹텍스트 감싸기의 간격을 '3mm'로 설정하고, [윤곽선 옵션] 유형을 '가장자리 감지'로 설정하기

2 예제 문서를 열고 이름과 설명 부분에 다른 문자 스타일이 적용되도록 중첩 스타일을 만들어 적용해 보세요. 그런 다음 2개의 단으로 프레임 옵션을 설정해 보세요.

◎ **시작 파일** : Part06\응용실습2.indd
◎ **완료 파일** : Part06\응용실습2_완료.indd
◎ **해설 파일** : 해설파일\Part06_응용실습2_해설.hwp, Part06_응용실습2_해설.pdf

Before

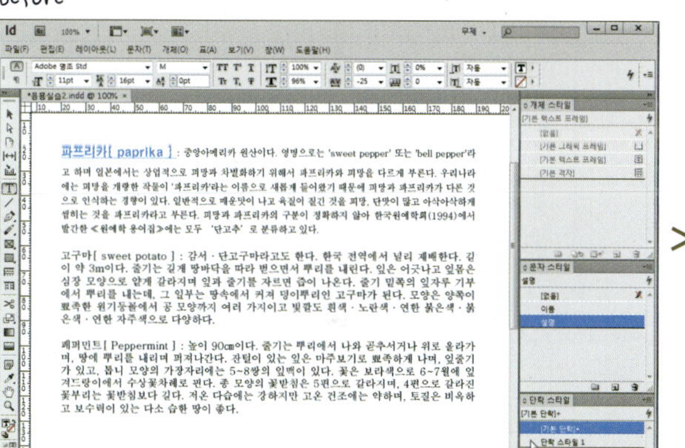

After

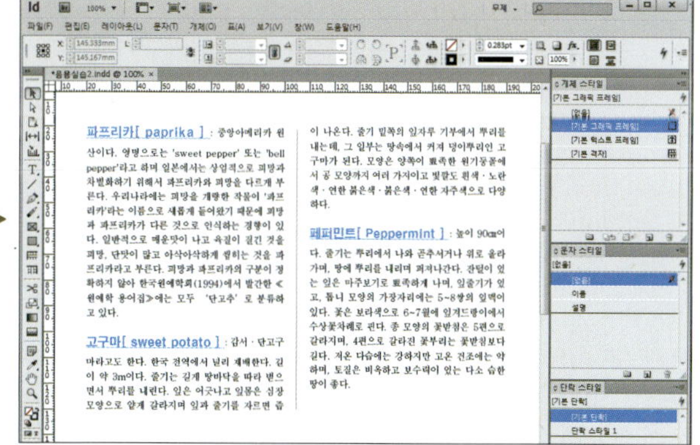

❶새로운 단락 스타일 추가하기 ❷새로운 중첩 스타일 추가하기 ❸중첩 스타일 옵션 설정하기 ❹등록해 놓은 중첩 스타일 적용하기 ❺텍스트 프레임을 두 개의 단으로 옵션 설정하기 ❻선 도구를 이용하여 단 구분선 만들기

문서를 정돈해주는
표 기능 활용하기

문서 편집에서 표는 텍스트로 정돈하고 표현할 수 없는 부분을 깔끔하게 완성할 수 있는 편리한 기

능입니다. Part 07에서는 표를 만드는 기본적인 기능부터 다른 응용 프로그램의 표나 데이터를 가져

와 완성하는 방법, 표를 보기 좋게 꾸며주는 방법 등에 대해 살펴봅니다.

INDESIGN CS6

새로운 표 만들고 편집하기

인디자인에서 문서에 표를 입력하는 방법에 대해 알아봅니다. 표는 텍스트 프레임 안에 텍스트와 같이 입력할 수 있으며, 표를 구성하는 셀을 합치거나 나누어 원하는 구성의 표를 만들 수 있습니다. 셀 안에 입력한 텍스트는 글꼴과 글자 크기 등을 자유롭게 설정할 수 있으며, 셀 높이나 너비 등을 직접 설정할 수 있습니다. 여기서는 새로운 표를 만드는 방법과 구성을 편집하는 방법에 대해 알아봅니다.

다루는 내용

- 표 만들기
- 셀 구성 편집하기
- 셀 크기 변경하기

기능 정리

표의 행과 셀 개념 이해하고 만드는 방법 익히기

텍스트 프레임은 인디자인의 문서 내에 텍스트를 입력하기 위한 공간이라 할 수 있습니다. 문서에 텍스트를 입력하거나 붙여넣기 위해서는 우선 텍스트 프레임으로 텍스트가 입력될 영역을 만들고 프레임의 위치와 크기를 조절하여 텍스트가 배열되는 범위를 조절할 수 있습니다.

● 표 구성 살펴보기

표는 작은 사각형 모양의 셀로 구성됩니다. 가로 방향의 단위를 '행'이라 하며, 세로 방향의 단위를 '열'이라 합니다. 행과 열의 개수를 이용해 필요한 구성의 표를 만들 수 있습니다. 다음의 표는 7개의 행과 6개의 열로 구성된 표입니다. 행과 열의 개념은 표를 만들 때나 구성을 편집할 때 사용하는 개념이므로 반드시 익혀두도록 합니다.

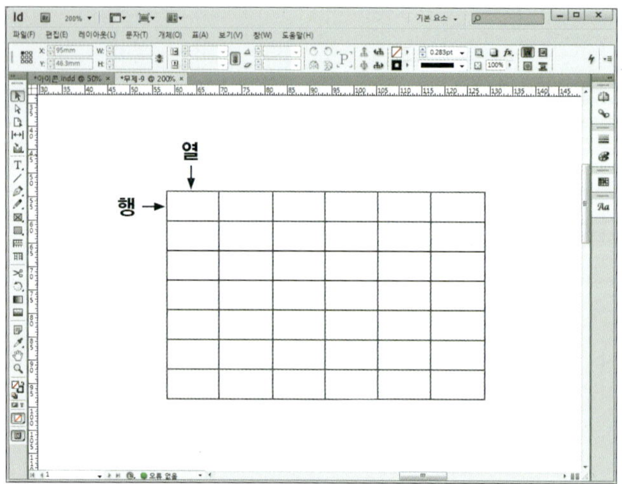

● **새로운 표 만들기**

문서에 표를 넣을 때에는 텍스트와 마찬가지로 텍스트 프레임 안에 표를 만들어 넣을 수 있습니다.
텍스트 프레임 안에 커서를 두고 [표] 메뉴의 [표 삽입]을 실행한 후 표 크기에서 행과 열의 개수를
입력합니다. [확인]을 클릭하면 커서 위치에 표가 만들어집니다.

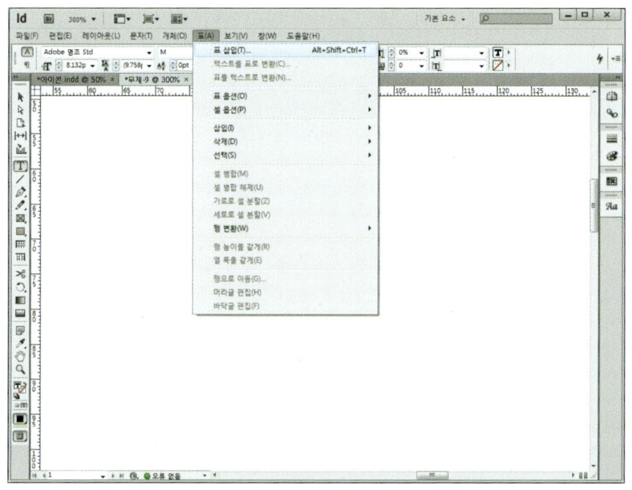

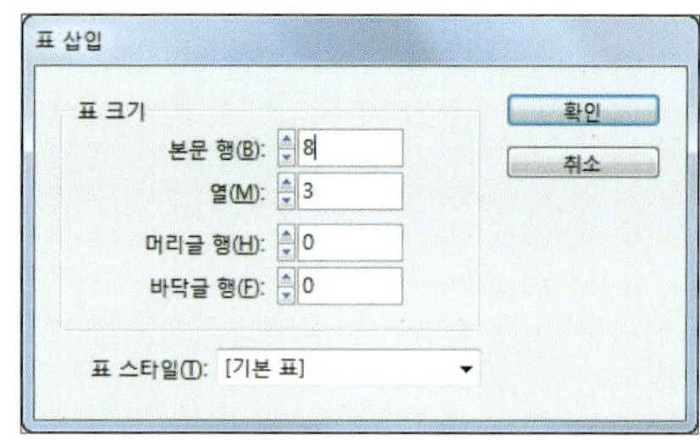

● **텍스트를 표로 변환하기**

문서에 입력해 놓은 텍스트를 표로 변환할 수 있습니다. 다만 표로 변환하기 위해서는 셀 사이를
구분할 수 있도록 Enter 나 Tab, 쉼표 등으로 표시해 두어야 합니다. 표로 변환할 텍스트를 블록
으로 지정한 상태에서 [표] 메뉴의 [텍스트를 표로 변환]을 실행합니다. 행과 열 구분 기호를 선
택하고 [확인]을 클릭하면 자동으로 텍스트를 표로 변환할 수 있습니다.

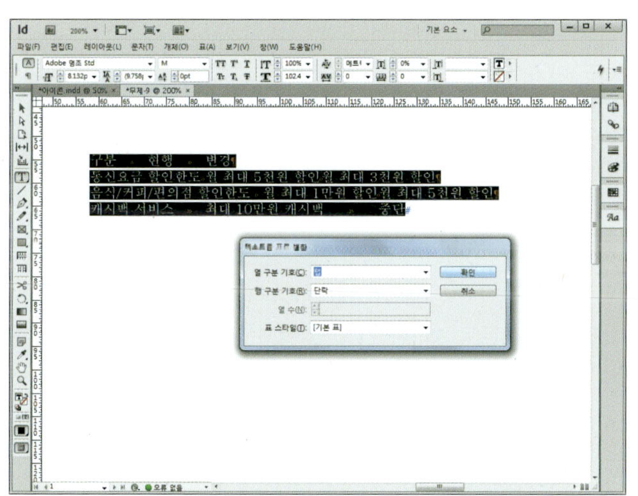

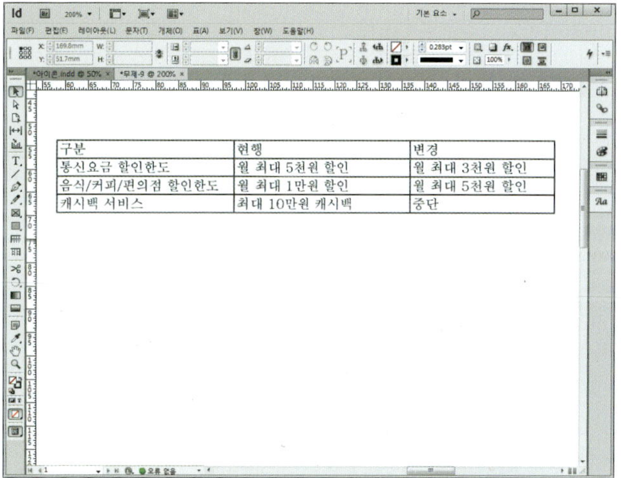

● 표 구성 편집하기

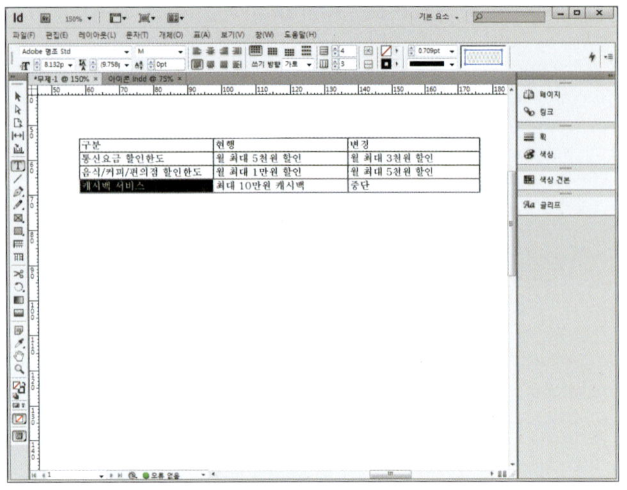

표를 선택하거나 셀을 선택하면 상단에 [표] 패널이 표시됩니다. 셀 안에 입력한 텍스트의 모양, 정렬 방식, 쓰기 방향, 행과 열의 개수, 배경색, 테두리 등을 설정할 수 있습니다.

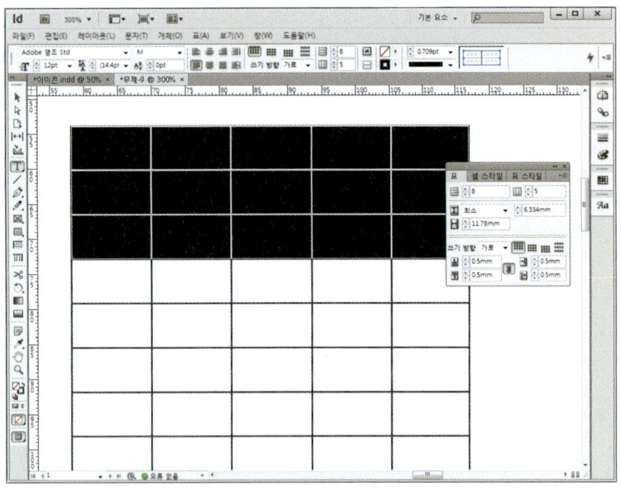

또는 [창] 메뉴의 [문자 및 표]-[표]를 실행하여 [표] 패널을 직접 불러올 수 있습니다. 표의 행과 열 개수를 편집하거나 셀의 너비나 높이를 설정할 수 있습니다. 또는 셀 안에 입력한 텍스트의 정렬 기준 위치나 여백을 설정할 수 있습니다.

● 셀 분할과 병합하기

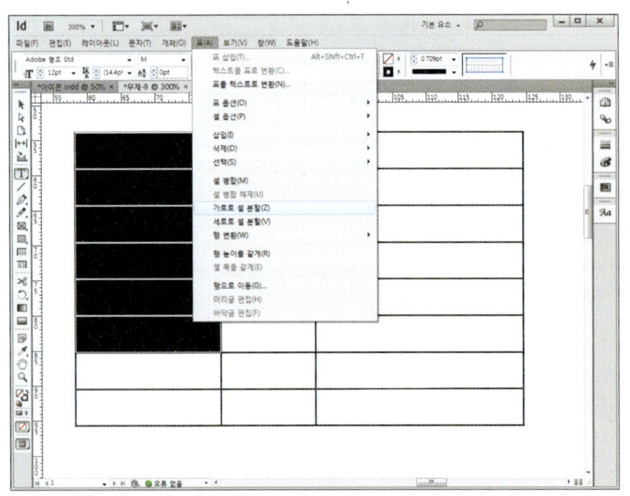

셀을 선택한 상태에서 [표] 메뉴를 실행하거나 마우스 오른쪽 버튼을 누르면 팝업 메뉴가 펼쳐집니다. [가로로 셀 분할]이나 [세로로 셀 분할]을 실행하면 선택한 셀을 여러 개의 셀로 나눌 수 있습니다. 두 개 이상의 셀이 선택된 상태에서는 [셀 병합]으로 선택한 셀을 하나의 셀로 합칠 수 있습니다.

실습과정

새로운 표 만들기

텍스트 프레임 안에 새로운 표를 만드는 방법에 대해 알아봅니다.

◉ **완료 파일** : Part07\표.indd

01 새로운 표 만들기

❶도구 상자에서 [문자 도구](T)를 클릭하여 문서에 텍스트 프레임을 만듭니다. ❷텍스트 프레임 안에 커서를 두고 ❸[표] 메뉴의 ❹[표 삽입]을 실행합니다.

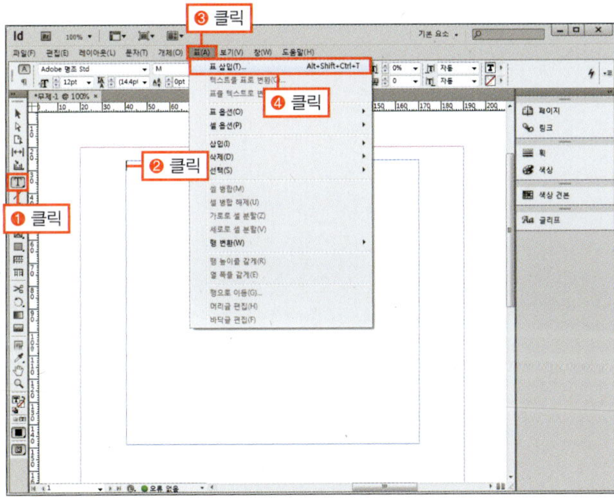

02 표 크기 설정하기

❶[표 삽입] 대화상자에서 [본문 행]은 '3', [열]은 '2'를 입력하고 [확인] 버튼을 클릭합니다. 다음과 같이 새로 만든 표는 텍스트 프레임의 가로 폭에 가득 채워진 크기이며, 열의 너비는 동일하게 둘로 나뉜 상태로 만들어집니다.

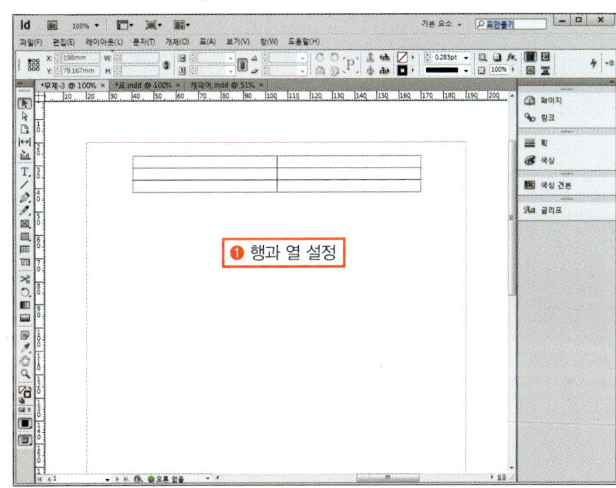

03 표 안에 내용 입력하기

❶셀 안을 클릭하여 각 셀 안에 해당 내용을 입력합니다. 이때 셀의 높이는 입력하는 텍스트의 양에 따라 자동으로 늘어납니다.

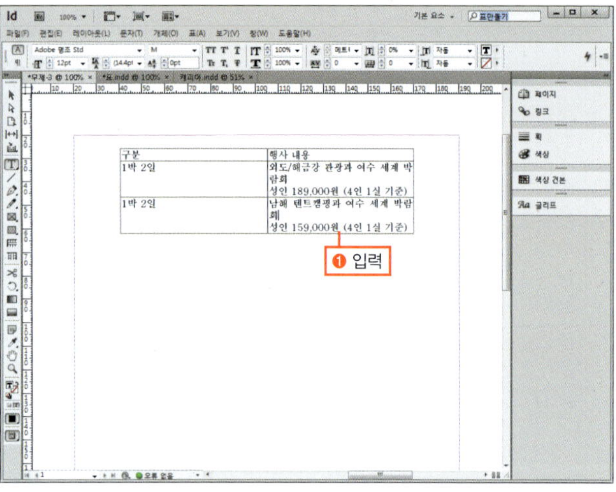

04 행 추가하기

❶표의 맨 아래 셀 경계선을 드래그하면서 Alt를 누릅니다. 맨 아래에 있는 행의 모양과 동일한 행이 자동으로 생성됩니다. ❷추가된 셀 안에 내용을 입력합니다.

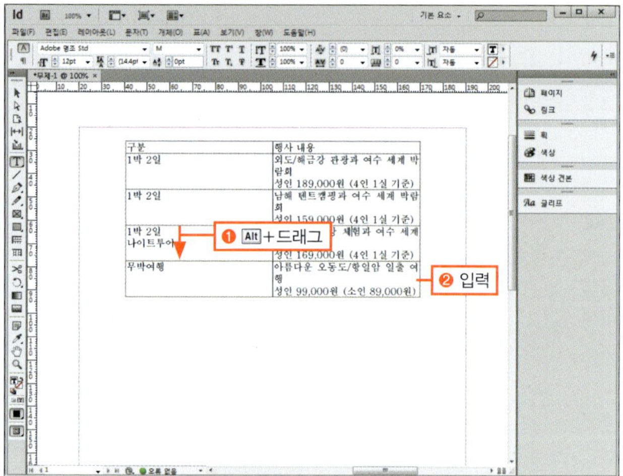

실습 과정

셀 크기 조절하는 방법과 편집 방법 익히기

표를 구성하는 셀의 크기를 조절하는 방법과 합치거나 여러 개의 셀로 나누는 방법에 대해 알아봅니다.

- **시작 파일** : Part07\카렌다.indd
- **완료 파일** : Part07\카렌다_완료.indd

01 표 만들기

❶예제 문서의 비어 있는 텍스트 프레임을 클릭하여 커서를 위치시킵니다. ❷[표] 메뉴의 [표 삽입]을 실행합니다. ❸[표 삽입] 대화상자에서 [본문 행]은 '1', [열]은 '7'로 입력하고 ❹[확인]을 클릭합니다.

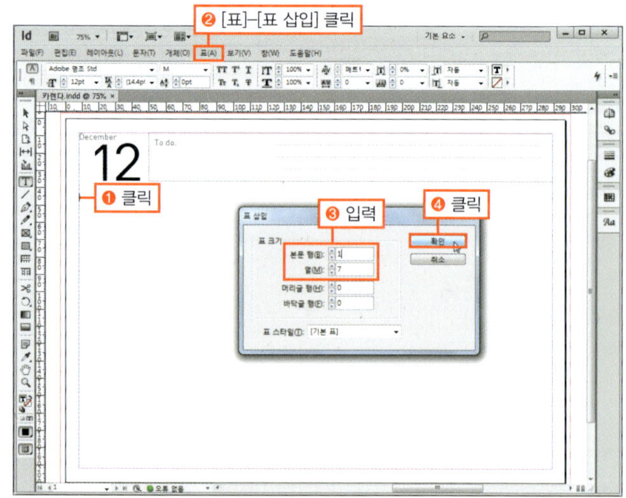

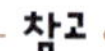 **참고**

표를 만들면 기본적으로 텍스트 프레임의 너비에 꽉 채워지도록 만들어집니다. 현재 예제 문서는 텍스트 프레임의 크기가 오른쪽 여백선에 맞춰져 있는 상태입니다.

02 두 번째 표 만들기

❶ 만들어진 표의 오른쪽에 커서를 둔 다음 ❷ `Enter` 를 눌러 행을 추가합니다. ❸ 다시 한 번 [표] 메뉴의 [표 삽입]을 실행합니다. ❹ [표 삽입] 대화상자에서 [본문 행]을 '5'로 입력한 후 ❺ [확인]을 클릭합니다.

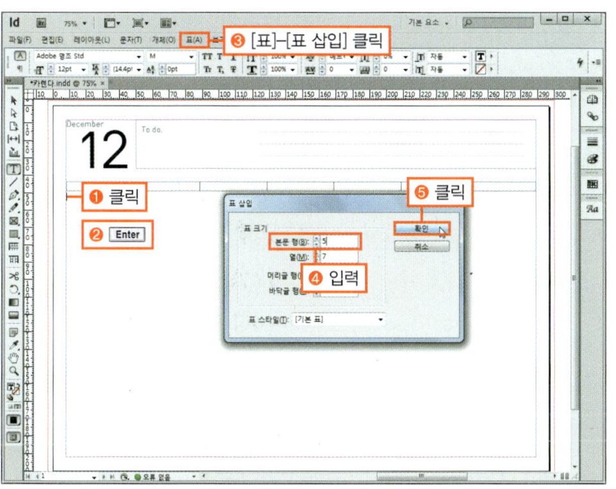

03 표 높이 조절하기

❶ 첫 번째 표의 아래 테두리에 커서를 가져간 다음 화살표 모양으로 표시되면 아래 방향으로 드래그합니다. ❷ 이번에는 두 번째 표의 맨 아래줄 테두리를 아래쪽으로 드래그하여 여백 부분까지 늘려줍니다.

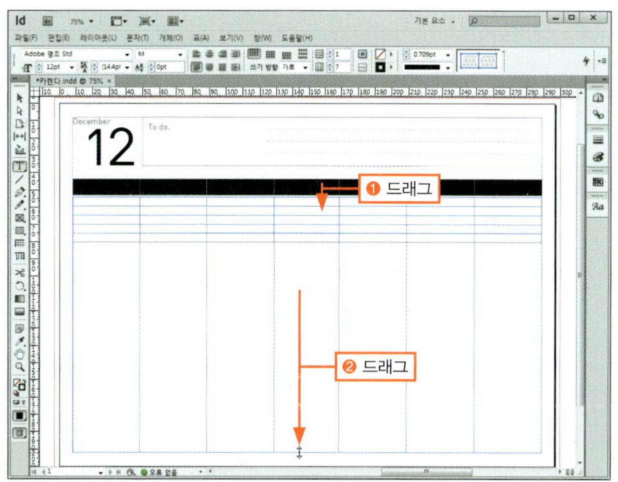

참고

셀 안에 커서가 있는 상태에서 `Enter` 를 누르면 셀의 높이가 커집니다. 표의 오른쪽 끝이나 아래쪽을 클릭하여 표 밖으로 커서를 꺼낸 다음 행을 추가하도록 합니다.

참고 ● 셀을 편집할 때 사용하는 메뉴 살펴보기

표의 셀 구성을 병합하거나 분할할 때 사용하는 명령과 셀의 크기를 손쉽게 조절할 수 있는 명령에 대해 살펴봅니다.

❶ **셀 병합** : 블록으로 선택된 두 개 이상의 셀을 하나의 셀로 합칩니다.

❷ **셀 병합 해제** : 하나로 합쳐진 셀 병합이 취소되고, 이전의 셀 상태로 되돌아갑니다.

❸ **가로로 셀 분할** : 선택된 셀을 가로 방향으로 두 개의 셀로 분할할 수 있습니다. 이때 여러 개의 셀이 선택되어 있다면 각각 두 개의 셀로 분할됩니다.

❹ **세로로 셀 분할** : 선택된 셀을 세로 방향으로 두 개의 셀로 분할할 수 있습니다. 이때 여러 개의 셀이 선택되어 있다면 각각 두 개의 셀로 분할됩니다.

❺ **행 높이를 같게** : 선택한 셀의 행 높이가 서로 다른 경우 동일한 높이로 행 높이를 조절해 줍니다. 연결된 다른 행의 높이도 함께 조절됩니다.

❻ **열 폭을 같게** : 선택한 셀의 열 폭이 서로 다른 경우 동일한 너비로 열 폭을 조절해 줍니다. 연결된 다른 열의 폭도 함께 조절됩니다.

04 행 높이 맞추기

❶두 번째 표에서 하나의 열을 드래그하여 블록으로 지정합니다. ❷블록으로 지정한 상태에서 마우스 오른쪽 버튼을 클릭하여 ❸[행 높이를 같게]를 실행합니다.

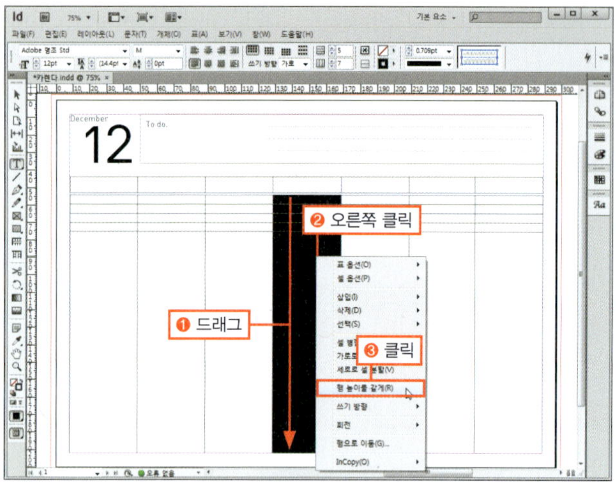

05 셀 병합하기

❶두 번째 표의 첫 번째 행에서 다음과 같이 여섯 개의 셀을 드래그하여 블록으로 지정합니다. ❷[표] 메뉴의 [셀 병합]을 실행하거나 마우스 오른쪽 버튼을 클릭하여 [셀 병합]을 실행합니다. 여섯 개의 셀이 하나의 셀로 합쳐집니다.

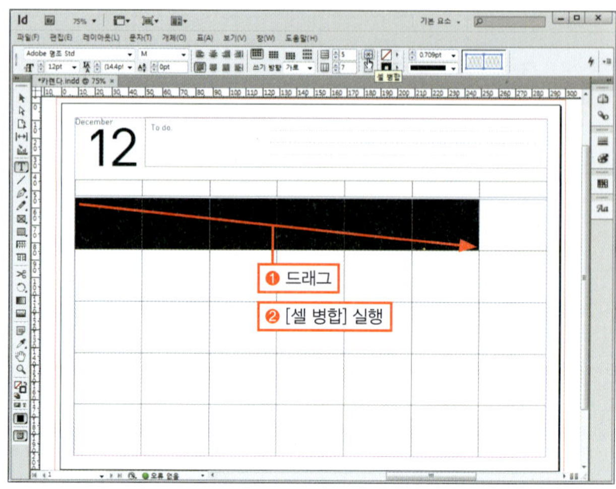

06 셀 나누기

❶두 번째 표의 맨 아래에 있는 두 개의 셀을 드래그하여 블록으로 지정합니다. ❷[표] 메뉴의 ❸[가로로 셀 분할]을 실행하거나 마우스 오른쪽 버튼을 클릭하여 팝업 메뉴에서 [가로로 셀 분할]을 실행합니다.

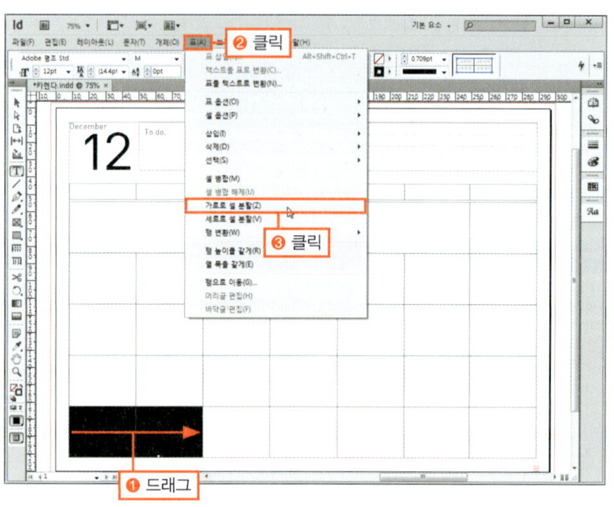

07 완성된 표 확인하기

❶Esc를 눌러 블록을 해제하면 각각 두 개의 셀로 나누어진 것을 확인할 수 있습니다.

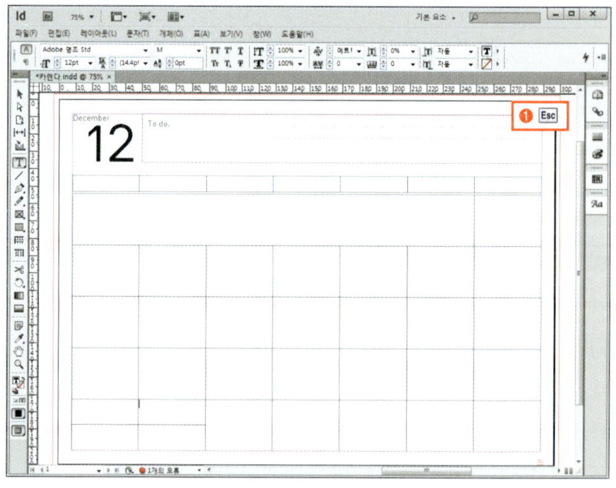

표 안에 입력한 텍스트 모양 설정하기

표 안에 입력한 텍스트의 모양과 색상을 설정한 후 셀의 안쪽 여백과 정렬 기준을 설정해 봅니다.

◉ **시작 파일** : Part07\표정렬.indd
◉ **완료 파일** : Part07\표정렬_완료.indd

01 [문자] 패널 열기

예제 문서를 불어온 후 ❶첫 번째 표의 모든 셀을 드래그하여 블록으로 지정합니다. ❷[창] 메뉴의 ❸[문자 및 표]-❹[문자]를 실행하여 [문자] 패널을 불러옵니다. ❺[문자] 패널에서 글꼴을 'Din Altermate'로 설정합니다.

02 셀 안에 가운데 정렬하기

❶글꼴이 설정된 상태에서 상단의 [서식] 패널에서 [가운데 정렬](☰)을 클릭합니다. ❷셀의 가운데에 텍스트가 정렬되면 세로 정렬 영역에서 [가운데 정렬](▦)을 클릭합니다. 셀 안에 입력한 텍스트가 가로와 세로 방향 모두 가운데로 정렬됩니다.

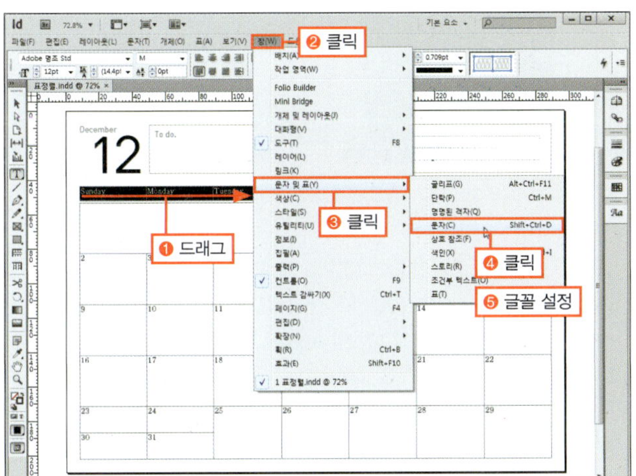

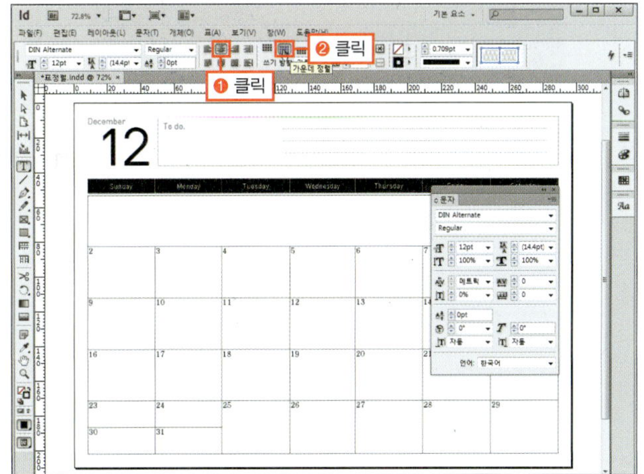

> **참고**
> 컴퓨터에 해당 글꼴이 설치되어 있지 않은 경우 설치되어 있는 다른 글꼴로 설정하도록 합니다.

03 글꼴과 글자 크기 설정하기

❶두 번째 표의 전체 셀을 드래그하여 블록으로 지정한 후 ❷[글꼴]을 'Din Altermate'로 설정합니다. ❸[글자 크기]를 '14pt'로 설정합니다.

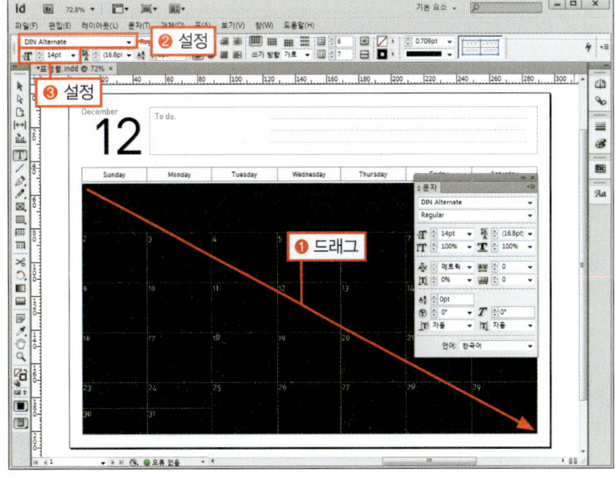

04 [셀 옵션] 대화상자 불러오기

글꼴과 글자 크기가 변경되었으면 블록으로 지정된 상태에서 ❶[표] 메뉴의 ❷[셀 옵션]-❸[텍스트]를 실행합니다.

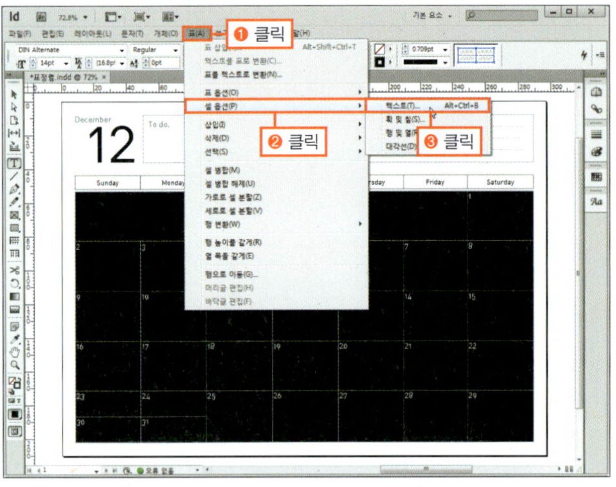

05 셀 안쪽 여백 설정하기

❶[셀 옵션] 대화상자의 [텍스트] 탭에서 [셀 인세트]의 값을 모두 '2mm'로 설정합니다. ❷[미리 보기]를 체크하여 셀 안에 입력한 텍스트의 위치를 확인하고 ❸[확인]을 클릭합니다.

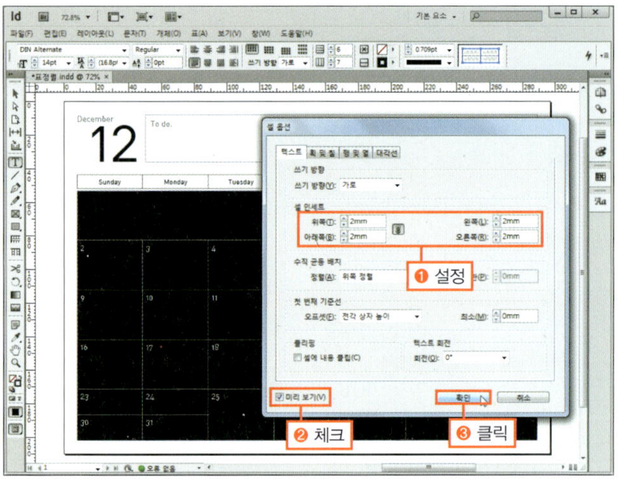

> **참고**
>
> [모든 설정 동일하게 만들기]( )를 클릭하면 하나의 값만 변경해도 자동으로 나머지 값이 동일하게 변경됩니다. 하나의 값만 변경하고자 할 경우에는 클릭하여 선택을 해제한 후 값을 변경합니다.

06 글자 색 설정하기

❶[창] 메뉴의 [색상]-[색상 견본]을 실행하여 [색상 견본] 패널을 불러옵니다. ❷첫 번째 셀 안에 입력한 'Sunday'를 드래그하여 블록으로 지정합니다. ❸[색상 견본] 패널에서 글자색을 'C=0 M=100 Y=0 K=0'으로 설정합니다.

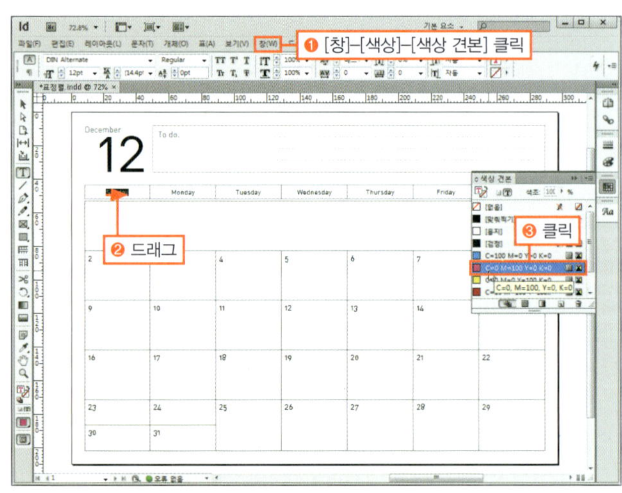

07 여러 개의 셀 안에 입력한 텍스트 색상 설정하기

❶캘린더의 일요일에 해당하는 셀을 드래그하여 블록으로 지정합니다. ❷[색상 견본] 패널에서 [텍스트에 서식 적용]([T])을 클릭합니다. ❸글자색을 'C=0 M=100 Y=0 K=0'으로 설정합니다.

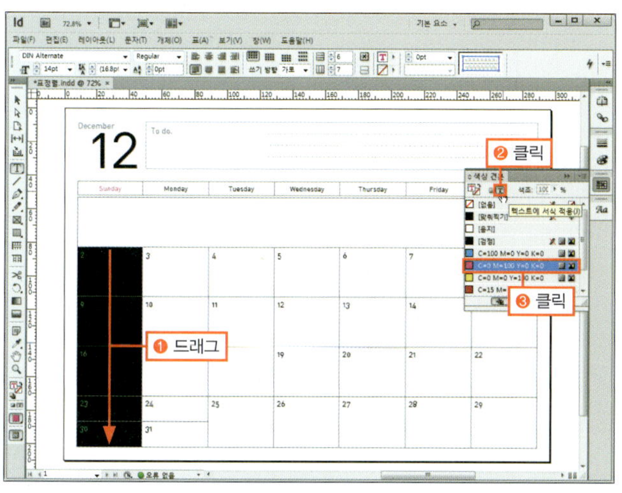

> **참고**
>
> 여러 개의 셀을 선택한 상태에서 [텍스트에 서식 적용]([T])을 클릭하지 않은 채 색상을 설정하면 글자가 아닌 셀 배경색이 채워집니다. 글자에 색을 설정할 경우 [텍스트에 서식 적용]([T])을 클릭한 후 색을 적용하도록 합니다.

09 글자 모양 복사하기

이번에는 [스포이드 도구]([✎])를 이용하여 글자 모양을 복사해 봅니다. ❶도구 상자에서 [스포이드 도구]를 선택합니다. ❷마우스 포인터 모양이 스포이드 모양([✎])으로 변경되면 숫자 '23'에 커서를 가져가 클릭합니다.

08 텍스트에 파란색 설정하기

❶첫 번째 표에서 'Saturday'를 드래그하여 블록으로 지정한 후 [색상 견본] 패널에서 글자색을 'C=100 M=0 Y=0 K=0'으로 설정합니다. ❷두 번째 표에서 다음과 같이 토요일에 해당하는 셀을 블록으로 설정한 후 ❸[텍스트에 서식 적용]([T])을 클릭합니다. ❹[색상 견본] 패널에서 텍스트 색상을 'C=100 M=0 Y=0 K=0'으로 설정합니다.

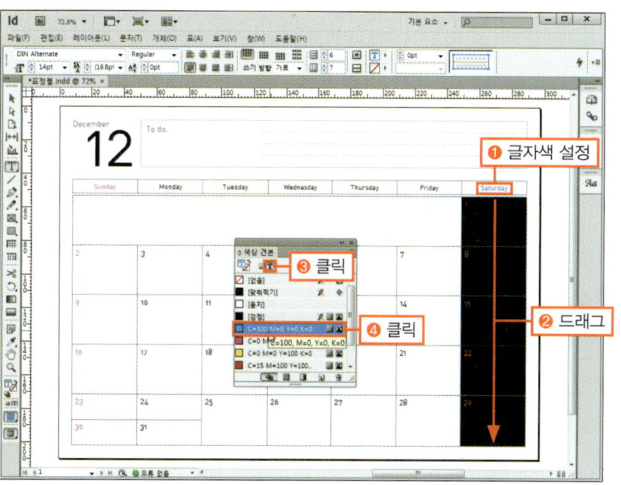

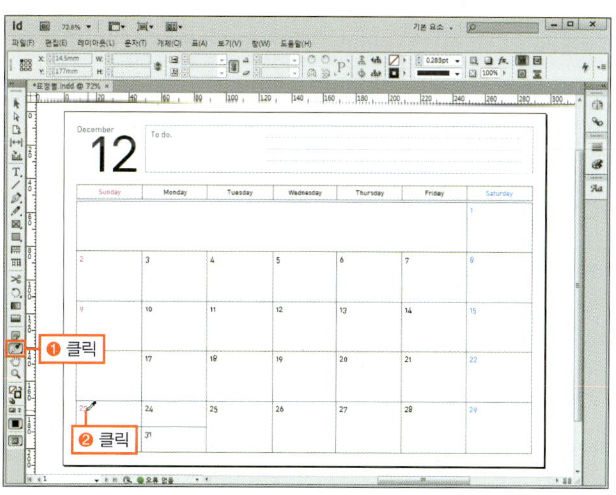

❶ 마우스 포인터 모양이 🔳로 변경되면 복사해 놓은 글자 모양을 적용하기 위해 숫자 '25'를 드래그합니다.

숫자 '25'가 붉은색으로 변경되고 캘린더가 완성되었습니다. 이와 같이 셀 안에 입력한 텍스트의 모양과 색상, 정렬 기준을 설정할 수 있으며, 글자 모양을 복사하여 손쉽게 동일한 모양의 글자 모양을 완성할 수 있습니다.

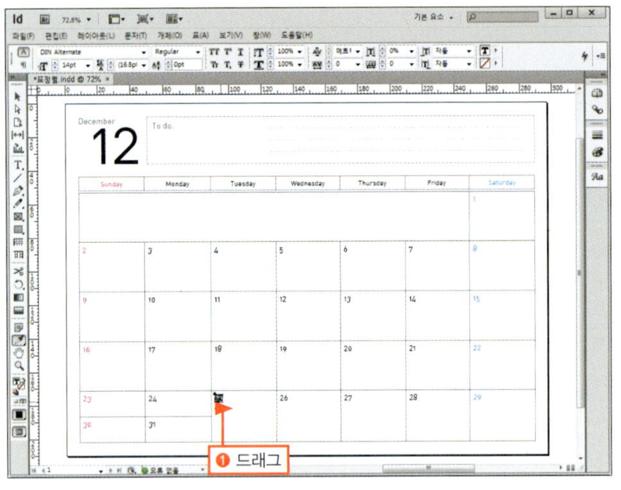

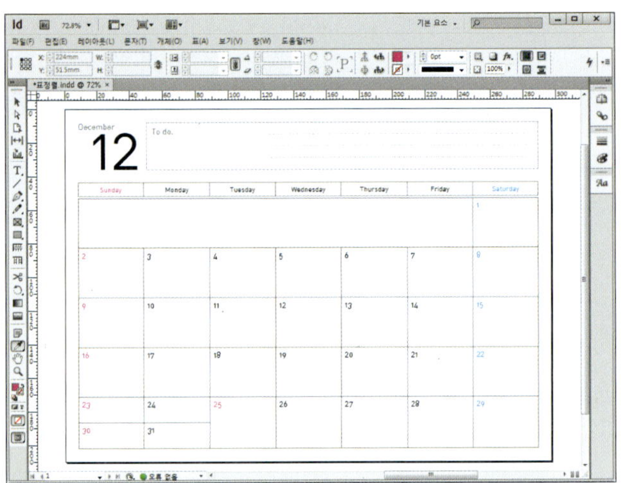

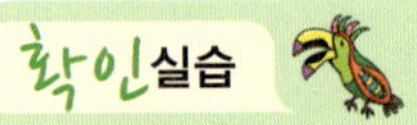
확인실습

1 새로운 표를 만든 다음 셀 분할과 셀 병합 기능을 활용하여 다음과 같은 구성의 표를 만들어 보세요. 그리고 마지막 줄의 행 높이를 키워보세요.

◎ **시작 파일** : Part07\확인실습1.indd
◎ **완료 파일** : Part07\확인실습1_완료.indd

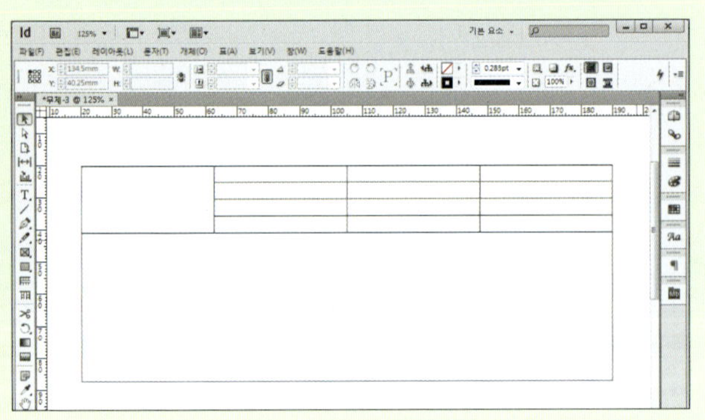

2 다음과 같이 표 안에 입력한 텍스트의 정렬 방식을 '모든 줄 균등 배치'로 설정하고 안쪽 여백을 '2mm'씩 설정해 보세요.

◎ **시작 파일** : Part07\확인실습2.indd
◎ **완료 파일** : Part07\확인실습2_완료.indd

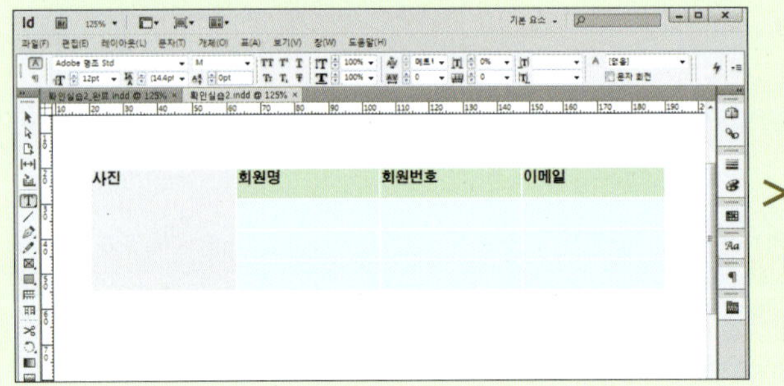

표와 셀을 선택하는 방법 살펴보기

표를 구성하는 셀에 배경색을 넣거나 테두리를 지정할 때 또는 합치기나 나누기를 실행하기 위해서는 셀을 블록으로 선택해야 합니다. 셀이나 표를 편집하기 위해 선택하는 방법에 대해 알아봅니다.

◉ 준비 파일 : Part07\셀선택.indd

1 열 선택하기

표에서 원하는 부분을 드래그하여 일정 영역의 셀을 블록으로 지정할 수 있습니다. ❶특정 열을 블록으로 지정해야 할 경우 표의 맨 윗부분에 커서를 가져가면 다음과 같이 화살표 모양으로 변경됩니다. 이때 클릭하면 해당 열이 모두 블록으로 선택되며, 오른쪽이나 왼쪽으로 드래그하여 이웃한 여러 개의 열을 함께 선택할 수 있습니다.

2 행 선택하기

열을 선택하는 방법과 비슷하며, ❶표의 왼쪽 끝에 커서를 두고 마우스 포인터 모양이 화살표 모양으로 변경되면 클릭합니다. 클릭한 행을 모두 블록으로 선택할 수 있으며, 위와 아래로 움직여 이웃한 여러 개의 행을 블록으로 지정할 수 있습니다.

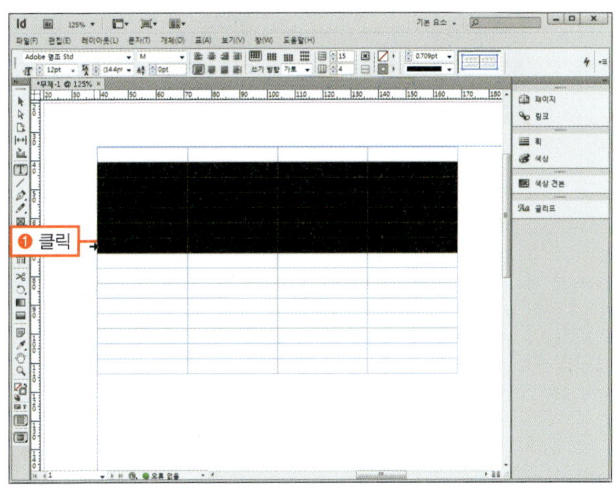

3 셀 하나 선택하기

현재 셀을 하나 선택할 때에는 마우스로 셀 안에서 클릭한 후 드래그하여 선택할 수 있지만, 셀 하나 보다는 두 개 이상의 셀을 선택할 때 편리하며, 현재 커서가 위치한 셀 하나를 선택할 때에는 [표] 메뉴의 [선택]–[셀]을 실행하여 블록으로 선택하는 방법을 사용하는 것이 편리합니다.

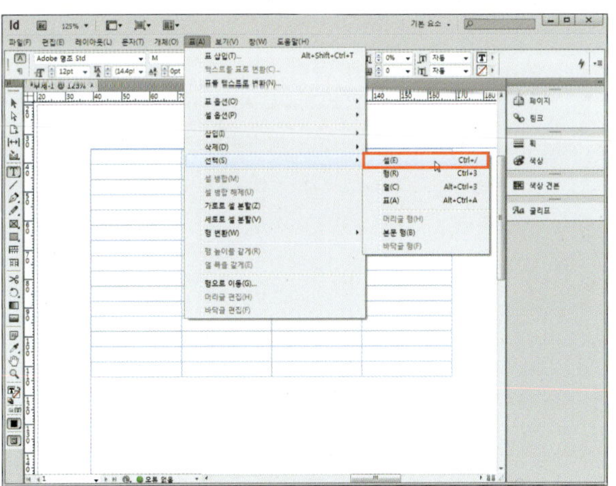

마우스를 이용하여 표나 셀을 블록으로 선택할 수도 있으며, [표] 메뉴의 [선택] 메뉴를 이용하여 블록으로 지정할 수도 있습니다. ❶표에 커서를 두고 ❷[표] 메뉴의 ❸[선택]을 실행하면 선택할 대상을 선택하여 블록으로 지정할 수 있습니다. 예제의 경우 첫 번째 행이 머리글 행으로 설정된 상태이므로 [선택] 메뉴에서 ❹[본문 행]을 선택한 경우 첫 번째 행을 제외한 나머지 모든 셀이 블록으로 지정됩니다.

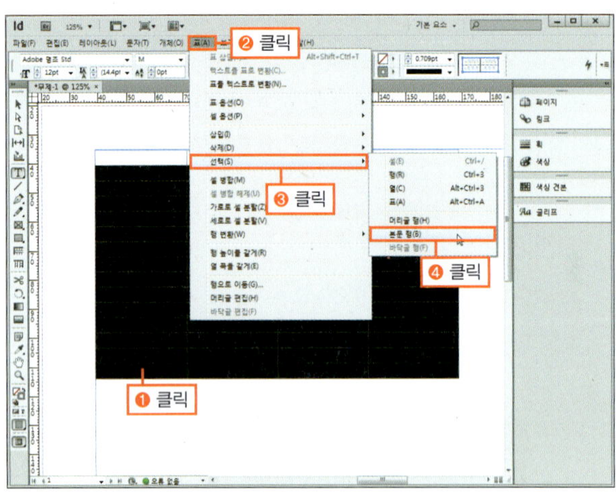

❶마우스를 표의 왼쪽 모서리에 가져가면 커서 모양이 ↘로 변경됩니다. 이때 클릭하면 표 전체를 블록으로 선택할 수 있습니다.

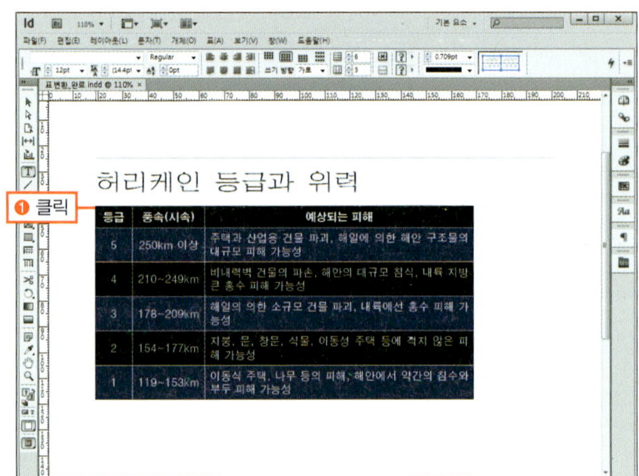

셀 안에 새로운 표 만들어 넣기

인디자인에서는 표를 구성하는 셀 안에 또 다른 표를 삽입할 수 있습니다. 여기서는 셀 안에 표를 입력하고 크기를 조절하는 방법에 대해 알아봅니다.

◉ **시작 파일** : Part07\셀스타일_완료.indd

1 셀 안에 새로운 표 만들기

❶표를 넣을 셀 안에 커서를 위치한 후 ❷[표] 메뉴의 [표 삽입]을 실행합니다. ❸[표 삽입] 대화상자에서 [본문 행]은 '4', [열]을 '2'로 입력하고 ❹[확인]을 클릭합니다.

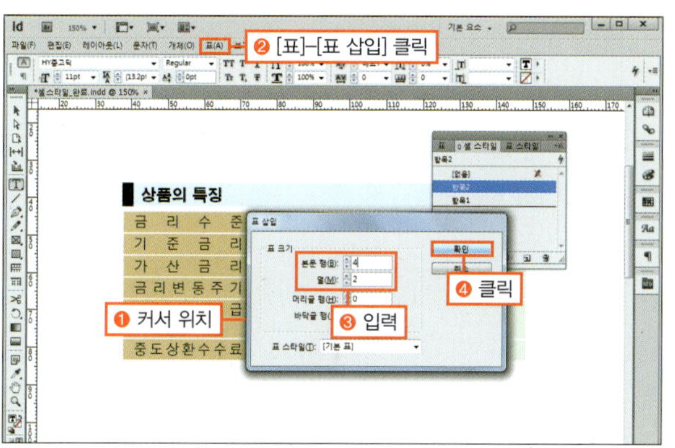

2 표 삭제하기

셀 안에 새로운 표가 만들어진 것을 확인할 수 있습니다. ❶표를 드래그하여 전체 선택하고 ❷마우스 오른쪽 버튼을 클릭하여 ❸[삭제]―❹[표]를 실행하여 셀 안의 표를 삭제합니다.

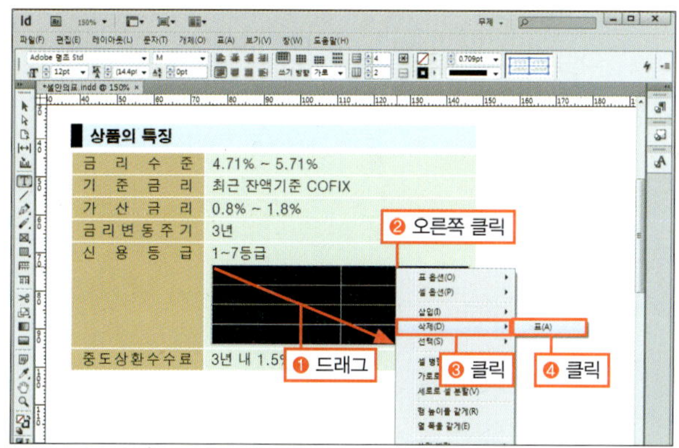

3 또 다른 표 만들고 복사하기

이번에는 셀 안에 별도의 표를 이동해 봅니다. ❶예제 문서의 표를 전체 드래그하여 블록으로 설정합니다. ❷Ctrl+X를 눌러 선택한 표 전체를 오려두기 합니다.

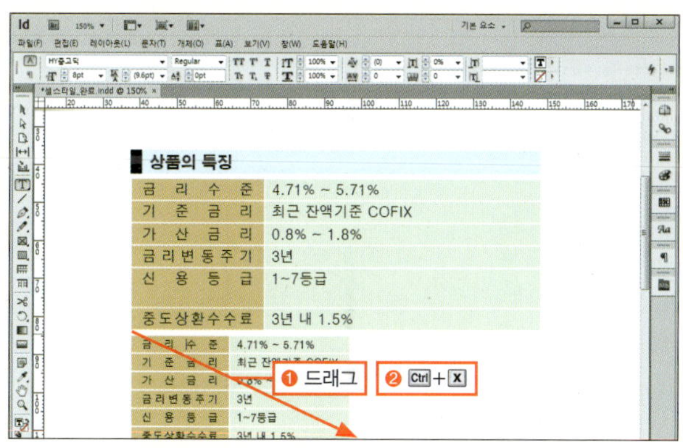

4 표 붙여 넣기

❶셀 안에 커서를 두고 Ctrl+V를 눌러 오려둔 표를 붙여넣기 합니다. 셀 안에 표가 그대로 삽입된 것을 확인할 수 있습니다. 이와 같이 인디자인에서는 셀 안에 자유롭게 별도의 표를 넣어 문서를 완성할 수 있습니다.

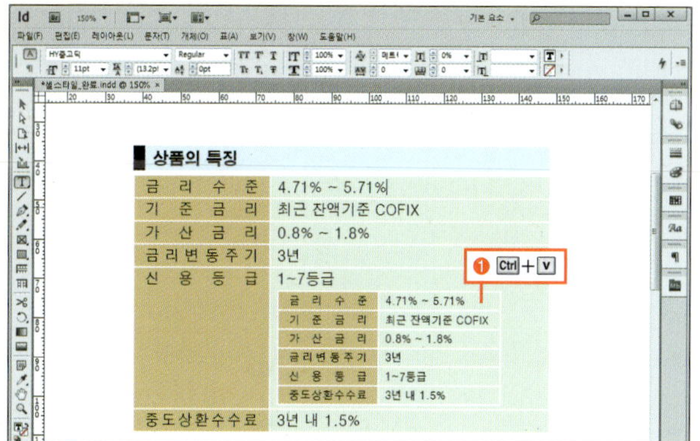

참고 ·

셀 크기보다 붙여 넣은 표의 크기가 클 경우 셀 바깥쪽으로 벗어날 수 있습니다. 셀의 안쪽에 있도록 붙여넣기한 표의 크기를 조절하도록 합니다.

스타일을 활용한 표 모양 설정하기

인디자인에서 문서에 넣은 표에는 배경색과 배경 그림, 테두리를 자유롭게 꾸밀 수 있습니다. 이렇게 표에 설정한 모양은 스타일로 등록하여 다른 표에 손쉽게 모양을 적용할 수 있습니다. 여기서는 표에 배경이나 테두리를 설정하여 모양을 꾸미는 방법에 대해 알아봅니다.

다루는 내용

- 표 행과 열 교대 설정하기
- 표/셀 배경 설정하기
- 표/셀 테두리 설정하기
- 표 스타일 설정하기

기능 정리

셀/표 관련 패널 살펴보기

표에는 테두리와 배경색을 다양하게 설정할 수 있습니다. 컨트롤 패널에서 직접 정렬 방식이나 테두리 종류, 채우기 색을 설정할 수 있으며, [표] 메뉴의 다양한 메뉴를 실행하여 표에 관한 옵션을 설정할 수 있습니다.

● 컨트롤 패널을 이용하여 표 모양 설정하기

표를 선택하면 상단의 컨트롤 패널에 셀 안의 내용 정렬 기준이나 행, 열 개수, 테두리 모양, 배경색 등을 손쉽게 설정할 수 있습니다.

● 표 옵션을 이용하여 표 모양 설정하기

[표] 메뉴의 [표 옵션] 중 어떤 메뉴를 실행해도 대화상자를 불러올 수 있습니다. 모두 다섯 개의 탭으로 구성되어 있으며, 전체 표의 구성이나 테두리, 칠 색, 머리글 및 바닥글 행에 관한 옵션을 설정할 수 있습니다.

① [표 설정] 탭

전체 표의 크기와 머리글/바닥글 행을 설정할 수 있으며, 표의 테두리 모양을 설정할 수 있습니다. 또한, 두 개 이상의 표가 함께 나열된 경우 현재 표와 이웃한 표와의 간격을 설정할 수 있습니다.

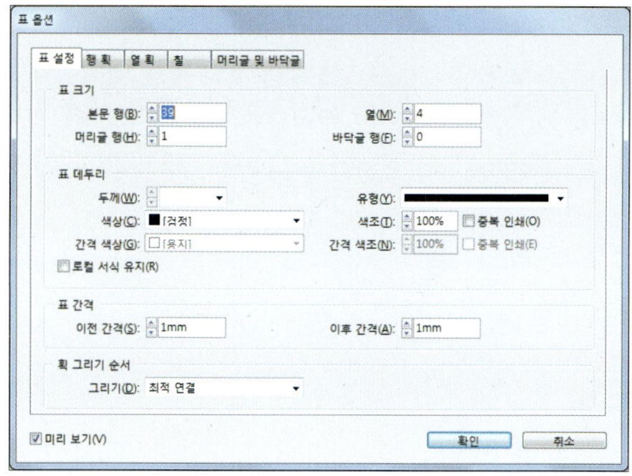

② [행 획] 탭

행의 테두리 모양과 색상, 굵기를 설정할 수 있습니다. 모든 행에 동일한 테두리를 설정할 수도 있으며, [교대 패턴]을 적용해 행마다 번갈아가며 두 가지 테두리를 사용할 수도 있습니다. 또한, 표의 처음이나 마지막에 설정한 테두리를 적용하지 않도록 설정할 수도 있습니다.

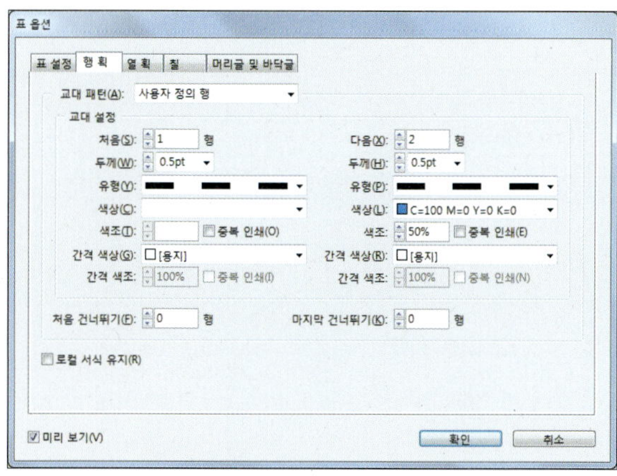

③ [열 획] 탭

열의 테두리 모양과 색상, 굵기를 설정할 수 있습니다. 모든 열에 동일한 테두리를 설정할 수도 있으며, [교대 패턴]을 적용해 열마다 번갈아가며 두 가지 테두리를 사용할 수도 있습니다. 또한, 표의 처음이나 마지막에 설정한 테두리를 적용하지 않도록 설정할 수도 있습니다.

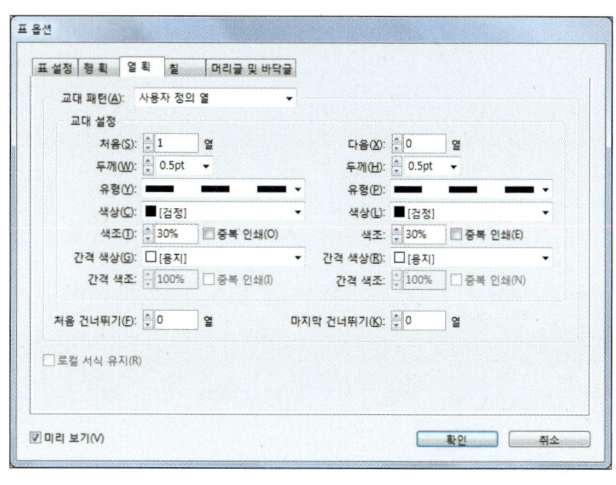

④ [칠] 탭

표에 배경색을 채워넣을 수 있습니다. 모든 셀에 동일한 색을 채워넣을 수도 있으며, [교대 패턴]을 적용해 행마다 번갈아가며 두 가지 색을 채워넣을 수도 있습니다. 또한, 표의 처음이나 마지막에 설정한 배경색이 채워지지 않는 행을 임의로 설정할 수도 있습니다.

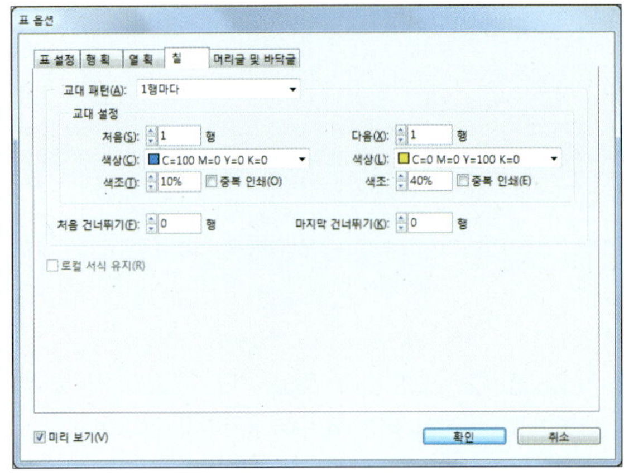

⑤ [머리글 및 바닥글] 탭

표의 머리글 행과 바닥글 행을 설정할 수 있습니다. 또한, 머리글과 바닥글 행을 반복할 기준을 설정할 수 있으며, 건너뛰기도 설정할 수 있습니다.

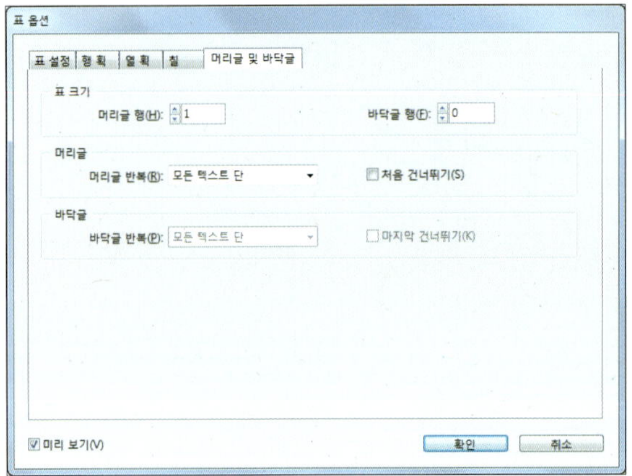

● **[셀 옵션] 대화상자**

선택한 셀에 입력한 텍스트의 정렬 방식이나 안쪽 여백, 텍스트의 회전 각도를 설정할 수 있으며,
테두리나 채우기 색상, 대각선 등을 설정할 수 있습니다.

① **[텍스트] 탭**

셀 안에 입력한 텍스트의 쓰기 방향이나, 셀 테두리와 텍스트 간의 간격, 수직 균등 배치 방식, 텍
스트를 회전할 수 있습니다.

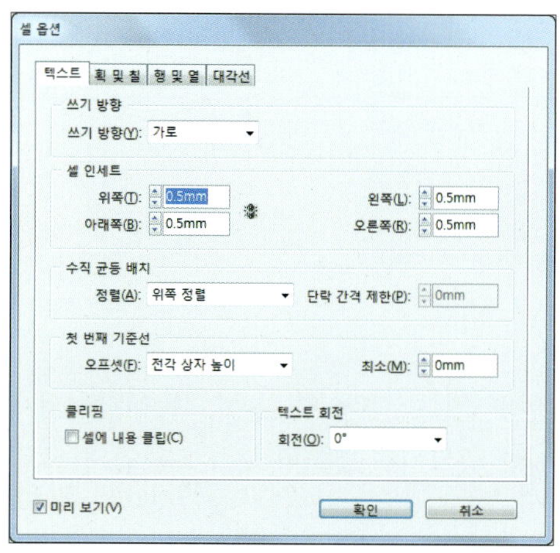

② **[획 및 칠] 탭**

선택한 셀의 테두리 모양을 설정하거나 배경색을 설정할 수 있습니다. 테두리의 유형을 파선 등
의 끊어진 형태로 설정할 경우 [간격 색상]을 설정할 수 있습니다.

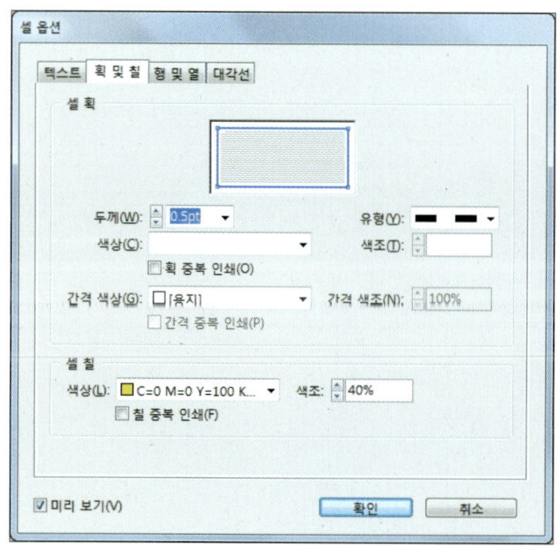

③ [행 및 열] 탭

선택한 셀의 최소 높이와 최대값을 설정할 수 있으며, 열 폭을 확인하거나 변경할 수 있습니다.

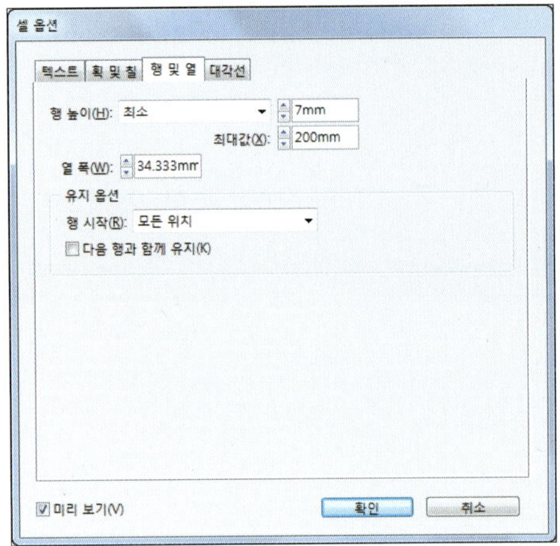

④ [대각선] 탭

셀 안에 세 가지 종류의 대각선을 만들어 넣을 수 있습니다. 대각선의 두께와 유형, 색상, 색조를 설정할 수 있으며, 텍스트를 앞에 위치시킬 것인지 대각선을 앞에 위치시킬 것인지를 선택할 수 있습니다.

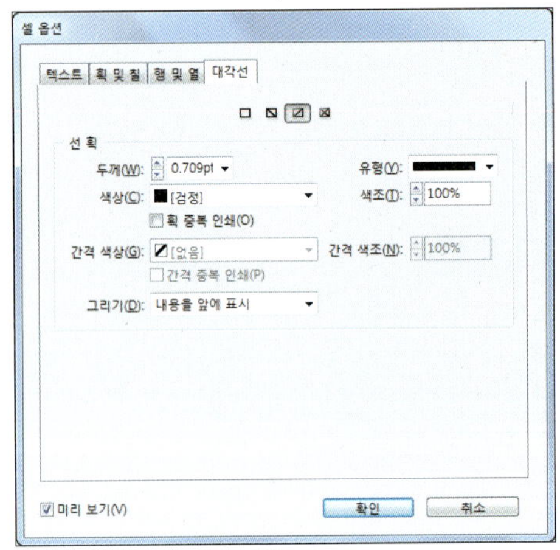

1 선택한 셀의 테두리와 배경색을 채워넣기 위해서 [표] 메뉴 중 어떤 명령을 실행해야 할까요? (   )

2 연결된 표의 상단 부분에 자동으로 반복하여 나타나도록 하려면 해당 행을 무엇으로 설정해야 할까요? (   )

정답 : **1** [셀 옵션]의 [색 및 칠] 탭, **2** 머리글 행

표에 배경색이나 테두리 설정하기

표의 배경색과 테두리를 설정하는 방법에 대해 알아봅니다.

◉ **시작 파일** : Part07\셀모양.indd
◉ **완료 파일** : Part07\셀모양_완료.indd

01 대상 테두리 설정하기

예제 파일을 불러온 후 ❶표 전체를 드래그하여 블록으로 지정합니다. ❷컨트롤 패널에서 모양을 적용할 테두리 위치를 모두 선택하여 표의 모든 테두리에 동일한 테두리 모양이 적용되도록 합니다.

02 투명 테두리로 설정하기

모든 테두리를 적용 대상으로 선택하였으면 ❶[컨트롤] 패널에서 테두리의 굵기를 ❷'0pt'로 설정합니다.

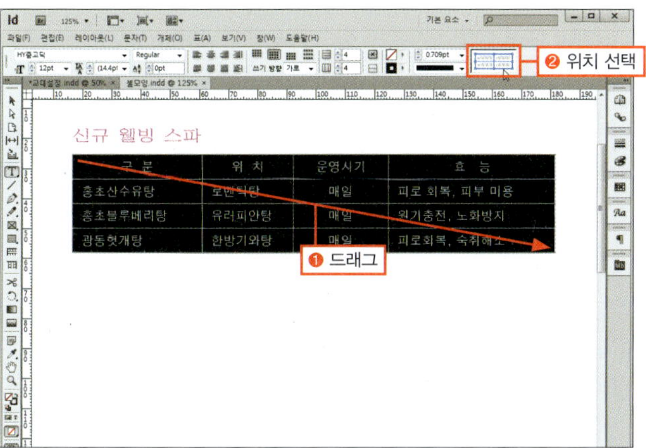

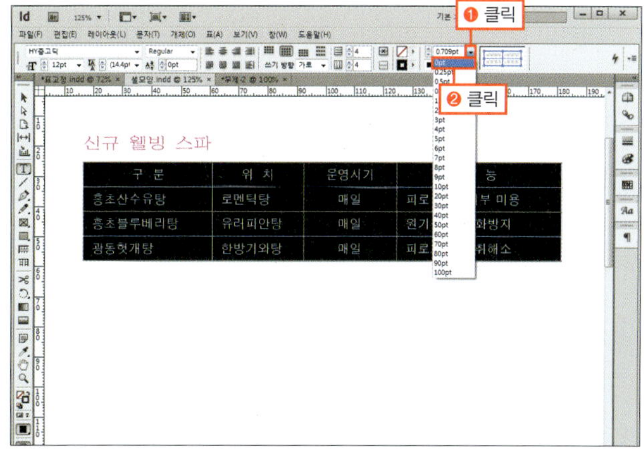

> **참고** •
>
> 표나 셀을 선택하면 상단 컨트롤 패널에서 테두리의 색상이나 종류, 굵기를 설정할 수 있습니다. 이때 설정한 테두리 모양을 적용할 대상 테두리를 설정할 수 있습니다. 적용할 테두리는 바깥쪽 네 군데와 안쪽 세로, 가로 경계선입니다. 모양을 적용할 테두리 위치를 먼저 설정한 다음 테두리 모양을 선택하는 것이 편리합니다.

03 첫 번째 행에 배경색 넣기

❶표의 첫 번째 행을 드래그하여 블록으로 지정합니다. ❷[컨트롤] 패널의 [칠] 영역에서 ▶를 클릭하여 ❸검은색으로 채워줍니다.

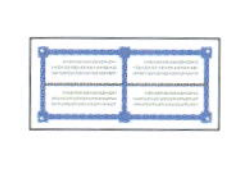

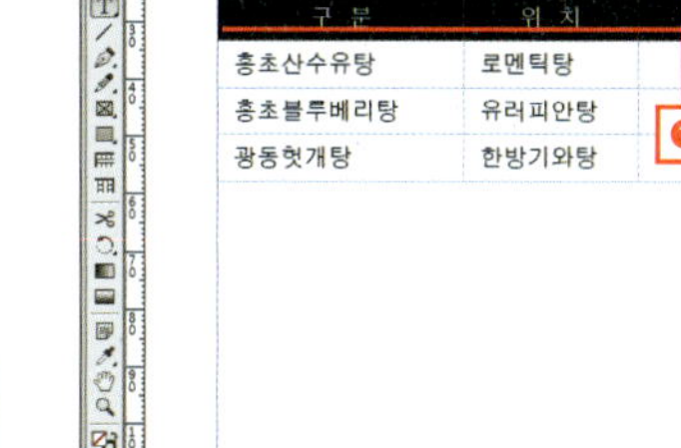

> **참고** •
>
> 테두리 굵기를 '0'으로 설정한 경우 가는 파란색으로 테두리가 표시됩니다. Ctrl + H를 누르면 파란색의 표 테두리 안내선이 사라져 굵기가 '0'으로 설정된 표를 확인할 수 있습니다.

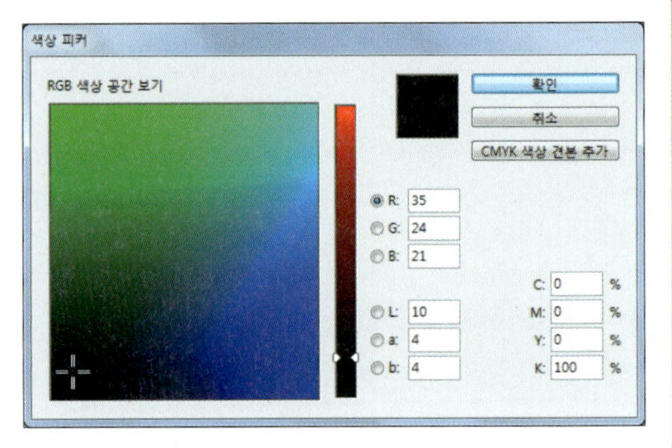

04 셀 안의 글자 색 설정하기

❶블록이 설정된 상태에서 [컨트롤] 패널의 [칠] 영역에서 ▶를 클릭합니다. ❷T를 클릭한 후 ❸셀 안에 입력한 텍스트 색상을 '용지' 색으로 설정합니다.

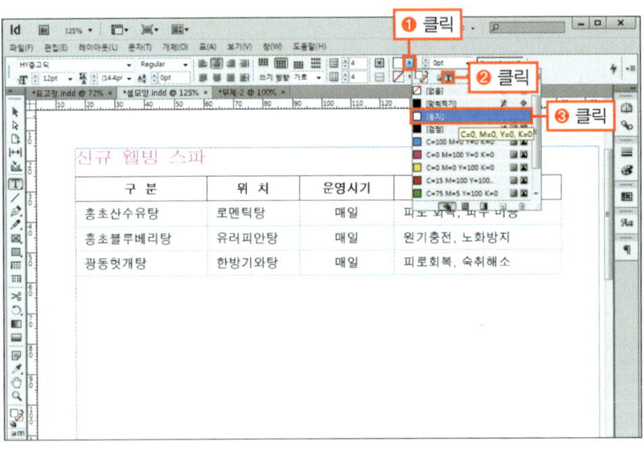

05 셀 배경색 설정하기

블록을 해제하면 다음과 같이 첫 번째 행의 배경색과 글자 색이 설정된 것을 볼 수 있습니다. ❶두 번째 행부터 마지막 행까지 드래그하여 블록으로 지정합니다. ❷[컨트롤] 패널에서 ▶를 클릭하여 ❸셀 배경색을 'C=100 M=0 Y=0 K=0'으로 설정합니다. ❹컬러를 설정한 후에는 [색조]를 '13%'로 설정합니다.

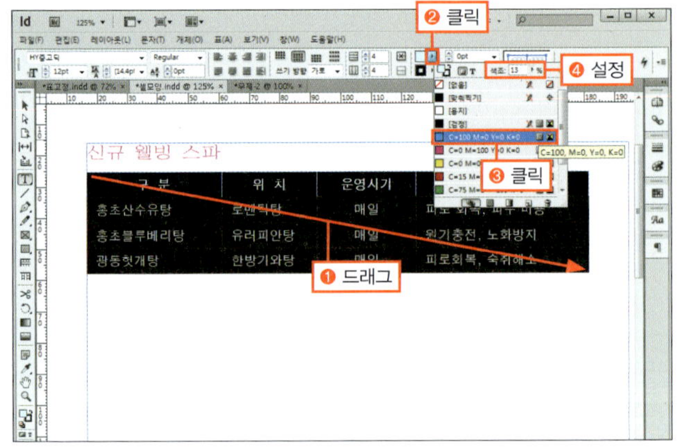

06 안쪽 셀 테두리 선택하기

❶표 전체를 드래그하거나 마우스 오른쪽 버튼을 클릭하여 [선택]-[표]를 실행하여 블록으로 설정합니다. ❷[컨트롤] 패널에서 테두리 모양 적용 대상을 안쪽 테두리만 선택합니다.

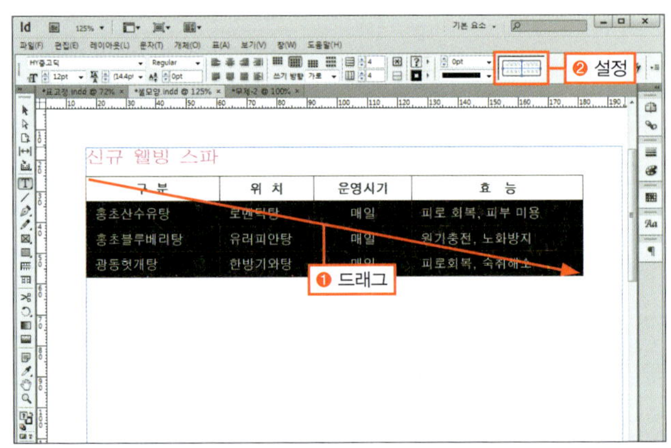

07 흰색 테두리 설정하기

❶테두리 굵기를 '0.75pt'로 설정합니다. ❷[획] 영역의 ▶를 클릭하여 ❸테두리 색을 '[용지]' 색으로 설정합니다.

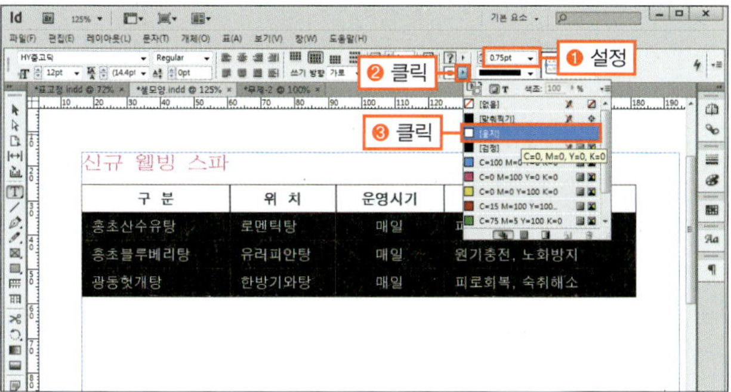

08 표 완성하기

❶ Esc 를 눌러 블록을 해제하면 다음과 같이 셀에 배경색과 테두리가 설정된 것을 확인할 수 있습니다.

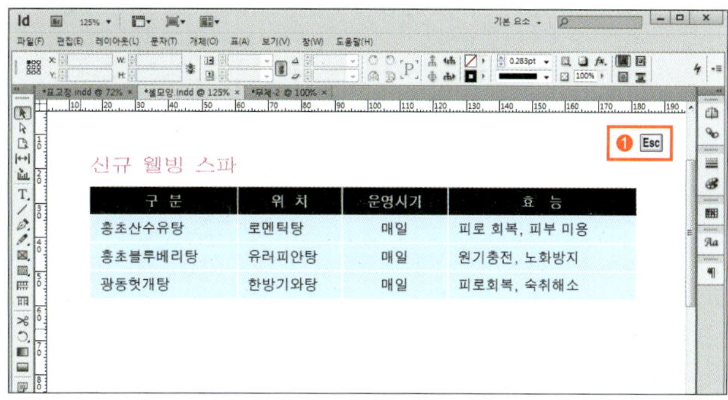

실습 과정

교대로 배경색 설정하기

표의 행이나 열을 교대로 배경색을 달리 설정하는 방법에 대해 알아봅니다.

◎ **시작 파일** : Part07\교대설정.indd
◎ **완료 파일** : Part07\교대설정_완료.indd

---

01 [교대 설정] 대화상자 열기

예제 문서를 불러온 후 ❶표 안을 클릭하여 커서를 위치시킵니다. ❷[표] 메뉴의 ❸[표 옵션]-❹[행 획 교대 설정]을 실행합니다.

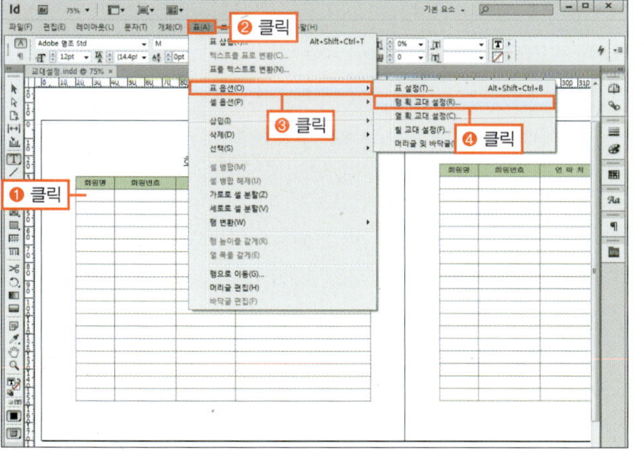

02 [행 획] 설정하기

❶[표 옵션] 대화상자의 [행 획] 탭에서 ❷[교대 패턴]을 '사용자 정의 행'으로 설정합니다. ❸[교대 설정] 영역에서 [처음]을 '1행'으로 설정하고 '0.5pt'의 초록색 파선으로 설정합니다. ❹[다음]을 '2행'으로 선택하고 마찬가지로 '0.5pt'의 파란색 파선으로 설정합니다.

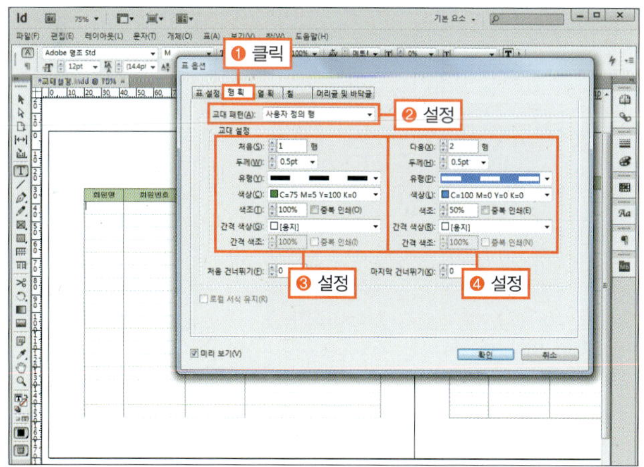

> **참고** •
>
> 이때 대화상자의 왼쪽 아래에 있는 [미리 보기]를 체크하면 설정하는 테두리와 배경색을 곧바로 확인할 수 있어 편리합니다.

03 [열 획] 설정하기

❶[열 획] 탭을 클릭하여 이동합니다. ❷[교대 패턴]을 '1 열마다'로 설정한 후 ❸다음과 같이 [색조]를 '30%, 검정' 으로 설정합니다.

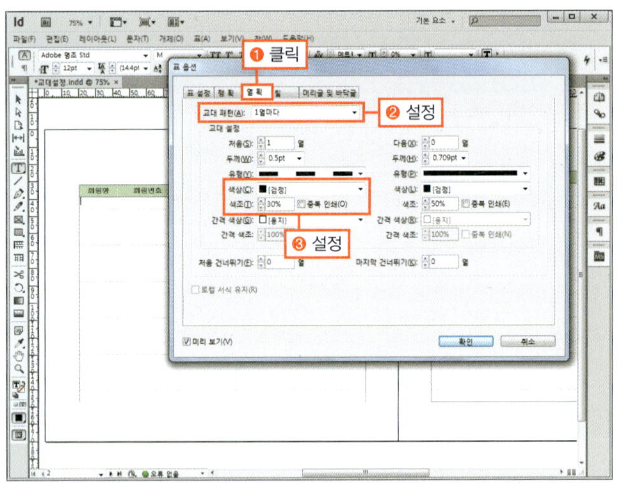

04 배경색 설정하기

❶[칠] 탭을 클릭하여 이동합니다. ❷[교대 패턴]을 '1행마다'로 설정한 후 ❸다음과 같이 첫 1행은 10% 색조의 파란색, 다음 1행은 40% 색조의 노란색으로 설정하고 ❹[확인]을 클릭합니다..

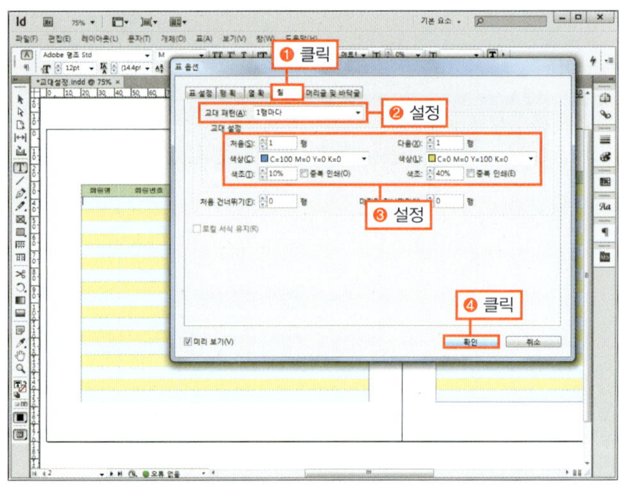

05 표의 바깥쪽 테두리 없애기

표에 테두리와 채우기 색이 교대로 설정된 것을 확인할 수 있습니다. 표의 가장자리 테두리를 없애기 위해 ❶표 전체를 드래그하여 블록으로 지정합니다. ❷[컨트롤] 패널에서 가장자리 테두리만 선택합니다. ❸획의 굵기를 ❹'0pt'로 설정하여 테두리를 없애줍니다.

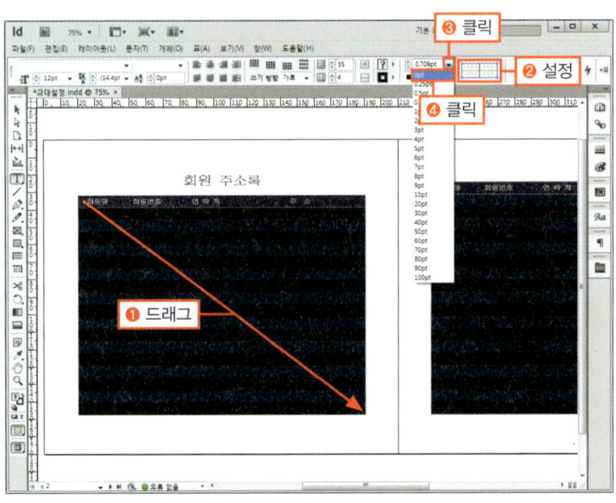

06 머리글 행 아래 테두리 설정하기

❶블록을 해제한 후 머리글을 드래그하여 블록으로 지정합니다. ❷[컨트롤] 패널에서 획의 색을 ❸'[용지]' 색으로 설정합니다.

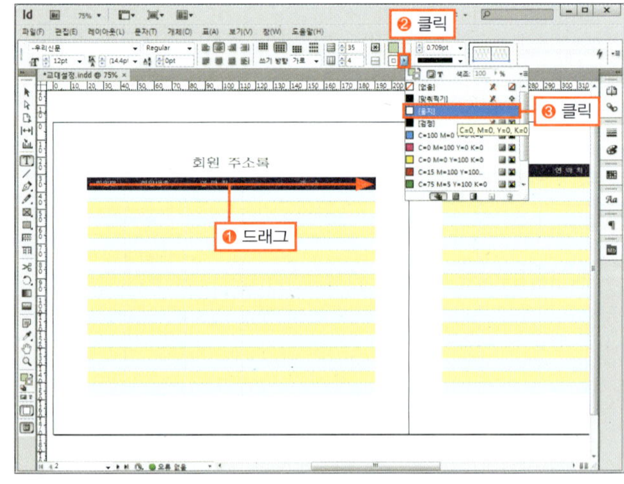

블록을 해제하면 다음과 같이 획과 칠 색이 교대로 적용된
것을 확인할 수 있습니다. 표의 중간 부분에 행을 추가하면
자동으로 교대 설정이 적용된 상태로 추가됩니다.

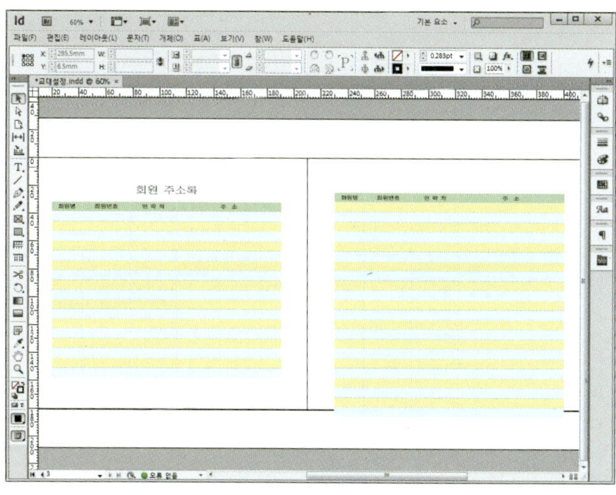

셀과 표에 스타일 설정하기

표와 셀에 적용한 모습을 스타일로 등록하고 사용하는 방법에 대해 알아봅니다.

◉ **시작 파일** : Part07\셀스타일.indd
◉ **완료 파일** : Part07\셀스타일_완료.indd

01 [셀 스타일] 패널 불러오기

예제 파일을 불러온 다음 ❶'금리 수준'이 입력된 갈색 배
경의 셀 안에 커서를 위치시킵니다. ❷[창] 메뉴의 ❸[스타
일]-❹[셀 스타일]을 실행하여 [셀 스타일] 패널을 불러옵
니다.

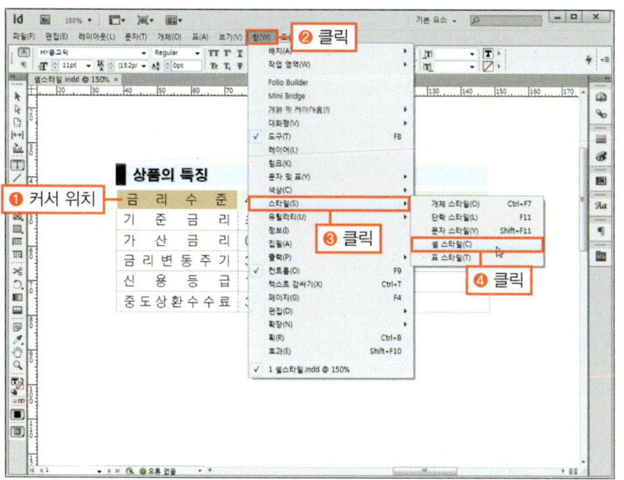

02 새로운 셀 스타일 만들기

❶[셀 스타일] 패널에서 [새 스타일 만들기]( )를 클릭
하여 현재 커서가 위치한 셀의 스타일을 등록합니다.

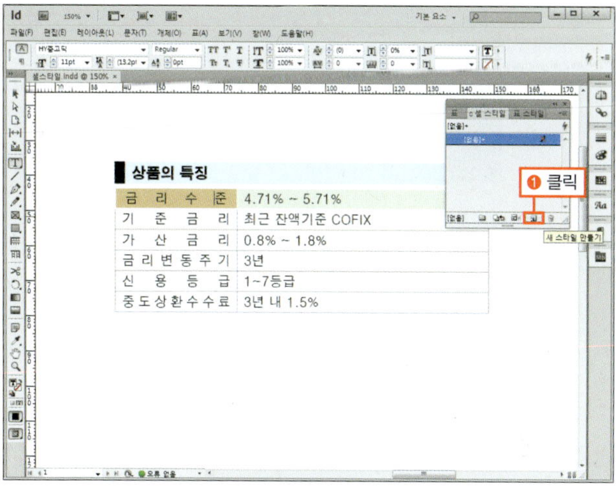

03 셀 스타일 이름 설정하기

❶새로 등록된 '셀 스타일 1' 이름을 더블클릭하여 ❷[셀 스타일] 이름을 '항목 1'로 입력하고 ❸[확인]을 클릭합니다.

04 두 번째 셀 스타일 만들기

이번에는 ❶표의 첫 번째 행, 두 번째 열에 커서를 위치합니다. ❷[셀 스타일] 패널에서 [새 스타일 만들기]( ) 를 클릭하여 현재 커서가 위치한 셀의 모양을 스타일로 등록합니다.

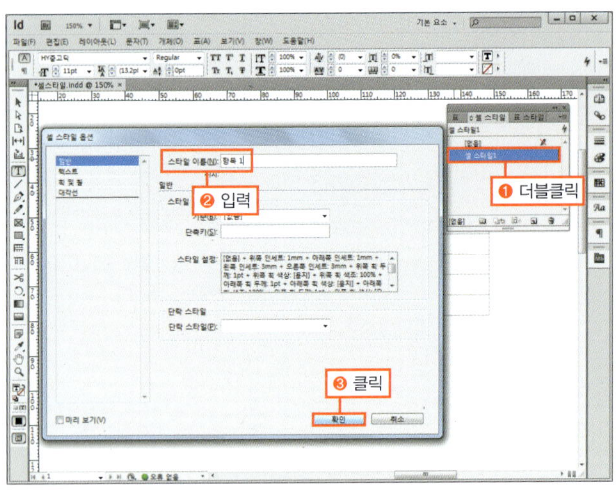

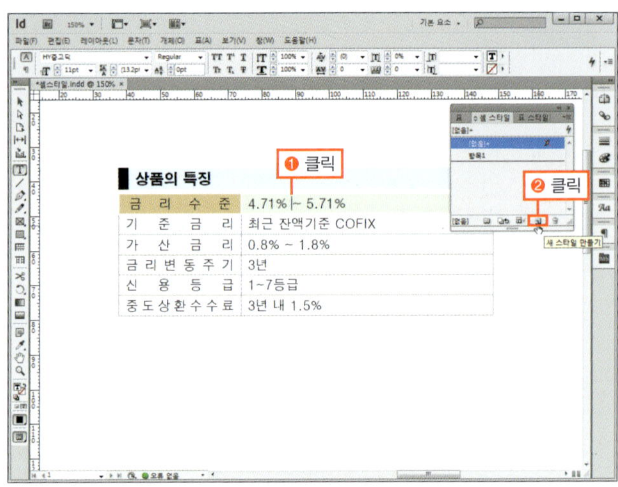

05 '항목 1' 셀 스타일 적용하기

❶새로 추가된 '셀 스타일 2' 이름 부분을 더블클릭하여 셀 이름을 '항목 2'로 설정합니다. ❷첫 번째 열의 두 번째 행부터 마지막 행까지를 모두 드래그하여 블록으로 지정하고 ❸셀 스타일 목록에서 '항목 1'을 클릭하여 적용합니다.

06 '항목 2' 셀 스타일 적용하기

❶두 번째 열의 두 번째 행부터 마지막 행까지를 드래그하여 블록으로 지정하고 ❷셀 스타일 목록에서 Alt 를 누른 채 '항목 2'를 클릭합니다.

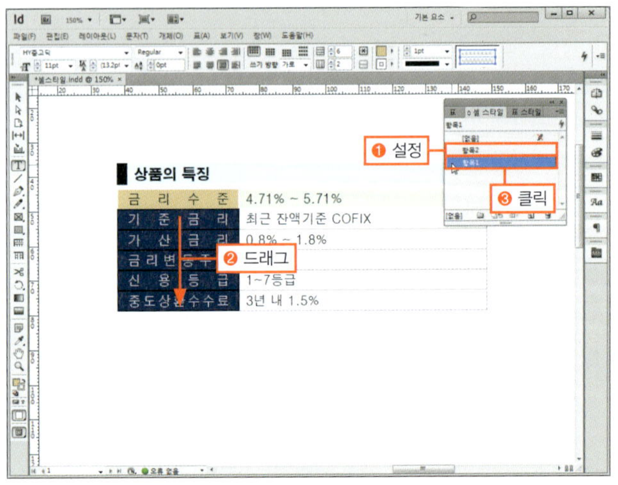

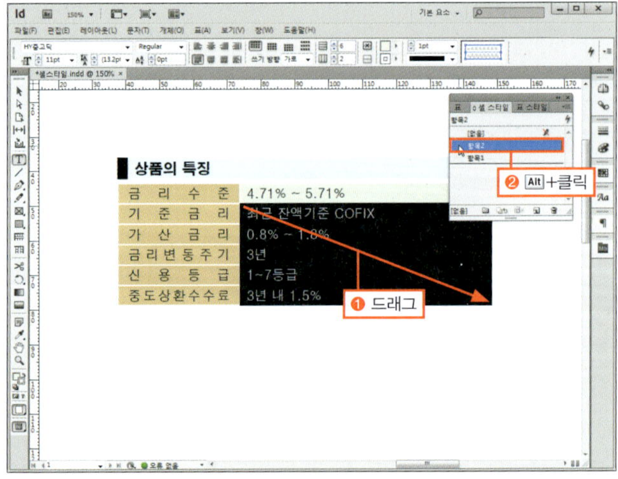

> **참고**
>
> 셀 스타일 이름 오른쪽에 항목 1+ 와 같이 + 표시가 나타날 경우가 있습니다. 이런 경우 Alt 를 누른 채 셀 스타일을 클릭하여 적용하면 + 표시가 사라집니다.

07 표 완성하기

블록을 해제하면 각 셀 스타일이 적용된 것을 확인할 수 있
습니다. 이와 같이 완성한 셀 모양을 셀 스타일로 등록해
놓으면 손쉽게 문서 내에서나 다른 문서에서 활용할 수 있
습니다.

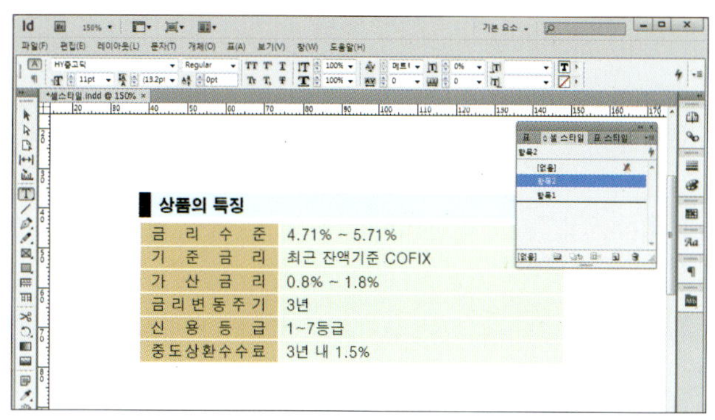

실습 과정

머리글/바닥글 설정하기

자동으로 이어지는 표의 첫 행과 마지막 행에 머리글과 바닥글을 설정해 봅니다.

◎ **시작 파일** : Part07\머리글.indd
◎ **완료 파일** : Part07\머리글_완료.indd

01 머리글 행으로 변환하기

예제 파일을 불러온 다음 ❶표의 첫 번째 행을 드래그하여
블록으로 지정합니다. ❷마우스 오른쪽 버튼을 클릭하여
❸[머리글 행으로 변환]을 실행하거나 [표] 메뉴의 [머리
글 행으로 변환]을 실행합니다.

02 바닥글 행으로 변환하기

오른쪽 페이지에 연결된 표에도 머리글이 자동으로 반복
되어 표시되는 것을 확인할 수 있습니다. 이번에는 바닥글
을 설정하기 위해 ❶맨 마지막 행을 드래그하여 블록으로
지정한 후 ❷마우스 오른쪽 버튼을 클릭하여 ❸[바닥글 행
으로 변환]을 실행합니다.

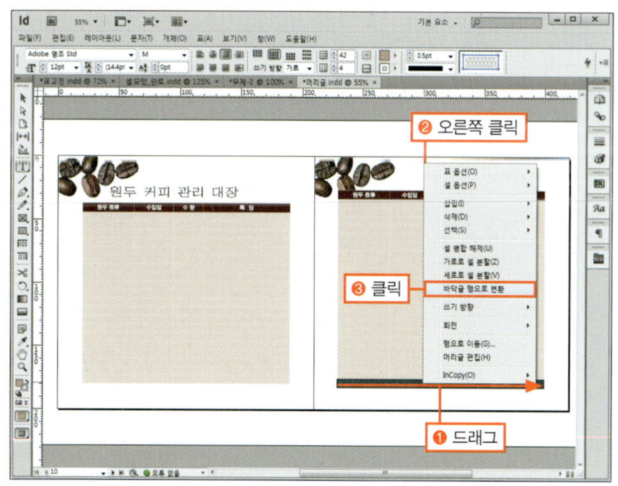

참고

머리글 행은 반드시 표의 첫 번째 행이 포함된 상태로, 바닥글 행은 반드시 표이 맨 마지막 행이 포함된 상태에서 설정할 수 있습니다. 예를 들어
두 번째 행만 머리글 행으로 설정할 수 없습니다.

03 불필요한 행 삭제하기

앞에 있는 표의 맨 아래 행에 바닥글 행이 자동으로 표시됩니다. 바닥글 행이 추가되면서 표의 전체 길이가 늘어났습니다. 표의 전체 길이를 줄이기 위해 중간의 ❶행 하나를 임의로 드래그하여 블록으로 지정한 후 ❷[표] 메뉴의 ❸ [삭제]-❹[행]을 실행합니다.

04 머리글/바닥글 행 편집하기

머리글과 바닥글 행으로 변환한 행은 표 전체를 블록으로 선택할 때 선택에서 제외됩니다. 그러므로 모양을 그대로 유지할 수 있으며, 모양을 변경하고자 할 경우에는 마우스 오른쪽 버튼을 클릭하여 [머리글 편집]이나 [바닥글 편집] 을 실행하여 모양을 변경할 수 있습니다. 또한, 표의 머리글이나 바닥글 행의 내용이나 모양을 변경하면 연결된 다른 표에 표시된 머리글/바닥글 행도 자동으로 변경됩니다.

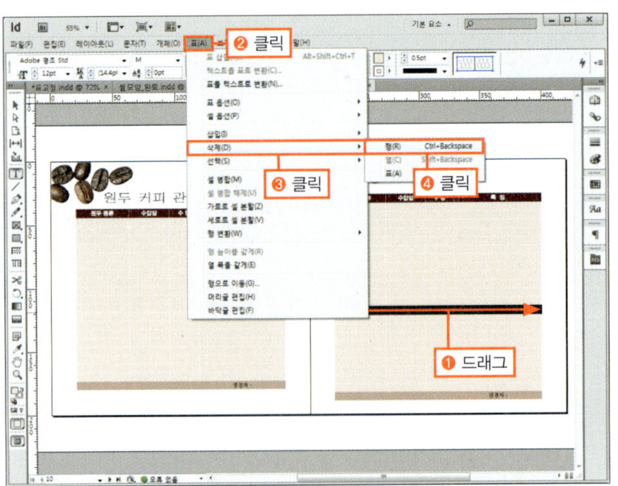

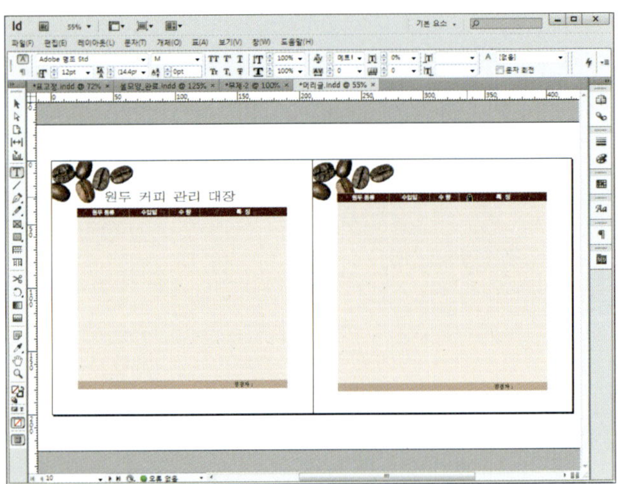

> **참고 • 머리글/바닥글 행 취소하기**
>
> 머리글이나 바닥글을 취소할 경우 블록으로 지정한 후 마우스 오른쪽 버튼을 클릭하여 [본문 행으로 변환]을 실행합니다. 자동으로 연결된 표에 표시되던 머리글과 바닥글 행은 사라지고, 전체 표의 길이는 짧아집니다.
>
> 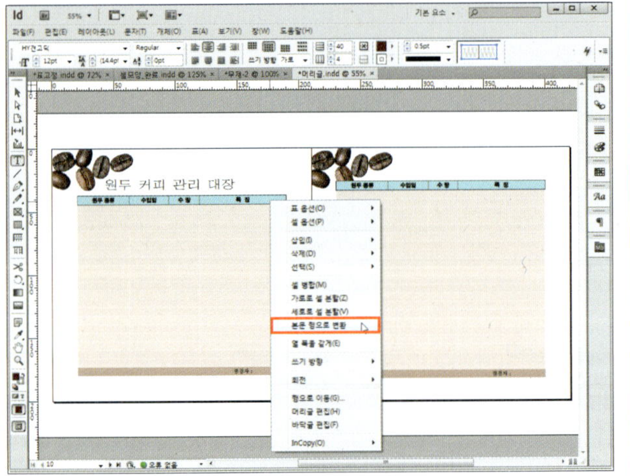

셀 모양 복사하여 활용하기

셀 모양을 복사하여 다른 셀에 적용하는 방법에 대해 알아봅니다.

◎ **시작 파일** : Part07\셀모양복사.indd
◎ **완료 파일** : Part07\셀모양복사_완료.indd

01 교대 설정 표 모양 변경하기

예제 파일을 불러온 후 ❶12번째 행의 두 번째와 세 번째 열에 해당하는 셀을 드래그하여 블록으로 지정합니다. ❷ [표] 메뉴의 ❸[가로로 셀 분할]을 실행합니다.

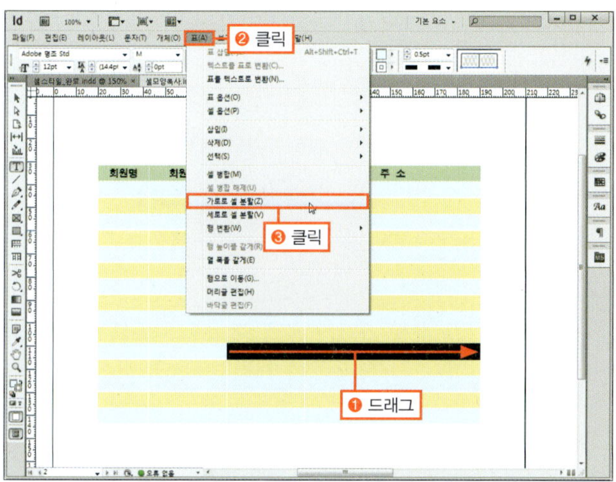

02 [셀 옵션] 패널 열기

선택한 셀이 두 개의 행으로 나누어진 것을 볼 수 있습니다. 블록으로 선택된 상태에서 ❶[표] 메뉴의 ❷[셀 옵션]- ❸[행 및 열]을 실행합니다.

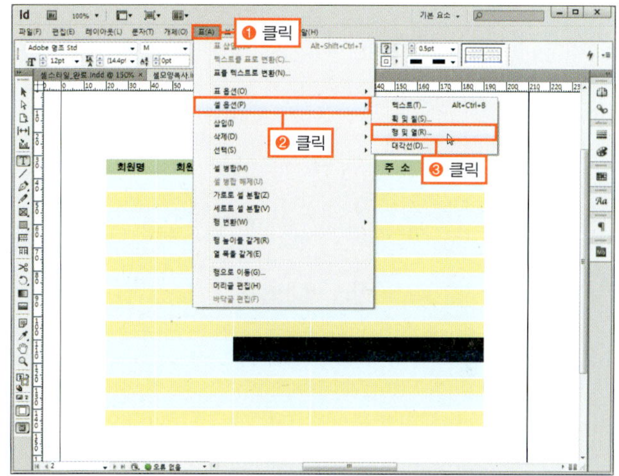

03 행 높이 최소 값 설정하기

❶[셀 옵션] 대화상자의 [행 및 열] 탭으로 이동합니다. ❷ [행 높이]의 [최소] 값을 '7mm'로 입력한 후 ❸[확인]을 클릭합니다.

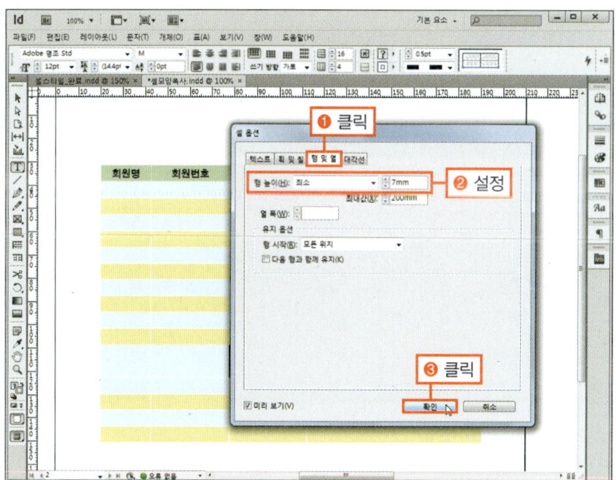

04 셀 모양 복사하기

교대로 설정된 표에서 두 개의 열만 분할하면 다음과 같이 많은 수로 나뉜 행을 기준으로 교대 색상이 적용됩니다. 여기서는 가장 왼쪽에 있는 첫 번째 열을 기준으로 교대 색상을 채우기 위해 ❶도구 상자의 [스포이드 도구](🖉)를 클릭하여 선택합니다. ❷나누어진 하늘색 배경 셀에 커서를 가져가 클릭합니다.

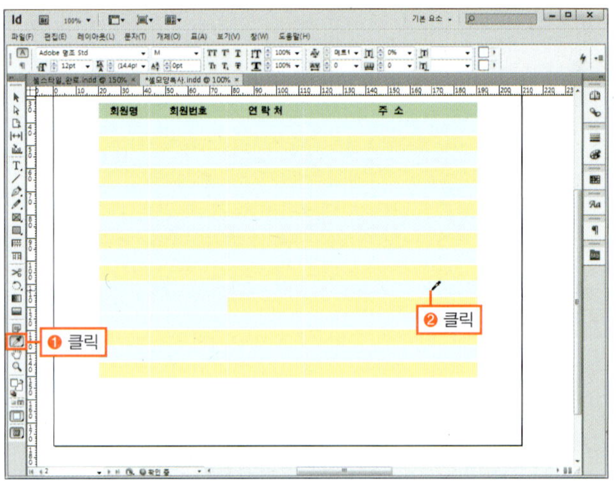

05 복사해 놓은 셀 모양 적용하기

❶마우스로 셀을 드래그하여 복사해 놓은 모양을 적용합니다. 이때 각 해당 셀과 같은 열에 있는 셀의 모양을 복사한 후 적용하는 것이 테두리가 변경되지 않게 하는 요령입니다.

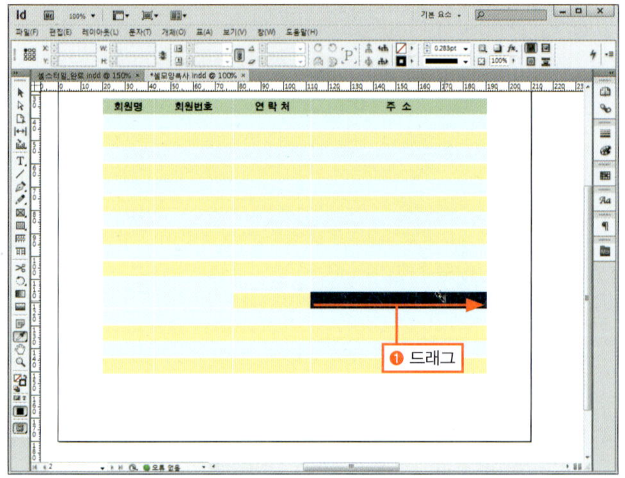

> **참고**
>
> 예제에서는 네 번째 열에 있는 하늘색 셀의 모양을 복사하였습니다. 맨 오른쪽에 있는 셀의 경우 오른쪽 셀의 모양은 '선 없음'으로 설정되어 있습니다. 그러므로 세 번째 열에 있는 셀에 모양을 적용하는 경우 세 번째 열과 네 번째 열 사이의 경계선이 보이지 않게 됩니다. 이런 경우를 대비하기 위해 각각의 셀과 동일한 열에 있는 셀의 모양을 복사해 적용하는 것이 편리합니다.

06 또 다른 셀의 모양 복사하기

❶스포이드 도구를 사용하는 중에 Alt를 눌러 세 번째 열에 있는 하늘색 셀을 클릭합니다.

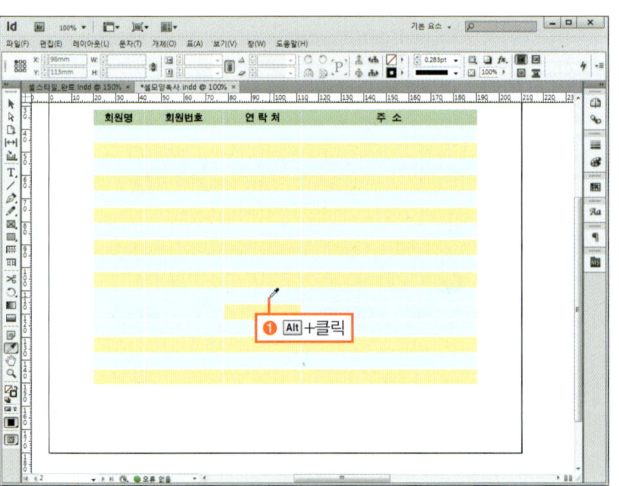

셀 모양 복사 기능을 활용하여 다음과 같이 왼쪽 첫 번째 열을 기준으로 셀 배경색이 교대로 설정되도록 표를 완성합니다.

참고

한번 복사해 놓은 셀 모양은 반복적으로 적용할 수 있습니다. 스포이드 도구를 사용 중에 Alt 를 누르면 다른 모양의 셀 모양을 복사할 수 있습니다.

확인실습

1 다음과 같이 두 개의 행씩 번갈아가며 배경색을 설정해 보세요.

- 시작 파일 : Part07\확인실습3.indd
- 완료 파일 : Part07\확인실습3_완료.indd

2 표에서 첫 번째 행은 머리글로, 마지막 행은 바닥글로 설정해 두 개의 표에 머리글과 바닥글이 자동으로 표시되도록 설정해 보세요.

- 시작 파일 : Part07\확인실습4.indd
- 완료 파일 : Part07\확인실습4_완료.indd

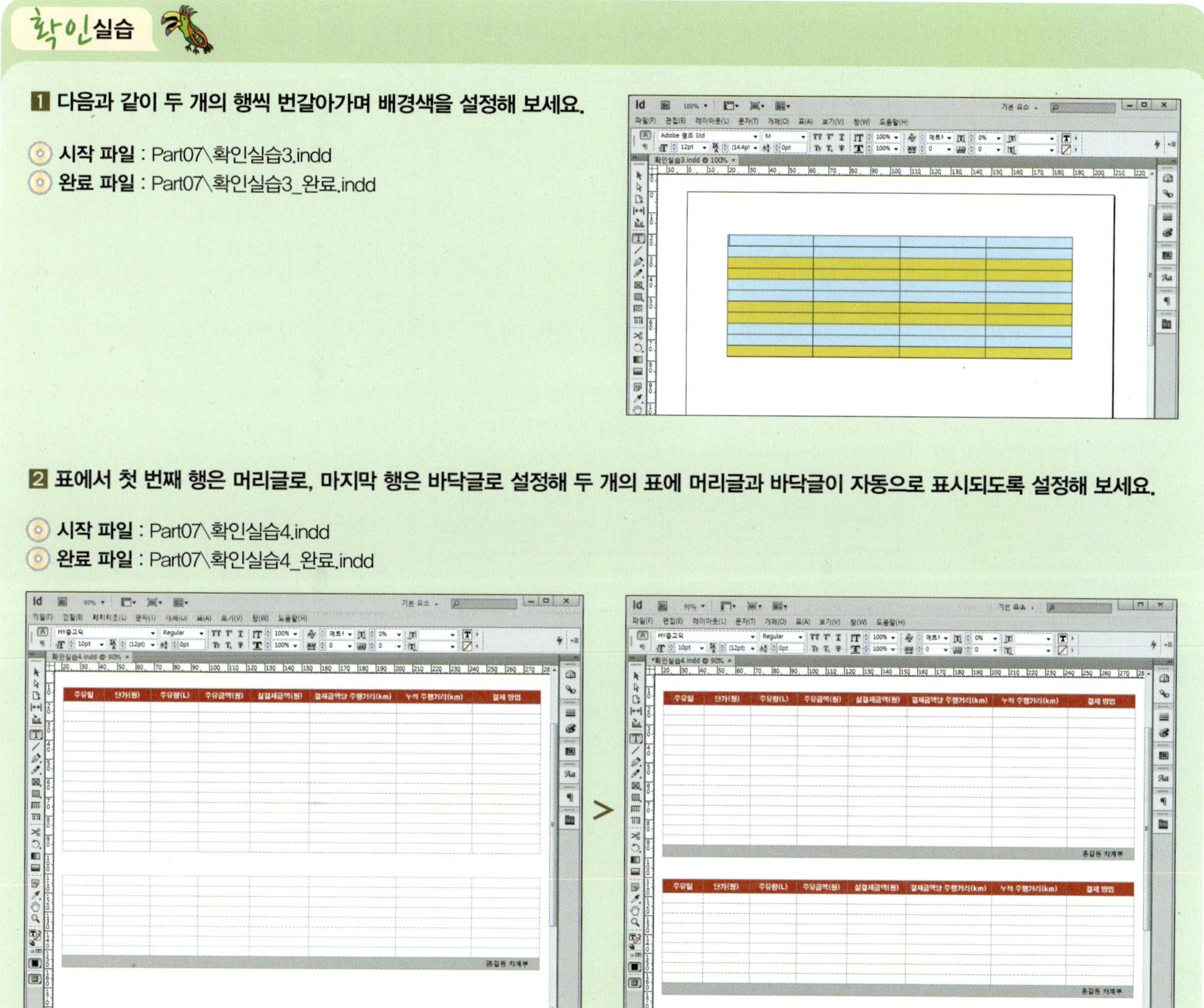

등록해 놓은 셀 스타일을 다른 문서에서도 활용하기

인디자인 문서에 셀 스타일을 등록해 놓으면 다른 문서에서도 사용할 수 있습니다. 여기서는 다른 문서의 셀 스타일을 가져와 현재 문서의 표에 적용하는 방법에 대해 알아봅니다.

◉ **시작 파일** : Part07\교대설정_완료.indd, 셀스타일_완료.indd

① 셀 스타일 불러오기

❶[셀 스타일] 패널의 팝업 메뉴 아이콘(▼≡)을 클릭하여 ❷[셀 스타일 불러오기]를 실행합니다.

② 대상 문서 선택하기

❶[파일 열기] 대화상자에서 셀 스타일이 등록된 대상 문서를 선택합니다. ❷[열기]를 클릭합니다.

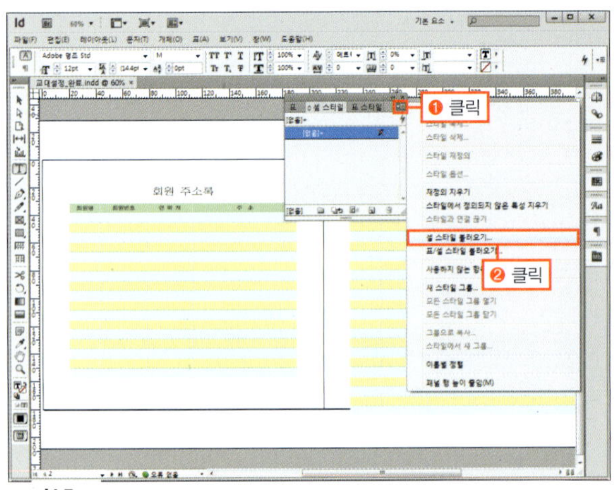

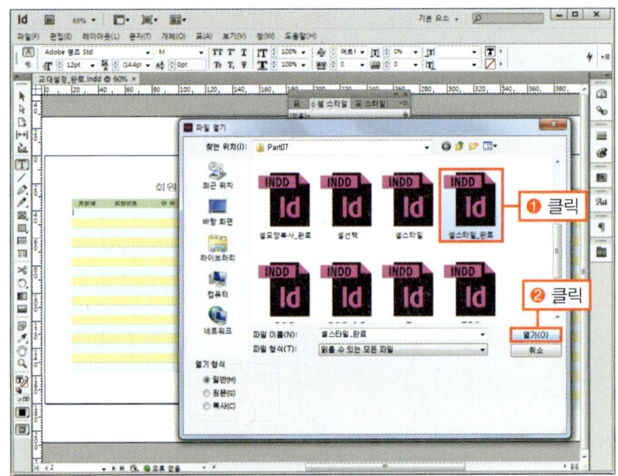

> **참고**
>
> 대상 문서가 현재 열려 있는 상태라도 상관없이 셀 스타일을 불러올 수 있으므로 두 개의 문서를 서로 확인하며 셀 스타일을 적용할 수 있습니다.

③ 스타일 가져오기

❶선택한 대상 문서의 셀 스타일 중에서 현재 문서로 가져올 셀 스타일을 선택합니다. 불러올 셀 스타일을 체크하였으면 ❷[확인]을 클릭합니다.

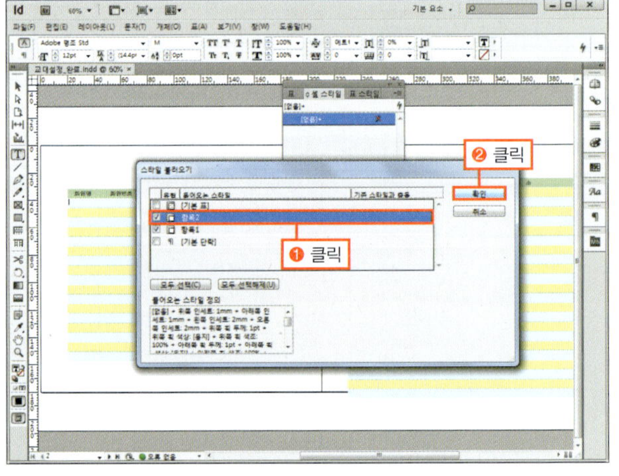

불러올 셀 스타일의 이름이 현재 문서의 셀 스타일로 등록되어 있을 경우 기존 스타일과 충돌을 일으킵니다. 이런 경우 '들어오는 정의 사용'과 '자동 이름 바꾸기' 중에서 해결 방법을 설정할 수 있습니다.

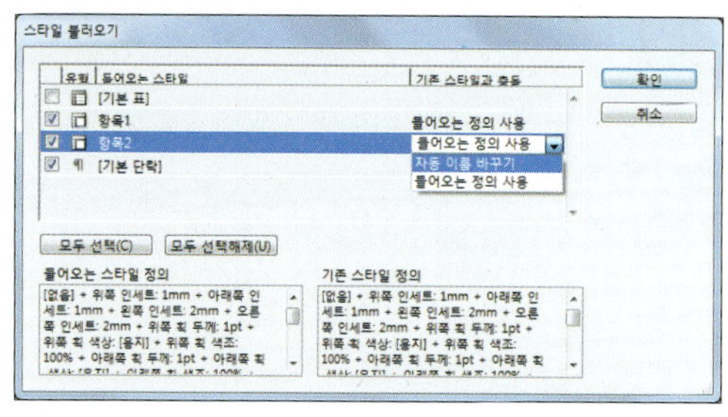

4 불러온 셀 스타일 적용하기

❶불러온 셀 스타일 모양을 적용할 셀을 드래그하여 블록으로 지정합니다. ❷[셀 스타일] 패널에서 '항목 1' 스타일을 클릭하면 블록으로 선택한 셀에 모양이 적용됩니다.

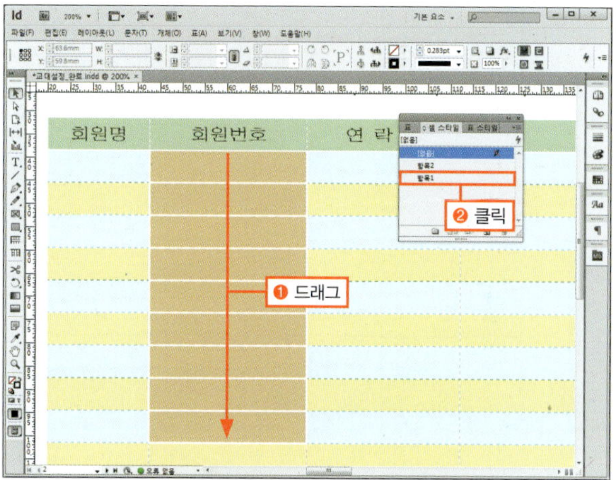

셀 옵션에서 머리글/바닥글 행 설정하기

표에서 직접 머리글이나 바닥글 행을 설정할 수 있지만, [표 설정] 대화상자를 이용해서도 머리글과 바닥글 행을 설정할 수 있습니다.

- **시작 파일** : Part07\머리글행.indd
- **완료 파일** : Part07\머리글행_완료.indd

1 [표 옵션] 대화상자 실행하기

❶표 안에 커서를 두고 ❷[표] 메뉴의 ❸[표 옵션]–❹[표 설정]을 실행합니다.

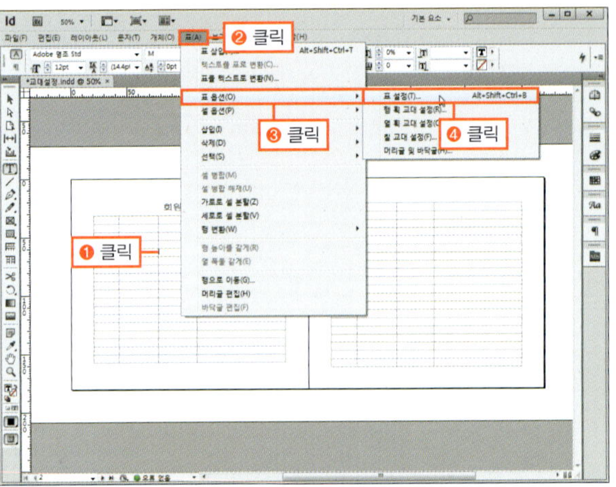

2 머리글 행 설정하기

❶[표 옵션] 대화상자의 [표 설정] 탭에서 [머리글 행]을 '2'로 입력하고 ❷[확인]을 클릭합니다.

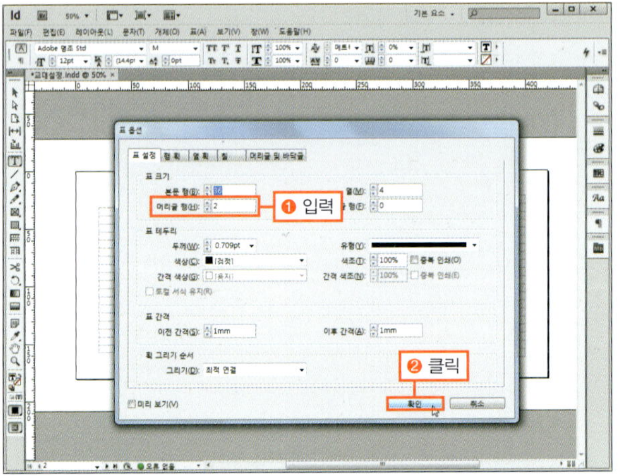

3 머리글 행 선택하여 확인하기

❶표에서 첫 번째 행과 두 번째 행을 드래그하면 다음과 같이 연결된 표의 상단 부분에 표시된 머리글 행이 함께 선택되는 것을 확인할 수 있습니다.

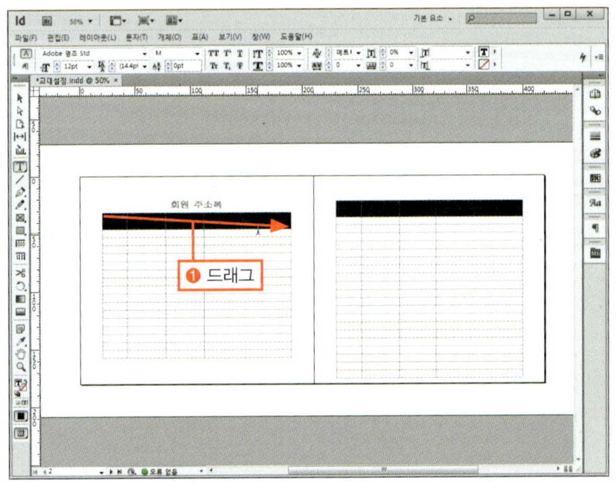

4 머리글과 바닥글의 반복 옵션 설정하기

❶[표] 메뉴의 [표 옵션]–[머리글 및 바닥글]을 실행하여 머리글과 바닥글을 설정할 수 있습니다. ❷[머리글 및 바닥글] 탭에서는 머리글과 바닥글 행의 반복 옵션을 설정할 수도 있습니다.

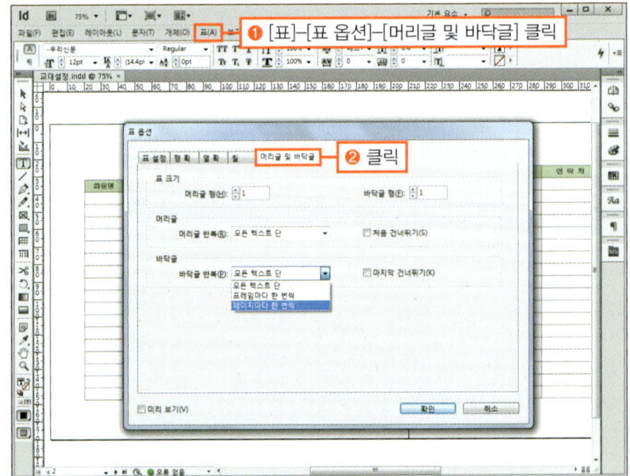

SECTION 03

다른 응용 프로그램의 표 가져와 활용하기

인디자인에서는 다른 응용 프로그램, 예를 들어 한글이나 워드, 엑셀 등에서 표를 그대로 가져와 활용할 수 있습니다. 여기서는 다른 응용 프로그램의 표를 가져오는 방법과 가져오기 한 표의 모양을 변경하고 활용하는 방법에 대해 알아봅니다.

다루는 내용

- 표 가져오기
- 표 복사하기

- 표 붙여넣기
- 데이터 링크 걸기

기능 정리

다른 응용 프로그램(워드, 한글, 엑셀)의 표 가져오기

인디자인에서는 다른 응용 프로그램, 예를 들어 엑셀, 워드, 아래아 한글 등에서 표를 그대로 가져와 활용할 수 있습니다. 또한, 텍스트 문서를 가져와 표로 변환하여 문서에 입력할 수도 있습니다. 특히 엑셀의 스프레드시트를 응용 프로그램과 연결하여 가져오면 [링크] 패널을 이용해 변경된 원본의 내용을 자동으로 업그레이드할 수 있습니다. 다른 응용 프로그램에서 표를 가져오기 하는 방법과 가져온 표를 활용하는 방법에 대해 알아봅니다.

● 문서 가져오기

다른 프로그램에서 작성한 표 문서를 가져오기 위해 [파일] 메뉴의 [가져오기]를 실행합니다. [가져오기] 대화상자에서 해당 파일을 선택하고 [가져오기 옵션 표시]를 체크한 상태로 파일을 엽니다.

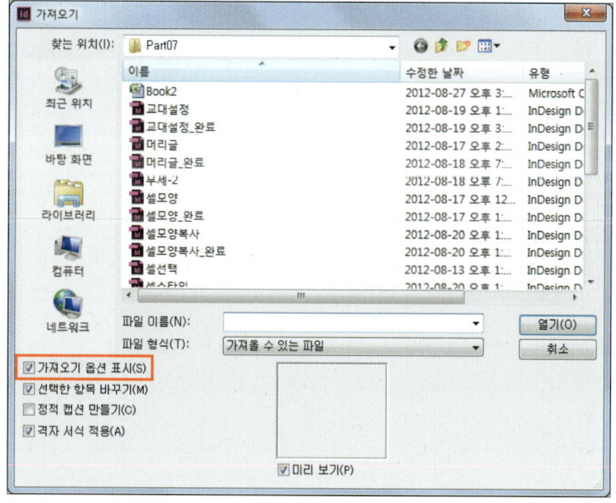

[가져오기] 옵션 대화상자의 [서식] 영역에서 원본 프로그램에서 작성한 표의 서식을 그대로 유지할 것인지, 인디자인의 서식에 적용해 가져올 것인지를 설정할 수 있습니다.

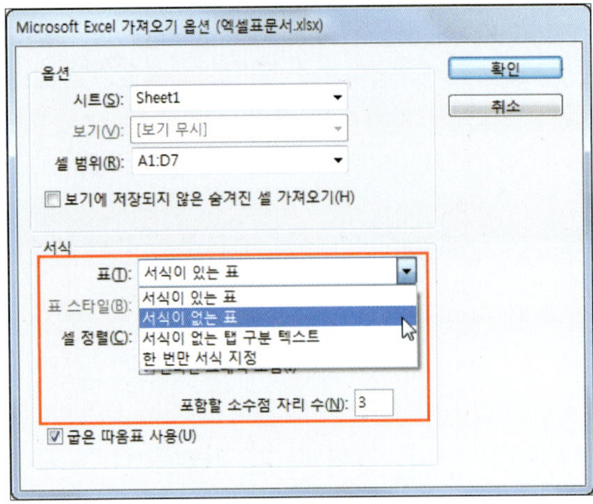

● 응용 프로그램의 파일과 연결하기

인디자인에서 가져온 문서를 원본 문서와 연결하면 원본의 내용이 변경되었을 때 변경 내용을 자동으로 수정할 수 있습니다. 동일한 형식의 문서에서 표의 내용이나 텍스트 일부를 변경할 경우 활용하면 편리한 기능이므로, 잡지나 정보지 등에 주로 사용합니다. 파일의 원본과 연결하기 위해서는 우선 [편집] 메뉴의 [환경 설정]-[파일 처리]를 실행하여 [텍스트 및 스프레드시트 파일 가져올 때 링크 만들기]를 체크하여 활성화합니다.

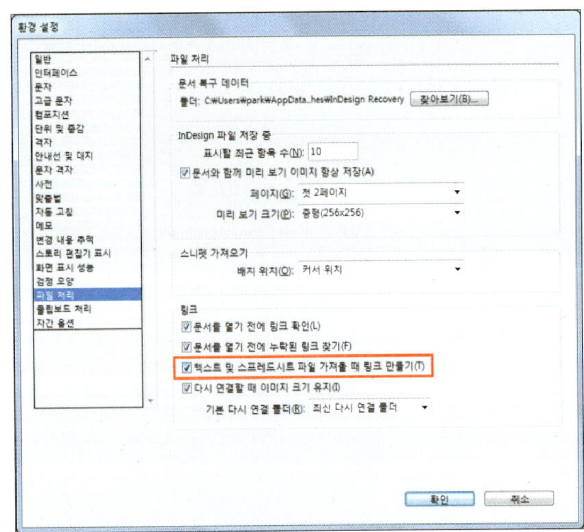

대상 파일을 가져오기 한 후 [창] 메뉴의 [링크]를 실행합니다. [링크] 패널에서 [다시 연결] (아이콘)을 클릭하면 변경된 원본 문서 내용이 적용되어 자동으로 수정할 수 있습니다. 이때 **Alt** 를 누른 채 [다시 연결] 아이콘을 클릭하면 문서의 모든 연결된 파일을 업데이트할 수 있습니다.

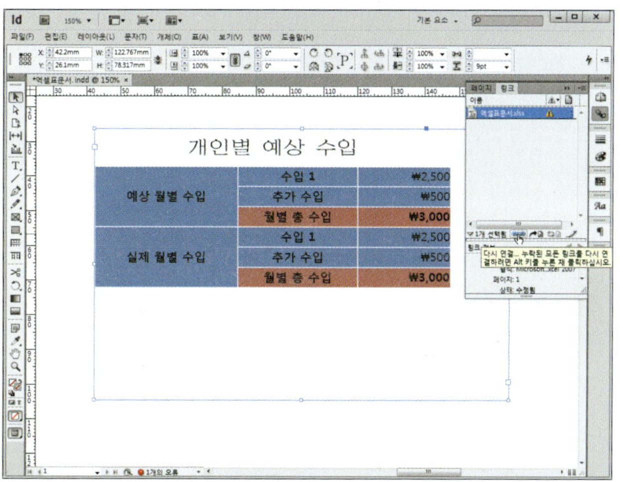

참고

[참고] 문서를 가져오기 하거나 다시 연결할 때 원본 문서가 열려 있는 상태라면 명령을 실행할 수 없습니다. 그러므로 [가져오기]나 [다시 연결]을 실행하기에 앞서 원본 문서를 닫거나 프로그램을 종료합니다.

● 표를 텍스트로, 텍스트를 표로 변환하기

인디자인에서는 표를 텍스트로 변환하거나 텍스트를 표로 변환할 수 있습니다. 두 기능 모두 탭이나 쉼표, 단락으로 행이나 열을 구분할 수 있도록 입력해야 하며, 변환할 대상을 블록으로 선택한 상태로 명령을 실행합니다. [표] 메뉴의 [텍스트를 표로 변환]이나 [표를 텍스트로 변환]을 실행합니다.

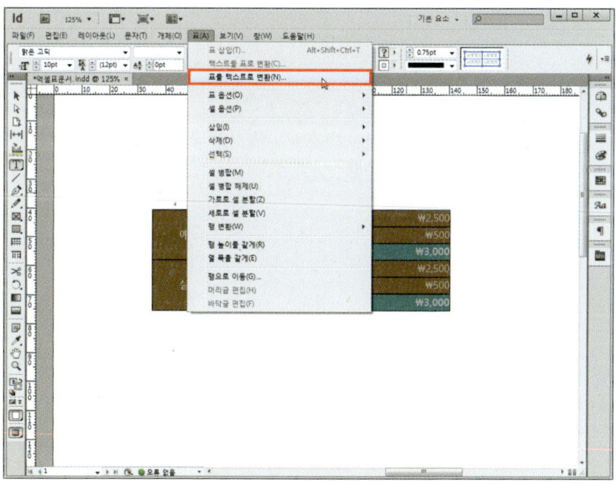

열과 행을 구분할 기호를 선택하고 [확인]을 클릭하여 표 내용을 텍스트로 변환할 수 있습니다.
텍스트를 표로 변환할 경우에도 마찬가지로 열과 행의 구분 기호를 설정한 후 [확인]을 클릭하여
블록으로 지정한 텍스트를 표로 변환할 수 있습니다. 텍스트를 표로 변환할 때에는 문서에 설정
해 놓은 표의 스타일을 적용하여 표로 만들 수도 있습니다.

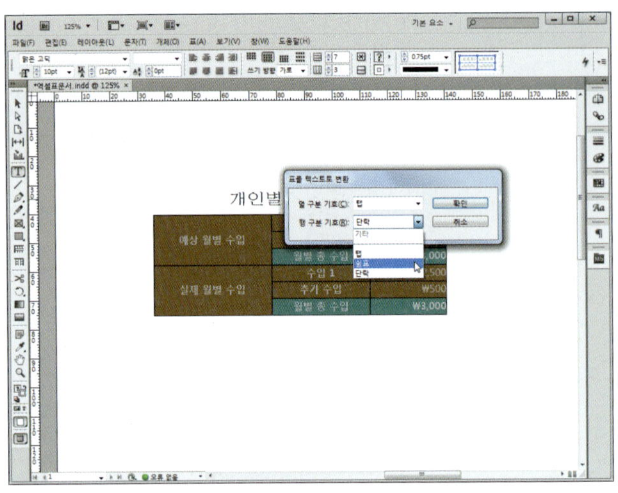

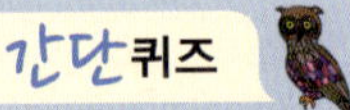

1 인디자인에서 엑셀의 표 문서를 가져와 활용하기 위해 어떤 명령을 실행해야 할까요? (   )

2 대상 원본 문서와 연결한 경우 어떤 패널에서 변경된 원본 문서의 내용을 제어할 수 있나요? (   )

답 : **1** [파일] 메뉴의 [가져오기], **2** [링크] 패널

마이크로소프트 엑셀에서 표 가져오기

마이크로소프트사의 엑셀 프로그램의 표를 서식을 살려 가져오기 하는 방법에 대해 알아봅니다.

- **시작 파일** : Part07\엑셀표문서.xlsx
- **완료 파일** : Part07\엑셀표문서.indd

01 [가져오기] 명령 실행하기

❶[파일] 메뉴의 ❷[가져오기]를 실행합니다. 이때 텍스트 프레임 안에 커서를 둔 상태이거나 텍스트 프레임이 없는 상태 모두 가능합니다. 여기서는 텍스트 프레임을 만들지 않은 상태에서 명령을 실행합니다.

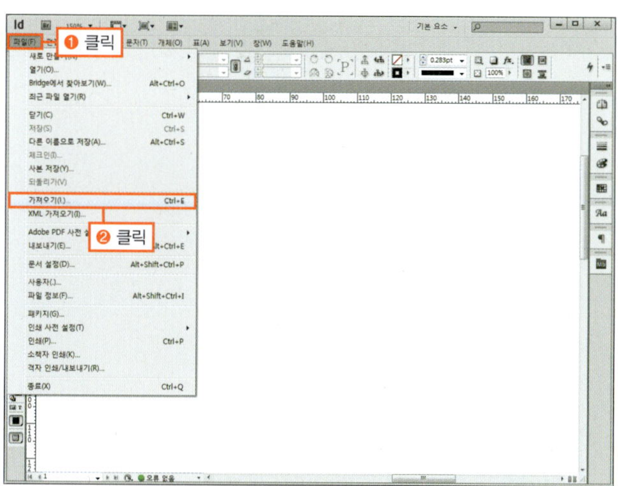

02 가져올 파일 선택하기

❶[가져오기] 대화상자에서 엑셀 문서인 '엑셀표문서.xlsx' 를 선택합니다. ❷[가져오기 옵션 표시]를 체크하고 ❸[열기]를 클릭합니다.

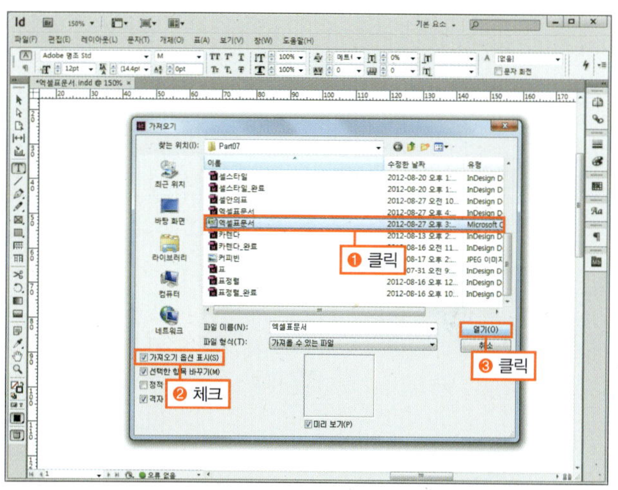

03 서식이 있는 표로 옵션 설정하기

❶가져오기 옵션에서 [서식] 부분의 [표]를 '서식이 있는 표'로 선택하고 ❷[확인]을 클릭합니다.

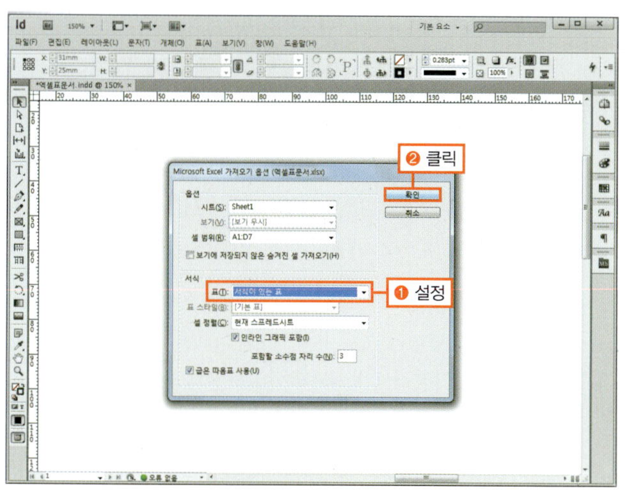

04 텍스트 프레임 만들기

현재 커서가 텍스트 프레임 안에 없는 상태이므로 가져오기 한 엑셀 문서를 넣을 텍스트 프레임을 만들어야 합니다. ❶드래그하여 텍스트 프레임을 만듭니다.

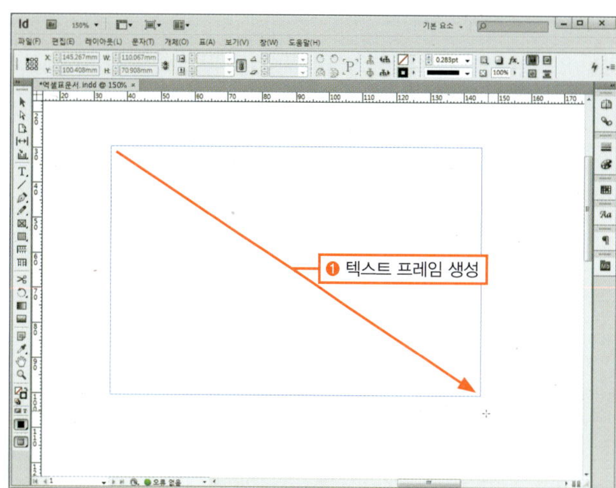

텍스트 프레임 안에 선택한 엑셀 문서가 삽입된 것을 확인
할 수 있습니다.

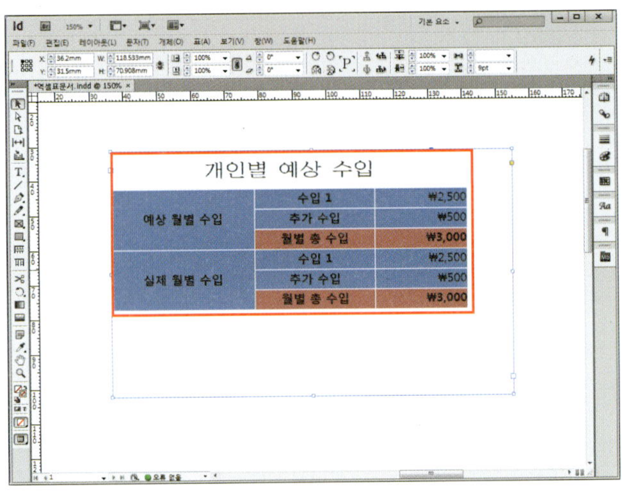

엑셀 스프레드시트와 링크 걸기

엑셀 스프레드세트에 링크를 걸어 엑셀 문서의 변경 내용을 자동으로 적용하는 방법에 대해 알아봅니다.

ⓘ **시작 파일** : Part07\엑셀표문서.xlsx
ⓘ **완료 파일** : Part07\엑셀표문서_링크.indd

01 파일 링크 환경 설정하기

❶[편집] 메뉴의 [환경 설정]-[파일 처리]를 실행합니다.
❷[환경 설정] 대화상자의 [파일 처리] 영역에서 ❸[링크]
의 [텍스트 및 스프레드시트 파일 가져올 때 링크 만들기]
를 체크한 후 ❹[확인]을 클릭합니다.

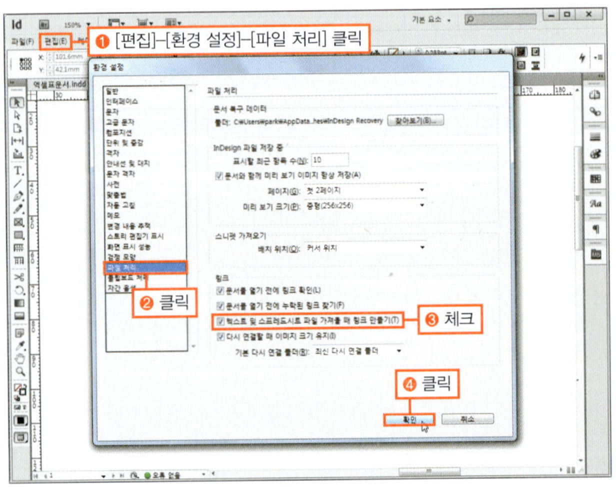

02 가져오기 명령 실행하기

❶환경 설정을 마쳤으면 [파일] 메뉴의 [가져오기]를 실행
합니다. ❷'엑셀표문서.xlsx'를 선택하고 ❸[가져오기 옵션
표시]를 체크하고 ❹[열기]를 클릭합니다.

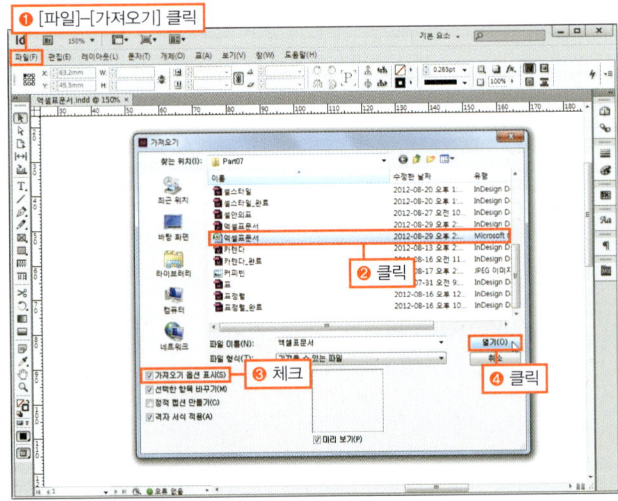

03 텍스트 프레임 만들기

❶[Microsoft Excel 가져오기 옵션] 대화상자에서 [표]를 '서식이 있는 표'로 설정하고 ❷[확인]을 클릭합니다.

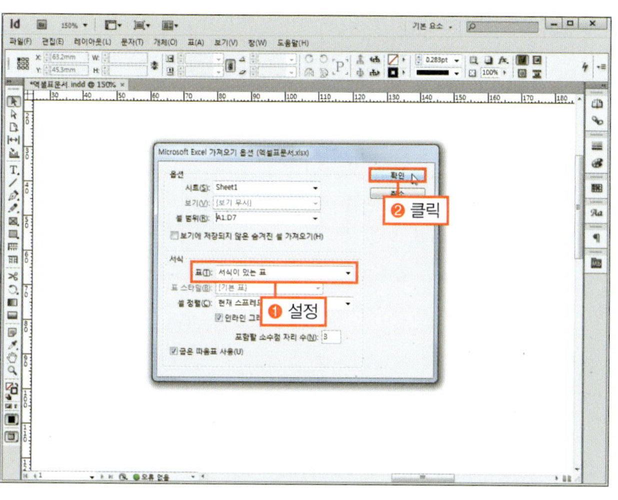

04 [링크] 패널 열어 확인하기

❶마우스로 드래그하여 엑셀 스프레드시트를 넣을 텍스트 프레임을 만듭니다. ❷[창] 메뉴의 [링크]를 실행하여 [링크] 패널을 열면 다음과 같이 '엑셀표문서.xlsx' 파일이 링크 목록에 표시된 것을 확인할 수 있습니다.

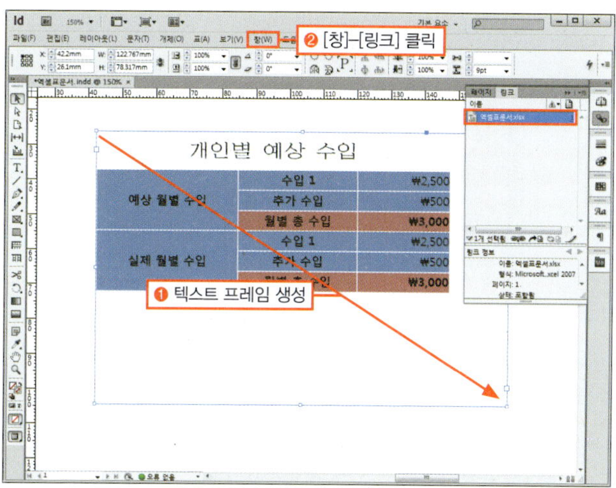

05 엑셀 문서 내용 변경하기

예제 파일 중에서 '엑셀표문서.xlsx'를 열어 스트레드시트의 일부 값을 변경합니다. ❶여기서는 '예상 월별 수입'의 '수입1'과 '추가 수입' 값을 다음과 같이 변경하였습니다. ❷내용을 변경하였으면 [저장]을 클릭하여 문서를 저장하고 문서를 닫습니다.

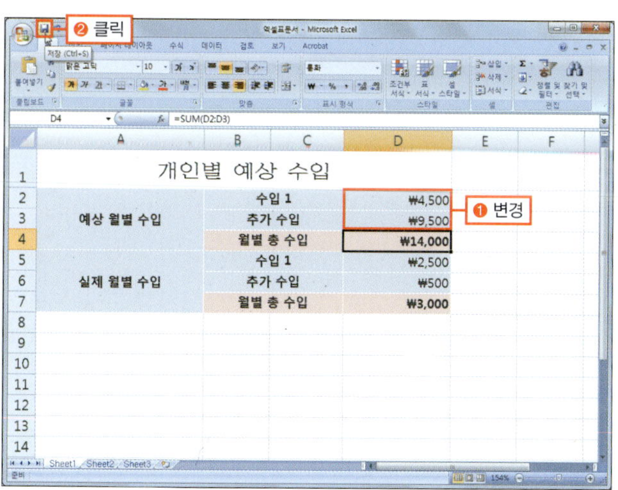

06 링크 다시 연결하기

엑셀 문서를 저장하고 인디자인으로 되돌아갑니다. [링크] 패널을 확인하면 다음과 같이 링크가 변경되었다는 표시가 나타납니다. ❶[링크] 패널에서 '엑셀표문서.xlsx' 파일을 선택하고 ❷[다시 연결]( )을 클릭합니다.

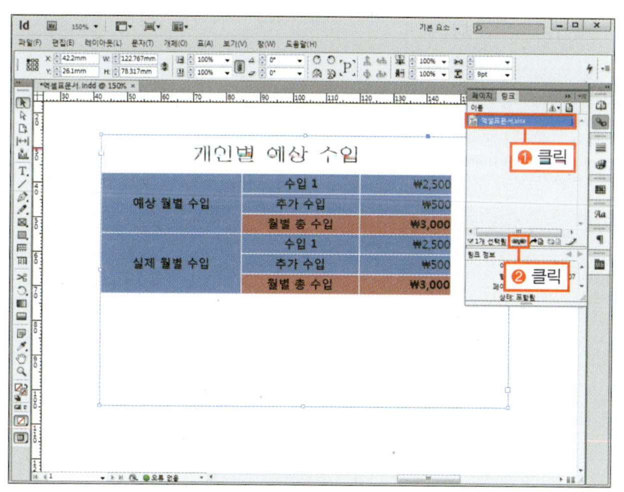

> **참고**
>
> 엑셀 프로그램에 '엑셀표문서.xlsx' 문서가 열려 있는 상태에서는 인디자인에서 문서를 가져오거나 변경할 수 없습니다. 그러므로 엑셀 프로그램에서 해당 문서를 닫아주거나 엑셀 프로그램을 종료한 후 인디자인에서 작업하도록 합니다.

❶[다시 연결] 대화상자에서 '엑셀표문서.xlsx' 파일을 선택하고 ❷[열기]를 클릭합니다.

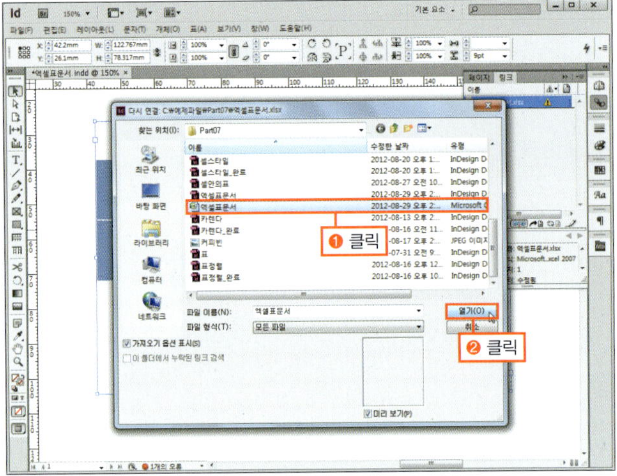

선택한 엑셀 문서를 다시 가져오기를 진행합니다. ❶가져오기 옵션을 설정하고 ❷[확인]을 클릭합니다.

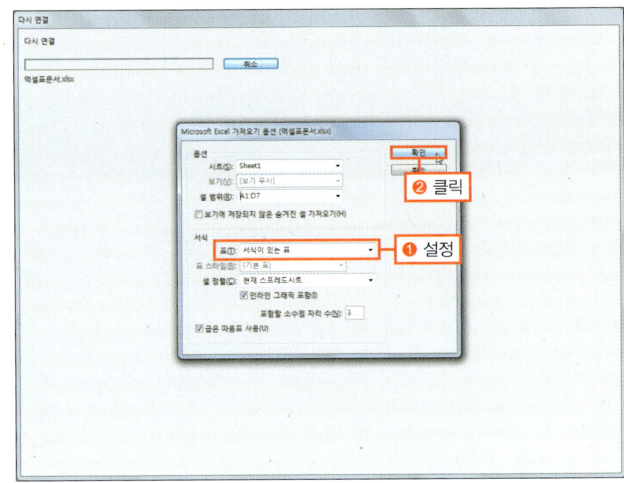

표의 내용이 변경된 엑셀 문서 내용으로 자동 변경됩니다. 동일한 서식의 스프레드시트의 입력값만 변경하여 문서를 만들 때 활용하면 편리합니다.

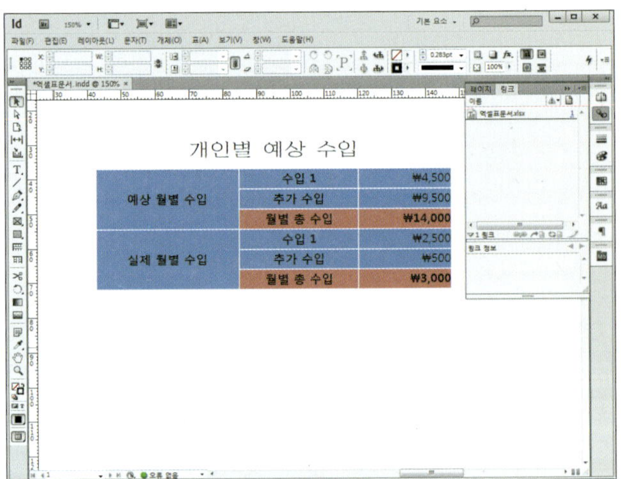

엑셀 프로그램의 스프레드시트의 내용을 인디자인의 표에 붙여넣기 하면 내용을 그대로 가져올 수 있습니다. 다만, [가져오기] 기능과 같은 가져오기 옵션을 설정할 수 없어 표나 텍스트 서식은 유지할 수 없습니다. 하지만 인디자인에서 셀의 서식과 셀 안의 텍스트 서식을 설정해 놓으면 설정한 모양으로 엑셀 문서의 스프레드 내용을 가져올 수 있습니다.

① 엑셀 프로그램에서 복사해올 부분을 드래그하여 선택하고 Ctrl + C 를 눌러 복사합니다. 또는 마우스 오른쪽 버튼을 클릭하여 [복사하기]를 실행합니다.

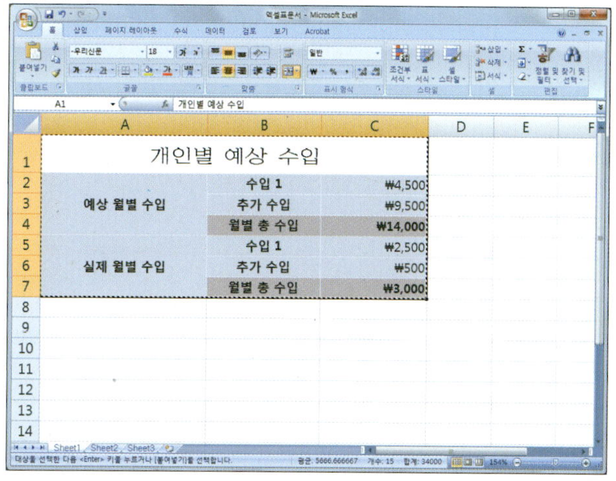

② 인디자인 문서에 텍스트 프레임과 표를 만듭니다. 셀을 드래그하여 선택하고 Ctrl + V 를 눌러 복사해둔 엑셀 문서 내용을 붙여 넣기 합니다. 엑셀 문서 내용이 표에 그대로 입력되는 것을 볼 수 있습니다.

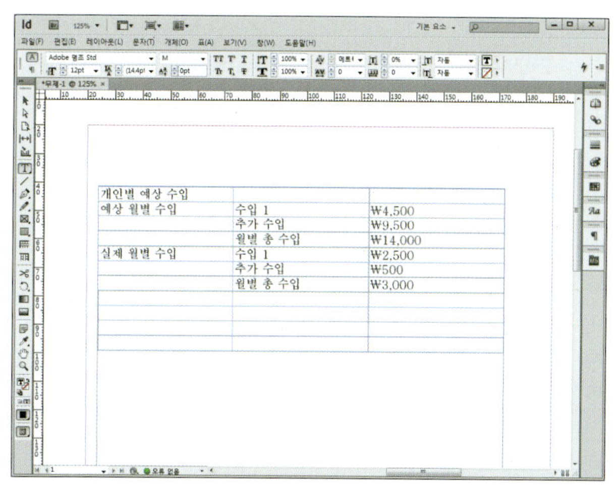

한글과컴퓨터사의 한글 프로그램에서 작성한 표를 인디자인에서 활용할 수 있습니다. 인디자인에서 [파일] 메뉴의 [가져오기]를 실행하여 한글 문서의 표를 텍스트 프레임 안에 가져올 수 있습니다. 다만 한글 프로그램에서 파일의 저장 형식을 '한글 서식(*.hwt)'로 저장해야 합니다.

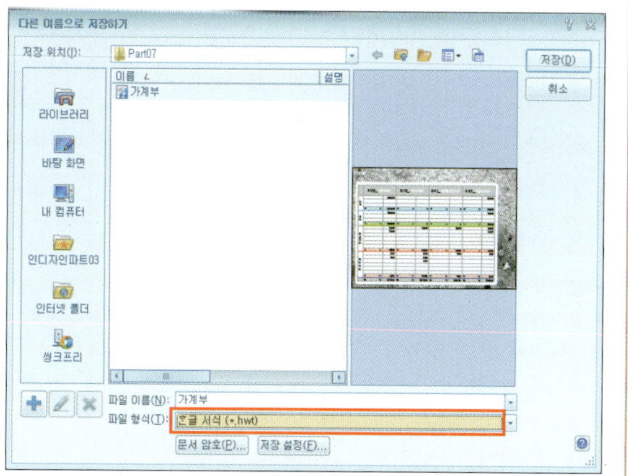

텍스트를 표로, 표를 텍스트로 변환하기

텍스트를 표로 변환하거나 표 내용을 텍스트로 변환하는 방법에 대해 알아봅니다.

◉ **시작 파일** : Part07\표변환.indd
◉ **완료 파일** : Part07\표변환_완료.indd

01 표로 변환할 텍스트 선택하기

예제 파일을 불러온 후 ❶두 번째 줄부터 마지막 줄까지를 드래그하여 표로 변환할 텍스트를 블록으로 지정합니다. ❷[표] 메뉴의 ❸[텍스트를 표로 변환]을 실행합니다.

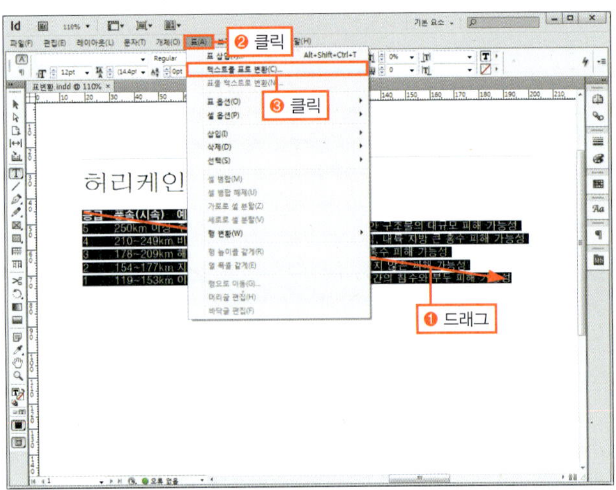

02 행과 열 구분 기호 선택하기

❶[텍스트를 표로 변환] 대화상자에서 [열 구분 기호]를 '탭'으로, [행 구분 기호]는 '단락'으로 설정합니다. ❷[표 스타일]에서 ❸'새 표 스타일'을 선택하고 ❹[확인]을 클릭합니다.

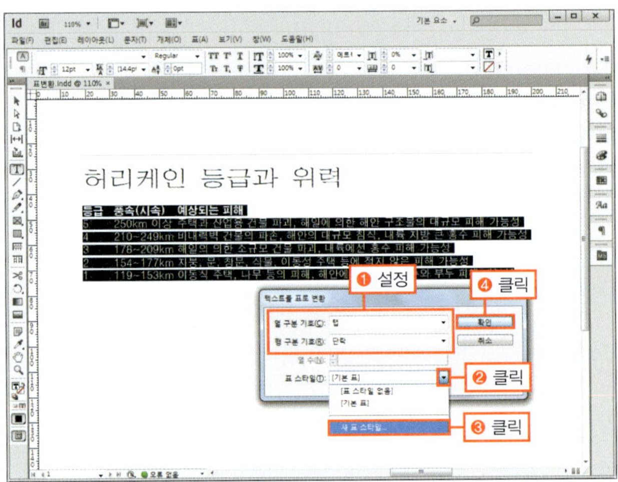

> **참고**
>
> 표 스타일을 '[기본 표]'로 선택하면 검은 색 테두리로 구성된 표가 만들어집니다. [새 표 스타일]을 선택하면 새로운 표 모양을 직접 설정할 수 있으며, 문서에 이미 등록해 놓은 표 스타일이 있는 경우 선택하면 해당 스타일의 모양을 따라 표가 만들어집니다.

03 새 표 스타일 등록하기

❶[새 표 스타일] 대화상자의 [표 설정] 영역에서 표 테두리 색상을 '용지' 색으로 설정합니다. ❷[열] 영역에서 ❸다음과 같이 1행마다 교대 설정 색을 각각 설정한 후 ❹[확인]을 클릭합니다.

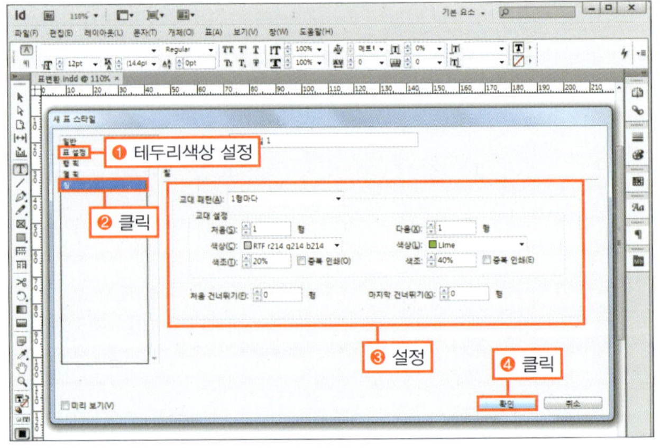

04 '표 스타일 1'로 표 모양 설정하기

❶[텍스트를 표로 변환] 대화상자에서 등록된 '표 스타일 1'을 선택하고 ❷[확인]을 클릭합니다.

05 표 스타일 확인하기

텍스트가 표로 변환되었습니다. ❶[셀 옵션]에서 셀의 안쪽 여백을 '2mm'로 설정합니다. 텍스트를 셀의 중앙에 오도록 하여 표 모양을 보기 좋게 다듬어줍니다.

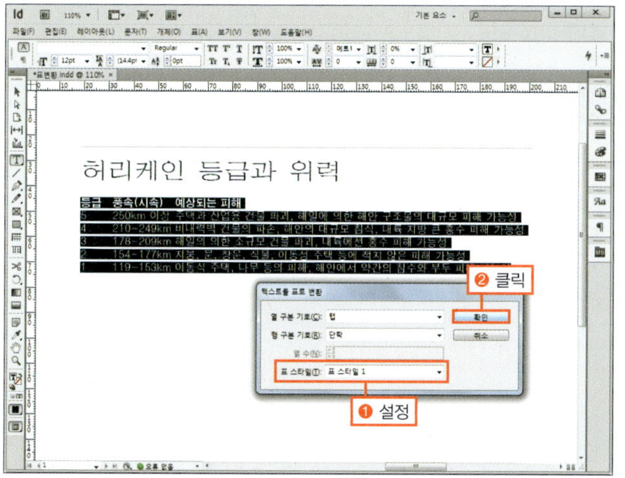

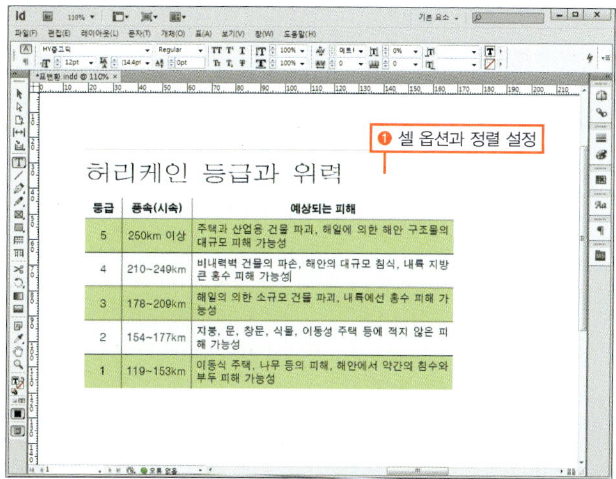

참고 ● 표를 텍스트로 변환하기

변환된 표를 다시 텍스트로 변환하려면 [표] 메뉴의 [표를 텍스트로 변환]을 실행합니다. 열과 행을 어떤 기호로 구분할 것인지를 설정하고 [확인] 버튼을 클릭하면 표의 내용을 텍스트로 변환할 수 있습니다. 이때 텍스트 모양이나 단락 모양은 그대로 유지한 채 텍스트로 변환됩니다.

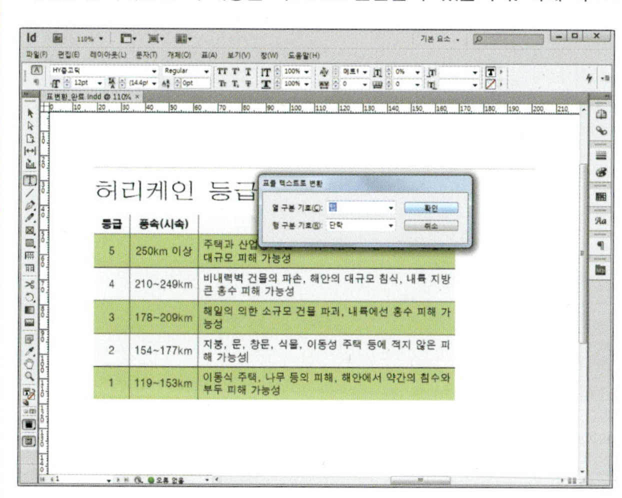

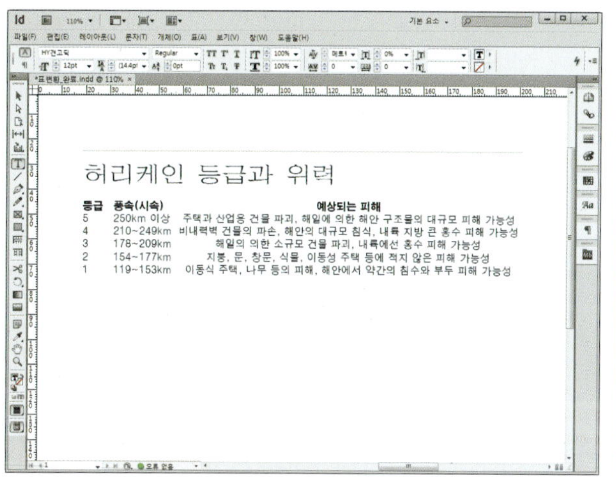

1 파일 처리 환경을 설정한 후 워드 문서의 내용을 원본과 연결하여 가져온 다음 [링크] 패널을 불러와 보세요.

- 시작 파일 : Part07\셀간격.docx, 확인실습5.indd
- 완료 파일 : Part07\확인실습5_완료.indd

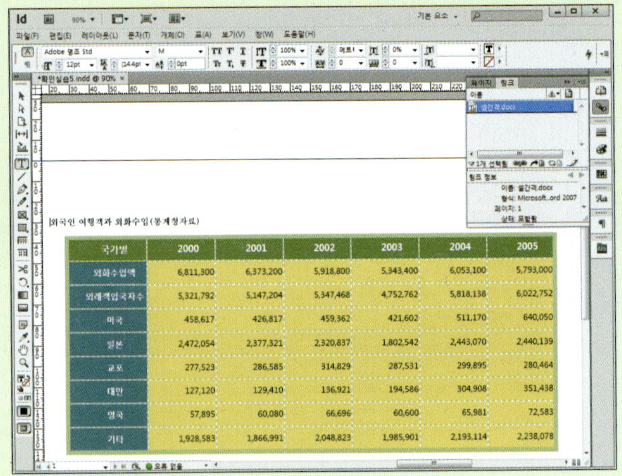

2 텍스트 문서에서 내용을 가져오기 한 다음 텍스트 내용을 표로 변환시켜 보세요.

- 시작 파일 : Part07\확인실습6.indd, 확인실습6.txt
- 완료 파일 : Part07\확인실습6_완료.indd

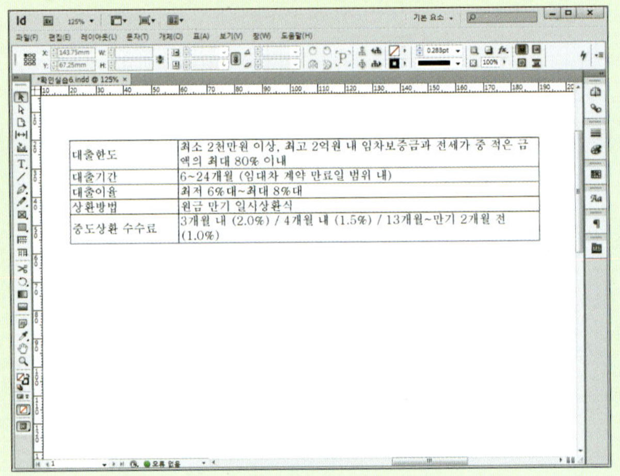

❶ 예제 문서를 열고 텍스트만 입력되어 있는 셀 구성을 편집하고, 배경색과 테두리 색을 변경하여 완성해 보세요.

◎ **시작 파일** : Part07\응용실습1.indd
◎ **완료 파일** : Part07\응용실습1_완료.indd
◎ **해설 파일** : 해설파일\Part07_응용실습1_해설.hwp, Part07_응용실습1_해설.pdf

Before

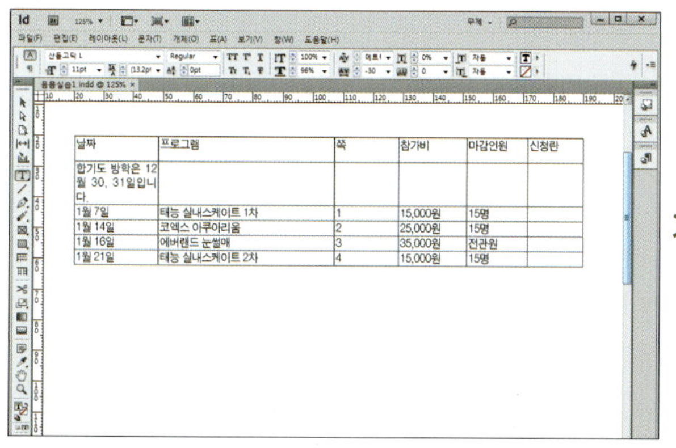

After

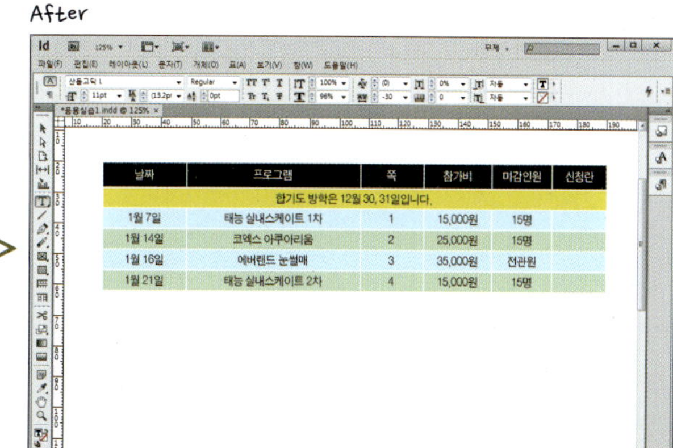

❶모든 셀에 가로 방향과 세로 방향을 가운데로 정렬하기 **❷**두 번째 행에 [셀 병합] 적용하기 **❸**셀 테두리 색과 굵기 설정하기 **❹**칠 교대 설정하기 **❺**첫 번째 행과 두 번째 행의 채우기 색상과 텍스트 색상 변경하여 완성하기

❷ 예제 문서를 열고 머리글 행을 설정하고, 셀을 분할해 보세요. 셀 인센트 간격을 위와 아래에 설정하고, 불필요한 행을 삭제하여 표의 모습을 완성해 보세요.

◎ **시작 파일** : Part07\응용실습2.indd
◎ **완료 파일** : Part07\응용실습2_완료.indd
◎ **해설 파일** : 해설파일\Part07_응용실습2_해설.hwp, Part07_응용실습2_해설.pdf

Before

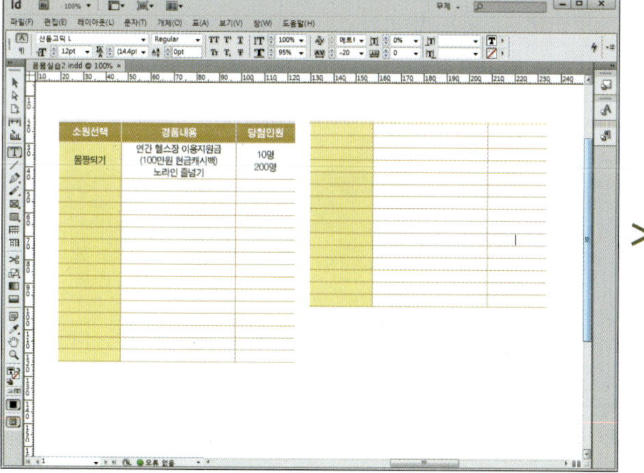

After

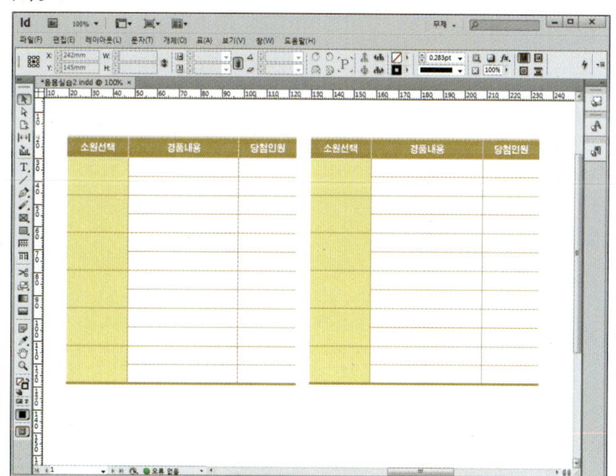

❶두 번째 열과 세 번째 열에 가로로 셀 분할하기 **❷**셀 인센트 설정하기 **❸**머리글 행 설정하기 **❹**불필요한 행 삭제하기 **❺**표의 맨 아래 테두리 굵기 설정하기

인쇄 전 여러 가지 마무리 기능 살펴보기

여기에서는 완성 단계의 문서에 사용할 기능에 대해 살펴봅니다. 편집이 완성된 문서의 목차나 색인

을 만들고, 내용 중 잘못 입력된 부분이 없는지 맞춤법 검사를 실행합니다. 모든 문서를 완성한 후에

는 오류 확인과 인쇄 준비 파일을 모으는 등의 마무리 과정에 대해서도 알아봅니다.

SECTION 01

책 파일 만들어
목차와 색인 만들기

인디자인에서 여러 개의 문서를 책 파일로 등록하여 목차와 색인을 손쉽게 완성할 수 있습니다. 많은 분량의 문서를 여러 문서로 분할하여 작업하였거나 여러 작업자가 분할하여 작업한 경우 모든 문서를 한 개의 책 파일로 통합하여 관리할 수 있습니다. 책 파일로 묶인 문서는 [책] 패널에서 관리할 수 있으며, 목차와 색인 업데이트를 통해 수정된 내용을 자동으로 변경할 수 있습니다. 책 파일 만드는 방법과 목차 색인 활용 방법에 대해 알아봅니다.

다루는 내용

- 책 파일 만들기
- 목차 만들기
- 색인 만들기
- 목차/색인 업데이트하기

기능 정리

책 파일 만들기

페이지 분량이 많은 책을 작업할 경우나 여러 작업자가 나누어 작업할 경우, 두 개 이상의 인디자인 문서로 분할하여 작업합니다. 이런 경우 책 파일을 만든 후 문서를 등록해 놓으면 여러 개 문서의 목차와 색인을 손쉽게 만들 수 있습니다. 책으로 만든 후 목차와 색인을 만들면 문서마다 설정된 페이지가 자동으로 정렬되고, 업데이트하면 변경된 페이지가 자동으로 갱신됩니다.

● 책 만들기

[파일] 메뉴의 [새로 만들기]-[책]을 실행하면 새로운 책 파일을 만들 수 있습니다. 새로 만든 책 파일을 저장할 경로를 지정한 후 파일 이름을 입력하여 책 파일을 만듭니다.

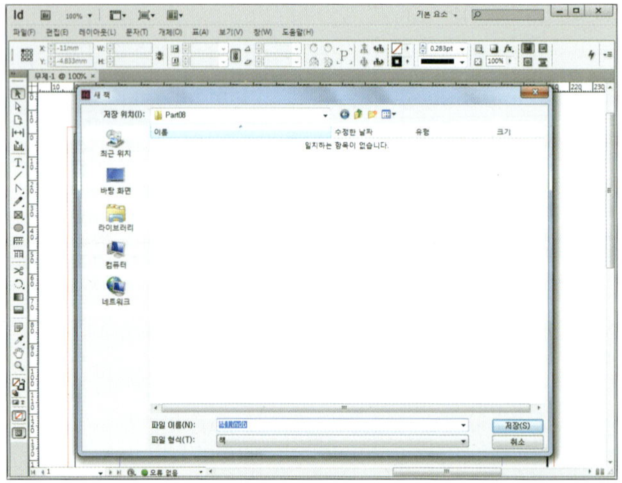

만들어진 책 파일을 패널 형태로 표시됩니다. [책] 패널의 아이콘 도구를 이용하여 책을 저장하
거나 인쇄할 수 있으며, 책 파일에 문서를 추가하거나 삭제할 수 있습니다. 또한 책에 등록한 문
서 중에서 한 가지 문서를 소스로 설정하여 스타일과 색상 견본을 소스와 동일하게 변경할 수도
있습니다.

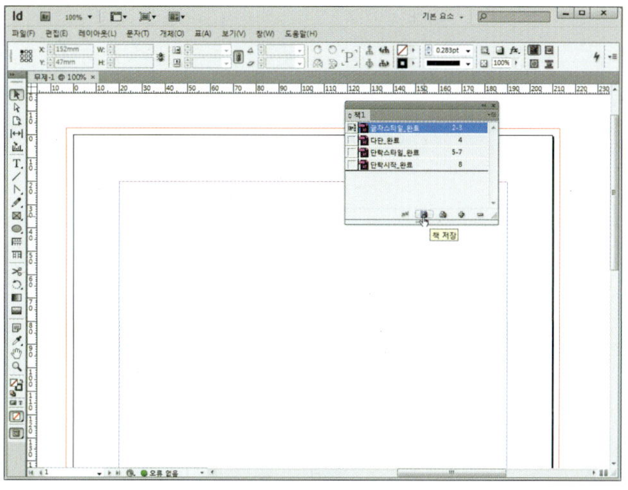

● 책 파일 열기

윈도우 탐색기에서 저장해 놓은 책 파일을 더블클릭하면 [책] 패널을 곧바로 열 수 있습니다.
[책] 패널에서 문서를 더블클릭하면 해당 문서를 열 수 있으며, [책 저장]이나 [책 인쇄] 도구를
이용해 현재의 책 문서를 저장하거나 인쇄할 수 있습니다.

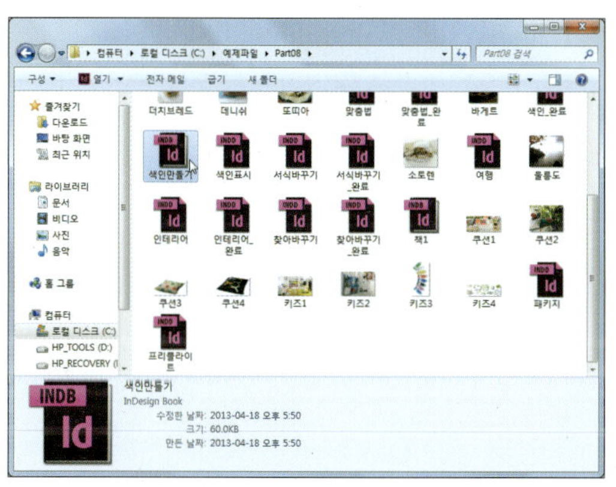

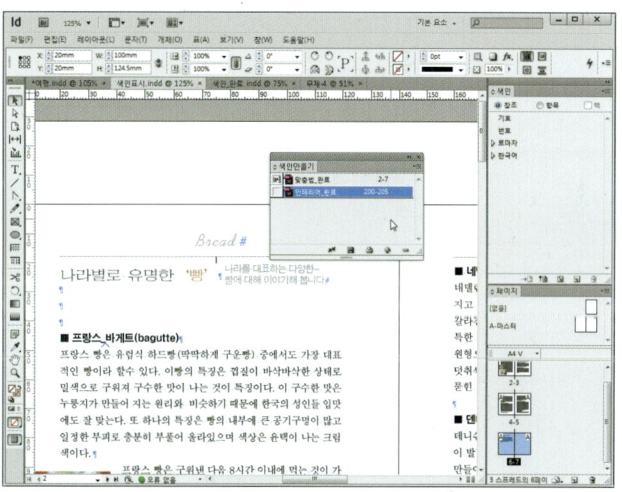

● **[책] 패널 팝업 메뉴 살펴보기**

[책] 패널의 팝업 메뉴 아이콘을 클릭하면 다양한 메뉴가 펼쳐집니다. 문서 추가와 제거, 책 프리플라이트, 패키지, 문서 정보, 동기화 등 두 개 이상의 문서가 포함된 책 파일을 묶어 인쇄를 준비할 수 있는 메뉴가 포함되어 있습니다.

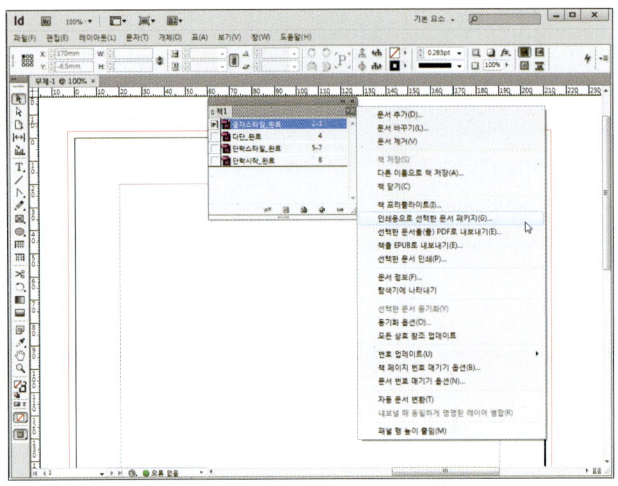

책 파일은 한 개의 문서를 기준으로 다른 나머지 문서를 기준 문서와 동일한 스타일과 색상 견본 등의 정보를 동일하게 바꾸는 동기화를 진행할 수 있습니다. [동기화 옵션]을 실행하여 동기화할 대상 옵션을 설정할 수 있으며, 동기화를 실행하면 일부 레이아웃이나 오류가 발생할 수 있으므로 주의하여 동기화를 진행하도록 합니다.

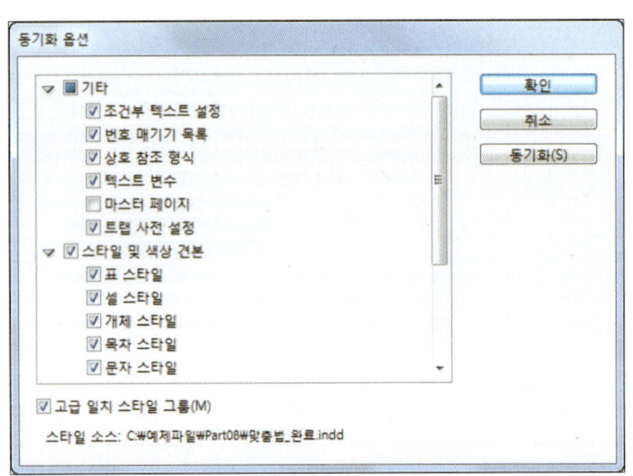

■1 두 개 이상의 문서를 등록하여 손쉽게 목차와 색인을 만들기 위해서는 무엇을 만들어 관리하는 것이 편리할까요? (　　　)

■2 [책] 패널에 등록된 문서 중에서 선택해 놓은 한 개의 기준 문서의 스타일과 색상 견본 등을 다른 문서에 그대로 적용하는 기능은 무엇일까요? (　　　)

답 : ■1 책, ■2 동기화

목차 만들기

문서에 적용한 단락 스타일을 활용하여 자동 목차를 만들어 봅니다.

○ **시작 파일** : Part08\인테리어.indd
○ **완료 파일** : Part08\인테리어_완료.indd

01 [목차] 명령 실행하기

예제 문서를 불러온 후 ❶문서의 맨 마지막에 새로운 빈 페이지를 추가합니다. 만들어진 목차를 넣을 페이지를 미리 준비한 다음 ❷[레이아웃] 메뉴의 ❸[목차]를 실행합니다.

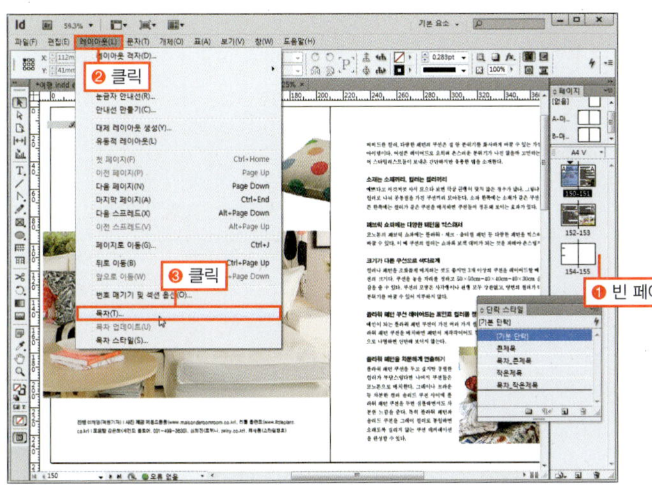

> **참고**
>
> 목차를 만들면 목차가 입력된 텍스트 프레임을 곧바로 문서에 만들어 넣을 수 있습니다. 그러므로 목차가 담긴 텍스트 프레임을 바로 만들 수 있도록 목차를 넣을 페이지를 준비하는 것이 편리합니다.

02 목차로 만들 스타일 설정하기

❶[목차] 대화상자의 [목차의 스타일]에서 Ctrl 을 누른 상태에서 '작은제목'과 '큰제목' 스타일을 순서대로 클릭하여 선택합니다. 목차로 만들 단락 스타일을 모두 선택하였으면 ❷[추가]를 클릭합니다. ❸[옵션 확장]을 클릭합니다.

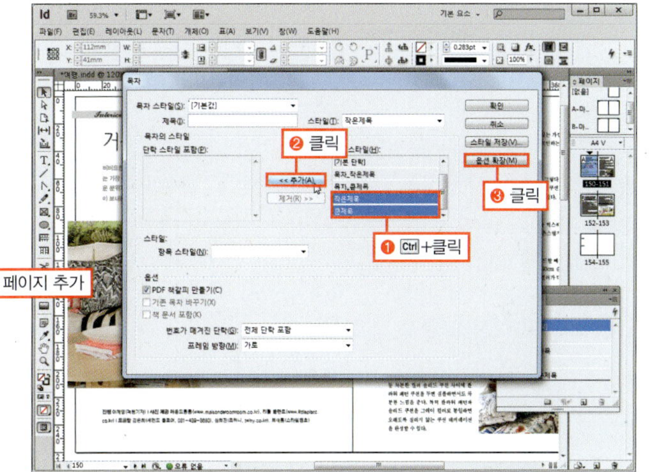

> **참고**
>
> Shift 또는 Ctrl 을 누른 상태에서 클릭하면 여러 개의 목차를 함께 선택할 수 있습니다.

03 항목 스타일 설정하기 1

❶추가된 '큰제목' 스타일을 선택하고 ❷[항목 스타일]을 '목차_큰제목'으로 설정합니다. ❸[페이지 번호]를 '페이지 번호 없음'으로 설정합니다.

> **참고**
>
> 목차에 적용할 단락 스타일을 미리 만들어 놓으면 [목차] 상자에서 곧바로 스타일을 적용할 수 있습니다. 또한 목차 업데이트를 실행했을 때에도 스타일이 그대로 적용되어 문서가 흐트러지지 않아 편리합니다.

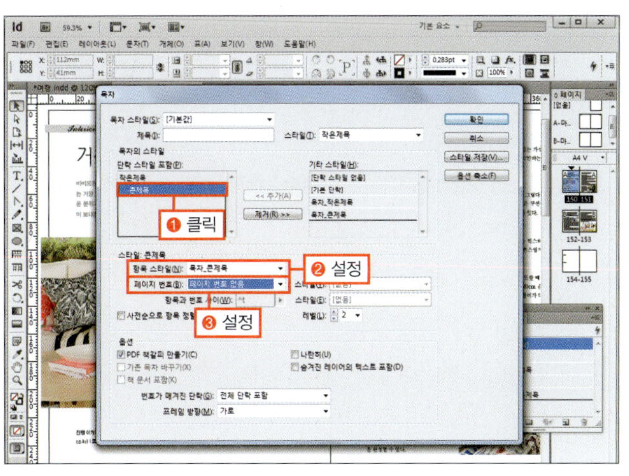

04 항목 스타일 설정하기 2

❶[작은 제목]을 선택하고 ❷[항목 스타일]을 '목차_작은 제목'으로 설정합니다. ❸[페이지 번호]를 '항목 앞'으로 설정하고, ❹[스타일]을 클릭하여 ❺[새 문자 스타일]을 실행합니다.

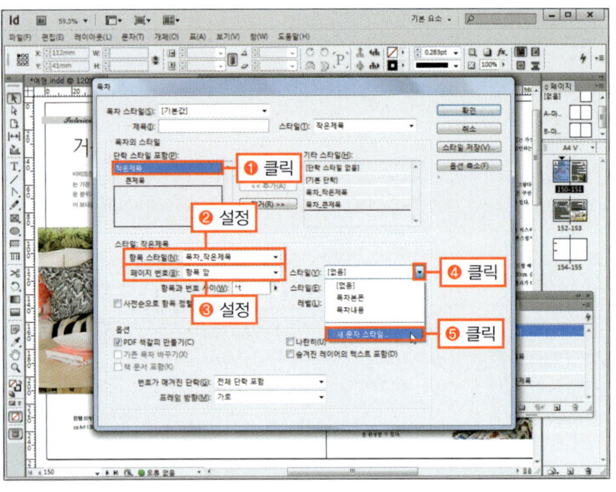

05 페이지 번호 글꼴 설정하기

❶[새 문자 스타일] 대화상자에서 [기본 문자 서식] 영역을 클릭하여 ❷[글꼴 모음]을 'DIN Alternate'로 설정합니다.

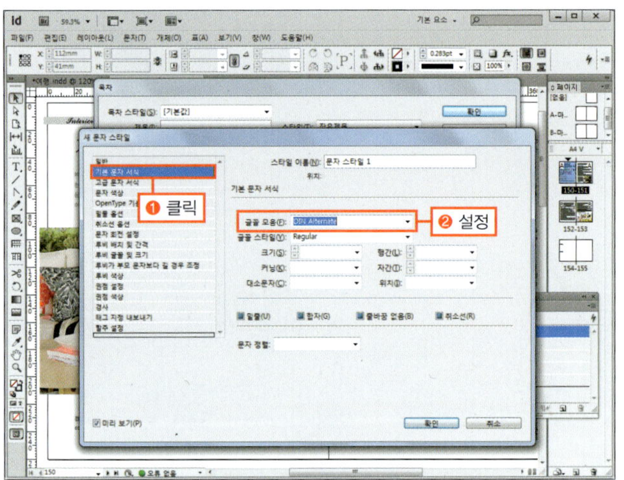

06 스타일 이름과 글자 색 설정하기

❶[스타일 이름]을 '페이지번호'로 입력하고 ❷[문자 색상] 영역에서 글자 색을 'C=58 M=11 Y=17 K=11'로 설정한 다음 ❸[확인]을 클릭합니다.

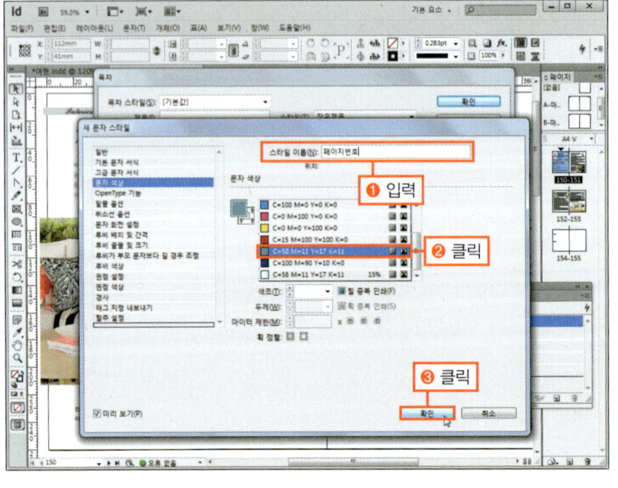

07 탭 설정하기

❶[항목과 번호 사이]에 탭이 들어가도록 '^t'로 설정합니다. 다음과 같이 목차의 옵션 내용을 살펴보고 ❷[확인]을 클릭합니다.

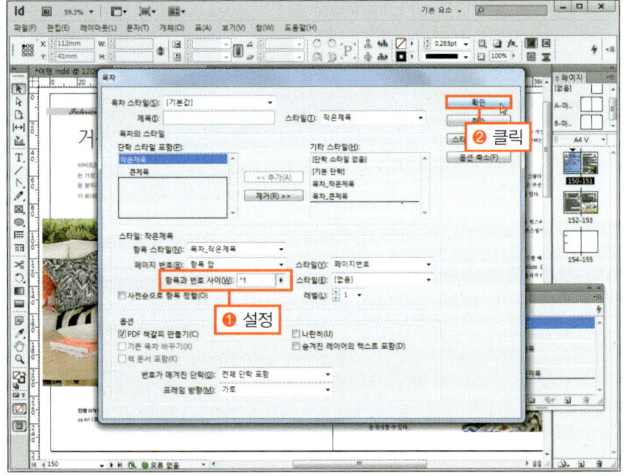

08 목차 내용 넣기

❶마우스로 드래그하여 만들어진 목차 내용을 만듭니다. 목차 내용이 담긴 텍스트 프레임의 위치와 크기를 조절하여 보기 좋게 만듭니다.

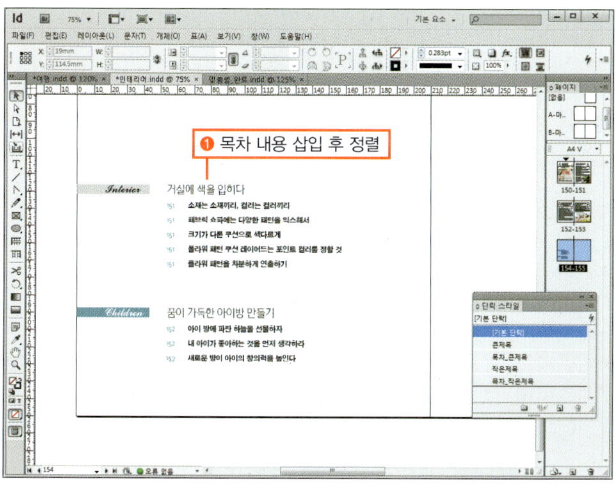

09 페이지 번호 글꼴 설정하기

❶150페이지를 마우스 오른쪽 버튼으로 클릭하여 [번호 매기기 및 섹션 옵션]을 실행합니다. 200쪽으로 페이지 번호를 변경한 후 ❷[레이아웃] 메뉴의 ❸[목차 업데이트]를 실행합니다.

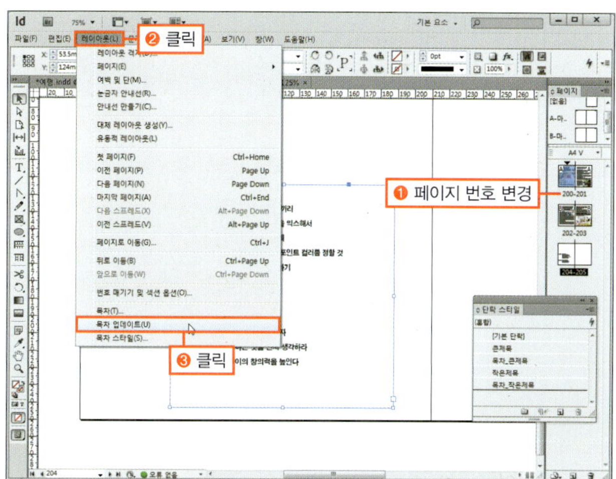

10 목차 완성하기

'목차를 성공적으로 업데이트했습니다.' 메시지가 표시되면 [확인]을 클릭합니다. 변경된 페이지로 자동 변경되면 단락 사이의 간격이나 위치를 다시 한번 정렬해 완성합니다.

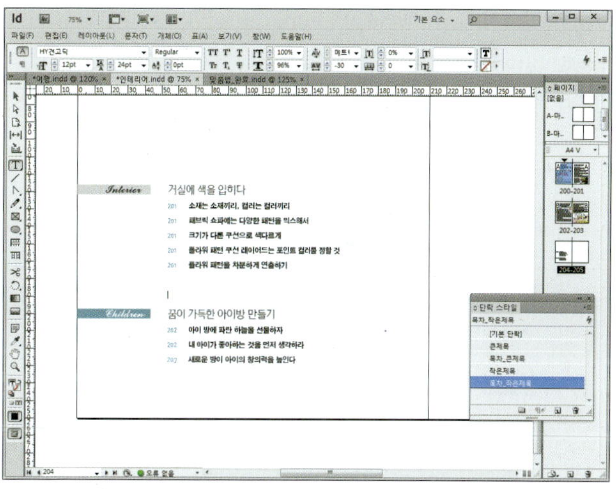

색인 만들기

두 개의 문서를 책으로 구성하여 색인을 만들어 봅니다.

◉ **시작 파일** : Part08\맞춤법_완료, 인테리어_완료.indd
◉ **완료 파일** : Part08\색인_완료.indd

01 책 만들기

❶[파일] 메뉴의 [새로 만들기]-[책]을 실행합니다. ❷새로 만들어진 책 파일의 저장 경로를 설정한 후 ❸[파일 이름]을 '색인만들기'로 설정하고 ❹[저장]을 클릭합니다.

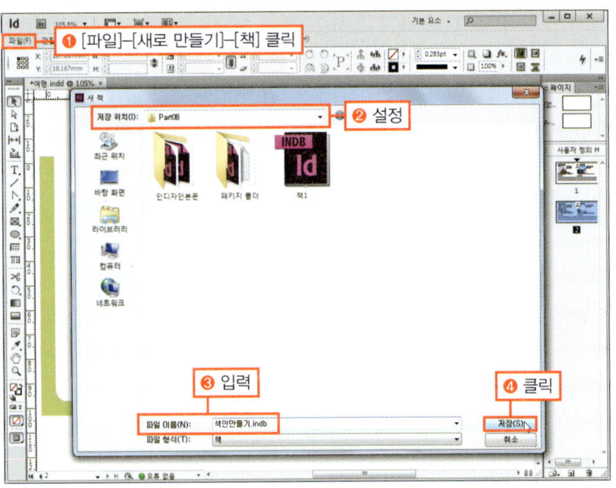

02 책 파일에 문서 추가하기

새로운 책이 만들어지고 [책] 패널이 표시됩니다. ❶[색인만들기] 패널의 팝업 메뉴 아이콘을 클릭하여 ❷[문서 추가]를 실행합니다.

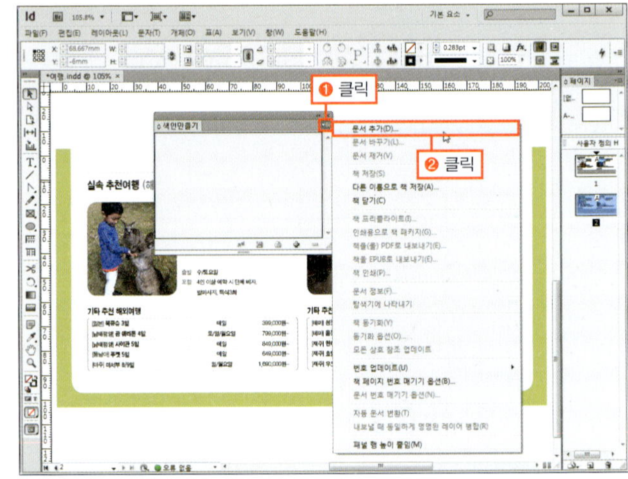

03 문서 열기

[문서 추가] 대화상자에서 책 파일에 추가할 문서를 선택합니다. ❶여기서는 Ctrl 을 누른 채 '맞춤법_완료' 파일과 '인테리어_완료'를 클릭하여 두 개의 문서를 모두 선택하고 ❷[열기]를 클릭합니다.

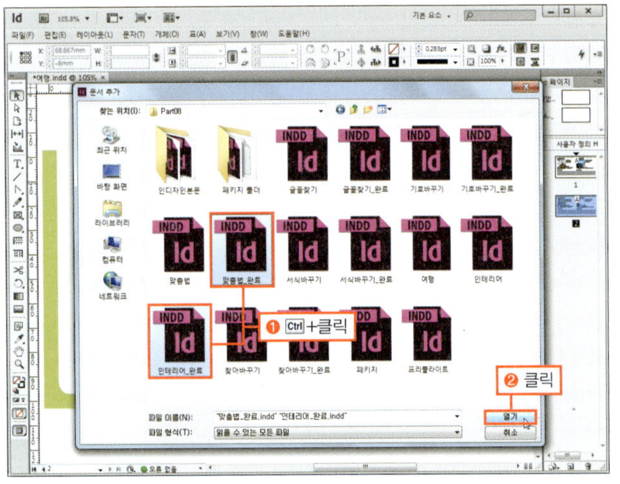

04 문서 열기

[색인만들기] 책 패널에 다음과 같이 선택한 두 개의 문서가 등록됩니다. ❶문서 이름을 더블클릭하여 문서를 열어 줍니다.

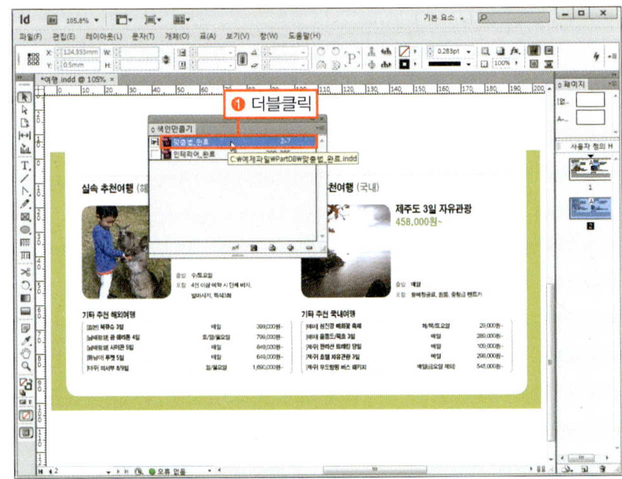

[책] 패널에서는 아이콘 도구를 활용하여 변경 내용을 확인하거나 명령을 실행할 수 있습니다. 각 아이콘 표시와 도구에 대해 알아봅니다.

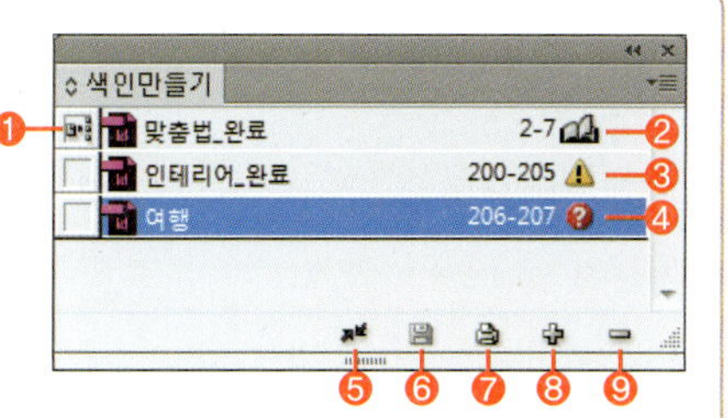

❶ **스타일 소스** : 책 파일에 등록된 문서 중에서 기준이 되는 문서로, 이 문서의 스타일, 견본 색상, 마스터 페이지, 페이지 번호와 동일한 내용으로 다른 문서를 동기화할 수 있습니다.

❷ **문서가 열려 있음** : 현재 문서가 열려 있는 상태를 표시합니다.

❸ **문서가 책 외부에서 수정됨** : 문서의 내용이 수정됨을 의미합니다.

❹ **문서를 찾을 수 없음** : 책에 등록한 문서가 삭제되었거나 다른 위치로 이동하였음을 표시합니다.

❺ **스타일 및 색상 견본을 스타일 소스와 동기화** : 선택해 놓은 소스 문서를 기준으로 스타일, 색상 견본, 마스터 페이지, 페이지 번호를 동기화할 수 있습니다.

❻ **책 저장** : 현재까지 작업한 책 패널을 저장합니다.

❼ **책 인쇄** : 책 패널에 등록된 문서를 한 번에 인쇄할 수 있습니다.

❽ **문서 추가** : [책] 패널에 새로운 문서를 추가할 수 있습니다.

❾ **문서 제거** : [책] 패널에서 선택한 문서를 삭제할 수 있습니다.

05 [색인] 패널 열기

문서를 불러온 후 ❶[창] 메뉴의 [문자 및 표]-[색인]을 실행합니다. [색인] 패널이 표시되면 ❷문서 내용 중에서 색인으로 등록할 부분을 드래그하여 블록으로 지정한 후 ❸[새 색인 엔트리 만들기](   )를 클릭합니다.

06 색인 항목 등록하기

❶[새 페이지 참조] 대화상자에서 [항목 레벨]에 입력된 내용을 살펴보고 [확인]을 클릭합니다. ❷Ctrl+I를 누르면 색인이 표시된 부분에 다음과 같이 표시됩니다. 모든 색인을 표시한 후 ❸[책] 패널에서 '인테리어_완료' 문서를 더블클릭하여 문서를 불러옵니다.

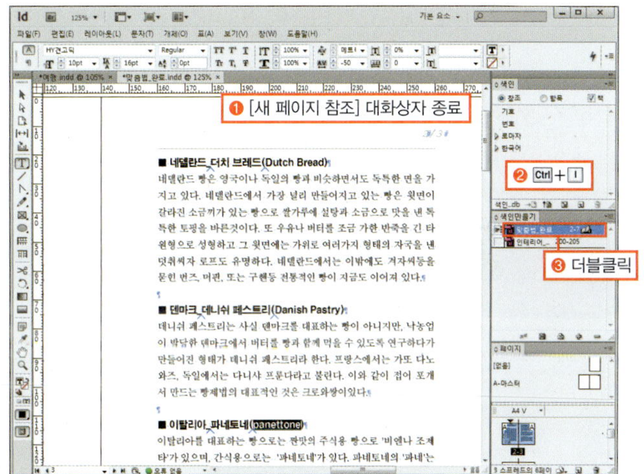

❶[책] 파일에 포함된 두 개의 문서에 각각 색인을 표시한 다음 ❷[색인] 패널에서 [색인 생성]( )을 클릭합니다.

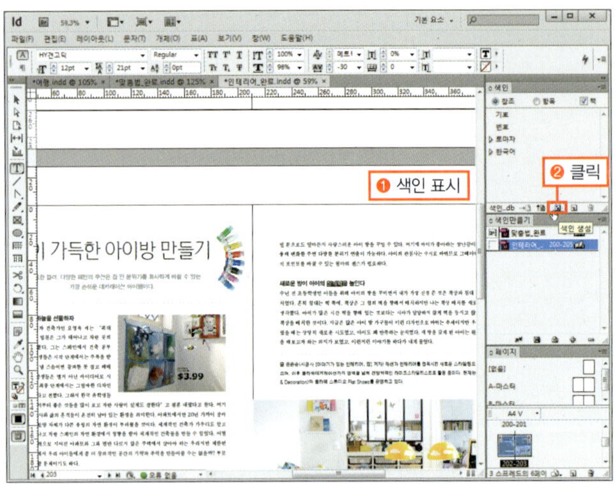

❶[색인 생성] 대화상자에서 [옵션 확대]를 클릭합니다. ❷ 색인에 사용할 제목과 페이지 번호에 적용할 스타일을 설정하고 [항목 뒤] 표시 내용에 '\t'를 입력한 후 ❸[확인]을 클릭합니다.

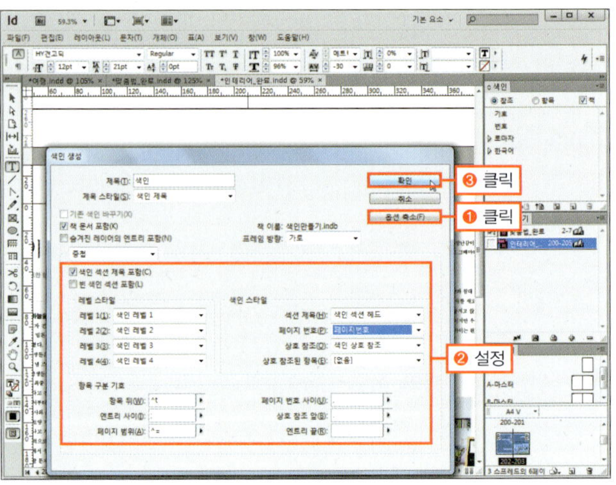

❶마우스로 드래그하여 만들어진 색인 내용을 텍스트 프레임으로 만듭니다. 텍스트 프레임을 선택하고 ❷[개체] 메뉴의 [텍스트 프레임 옵션]을 실행하여 2개의 단으로 변경합니다. ❸Ctrl+A를 눌러 전체 내용을 선택하고 ❹[문자] 메뉴의 [탭]을 설정하여 단락의 오른쪽 위치에 오른쪽 탭을 설정합니다.

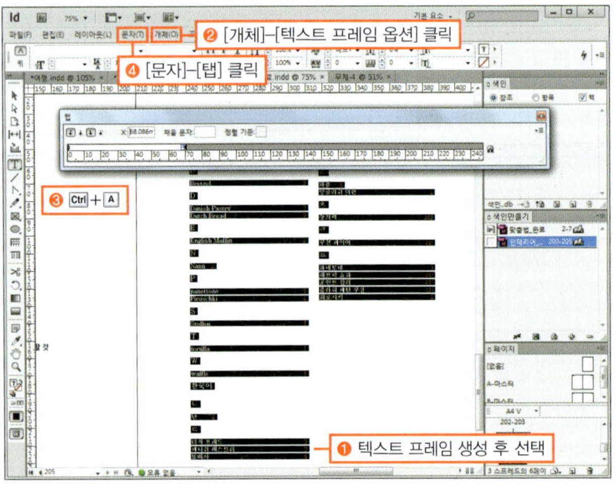

❶탭이 완성되면 색인 제목과 내용의 위치를 조절하여 색인을 완성합니다.

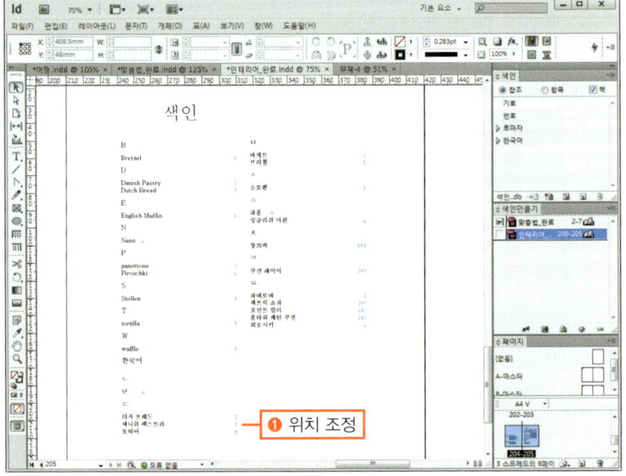

[색인] 패널을 이용해 새로운 색인을 등록하거나 삭제할 수 있습니다. [색인] 패널에는 색인 내용이 항목별로 표시되며, 해당 페이지를 확인할 수도 있습니다.

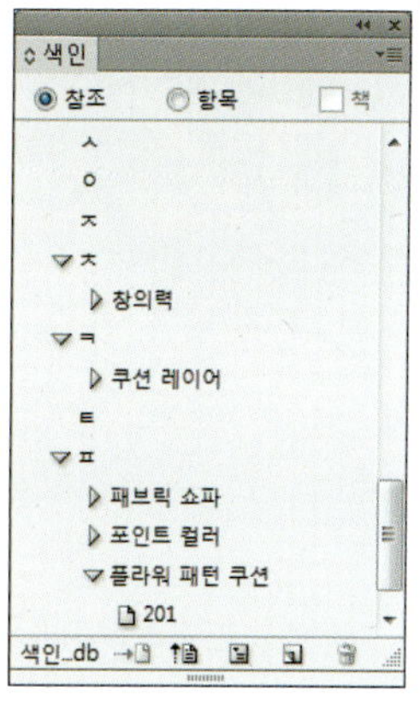

확인실습

예제 문서의 제목 스타일을 이용해 연두색 텍스트 프레임 안에 목차를 만들어 보세요.

◎ **시작 파일** : Part08\확인실습1.indd
◎ **완료 파일** : Part08\확인실습1_완료.indd

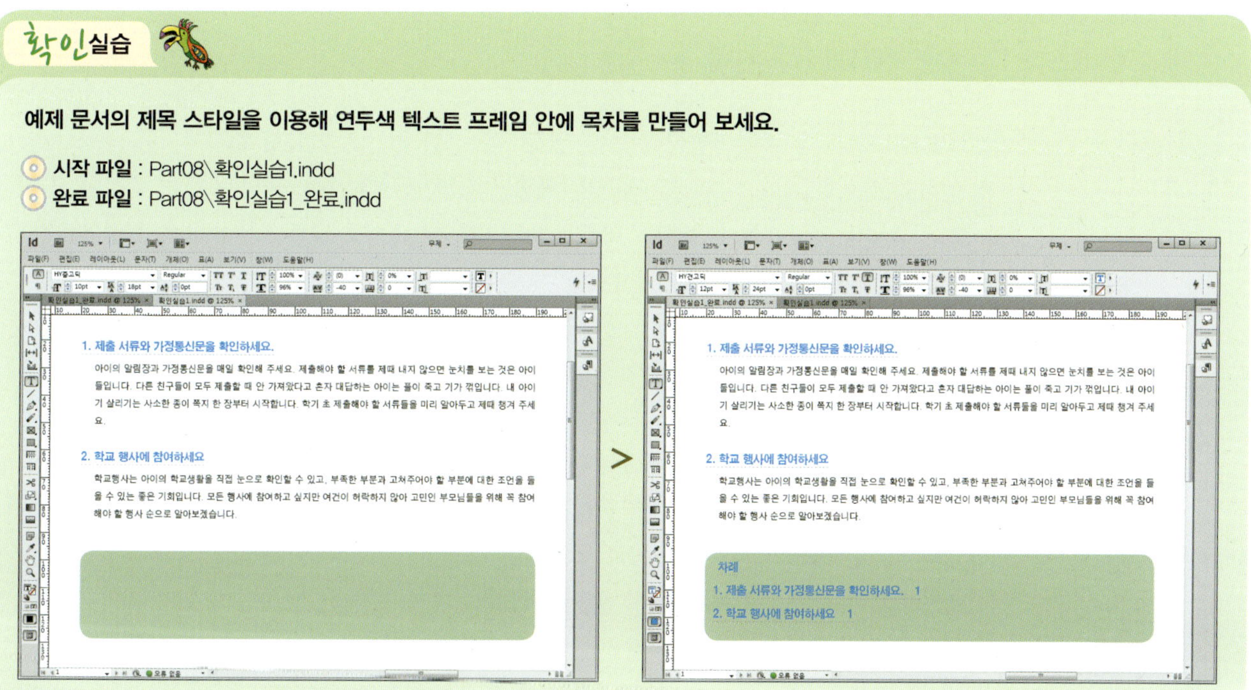

SECTION 02 완성한 문서 내용 점검하기

인디자인에서는 문서에 입력한 내용 중에서 맞춤법에 어긋난 부분을 검색하여 올바른 내용으로 변경할 수 있습니다. 또한, 내용 중에서 특정 내용을 골라 검색한 후 검색된 내용을 확인하거나 다른 내용으로 일괄 변경할 수도 있습니다. 이때 같은 내용이라고 하더라도 특정한 서식을 설정하여 해당 내용만 검색 대상으로 지정할 수도 있으므로 제목 부분이나 본문 부분에 선택하여 찾아 바꾸기를 적용할 수 있습니다. 여기서는 맞춤법 검사 방법과 찾아 바꾸기 기능에 대해 알아봅니다.

다루는 내용

- 맞춤법 검사하기
- 찾기/바꾸기

기능 정리

맞춤법 검사하기와 내용 찾아 바꾸기

문서에 입력한 내용이 맞춤법에 맞는지, 잘못된 부분은 없는지 맞춤법 검사가 가능합니다. 맞춤법 검사를 실행할 때에는 [편집] 메뉴의 [환경 설정]을 실행하여 맞춤법 옵션을 설정할 수 있습니다. 맞춤법에 어긋났을 때 표시할 내용과 틀린 단어에 표시에 사용할 색상 등을 설정합니다.

● 맞춤법 환경 설정하기

[편집] 메뉴의 [환경 설정]을 실행하여 [맞춤법] 영역을 선택합니다. 맞춤법에 어긋난 부분을 표시하도록 표시 옵션을 설정합니다. [동작 맞춤법 검사 사용]을 체크하고 틀린 내용에 표시할 색상을 설정합니다. 문서 내용 중에서 맞춤법에 어긋난 부분이 설정해 놓은 붉은색 밑줄로 표시됩니다. 표시된 위치를 마우스 오른쪽 버튼으로 클릭하면 다른 내용으로 손쉽게 변경할 수 있습니다. 내용이 변경되면 붉은색의 표시가 사라지고, 사전에 등록되어 있지 않은 경우 직접 사용자 사전에 단어를 등록할 수도 있습니다. 다만, 인디자인은 한글 맞춤법보다는 영문 맞춤법 검사가 정확하고 활용도가 높습니다.

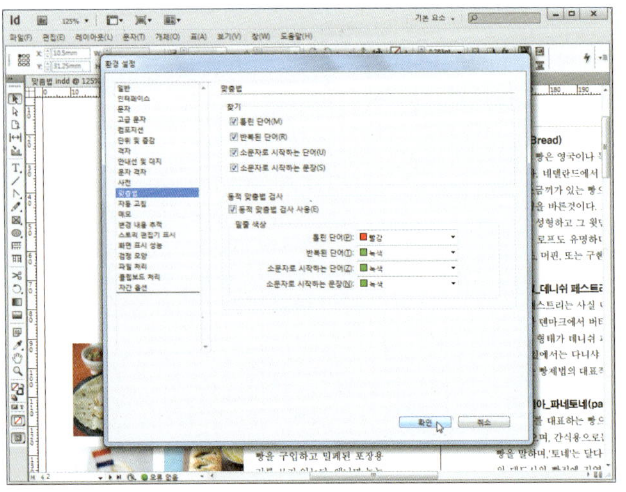

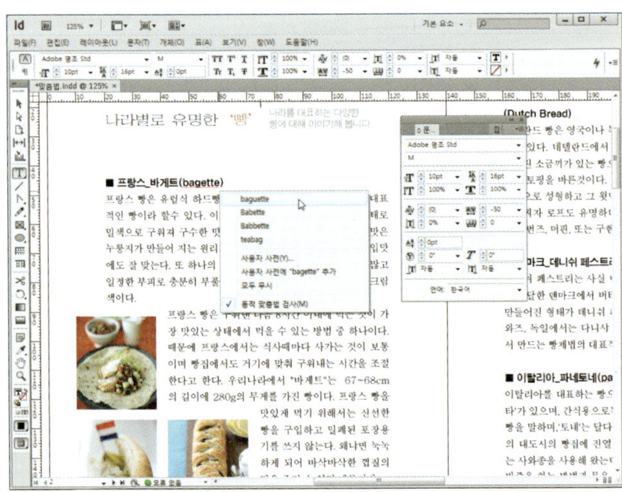

- ### 찾기/바꾸기

[편집] 메뉴의 [찾기/바꾸기]를 실행하여 [찾기/바꾸기] 대화상자를 불러옵니다. [찾기/바꾸기] 대화상자는 다섯 개의 탭으로 구성되어 있습니다. 찾기와 바꾸기를 실행할 대상을 선택하여 기능을 활용할 수 있습니다.

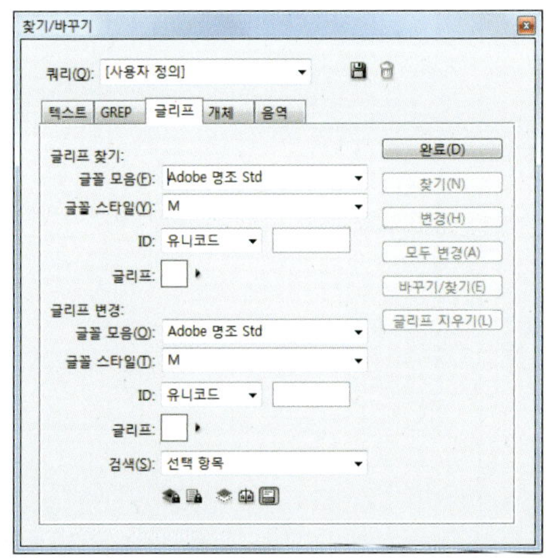

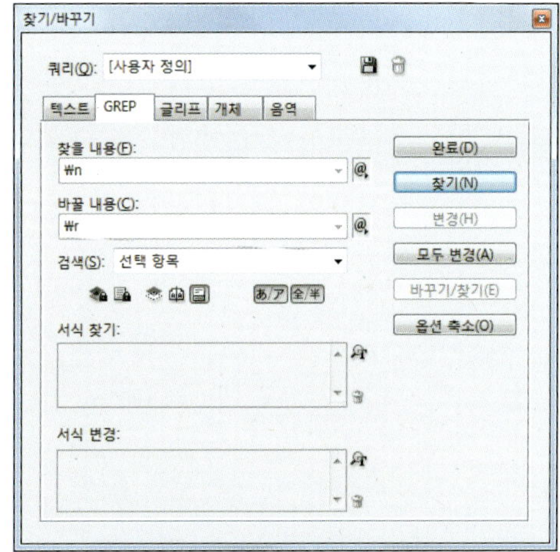

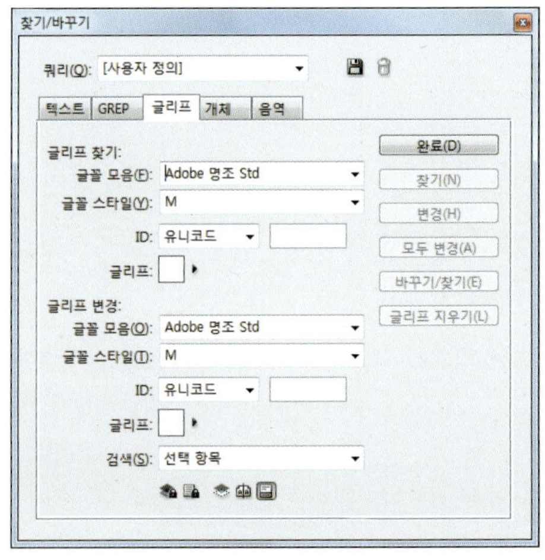

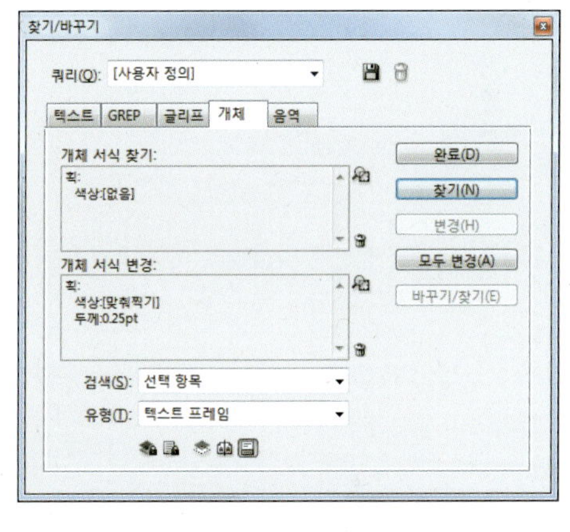

- ### 텍스트 내용 찾기/바꾸기

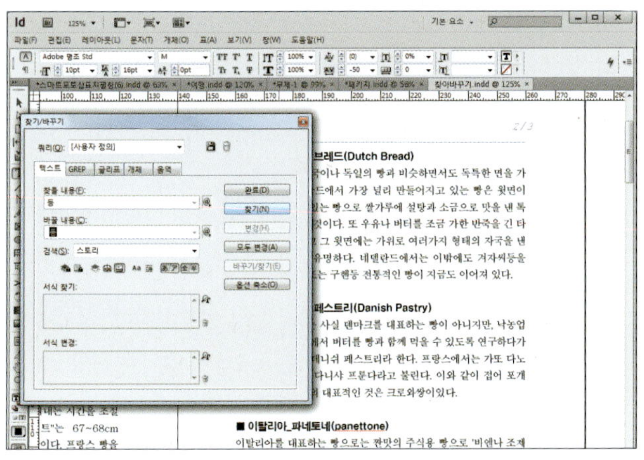

[찾을 내용]에 검색할 내용을 입력하고 [바꿀 내용] 입력란에 변경할 내용을 입력합니다. [찾기]를 클릭하면 내용 중에서 입력한 특정 내용을 자동으로 찾아 표시해줍니다. [변경]을 클릭하면 검색한 내용을 [바꿀 내용]에 입력한 내용으로 자동 변경할 수 있습니다. 별도의 서식을 설정하지 않으면 현재의 서식 그대로 내용만 변경됩니다.

● 서식 설정하여 찾아 바꾸기

검색할 내용을 입력하고 서식 추가의 [찾을 특성 지정] 아이콘을 클릭하여 [서식 찾기 설정] 상자에서 서식을 설정합니다. [찾기]를 클릭하면 설정해 놓은 서식이 설정된 부분만 검색되고, 서식에 맞지 않는 부분은 검색에서 제외됩니다. 이와 같은 방법을 활용하여 제목 부분이나 본문 부분 등의 특정 영역 안에서만 내용을 찾아 바꾸기를 실행할 수 있습니다.

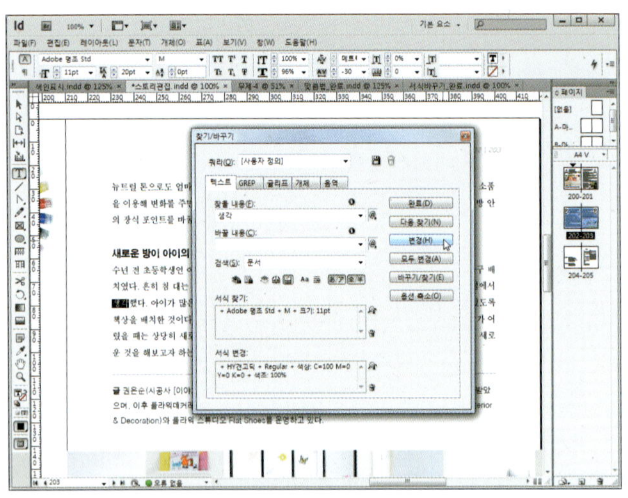
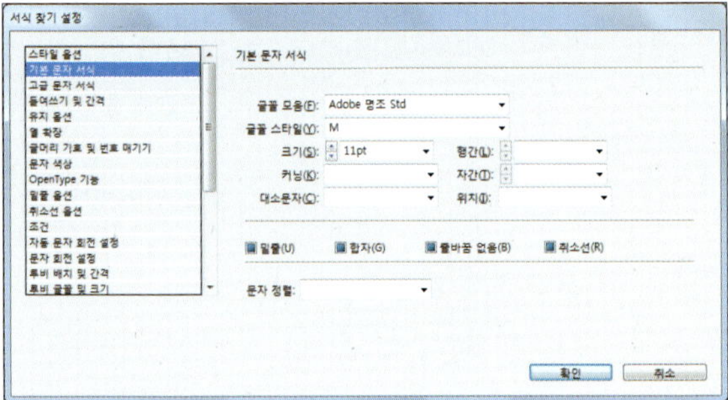

1 문서에 입력된 내용 중에서 맞춤법에 어긋난 부분을 실시간으로 표시하도록 하려면 [환경 설정]에서 어떤 옵션을 활성화해야 할까요?
(   )

2 이미지나 서식 스타일 등을 배제한 채 텍스트 내용만 보고 편집할 때 사용하는 기능으로, 텍스트만 별도의 창으로 표시되는 기능은 무엇일까요? (   )

답 : **1** 동적 맞춤법 검사 사용, **2** 스토리 편집기

맞춤법 검사하기

입력한 내용 중에서 맞춤법에 어긋난 부분을 검색하고 올바른 내용으로 변경하는 방법에 대해 알아봅니다.

◎ **시작 파일** : Part08\맞춤법.indd
◎ **완료 파일** : Part08\맞춤법_완료.indd

01 맞춤법 환경 설정하기

❶맞춤법의 환경을 설정하기 위해 [편집] 메뉴의 [환경 설정]-[맞춤법]을 실행합니다. ❷[환경 설정] 대화상자의 [맞춤법] 영역에서 ❸[동적 맞춤법 검사 사용]을 체크하고 ❹[확인]을 클릭합니다.

02 맞춤법 검사 대상과 언어 설정하기

❶맞춤법 검사를 실행할 대상 텍스트 내용을 블록으로 지정합니다. ❷[문자] 패널에서 [언어]를 '영어-미국'으로 설정합니다.

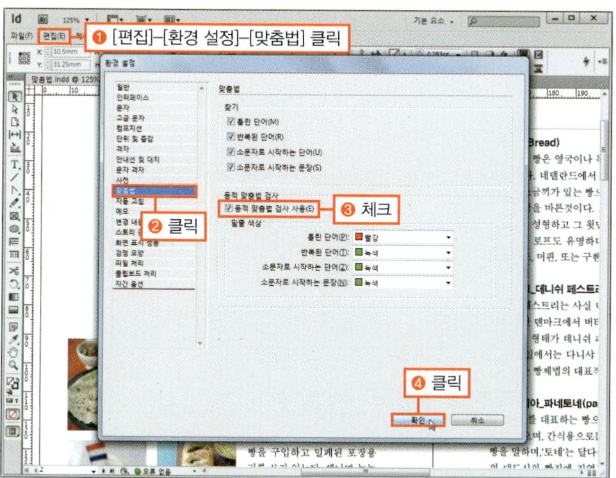

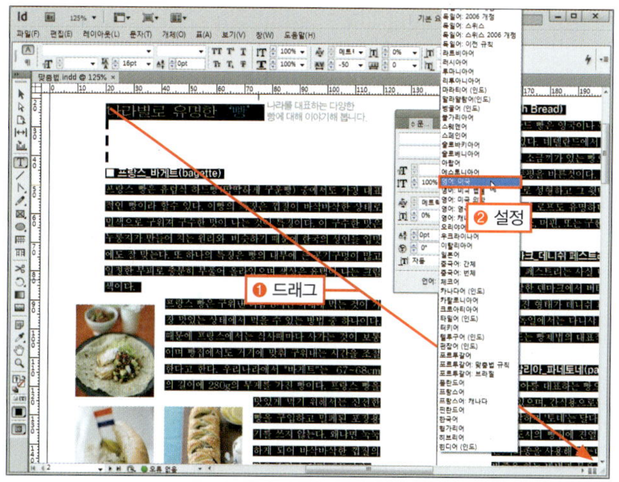

03 올바른 맞춤법으로 변경하기

맞춤법에 어긋난 부분에 붉은색의 밑줄이 표시됩니다. ❶밑줄이 표시된 부분을 마우스 오른쪽 버튼으로 클릭하면 맞춤법에 맞는 단어의 목록이 표시됩니다. ❷목록에서 'bagutte'를 선택합니다.

04 맞춤법 검사 확인하기

붉은색의 표시는 사라지고, 맞춤법이 어긋난 내용이 올바른 내용으로 자동 변경됩니다. 이와 같은 방법을 활용하여 입력할 때나 편집하면서 잘못 입력된 부분을 손쉽게 검색하고 교정할 수 있습니다.

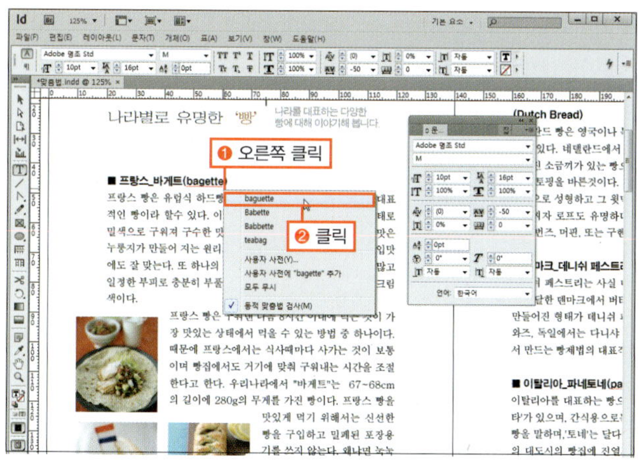

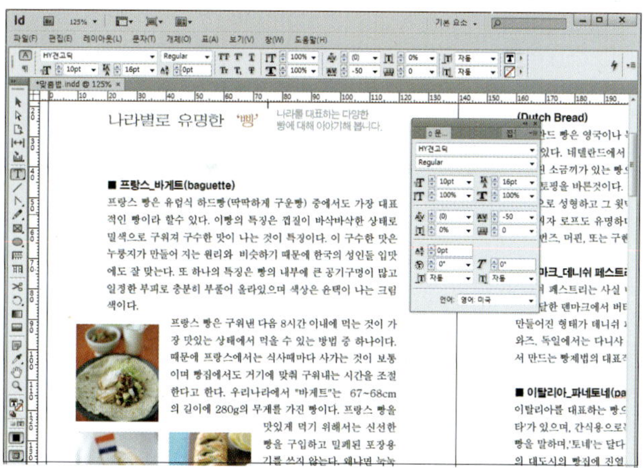

맞춤법에 어긋난 부분의 붉은색 밑줄을 마우스 오른쪽 버튼으로 클릭하면 [사용자 사전]과 [사용자 사전에 추가] 메뉴가 표시됩니다. [사용자 사전]을 실행하면 사용자 사전에 단어를 추가하거나 삭제할 수 있으며, [사용자 사전에 추가]를 실행하면 현재 단어가 사용자 사전에 등록되고, 붉은색 표시가 사라집니다.

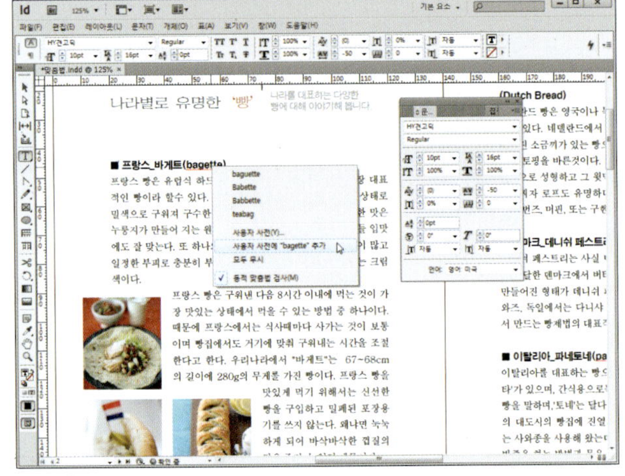
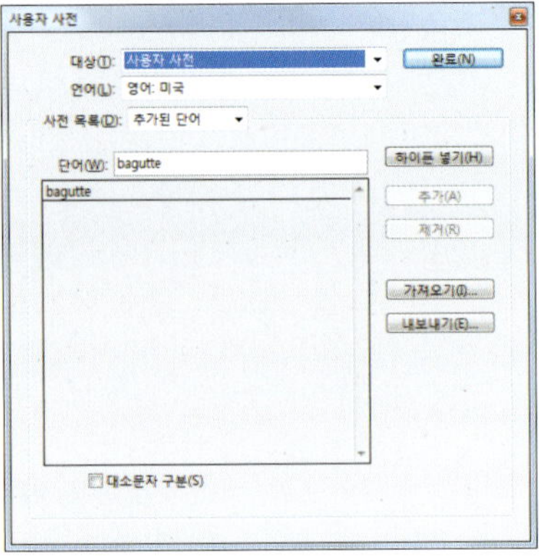

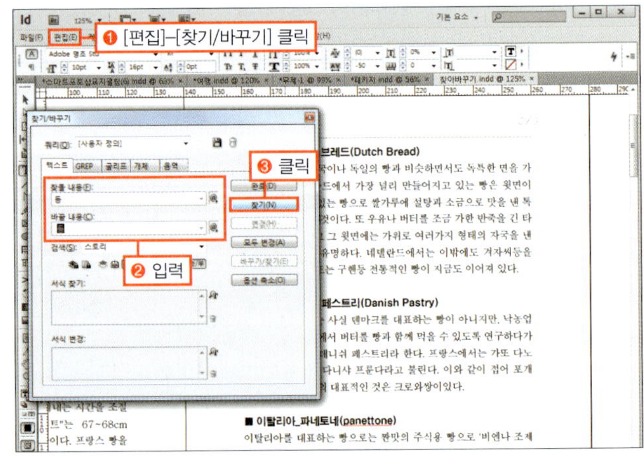

실습 과정

특정 내용 찾아 바꾸기

문서 내용 중에서 특정 내용을 검색하여 찾고 찾은 내용을 다른 내용으로 바꿔봅니다.

◎ **시작 파일** : Part08\찾아바꾸기.indd
◎ **완료 파일** : Part08\찾아바꾸기_완료.indd

01 [찾기/바꾸기] 실행하기

예제 문서를 불러온 후 ❶[편집] 메뉴의 [찾기/바꾸기]를 실행합니다. ❷[찾기/바꾸기] 대화상자에서 [찾을 내용]에 '등'을 입력합니다. [바꿀 내용]에 '　등'을 입력하고 ❸[찾기]를 클릭합니다.

문서에 입력된 '등'이 검색되고, 검색된 내용이 블록으로 선택됩니다. ❶[변경]을 클릭하면 블록으로 선택된 '등'이 자동으로 ' 등'으로 변경되어 띄어쓰기가 적용된 상태가 됩니다.

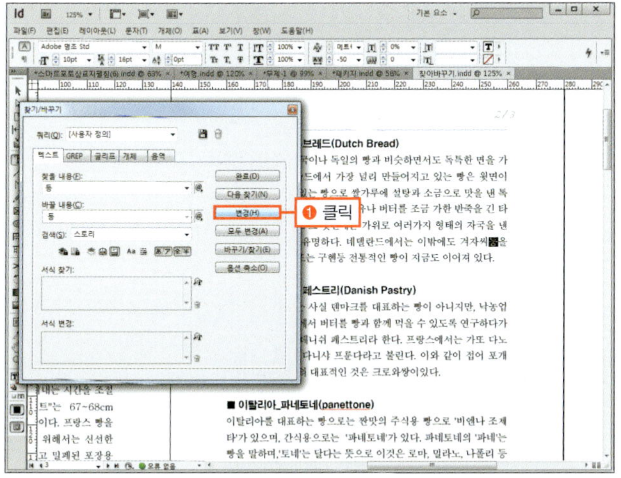

검색이 완료되면 다음과 같이 완료되었다는 확인 메시지가 표시됩니다. ❶[확인]을 클릭하면 검색이 완료됩니다.

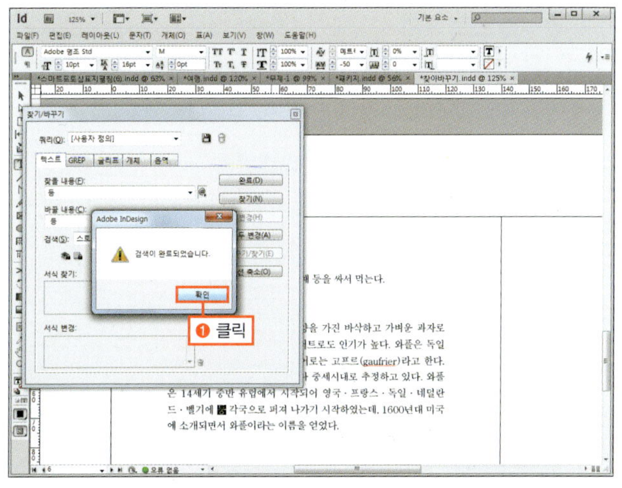

참고

[모두 변경]을 클릭하면 문서 내용 중에서 [찾을 내용]에 입력한 내용을 한번에 모두 [바꿀 내용]으로 변경할 수 있습니다. 하지만, 한 글자나 조사 등은 앞뒤에 있는 단어나 환경이 다를 수 있으므로 한 개씩 검색하여 내용을 변경하는 것이 좋습니다.

04 검색한 내용 모두 변경하기

[찾기/바꾸기] 기능을 활용하면 특정 단어를 다른 내용으로 변경할 수도 있습니다. ❶[찾을 내용]에 '바게트'를, [바꿀 내용] 입력란에는 '바게트(bagutte)'를 입력하고, [검색]을 '문서'로 설정하고 ❷[찾기]를 클릭합니다. 해당 내용이 검색되면 ❸[모두 변경]을 클릭하여 내용을 자동으로 변경할 수 있습니다.

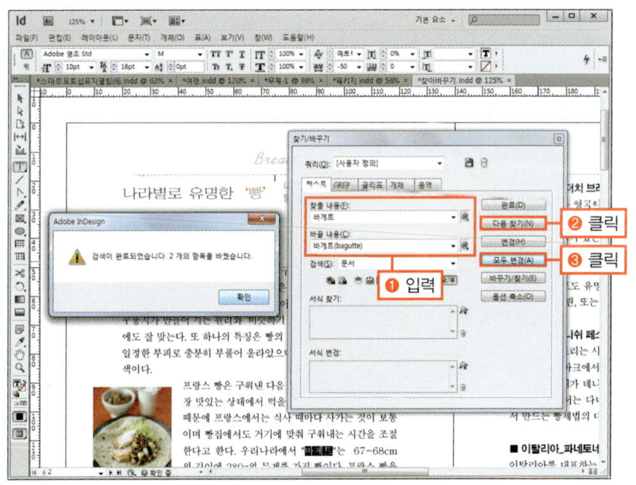

실습
과정

문서에 입력한 기호나 표시자 찾아 바꾸기

문서에 입력한 기호와 표시자를 검색하고 검색한 내용을 다른 내용으로 변경해 봅니다.

◎ **시작 파일** : Part08\기호바꾸기.indd
◎ **완료 파일** : Part08\기호바꾸기_완료.indd

01 검색할 특수 문자 설정하기

예제 문서를 불러온 다음 ❶3페이지의 내용을 드래그하여 블록으로 지정합니다. ❷[편집] 메뉴의 [찾기/바꾸기]를 실행하고 ❸[찾을 내용] 입력란과 [바꿀 내용] 입력란의 내용을 모두 삭제하여 비워둡니다. ❹[검색할 특수 문자] (⑳)를 클릭하여 ❺[강제 줄바꿈]을 클릭합니다.

02 바꿀 내용 입력하기

[찾을 내용] 입력란에 '^p'이 표시됩니다. ❶[바꿀 내용]에 '_'를 입력하고 ❷[검색]을 '선택 항목'으로 설정합니다. ❸[모두 변경]을 클릭하여 문서에 입력된 강제 줄바꿈 위치를 '_'로 변경합니다.

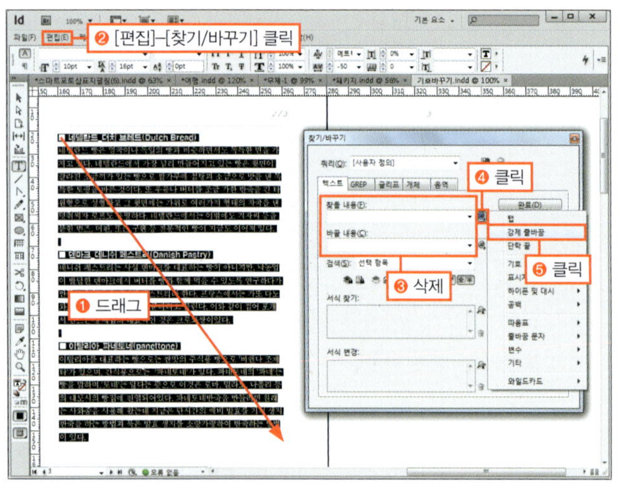

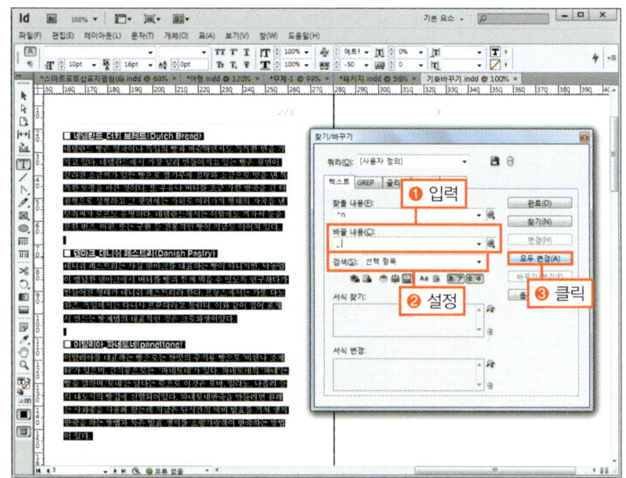

03 검색 완료하기

선택한 영역 안에서 실행된 찾기/바꾸기가 몇 개의 항목에 적용되었는지 확인 메시지가 표시됩니다. ❶[확인]을 클릭하면 검색된 모든 내용이 [바꿀 내용]으로 일괄적으로 변경됩니다.

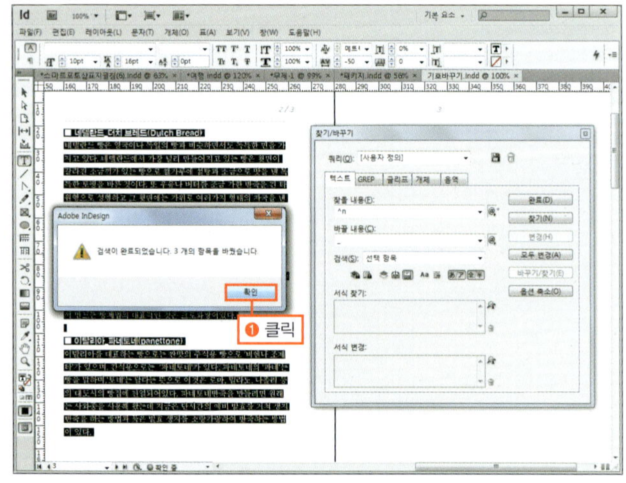

04 찾기/바꾸기 작업 완료하기

검색된 모든 내용이 바꿀 내용으로 변경되고, 블록 지정은 해제됩니다. 이와 같은 방법을 활용하여 특정 문자 외에 기호나 특수 문자를 다른 내용으로 변경할 수 있습니다.

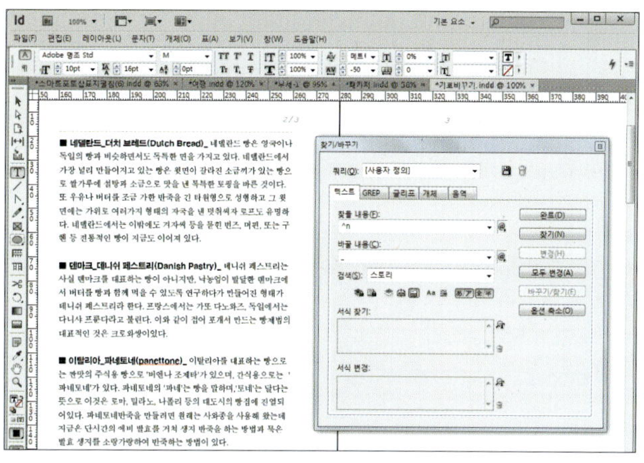

실습 과정

특정 글자 찾아 모양과 색상 바꾸기

문서에 입력된 내용 중에서 특정 글자를 찾아 글자 색과 글꼴을 변경해 봅니다.

- **시작 파일** : Part08\서식바꾸기.indd
- **완료 파일** : Part08\서식바꾸기_완료.indd

---

01 바꿀 서식 설정하기

예제 문서를 불러온 다음 ❶[편집] 메뉴의 [찾기/바꾸기]를 실행합니다. ❷[찾기/바꾸기] 대화상자에서 [찾을 내용] 입력란에 '[실습과정 1]'을 입력하고 ❸[검색]을 '문서'로 설정한 후 ❹[서식 변경]란을 클릭합니다.

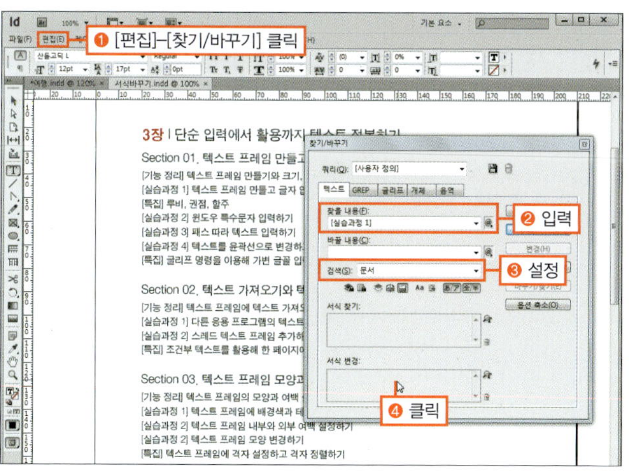

02 글꼴 설정하기

❶[서식 변경 설정] 대화상자에서 [기본 문자 서식]에서 글꼴을 'HY견고딕'으로 설정합니다.

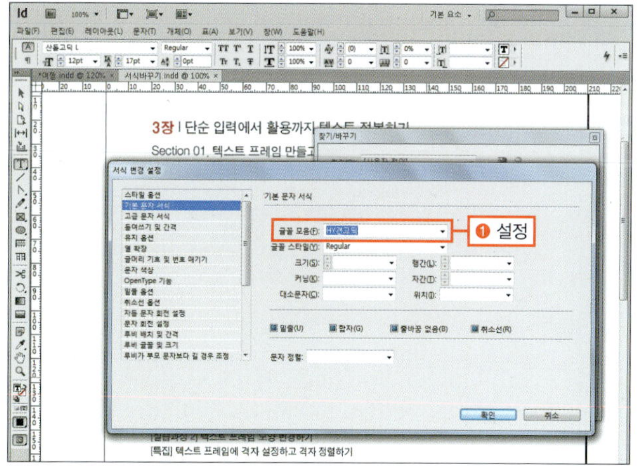

참고

[서식 찾기] 기능을 이용하면 동일한 내용 중에서 특정 글꼴이나 글자 색 등이 적용된 내용만 골라 검색할 수 있습니다. 그러므로 제목으로 사용된 내용만 골라 글자 색 등의 옵션 내용을 선택하여 변경할 수 있습니다.

03 문자 색상 설정하기

❶[문자 색상]을 클릭하여 선택하고 ❷색상을 '맞춤찍기'로 설정합니다. ❸[색조]를 '50%'로 설정하고 ❹[확인]을 클릭합니다. ❺검색 완료 메시지에서 [확인]을 클릭하면 서식 변경이 완료됩니다.

04 다른 내용 검색하여 서식 변경하기

❶[찾을 내용]을 '[실습과정 2]'로 내용을 변경하고 [모두 변경]을 클릭합니다. 아까 설정해 놓은 서식으로 자동 변경됩니다. 서식을 변경할 내용을 순차적으로 검색하여 원하는 서식으로 자동 변경할 수 있습니다. 이와 같은 방법을 활용하면 특정 제목 부분을 원하는 모양으로 손쉽고 빠르게 검색하여 변경할 수 있습니다.

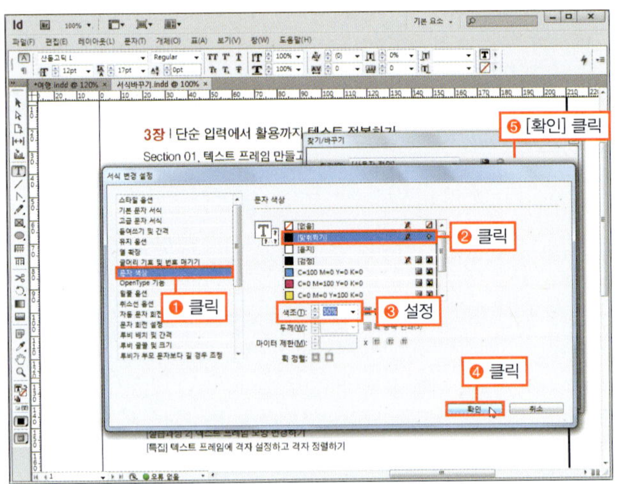
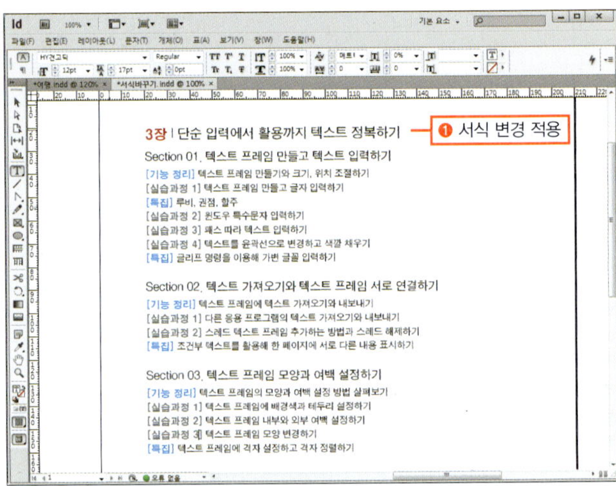

확인실습

예제 문서에서 잘못 입력된 '발펴'를 '발표'로 찾아 바꾸어 보세요.

- **시작 파일** : Part08\확인실습2.indd
- **완료 파일** : Part08\확인실습2_완료.indd

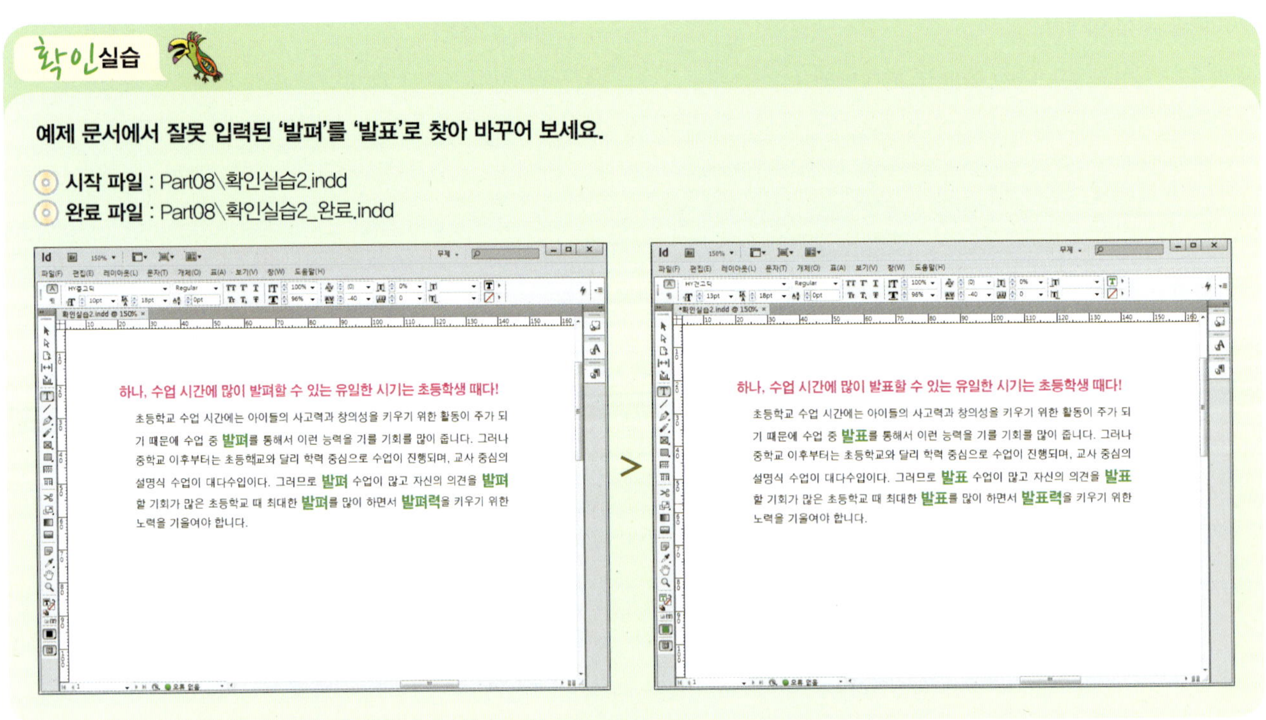

스토리 편집기를 이용해 텍스트 내용 빠르게 편집하기

스토리 편집기를 활용하면 이미지와 개체의 위치와 배열에 방해받지 않고, 오로지 텍스트 내용만 살펴가며 내용을 수정하거나 편집할 수 있습니다. 스토리 편집기를 활용하는 방법에 대해 알아봅니다.

◉ **시작 파일** : Part08\스토리편집.indd

1 스토리 편집기 실행하기

예제 문서를 불러온 후 ❶텍스트 프레임을 클릭합니다. ❷[편집] 메뉴의 ❸[스토리 편집기에서 편집]을 실행합니다.

2 스토리 편집기 내용 확인하기

스토리 편집기가 별도의 창으로 표시되고, 이미지와 스타일은 표시되지 않은 채 텍스트 내용만 나열됩니다. 대신 스토리 편집기의 왼쪽 부분에 단락에 적용된 스타일 이름이 표시되며, 텍스트 프레임을 넘쳐 가려진 텍스트에는 다음과 같이 붉은색의 선이 왼쪽에 표시되어 알려줍니다.

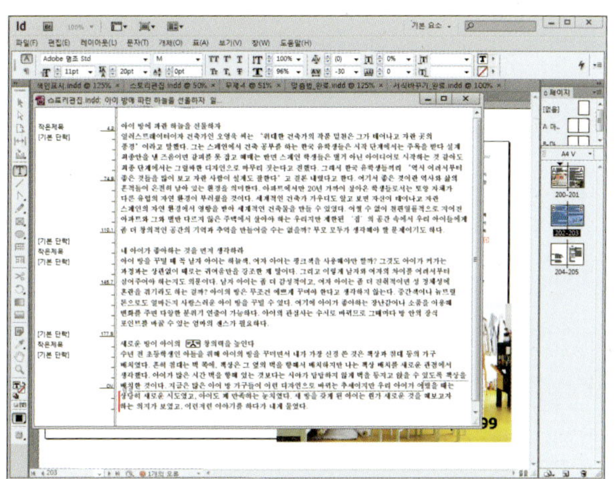

> **참고**
>
> 텍스트 프레임이 선택되어 있지 않은 상태에서는 [스토리 편집기에서 편집] 메뉴가 비활성화됩니다.

3 오류 내용 수정하고 확인하기

❶프레임의 크기를 늘려 가려진 내용을 없애면 스토리 편집기에 표시되었던 붉은색이 사라집니다.

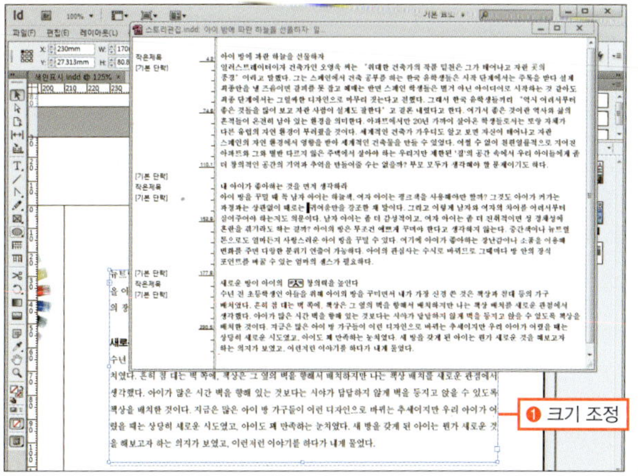

❶ 스토리 편집기에서 내용을 수정하면 문서의 내용도 함께 변경됩니다. 이와 같이 스토리 편집기를 이용하면 이미지와 레이아웃의 방해를 받지 않고, 텍스트 내용만 집중하여 확인하고 수정할 수 있어 편리합니다.

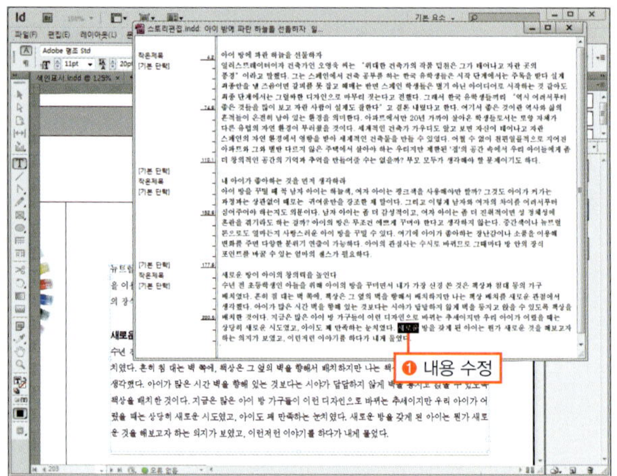

SECTION 03

인쇄 넘기기 전 마지막 점검하기

인디자인에서 완성한 문서를 인쇄하거나 출판할 때 마지막으로 점검해야 할 부분이 있습니다. 인쇄했을 때의 결과물을 미리 확인할 수 있으며, 인쇄를 위해서는 문서에 사용한 이미지나 폰트 파일을 묶어서 함께 전달해야 합니다. 여기서는 인쇄 결과물을 미리 확인하는 방법과 인쇄에 필요한 파일을 묶어 관리하는 방법에 대해 알아봅니다.

다루는 내용

- 누락된 글꼴 확인하기
- 프리플라이트 활용하기
- 패키지 실행하기

기능 정리

인쇄 과정 전에 확인할 여러 가지 사항 살펴보기

문서를 완성하고 완성한 문서를 인쇄하기 위해서는 문서에 사용한 그림과 글꼴 등이 필요합니다. 또한, 컬러 이미지를 인쇄하는 경우 분판 상태 등을 미리 확인할 수도 있습니다. 여기서는 문서를 인쇄하기 이전에 마지막 과정으로 잘못된 부분은 없는지, 추가해야 할 파일은 없는지 등을 확인하는 방법에 대해 알아봅니다.

● 누락된 글꼴 확인하기

문서를 인쇄하거나 올바르게 표현하기 위해서는 문서에 사용한 글꼴이 현재 컴퓨터에 설치되어 있어야 합니다. 문서를 불러올 때 누락된 글꼴을 확인할 수 있으며, 프리플라이트를 통해 누락된 글꼴을 확인할 수도 있습니다. [누락된 글꼴] 대화상자에서 [글꼴 찾기]를 클릭하면 누락된 글꼴 목록과 사용 위치를 확인할 수 있으며, 컴퓨터에 설치된 다른 글꼴로 모두 변경할 수도 있습니다. 문서를 열면 누락된 글꼴이 다음과 같이 표시됩니다. [확인]을 클릭하면 누락된 상태로 문서가 표시되며, 다른 글꼴로 대치하려면 [글꼴 찾기]를 클릭합니다.

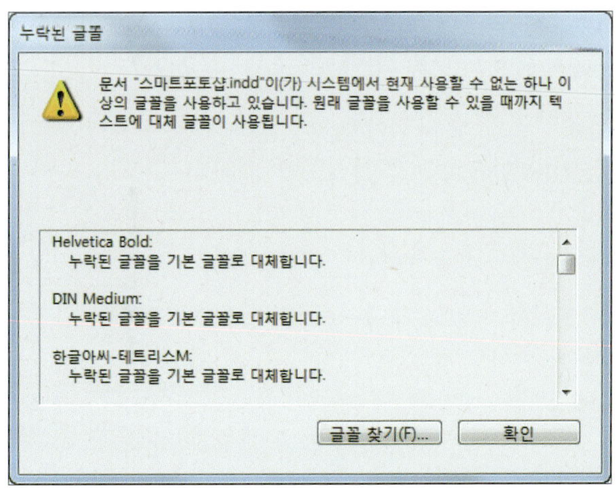

● 글꼴 찾기

[글꼴 찾기]를 클릭하면 문서에 사용한 글꼴이 목록으로 펼쳐지고, 현재 컴퓨터에 설치되어 있지 않은 누락 글꼴이 어떤 것인지 표시해줍니다. 누락 글꼴을 선택하고 [찾기]를 클릭하면 해당 글꼴이 사용된 위치를 확인할 수 있으며, 바꿀 글꼴을 설정하고 [변경]이나 [모두 변경]을 클릭하여 문서에 사용한 글꼴을 현재 설치된 다른 글꼴로 자동 변경할 수 있습니다. [추가 정보]를 클릭하면 현재 선택한 글꼴에 관한 자세한 정보를 확인할 수 있습니다. 글꼴을 다른 글꼴로 변경할 경우 글꼴별로 장평이나 자간 등이 다를 수 있으므로 문서 내용 중 가려지는 부분이나 흐트러지는 부분이 없는지 확인하는 것이 좋습니다.

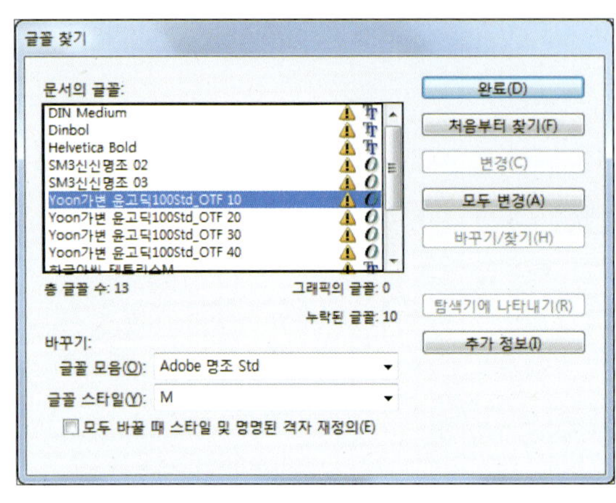
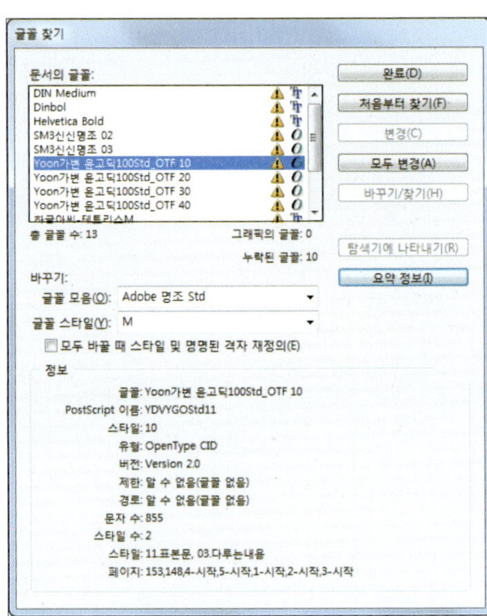

글꼴을 유지해야 하는 경우 모든 글꼴이 올바르게 적용된 상태에서 [문자] 메뉴의 [윤곽선 만들기]를 실행하여 글자를 이미지화하면 컴퓨터에 글꼴이 설치되지 않은 경우에도 모양이 변하지 않게 문서를 인쇄할 수 있습니다. 다만, 글꼴을 윤곽선으로 변경하고 나면 내용을 수정할 수 없으므로 모든 내용의 수정이 완료된 후 이미지로 변경하는 것이 좋습니다.

● [프리플라이트] 패널에서 문서 오류 확인하기

문서에서 누락된 글꼴이나 삭제되거나 위치가 변경된 링크 이미지, 텍스트가 넘쳐 보이지 않는 경우를 패널로 확인할 수 있습니다. [창] 메뉴의 [출력]-[프리플라이트]를 실행하여 [프리플라이트] 패널을 열거나 작업 화면의 왼쪽 아래에 있는 상태표시줄을 더블클릭하여 [프리플라이트] 패널을 열 수도 있습니다. [프리플라이트] 패널을 살펴 문서의 오류 내용을 확인할 수 있으며, 해당 페이지를 클릭하여 오류가 있는 페이지로 곧바로 이동할 수 있어, 편리하게 오류 내용을 올바르게 수정할 수 있습니다.

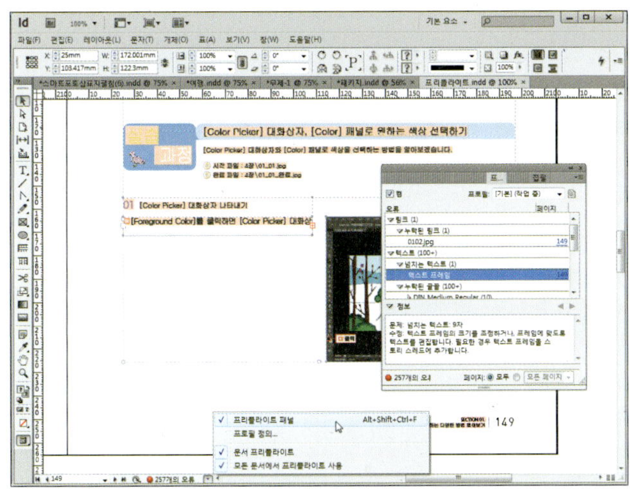

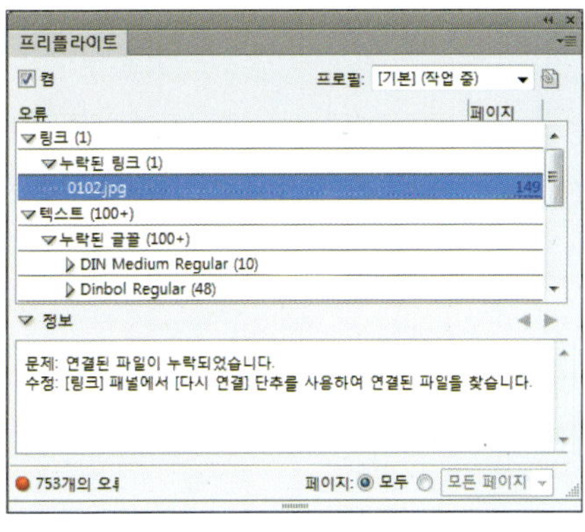

● **인쇄에 필요한 모든 파일을 모아 패키지로 관리하기**

완성한 문서를 인쇄하거나 다른 작업자에게 전송할 때, 또는 보관해야 할 경우 작업에 사용한 이미지 파일, 글꼴, 인디자인 문서를 묶어 패키지로 관리할 수 있습니다. 인디자인 문서를 열고 작업을 완료한 후 [파일] 메뉴의 [패키지]를 실행합니다. 패키지 폴더를 만들고 저장하면 다음과 같이 두 개의 폴더와 두 개의 파일이 만들어집니다. 문서에 사용한 글꼴과 링크된 이미지 파일이 폴더 안에 각각 복사되어 저장됩니다. 다만, 사용한 글꼴 중에서 유료로 판매되는 상용 폰트의 경우 다음과 같은 경고 메시지가 표시되며, 패키지 폴더에 포함되지 않습니다.

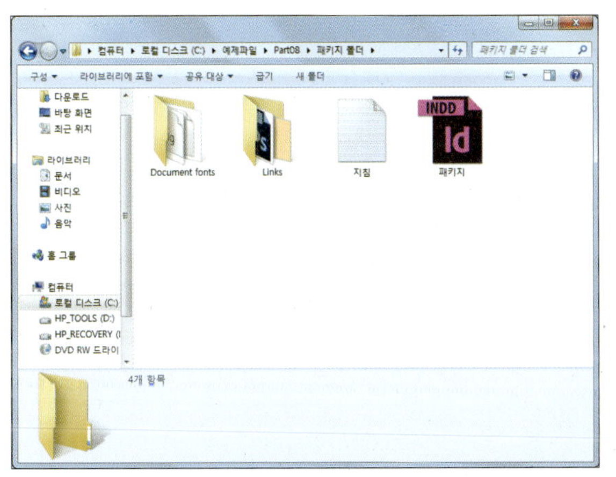

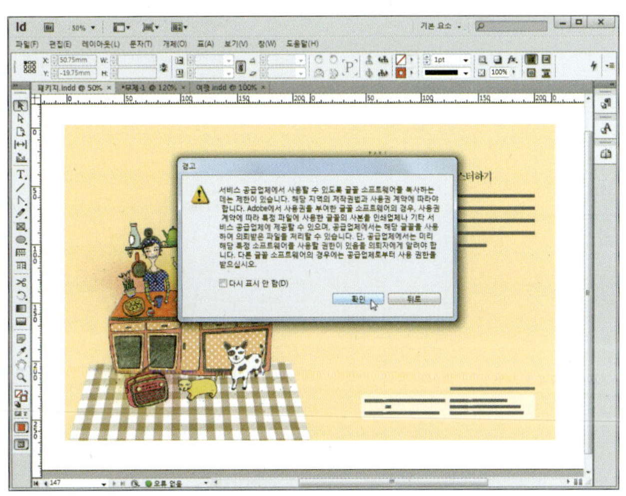

1 문서의 누락된 글꼴이나 누락된 링크 이미지, 가려진 텍스트 등을 한눈에 살펴볼 수 있는 패널의 이름은 무엇일까요? (   )

2 문서에 사용한 글꼴과 링크 이미지 등을 하나의 폴더 안에 모을 수 있는 기능은 무엇일까요? (   )

답 : **1** [프리플라이트] 패널, **2** 패키지

프리플라이트 기능으로 문서 상태 점검하기

프리플라이트 기능을 활용하여 인쇄 전 문서의 상태를 점검해 봅니다.

시작 파일 : Part08\프리플라이트.indd

01 [프리플라이트] 패널 열기

검사할 문서를 열고 작업 화면의 하단에 있는 상태 표시줄을 확인하면 현재 문제가 있는 영역의 개수가 표시됩니다. ❶프리플라이트 영역을 더블클릭하여 [프리플라이트] 패널을 불러옵니다.

02 오류 내용 확인하기

[프리플라이트] 패널에서 오류 목록이 표시되고, ❶페이지 번호를 클릭하면 해당 내용 위치로 이동할 수 있습니다.

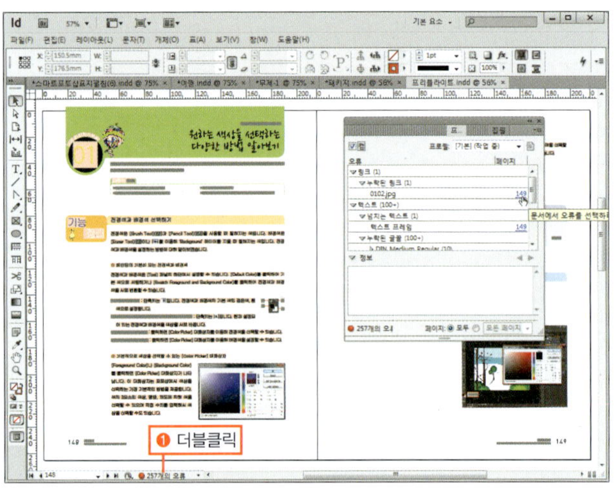

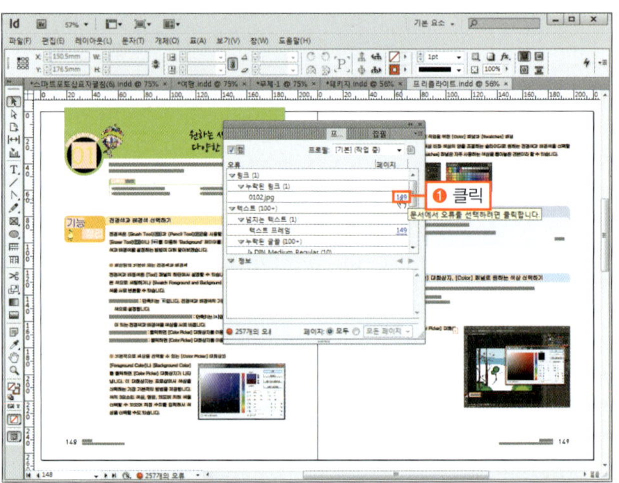

참고 ● 프리플라이트 프로필 확인하기

상태 표시줄의 프리플라이트 영역의 [프리플라이트 메뉴](▼)를 클릭하여 [프로필 정의]를 실행합니다. [프리플라이트 프로필] 대화상자에서 오류가 있는 영역과 내용을 확인할 수 있습니다.

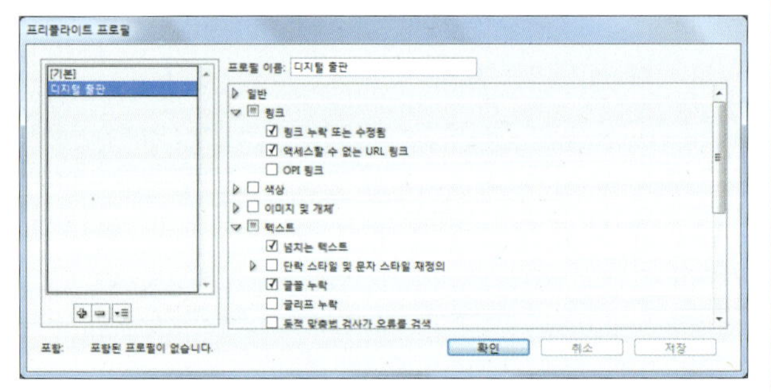

03 오류 내용 수정하기

❶넘치는 텍스트로 표시되는 텍스트 프레임의 페이지를 클릭하면 현재 오류의 정보가 표시됩니다. 넘치는 글자 수와 해결 방법을 안내하며, 작업 화면에서 손쉽게 오류 내용을 수정할 수 있습니다. 오류 내용을 수정하면 자동으로 해당 오류 내용이 목록에서 사라집니다.

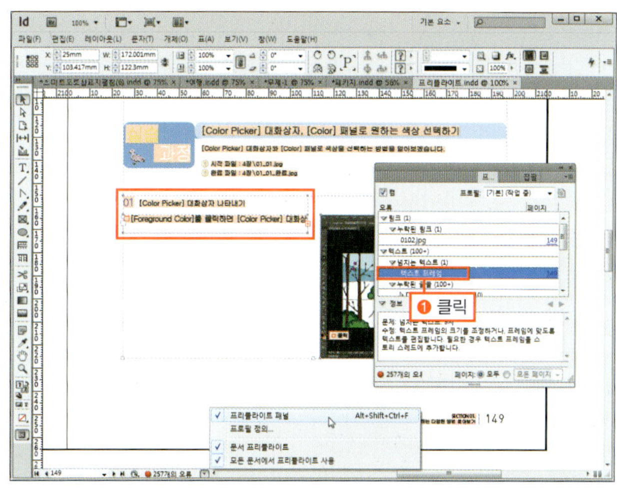

유실 서체 확인하고 변환하기

유실 서체를 확인하고 다른 서체로 대치하는 방법에 대해 알아봅니다.

◎ **시작 파일** : Part08\글꼴찾기.indd
◎ **완료 파일** : Part08\글꼴찾기_완료.indd

01 누락된 글꼴 확인하기

문서를 열면 컴퓨터에 설치되어 있지 않은 서체가 다음과 같이 [누락된 글꼴] 대화상자에 표시됩니다. [확인]을 클릭하면 누락된 상태로 문서를 확인할 수 있으며, ❶[글꼴찾기]를 클릭하면 해당 글꼴이나 다른 글꼴로 대치할 수 있습니다.

참고 •

유실 서체는 본문에서 분홍색으로 음영색이 표시되고, 기본 글꼴로 표시됩니다.

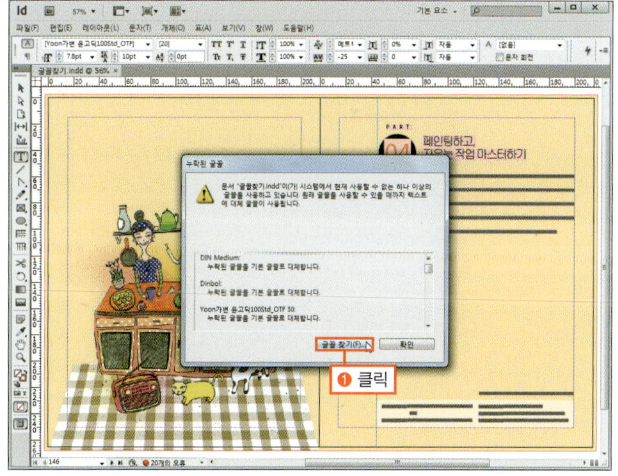

02 글꼴 바꾸기

[글꼴 찾기] 대화상자에서 현재 문서에 사용한 글꼴 중에서 누락된 글꼴 이름 오른쪽에 ⚠ 가 표시됩니다. ❶누락된 글꼴 이름을 클릭하고 ❷[찾기]를 클릭하면 글꼴이 적용된 위치를 확인할 수 있습니다. 다른 글꼴로 대치할 경우 아래 [바꾸기] 영역에서 글꼴을 설정하고 [모두 변경]을 클릭합니다. ❸여기서는 'DIN Medium' 글꼴을 선택하고 [바꾸기] 영역에서 'DIN'을 선택합니다. ❹[모두 변경]을 클릭하면 문서에 사용된 글꼴이 선택한 다른 글꼴로 모두 자동 변경됩니다.

03 모든 서체 바꾸기

❶유실 서체를 하나씩 선택하여 컴퓨터에 설치된 서체로 모두 변경합니다. 글꼴을 모두 변경하였으면 ❷[완료]를 클릭하여 글꼴 찾기를 완료합니다.

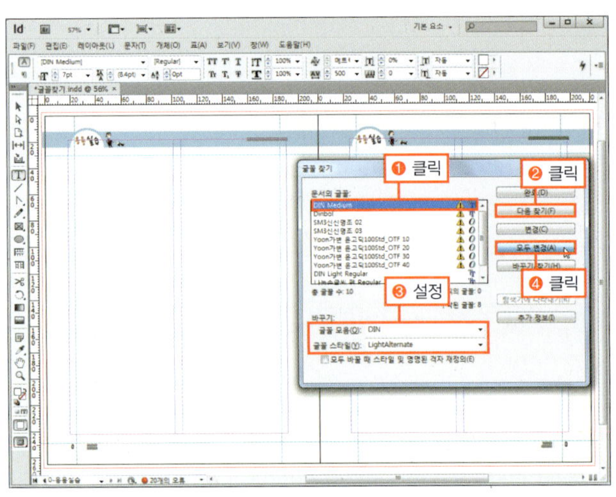

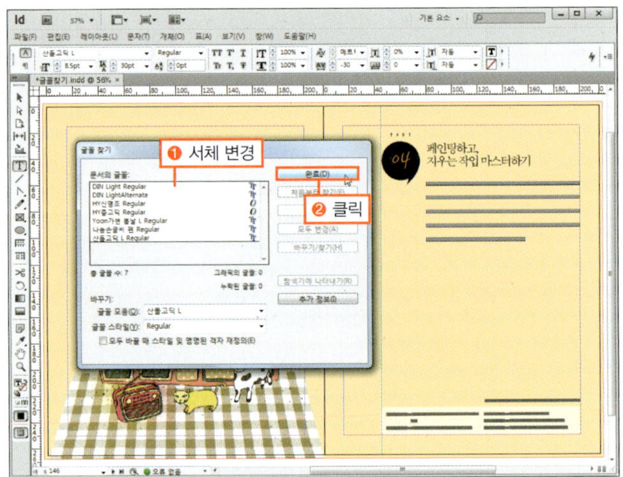

04 유실 서체 변경 작업 완료하기

분홍색으로 표시되었던 유실 서체가 대치한 글꼴로 변경되어 올바르게 표시됩니다. 이와 같은 방법으로 문서에 사용한 유실 서체를 다른 서체로 손쉽게 변경할 수 있습니다. 다만, 글꼴별로 장평이나 자간 등이 다를 수 있으므로 글꼴을 변경한 후에는 내용이 숨겨진 텍스트 프레임이나 변경된 부분이 없는지 확인하도록 합니다.

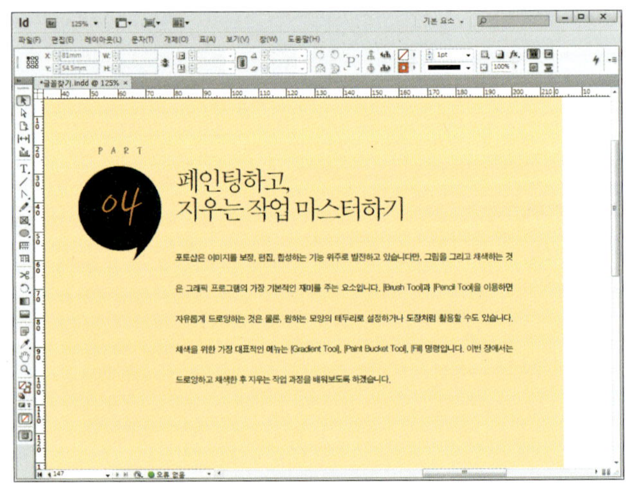

패키지 기능으로 출력에 필요한 데이터 모으기

패키지 기능을 실행하여 출력에 필요한 데이터를 한 폴더 안에 모아봅니다.

- **시작 파일** : Part08\패키지.indd
- **완료 파일** : Part08\패키지 폴더

01 [패키지] 명령 실행하기

❶[파일] 메뉴의 [패키지]를 실행합니다. [패키지] 대화상자에서 요약 내용을 확인하고 ❷[패키지]를 클릭합니다.

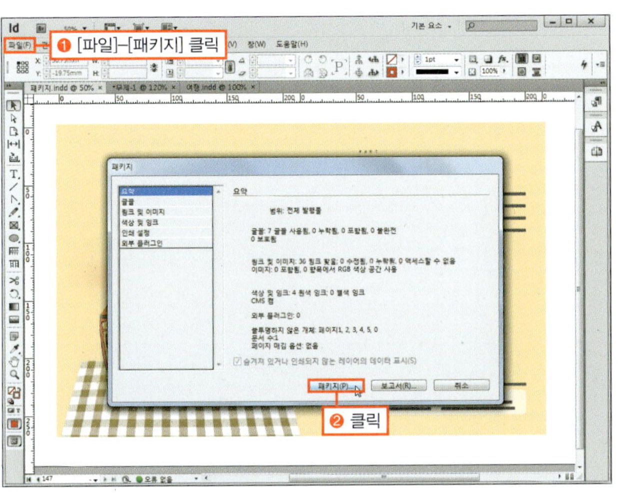

02 [인쇄 지침] 설정하기

❶[인쇄 지침] 대화상자에서 파일 이름과 연락처, 회사명, 주소 등의 정보를 입력하고 ❷[계속]을 클릭합니다.

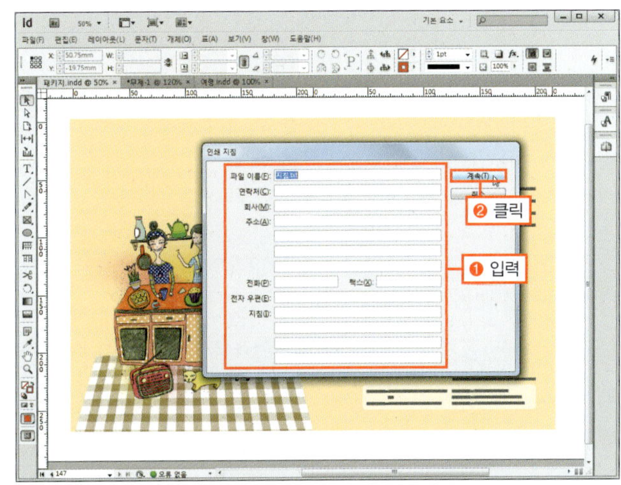

03 저장할 경로 설정하기

❶패키지 파일을 저장할 경로로 이동하고, ❷폴더 이름을 입력합니다. 폴더 이름을 기본적으로 현재 문서 파일 이름에 '폴더' 글자가 추가되어 표시됩니다. 폴더 이름을 그대로 유지한 채 ❸[패키지]를 클릭합니다.

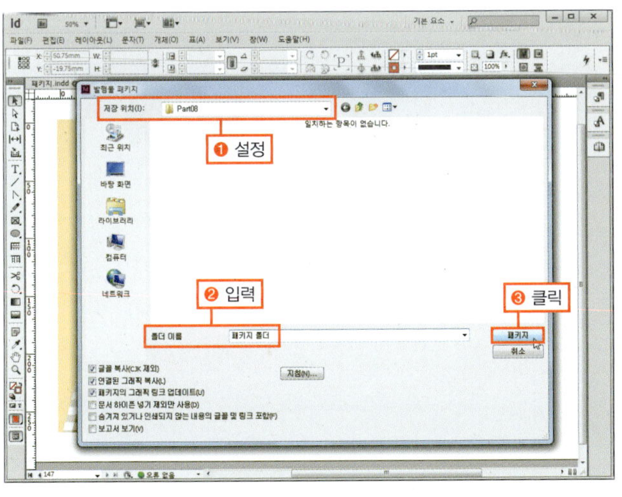

04 경고 메시지 확인하기

문서에 사용한 글꼴 가운데 유료로 판매되는 상용 폰트가 포함된 경우 다음과 같이 경고 메시지가 표시됩니다. ❶[확인]을 클릭하여 패키지를 진행합니다.

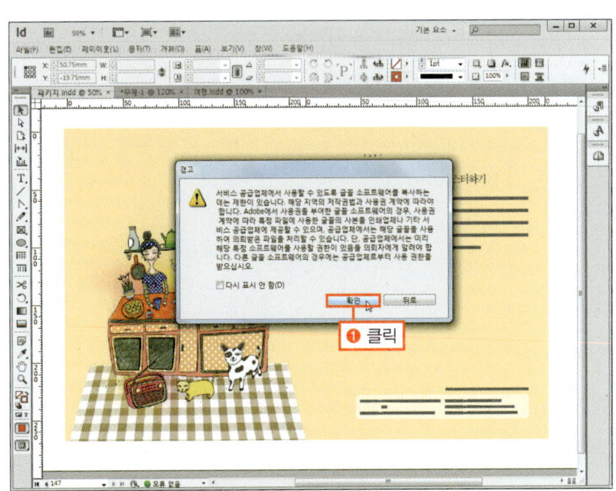

패키지 폴더 이름은 파일 이름을 그대로 사용하는 것이 편리합니다. 여러 개의 인디자인 문서로 나누어 작업할 경우 파일 이름에 해당 페이지를 포함하여 파일 이름을 설정하면 다음에 문서 내용을 수정하거나 인쇄할 때 편리합니다. 또한, 패키지 폴더의 이름도 같은 방법으로 파일 이름을 그대로 유지하도록 하는 것이 작업물을 관리할 때 편리합니다.

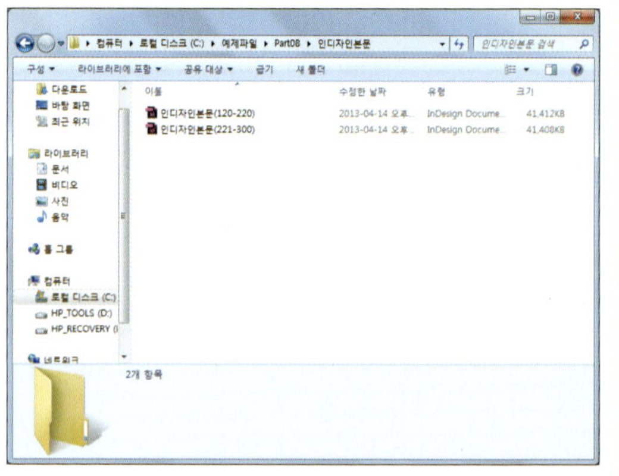

유료로 판매되는 상용 폰트의 경우 패키지를 실행해도 패키지 폴더에 포함되지 않습니다. 그러므로 상용 폰트를 사용하여 문서를 작업했을 경우 출력소 등에 사용한 폰트 목록을 전달해주는 것도 좋은 방법입니다.

05 패키지 내용 확인하기

저장해 놓은 폴더를 열어 확인하면 [패키지 폴더] 이름을 가진 폴더가 만들어진 것을 볼 수 있습니다. 폴더를 열면 폰트와 링크된 이미지 파일, 지침, 인디자인 본문 파일이 존재함을 확인할 수 있습니다.

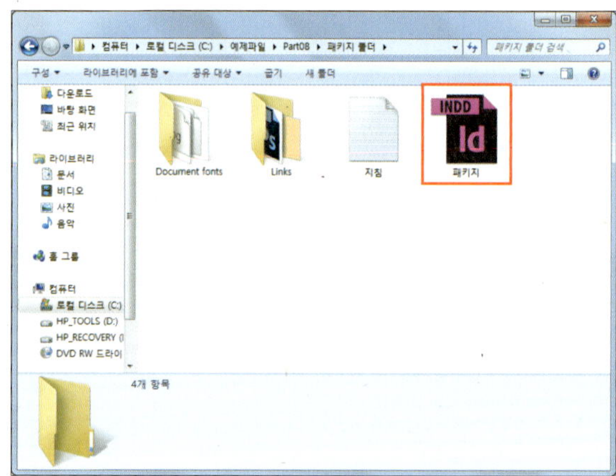

패키지 폴더 안에는 두 개의 폴더와 두 개의 파일이 존재합니다. 'Document fonts' 폴더를 열면 문서에 사용한 폰트가 저장되어 있으며, 'Links' 폴더 안에는 문서에 사용한 이미지 파일이 저장되어 있습니다. 또한, 작업이 완료된 인디자인 문서가 하나 더 복사되어 포함되어 있으며, 문서에 관한 세부 설명 등이 담긴 '지침.txt' 문서를 확인할 수 있습니다.

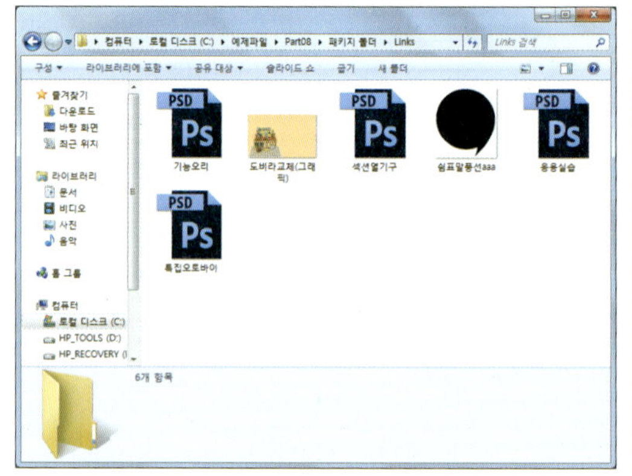

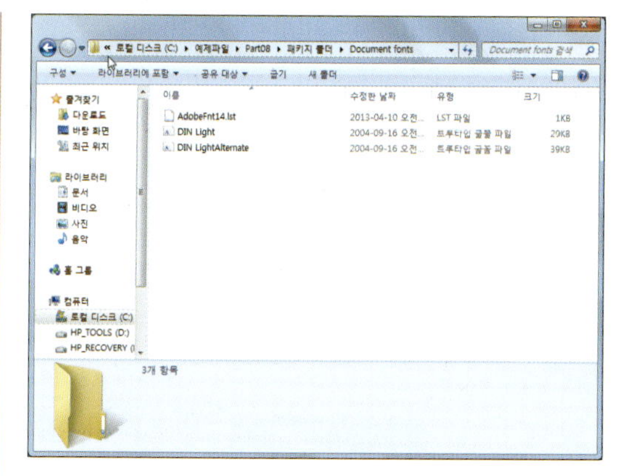

<table>
<tr><td>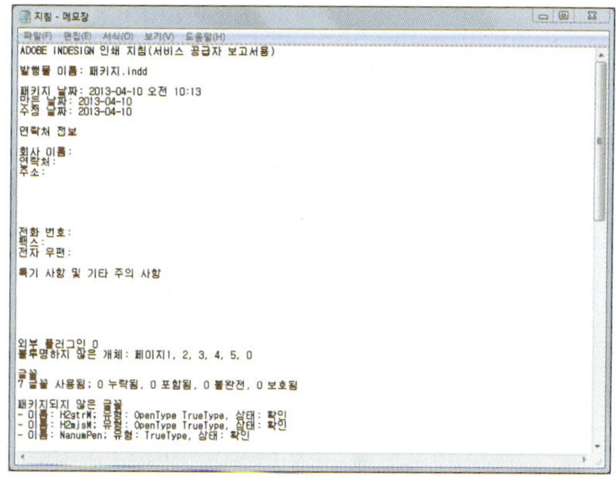</td></tr>
</table>

실습 과정

분판 미리 보기 확인하기

컬러 문서를 인쇄하기 전 CMYK로 분판되는 모습을 미리 확인하고 인쇄 옵션을 설정하는 방법에 대해 알아봅니다.

⊙ **시작 파일** : Part08\중복인쇄.indd

01 분판 미리 확인하기

❶[창] 메뉴의 [출력]-[분판 미리 보기]를 실행합니다. ❷ [분판 미리 보기] 패널에서 [보기]를 '분판'으로 설정합니다. 녹청, 자홍, 노랑, 검정 중에서 체크한 색상의 인쇄 모습을 각각 확인할 수 있습니다. CMYK를 체크하면 모든 색상이 인쇄되는 완성 모습을 확인할 수 있습니다.

02 칠 중복 인쇄 설정하기

❶색상별로 겹쳐 인쇄하고자 할 경우 개체를 선택하고 ❷ [창] 메뉴의 [출력]-[특성]을 실행합니다. ❸[특성] 패널에서 [칠 중복 인쇄]를 체크하여 칠 중복 인쇄를 설정합니다.

> **참고** ●
> [칠 중복 인쇄] 설정을 '오버프린트'라고도 합니다.

03 칠 중복 인쇄 확인하기

❶[보기] 메뉴의 [중복 인쇄 미리 보기]를 실행합니다. 개체
에 적용된 칠 중복 인쇄 모습을 미리 확인할 수 있습니다.

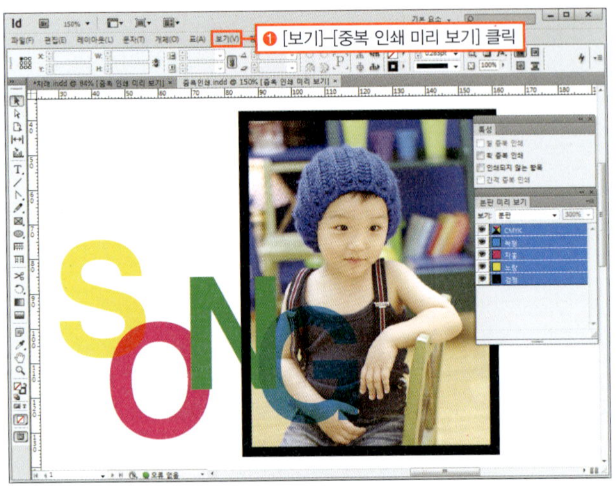

04 검은색을 선명하게 인쇄하기

문서에 사용한 검은색을 녹아웃이나 오버프린터로 설정할
경우 흰 경계선이나 얼룩이 생길 수 있습니다. 이런 경우를
대비하여 ❶검은색을 '맞춤찍기' 색상으로 설정하면 더욱
선명한 검은색을 인쇄할 수 있습니다.

SECTION 04

완성한 문서를 다양한 형식의 문서로 내보내기

인디자인은 완성한 문서를 종이에 인쇄하는 출력물 외에 전자 문서나 플래시 파일, 웹 문서로 출력할 수 있습니다. 특히 PDF 파일 형식으로 내보내기 하여 다른 응용 프로그램이나 시스템에서 자유롭게 활용할 수 있으며, 대체 레이아웃을 통해 각기 다른 크기의 용지에 자유롭게 인쇄할 수 있습니다. 여기서는 페이지 말림 효과를 적용한 SWF 파일, 하이퍼링크가 적용된 PDF 문서 등 다양한 문서 출력 방법에 대해 살펴봅니다.

다루는 내용

- 페이지 말림 효과 적용하기
- SWF 문서로 저장하기
- PDF 문서로 저장하기
- 대체 레이아웃 생성하기

기능 정리

인디자인에서 변환하여 저장할 수 있는 다양한 형식 살펴보기

인디자인에서 완성한 문서는 종이를 통한 인쇄 외에도 웹 문서나 PDF 문서, SWF 문서, 전자책 등 다양한 형식으로 출판할 수 있습니다. 여기서는 전자책에 자주 사용하는 페이지 말림 효과를 적용하는 방법과 PDF 내보내기 설정 방법, 대체 레이아웃을 통해 다른 크기의 문서로 손쉽게 변환하는 방법에 대해 알아봅니다.

● 페이지 말림 효과 적용하기

페이지 말림 효과는 SWF 파일 형식으로 저장할 때 사용할 수 있는 기능입니다. SWF로 저장한 문서를 열면 다음 페이지나 이전 페이지로 이동할 때 종이 말림 효과를 손쉽게 완성할 수 있습니다. 전자 책이나 카다로그 등에 활용하면 멋진 문서를 만들 수 있습니다.

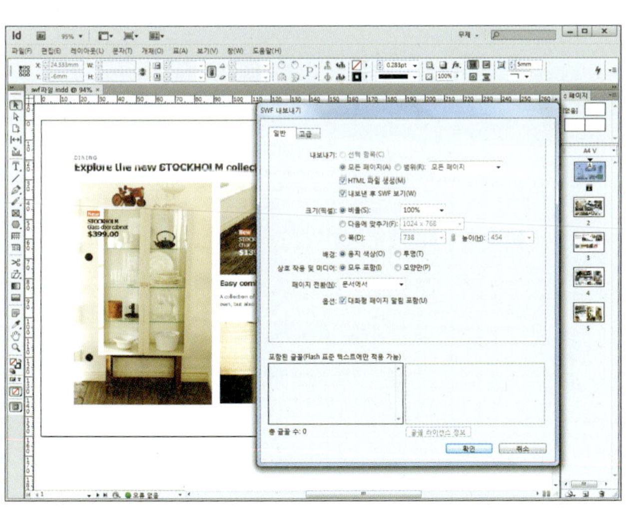

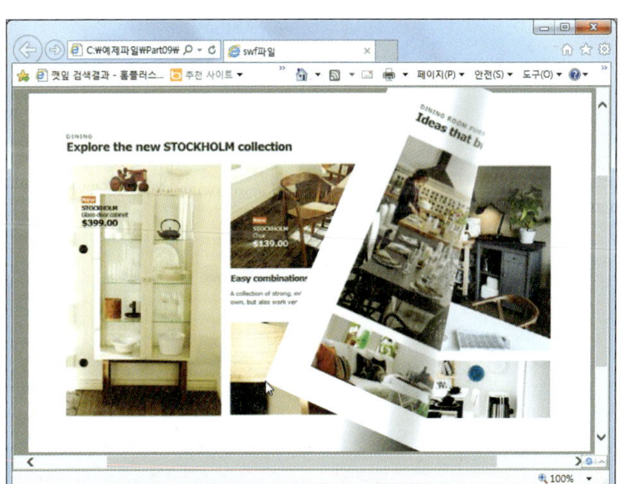

● PDF 파일 살펴보기

PDF 형식의 문서는 'Portable Document Format'으로 어도비시스템즈(Adobe Systems)에서 만든 문서 파일 형식의 일종입니다. 윈도우나 매킨토시, 유닉스, 안드로이드 등 거의 모든 운영체제에서 사용이 가능한 형식으로 원본 문서의 글꼴이나 이미지 등을 그대로 유지할 수 있어 프로그램의 호환에 걱정 없이 원본 문서 내용 그대로 전달하거나 확인할 수 있습니다. 또한, 원본 문서를 다양한 문서에서 깨끗한 상태로 인쇄할 수 있어 출판 업계와 인쇄 업계에서 갈수록 인기가 올라가고 있습니다. PDF 문서를 살펴보려면 무료로 설치가 가능한 어도비 리더(Adobe Reader)를 설치하여야 하며, PDF를 편집하기 위해서는 아크로뱃(Acrobat) 프로그램을 유료로 다운로드 받아 설치해야 합니다.

● PDF 내보내기 전 설정 등록하기

요즘은 책을 인쇄할 때에도 필름 출력 과정을 거치지 않고, 곧바로 PDF를 인쇄하는 경우가 많습니다. 또는 PDF 문서를 가지고 필름 출력을 하는 일도 있습니다. 이와 같이 인쇄를 넘기기 위해 완성한 인디자인 문서를 PDF 문서로 변환해야 하는데, 출력소마다 PDF 내보내기 설정이 다를 수 있습니다. 출력소에 설정 내용을 미리 확인한 후 옵션을 설정하여 인쇄에 오류가 생기지 않도록 주의해야 합니다.

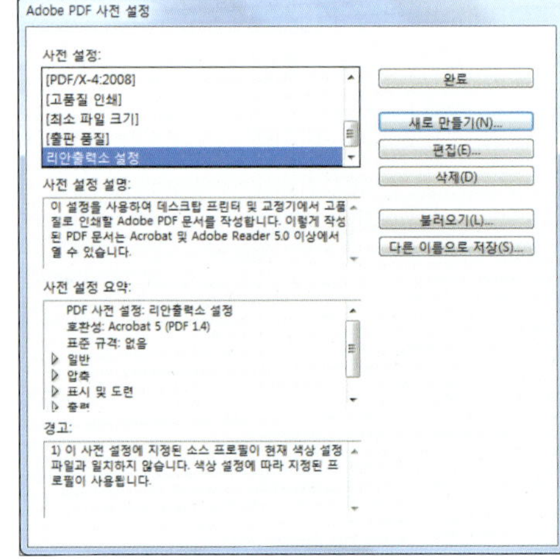

자주 사용하는 설정인 경우 [Adobe PDF 사전 설정] 대화상자에서 [새로 만들기]를 클릭하여 새로운 이름으로 사전 설정을 등록합니다. 사전 설정 내용을 설정한 후 [확인]을 클릭합니다.

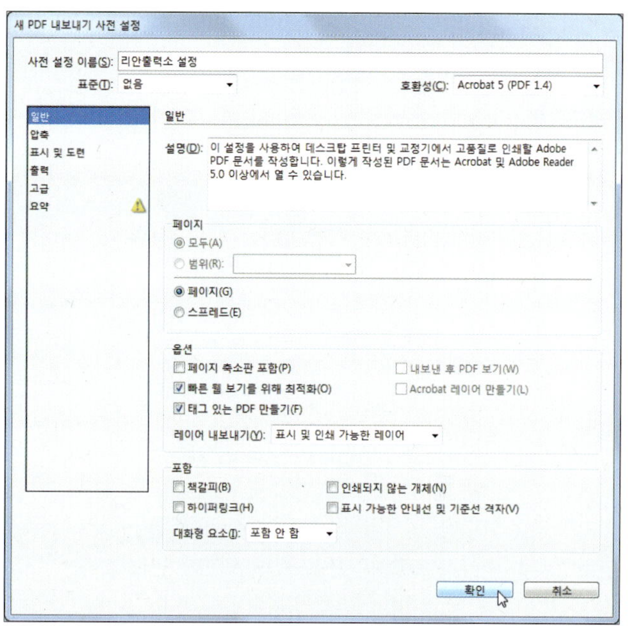

[파일] 메뉴의 [Adobe PDF 사전 설정]을 클릭하면 등록해 놓으면 사전 설정 이름이 목록에 표시됩니다. 이와 같이 자주 사용하는 PDF 사전 설정은 별도로 등록해 놓으면 문제없이 설정해 놓은 설정에 맞춰 PDF 문서로 변환할 수 있습니다.

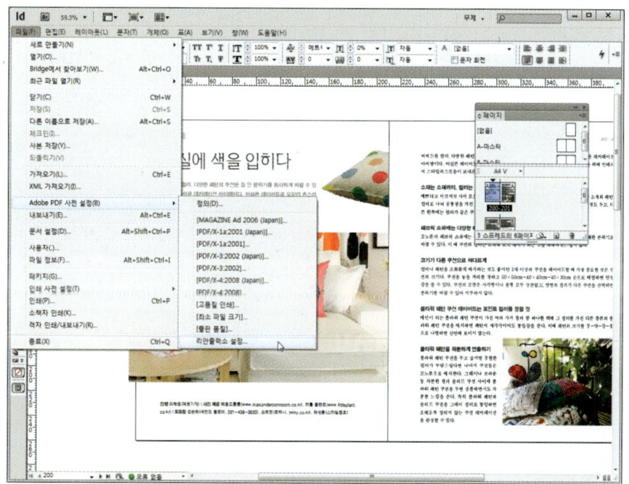

● **[대체 레이아웃 생성] 대화상자 살펴보기**

대체 레이아웃은 현재 만들어진 문서의 내용을 크기가 다른 페이지에 자동으로 맞출 수 있는 기능입니다. 원본의 텍스트나 이미지의 크기를 자동으로 조절하여 배치는 그대로 유지할 수 있어 각각 다른 사이즈의 출력물을 손쉽게 만들어낼 수 있습니다. [대체 레이아웃 생성] 대화상자에서 설정할 옵션 내용에 대해 살펴봅니다.

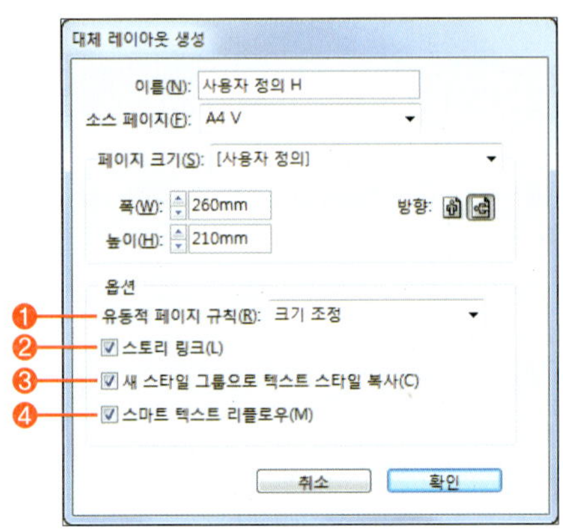

❶ **유동적 페이지 규칙** : 페이지의 크기를 변경할 때 페이지 안에 포함된 요소들에 적용할 규칙을 설정합니다. '크기 조정', '가운데로 다시 맞춤', '안내선 기반', '개체 기반' 중에서 선택할 수 있습니다.

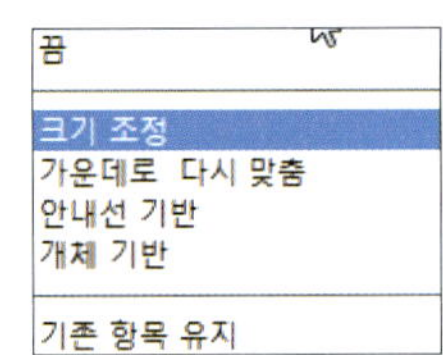

❷ **스토리 링크** : 원본 소스 스토리와 대체 레리아웃 스토리를 연결할 수 있습니다.

❸ **새 스타일 그룹으로 텍스트 스타일 복사** : 원본에서의 텍스트 스타일이 대체 레이아웃의 이름으로 새 폴더로 복사되어 나타납니다.

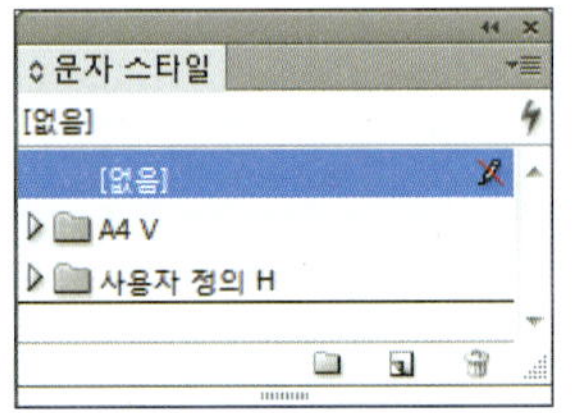

❹ **스마트 텍스트 리플로우** : 텍스트 프레임 안에 입력한 텍스트가 넘치면 자동으로 페이지를 추가하여 넘친 텍스트를 입력합니다.

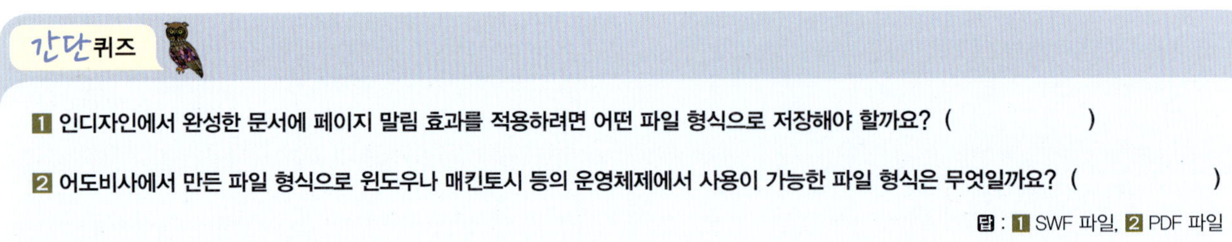

간단**퀴즈**

1 인디자인에서 완성한 문서에 페이지 말림 효과를 적용하려면 어떤 파일 형식으로 저장해야 할까요? (   )

2 어도비사에서 만든 파일 형식으로 윈도우나 매킨토시 등의 운영체제에서 사용이 가능한 파일 형식은 무엇일까요? (   )

답 : **1** SWF 파일, **2** PDF 파일

페이지 말림 효과가 매력적인 SWF 문서 만들기

페이지의 오른쪽이나 왼쪽 끝을 클릭하여 드래그하면 페이지 말림 효과가 적용된 채 다음 페이지나 이전 페이지로 넘어갈 수 있는 플래시 문서를 만들어 봅니다.

● **시작 파일** : Part08\swf파일.indd
● **완료 파일** : Part08\swf파일.html, swf파일.swf

01 플래시 파일로 내보내기

예제 파일을 불러온 후 ❶[파일] 메뉴의 [내보내기]를 실행합니다. ❷[내보내기] 대화상자에서 파일을 저장할 폴더로 이동하고 [파일 이름]을 입력합니다. ❸[파일 형식]을 'Flash Player(SWF)'로 선택하고 ❹[저장]을 클릭합니다.

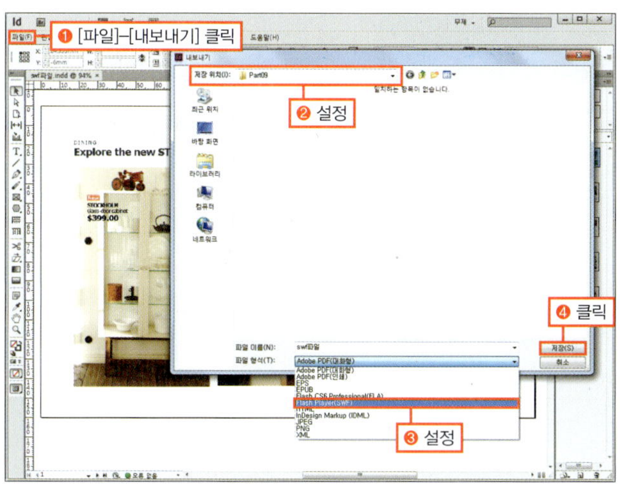

02 [일반] 탭 옵션 설정하기

[SWF 내보내기] 대화상자에서 ❶[대화형 페이지 말림 효과]를 체크하고 다른 옵션 내용을 살펴본 후 ❷[고급] 탭으로 이동합니다.

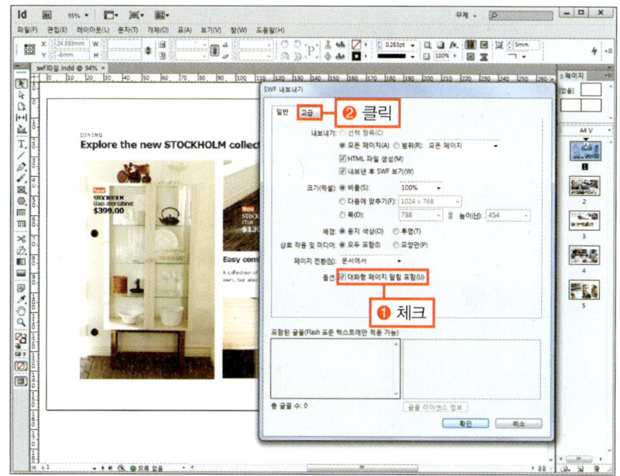

03 [고급] 탭 옵션 설정하기

❶[고급] 탭에서 프레임 속도와 이미지 처리 옵션을 설정한 후 ❷[확인]을 클릭합니다.

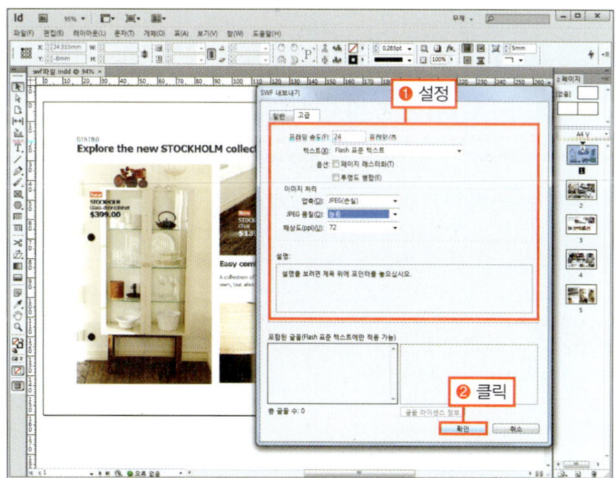

웹페이지 문서가 열리고 저장해 놓은 플래시 파일이 나타납니다. ❶마우스를 페이지의 오른쪽 끝 부분을 클릭한 후 왼쪽으로 드래그하면 종이가 말리는 듯한 효과가 적용된 상태로 다음 페이지나 이전 페이지로 이동할 수 있습니다.

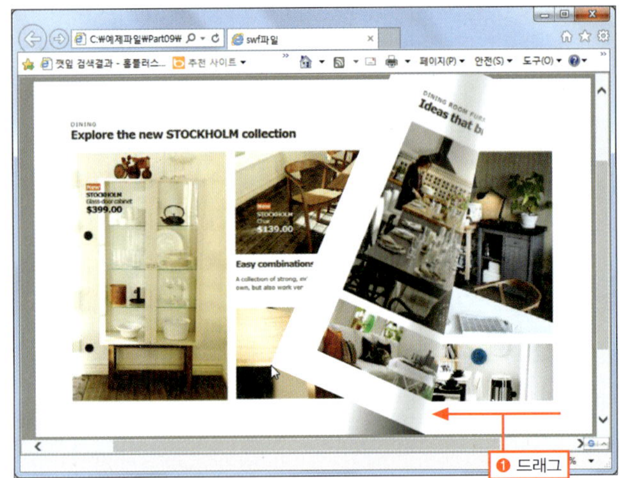
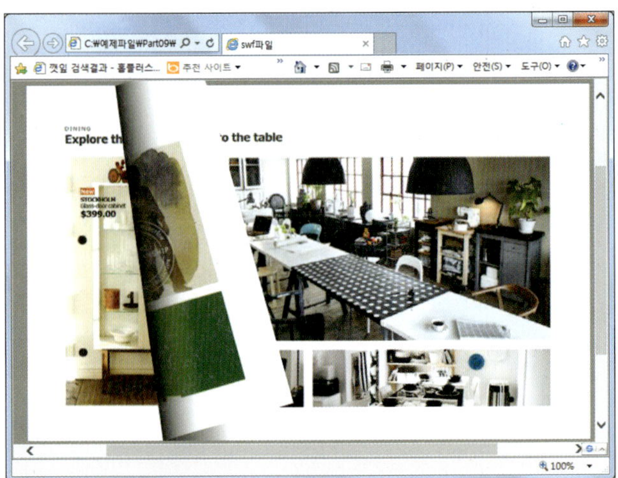

실습 과정

하이퍼링크 기능을 활용한 디지털 문서 만들기

인디자인 문서 내에서 텍스트와 이미지에 하이퍼링크를 설정하여 PDF 문서로 변환했을 때 연결할 수 있도록 설정해 봅니다.

○ **시작 파일** : Part08\하이퍼링크.indd
○ **완료 파일** : Part08\하이퍼링크_완료.indd, 하이퍼링크.pdf

01 하이퍼링크 패널 열기

예제 문서를 불러온 후 ❶이메일 주소로 연결할 텍스트를 드래그하여 블록으로 선택합니다. ❷[창] 메뉴의 [대화형]-[하이퍼링크]를 실행하여 [하이퍼링크] 패널을 불러옵니다. ❸팝업 메뉴 아이콘을 클릭하여 ❹[새 하이퍼링크]를 실행합니다.

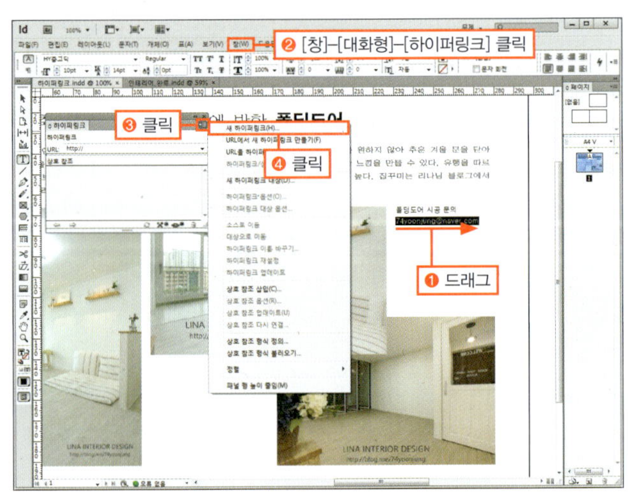

02 전자 우편 주소로 하이퍼링크 설정하기

[새 하이퍼링크] 대화상자에서 ❶[연결 대상]을 '전자 우편'으로 설정합니다. ❷[대상]의 [주소]에 이메일 주소를 입력하고 ❸[확인]을 클릭합니다.

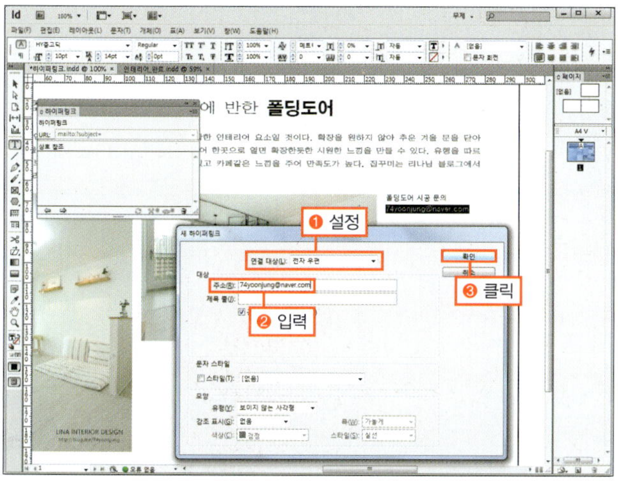

03 이미지에 하이퍼링크 설정하기

이번에는 ❶블로그 주소로 연결할 이미지를 선택하고 ❷팝업 메뉴 아이콘을 클릭하여 ❸[새 하이퍼링크]를 실행합니다.

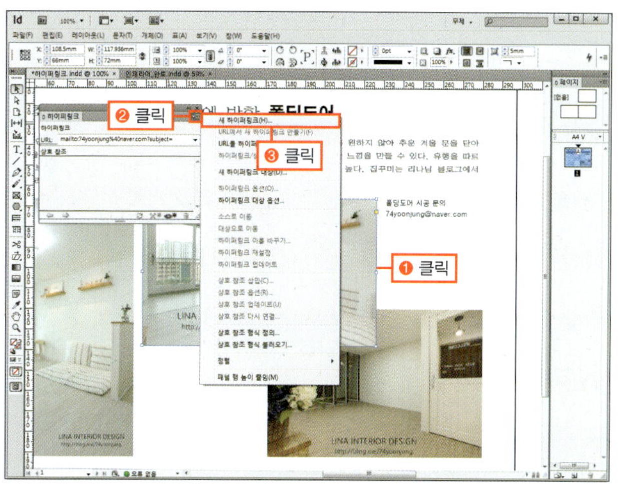

04 블로그 주소로 하이퍼링크 연결하기

❶[새 하이퍼링크] 대화상자에서 [연결 대상]을 'URL'로 설정하고 ❷[대상]의 [URL]에 블로그 주소를 입력한 후 ❸[확인]을 클릭합니다.

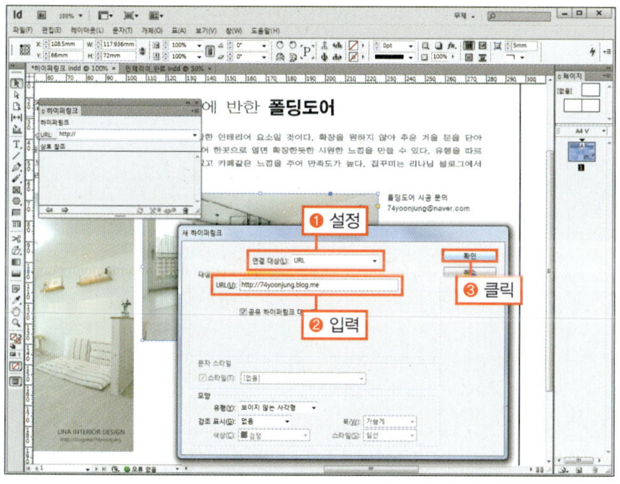

05 PDF 파일로 저장하기

하이퍼링크를 설정하였으면 ❶[파일] 메뉴의 [내보내기]를 실행하여 PDF 파일로 저장합니다.

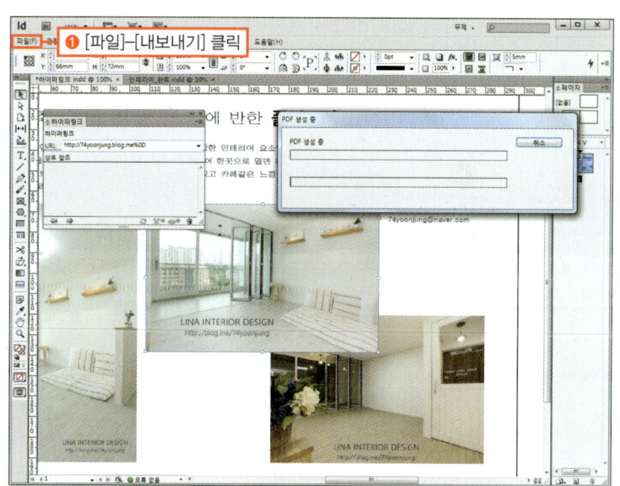

저장한 PDF 파일을 불러온 후 하이퍼링크가 설정된 그림이나 텍스트에 마우스를 가져갑니다. ❶마우스 포인터가 손 모양으로 표시되고, 클릭하면 각각 블로그 페이지가 열리거나 이메일을 전송할 수 있습니다.

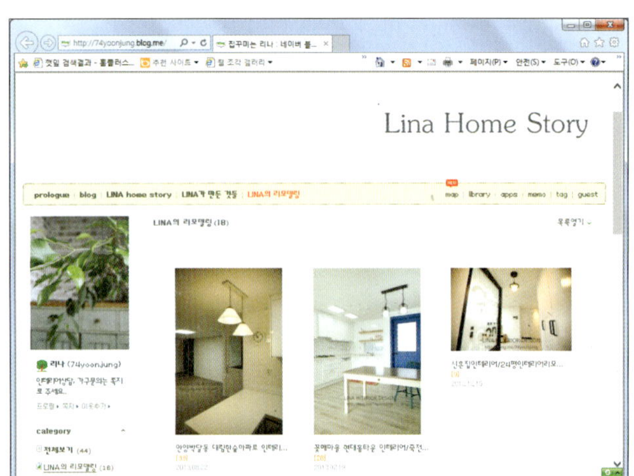

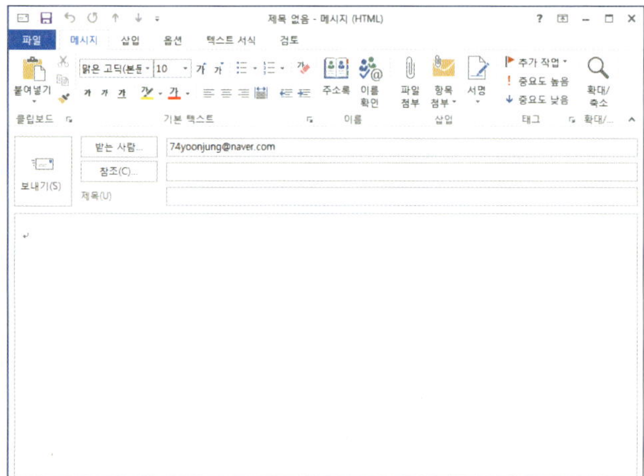

실습 과정 — 대체 레이아웃을 활용한 다른 크기 문서 자동으로 만들기

대체 레이아웃을 이용해 현재와 동일한 구성으로 용지의 크기에 자동으로 맞춰 문서를 만들어 봅니다.

시작 파일 : Part08\대체레이아웃.indd
완료 파일 : Part08\대체레이아웃_완료.indd

01 대체 레이아웃 생성하기

예제 문서를 불러온 후 ❶[창] 메뉴의 [페이지]를 실행하여 [페이지] 패널을 불러옵니다. ❷[레이아웃] 메뉴의 [대체 레이아웃 생성]을 실행하거나 [페이지] 패널의 팝업 메뉴 아이콘을 클릭하여 ❸[대체 레이아웃 생성]을 실행합니다.

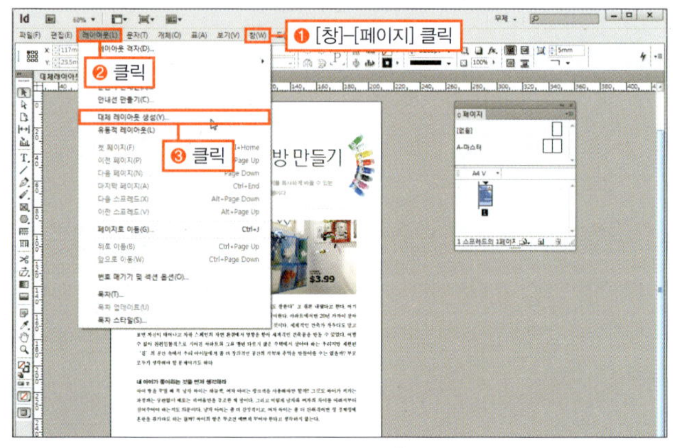

[대체 레이아웃 생성] 대화상자에서 ❶[페이지 크기]를 'B5'로 설정합니다. ❷[이름]을 'B5 사이즈'로 입력한 후 ❸ [유동적 페이지 규칙]을 '크기 조정'으로 선택합니다. ❹페이지 방향을 '세로'로 설정한 후 ❺[확인]을 클릭합니다.

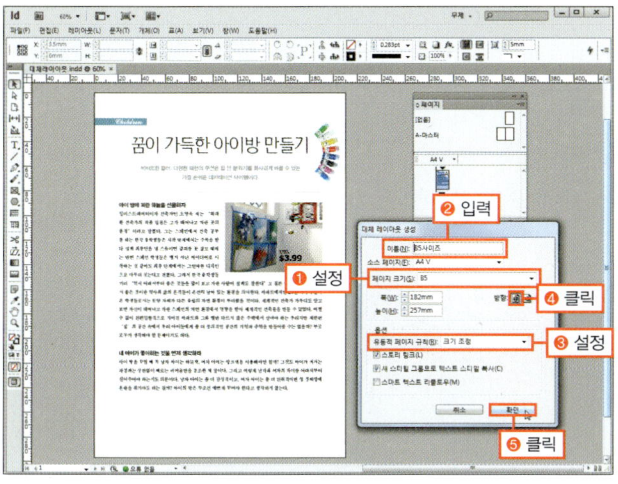

페이지 패널에 B5 사이즈 페이지가 새롭게 만들어진 것을 볼 수 있습니다. ❶만들어진 대체 레이아웃 페이지를 더블 클릭하면 편집할 수 있습니다.

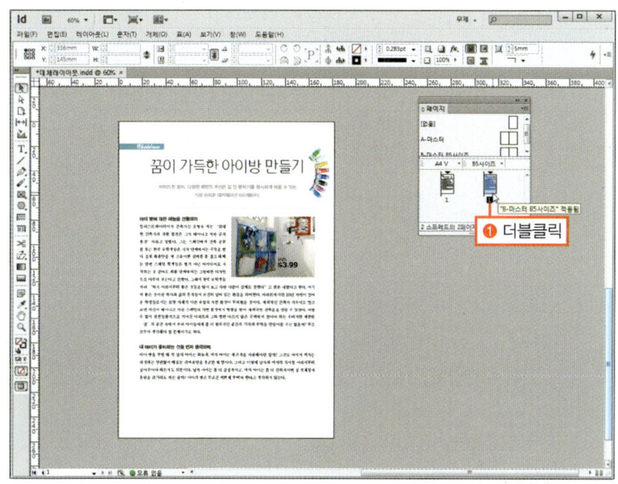

> **참고**
>
> 만들어진 대체 레이아웃 페이지를 마우스 오른쪽 버튼으로 클릭하여 [스프레드 삭제]를 실행하거나 선택한 후 패널의 하단에 위치한 [선택한 페이지 삭제]를 클릭하여 삭제할 수 있습니다.

두 개의 페이지가 모두 보이도록 화면 비율을 조절하면 다음과 같이 페이지의 크기가 서로 다르지만, 내용은 그대로 배치된 것을 볼 수 있습니다. 이와 같은 방법으로 동일한 내용의 문서를 서로 다른 크기의 종이에 자유롭게 출력할 수 있습니다.

> **참고**
>
> 대체 레이아웃에서 용지의 크기에 따라 자동으로 크기를 변경하기 위해서는 [여백 및 단] 대화상자에서 [레이아웃 조정 사용]의 체크를 해제해 주어야 합니다. [여백 및 단] 대화상자는 [레이아웃] 메뉴에서 열 수 있습니다.

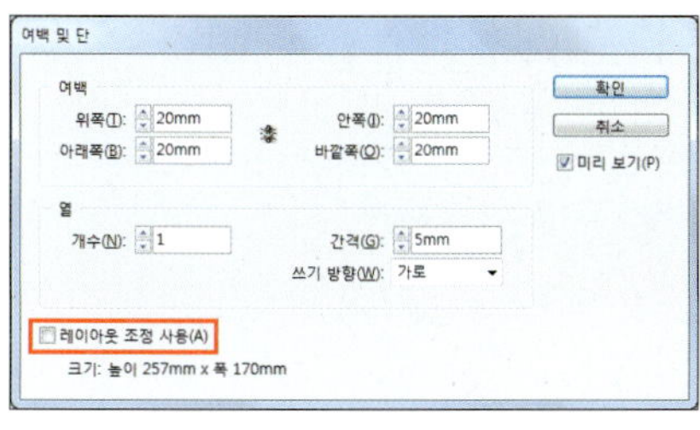

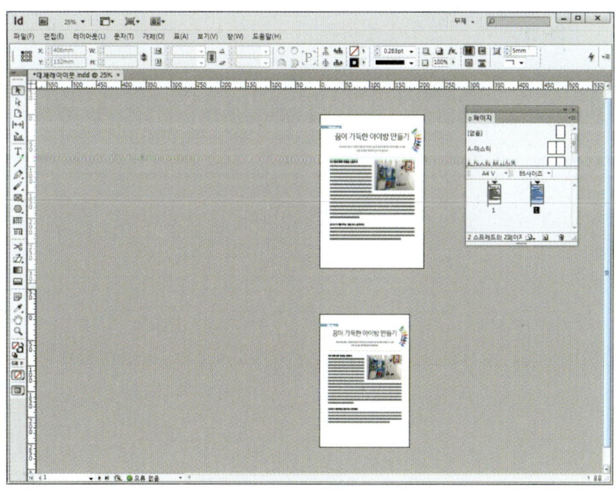

다음 페이지로 넘어가는 버튼 만들기

인디자인에서 완성한 문서에 단추 역할을 하는 이미지를 넣은 후 클릭하였을 때 다음 페이지로 넘어가도록 효과를 적용할 수 있습니다. 여기서는 페이지 하단에 화살표 버튼을 넣어 클릭했을 때 다음 페이지로 넘어갈 수 있도록 문서를 만들어 봅니다.

- **시작 파일** : Part08\swf파일.indd
- **완료 파일** : Part08\swf파일(단추).indd, swf파일(버튼).html

1 단축 및 양식 패널 열기

❶[창] 메뉴의 [대화형]–[단추 및 양식]을 실행하여 패널을 불러옵니다. ❷팝업 메뉴 아이콘(▾)을 클릭하여 ❸[단추 및 양식 견본]을 실행합니다.

2 문서에 화살표 넣기

❶[단추 및 양식 견본] 패널에서 오른쪽 방향 화살표를 선택하고 ❷화살표를 넣을 위치로 드래그합니다.

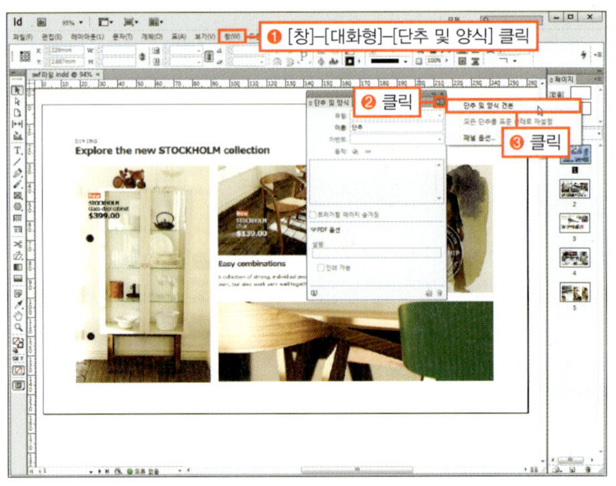

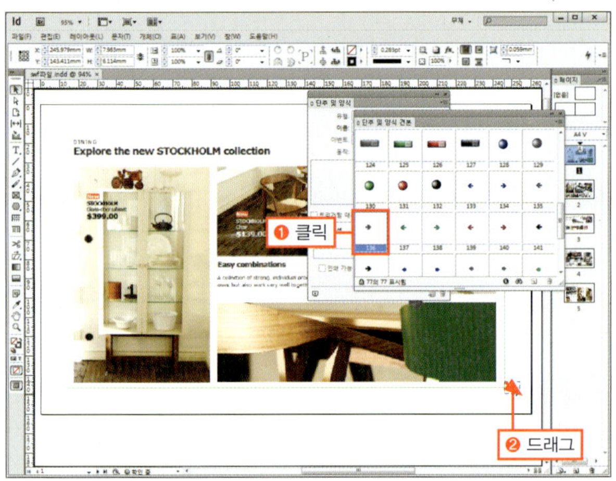

3 버튼에 이벤트 적용하기

문서에 화살표 버튼이 삽입되면 ❶마우스로 드래그하여 크기와 위치를 조절합니다. ❷[단추 및 양식] 패널에서 [다음 페이지로 이동]을 체크하고 ❸[이벤트]를 '놓을 때 또는 탭할 때'로 설정합니다.

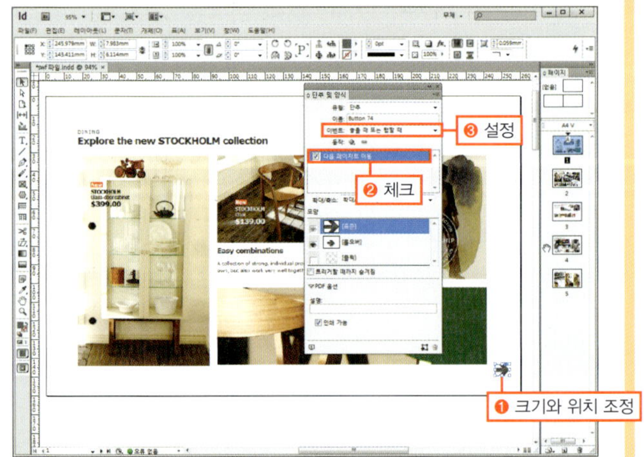

4 완성한 화살표 복사하기

① 이벤트가 적용된 화살표를 선택하고 Ctrl+C 를 눌러 복사합니다. ② 다음 페이지로 이동한 후 ③ 마우스 오른쪽 버튼을 클릭하여 ④[현재 위치에 붙이기]를 실행합니다.

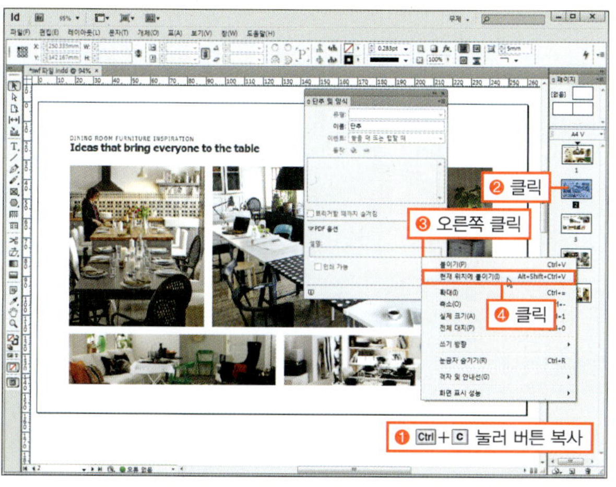

5 마지막 페이지 버튼에 적용한 이벤트 변경하기

각 페이지에 다음 페이지로 이동할 수 있는 버튼을 붙여넣기 합니다. ①맨 마지막 페이지에 붙여넣기 한 화살표를 선택하고 ②[단추 및 양식] 패널에서 [선택한 이벤트에 새 동작 추가]를 클릭한 후 ③[첫 페이지로 이동]을 실행합니다.

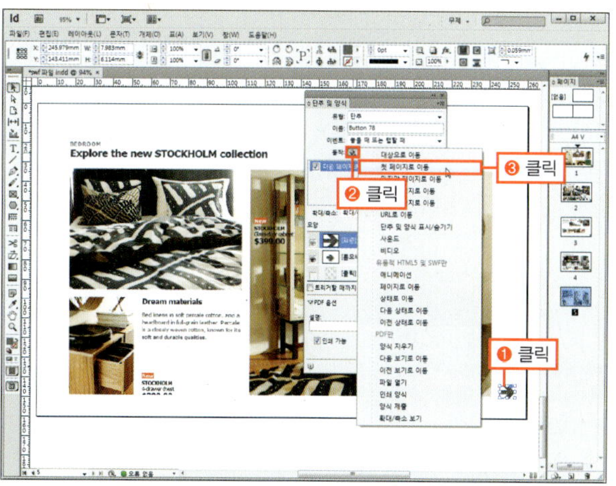

6 내보내기 실행하기

화살표를 완성하였으면 ①[파일] 메뉴의 [내보내기]를 실행합니다. ②[파일 형식]을 'Flash Player(SWF)로 설정하고 ③[파일 이름]을 입력한 후 ④[저장]을 클릭합니다.

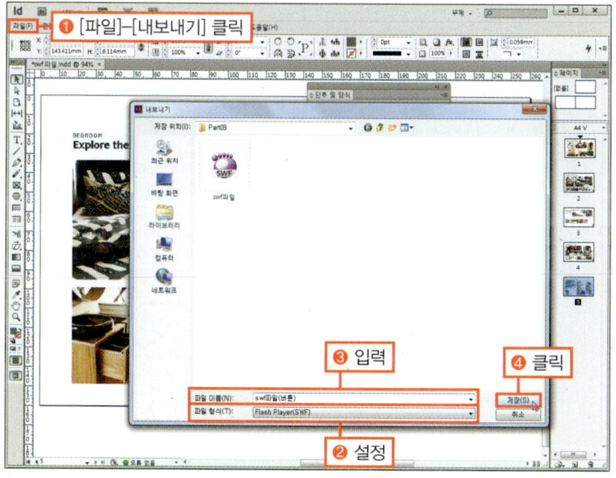

7 SWF로 내보내기

①[SWF 내보내기] 대화상자에서 다음과 같이 내용을 설정한 후 ②[대화형 페이지 말림 포함]의 체크를 해제합니다. ③[확인]을 클릭하여 SWF 내보내기를 완성합니다.

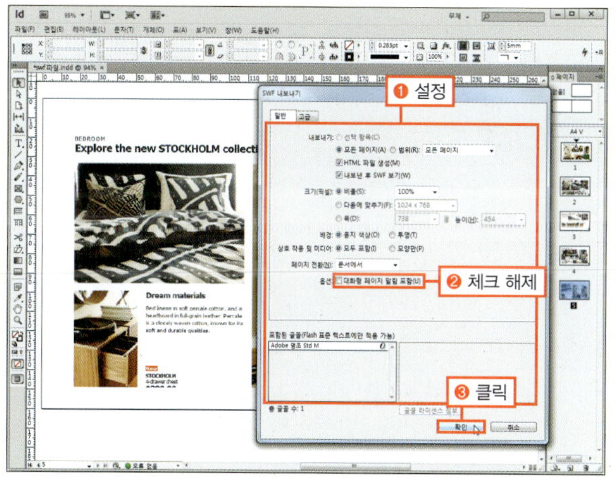

> **참고**
>
> 이때 [내보낸 후 SWF 보기]를 체크하여야 곧바로 저장된 플래시 파일을 확인할 수 있습니다.

인터넷 익스플로러 창이 열리고 저장한 SWF 파일이 표시됩니다. ❶페이지 오른쪽 하단에 입력해 놓은 화살표 버튼을 클릭하면 다음 페이지로 이동하는 것을 볼 수 있습니다.

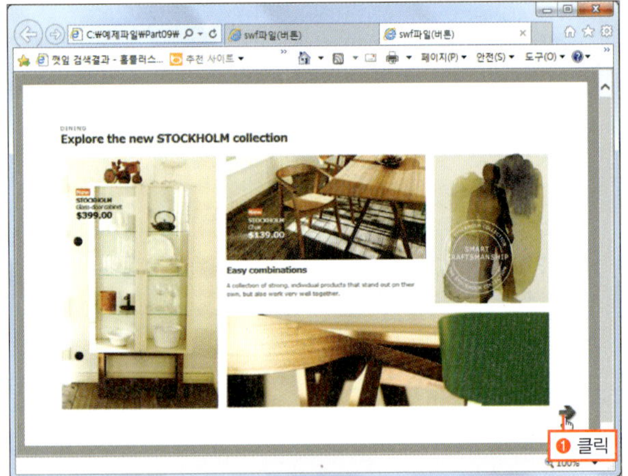

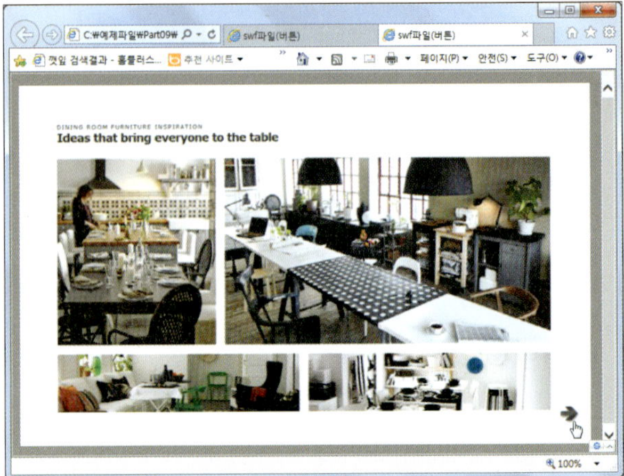

1 예제 문서를 열고 내용을 확인한 후 패키지 기능을 이용하여 출력에 필요한 데이터를 폴더에 모아 보세요.

◎ **시작 파일** : Part08\응용실습1.indd
◎ **완료 파일** : Part08\응용실습1_완료.indd
◎ **해설 파일** : 해설파일\Part08_응용실습1_해설.hwp, Part08_응용실습1_해설.pdf

Before

After

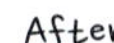
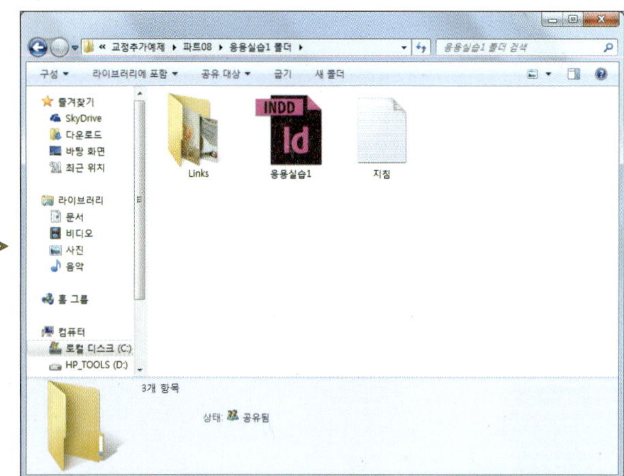

❶[파일] 메뉴의 [패키지] 실행하기 ❷오류 내용 검토하기 ❸저장할 폴더 설정하기 ❹패키지 실행하고 확인하기

2 예제 문서를 열고 페이지 말림 효과가 적용된 플래시 파일로 변환해 보세요. 저장된 플래시 파일을 열고 페이지 말림 효과를 확인해 보세요.

◎ **시작 파일** : Part08\응용실습2.indd
◎ **완료 파일** : Part08\응용실습2_완료.indd
◎ **해설 파일** : 해설파일\Part08_응용실습2_해설.hwp, Part08_응용실습2_해설.pdf

Before

After

❶[파일] 메뉴의 [내보내기] 실행하기 ❷'대화형 페이지 말림 포함' 설정하기 ❸저장한 SWF 파일 확인하기

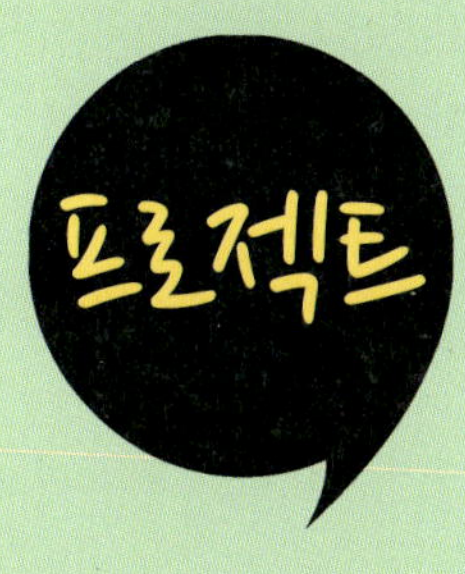

실무를 완벽하게 대비하는 종합 실습 문제

전체 과정을 종합적으로 활용할 수 있는 능력을 키워주는 '프로젝트'입니다. 총 5개의 문제로 구성

되어 있으며, PDF 해설 파일과 동영상 해설 파일(부록 CD 및 QR 코드)이 제공됩니다.

INDESIGN CS6

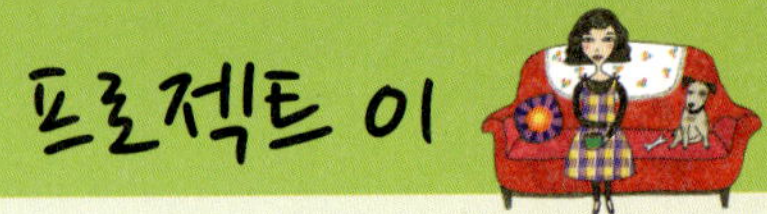

한글 공부를 위한
한글 단어 스티커 만들기

텍스트를 이미지화하고 그림을 채워 넣는 방법과 별색을 이용해 칼 선이 적용된
한글 단어 스티커를 만들어 봅니다.

- **완료 파일** : 프로젝트\스티커만들기.indd
- **해설 파일** : 프로젝트\스티커만들기.pdf, hwp
- **동영상 해설 파일** : 프로젝트\스티커만들기.mp4

1단계 : 새로운 문서 만들고 여백 및 단 설정하기
2단계 : 텍스트 프레임 만들어 글자 입력하고 글꼴과 크기 설정하기
3단계 : 가운데 정렬하기
4단계 : 스티커 선 역할의 사각형 만들고 테두리 설정하기
5단계 : 둥근 사각형 만들고 세로 방향으로 가운데 정렬하기
6단계 : 복사한 후 텍스트 윤곽선 만들기
7단계 : 글자에 이미지 채워 넣고 꽃 이미지 크기 조절하기
8단계 : 복사하여 다른 내용의 글자 만들기
9단계 : 스티커 선 별색 지정하기

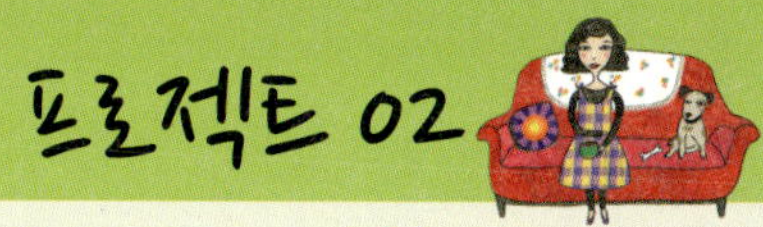

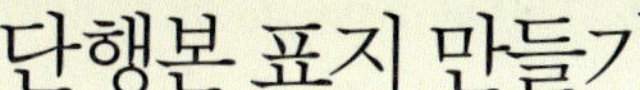

인디자인 CC에서 새롭게 추가된 기능 중 한 가지는 QR 코드를 손쉽게 생성하여 문서에 입력할 수 있는 기능입니다. 여기서는 그림 이미지와 텍스트, 도형을 만들어 단행본 표지를 디자인하고, QR 코드를 넣어 완성해 봅니다.

- ⊙ **시작 파일** : 프로젝트\단행본커버.indd
- ⊙ **완료 파일** : 프로젝트\단행본커버_완료.indd
- ⊙ **해설 파일** : 프로젝트\단행본커버.pdf, hwp
- ⊙ **동영상 해설 파일** : 프로젝트\단행본커버.mp4

- **1단계** : 표지 이미지 넣을 프레임 만들고 표지 이미지 넣기
- **2단계** : 그림 이미지에 맞춤 설정하기
- **3단계** : 제목 넣고 글자색 설정하기
- **4단계** : 부제목 넣고 다각형 옵션 설정하기
- **5단계** : 다각형에 색상 채우고 모퉁이 옵션 설정하여 모서리 둥글게 만들기
- **6단계** : 다각형 회전시키고 크기 줄여 복사하기
- **7단계** : 파선 모양의 테두리와 테두리 색상 설정하기
- **8단계** : 텍스트 프레임 만들고 내용 입력한 후 회전시키기
- **9단계** : 단락 뒤 간격 설정하고 텍스트 아래 선 만들기
- **10단계** : QR 코드 생성하고 QR 코드 문서에 넣기
- **11단계** : QR 코드 배경색 설정하여 완성하기

표를 이용한 강의 시간표 만들기

인디자인에서는 표를 자유롭게 만들고 편집할 수 있습니다. 셀을 분할하거나 합칠 수 있으며, 크기와 간격, 색상 등을 자유롭게 꾸밀 수 있습니다. 여기서는 표를 이용하여 강의 시간표를 만들어 봅니다.

- **시작 파일** : 프로젝트\강의시간표.indd
- **완료 파일** : 프로젝트\강의시간표_완료.indd
- **해설 파일** : 프로젝트\강의시간표.pdf, hwp
- **동영상 해설 파일** : 프로젝트\강의시간표.mp4

프로그램	대상	요일	시간		수강료	비고
천연가습기	성인	월	A	16:00~16:50	30,000원	재료비별도
	청소년		B	17:00~17:50		
수초어항 만들기	청소년	수		10:00~12:00	35,000원	
		금		10:00~12:00		
취업준비반	성인	수		18:30~20:30	40,000원	재료비별도
토피어리	초등학생	월		16:00~16:50	20,000원	재료비포함

*원예수업재료비:7만원, 1회당 5,000원(8회40000원)
*개인 준비물 : 꽃가위
*플라스틱 수반 값이 추가될 수 있습니다.

1단계 : 강의 제목 넣기

2단계 : 표 만들고 표 크기 설정 후 텍스트 입력하기

3단계 : 행 추가하고 가로로 셀 분할하기

4단계 : 불필요한 행 삭제하고 글꼴 설정하기

5단계 : 표 너비 조절하고 행 높이 같게 조절하기

6단계 : 두 개의 셀을 하나로 병합하기

7단계 : 특수 기호 입력하기

8단계 : 셀 안쪽 여백 설정하고 표 가장자리 테두리 없애기

9단계 : 표 안쪽 테두리 흰색으로 설정하고 칠 교대 설정하기

10단계 : 첫 행 글자 색과 셀 배경색 설정하기

11단계 : 스포이드 도구로 셀 모양 추출하고 셀 모양 적용하기

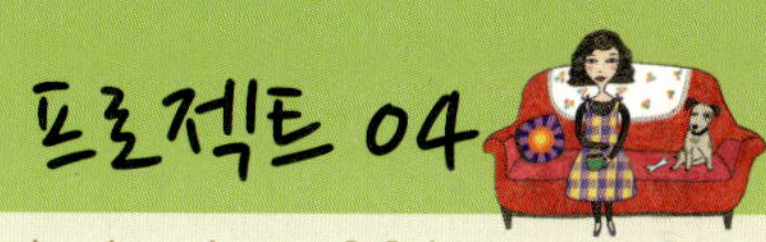

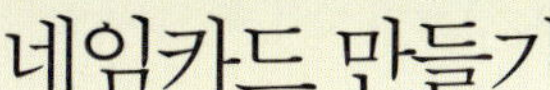

문서를 명함 크기로 만든 다음 배경색과 도형, 이미지를 만들어 명함의 내용을 꾸며봅니다. 도형의 정렬 방식과 패스 선을 따라 텍스트를 입력하는 방법, 이미지에 효과를 적용하는 방법을 활용해 네임카드를 만들어 봅니다.

- ◎ **시작 파일** : 프로젝트\명함.indd
- ◎ **완료 파일** : 프로젝트\명함_완료.indd
- ◎ **해설 파일** : 프로젝트\명함.pdf, hwp
- ◎ **동영상 해설 파일** : 프로젝트\명함.mp4

1단계 : 문서 크기의 사각형 넣고 배경색 설정하기
2단계 : 하늘색 배경 설정하고 복사하기
3단계 : 복사한 사각형 크기와 색상 설정하기
4단계 : 패턴을 위한 긴 사각형 만들기
5단계 : 다단 복제하고 같은 간격으로 분포시키기
6단계 : 이미지에 그림자 효과 설정하기
7단계 : 숟가락과 포크 이미지 넣기
8단계 : 펜 도구로 텍스트를 입력할 곡선 만들기
9단계 : 패스 선을 따라 글자 입력하기
10단계 : 텍스트 프레임 만들고 내용 입력하고 글자에 강조 표시하기

제품 이미지만 반짝이도록 처리하는 후가공을 위한 필름판 만들기

완성한 문서를 인쇄하고 인쇄물의 일부분에 형압 등의 후가공을 하기 위해 영역을 별도로 표시해 주어야 합니다. 가장 대표적인 후가공을 위한 별도의 페이지를 만들어 봅니다.

- **시작 파일** : 프로젝트\카다로그.indd
- **완료 파일** : 프로젝트\카다로그_완료.indd
- **해설 파일** : 프로젝트\카다로그.pdf, hwp
- **동영상 해설 파일** : 프로젝트\카다로그.mp4

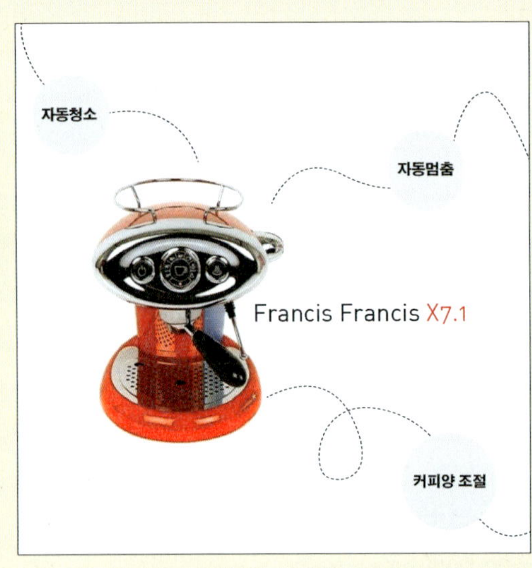

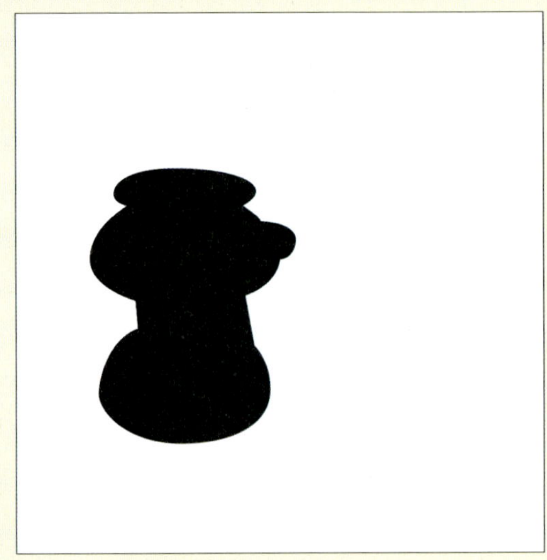

1단계 : 펜 도구로 곡선 만들고 곡선에 선 모양 적용하기
2단계 : 곡선 추가하고 원 만들어 곡선 위에 배치하기
3단계 : 텍스트 입력하기
4단계 : 펜 도구로 후가공 영역 만들기
5단계 : 검은색으로 채우고 오려내기
6단계 : 새로운 페이지 추가하고 붙이기

ㅁ

ㅂ

ㅅ

스스로 **마스터**하는 **트**레이닝북
인디자인 CS6